창의경영시대의

인적자원관리

이승계 · 임상혁 · 박재춘

머 리 말

"사람을 능력 만으로 고르지 말라. 능력과 사람 됨됨이가 반반 이어야 한다. ..... 비즈니스란 상품으로 하는 것이 아니라, 인간관계로 하는 것이다."

– 조정래의 「정글만리」에서–

글로벌 경쟁의 심화와 정보통신기술의 급속한 발전, 세계경제의 회복 지연 속에서 기업들의 경쟁우위 유지와 지속가능한 성장(sustainable growth)이 최대의 관심이 되고 있다.

한편으로는 기업들이 규모의 경제와 코스트 절감을 통한 경쟁력 확보를 위해서 조직의 규모를 키우고(M & A), 상시적인 구조조정과 비정규직 등 간접고용을 확대함으로써 조직구성원들의 고용불안과 충성심 저하, 지나친 경쟁에서 오는 스트레스 증가 등 근로생활의 질이 점점 악화되고 있다.

다른 한편으로는 저출산, 고령화 사회 진입을 앞두고 정년 60세 법제화(2016년부터), 근로시간 단축, 정기상여금의 통상임금 포함 판결, 최저임금의 인상 등은 기업들에게 추가적인 비용의 부담을 가중시키는 요인이 되고 있다.

그리고 사회적으로는 청년실업 해소와 일자리 창출, 경제민주화와 복지지출 요구 증가, 공기업들의 방만경영에 대한 비판 등 그 동안 기업들의 과도한 경제적 효율성과 성과주의 지향에 대한 비판과 사회적 책임 및 윤리경영에 대한 압력이 증가하고 있는 추세다.

이러한 냉혹한 경영환경 하에서 새롭게 조망해 보아야 할 주제가 "창의 경영"이다. 오늘날 기업경영에서 고객욕구에 부합한 새로운 제품의 기술혁신과 서비스 제공을 위해서는 남과 다른 독특하고 기발한 브랜드나 아이디어가 요구되고 있다. 따라서 경영자들은 기업경쟁력의 원천이 코스트 절감과 경제적 효율성에서 나온다는 전통적

사고에서 벗어나, 무한한 상상력과 잠재력을 가진 인적자원의 창의성과 문제해결력이 핵심역량(core competence)이 됨을 인식하고, 인적자원에 대한 동기부여를 통해 품질향상과 성과개선 및 가치창출이 가능하다는 사고와 행동의 대전환이 필요하다.

이에 본 서는 21세기에 전개되고 있는 경영환경을 이해하고 미래의 경영자나 HR 전문가로 성장해 갈 경영학 전공의 대학생과 산업현장의 실무자들이 인적자원관리에 대한 기초지식과 실무지침서로 활용할 수 있도록 다음 몇 가지 사항을 염두에 두고 집필되었다.

첫째, 대부분의 인적자원관리 전공교재에서 다루고 있는 기본적인 주제들을 포함하고자 노력하였으며, 딱딱한 내용의 이해를 돕고자 각 장마다 산업현장에서 일어나고 있는 국내·외의 다양한 경영사례들을 배치하였다.

둘째, 많은 분량의 교재를 체계적으로 이해하고 정리하기 쉽도록 각 장의 서두에는 학습개요와 학습목표, 주요 용어를, 그리고 각 장의 끝에는 정리하기와 저자들이 독자적으로 개발한 연습문제(단답식과 객관식)를 수록하였다. 이는 각종 시험이나 자격증 준비에도 큰 도움이 되리라 확신한다.

셋째, 글로벌 시대에 미래의 경영자나 HR 전문가들에게 특히 요구되는 글로벌 마인드와 전략적 사고, 윤리적 행동은 인간존중에 바탕을 둔 창의경영과 인간존중의 인적자원관리에 바탕을 두어야 함을 마지막 장들에서 강조하였다.

한편, 아쉬운 점은 최근 부각되고 있는 비정규직과 외국인 근로자 및 여성인력 활용 등에 관한 내용을 본 서에 포함하지 못한 바, 다음 개정 시에는 반영할 수 있도록 노력하고자 한다.

끝으로 어려운 여건에도 불구하고 본서의 출판을 흔쾌히 허락해 주신 탑북스의 김광식 사장님께 감사드리며, 참신한 편집과 교정에 많은 수고를 해 주신 편집부 직원 여러분에게도 감사드립니다.

2014년 8월
저자 일동

차 례

제1장 인적자원관리의 의의 및 발전과정

제2장 인적자원관리의 환경과 인사철학

제3장 직무분석과 직무설계

제4장 인적자원계획

제5장 채용과 배치관리

제6장 성과관리

제7장 보상 및 복리후생관리

제8장 승진 및 징계관리

제9장 교육훈련관리

제10장 경력개발관리

제 11 장 이직관리

제 12 장 인간관계 및 갈등관리

제13장 노사관계관리

제14장 글로벌 인적자원관리

제 15 장 전략적 인적자원관리

제 16 장 윤리적 인적자원관리

제 1 장 인적자원관리의 의의 및 발전과정

학습개요

이 장은 인적자원관리의 기본개념과 특성, 그리고 목표와 접근방법에 대해 살펴보고, 이를 바탕으로 인적자원관리의 중요성과 발전과정에 대해 학습한다.

학습목표

1. 인적자원관리의 정의 및 중요성에 대해 이해한다.
2. 인적자원관리의 발전과정을 이해한다.
3. 과학적 관리와 인간관계론의 인간관을 비교하고, 그 차이점을 이해한다.
4. 인적자원관리의 3가지 용어를 구분하여 이해한다.

주요용어

1. 인적자원관리: 인력의 확보와 유지 · 활용 · 개발에 관한 계획적이고 조직적인 관리활동.
2. 과학적 관리(scientific management): 동작연구와 시간연구를 통해서 과업표준을 설정하고, 이를 기준으로 노동량을 평가하여 근로자의 근로의욕을 높이고, 능률을 증대시키고자 하는 합리적인 작업관리 방식.
3. 비공식조직 : 조직 내에서 친밀한 대면적 접촉을 통해 형성되는 감정과 관습을 기초로 하여 생성되는 자생적 집단
4. 행동과학(behavioral science): 인간의 행동에 관하여 객관적인 방법으로 수집한 자료와 경험적 증거에 의해 입증된 일반적인 법칙을 설정하고, 이에 근거하여 인간 행동을 과학적으로 설명 · 예측하는 것.

경영사례 1

▌외환은행, 인재 양성으로 위기 극복

극심한 경기불황을 극복하고 실추된 이미지를 쇄신하기 위해, 각 은행들이 특단의 조치를 취하고 있는 가운데 외환은행은 인재양성을 최고의 위기극복 전략으로 꼽고 있다.

윤용로 외환은행장은 최근 단행된 정기인사에서 능력 중심의 인재발탁 인사를 단행, 업계에 큰 관심을 받았다. 특히 윤 행장은 평소에도 여성 및 신입 행원 등 자칫 무관심할 수 있는 직원들에 대한 관심과 배려로 직장내 분위기 쇄신에도 신경쓰고 있다.

• 인재 등용 키워드 현장 능력

윤 행장은 지난달 본부장을 필두로 부점장, 책임자 및 행원에 이르는 약 1,200명에 대한 정기인사를 단행한 바 있다. 당시 인사에서 나타난 윤 행장의 인재등용 키워드는 한 마디로 '현장 능력'이다. 조금 더 자세히 들여다보면 ▲본점 및 영업점 인력간 순환 발령 ▲영업현장 우선주의 및 영업점 우대정책 강화 ▲여성인력의 중용 등의 특징이 나타난다.

우선 윤 행장은 본점 및 영업점 인력간 순환발령을 대폭 확대했다. 본점에서 장기간 근무한 부서장 40명을 포함해 본점 경력이 오래된 여신심사역 등을 전략적으로 영업점 직원과 교체한 것이다. 또 영업점 경력이 많은 지점장들을 본점으로 이동 배치해 본부와 영업점의 간극을 줄이고, 영업현장의 생생한 목소리가 잘 전달될 수 있도록 변화를 꾀했다.

윤 행장은 갈수록 어려워지고 있는 대내외 경제환경을 업무추진 강화로 돌파하기 위해 직원들의 사기를 진작시키기로 했으며, 이를 위해 예년보다 많은 약 50명 수준의 신임 지점장을 보임시키기도 했다. 영업점에서 뛰어난 영업능력을 보여준 영업점 직원을 승진 최단경력을 단축시켜 부점장급으로 발탁했고, 승진이 지체된 일부 고참 직원 중에서도 뛰어난 영업실적을 보여준 경우 특별승진을 실시하기도 했다. 아울러 본점 주요 부서인 개인상품부장, 연수지원팀장 및 직원만족팀장을 영업점에서 우수한 영업실적과 리더십을 보여준 3명의 여성 인력으로 교체하는 등 여성인력에 대한 중용도 잊지 않았다.

• 사업부제 개편 시너지 극대화

윤 행장은 그 동안 문제점으로 부각됐던 사업부제를 개편해 사업부 간의 시너지를 극대화하기도 했다. 우선 론스타 대주주 시절 약화됐던 IB금융 업무역량을 강화하고, 사업본부간 시너지 창출을 위해 기존 자본시장본부 소속 투자금융부를 확대한 IB본부를 신설했다.

기업·대기업 및 해외 부문과의 공조를 통한 시너지를 강력히 추진하기 위해, 신설된 IB본부는 구조화금융팀, 인수금융팀, 국제금융팀, 인프라금융팀으로 구성된 투자금융부와 부동산금융팀 및 부동산PF지원팀으로 구성된 부동산금융부로 구분된다.

아울러 IB본부에는 외환은행의 대표적인 IB 인력인 이재학 전 자본시장본부장을 이동 배치했고, 자금시장 부문을 담당하는 자금시장본부장으로는 자금시장 및 유가증권 시장에 정통한 이형수 충무로 지점장이 선임됐다. 또 '한지붕 두 가족 체제'를 대폭 수정한 점도 눈에 띈다. 그동안 개인금융, 기업금융 부문장의 경우 호칭만 부문장이었고, 같은 지점에서 동일한 지점장급 대우를 받으며 경쟁을 벌여 왔다.

그러나 이번 사업부제 개편을 통해 각 부문장을 지점장 아래 두어 지점장이 부문장에 고과평가 등을 할 수 있도록 한 것이다. 이로써 한 지점에서 경쟁이 아닌 영업 효율화 측면의 극대화를 기대할 수 있게 됐다.

• 내부 소통 통해 조직력 강화

윤 행장은 직원과의 소통에 있어서도 적극적이다. 특히 젊은 직원들의 목소리에 귀를 기울이려 한다. 지난 6월 'KEB 영 리더(Young Leader)'를 조직한 게 대표적인 사례다. 'KEB 영 리더'는 전국 영업점 및 본점부서에서 선발된 행원 512명으로 구성된 모임으로, 이 중 23명의 임원단이 정례모임을 갖고 회의결과를 은행장에게 직접 전달한다. 또 윤 행장은 지난달 말 신입행원들과도 특별한 시간을 가졌다. 신입행원들이 연수교육의 일환으로 실시한 50㎞ 야간행군에 윤 행장이 동참한 것이다. 윤 행장은 오전 4시부터 합류해 약 8㎞를 동행하면서 신입행원들의 사기를 북돋아줬다.

국내 체류 외국인 고객에 대한 금융서비스를 강화하기 위해, 한국에 귀화한 현지인 직원을 채용한 것에서도 '인재 투자' 마인드를 엿볼 수 있다. 외환은행은 지난달 귀화 외국인 네 명(네팔, 방글라데시, 태국, 중국동포 출신)을 국내 은행 최초로 상품개발과 영업전략 담당 직원으로 채용했다. 외환은행 인사담당자는 "한국 귀화 현지인 채용을 통해 지속적으로 증가하고 있는 동남아 외국인 고객들이 좀 더 쉽고 편하게 은행서비스를 받을 수 있게 됐다"고 말했다.

한편 외환은행은 외국인을 위한 일요일 영업점을 국내 최대인 12개를 운영하고 있으며, 외국인 전용 금융 및 비금융 토탈 지원 서비스인 '오메가 서비스'를 시행하는 등 외국인 고객에 대한 특화된 서비스를 지속적으로 제공하고 있다.

• 자료 : 아주경제, 2012. 8. 21.

1. 인적자원관리의 개념

1.1 인적자원관리의 시작

우리는 왜 인적자원관리를 배워야 하는가? 경영학과 인적자원관리는 무슨 관계가 있는 것일까? 이에 대한 이해를 하기 위해서 기업이라는 조직이 이 땅에 왜 존재하며, 조직을 존속시키는 원동력은 무엇인지에 대해 잠시 살펴보고 넘어갈 필요가 있다.

1) 조직의 경영과 인적자원관리

(1) 조직의 탄생

회사도 국가도 병원도 대학도 모두 조직이다. 이러한 조직들이 모두 잘되면, 사회도 잘되고 인간도 그만큼 행복해진다. 인간의 삶 속에서 조직은 왜 언제 태어났을까? 조직이 인간의 생활에 어떻게 도움을 주기에 오늘의 우리는 조직 없이는 살아갈 수 없게 되었는가? 인간은 노동을 하되 효율적으로 하려고 노력하였고, 그 결과 분업이란 것을 발견하게 되었다. 이것이 조직이 탄생하게 된 계기라고 볼 수 있다.

(2) 생산조직의 경영

인간은 효율성 때문에 분업을 통한 생산을 하고, 분업을 위해서 함께 모여야 하는데, 이러한 모임이 바로 조직이다. 그러므로 모든 조직에는 사람들 혹은 집단들이 존재한다. 하지만 사람들이나 집단들의 단순한 모임은 우리가 말하는 조직이 아니다. 현대인들에게 조직이 무엇이냐고 하면 대개의 사람들은 회사, 대학, 연구소, 교회, 군대 등이라고 쉽게 예를 들 것이다. 조직이란 말을 사용하면 한결 유식해 보인다. 그런데 과연 정확하게 이해하고 있는가? 종족, 가족, 동남아 관광그룹, 경영학과 A반, 네 명의 고스톱팀, 엘리베이터 안의 사람들 이것도 모두 조직인가? 심지어는 여의도 빌딩과 그 속에서 일하는 회사원들을 조직으로 볼 수 있지만, 그들이 사용하고 있는 컴퓨터의 하드시스템을 조직으로 볼 수도 있다. 과학시간에는 세포조직이나 분자구조도 조직으로 설명한다. 우리가 배우려는 조직은 하나의 구체적인 것을 지칭하는 것이지 추상적인 우리나라 행정기관, 경기도 교육기관 등은 우리의 연구대상이 아니다. 그러나 구체적으로 건물에 위치하고 있는 유림주식회사, YMCA, 가나대학교 등은 조직이다.

이쯤 되면 경영학에서 말하는 조직은 세포조직이나 컴퓨터 기계조직은 포함되지 않음을 알 수 있다. 예를 들어, 대학교재를 만드는 B출판사 조직을 보면 최종 목표는 돈을 버는 것이고, 돈을 벌기 위해 책을 출판해 내는 것이다. 책 출판이라는 목표가 B출판사의 모든 것을 결정한다. 그리고 출판에 필요한 모든 투입물들이 동원되어 B출판사 조직을 구성하는데 타자수, 판매원, 디자이너 같은 인적자원도 있지만, 물적, 재무적 자원도 있고 책 조판 기술이나 판매망, 교육강사 인맥 같은 정보자원도 있다. 그리고 B출판사 조직은 위의 자원들을 활용하여 책 출판이라는 목적을 달성하기 위해 여러 가지 활동을 벌일 것이다.

결국 이러한 활동을 통해 B출판사 조직의 목적인 책의 출판이 가능해지며, 이러한 생산물이 서점이나 판매원을 통해서 최종소비자인 우리들에게 들어온다. 이러한 서점, 시장, 소비자 등은 B출판사 조직의 입장에서 볼 때 이용가능성도 있고, 제약조건도 되는 외부환경이 되는 것이다. 그런데 우리는 기업조직과 관련하여 Input(투입), Output(산출)이란 말을 흔히 쓴다. 즉, 회사 안으로 무엇이 들어간 다음 새롭게 변신되어 회사 밖으로 나오는데, 이때 회사 밖으로 나온 산출물이 사람들이 원하는 제품과 서비스이고, 투입물은 인적·물적 자원들이다. 투입보다 산출이 더 많을 때 기업은 그 존재가치를 인정받는 것이며, 기업조직이 이땅에 존재하는 이유가 된다. 결국 사냥공동체라는 원시적 조직이 발전과 진화를 거듭하여 오늘날에는 무수한 조직들이 우리를 둘러싸고 있으며, 우리의 생활을 지배하고 있는 것이다. 그리고 우리는 오늘도 조직이 만든 침대에서 일어나 조직이 공급해 주는 수돗물에 세수를 하고, 조직에서 나온 주방도구로 한 밥을 먹고, 학교라는 조직에 와서 조직이 만들어 내는 교육을 받고 있는 것이다. 그리고 무슨 조직이든지 운영이 잘 되면, 적은 투입으로도 많은 제품과 서비스를 생산하여 인류를 그만큼 행복하게 할 수 있다.

현장이야기 1

잭 웰치의 인재제일주의

거대기업 GE(General Electric)사의 역대 최연소로 회장에 취임했던 잭 웰치(Jack Welch)는 임기 중에 250억 달러였던 매출을 1,300억 달러로, 6%였던 영업이익률을 18.9%로, 시가 총액은 150억 달러에서 25배인 3,880억 달러로 끌어 올리고, 은퇴하면서 무엇을 어떻게 했길래 이러한 엄청난 변화를 가져올 수 있었는지라는 질문에 대해 간단히 대답했다. "저는 임기 내내 제 시간의 75%를 인재를 찾고, 선발하고, 배치하고, 교육하고, 평가하고, 보상하고, 내보내는 데 사용했습니다." 그가 취임했던 그 이듬해에 낡고 유명무실해진 크로톤 빌 연수원을 리모델링하려는 공사비 4,600만 달러 짜리 기안서를 결재하면서 투자회수 예정액을 '무한대'라고 써 넣었다. 그의 예측은 그대로 맞았다. 결국 그의 경영비법은 인적자원관리가 전부였다.

• 자료 : 임창희(2014), 인적자원관리, 비앤엠북스, p. 11.

(3) 경영자원과 인적자원관리

경영이란 조직의 업무와 사람들, 그들이 사용하는 도구와 원료 등 모든 자원을 잘 배치하고 연결하여, 조직의 공동목표를 최대한 달성하게 하는 미묘하고 복잡한 활동이다. 경영이 정리정돈을 잘 하는 것이라면, 정리해야 할 대상은 무엇일까? 즉, 기업조직 안에 있는 무엇을 경영해야 하는가? 경영에는 무엇이 필요한가? 이를 경영자원 혹은 경영의 구성요소라고 한다. 조직은 기업이든지, 병원이든지 상품과 서비스를 생산한다. 무엇이 있어야 생산을 하는가? 그것이 생산요소 인데, 그 생산요소를 잘 관리해야 좋은 것을 작은 비용으로 생산할 수 있는 것이며, 이것이 효율적 경영이다. 따라서 경영의 대상은 생산요소가 된다.

생산요소는 크게 물적 요소, 자본적 요소, 그리고 인적 요소가 있다. 과거 전통 산업 사회에서는 생산요소에 토지와 인간의 육체노동이 반드시 포함되었다. 그러나 오늘날 정보사회가 되면서 토지에서 쌀을 생산하는 것보다 머리에서 아이디어를 생산하는 것이 더 중요하기 때문에 정보나 기술은 중요한 생산요소가 된다. 물적 요소란 기계, 공장, 원료 등이고, 인적 요소란 인간의 육체노동과 기술과 지식이며, 자본적 요소란 돈이 있어야 원료나 공장을 살 수 있기 때문에 생산에 필수적인 요소이다. 따라서 오늘날 경영의 요소라 하면 자본, 정보, 시간, 원료, 인적자원 등을 나열한다.

기업조직에도 이와 같은 인적・물적・자본적 자원이 존재하는데, 이러한 자원들은 무한히 존재하는 것이 아니기 때문에 이 자원들을 어디에 얼마나 적절하게 투입하여 활용하는지가 효율적 경영의 관건이 된다. 이를 효율적으로 사용하지 않는다면, 아무리 많은 자원을 투입해도 생산물은 조금밖에 안 나온다. 결국 경영이란 이러한 자원의 활용을 효율적으로 하는 것이며, 인적자원관리란 여러 자원 중에서 기업의 인적자원을 효율적으로 관리하는 것이다. 즉, 공장과 기계, 원료와 자본이 기업에 필요한 자산인 것과 마찬가지로 인적자원도 기업의 자산이다. 인적자원은 특히 다른 자원들인 원료, 기계, 자본 등을 관리하고, 산출물인 재화와 서비스를 설계하고, 품질을 관리하며 제품을 팔기도 하고, 기업의 목표와 전략을 계획하고, 이를 실천하는 역할을 한다. 그러므로 인적자원을 잘 다루어야만 이러한 전략 수립, 생산, 판매, 자금 운용 등의 경영활동이 잘 되는 것이고, 인적자원관리란 마부가 말을 잘 다루듯이 사원들을 잘 관리하는 인간 경영을 의미한다.

자금을 잘못 관리하거나 기계설비의 관리를 소홀히 했다가는 이상이 생기고, 비상이 걸린다. 인적자원관리도 마찬가지이다. 사람이라는 인적자원을 확보하고, 활용하면서 잘 관리해야 한다. 기계의 관리를 잘못하면, 기계가 안돌아가듯이 인적자원도 잘못 관리하면, 사기가 저하되고, 이직이 증가하며, 서로 갈등을 일으키고, 회사에 비상이 걸린다. 기계를 사서 방치해 두면, 녹이 슬고 아무런 이득도 없다. 가끔 기름칠도해 주고 부품도 교체하며 사용해야 한다. 사람도 채용하여 방치하면 무능해지고, 그가 가진 아이디어도 사장되기도 한다. 인적자원도 지속적으로 교육하고 개발하여 채용하고 유지하느라 들어간 비용보다 더 많이 생산해야 한다.

1.2 인적자원관리의 정의

인적자원관리(HRM : Human Resource Management)라 함은 기업의 경영목표 달성에 필요한 인적자원의 조달 · 개발 · 유지 및 동기부여에 관한 일련의 과학적 관리 활동을 의미한다. 따라서 인적자원관리가 인사관리(personnel management, personnel administration)로도 통용되고 있다.

인적자원의 조달활동이란 종업원의 모집 · 면접 · 시험 · 선발 등의 채용기능을 말하며, 개발활동이란 종업원의 교육 · 훈련 · 승진 · 배치 · 전근 등을 통한 인적자원의 능력과 지식향상을 꾀하는 기능을 뜻한다. 그리고 유지활동은 종업원의 임금관리, 복리후생, 안전위생, 커뮤니케이션, 제안제도 등을 통해 그들이 일할 수 있는 양호한 환경과 분위기를 유지하는 기능을 의미한다. 동기부여란 목표지향적인 행동을 유발하도록 지시하고, 유인하며 보상으로써 인간행동을 자극하고, 촉진시키도록 하는 심리상태라고 한다.

미국의 경영학자 로렌스 애프레(Lawrence A. Appley)는 "경영이란 사람의 육성이지 물자관리가 아니다. 경영이란 바로 인사관리를 의미하는 것이다."라고 강조하여 사람의 중요성, 즉 인적자원관리의 중요성을 역설하고 있다.

인적자원관리는 첫째, ① 채용과 배치 · 승진관리, ② 직무평가와 인사고과, ③ 교육 · 훈련관리, ④ 취업관리, ⑤ 임금(보상)관리, ⑥ 징계와 해고관리 등이 가장 핵심요소에 포함되어 있으며, 둘째, ① 복리후생, ② 리더십, ③ 커뮤니케이션(의사소통), ④ 행동과학 등을 포함한 인간관계, 셋째, ① 노동조합, ② 단체교섭, ③ 경영참가, ④ 노사관계 관리 등의 노사관계를 다루고 있다.

한편 미국의 인사관리 학자인 요더(D. Yoder) 교수는 인적자원관리를 ① 노동력관리(인적자본의 계획 · 협력 · 지휘를 포함하는 기능), ② 인사관리(개인으로서의 종업원에 관한 것, 즉 선발 · 교육 · 배치 · 직무분석 · 고과 · 면접 · 승진 등을 포함), ③ 노사관계(경영자와 노동조합과의 관계, 집단으로서의 단체교섭, 임금제도, 노사협의회의 활동 등)로서 조직구성원의 상호간 성과 향상이 이루어지는 과정이라고 정의하고 있다.

최근 인적자원관리는 전략적 의미로 사용되고 있다. 조직의 구성원들이 내・외부 환경변화에 자발적으로 대응하면서 성과 향상을 위한 조직의 목표 달성에 적극적으로 기여할 수 있도록 개인의 만족과 조직의 발전을 실현하는 관리・제도・기술의 체계라고 정의내릴 수 있다.

1.3 인적자원관리의 체계

인적자원관리의 체계는 채용에서부터 퇴직, 인간관계, 노사관계에 이르기까지 조직의 모든 인적자원관리 활동의 방침을 결정하는 인사정책, 인사관리전략 등 인사관리의 기초가 되는 종합적 인적자원관리를 체계화시키는 것이다. 종업원의 활동을 목표로 하여 전개되는 인적자원관리에는 ① 종업원의 확보, ② 종업원의 활용과정, ③ 노사 간의 조정 등 세 가지로 나눌 수 있다.

이러한 인적자원관리는 인간이 인간을 관리하는 것이기 때문에 생산성과 공정성이 반드시 따라야 하며, 갈등・불안・스트레스를 가진 사람들에게 납득시킬 수 있는 정답을 찾아야 한다. 인적자원관리는 비단 종업원의 인사방침에서부터 사회일반의 인사관리 관심영역까지 이해할 수 있는 객관적인 자료 위에서 공정하게 구체적으로 이루어져야 된다.

그러므로 인적자원관리의 체계화는 ① 인사관리의 방침 확립, ② 인사관리의 적용(계획・조직・감사), ③ 인사관리의 기초자료 정비, ④ 인적자원 확보(인력), ⑤ 교육 및 훈련관리, ⑥ 인사이동관리(승진・경력 포함), ⑦ 임금관리, ⑧ 복리후생관리, ⑨ 인간관계관리, ⑩ 노사관계관리 등과 같은 항목 등을 내용으로 인사문제 등을 체계화하는 것이다.

인적자원관리의 실행적 체계와 원리를 구분하여 보면 [그림 1-1]과 같다. 따라서 경영자는 인적자원관리 삼각형원리를 알고 종업원의 욕구가 무엇이며, 경영자의 욕구가 무엇인가를 알아야 하며, 이들 상반되는 욕구를 서로 조화시키는 역할이 중요하다. 그리고 성공적 기업운영이라는 기업목표에 일치시킬 필요성이 있는 것이다. 즉, 종업원은 경영자에게 공정한 임금・고용의 안정・양호한 작업조건・승진기회의 증가 등을 요구한다. 반대로 경영자는 종업원에게 높은 생산성・성실한 근로자・충성심·정직하고 충실한 근로자 또는 노동이동률의 감소 등을 요구하고 있다.

이들 양자의 이해는 외형적으로 상반되는데, 이 사이에 인사관리자가 개입해서 양자 간의 욕구를 조정 내지 조화시켜야 한다. 이상과 같은 것을 인적자원관리의 삼각형원리라고 한다.

[그림 1-1] 인적자원관리의 영역과 원리

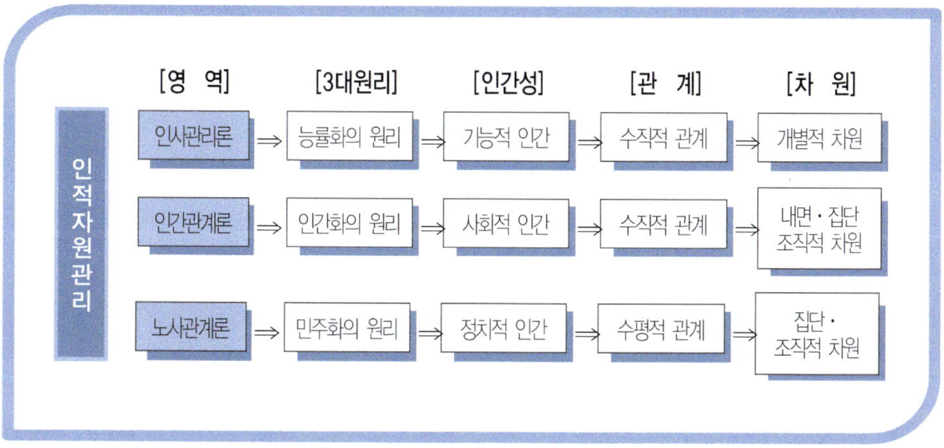

자료 : 김성수(2010), 「혁신적 인적자원관리」, 탑북스, p. 10 일부 수정.

[그림 1-2] 인적자원관리의 삼각형원리

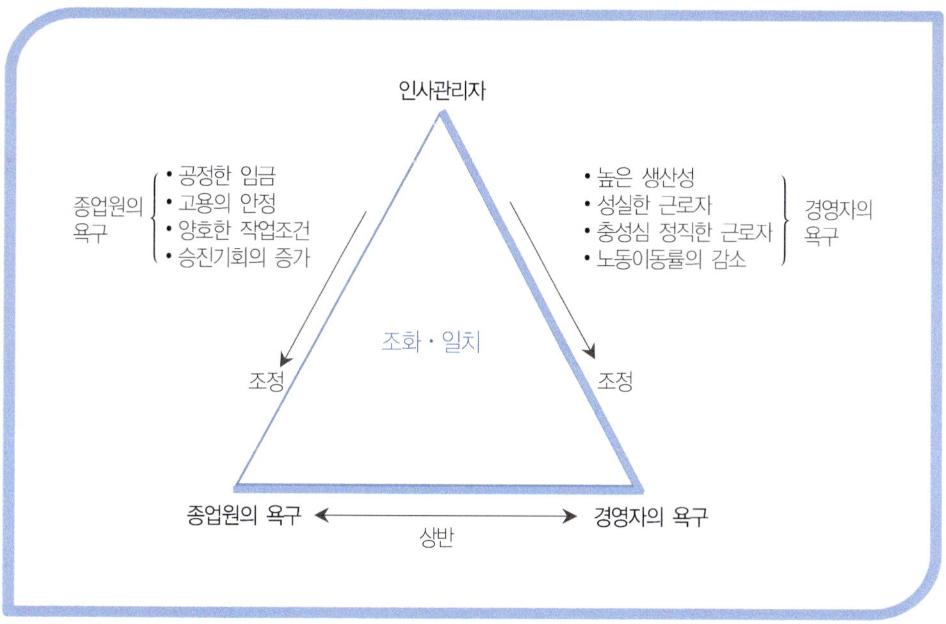

자료 : 김성수(2010), 「혁신적 인적자원관리」, 탑북스, p. 10 일부 수정.

2. 인적자원관리의 중요성, 목표, 접근법

기업조직은 개방체계로서 환경으로부터 다양한 자원(인적, 물적, 재무, 정보 등)을 투입물로 받아들이고 기업 고유의 변환과정을 통하여, 재화와 서비스 등의 가치를 창출하고, 그것을 고객에게 전달하는 개방시스템이다. 다양한 자원 중에서 인적자원은 다른 자원들을 능률적이고 효과적으로 활용하도록 하는 핵심자원이 되며, 기업조직의 성과에 가장 큰 영향을 미친다. 특히 인적자원은 존엄한 인격을 소유한 존재이므로 소중하게 다루어야 하며, 인간존중의 경영에 바탕을 두어야 한다. 이와 같은 인적자원의 중요성과 특성을 살펴보면 다음과 같다.

2.1 인적자원의 중요성

인적자원의 속성은 무한한 잠재력과 부가가치에 있다고 볼 수 있다. 돈이나 물자도 어느 정도 부가가치를 창출한다. 주식을 싼 값에 사서 비싼 값에 팔면, 투자수익이라는 부가가치를 얻을 수 있다. 그리고 새로운 기계나 설비를 사용하여 생산활동을 하면, 기업은 생산성이나 수익성이라는 부가가치를 창출할 수 있다. 그러나 이러한 부가가치는 인적자원의 레버리지 효과에 비하면 아무것도 아니다. 물자 같은 물리적 자산은 조직이 소유권(ownership)을 가지기 때문에 사거나 팔 수 있지만, 인적자원은 그렇지 않다. 또한 물리적 자산은 경쟁자에 의해 즉시 모방될 수 있으나, 인적자원은 모방될 수 없는 자원으로서 경쟁력의 원천이 된다.

공산주의 이론을 완성한 칼 마르크스(Karl Marx)는 산업화 시대에 인간의 노동가치가 제대로 대접받지 못하는 것을 개탄하면서, 자본과 생산수단(공장부지, 기계 등)의 소유가 부가가치를 창출하는 당시의 현상에 착안하여 생산수단을 자본가가 독점하는 것을 지양하고, 근로자에게로 돌려야 한다고 생각하였다. 그러나 산업화시대에서 정보화 시대로 이행하면서, 오늘날 생산수단은 근로자의 머리와 손끝으로 이전되었고, 현대 지식근로자의 생산성은 마르크스 시대의 생산성을 훨씬 능가하고 있다는 것이 드러커(P. Drucker)의 지적이다. 자본과 생산수단이 가치를 결정하던 패러다임에서 인적자원이 가치와 경쟁력을 결정하는 패러다임으로 변화된 것이다.

오늘날 기업이 시설에 투자하는 것보다 인적자원에 투자하는 것이 생산성 향상 효과가 더 크다는 것이 증명되고 있다. 1999년 미국 부통령이 주재한 직업능력 정상회의에 제출된 '21세기 직업능력'이라는 자료에 의하면, 기업이 시설투자를 10% 증액할 경우 생산성이 3.6% 향상된 반면, 교육훈련 투자를 10% 증액할 경우 생산성이 8.4% 증가한다는 사실을 제시함으로써 인적자원 투자의 생산성 증가 효과가 시설투자에 의한 효과를 능가한다는 것을 보여주었다. 요즘 흔히 하는 말로 '한 사람의 인재가 만명을 먹여 살리는 시대'가 온 것이다. 21세기 지식정보의 시대에 인적자원의 중요성이 부각되자, 국가원수가 직접 나서서 인적자원개발 프로그램을 적극 추진하고 있는 것은 세계적인 현상이 되고 있다.

2.2 인적자원의 특성

1) 인적자원의 능동성

인적자원이 다른 자원에 비하여 가장 특이한 점은 인적자원의 능동적 성격에 있다. 즉, 자금과 기계, 설비, 자재 등 물질적 자원은 성과에 기여하는 정도에 있어서 이들 자원 자체의 양과 질에 의하여 지배됨으로써 수동적인 성격을 지니고 있다. 그러나 인적자원으로부터의 성과는 인적자원의 욕구와 동기, 태도와 행동 그리고 만족감 여하에 따라 결정되고, 인적자원의 행동동기와 만족감은 경영관리에 의하여 조건화된다. 따라서 인적자원은 능동적이고 반응적인 성격을 지니고 있다.

이와 같은 인적자원의 능동적 성격 때문에 조직체의 성과는 인적자원의 양과 질은 물론 경영관리에 의해서도 많은 지배를 받는다. 따라서 인적자원이 부족하더라도 이들을 효율적으로 활용하면 좋은 성과를 거둘 수 있는 반면에, 인적자원이 아무리 풍부하고 수준이 높다 하더라도 이들에 대한 경영관리가 부실하면, 성과가 좋지 않은 것을 흔히 볼 수 있다. 또한, 인적자원의 능동성이 조직체 성과에 주는 영향은 정태적 환경보다도 동태적 환경에서 더욱 크게 나타나므로, 현대 기업조직에서 인적자원의 능동적 · 적극적 성격은 더욱 중요하게 된다.

2) 인적자원의 개발가능성

자금과 물질적 자원에 비하여 인적자원의 또 한 가지의 특이점은 인적자원의 개발가능성이다. 자금이나 물질적 자원은 자체의 주어진 양과 질이 제한되어 있으므로,

이들 자원의 확장과 개발이 불가능하다. 그러나 인적자원은 자연적인 성장과 성숙은 물론, 오랜 기간 동안에 걸쳐서 개발될 수 있는 많은 잠재능력과 자질을 보유하고 있다. 인적자원에 대한 개발가능성은 환경변화와 이에 따른 조직변화가 심할수록 현대 조직의 인적자원관리에서 차지하는 중요성이 더욱 커진다.

3) 전략적 자원

조직의 성과는 인적자원, 물적자원, 재무자원, 정보자원 등을 효과적이고 능률적으로 활용하는 데 달려 있는데, 이러한 자원들을 효과적이고 능률적으로 활용하는 것은 바로 사람, 즉 인적자원이기 때문에 다른 어느 자원보다도 전략적 중요성이 강조되고 있다.

4) 소진성

인적자원은 그날 그날 활용하지 않으면, 서비스를 재고로 보관할 수 없는 독특한 특성을 가지고 있다. 따라서 근로시간 동안에 최대한의 잠재력을 발휘하여 조직성과에 기여할 수 있도록 동기부여하고 관리할 필요가 있다.

2.3 인적자원관리의 목표

기업의 인적자원관리는 크게 두 가지 목표를 추구한다. 첫째는 경제적인 목표이고, 둘째는 사회적 목표이다.

경제적 목표는 기업이 최소의 비용을 들여 생산요소인 노동의 산출에 있어서 최대한의 효과를 달성하는 것을 목표로 하는 것을 말한다. 경제적 목표를 달성하기 위해서는 노동의 투입요소와 산출요소 간의 효율성이 높아야 한다. 경제적 목표 달성을 위해서는 다음과 같은 방법이 고려될 수 있을 것이다.

- 인적자원을 적재적소에 투입함으로써 인사배치의 효율성을 높인다.
- 불필요한 직위와 직책을 폐지함으로써 인건비를 최소화한다.
- 신규 직원의 선발을 최적화함으로써 기업활동에 필요한 인재가 등용될 수 있게 한다.
- 근로자의 창의력과 경험을 발휘하도록 함으로써 인적자원의 잠재력을 최대한 활용한다.

사회적 목표는 근로자 개인이 갖는 욕구 및 기대와 관련된 목표로서 인적자원관리는 근로자 개인의 복지와 행복에 관심을 가짐으로써 조직과 개인의 조화를 통해, '조직도 잘되고, 개인도 잘되는' 상생(相生)을 달성할 수 있다. 일반적으로 근로자 개인의 사회적 목표는 주로 근로조건과 관련된 것으로서 예를 들면 다음과 같다.

- 임금의 인상
- 근로시간의 단축
- 개인적인 배려와 처우
- 상급자로부터의 공정한 대우
- 의사결정의 자율성
- 고용보장
- 호의적인 직장분위기

경제적 목표와 사회적 목표는 단기적으로는 서로 부합되기 보다는 충돌을 일으킬 가능성이 커 보인다. 그러나 장기적으로 두 목표는 조화를 이룰 수 있으며, 인적자원관리 담당자의 임무는 두 목표를 가능한 한 합치될 수 있는 방향으로 제도를 운영하는 것이다.

2.4 인적자원관리의 접근법

테일러(F. W. Taylor)의 과학적 관리법과 인간관계론은 기업과 근로자 간의 이해관계를 조정하는데 있어서 욕구충족을 통한 조화를 달성한다는, 다분히 단순하고 일차원적인 이론이라고 한다면, 그 이후에 조직내 복잡한 이해관계와 욕구를 충족시키기 위해서 보다 정교한 접근법과 이론이 필요하게 되었다. 과학적 관리법과 인간관계론 이후에 발전된 인적자원 관련 접근법을 소개하고자 한다(김영재 등 2011, pp. 10-14).

1) 생산요소 접근법

인간의 노동을 원재료와 자본과 같이 생산요소로 간주하고, 노동의 투입과 산출간에 최적의 관계를 설정하는 것이 인적자원관리의 목표로 이해하는 접근법이다

(Gutenberg. 1983).

2) 의사결정지향적 접근법

마치와 사이몬(March & Simon)이 주장한 '유인-성과 모형'에 기초를 둔 접근법으로서, 기업이 물리적, 비물리적인 유인에 따르는 성과를 달성하는데, 근로자 대표가 경영 의사결정에 참여하는 것을 인적자원관리의 본질로 이해하는 접근법이다(March & Simon, 1967).

3) 시스템 접근법

기업을 하나의 사회적 시스템으로 보고, 인적자원관리를 투입요소(인적자원의 확보와 배치), 투입요소의 개선(교육훈련, 성과에 따른 보상), 위생적 요소(근로환경 개선, 기업복지), 구조적 요소(조직과 노동의 재조직), 그리고 산출요소(해고) 등 하위요소로 구분하여, 인적자원관리를 부분 시스템과 전체 시스템과의 관계성으로 이해하는 접근법이다(Ulrich, 1970).

4) 갈등지향적 접근법

인적자원관리를 수행하는데 있어서 경제적 목표와 사회적 목표 간의 갈등, 경제적인 효율성 달성과 사회적 적합성 달성 간의 갈등으로 보고, 이해관계를 조정하고 갈등을 해소하는 관점에서 인적자원관리를 이해하는 접근법이다(Marr & Stitzel, 1970).

5) 상황적 접근법

기업을 개방적인 시스템으로 상정하여, 환경과의 다양한 관계로 인해 주어진 상황에 적합한 리더십 스타일과 인적자원관리가 효과적이라고 이해하는 접근법이다(Fiedler, 1964).

6) 인적자본 접근법

인적자본(human capital)은 근로자가 보유하고 있는 지식과 기술, 그리고 능력을 경제적인 가치로 평가하고 이해하는 개념이다. 과거에는 근로자를 비용으로 간주하였으나, 오늘날은 근로자를 기업의 성공에 결정적인 영향을 미치는 경쟁력의 원천으로 간주하고 있다. 따라서 인적자원은 더 이상 비용이 아니라 투자할 만한 자본으로 인정하고 있다. 오늘날 경영자들은 비록 인적자본이 기업의 재무제표상의 계정으로 표시될 수 없다고 해도 기업의 성과에 막대한 영향력을 행사하고 있는 기업의 자산(assets)으로 인식하고 있다.

7) 성과접근법(성과주의)

미국의 허드슨 연구소(Hudson Institute)가 노동부(Department of Labor)의 위탁을 받아 수행한 '노동력 2000'(Workforce 2000) 프로젝트의 보고서를 책으로 출간하였다. 이 프로젝트는 21세기를 맞이한 미국에 어떤 인력이 필요하며, 이를 위해 정부와 기업이 어떤 인재를 집중적으로 양성할 것인지에 대한 해답을 얻고자 수행되었다. 이 보고서에서 강조하는 것은 '획일화된 경영, 획일화된 인재상을 버리고, 다양하고도 유연한 경영, 다양한 인재 양성에 주력해야 한다'는 것이다.

한 가지 사이즈의 사람을 요구하고, 이 사이즈에 조직내 모든 사람이 맞추는 식의 인사관리, 즉 "One Size Fits All" 식의 경영은 직장에서 하루속히 사라져야 한다는 것이다. 그러면서 이 보고서는 부제를 '다양성의 장점을 극대화하기(gaining the diversity advantage)'로 달았다. 21세기 조직의 경쟁력은 구성원이 지닌 다양성의 장점을 어떻게 극대화하는가에 달려 있다고 이 보고서는 강조하고 있다. 또, 근로자의 다양성을 최대한 활용하기 위한 인적자원관리의 기본방향은 '개성화(individualizing)'를 지향해야 한다고 역설하고 있다.

3. 인적자원관리의 발전과정

인적자원관리는 기업조직의 경영관리 기능 중에서 핵심적 역할을 하는 기능으로써 조직의 인적자원을 효율적으로 관리하여 조직의 유효성을 높이며, 동시에 구성원의 발전을 목적으로 하고 있다. 그러나 인적자원관리의 대상이 사람이라는 면에서 볼 때는 인적자원관리가 인간의 노동력을 사용해 온 긴 역사 속에서 그 기능을 발휘해 왔음을 알 수 있다. 반면에 인적자원관리에 대한 학문적 연구는 20세기에 들어서야 시작되었으므로 그 역사는 비교적 짧지만, 급속히 발전을 해 왔다. 그 과정에서 인적자원관리에 대한 이론적 지식과 효율적 관리방법이 연구·개발되어, 경영학의 학문적 발전 뿐만 아니라 경영관리 실무상에도 많은 기여를 하였다.

인적자원관리는 정치, 경제, 사회, 문화, 기술 등의 환경의 영향을 받으면서 발전하고 있는데, 인적자원관리의 발전과정은 산업혁명시대, 과학적 관리시대, 인간관계론시대, 행동과학시대의 네 단계로 나누어 볼 수 있다.

3.1 산업혁명시대

산업혁명(industrial revolution)은 18세기(1760~1830) 영국에서 시작되어 유럽 대륙으로 파급되면서, 많은 사회 변화와 발전을 가져 왔다. 즉, 에너지로서 동력을 사용하고 공장을 기계화함으로써 종래의 가내수공업체제를 대량생산체제로 바꾸면서 산업의 고용인력을 크게 확대하였으며, 이를 기점으로 하여 산업사회가 대두되었다. 그러나 기업경영에서 많은 기술적인 문제와 인간적인 문제가 초래되기도 하였다.

1) 산업혁명과 자본주의 시장경제

산업혁명이란 농업 및 수공업적 생산방식으로부터 도시지역의 공장에서 기계에 의한 생산방식이 지배적인 경제로의 이행을 의미한다. 영국에서 일어난 산업혁명은 19세기 중엽까지는 프랑스, 독일, 미국 등으로 그리고 19세기 말엽에는 러시아와 일본 등에까지 확산되었으며, 이것은 또한 자본주의가 지역적으로 확산된 과정이기도 하였다.

산업혁명은 방적기 및 방직기의 발명, 제철을 위한 연료로서 석탄의 이용, 증기기관의 도입 등 기술혁신과 그에 상응하는 생산조직으로서의 공장제가 결합한 공장제 기계공업이 성립하게 된 공업화의 전개과정이었다. 이 과정에서 경제활동의 중심은 농업에서 공업으로 바뀌었으며, 독립적 소생산자 중의 일부가 산업자본가가 되고 나머지는 대부분 근로자가 되었다. 그 결과 생산수단을 사적으로 소유하여 이윤을 추구하는 자본가 계층과 그들에게 고용되어 임금을 받는 근로자 계층이 성립되었다. 또한 개별경제 주체가 자유로운 계약에 기초하여 합리적으로 경제활동을 수행하는 자본주의 시장경제가 성립되었다. 아담 스미스(A. Smith, 1723 ~ 1790)는 개별경제 주체가 자신의 이익을 추구하여 합리적으로 경제행위를 수행할 때, 그 경제사회는 '보이지 않는 손', 즉 가격에 의해 조화를 이루면서 발전한다고 주장함으로써 자본주의 경제의 사상적 기초를 마련하였다. 정부는 공업화에 따라 발생한 사회경제 문제에 대해서만 다소 관여하였고, 개개인의 경제활동에 대해서는 자유방임정책을 수행하였으며, 경제활동의 자유를 제약하는 제도들을 없앰으로써 자본주의 경제를 정책적으로 뒷받침하였다.

2) 산업혁명과 노동문제

수공업 및 공장제 수공업은 산업혁명에 의해 발전한 기계제공업에 의해 근본적인 타격을 받게 되었다. 기계적 작업에 의해 노동은 단순화되고, 여성노동과 아동노동을 많이 이용하게 되었으며, 임금근로자들은 기계의 단순한 부속물이 되었다. 이전의 소규모적인 독립생산자의 경제는 파멸상태가 되었고, 몰락한 소생산자들도 임금근로자로 전락하였다. 따라서 사회의 부(富)는 자본가들에게 집중되었고, 근로자들은 더욱 가난해졌으며, 노동운동은 격화되었다. 이와 같이 산업혁명의 결과, 자본가와 근로자라는 두 계층이 발생되었으며, 이들 간의 대립과 갈등이 중요한 사회문제로 부각되었다. 특히 초기에 자본가 계급의 무절제한 부의 축적과 근로자들의 열악한 생활환경은 계층간의 갈등을 더욱 악화시켰다.

공장제도가 도입됨으로써 다수의 근로자를 고용하여, 대규모 생산체제가 가능해지고 분업이 주요한 생산방식이 되었다. 또한 농촌의 인구가 도시로 집중하였고, 노동임금으로 살아가야 할 유동인구가 도시에 급증하게 되었다. 이들의 생활여건이 급속도로 악화되었고, 노동의 공급이 수요를 초과하였기 때문에, 상품가치로서의 노동임금이 하락되고, 대량 실직의 문제가 발생하였다.

3) 산업혁명의 결과

산업혁명은 신석기시대의 '농업혁명' 이래 가장 중요했던 산업상의 혁명이었다. 이러한 산업혁명의 결과를 살펴보면 다음과 같다.

첫째, 지속적인 발명과 기술혁신을 통하여 산업사회를 출현시키고, 지속적인 경제성장을 가능케 하였다. 즉, 부가가치 높은 공업의 발전으로 생산력이 크게 향상되어 인류의 오랜 과제인 빈곤을 퇴치할 수 있는 수단과 기반이 마련되었다.

둘째, 생산수단과 생산조직에 큰 변화를 초래하였다. 즉, 기계를 사용하고 다수의 근로자를 한 장소에 모아서 협동적으로 생산에 종사하도록 하는 공장제(factory system)가 출현하였고, 이것이 모든 공업부문에 확산되면서 연쇄적으로 새로운 기술, 기계, 새로운 발명, 기술혁신을 불러 일으켰다. 이와 같은 기계의 발명과 기술의 혁신으로 새로운 제품을 값싸게 대량생산 할 수 있게 되었다.

셋째, 교통기관의 발전과 인구의 급격한 증가현상으로 인해 인구의 도시 집중현상이 나타났으며, 새로운 공업도시가 많이 생겨났다. 이러한 변화는 노동문제, 도시문제와 같은 근대산업사회의 새로운 사회문제를 제기하게 되었으며, 자본가와 근로자가 다같이 정치참여의 권리를 요구하는 정치체제의 변화도 야기되었다.

현장이야기 2

하나님 포드를 축복하소서!

1914년 1월 15일 전 미국이 발칵 뒤집혔다. 기능공들에게 임금을 두 배로 인상하고, 10시간 근로시간을 8시간으로 줄인다는 포드의 발표 때문이었다. 한 신문은 포드에 대한 존경의 마음을 담아 '포드에게 하나님의 축복을!'이라는 제목을 머릿기사로 내보냈다. 곧이어 수많은 구직자들이 포드자동차로 구름같이 몰려들었고, 그 와중에서 뇌물이나 공갈, 주먹다짐이 오갔다. 포드는 축복을 받았다. 1903년 10달러이던 주식이 16년 동안 1년에 60배씩 계속해서 상승하여 25만 달러에 이르게 되었다. 그 뿐만 아니다. 1921년 그는 우연히 정육점을 방문하게 되었는데, 이곳에서 자동화에 대한 착상을 하게 되었다. 정육점에서는 고기의 부위를 구분하여 포장할 때, 작업자의 머리 위쪽에 고기를 걸어서 이동시킬 수 있는 갈고리 걸이를 만들어 두고, 여러 사람이 분업을 실시하는데, 첫 번째 사람이 갈비 살을 구분하여 저민 다음, 고기를 갈고리에 걸어서 옆으로 밀면, 그 다음 사람은 안심살을 저미고, 그 다음 작업자에게로 갈고리에 끼어서 고기를 이동시키는 식의 작업방법이었다. 포드는 이 장면을 보고 자동차 엔진을 장착하면, 그 다음 사람이 타이어 바퀴를 낀다든지 하는 식의 작업대에서 할 수 있는 분업을 생각하게 되었다. 그리고 고기를 사람이 손으로 밀어서 옆으로 옮기는 식의 수동적 방법 대신, 자동으로 움직이는 벨트를 장착해서 하나의 작업이 끝나면 자동으로 작업대가 다음 작업자가 있는 옆으로 움직이는 컨베이어 시스템을 개발하였다. 포드는 이러한 자동화로 T형 모델의 자동차(사진)를 값싸게 대량생산할 수 있게 되었고, 세계 제일의 자동차 왕이 되었다. 이러한 컨베이어 시스템은 오늘날까지도 보편적으로 이용하는 귀중한 발명품으로 칭송을 받고 있다. 그리고 최근에는 사람 대신 로봇 팔이 컨베이어 벨트에서 작업을 하고 있다.

• 자료 : 임창희(2014), 인적자원관리, 비앤엠북스, p. 47.

3.2 과학적 관리시대

조직경영에 관한 체계적인 연구에 있어서 가장 선도적 역할을 한 것은 테일러(F. W. Taylor)의 과학적 관리법이다. 과학적 관리법은 주로 공장을 중심으로 효율적인 생산과 경영관리를 연구했지만, 그 내용에 있어서 인적자원관리에 관한 관점과 기법도 포함되어 있어서 인적자원관리의 학문적 발전에 중요한 공헌을 하였다.

1) 과학적 관리의 배경

19세기 말에서 20세기 초 미국에서는 미국기계기사협회(American Society of Mechanical Engineers, ASME)를 중심으로 관리운동(management movement) 또는 능률증진운동(efficiency movement)이 일어났다. 이것은 과거의 경영관리방식이 무계획적이고 비합리적인 표류관리(drifting management)였기 때문이다. 이 당시의 기업들은 능률급제도를 실시하고 있었는데, 경영자들은 근로자들의 능률이 향상되면 인건비를 절약하기 위하여 임률을 절하함으로써, 근로자들의 조직적 태업(systematic soldiering)을 유발하여, 기업의 성과와 근로자들의 근로의욕이 모두 저하되는 모순과 악순환이 계속되었다.

테일러는 이러한 악순환의 원인은 임금형태가 아닌 임금의 설정 과정에 있다고 보고, 안정된 임률의 합리적 설정만이 개선책이 될 수 있다고 판단했다. 이를 위해서 동작연구와 시간연구를 통한 과업의 설정에 관심을 가졌다. 이런 이유로 과학적 관리법을 과업관리(task management)라고도 한다.

2) 과학적 관리의 내용

과학적 관리(scientific management)는 동작연구와 시간연구를 통해서 과업표준을 설정하고, 이를 기준으로 노동량을 평가하여 근로자의 근로의욕을 높이고, 능률을 증대시키고자 하는 합리적인 작업관리 방식을 말한다. 테일러(F. W. Taylor)는 과거의 주먹구구식(rule of thumb) 경영방식의 비과학성에 대하여, 자신의 관리방식을 과학적 관리방식이라고 하였다. 즉, 과학적 관리는 생산방법의 재구성과 작업의 합리화를 통해 노동 및 경영의 비효율성에 대처하는 노력이라 할 수 있다. 이 방식의 특징은 작업을 근로자들의 의견에 일임하지 않고, 기획 및 지도는 각각 전문적 능력을 가진 사람들이 담당하고, 근로자는 이들의 지시대로 작업활동을 하면, 자연히 능률이 향상되고 원가절감과 이윤증대가 가능해진다는 것이다. 따라서 과학적 관리법의 목표는 고임금과 저노무비를 실현함으로써, 기업과 종업원 모두의 발전을 도모하기 위한 것이었다.

(1) 과업관리

과업관리의 의미는 관리자와 근로자의 업무를 분업화하여 근본적으로 관리와 작업의 분리를 실현하는 것이다. 관리와 작업의 분리는 관리자가 직무연구를 통해 근로자의 직무와 직무수행방법을 구체적으로 설정해 주며, 근로자는 이에 따라서 설정해 준 직무와 직무수행방법을 그대로 실행한다는 것이다.

과업관리는 근로자가 수행하는 업무의 각 요소를 과학적으로 발전시키고, 과거의 주먹구구식 관리방법을 지양한다. 이를 위해서는 시간 및 동작연구(time and motion study)와 작업도구의 표준화(standardization of tools)를 통한 과업관리를 실행해야 한다. 시간 및 동작연구와 작업도구의 표준화를 통하여, 표준작업시간과 표준동작을 설정하고, 작업조건과 환경을 표준화함으로써, 최선의 업무수행 방법(one best way)을 마련하고, 이를 기준으로 표준생산량을 결정하게 된다. 이처럼 시간 및 동작연구와 작업도구의 표준화를 통해 과업을 정밀하게 계산해서 부여함으로써, 1일의 공정한 작업량(a fair day's work)을 결정하고 관리해 나가는 것이 과업관리라 할 수 있다.

(2) 차별적 능률급제

과학적 관리법에서는 근로자의 성과는 생산량을 기준으로 하는 능률급제(piece rate payment)를 사용할 것을 주장하였다. 특히 테일러는 단순히 생산량에 정비례하여 임금을 지불하는 단순능률급제(straight piece rate payment)와는 달리, 일정한 표준량을 설정하여 표준량까지는 단순능률급이 적용되지만 표준량을 초과하는 부분에 대해서는 더 높은 임금률을 적용하는 차별적 능률급제(differential piece rate payment)를 주장하였다. 차별적 능률급제에서 적용되는 표준량과 임금률이 직무연구를 통하여 설정되지만, 표준작업량은 숙련된 작업자들이 달성할 수 있는 수준이었다. 따라서 차별적 능률급제가 적용되면, 근로자는 생산성을 제고시킴으로써 기업의 이윤극대화에 기여할 수 있고, 기업은 높은 이윤을 바탕으로 근로자에게 높은 임금을 지불할 수 있으므로 근로자와 기업의 목적은 통합된다고 보았다.

(3) 기능적 직장제

기능적 직장제(functional foremanship)는 작업의 계획업무를 근로자들로부터 분리시켜 전문분야별로 직장을 둠으로써 분업적으로 지도하게 하는 제도를 말한다. 테일러는 대부분의 경우 공장에서 일선 감독자에게 주어진 업무가 너무 많아 관리기능을 제대로 발휘하지 못하고 있으며, 이것이 생산을 저하시키는 원인이 되고 있다고 보았다. 따라서 일선 감독자에게도 분업의 원리를 적용하여, 일선 감독자는 부하 근로자의 생산을 감독하는 데만 치중하게 하고, 생산계획이나 품질검사 그리고 근로자의 훈련 등 기타 관리업무는 각각을 전문적으로 처리할 수 있는 감독자를 별도로 채용하여 관리를 맡기는 체제를 운영하였다. 이것은 이전의 일선 감독자의 직무를 세분화・전문화하여서 생산조직의 관리구조를 효율화시키려는 목적을 달성하기 위한 것으로 기능적 조직구조의 기본개념을 활용했다는 점에 그 의의가 있다.

(4) 인간관

과학적 관리시대에서는 생산성 향상을 목표로 관리행위가 이루어지면서 기계적 인간관 또는 경제적 인간관을 보여주고 있다.

기계적 인간관이란 근로자를 기계나 도구와 같이 보면서 노동에 물리적 원리를 적용하고 인간의 기계화를 추진한 것이다. 즉, 테일러는 시간・동작연구를 통해 인간노동의 기계화를 시도하였으나, 그 이후에 과학적 관리에 커다란 공헌을 한 포드(H. Ford)의 동시관리(management through synchronization)를 통해서 인간노동을 기계로 대체하고, 인간이 기계의 보조역할을 하도록 하여, 인간이 직접적인 육체노동으로부터는 해방되었으나, 인간도 기계의 일부가 되고, 기계에 예속됨으로써 인간성 소외라는 역기능을 낳게 되었다.

한편 경제학의 전통을 이어 받아서 인간은 경제적 동기의 충족을 위해, 즉 자기의 보상을 극대화하기 위해 일한다는 경제적 인간관이 등장하였다. 이에 따라 인간을 생산의 한 요소로 보고 그것이 자본이나 물적자원의 경우와 같이 합리적으로 이용되어야 한다는 노동상품설이 지지받게 되었다. 경제적 인간관의 개념은 테일러의 경영이념(Taylorism)인 '고임금・저노무비'의 실현과 포드의 경영이념(Fordism)으로 제시된 '저가격・고임금'에서 찾아 볼 수 있다.

3.3 인간관계론 시대

과학적 관리시대에서 생산성을 중시하고 인간성을 무시하는 관리방식에 대한 역기능이 증가되는 가운데 호손실험을 계기로 인간관계에 대한 관심이 증가하기 시작하였다.

1) 호손실험

호손실험은 미국의 시카고에 있는 서부전기회사(Western Electric Co.)의 호손공장을 중심으로 행해진 일련의 실험적 연구로서 호손공장에 종사하고 있는 3만명의 종업원을 대상으로 1924년부터 1932년까지 4차에 걸쳐 실시되었다. 이 실험을 통해 인간성의 과학적인 연구가 시작되었다고 할 수 있으며, 하버드대학 경영대학원의 협조와 록펠러재단의 재정적인 후원을 받아 하버드대학의 사회학자인 메이요(E. Mayo)와 뢰스리스버거(F. Roethlisberger) 등이 중심이 되어 연구가 수행되었다.

호손실험은 처음에는 과학적 관리법에서 기본전제로 삼고 있는 작업장의 물리적 환경과 생산성과의 상호 연관관계를 검증하는 데에 기본 목적이 있었다. 즉, 작업환경의 표준화, 합리적인 직무내용과 직무수행방법의 설계 등 과학적 관리법의 기본원리가 실제로 유효한지를 연구하려는 것이 원래의 목적이었다. 그래서 작업자들을 통제집단(control group)과 실험집단(experiment group)으로 나누어 작업장의 조명, 작업시간, 임금지불방법 등 여러 가지 작업환경과 조건을 변경해 가면서 이에 따른 생산성의 변화를 분석해 보았다. 그러나 작업환경과 생산성과는 뚜렷한 연관성이 나타나지 않았고, 일관성 있는 결과도 없었다.

따라서 메이요와 뢰스리스버거는 연구 후반에는 호손공장 실험의 연구 초점을 작업환경으로부터 집단행동에 맞추었다. 면접조사는 구성원을 대상으로 비지시적 면접방법을 사용하여, 그들의 직무만족과 관리자에 대한 만족 등 그들의 행동과 생산성에 작용하는 요인에 대하여 연구하였다. 그 결과, 생산성은 작업집단의 구성원들 사이에서 형성되는 상호관계와 그들 사이의 상호작용에 의하여 크게 영향을 받고 있다는 것이 나타났다. 특히 공식적인 직무구조와 권한체계보다는 자연발생적인 비공식조직과 비공식 역할이 더 중요한 것으로 나타났고, 집단구성원이 자기직무와 관리자 그리고 다른 구성원에 대하여 어떻게 생각하고 있는지가 생산성에 크게 작용하고 있는 것으로 나타났다.

현장이야기 3

인간관계의 중요성

미국의 서부전기회사(Western Electric Company)의 호손(Hawthorne) 공장(사진)에서 생산성이 떨어지자, 과학적 관리법에 의문을 품은 경영진이 하버드 대학의 엘튼 메이요(E. Mayo) 교수를 초청했다. 그는 조교들과 함께 1927년부터 1932년까지 장장 5년여에 걸쳐 실험을 계속하면서, 많은 새로운 사실들을 우연한 기회에 발견하곤 했다. 처음에는 과학적 관리원칙에 따라 작업조건 개선에 신경을 쓰고, 동작연구에 의한 작업방법 개선과 표준화를 실험했다. 조명도를 높이니 생산성이 올랐고, 그때 실험을 돕던 조교가 조명도를 다시 원 위치시켜 보자고 제안했다. 과학적이라면 그 경우 생산성은 다시 떨어져야 한다. 그러나 조명이 다시 어두워지니 생산성이 오히려 높아졌다. 의문이 생긴 실험자들이 사원들에게 물어본 결과 그들의 대답이 걸작이었다. "우리 팀이 실험집단으로 선택된 것 같아서 자부심으로 열심히 일했다."는 것이었다. 즉, 생산성의 변화(인간행동의 변화)는 작업환경 등 외부에 있는 것이 아니라, 집단 내에서 인간끼리 관련된 심리적 요소와 더 밀접한 관계가 있음을 알게 되었다.

• 자료 : 임창희(2014), 「인적자원관리」, 비앤엠북스, p.51.

2) 비공식조직

뢰스리스버거(F. Roethlisberger)는 경영조직을 기술적 조직과 인간조직으로 분류하였는데, 기술적 조직은 공장의 기술적・물리적인 환경인 기계・설비・제품 등으로 경제적 기능을 수행한다. 반면에 인간조직은 구성원의 공통 목적을 유효하게 달성하고, 보다 큰 만족을 얻기 위하여 사회적 기능을 수행하고 있다. 인간조직은 다시 개인과 사회적 조직으로 분류되며, 여기서 사회적 조직은 공식조직과 비공식조직으로 나누어지게 된다. 즉, 경영조직은 기술적 조직과 공식조직 그리고 비공식조직으로 구성되며 각 조직의 기본원리는 각각 비용의 논리(logic of cost), 능률의 논리(logic of efficiency), 감정의 논리(logic of sentiments)가 지배하고 있다는 것이다.

비공식조직(informal organization)은 조직내에서 친밀한 대면적 접촉을 통해 형성되는 감정과 관습을 기초로 하여 생성되는 자생적 집단을 말한다. 따라서 비공식조직은 목적을 달성하기 위한 수단이 아니며, 어떤 권한체계도 없으며, 개인 간의 감정의 논리가 중심을 이루고 있지만, 구성원들의 행동을 규제하는 일종의 사회적 통제기능을 수행하기도 한다. 그러므로 비공식조직이 공식조직(기업)과의 이해가 합치된다면, 공식조직의 기능을 보완하고 촉진하는 긍정적 역할을 담당하게 되며, 조직은 인간으로 구성된 사회적 유기체로서의 중요성을 갖게 된다.

3) 인간관

인간관계론 시대에서는 조직을 사회적 유기체로 보면서 이와 연결하여 구성원에 대하여 사회적 인간관을 나타내고 있다. 사회적 인간관이란 구성원들이 경제적인 동기에 의해서만 행동하지 않고 의욕이나 감정을 가지고 집단구성원으로서 사회적인 동기에 의해 행동을 하며, 비논리적 · 비합리적으로 행동한다고 보는 관점인 것이다.

구성원들이 사회적 동기에 의해 행동하기 때문에 개인행동은 집단의 영향을 많이 받게 되며, 따라서 집단성과가 중요한 요소로 인식된다. 집단의 성과는 그 구성원들 간의 상호관계와 상호작용의 영향을 받는다는 전제하에서 구성원들 간의 인간관계, 집단 사기(morale), 집단 응집성(cohesiveness)에 대한 인식이 높아졌다. 또한 '만족한 근로자가 생산성이 높다(satisfied workers are productive workers)'라는 명제를 주장하면서, 직무만족에 관한 연구가 활발히 진행되었다. 즉, 구성원들의 직무만족을 높이기 위하여 구성원을 잘 이해하고 관심을 갖고 배려하는 인간중심적인 관리방법이 강조되기 시작하였다.

3.4 행동과학시대

1) 행동과학의 발전배경

행동과학(behavioral science)은 인간관계론을 토대로 발전하게 되었다. 즉, 종래의 인간관계론이 경영자를 위해 근로자를 회유 · 조종하는 방법을 다루고 있다는 노동조합 측의 비판을 회피하고, 그것이 경영자를 위한 편향적 과학이 아니라는 점을 주장하기 위해 행동과학적 접근방법이 발생하게 되었다. 이것은 포드재단(Ford Foundation)이 1952년에 행동과학 부문을 창설하고, 행동과학 프로그램을 운영하면서 개인의 행동과 인간관계의 연구를 지원하기 시작하면서 행동과학의 개념 및 연구가 보편화되었다.

2) 학제적 접근

행동과학이란 인간의 행동에 관하여 객관적인 방법으로 수집한 자료와 경험적 증거에 의해 입증된 일반적인 법칙을 설정하고, 이에 근거하여 인간행동을 과학적으로 설명 · 예측하는 것이라 할 수 있다. 그런데 환경과 조직 그리고 구성원 행동이 복잡해짐에 따라서 조직체와 인적자원관리의 학문적 연구에 있어서 이에 관련된 사회학(sociology), 인류학(anthropology), 심리학(psychology) 분야의 이론적 지식이 더욱 중요해졌고, 이들 학문의 이론지식과 연구방법을 기반으로 조직체와 인적자원관리 문제에 대한 보다 학제적 접근(interdisciplinary approach)이 적용되기 시작하였다. 그리하여 사회문화(culture)와 생태(ecology), 사회조직과 구조, 집단행동, 성격(personality)과 지각(perception), 동기(motive) 등 조직체와 집단 그리고 개인 행동에 관한 거시적 및 미시적 연구가 활발해지게 되었다.

행동과학적 접근은 현대사회의 인간행동과 조직체 행동이 복잡다양해져 감에 따라 학문적으로 그 필요성이 증대되었으며, 연구방법론에 있어서도 전체와 부분간의 상호관계를 중시하는 일반시스템 이론(general systems theory)의 영향을 받아 크게 발전하게 되었다. 시스템이란 복잡한 환경 내에서 전체의 목표를 달성하기 위하여 상호작용하는 부분들(parts, elements)의 집합으로 정의하며, 전체성(wholism), 목표(goals), 개방성(openness), 상호관련성(interrelationship), 통제성(control mechanism)의 속성을 가지고 있다. 이러한 시스템 개념이 인적자원관리에 도입됨으로써 조직의 목표 달성에 있어서 개인과 집단행동의 중요성과 시너지효과(synergy effect)를 높일 수 있도록 유기적 관련성을 강조하고 있다. 또한 환경과의 관계에서 개방체계(open system)를 도입함으로써 환경변화의 중요성을 강조하며 보다 거시적이며 종합적인 시각을 갖게 되었다.

더욱이 1980년대부터 시작된 급격한 환경변화로 인해 기업의 인수 · 합병을 통한 구조재편(reorganization)의 심화, 국경 없는 경쟁의 심화, 성장의 둔화, 조직구성원들의 기대수준과 욕구수준 변화, 인적자원의 다양성 증대 등이 대두되었다. 이러한 추세는 고객만족의 중요성 증대, 경쟁의 심화, 변화의 일상화라는 특징을 띠는 것으로서 이러한 기업환경을 고객(customer), 경쟁(competition), 변화(change)로 이루어진 '3C 시대'라고 부르기도 한다.

이러한 기업환경 변화에 대응하기 위하여 조직의 구조를 보다 경쟁력 있게 재편하는 '리스트럭처링(restructuring)', 상품과 작업의 질을 총체적으로 개선하기 위한 '전사적 품질관리(total quality management : TQM)', 기업의 작업방식을 백지상태에서 출발하여 전면적으로 재설계하는 '비즈니스 프로세스 리엔지니어링(BPR: business process reengineering)', 경쟁기업 뿐만 아니라 특정한 프로세스에 대한 강점을 지니고 있는 조직을 대상으로 하여 적극적으로 학습하는 '벤치마킹 (benchmarking)', 부서의 규모 및 인원의 감축을 통하여 조직을 경량화(輕量化)시키는 '다운사이징(downsizing)', 지속적인 학습을 통하여 구성원들의 역량을 확대시키고 변화를 체질화하는 '학습조직(learning organization)' 구축 등의 다양한 혁신(innovation) 또는 변혁(transformation)을 추구하게 되었다. 그런데 조직이 이러한 전략적 결정을 실행에 옮기려면, 효과적인 인적자원관리가 그 바탕이 되어야 한다.

알고 갑시다.

인적자원관리의 용어 변천

인적자원관리라는 용어는 어떻게 변천되어 지금에 이르게 되었을까? 인사관리 또는 인적자원관리라는 용어의 변천과정을 살펴보면, 기업내에서 인사기능의 역할과 그 위치를 알 수 있다. 국내기업에 있어 인사관리가 태동하기 시작한 시점은 1960년에서 1970년대에 인사관리가 태동하기 시작하였다. 이때의 원시적 인사관리는 인사기능의 제도화 수준이 낮아 구성원의 인적 사항 등의 기록과 문서의 보관 및 관리, 급여의 계산 및 지급 등이 이루어지는 인사관리의 시작기였다.

1980년 들어 **인사관리(Personnel Management)**가 본격적으로 정착되면서, 인사관리의 각 기능들이 제도화, 체계화되기 시작하였다. 그러나 채용, 평가/보상, 교육훈련, 퇴직 등의 활동들은 개별적 인사기능의 강화 및 체계화에만 초점이 맞추어져 있었으나, 기능간 조정 및 통합 수준이 미비하였다.

1990년 들어 인사관리라는 용어 대신 **인적자원관리(Human Resource Management : HRM)**라는 용어가 자리 잡기 시작하였다. 인적자원관리는 인사활동의 각 기능간 조정 및 통합을 통해 시스템화하도록 했다는 점에서 인사관리와 차이를 보였다. 또한, 인사부서의 역할이 강화되고 인적자원의 개발 및 활용이 강조되기 시작하였다.

최근 2000년대를 접어들면서 전략과의 연계 및 적합성을 강조한 **전략적 인적자원관리(Strategic Human Resource Management : SHRM)**가 주요 트렌드로 자리 잡고 있다. 즉, 전략과의 외적 적합성 및 기능간 내적 적합성을 달성하여 기업의 지속적 경쟁우위 창출에 집중할 수 있도록 발전되고 있다. 이에 사업전략과 HR전략의 상호적합성 추구가 본격화 되고 HR 부서의 전략적 역할이 증대되기 시작하였다.
그렇다면 앞으로 10년 뒤 인적자원관리 기능들은 기업의 경영활동에 어떤 역할과 위치를 차지하게 될까? 앞으로의 그 미래가 기대된다.

정리하기

1. 인적자원관리란 인력의 확보와 유지・활용・개발에 관한 계획적이고 조직적인 관리활동이라고 정의할 수 있다. 즉, 조직이 필요로 하는 인력을 확보하고 이들을 유지・개발・활용하는 활동을 계획하고 조직하고 통제하는 관리활동의 체계이다.
2. 인적자원의 특성은 인적자원의 능동성, 개발가능성, 전략성, 소진성에 있다.
3. 인적자원관리의 발전과정은 산업혁명시대 → 과학적 관리시대 → 인간관계론시대 → 행동과학시대의 네 단계로 나누어 볼 수 있다.
4. 인적자원관리의 용어는 인사관리(Personnel Management : PM)→ 인적자원관리(Human Resource Management : HRM)→전략적 인적자원관리(Strategic HRM : SHRM)로 변화되어 왔다.

연습문제

단답식

1. (   )의 목표와 (   )의 목표가 조화를 이루도록 하는 일은 인적자원관리에서 중요한 과제가 되고 있다.

2. 인적자원관리는 조직체의 인적자원을 관리하는 경영의 한 부분 또는 (   )이다.

3. 인적자원의 특성은 능동성, 개발가능성, (   ), 소진성이다.

4. 과학적 관리시대는 (   )강조시대, 인간관계론은 (   )강조시대이다.

5. (   )이란 인간의 행동을 객관적이고 체계적으로 설명하고 예측하려는 학문이다.

객관식

1. 다음 중 인적자원관리 기능과 활동에 포함되지 않는 것은? (   )
   ① 인적자원 확보　　② 인적자원 개발
   ③ 인적자원 소모　　④ 인적자원 유지

2. 다음 중 인적자원관리의 성격을 바르게 설명하고 있지 않는 것은? (   )
   ① 조직체의 인적자원을 관리하는 경영의 한 부분 또는 상위과정이다.
   ② 조직의 목표를 달성하기 위하여 모든 조직구성원을 대상으로 수행되는 일반 관리기능이다.
   ③ 조직체의 목적과 성과를 달성시키는 경영과정이다.
   ④ 조직의 유효성을 높이는데 기여한다.

3. 인적자원은 자연적인 성장과 성숙은 물론 무한한 잠재능력과 자질을 보유하고 있는데, 이를 무엇이라 하는가? ( )

① 능동성 ② 개발 가능성
③ 전략성 ④ 존엄성

4. 물적자원, 재무자원, 정보자원을 효과적이고 능률적으로 활용하는 인적자원의 특성은? ( )

① 존엄성 ② 개발가능성
③ 능동성 ④ 전략성

5. 다음 중 인적자원관리의 발전과정을 바르게 설명한 것은? ( )

① 산업혁명 시대 → 과학적관리 시대 → 인간관계론 시대 → 행동과학 시대
② 과학적관리 시대 → 산업혁명 시대 → 인간관계론 시대 → 행동과학 시대
③ 행동과학 시대 → 인간관계론 시대 → 과학적관리 시대 → 산업혁명 시대
④ 인간관계론 시대 → 과학적관리 시대 → 행동과학 시대 → 산업혁명 시대

6. 다음 중 과학적 관리시대의 인간관이 아닌 것은? ( )

① 기계적 인간관 ② 경제적 인간관
③ 사회적 인간관 ④ 합리적 인간관

7. 다음 중 인간관계론과 관련이 없는 것은? ( )

① 호손실험 ② 동시관리
③ 비공식조직 ④ 사회적 인간관

8. 다음 중 행동과학과 관련되어 바르게 설명한 것은? ( )

① 근로자들의 조직적 태업 방지 ② 시간연구와 동작연구
③ 호손실험 ④ 학제적 접근

9. 다음 중 인간관계론의 기본원리에 해당하는 것은? ( )

① 감정의 논리 ② 능률의 논리
③ 비용의 논리 ④ 투자의 논리

10. 다음 중 인적자원관리의 용어가 변화된 순서로 올바른 것은? ( )

① 인사관리 → 전략적 인적자원관리 → 인적자원관리
② 인적자원관리 → 전략적 인적자원관리 → 인사관리
③ 인사관리 → 인적자원관리 → 전략적 인적자원관리
④ 인적자원관리 → 인사관리 → 전략적 인적자원관리

참고문헌

김성수(2010),『혁신적 인적자원관리』, 탑북스.

김영재 · 김성국 · 김강식(2011),『혁신적 인적자원관리』, 탑북스.

이학종(2000),『인적자원관리: 현대 인사관리 이론과 사례연구』, 세경사.

임상혁(2007),『인적자원관리』, 비즈프레스.

———(2008),『(신)인적자원관리』, 비즈프레스.

임창희(2004),『인적자원관리』, 명경사.

———(2014),『인적자원관리』, 비앤엠북스.

한국인사관리협회(2006),「월간 인사관리」.

Flannery, T. P. et al.(1996), *People, Performance & Pay*, The Hay Group, The Free Press.

Heneman, H. G. III & R. L. Heneman(1994), *Staffing Organizations*, Madium: Mendota House Inc.

Levine, E. R., R. A. Ash, H. Hall, & Sistrunk(1983), "Evaluation of Job Analysis Method by Experienced Job Analysis", *Academy of Management Journal*, 26, pp. 339~348.

Milkovich, G. T., & J. W. Boudreau(1994), *Human Resource Management*, 7th ed., Irwin, Inc.

Mondy, R. W., & R. M. Noe(1996), *Human Resource Management*, 6th ed., Prentice-Hall Inc.

제 2 장 인적자원관리의 환경과 인사철학

학 습 개 요

이 장은 조직의 인적자원관리 활동에 영향을 미치는 모든 요인인 인적자원 환경(외 · 내부 환경)에 대해 살펴보고, 조직구성원의 활동기반이 되는 경영이념 및 인사철학의 정의 및 유형에 대해 학습한다.

학 습 목 표

1. 인적자원 환경의 두 유형에 대해 설명할 수 잇다.
2. 노동시장에 대해 설명할 수 있다.
3. 취업자와 실업자를 구분하여 이해한다.
4. 인사철학과 인사방침에 대해 설명할 수 있다.
5. 경제인, 사회인, 복합인의 관점에 대해 이해한다.

주 요 용 어

1. 인적자원 환경: 조직의 인적자원관리 활동에 영향을 미치는 모든 요인을 인적자원 환경이라고 하며, 이는 외부환경과 내부환경으로 구분.
2. 노동시장: 노동력에 대한 수요와 공급에 의해 노동이 거래되는 사회적 시스템을 의미하며, 경제적 상황에 의해 크게 영향을 받음.
3. 유연근무(시간)제: 종업원 각자가 1개월 이내의 기간에 일을 시작하고 마치는 시간, 당일의 근무시간 등을 자유롭게 설정할 수 있는 제도.
4. 경영이념: 기업경영에 있어서 모든 조직구성원의 활동기반이 되는 것으로서 경영의 행동원리 내지 지도원리와 관련된 것.
5. 인사철학: 경영자가 종업원에 대해 갖고 있는 기본적인 사고방식으로서 경영자가 종업원을 기업의 경영목표에 결합시키기 위한 관리행위에서 나타나는 지속적인 성향을 의미함.

경영사례 1

▌글로벌 기업 · 글로벌 경영 – 미국 기업의 근무환경 변화

HR업무에 큰 영향력을 미치는 다양한 변화들을 시대의 트렌드로 알아보는 것은 HR업무를 조직의 전략적 경영과 연계시킬 수 있다는 점에서 매우 의미가 있다.

미국인사관리협회는 향후 10년간 일터에 가장 큰 영향력을 미칠만한 인구통계, 경제, 고용, 국제, 정치, 사회, 과학기술 분야의 핵심문제에 대해서 HR담당자들을 대상으로 2년마다 '근무환경 변화 전망' 보고서를 작성하고 있다. 보고서에서 나타난 3대 핵심 트렌드를 산업인력의 인구통계학적인 변화에 초점을 맞추어 살펴보고자 한다.

• 3대 핵심 트렌드

미국 HR담당자들이 보는 3대 핵심 트렌드는 다음과 같다. 첫째, 건강관리 및 의료비용의 증가, 둘째, 아웃소싱(오프쇼어링)을 포함한 글로벌 경쟁 증가, 셋째, 산업인력의 고령화 및 베이비 붐 세대의 동시 퇴직이다.

이 중 산업인력의 고령화가 가장 주요한 인구통계학적 트렌드라고 응답했다. 미국 인구통계국(PRB : Population Reference Bureau)에 따르면 2030년까지 미국 인구의 20%가 65세 이상이 될 것이며, 여성이 남성보다 30% 더 많은 비율을 차지할 것으로 예측하고 있다.

HR담당자들은 산업인력의 고령화가 잠정적으로 건강관리 및 의료비용의 증가를 가져온다는 점에서 매우 관심을 기울이고 있다. 이미 연금 및 퇴직금에 상당한 비용을 지출하고 있는 고용주들은 특히 이 문제를 더욱 심각하게 받아들이고 있다는 것이다.

또한 HR담당자들은 인력 Pool에 포함시켜야 할 산업인력들의 퇴직 나이에 대해 궁금해 하고 있다. 미 연방사회보장국(Social Security Office)에서 제안하는 퇴직연령을 보면 1937년 이전 출생자가 65세, 1943~1954년 출생자가 66세, 1960년 이후 출생자가 67세로 점점 늘어나고 있다. 그러나 보다 현실적으로 특정 산업 및 직업에서는 퇴직자들이 가진 스킬이 매우 중요한 문제가 되기 때문에 이에 대한 의사결정을 해야 한다.

베이비 붐 세대들의 퇴직에 따른 스킬(skill) 부족 현상은 HR담당자들로 하여금 대안적인 산업인력의 원천을 찾게 만든다. 미국과 같은 선진국들은 그 일환으로 상대적으로 적은 나이에 필요한 스킬을 갖추고 있는 산업인력을 소유한 개발도상국들에게 관심을 보이고 있다. 이러한 과정이 필요한 스킬을 가진 이민자들 또는 오프쇼어링을 통해 국제적인 경쟁으로 이어질 것이다.

• 구성원들 간의 갈등요소 해결

산업인력의 인구통계학적 변화에 따라 근무환경에 다양성이 더해지는 한편, 다른 우선순위와 가치를 갖고 있는 세대 간의 갈등요소가 또 하나의 문제로 부상하고 있다. 물론 다른 세대 간에는 학습의 기회나 다양한 관점으로부터 더 나은 성과를 얻을 수도 있지만 잠재적인 갈등요인을 무시할 수는 없다. HR담당자들이 꼽은 세대 간 갈등은 다른 업무스타일, 특히 업무시간에 관련된 것이었다. 예를 들면 신세대일수록 시간외 근무를 꺼려하는 경향을 보이는 것과 같은 것이다. 또한 정책 변화로 인해 더 이상 적용되지 않는 복리후생제도에 대한 혜택을 구세대가 누리고 있는 것과 구세대가 퇴직연령 이후에도 여전히 리더십 위치를 차지하고 있는 것에 대한 불만 등과 관련하여 HR담당자들이 개입해야 할 과제들이 발생하고 있다.

이 밖에도 산업인력의 고령화와 더불어 나타나는 고령출산으로 인해 40대 인력들이 조·부모와 어린 자녀들을 동시에 부양해야 하는 책임을 지게 된다. 이러한 환경에 놓인 구성원들은 조직으로부터 가족들에 대한 복리후생제도의 혜택을 요구하거나 보다 유동적인 근무시간을 요구하게 된다.

미국 기업의 대부분은 이러한 문제의 심각성에 대해 내부정책 및 경영전략을 진단하는 시작단계에 놓여있다. 또한 미국 기업의 76%가 부양가족에 대해 유동적으로 비용을 지출하고 있는 한편, 약 3%만이 조·부모에 대해 보조금을 지급하고 있다고 밝혀져 부양가족에 대한 보다 구체적인 제도가 필요한 것으로 나타났다.

• 자료 : 김수경(2006. 11),「월간 인사관리」, 한국인사관리협회.

1. 인적자원관리의 환경

1.1 환경변화와 인적자원관리

열대 아프리카의 흙집은 출입구만 있고 창문은 없다. 반대로 맑은 날이 적은 영국의 주택은 창문으로도 부족해서 창들이 밖으로 돌출하여 햇빛을 조금이라도 더 받을 수 있도록 되어 있다. 모든 인간 조직은 환경의 영향을 받고 동시에 환경에 적응하며 살아 간다. 기업도, 학교도, 병원도, 국가도 모든 조직은 환경에 둘러싸여 혜택을 받기도 하고 대응하기도 하며 존속한다. 이처럼 환경과 영향을 주고 받는 조직을 개방시스템(open system)이라고 하는데, 거의 모든 조직은 이에 속한다. 기업은 물론 가장 대표적인 개방시스템이다. 하늘에서 내리는 빗물을 잘 이용하면 농업용수가 되지만, 잘못 대응하면 홍수가 되어 농사를 망치는 것처럼 인적자원관리 환경도 기업에게는 기회(opportunity)도 되고 위협(threat)도 되기 때문에 중요하다.

인적자원관리 분야에서도 환경요소를 무시할 수 없는 이유는 어떻게 하면 기회적 환경을 잘 이용하고, 위협적 환경을 최소화하여 기업조직을 존속, 번영시키는지에 관심이 있기 때문이다. 오늘날의 조직은 과거보다 훨씬 복잡한 환경 속에 존재하다 보니 인적자원을 관리하는 유일 최선의 방법은 없으며, 그 회사가 속한 사회의 법과 제도, 회사규모나 시장상황, 사용기술이나 노조의 위치 등에 따라 효율적인 관리방식은 여러 가지가 나올 수 있다. 또한 각 회사의 목표와 전략, 환경과 시장 뿐만 아니라 구성원들의 능력, 태도, 가치관 등도 모두 다르기 때문에 모든 상황에 똑같이 적용될 수 있는 인적자원관리 원칙은 존재하지 않는다.

비단 인적자원관리 뿐만 아니라 경영학에서도 1960년대 말에서 1970년대 중반까지의 경영이론은 상황요인과 조직과의 적합성에 관한 연구에 집중되었다. 그래서 규모에 따른 분업의 정도, 시장변화에 따른 권한 위임 정도, 기술복잡성에 따른 공식화 정도 등 더 세련되고 더 적합한 연결 관계를 찾아내는 데에 노력을 기울였다. 물론 인적자원관리 분야에서도 환경의 중요성이 1990년대 초부터 중시되었던 것은 아니다. 처음에는 기업을 어디까지나 하나의 폐쇄시스템으로 보고, 기업 내부의 인적자원만 잘 관리하면 성공하는 것으로 간주하여, 오직 내부의 인사제도나 인간관계에 관해서만 관심을 두다가 점차 사회가 복잡해져서 개방시스템 이론이 경영학에 도입되기 시작하면서부터 이 분야에서도 환경의 중요성이 함께 부각된 것이다.

[그림 2-1] 경영환경과 인적자원관리 변화

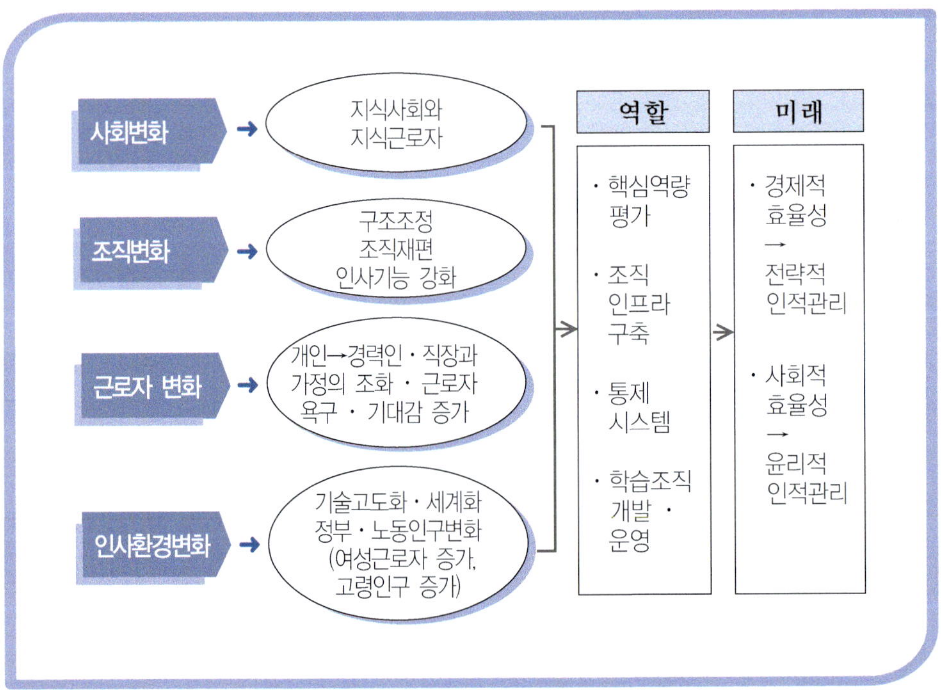

자료 : 김성수(2010), 「혁신적 인적자원관리」, 탑북스, p. 3.

인적자원 환경은 인적자원관리 전반에 영향을 미치며 조직은 바람직한 인적자원 결과를 달성하기 위해 인적자원 환경과 상호작용하고 적합하도록 인적자원 활동을 수행하여야 한다. 조직의 인적자원관리 활동에 영향을 미치는 모든 요인을 인적자원 환경이라고 하며, 이는 외부환경과 내부환경으로 구분할 수 있다. 외부환경은 조직 외부에서 조직의 인적자원 활동에 영향을 미치는 환경으로 경제상황, 노동시장, 법규 및 정부규제와 노동조합 등을 들 수 있다. 또한 인적자원관리는 조직 내의 가용자원과 역량 등 내부환경을 고려하여 수행되어야 한다.

1.2 외부환경

외부환경에는 경제환경, 노동시장, 법규 및 정부 규제와 노동조합을 들 수 있다. 공공조직이거나 사조직에 관계없이 경제환경은 조직의 '재무적 건전도'(financial health)에 영향을 미친다. 또한 조직의 재무상태는 인적자원 정책과 프로그램에 영향을 미친다. 호경기일 경우에는 기존의 인적자원 프로그램(예를 들면, 교육훈련)을 확대하거나 새로운 프로그램을 시작할 수 있을 것이다. 그러나 불경기일 때에는 프로그램을 축소하거나 폐지할 필요가 있다. 노동시장에서 조직은 종업원을 찾고(노동수요), 개인은 조직에게 자신의 노동력을 제공(노동공급)하고자 한다. 노동의 수요와 공급은 모든 인적자원 활동에 영향을 미치지만, 특히 보상과 확보관리에 직접적 영향을 미친다. 더욱이 조직은 노동시장을 통제하기가 어렵기 때문에 노동시장의 변화는 인적자원관리에 있어서 불확실성과 혼란을 초래할 수 있다.

대부분의 인적자원 활동은 인사와 관련된 법규와 정부규제의 대상이 된다. 특히, 근로기준법은 인적자원관리에 중요한 영향을 미친다. 최근에는 산업안전 및 보건, 평등고용, 정리해고제, 비정규직 법안 등과 같은 이슈들이 사회적 관심의 대상이 되고 있다. 또한 노동조합은 고용조건에 대해서 경영층과 교섭을 수행한다. 노동조합이 종업원들을 대표하고 있는 경우에는 조직의 인적자원관리 활동은 노사 간의 공동의사결정에 의해 영향을 받는다. 또한 노동조합은 노동법이나 정부규제에 대해 자신들의 이익을 대변하기 위한 여러 활동을 통하여 간접적으로 인적자원관리 활동에 영향을 미치고 있다.

1) 경제환경

경제환경은 인적자원관리에 광범위한 영향을 미치고 있다. 첫째, 경제활동 수준은 조직의 인력수요의 양과 유형에 직접적인 영향을 미친다. 이동통신분야와 광산분야를 비교해 보면, 이동통신분야에서는 고용확대가 이루어지고 있는 반면에 광산분야에서는 고용인력의 감소현상을 볼 수 있다. 둘째, 노동의 가격(임금 및 복리후생)이 새로 창출되는 직무형태에 영향을 미칠 수 있다. 높은 노무비에 대응하여, 조직은 낮은 임금의 종업원을 활용할 수 있도록 직무를 단순화하고 구조화한다. 노동의 가격은 또한 어떤 직무가 창출되고 어디에 위치하여야 하는가에 영향을 미친다. 많은 제조업체들이 임금이 낮은 동남아나 중국으로 생산공장을 이전하는 것이 이와 관련되었다고 볼 수 있다. 셋째, 조직의 경제적 상황이 어떤 인적자원 활동이 바람직하고 재원을 조달할 수 있는지를 결정하는데 중요한 역할을 한다. 예를 들면, 이익을 내지 못하는 조직은 비용이 많이 드는 복리후생을 확대할 가능성이 낮을 것이다. 실제로 이런 기업들은 노무비를 줄이기 위하여, 임금과 복리후생의 삭감을 종업원에게 요구할 수 있을 것이다.

2) 사회문화적 환경

사회문화적 환경은 기업의 외부 환경에 구성원들이 그들의 문화적 · 생태적 · 인구통계학적 · 종교적 조건에 따라 생성 · 발전시켜 지니고 있는 신념, 가치, 태도, 의견 및 생활양식 등을 말한다(김인수, 2003, pp. 128-130). 이러한 사회문화적 환경 측면에서 볼 때, 전반적인 생활의 질(quality of life) 향상과 사회의 민주화 실현은 근로자의 욕구(needs)를 변화시키고, 그 범위를 확대시키고 있다(최종태, 2000, p. 796).

현대 사회의 근로자들은 기존의 물질적인 욕구 이외에 정신적이고 사회적인 욕구를 추구하게 되었고, 임금보다 자신의 능력개발에 더 관심을 두는 경향이 나타나게 되었다. 이러한 근로의식의 변화로 인하여 근로자들은 노동과정에 적극적으로 참여하여 자신들의 권력을 행사하고자 하였다. 따라서 기업은 근로자들의 이러한 욕구에 대처할 수 있는 대책 마련의 필요성을 절감하게 되었다.

또한 근로자들의 교육수준이 높아지고 사회적 욕구 수준이 높아진 근로자들에게 단순반복 작업은 근로자들의 동기부여를 감소시키고, 이는 조직의 성과를 감소시키는 역할을 하게 된다. 이에 기업들은 근로자들의 사회적 욕구와 기업의 현실을 조화시키고자, 근로자들의 참여와 자율적 관리팀을 활성화하고, 다기능화와 역량 향상을 위한 교육을 강화하고 있다.

3) 노동시장

노동시장은 노동력에 대한 수요와 공급에 의해 노동이 거래되는 사회적 시스템을 의미하며, 노동시장은 경제적 상황에 의해 크게 영향을 받는다. 조직은 필요로 하는 노동력의 종류와 양에 의해 노동수요를 결정하며, 개인은 노동을 제공하는 노동공급을 대표한다. 노동시장에서는 직장기회, 숙련, 그리고 자격요건 등과 같은 정보가 교환된다. 당사자들이 교환에 대한 합의가 이루어지면, 개인들은 다양한 가격(임금)으로 다양한 조직에 고용되는 것이다.

사용자들이 노동시장 상황을 잘 이해하고 있어야 하지만 모든 개별 거래에 대한 정보를 획득하기는 현실적으로 어렵다. 사용자들은 실제로 자신들에게 직접 영향을 미치는 거래에 집중한다. 실제로 사용자들에게 직접 영향을 미치는 노동시장을 '적정 노동시장'(relevant labor market)이라고 한다. 적정 노동시장은 일반적으로 직업, 지역, 그리고 경쟁조직의 요소에 의해 구별된다. 직업에 따라 필요한 자격요건과 숙련이 달라지며, 또한 지리적으로 멀리 떨어져 있을 경우에는 동일한 노동시장을 형성하기 어렵다. 동일한 제품이나 서비스를 생산하는 경쟁회사는 유사한 노동력을 필요로 하기 때문에 임금이나 기타 고용조건을 두고 노동시장에서 경쟁하게 된다.

알고 갑시다.

노동시장(labor market)

노동력이라는 상품(노동용역)의 구매·판매 및 가격(임금수준) 결정에 관계되는 여러 가지 제도와 과정을 포괄하는 개념이다. 노동시장을 구성하는 중요한 요소에는 다섯 가지가 있다. ① 개별 근로자들로서 이들은 각자의 지식·기술·직업·노동의 대가에 대한 선호를 가지고 노동시장에 임한다. ② 근로자들의 조직(주로 노동조합)이 있다. ③ 개별 고용주들로서 이들은 제각기 나름대로의 인력 수요, 채용상의 선호, 그리고 일정한 인사정책을 가지고 노동시장에 임한다. ④ 개별 고용주들의 조직(주로 경영자 단체)이 있다. ⑤ 위와 같은 노사간의 당사자가 아닌 정부로서, 정부는 그 자신이 고용자일 뿐만 아니라 노동시장에서 노동조건의 규제, 감독자로서 또는 노사관계 법규의 제정자라는 기능으로 노동시장에 임한다. 따라서 노동시장은 하나로서 존재하는 것이 아니고 그 구성요소의 규모나 지역에 따라 수 없이 많이 존재할 수 있다.

(1) 노동력의 정의

우리나라에서 사용하고 있는 노동력은 [그림 2-2]에서와 같이 계층화된 3개의 범주로 분류되고 있다. 첫 번째 범주의 노동력 분류는 생산연령인구이다. 생산연령인구는 총 인구 중에서 생산활동에 종사할 수 있는 특정 연령층 이상의 인구를 의미한다. 여기서 총 인구는 한국 국적을 가진 사람들을 의미한다. 생산연령인구의 기준이 되는 연령은 다양하게 설정될 수 있으나, 현재 우리나라에서 사용하고 있는 연령기준은 15세 이상이다.[1] 참고로 미국의 경우, 총 인구 중 너무 어리거나(16세 이하), 근로를 할 수 없는 교도소 수감자, 정신적・신체적 장애를 갖고 있는 사람 등 정상적 근로가 가능하지 않은 사람들을 제외한 인구를 생산적격 인구(eligible to work)로 정의하고 있다.

생산연령인구는 경제활동인구와 비경제활동인구로 구분되며, 경제활동인구는 현재 취업하고 있거나 취업할 의사를 가지고 있는 인구를 의미한다. 반면에 생산연령인구 중에서 학생, 주부, 노인, 병약자 등과 같이 취업할 의사가 없거나 근로할 능력이 없는 인구를 비경제활동인구로 정의하고 있다. 생산연령인구 중에서 경제활동인구의 비율이 경제활동 참가율이다.

[그림 2-2] 노동력의 구성

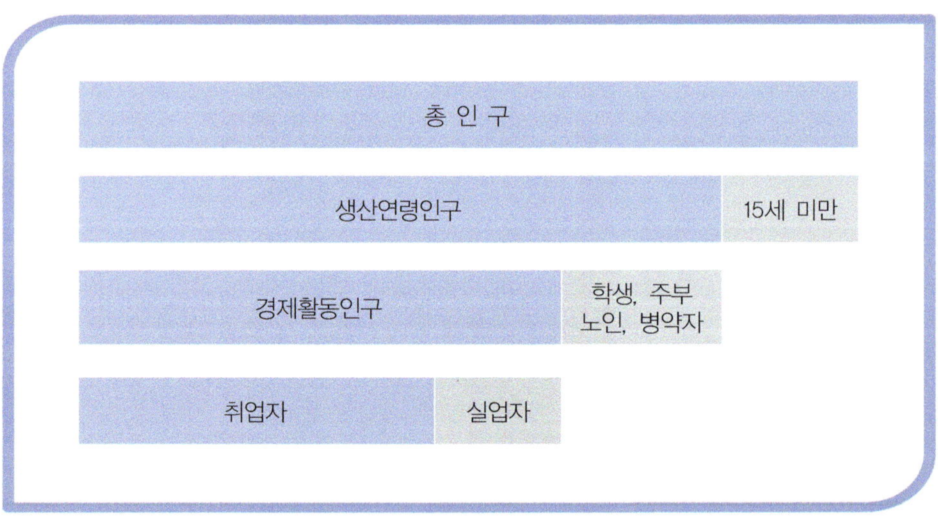

1) 근로기준법(제64조)에서는 '최저연령으로 15세 미만인 자(「초・중등교육법」에 따른 중학교에 재학중인 18세 미만인 자를 포함한다)는 근로자로 사용하지 못한다'라고 규정하고 있다.

(2) 노동력의 전반적 추세

경제활동인구는 기업과 조직에 공급 가능한 노동인구를 의미하므로, 경제활동인구의 세부 구성은 중요한 의미를 갖는다. 이들의 자격요건, 태도, 흥미 및 동기는 기업과 조직이 인적자원을 확보, 훈련하고 보상하는 인적자원 활동에 영향을 미친다. 또한 여성의 비율, 소수집단의 비율은 고용평등 목표에 영향을 미친다. 우리나라의 성별 경제활동 참가율의 추이를 보면, 남성의 경우 안정적이나 여성은 급격하게 증가하고 있음을 볼 수 있다. 이는 기업의 인적자원 정책 측면에서 볼 때, 여성인력에 대한 수급계획의 중요성이 더욱 증대하고 있음을 시사하고 있는 것이다.

노동력 공급에 있어 여성의 경제활동 참가율이 급격히 증가하고 있고, 계속해서 증가할 것으로 예상되고 있다. 그러나 여성의 자녀양육과 가사의 문제는 여성의 사회적 경력에 어려움으로 작용하고 있다. 조직은 여성의 취업기회나 경력개발에 있어 불공정하거나 부정적인 영향을 미치지 않도록 채용, 임금 및 훈련 프로그램 등 인적자원 활동 전반에 대한 고려가 필요하다. 노동력에 있어 여성 역할의 증가는 모든 인적자원의 의사결정에 영향을 미친다. 평등고용, 임금차별, 보육시설과 유연한 근무시간제(flexible work schedule)에 대한 관심이 더욱 증가할 것이다.

출생률의 변동은 연령대별 인구구성 비율을 변화하게 한다. 낮은 출생률과 의료기술의 발달은 노년층의 인구비율을 급격히 증가시키고 있다. 임금은 연령과 밀접하게 연관되어 있으므로 고령화가 진전될수록 경험은 증가하겠지만 임금도 증가될 수 있다. 또한 고령의 근로자는 기술진부화를 막기 위해 추가적 훈련이 필요하거나 그들의 경험을 살리기 위해서 단계적 퇴직제도 같은 인적자원관리의 변화가 필요하다.

특정 업종에 있어서의 노동력 부족은 국내에 외국인근로자의 증가를 가져왔다. 또한 국내시장이 개방됨에 따라 상당수의 외국회사가 국내에 진입하였다. 외국인근로자를 국내 조직환경과 통합하는 것이 인적자원관리에 있어 중요한 과제로 떠올랐다. 외국인근로자가 증가함에 따라 문화적 차이에 의한 문제가 증가할 것이 예상된다. 외국인근로자들은 다양한 관점을 제공할 수 있으며 높은 생산성을 산출할 수 있다. 그러나 외국인근로자가 갖고 있는 문화적 차이는 인적자원관리자나 경영자들이 해결해야 할 중요한 과제라 할 수 있다.

[표 2-1] 노동력의 정의

용 어	정 의
생산연령인구	생산활동에 종사할 수 있는 인구 전체를 가리켜 말한다. 어떤 연령층을 생산연령에 포함시키느냐에 대해서는 여러 가지 방법이 있으나 우리나라에서는 총인구 중 15세 이상 인구의 전원으로 하고 있다.
경제활동인구	현재 취업하고 있거나 취업하고자 구직활동을 하고 있는 15세 이상의 인구를 말한다. 즉, 생산활동에 종사할 수 있는 나이인 15세 이상의 인구 중에서 학생, 가정주부, 병약자, 노인 등과 같이 취업의사가 없거나 근로할 능력이 없는 이른바 비노동력 인구를 차감한 인구를 말한다. 일정기간 활동을 하지 않았어도 비노동력 인구에 해당되지 않는 실업자 등이 포함된다.
비경제활동인구	인구는 경제활동 참가라는 관점에서 노동력(노동력 인구)과 비노동력(비노동력 인구)으로 분류된다. 일시적인 휴업자를 포함해서 경제활동에 참가하고 있는 취업자와 경제활동에 참가를 바라고 있는 실업자를 포함해서 노동력이라 하고, 전체 인구 중에서 노동력 인구를 제외한 나머지 부분이 비노동력이다. 따라서 유아와 나약자, 폐질환자 등과 같이 취업능력이 없는 불취업자와 능력이 있어도 가정주부, 학생 등과 같이 취업하지 않으며 취업을 바라지도 않는 자들로 구성된다.
취업자	일반적으로 어떠한 형태를 불문하고 직업을 가진 자를 말하지만, 노동력 조사 등 통계상의 용어로 취업자란 노동력 인구 중에서 완전실업자 이외의 자를 말한다. 경제활동인구 조사에서는 조사기간중 ① 수입을 목적으로 한 시간 이상 일한 자, ② 본인에게 직접적으로 이득이나 수입이 오지 않더라도 18시간 이상 일했을 경우, ③ 직업을 갖고 있으나 일시적인 질병, 일기 불순, 노동쟁의, 조업단축 등으로 일시적으로 쉬고 있는 휴직자를 취업자로 분류하고 있다.
실업자	일반적으로 근로의 의사와 능력이 있으면서도 일할 기회를 얻지 못하는 자를 말한다. 그러나 잠재실업과 같이 부당하게 낮은 근로조건 밑에서 일하는 자나 실업의 장기화에 따라 부득이 자기가 원하지 않는 직업에 취업하고 있는 자도 이를 완전한 취업형태가 아니라고 해서 일종의 실업자로 보는 경우도 있다.

소비자의 기호 변화나 새로운 제품의 출현은 특정 직업에 대한 수요의 변화를 유발한다. 예들 들어 새로운 생산기술의 도입이나 자동화는 현장에서의 생산직 근로자의 수요를 감소시킨다.

4) 노동조합

근로자는 사용자에 대하여 근로조건을 개선하기 위하여 노동조합을 조직한다. 노동조합을 통하여, 근로자는 임금, 근로조건, 안전보건 등과 같은 분야에 영향력을 행사할 수 있다. 노동조합은 노사가 근로자에게 영향을 미치는 인적자원 활동을 공동으로 결정한다. 노조화된 조직에서 인적자원 활동은 노조와의 관계 속에서 수행된다. 노동조합도 성장과 생존목표를 가지고 있기 때문에, 조합원의 관심사에 주의를 기울이고 노동조합이 없이는 달성할 수 없는 결과를 근로자를 위해서 달성하여야 한다는 것을 의미한다.

노동조합 활동이 어떻게 행해지고 어떤 행위가 적법한지를 규정한 노동관계 법규 및 정부규제에 의해 통제받는다. 또한 노사관계는 '경영자와 근로자 간의 관계', '경영자와 노동조합의 관계'의 총합으로 이루어지는 관계를 나타내며, 임금률, 경영자/근로자의 권리, 단체협상, 노조관계, 고충처리절차 등이 포함되어 있다. 기업의 경영활동은 경영자와 근로자의 원만한 협력관계에 의하여 그 성과를 거둘 수 있다. 노사관계가 원만치 못하면, 아무리 경영조직 또는 관리방법이 좋다고 하여도 생산성을 향상시킬 수 없다. 사용자와 근로자의 관계, 사용자와 노동조합의 관계 등 공식, 비공식을 막론하고 노사 쌍방의 관계, 더 나아가 이러한 것들의 관계에 영향을 미치는 정부정책, 법률, 기업의 인사노무 정책이나 제도 등이 문제가 된다.

5) 법규 및 정부규제

법규 및 정부규제는 요구되거나 금지되는 인적자원 활동과 법규를 어겼을 시 가능한 결과에 대하여 규정하고 있다. 많은 법규들은 경제적, 사회적 변화에 따른다. 어떤 경우에는 사회 전체에 적용되기도 하고, 사회의 특정 집단을 보호하기 위한 것도 있다. 인사 관련 법규들은 다양한 목적을 가지고 제정되었다. 고용 확대, 최저생계를 유지할 수 있는 임금수준 규정, 실업, 장애 그리고 퇴직시 소득 유지 등을 예로 들 수 있다.

노사관계법의 근본적 취지는 사용자와 노동조합 사이의 힘의 균형을 이루고 노동조합 내에 개별 조합원의 권리를 보장하기 위한 것이다. 노사관계법은 근로자가 근본적으로 사용자와 단체적 관계를 맺을 수 있도록 노동조합의 결성, 단체교섭과 단체행동권을 보장하는 법규로 시작된다. 근로자들의 기본적인 권익이 보장된 다음에 노사 양측이 각자의 권리를 행사하고 이익을 추구하는 과정에서 발생하는 부당노동행위, 그리고 조직내부 경영에 관한 법규를 제정하는 방향으로 발전해 간다. 우리나라에서는 1953년 근로자들의 단결권과 단체교섭권 그리고 단체행동권을 보장하는 '노동조합법'을 제정하였다. 또한 노동쟁의를 사전에 예방하고 노동쟁의를 공정하고 신속하게 처리하기 위한 '노동쟁의조정법'도 제정되었다. 현재는 '노동조합 및 노동관계조정법'으로 변경되었다. 1980년에는 노사 간 협력을 증진하기 위해서 '노사협의회법'이 제정되었다. 노사협의회법은 근로자와 사용자 쌍방이 이해와 협조를 통하여, 노사공동의 이익을 증진함으로써 산업평화를 도모하고, 국민경제 발전에 기여하기 위해 제정된 법(1980. 12. 31, 법률 3348호)이다. 이는 다시 1996년 개정되면서 '근로자참여 및 협력증진에 관한 법률'로 명칭이 바뀌었다.

알고 갑시다.

유연근무(시간)제(flexible working time /flexible time)

근로자 각자가 1개월 이내의 기간에 일을 시작하고 마치는 시간, 당일의 근무시간 등을 자유롭게 설정할 수 있는 제도이다. 이 제도는 1967년 서독에서 노동력 부족과 근무불량의 대책으로 실시된 것이 최초이며, 정형화된 근무제도를 탈피하여 개인의 특성에 맞는 다양한 근무제도를 광범위하게 도입함으로써 생산성을 높이고 기업조직에 유연성을 부여하기 위한 경영전략이다. 유연근무제에는 핵심근무시간을 제외하고는 출・퇴근시간을 자유롭게 결정하는 유연 출・퇴근제(Flextime), 회사에 나오지 않고 집에서 근무하는 재택근무(Telecommuting), 하나의 일자리를 두 사람 이상이 나누어 근무하는 일자리 공유(Job sharing), 일일 근무시간을 늘리는 대신 추가로 휴일을 갖는 압축 근무제(Compressed work schedule), 원하는 일정 기간 동안 근무시간을 줄이는 한시적 시간제 근무 등 다양한 형태들이 존재하고 있다.

1.3 내부환경

인적자원관리에 영향을 미치는 내부환경 요인으로는 사업전략, 조직구조, 조직문화 및 생산기술을 들 수 있다. 이들 요인들이 인적자원관리에 어떻게 영향을 미치는지 살펴보면 다음과 같다.

1) 사업전략

조직은 전략을 통하여 조직의 핵심역량과 지속적 경쟁우위를 확보하려 한다. 경쟁자보다 우수한 기술, 고객서비스, 제품 품질, 비용우위와 조직의 장기적 성과를 달성하려 한다. 이러한 조직전략은 인적자원전략과 밀접한 관련이 있다. 예를 들어, 고객서비스에 근거한 전략을 수립하고 있는 최고급 백화점은 저비용정책을 기반으로 하는 대형할인점과는 다른 인적자원관리 시스템을 가지고 있다. 즉, 최고급 백화점은 고객 개개인에 대하여 관심을 가지고 고객욕구를 더 잘 충족시켜 주려 할 것이다. 이러한 전략은 백화점 인력의 모집, 훈련, 보상, 승진 등과 같은 인적자원관리 활동에 영향을 미친다. 반면에 대형할인점에서는 영업사원을 영업을 하기 위한 '불행한 비용'으로 간주하는 경향이 있다. 대형할인점은 고도로 동기화된 숙련된 영업사원보다는 규모의 경제와 고객의 제품지식에 의존하는 경향이 있다. 따라서 대형할인점에서는 영업사원에게는 낮은 임금을 지불하며 승진기회나 훈련을 거의 제공하지 않고 있다.

2) 조직구조

최근 정보화, 세계화의 진행과 새로운 기술, 고객 및 종업원의 다양한 욕구를 충족시키기 위해서 새로운 형태의 조직이 생겨나고 있다. 새로운 형태의 조직구조는 인적자원관리에 많은 영향을 미치고 있다.

(1) 전통적 조직구조

전통적 조직구조는 일반적으로 피라미드에 비유할 수 있다. 피라미드의 각 계층은 상이한 작업수준과 조직 내 위치를 나타낸다. 예를 들면, 피라미드의 하단은 저숙련·단순 직무를 의미하며, 상단은 조직의 최고경영자의 직위를 나타낸다.

이러한 전통적 조직구조는 테일러(F. W. Taylor)의 과학적 관리법에서 나온 것이다. 테일러 이전에는 작업자들이 생산을 지시하고 통제하였다. 즉, 작업자들은 자신의 경험과 지식에 근거하여 자율적으로 작업을 수행하였다.

그러나 테일러의 과학적 관리법에 의해 작업수행과 경영이 분리되었다. 테일러는 각 직무를 필수적인 과업으로 세분화한 후, 각 직무가 행해지는 방법과 소요시간을 시간 및 동작연구(time and motion study)를 통해 명확히 하였다. 따라서 작업자들은 사전에 설정된 방식으로 작업을 수행하기만 하면 되었다. 이렇게 테일러는 작업의 통제권을 작업자 집단으로부터 감독자에게 이양시켰다. 감독자는 또한 작업의 계획을 수립하는 기능과 작업자를 훈련시키는 기능도 맡았다.

과학적 관리법에서 나온 전통적 조직구조는 '계획과 통제'에 초점을 맞추고 있다. 종업원들에게 무엇을 해야 하고 또 누구에게 보고 해야 할지를 명확히 함으로써 조직의 목표를 달성하려 하였다. 그러나 엄격한 절차와 통제는 조직구성원의 창의성과 자율성을 감소시킬 수 있다. 자발적으로 일하기보다는 상급자의 지시에 의해서만 업무가 수행되고 책임회피의 문제가 나타날 수 있다.

(2) 팀제 조직

최근 우리나라 기업들은 조직의 기본 운영단위를 '부'나 '과'와 같은 부서 중심에서 팀(team) 중심으로 개편하고 있다. 이제는 거의 모든 조직에서 '팀'이란 단어가 일상적인 용어가 되었다. 팀제 조직이 적극 활용되고 있는 이유는 경직된 작업방식의 한계를 극복하는데 팀이 효과적이라는 것을 들 수 있다. 과거에는 분업의 원칙에 입각해 각 기능별로 작업을 분화하여 어느 정도 작업의 효율성을 얻을 수 있었다. 그러나 이는 제품 계획 - 원재료 조달 - 생산 - 판매 등 하나의 제품을 생산 - 판매하는 과정이 각각 분리 · 수행되어 각 기능간 상호조정이 필요하고, 어느 한 기능에서 문제가 발생할 경우 신속한 대응이 어렵다. 특히 환경이 급격하게 변화하는 경우 이러한 문제점은 심각해진다.

팀은 일종의 과업지향적인 작업집단(task-oriented work group)이다. 조직에는 과거부터 팀이란 명칭을 사용하지는 않았지만, 팀과 비슷한 형태로 작업집단이 운영되어 왔다. 그럼에도 불구하고 현재 팀이 관심을 끄는 데에는 몇 가지 이유가 있다. 첫째, 과거의 작업방식의 한계를 극복하는 대안으로 팀이 효과적이라는 것이다. 둘째, 팀은 구성원들을 동기유발 하는데 있어서 다른 어떤 형태의 집단보다 효과적이라는 것이다. 팀은 상호 보완적인 능력을 가진 구성원들이 공동의 목표 달성을 위해 공동으로 작업하며, 그 결과에 대해 공동책임을 지는 집단으로 정의할 수 있다. 이러한 팀은 다음과 같은 특성을 가지고 있다.

첫째, 팀은 고유의 목적을 가지고 있다. 팀 고유의 목적은 조직에서 팀이 수행해야 할 기능이나 역할을 말하며, 팀 구성원들의 공동목표가 된다. 이러한 목적은 팀이 만들어지는 근본적인 이유이며, 집단에서의 경우와 동일하다. 그러나 팀의 목적은 팀 구성원들 개개인의 목표를 완수함으로써 달성되기 보다는 팀 구성원들이 활동과정에서 보여 주는 공헌의 결합으로 달성되는 경향을 가지고 있다.

둘째, 팀 구성원들은 상호 보완적 능력을 가지고 있다. 팀의 목적을 달성하기 위해서는 다양한 능력을 필요로 하는데, 특정한 개인이 필요로 하는 모든 능력을 갖고 있기는 어렵다. 그보다는 팀 구성원들은 목표 달성에 필요한 다양한 능력들을 나누어 가지고 있다. 팀 구성원 개인들이 가지고 있는 능력들은 팀의 목표를 달성하는데 있어서 상호 보완적이며, 함께 발휘되어야만 한다.

셋째, 팀에서는 상호 협력적 분위기, 팀워크가 형성되어야 한다. 상호 보완적 능력을 가진 개인들로 구성된 팀은 그 목적을 달성하기 위해서 협력적 노력이 필수적이다. 팀의 목표를 달성하기 위해서는 집단적 노력이 필요하며, 개개인이 가지고 있는 능력을 최대한으로 발휘하여야 한다. 팀 구성원이 자신의 능력을 최대한으로 발휘하면서 구성원 간에 협력하기 위해서는 좋은 팀워크를 이루고 있어야만 한다.

마지막으로 팀에서는 구성원들의 능동적 참여가 이루어진다. 팀 구성원간에 좋은 팀워크를 형성하기 위해서는 구성원들은 서로에 대해서 잘 알고 있어야 하며, 개방적인 의사소통이 이루어져야 한다. 이런 경우에 팀 구성원들은 목표 달성에 필요한 활동과 문제해결에 적극적인 참여를 하게 된다.

(3) 네트워크 조직

조직 간의 네트워크는 대개 각 조직의 전문지식이나 능력에 기초하여 형성된다. 네트워크 조직은 공급자, 생산자 및 고객의 욕구를 실시간으로 연결하는 강점이 있다. 이러한 조직에 있어서 인적자원관리는 기존의 계층적 조직구조와는 상당한 차이가 있다. 네트워크 조직은 고도의 기술과 교육을 받은 믿을 만한 근로자, 즉 새로운 형태의 정보를 이해하고 사용할 수 있으며, 변화에 잘 적응하고 다른 사람들과 효율적으로 협동하며 일할 수 있는 사람들을 필요로 한다. 따라서 인적자원관리는 팀워크(teamwork)와 팀의 책임이 강조되며 팀의 성과에 초점이 맞추어진다. 네트워크 조직은 고객, 근로자, 공급자 등 모든 관련 당사자들이 공통의 목표를 위해 서로 협력할 때에만 성공적으로 운영될 수 있다.

3) 조직문화

조직문화는 조직구성원들이 공유하고 있는 행위를 규제하는 행동규범, 태도, 가치와 가정(assumption)을 의미한다. 이러한 조직문화의 핵심은 기업의 사업방식, 고객과 종업원을 다루는 방식과 종업원의 조직에 대한 충성심 정도 등으로부터 기인한다. 조직문화는 인적자원관리에 상당한 영향을 미친다. 조직문화는 특정 인적자원관리 활동에 의해서 강화되거나 또는 상충될 수 있다. 조직문화와 상충되는 인적자원관리 활동은 효과적으로 조직구성원의 행동을 통제할 수 없다. 예를 들어, '협동'을 강조하는 조직문화는 종업원간 커다란 임금차이를 유발하는 성과평가시스템과는 잘 어울리지 않는다. 지위에 따른 임금격차는 수직적 문화와는 어울리지만 평등을 강조하는 문화와는 잘 맞지 않는다. 명확한 보상과 인정을 통해서 개인적 창의성을 강조하는 기업은 순응을 강조하는 조직문화와는 잘 맞지 않는다.

4) 생산기술

생산기술(technology of production)은 노동이 제품 및 서비스로 전환되는 조건과 방법에 영향을 미친다. 생산기술에는 단지 어떤 기계를 사용하는가 뿐만 아니라 과업이 조직화되고 조정되어지는 전반적 과정을 포함한다. 많은 전문가들은 수행되어야 할 과업이 인적자원관리에 큰 영향을 미치는 요인 중 하나라고 지적하고 있다.

(1) 설비 배치, 종업원 사생활 및 근접성

작업이 여러 명의 근로자가 근접하여 한 장소에서 이루어지는지, 격리된 위치에서 작업이 수행되는지는 두 가지 측면에서 중요하다. 첫째, 작업이 격리되어 수행된다면, 모니터하고 지시하기가 어렵다. 둘째, 종업원들이 근접한 거리에서 기술적으로 상호의존적이라면, 이들을 다르게 대우하는 것이 어려울 것이다.

(2) 요구되는 스킬

어떤 스킬이 요구되는가? 스킬은 조직 외부에서 얻어지는가 아니면 직무수행과정 중에 얻어지는가? 스킬이 해당 기업에게만 필요한가(firm specific)? 아니면 여러 기업에서 공통적으로 활용될 수 있는 스킬인가? 종업원의 스킬이 직무상에서 얻어진다면, 신입사원은 경력이 있는 기존 사원보다 생산성이 떨어질 것이다. 스킬이 직무상에서 얻어지고 계층에 따라 스킬요건이 증가한다면, 내부승진제도가 바람직할 것이다.

(3) 과업모호성과 창의성

표준적 작업절차에 의해 작업이 수행될 때에는 작업의 모호성이 낮다. 그러나 외과의사, 과학자, 최고경영자들이 수행하는 직무는 작업의 모호성이 상당히 커서 담당 종업원이 상당한 재량권을 가질 수도 있다. 이들 직무에서는 과업을 얼마나 잘 수행할 것인가 뿐만 아니라, 어떤 과업을 수행할 것인가도 중요하다. 예를 들어, 수술은 잘 수행하였지만 수술 자체가 잘못 선택되었다면, 이런 수술은 환자에게는 도움이 되지 못할 것이다. 극단적인 경우에는, 창의성이 성과에 매우 중요한 요소이다. 일반적으로 과업모호성이 증대될수록 성과를 측정하기가 어렵기 때문에 인센티브에 의해, 성과를 통제하기가 어려워진다. 이 경우에 내재적 목표나 보상이 효과적이다.

(4) 상호의존성

종업원의 상호의존성은 한 종업원의 노력의 결과가 다른 종업원의 노력에 의해 영향을 받는 정도를 의미한다. 작가나 영업사원 및 은행 텔러의 경우에 있어서는 성과는 주로 독자적인 노력에 달려 있다. 이 경우 상호의존성은 집합적(pooled)이다. 그러나 생산라인의 조립공정의 경우에는 한 작업자의 성과는 선행공정의 결과에 영향을 받는다. 이 경우 상호의존성은 연속적(sequential)이다. 팀 작업의 경우 상호의존성은 매우 복잡하고 상호적(reciprocal)이다. 상호의존성이 클수록 개인 간 상호작용도 커진다. 또한 상호의존성이 클수록 개인의 성과와 집단의 성과를 구분하기가 어렵다. 때문에 개인 차원의 인센티브시스템은 팀제 조직에서는 적용하기 어렵다. 상호의존성이 클 경우에는 무임승차(free-riding)를 통제하기 위한 동료 압력과 동시에 집단인센티브시스템이 사용된다.

2. 경영이념과 인사철학

2.1 경영이념과 인사철학

경영이념(management philosophy, business creed)이란 기업경영에 있어서 모든 조직구성원의 활동기반이 되는 것으로서 경영의 행동원리 내지 지도원리와 관련되는 것이다. 이것은 경영철학, 경영신조 또는 사시(社是)라 칭하기도 한다.

이에 반해, **인사철학(personnel philosophy)은 인사관리관이라고도 하는 데, 이는 인간을 움직이는 기본적인 사고방식을 말한다**(김식현, 1991, pp. 29-31). 인사철학은 실제 경영자가 일상생활에서 종업원을 관리하는 행위를 통해서 나타나는 것으로서 인적자원관리의 일반적 제도의 설정과 그 운영과정에서 경영자의 의도가 일관성 있게 반영되어야 할 필요가 있다. 따라서 **인사철학은 경영자가 종업원을 기업의 경영목표에 결합시키기 위한 관리행위에서 나타나는 지속적인 성향이라고 할 수 있다**.

이러한 인사철학은 전제적, 권위적, 은혜적, 민주적, 그리고 방임적인 유형이 있다. 이와 같은 인사철학은 경영자가 근로자를 움직이는 방법에서 나타나는 하나의 경향으로 볼 수 있다. 따라서 우리가 어떤 기업 내의 인사철학을 이해하자면, 하나 하나의 행위보다는 그 행위에 일관되는 성격을 파악함으로써 인사철학을 확인할 수 있는 것이다.

이와 같은 인사철학은 경영자의 주관적 신념과 밀접한 관련을 갖고 있는 반면에 또한 객관적인 타당성이 있어야 한다. 객관적 타당성이란 사회 일반의 윤리적 기준에 적합하고 사회 일반의 인간관에 대한 통념에서 수용되는 것을 의미하며, 이를 통해 조직구성원들의 수용도를 높일 수 있게 된다. 또한 인사철학은 형식적으로 표명한 구호가 아니며, 실제 경영자가 일상생활에서 사원을 관리하는 행위를 통해서 나타나는 것이므로, 인적자원관리 제도의 설정과 그 운영과정에서 그 의도가 일관성 있게 반영되어야 한다. 그러므로 건전한 인사철학은 회사경영의 배경과 상황에 비추어 경영자의 인사결정의 정당성을 평가받는 궁극적 기준으로서 근로자들이 동의하고 협력할 수 있는 경영자의 의도라 하겠다. 이런 관점에서 본다면, 건전하고 적극적인 인사철학은 경영자 개인의 것이 아니라 기업목적 달성을 위하여 적극적 협력관계를 이루기 위해 경영자와 사원이 합의한 공통신념이라 할 수 있다.

알고 갑시다.

HR 10대 트렌드

삼성경제연구소(SERI)에서는 수년 전부터 매년 미국에서 개최되고 있는 SHRM(The Society for Human Resources Management), ASTD(American Society for Training and Development), GPTW(Great Place to Work), CUFE(Council on Union Free Environment) 등의 국제컨퍼런스에 참관해 오고 있다. 이 글은 이런 참관 기록물과 지난해 및 금년 국내에서 개최된 Global HR Forum 등의 발표 자료를 종합해 정리한 것이다.
트렌드(trends)라 하면 유행, 동향, 경향, 추세 등의 비교적 단기간에 걸친 조그마한 흐름이라는 느낌을 주며, 메가트렌드(mega trends)라고 하면 왠지 장기간에 걸친 거대한 조류(潮流)와 같다는 느낌을 받는다.

이 글에서는 인적자원관리(Human Resource Management: HRM), 인적자원개발(Human Resource Development: HRD), 기업문화(Corporate Culture: CC), 노사관리(Employee Relationship: ER)의 4가지 관점에서 메가트렌드를 살펴보고자 한다.
왜냐하면 이들 간에는 서로 밀접한 관련이 있고 사륜 자동차처럼 균형있게 잘 굴러갈 때 최상의 상태를 만들어 낼 수 있기 때문이다. 미래학자들은 보통 사람들보다 미래사회를 내다보는 선견지명이 탁월하다. 이들이 예견하는 미래사회 모습을 상정(想定)하면서, 인사전문가들도 어제와 오늘, 그리고 내일을 잇는 HRM, HRD, ER, CC의 각종 시스템을 그릴 것이다.
각종 국제컨퍼런스에서 발표되는 트렌드도 그러한 맥락에서 크게 벗어날 것 같지는 않다. 따라서 인사 실무자들도 이러한 트렌드를 염두에 두고서 HRM, HRD, ER, CC의 제반 시스템을 강구해 실시한다면 조직의 지속적 성장에도 기여할 수 있을 것으로 판단된다.
1) 조직구성원의 정서적 몰입도(engagement)*가 조직경쟁력을 좌우한다는 관점에서 애사심,

자발적 참여도, 책임감 등을 제고시키는 시스템을 강구하고 있다.

2) 총 보상(total rewards), 즉 금전적 보상 이외의 복리후생이나 비급여성 보상이 동기부여 등에서 차지하는 비중과 역할이 확대되고 있다.
3) 창조경영을 위한 창조적 인사의 활성화, 즉 조직문화, 노사관계, 인사제도 측면에서의 시스템 정비이다.
4) 현장 참여형 학습 및 양성시스템의 확충을 들 수 있다. 즉, 조직의 비전과 경영전략 실현에 직결되는 교육 실시와 이에 대한 현장 리더들의 역할과 책임이 강조되고 있다.
5) 창의성 개발을 위한 교육의 정서적 접근, 즉 감성적 학습의 확산이다. 조직구성원들의 상상력을 극대화하고 창의력을 개발하는 조직풍토 조성과 동기부여 시책의 강구, 스토리텔링 등의 창의적 교수법의 도입 등이 강조되고 있다.
6) 비즈니스의 글로벌화에 대처할 수 있는 글로벌 역량을 갖춘 리더의 양성이다. '낮아지는 경제장벽 · 높아지는 문화장벽'으로 표현되는 글로벌시대에서는 특히 이문화(異文化) 수용력, 외국어 구사력, 다양성 관리능력 등이 새삼 강조되는 리더들의 핵심역량의 하나이다.
7) '일할 맛 나는 좋은 직장 만들기'의 일환으로서 평소 개인적 · 감성적 접근을 통하여 조직구성원들에게 특별한 감동과 의미를 부여하는 것이다. 이를 바탕으로 한 신뢰와 팀웍은 개개인의 참여와 몰입을 촉진하고, 이는 나아가 조직경쟁력의 강화로 직결된다.
8) 예방적 노사관리의 중요성이다. 노동운동가들의 '조용히 접근해 깊숙이 침투한다'(run silent, run deep)는 전략에 대응해 조기경보 및 대응 시나리오를 구축하는 것이다.
9) 차별문제에 대한 조직의 선제적 대응체제 확립 및 신속한 조치, 결과 피드백이다. 성(性) · 인종 · 종교 · 피부색 등을 이유로 한 차별, 비정규직 문제(급여차별 등), 성희롱 문제 등에 대해서는 관련 교육을 정기적으로 실시하거나 고충처리시스템 구축, 신속한 조치시스템을 구축한다.
10) 커뮤니케이션의 역할과 비중의 증대이다. 공식적 통로 채널의 정비도 중요하지만, 개개인의 니즈와 욕구가 다양화됨에 따라 비공식적 통로 채널의 활성화가 더욱 효과적이다.

* 정서적 몰입이란 Expenditure of discretionary effort(자발적 공헌), Emotional connection to the organization(정서적 애착), Acceptance of accountability(책임감 수용)를 의미한다.

● 자료 : 한국경영자총협회(2007), 「경영계」, 일부 발췌 정리

2.2 인사방침

인사방침(personnel policy)은 인적자원관리의 기본원칙 또는 방향을 말한다(김식현, 1991, pp. 36-44). **여기서 말하는 방침은 어떤 목적을 달성하기 위한 원칙적인 행동방향을 뜻하며, 실제적인 인사결정을 하는 데 있어서 판단의 기준이 되는 것을 말한다.** 인적자원관리에서도 경영자의 인사철학을 구체적인 인사방침으로 밝혀서 일상적인 인사적 결정을 내리는 데 있어서, 이러한 원칙에 따르도록 함으로써 실적적인 인적자원관리에 관한 의사결정이 계획대로 상호 조정되고 합리적이고 일관성을 가질

수 있게 된다.

특히, 합리적인 인사방침은 일반적으로 조직 전체의 관점에서 합리적일 뿐만 아니라, 근로자의 수용이란 또 다른 요구를 동시에 충족시키지 않으면 안 된다. 따라서 합리적인 인사방침의 설정기준은 인적자원관리를 조직의 효과와 연관시킬 뿐만 아니라, 사회의 일반윤리와 법제도의 원칙에 부합시키는 것으로 이해되고 있다.

전체적인 인사방침은 회사의 장기적인 경영목표와 잘 연결된 것이어야 하기 때문에 필요 인력의 수와 질의 결정이 전사적이고 장기적인 효율성과 효과성이 결합되어 활용할 수 있는 유효한 원칙이 되어야 한다. 또한 인사방침은 개별 조직의 요구에만 기준을 두고 결정되어서는 안 되며, 사회적으로 수용되는 일반기준을 고려하지 않을 수 없다. 그러나 이와 같은 사회일반의 기준은 반드시 합리적일 수는 없으므로 때로는 개별기업의 진보적인 인적자원관리 원칙을 체계적으로 도입함으로써 보다 높은 차원에서 조직 목표 달성과 사회적 수용을 얻을 수 있다.

인사방침의 설정과 운용에 있어서는 경영자의 철학과 인적자원관리에 관한 일반통념 뿐만 아니라 조직 목표의 달성 조건에 비추어 그 합리성이 평가되어야 한다. 이러한 인사방침의 설정 방법은 다음과 같다.

첫째, 어떤 방침의 방향을 결정할 것인가 하는 문제는 먼저 인사철학에 관한 선택문제와 관련된다. 둘째, 합리적인 인사방침의 설정을 위해서는 기업내·외의 환경을 분석하여, 인적자원관리의 측면에서 기회요인과 제약요인을 발견하고, 기회요인, 즉 기업목표 달성에 적극적으로 유리하게 활용될 수 있는 기업내·외의 자원과 기술을 활용한다는 측면에서 인적자원관리 활동의 방향을 잡아나가야 한다. 셋째, 인사방침의 설정은 기본적으로 합리적인 의사결정의 원리와 수속을 따라야 한다. 즉, 실시가능한 방침의 대안들을 설정하고, 이들 각 대안들이 가지는 장단점을 평가해야 한다. 마지막으로 인사방침의 설정에 있어서는 소수의 전문가나 책임자들의 의견도 중요하지만, 가능한 구성원들의 중지를 모으고, 많은 구성원들의 참여를 유도해야 한다.

2.3 인간관의 유형

역사적으로 볼 때, 조직 속의 인간은 서로 대립하는 두 가지 사상의 흐름 속에서 갈등을 겪어 왔다. 그 하나는 인간을 능률이라는 기계적 작업의 틀로 묶으려는 사고방식이며, 다른 하나는 이 흐름에 거슬러 인간의 자율성을 강조하는 사고방식이다.

기업조직의 경우 전자는 1900년대를 전후로 등장한 과학적 관리법으로 대표되고, 후자는 제1·2차 세계대전을 거치면서 성숙한 인간관계론으로 대표된다. 이 두 조류는 서로 충돌하면서 지금도 경영관리에 지대한 영향을 주고 있다.

경영학 분야에서 논의되고 있는 인간에 대한 관점으로는 인간의 일에 대한 태도나 가치관 측면에서 본 X·Y이론적 인간관, 인간의 욕구·동기 측면에서 본 경제인·사회인관과 복합인관이 있는데 이에 대해 살펴보기로 한다.

1) X이론과 Y이론

인간의 본성에 대한 기본적인 가정을 조직의 경영과 관련시켜서 맥그리거(D. McGregor)는 X 이론과 Y 이론을 전개하였다. X 이론적 인간관에서는 인간을 일하기 싫어하고 책임지기 싫어하며, 창의성을 발휘하기보다 마치 로봇처럼 기계적인 일을 선호하는 타율적 존재로 파악한다. 따라서 기업경영에 있어서 사람들은 엄격히 통제되거나 강제되어야 한다는 것을 강조한다. 실제로 이런 생각을 지닌 경영자의 관리방식은 자연히 사람들을 감시·감독하고 강제로 목표달성을 위해 끌고 가는 양상을 보인다. 이러한 X 이론은 전통적인 경영관리론을 언급한 것이며, 이에 대응하여 인간의 존엄성을 전제로 고차적인 인간욕구 측면을 강조하면서 맥그리거는 Y 이론을 제시하였다.

Y 이론적 관점에서는 인간을 적절한 조건만 주어진다면 일을 마치 놀이처럼 즐겁게 생각하고 자발적 의사를 가지며, 무엇인가를 새롭게 만들고자 자기 지시나 자기 통제를 하며 기꺼이 책임을 지려는 창조적인 존재로 파악한다. 여기서 유의할 것은 Y 이론적 인간관이 조직에서 사람의 잘못에 대해 수수방관 또는 방임하거나 사람을 무조건 선한 존재로 바라보자는 의미가 아니라 그것을 위한 조건이 함께 조성되어야 한다는 입장이라는 점이다. Y 이론적 시각을 가진 경영자는 좋은 여건을 마련해서 인간의 잠재력을 개발하고 종업원이 자기 계발하고 자아실현하려는 노력을 하도록 촉진하여야 한다고 믿는다. 이상에서 살펴본 X 이론과 Y 이론의 인간관에 대한 가정을 정리해 보면 [표 2-2]와 같다.

오늘날의 기업 현실에서 볼 때, 종업원에 대해 X 이론적 가정을 가지고 있는 경영자들이 아직도 많은 실정이다. 즉, 경제적 생산성이나 효율성의 제고만을 목적으로 하여, 인적자원을 단순한 비용절감의 투입요소나 수단으로만 보면서 종업원을 다루는 획일적이고 감시 통제적인 경향을 많이 나타내고 있다. 그러나 현대와 같이 환경

변화가 심하고 경쟁이 격화된 상황에서 기업경영을 성공적으로 하기 위해서는 종업원 개개인의 자발적이고 적극적인 참여와 창의성이 요구되며, 그 밑바탕에는 Y 이론적인 인간관이 선행되어야 할 것이다.

[표 2-2] X 이론과 Y 이론의 가정

X 이 론	Y 이 론
· 대부분의 사람들에 있어서 일은 싫은 것이다. · 대부분의 사람들은 야망이 없고, 책임감도 거의 없으며, 지시받기를 좋아한다. · 대개의 사람들은 조직의 문제를 해결하는데 창의력을 발휘할 만한 능력을 갖고 있지 못하다. · 동기부여는 물질적 · 경제적 수준에서 이루어진다. · 대개의 사람들은 엄격히 통제되어야만 하고, 조직의 목표를 달성하도록 강제되어야 한다.	· 조건만 알맞다면, 일은 노는 것처럼 자연스러운 것이다. · 자기통제는 조직목표 달성을 위해 불가결의 것인 경우가 많다. · 조직의 문제를 해결하는 데 필요한 창조적 능력은 인간에게 광범위하게 분산되어 있다. · 동기부여는 물질적 · 경제적 수준에서 뿐만 아니라 심리적 · 사회적인 수준에서도 이루어진다. · 사람들은 적절히 동기가 부여되면, 일에 있어 자기지향적일 수 있고, 창조적일 수도 있다.

2) 경제인, 사회인, 복합인의 관점

인간이 어떤 동기에 따라 행동하는지 그 동기의 어느 한 측면을 강조하여 인간관을 분류할 수 있는데 그 내용은 경제인 관점, 사회인 관점, 그리고 복합인의 관점이 그것이다.

(1) 경제인의 관점

경제인(economic man) 관점은 인간을 주로 합리적 계산을 하면서 경제적 유인에 의해 움직이는 수동적 · 기계적 존재로 보며, 따라서 인간을 이해하는 데 있어 이런 측면이 중시되어야 한다는 입장이다. 즉, 사람이 주로 경제적 유인에 의해 자극을 받으며 매우 합리적으로 자신의 경제적 이익을 극대화하는 행동을 한다고 보고, 조직의 통제하에 있는 경제적 유인을 통해 조직이 인간의 동기를 유발하고 통제할 수 있다고 본다. 이와 같은 경제인의 관점은 경제적 욕구를 인간행동의 동기로 간주하고 있으며 경영관리의 고전이론, 테일러(F. W. Taylor)의 과학적 관리법에서 취하고 있는 인간관인 것이다.

(2) 사회인의 관점

사회인(social man) 관점은 인간의 비합리적 측면을 강조하면서, 인간의 사회적 욕구를 중시해야 한다는 입장이다. 즉, 사람이 기본적으로 사회적 욕구에 의해 자극을 받고 타인과의 관계를 통해 일체감을 가지며, 기계적이고 효율성을 추구하는 산업조직내의 업무 자체보다, 일을 하는 과정에서 다른 사람과의 관계 속에서 의미를 찾으려 한다고 본다. 그리고 조직(경영층)이 제시하는 경제적 · 물질적 보상 및 유인 · 통제보다 오히려 동료집단과 같은 사회적 요인에 더 민감한 반응을 하며, 자신의 사회적 욕구를 충족시켜 주는 정도에 따라 경영층에 더 많은 반응을 나타낸다고 본다. 사회인의 관점에서는 인간의 사회적 욕구를 인간행동의 동기로 파악하고 있으며 신고전이론, 인간관계론 등에서 취하고 있는 인간관이다.

(3) 자아실현인 · 복합인의 관점

자아실현인 · 복합인 관점은 인간의 다양한 욕구와 동기를 강조하면서 자아성장과 자아실현을 추구하는 존재로 보고 있다. 복합인(complex man) 관점은 사람을 복합적이고 역동적인 존재이며, 조직생활이나 업무경험을 통해 새로운 욕구를 배울 수 있는 존재로 본다. 그리고 개인적으로도 한 사람이 서로 상충되는 목표를 동시에 가질 수도 있으며, 여러 가지 외부 자극에 대해서 동시에 반응할 수 있다고 본다. 특히 복합인관에서 중시되는 인간의 모습은 자신의 모든 능력을 최대로 발휘하고자 하는 자아실현 욕구를 가진 존재이다. 즉, 사람들은 성숙되기를 바라고 또 그렇게 될 수 있으며, 장래에 대한 전망과 관심을 갖고 보다 높은 이상을 향한 일에 관심을 가지고 있다고 보는 것이다. 복합인의 관점에서는 인간의 자아실현 욕구를 강조하고 있으며 현대적 관리이론에서 취하고 있는 인간관이다.

알고 갑시다.

국내 100대 기업이 원하는 인재상

국내 100대 기업이 가장 바라는 인재상은 '**도전정신**'과 '**주인의식**'인 것으로 조사됐다. 대한상공회의소가 매출액 상위 100대 기업들이 자사 홈페이지에 게시한 인재상을 분석해 15일 발표한 결과다. 글로벌 경제위기로 경기침체가 길어지자 이를 타개할 적극적 인재를 찾는 경향이 두드러지고 있다는 분석이다.

원하는 인재상으로 도전정신을 꼽은 기업은 모두 88곳이었다. 도전정신은 2008년에는 59곳이 꼽아 3위였는데 두 계단 순위가 올랐다. 주인의식을 꼽은 기업은 5년 전 13곳에서 올

100대 기업 인재상

순위	인재상
1	도전정신(88곳)
2	주인의식(78곳)
3	전문성(77곳)
4	창의성(73곳)
5	도덕성(65곳)
6	열정(64곳)
7	팀워크(63곳)
8	글로벌 역량(53곳)
9	실행력(21곳)

자료 : 대한상공회의소

해는 78곳으로 크게 증가했다. 순위도 8위에서 2위로 껑충 뛰어올랐다. 열정이라는 덕목도 6위로 5년 전보다 한 계단 올랐다.

반면 5년 전 1위였던 창의성은 4위로, 2위였던 전문성은 3위로 각각 순위가 내려갔다. 이 밖에 도덕성(4→5위), 팀워크(5→7위), 글로벌 역량(6→8위)도 순위가 하락했다. 실행력은 5년 전과 같은 9위를 차지했다. 업종별로 제조업체와 운수업체는 도전정신, 금융·보험회사는 전문성, 도·소매업체는 주인의식을 핵심 역량으로 꼽는 경향이 강했다.

박종갑 대한상의 상무는 "과거 신기술 개발과 신사업 진출에 기여할 수 있는 창의적인 인재를 원했던 기업들이 최근에는 불황을 타개하기 위해 도전정신과 주인의식으로 무장한 인재를 더욱 선호하게 된 것"이라고 풀이했다.

한편 대한상의는 100대 기업이 원하는 인재상을 '슈퍼(SUPER)'로 요약했다. 상위 5위 안에 든 '전문성(Specialty)', '창의성(Unconventionality)', '도전정신(Pioneer)', '도덕성(Ethicality)', '주인의식(Responsibility)'의 앞 글자를 따서 조합한 단어다.

● 자료 : 동아일보, 2013. 4. 16.

정리하기

1. 인적자원 환경이란 조직의 인적자원관리 활동에 영향을 미치는 모든 요인을 말하며, 외부환경과 내부환경으로 구분할 수 있다.
2. 외부환경에는 경제 환경, 노동시장, 법규와 정부규제 및 노동조합 등이 있고, 내부환경에는 사업전략, 조직구조, 조직문화 및 생산기술 등이 있다.
3. 경영이념이란 기업경영에 있어서 모든 조직구성원의 활동기반이 되는 것으로서 경영의 행동원리 내지 지도원리이다. 이것은 경영철학, 경영신조 또는 사시(社是)라 불리기도 한다.
4. 인사철학은 경영자가 종업원에 대해 갖고 있는 기본적인 사고방식으로서, 경영자가 종업원을 기업의 경영목표에 결합시키기 위한 관리행위에서 나타나는 지속적인 성향이다.
5. 인사방침(personnel policy)은 인적자원관리의 기본원칙 또는 방향을 말한다. 즉, 인사방침은 어떤 목적을 달성하기 위한 원칙적인 행동방향을 뜻하며, 실제적인 인사결정을 하는 데 있어서 판단의 기준이 되는 것을 말한다.

연습문제

단답식

1. 인적자원의 외부환경에는 경제상황, (　　　　), 법규와 정부 규제 및 (　　　　) 등이 있다.
2. 생산연령인구는 (　　　　)와 비경제활동인구로 구분된다.
3. (　　　　)는 조직구성원들이 공유하고 있는 행위를 규제하는 행동규범, 태도, 가치와 가정을 의미한다.
4. 경영자가 종업원에 대해 갖고 있는 기본적인 사고방식을 (　　　　)이라 한다.
5. 인간의 다양한 욕구와 동기를 강조하면서 자아성장과 자아실현을 추구하는 존재를 복합인 관점이라 한다. (O, X)

객관식

1. 다음 중 인적자원관리의 외부환경에 속하지 않는 것은? (　　)
   ① 경제상황　　② 조직문화
   ③ 노동시장　　④ 법규 및 정부 규제

2. 노동력에 대한 수요와 공급에 의해 노동이 거래되는 사회적 시스템은? (　　)
   ① 상품시장　　② 자본시장
   ③ 금융시장　　④ 노동시장

3. 현재 취업하고 있거나 취업할 의사를 가진 인구는? (　　)
   ① 경제활동인구　　② 실업자
   ③ 생산연령인구　　④ 비경제활동인구

4. 다음 중 인적자원관리의 내부환경에 속하는 것은? ( )

① 경제상황 ② 노동시장
③ 생산기술 ④ 법규 및 정부 규제

5. 영업사원 및 은행 텔러의 경우에 요구되는 상호의존성은? ( )

① 교호적 상호의존성 ② 순차적 상호의존성
③ 연속적 상호의존성 ④ 집합적 상호의존성

6. 경영이념과 동일한 개념이 아닌 것은? ( )

① 경영철학 ② 인사철학
③ 경영신조 ④ 사시(社是)

7. 다음 중 Y이론의 인간관에 대한 가정으로 올바른 것은? ( )

① 일은 싫은 것이다.
② 지시받기를 좋아한다.
③ 동기부여는 심리적 · 사회적인 수준에서도 이루어진다.
④ 동기부여는 물질적 · 경제적 수준에서 이루어진다.

8. 인간을 합리적 계산에 의해 움직인다고 가정하는 인간관은? ( )

① 경제인 관점 ② 사회인의 관점
③ 자아실현인 관점 ④ 복합인의 관점

9. 다음 중 사회인의 관점과 관계있는 것은? ( )

① 과학적 관리론 ② 경제적 유인
③ 복합인의 관점 ④ 인간관계론

10. 인간의 다양한 욕구와 동기를 강조하는 인간관과 관계없는 것은? ( )

① 자아실현인의 관점 ② 인간의 합리적 측면 강조
③ 현대적 관리이론 ④ 복합인의 관점

참고문헌

김식현(1991), 『인사관리론』, 무역경영사.
김인수(2003), 『거시조직이론』, 무역경영사.
이학종(2000), 『인적자원관리: 현대 인사관리 이론과 사례연구』, 세경사.
임상혁(2007), 『인적자원관리』, 비즈프레스.
———(2008), 『(신)인적자원관리』, 비즈프레스.
임창희(2004), 『인적자원관리』, 명경사.
최종태(2000), 『현대인사관리론』, 박영사.
한국인사관리협회(2006), 「월간 인사관리」.
Flannery, T. P. et al.(1996), *People, Performance, & Pay*, The Hay Group, The Free Press.
Heneman, H. G. III, & R. L. Heneman(1994), *Staffing Organizations*, Madium: Mendota House Inc.
Levine, E. R., R. A. Ash, H. Hall, & Sistrunk(1983), "Evaluation of Job Analysis Method by Experienced Job Analysis", *Academy of Management Journal*, 26, pp. 339~348.
Milkovich, G. T., & J. W. Boudreau(1994), *Human Resource Management*, 7th ed., Irwin, Inc.
Mondy, R. W., & R. M. Noe(1996), *Human Resource Management*, 6th ed., Prentice-Hall Inc.

제 3 장 직무분석과 직무설계

학습개요

이 장은 인적자원 확보의 선행조건인 직무분석과 직무설계에 관하여 살펴보고, 직무분석의 목적과 직무분석 방법 그리고 직무분석의 전략적 접근과 문제점에 관하여 학습한다. 또한 개인과 조직체간의 통합관점에서 직무설계의 전략적 중요성, 직무설계 방법들을 중심으로 현대 조직에서의 전략적 직무설계 방향에 대해 학습한다.

학습목표

1. 직무분석의 목적과 그것이 인적자원관리에서 갖는 중요성에 대해 이해한다.
2. 직무정보의 수집방법과 각 수집방법의 장·단점에 대해 이해한다.
3. 직무특성이론에서 핵심직무차원의 요소에는 어떤 것들이 있는지 이해한다.
4. 현대 조직의 직무설계 방향과 인적자원관리의 역할에 대해 이해한다.

주요용어

1. 직무분석(job analysis): 직무에 관련된 정보를 수집, 분석, 종합하는 활동.
2. 직무평가(job evaluation): 직무분석에 의해 작성된 직무기술서 또는 직무명세서를 기초로 직무의 중요성, 곤란도, 노력, 위험도 등을 평가하여, 직무의 상대적 가치를 정하는 방법.
3. 직무설계(job design): 조직의 목표를 달성하고, 직무를 맡고 있는 개인의 욕구를 만족시키기 위해 직무의 내용, 기능, 관계를 결정하는 것.
4. 직무재설계(job redesign): 기존의 직무에 대해 직무분석을 하고, 이를 바탕으로 새로이 직무를 만드는 것

경영사례 1

교보생명, '직무중심 인사제도' 도입

교보생명이 4월부터 직무중심의 선진 인사제도를 시행한다. 승진, 보상, 평가 등의 인사제도가 기존의 연공서열이 아닌 직무중심으로 바뀐다.

최근 외국계 기업과 대기업을 중심으로 직급호칭 파괴, 직급 단순화 등 직무중심 인사체계로의 변화가 이어지는 가운데, 보수적으로 알려진 국내 금융사 중 이를 도입한 기업은 드물다. 먼저 승진체계를 직무중심으로 바꿨다. 기존 연공서열에 따른 부장-과장-대리-사원 직급체계를 직무에 따라 L(Leader)-M(Manager)-SA(Senior Associate)-A(Associate)로 바꾸고, 상위직무 수행역량을 갖춘 직원을 우선적으로 승진시키는 것으로 개선했다. 이에 따라 승진의 개념도 근속연수에 따른 직급 상승에서보다 상위 직무로의 이동으로 탈바꿈한다.

또 직급별로 비슷한 수준이었던 급여도 차등화된다. 직무의 중요도, 난이도에 따라 직무를 세분화하고, 고부가가치 직무를 수행하는 직원에 대한 보상을 강화하는 '직무급' 제도를 도입한다. 따라서 같은 직급에 속해 있더라도, 어떤 직무를 맡느냐에 따라 연봉이 달라진다. "역량에 따라 배치하고, 성과에 따라 보상한다"는 교보생명의 인사철학을 반영한 변화다.

교보생명 관계자는 "조직문화를 혁신하기 위해 이번에 인사제도를 개편하게 됐다"고 설명했다. 교보생명은 이번 직무중심 인사제도를 책임자급인 Leader 직급부터 우선적으로 도입하고, 점차 대상과 적용범위를 확대해 나간다는 계획이다.

• 자료 : 내일신문, 2011. 3. 31.

일하기 좋은 기업

• 사명감 · 만족감… 훌륭한 기업엔 돈보다 큰 것이 있다.

빈둥거려도 돈을 많이 주는 회사. 주말과 공휴일은 모두 쉬고 오후 6시면 칼처럼 퇴근하는 회사. 1년에 휴가를 3주씩 갈 수 있는 회사…. 꿈 같은 직장 같지만 아니다. 일하기 좋은 기업은 이런 회사들이 아니었다.

매년 일하기 좋은 기업 100곳을 선정해 발표하는 미국 경제전문지 포천은 지난해 뽑은 100곳의 특징을 독특한 가치에서 찾아냈다. 1위인 구글은 사명감으로 일한다. 세상의 모든 정보를 검색 가능하도록 만들어 인류의 지식을 증진하겠다는 게 이 회사의 목표다. 직원들은 높은 연봉과 공짜 점심, 다양한 복지혜택도 사랑하지만 무엇보다 자신들의 일이 매일매일 기술을 이용해 세상을 발전시키는 일이라는 데서 느끼는 만족감을 가장 사랑한다고 강조했다.

• 돈보다 중요한 가치

2위인 보스턴컨설팅그룹(BCG)은 '다른 가치'를 강조한다. 수익과 효율만 추구하는 냉혈한 같아 보이는 컨설팅 회사 직원들이 가장 사랑한 가치는 역설적으로 '따뜻한 봉사'였다. BCG 직원들은 연봉을 그대로 받으면서 일정기간 자신들의 컨설팅 능력을 유엔 산하기구나 세이브더칠드런 같은 자선단체에 재능기부 형태로 제공할 수 있다. 다른 이를 돕는 가치 있는 일을 한다는 생각이 이들의 만족도를 높이는 것이다. BCG는 중미의 아이티에 대지진이 났을 때 자원한 일부 직원들이 현지 구호활동도 벌였다.

구글에 밀렸지만 14년 동안 일하기 좋은 기업 1위를 지켰던 미국의 소프트웨어 업체 SAS는 '회사가 곧 가족'이다. 회사는 자녀를 위한 여름 캠프는 물론이고 직원들에게 세차 서비스를 지원하고 직원을 위한 미용실도 만들었다. 온 가족을 위한 복지혜택이다. 하지만 무엇보다 중요한 건 일하는 환경을 만들어주기 위해 일 이외의 모든 걸 회사가 처리해 주는 분위기. 직원들은 "존중받으며 일한다는 느낌 때문에 회사를 떠나지 않는다"고 말했다.

해외 기업의 사례를 보면 마치 꿈속 같다고 느낄지 모른다. 하지만 이런 꿈 같은 기업들이 처음부터 그렇게 성공적이었던 것은 아니다. 이런 기업들도 어려운 시절이 있었고, 밤새워 일하면서 코피를 쏟았던 시절이 있었다. 다만 건강한 가치를 구성원들과 공유하고 그것이 사회 속에서 인정받자 큰 보상으로 돌아온 것 뿐이다. 많이 놀고 많이 받고 적게 일하는 회사는 행복한 기업이 아니라 도덕적으로 문제가 있는 기업일 가능성이 높다.

• 한국판 일하기 좋은 기업

국내에도 이렇게 건강한 윤리를 바탕으로 성공적인 문화를 만들려고 노력하는 기업들이 있다. 한국판 일하기 좋은 기업들이다. 한국능률협회의 '일하기 좋은 기업' 조사에서 삼성전자와 더불어 늘 1위를 차지하고 있는 SK텔레콤은 눈에 보이는 복지제도나 돈보다 더 중요한 가치가 기업을 일하기 좋은 곳으로 만든다고 생각해 왔다. 회사의 비전을 구성원이 공유하고 회사에 다니면서 스스로 발전하는 느낌을 받아야 한다고 본 것이다. 이를 위해 이 회사는 다양한 교육제도를 통해 직원들의 자기계발을 돕고 있다.

제조업 분야에서 가장 일하기 좋은 기업으로 꼽힌 삼성전자는 출퇴근 시간이 일정하지 않은 직원들이 '스마트워크 센터'를 통해 회사에 나오지 않고도 일할 수 있는 환경을 도입했다. 시간이나 공간에 구애받지 않고 업무의 결과 중심으로 평가받도록 해 개인의 자율성을 높인 것이다. 특히 이런 식의 자율과 창의를 극대화하기 위해 기존 업무에서 벗어나 개인이 꿈꾸던 일을 맘껏 현실화하도록 돕는 '창의개발연구소'도 운영한다. "실패해도 좋다"며 도전적인 과제를 진행하게 하는 이 연구소 덕분에 삼성전자는 기업 스스로 뿐만이 아니라 사회에도 도움이 되는 제품을 만들고 있다. 올해 초 개발된 눈동자만으로 컴퓨터를 조작할 수 있는 장애인용 안구(眼球) 마우스 등이 여기서 개발됐다.

이와 같이 다양한 기업들이 복지 혜택과 경제적 보상은 기본으로 여기면서 이보다 중요한 비전과 가치를 직원들에게 제공하기 위해 애쓰고 있다. GS그룹의 목표는 '가족경영'이다. 경영에 가족을 참여시키는 게 아니라 임직원 모두가 회사를 가족처럼 여기고, 임직원 가족들도 회사 덕분에 행복하도록 만들겠다는 것이다. 14일을 몰아서 쉬는 '리프레시 휴가' 등이 이런 철학에서 나왔다. LG그룹은 다양한 형태의 직원 창의력 개발과 편하게 일할 수 있는 제도를 고안하면서도 이 모든 걸 한마디로 요약한다. 바로 "즐겁게 일하라"는 것이다. 구본무 회장이 직접 강조하는 이 원칙은 무한경쟁의 끝에서도 직원들에게 여유를 갖고 한발 앞선 제품을 만들게 하는 힘이 된다고 한다.

• 자료 : 동아일보, 2012. 8. 30.

1. 직무분석

1.1 직무분석의 정의

직무분석(job analysis)이란 직무를 구성하는 구체적인 과업을 설정하고 지식(knowledge), 기술(skill), 능력(ability) 등 직무와 직무수행에 요구되는 기본사항에 대한 정보를 수집, 분석, 정리하는 과정이다.

직무분석은 조직목표 달성을 위한 ① 인력의 합리적인 채용기준, ② 적재적소의 배치·전환, ③ 교육훈련·경력개발, ④ 인사고과 기초자료, ⑤ 조직합리화 자료 등을 위한 기본이 되게 하고, 노동력을 유효하게 이용하려는 것이다. 이러한 역할을 위해 직무분석은 그 분석결과에 따라 직무기술서(job description) 또는 직무명세서(job specification)를 작성해야 한다.

직무분석의 연구에 관해서는 오래 전부터 테일러(F. W. Taylor)의 과학적 관리(科學的 管理)가 선구적인 개척임을 볼 수 있으나, 테일러의 초점은 일정한 시간 내에 있어서의 표준노동량, 즉 소요되는 표준노동시간의 설정에 있었다. 그러나 과업(課業)에 있어서의 표준의 평균화를 숙련·노력·책임·작업조건 등으로 분석하고, 이들 개개의 요소를 평가하였다.

과학적 관리의 전통을 갖는 이와 같은 연구는 직무분석에 적지 않은 영향을 주었다. 미국에서는 일찍이 제1차 세계대전 중 노동력의 동원을 위해, 노동력의 능률적인 활용에 관한 직무분석을 경영실천의 기법으로 이용한 바 있다.

1.2 직무분석의 목적

직무분석은 인간노동을 과학적·합리적으로 관리하기 위한 기초작업의 일종이다. 직무분석은 인적자원관리에 기초적이고 필수적이며, 직무기술서와 직무명세서를 작성하고, 직무평가를 할 수 있도록 하지만, 직무분석을 통하여 얻어진 정보는 직무와 인간을 적합시키도록 하는 조건이며, 주로 직무평가를 위하여 하게 되는 것이나 그 외에도 다음과 같은 목적을 들 수가 있다.

[그림 3-1] 직무분석의 목적

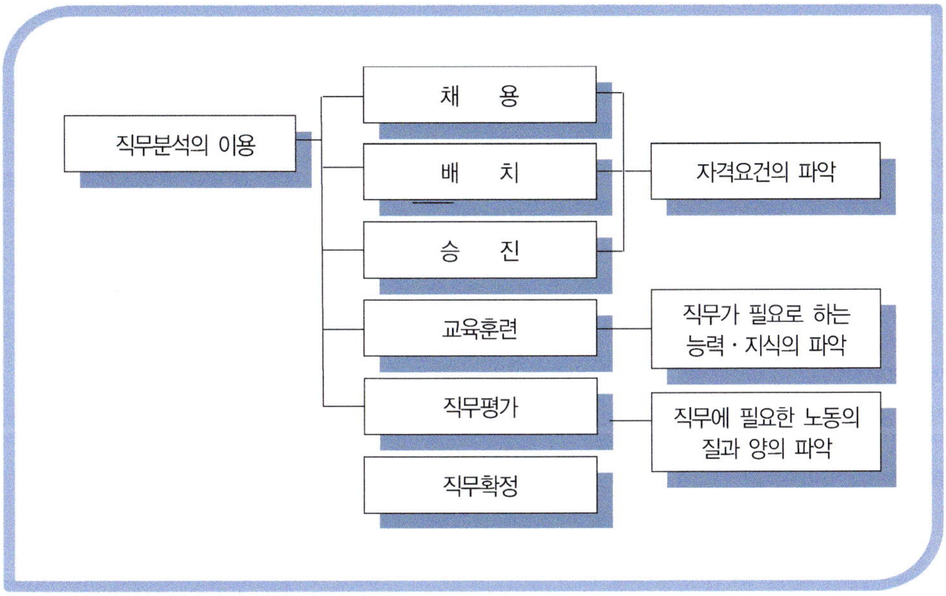

1) 직무평가의 자료

직무분석을 위해서는 무엇을 하고 어떤 능력과 스킬이 요구되는지를 명확하게 파악하는 등 종합적인 자료가 준비되어야 하며, 직무분석 자료는 직무평가의 기초가 되어야 한다.

2) 책임의 명확화

직무분석에 의하여 책임을 명확하게 할 수가 있다. 모든 기업은 직무내용을 명확히 분석하고, 직무에 대한 권한과 책임을 뚜렷이 하여 직책권한 규정을 가지고 있어야 한다. 이와 같은 직책권한을 명확히 하는 데 직무분석이 도움이 되어야 한다.

3) 채용 · 배치 · 승진의 기초자료

승진을 위해서는 직무에 대하여 어떤 능력이나 노력이 필요한가를 알 필요가 있으며, 직무분석은 이 정보를 제공하기 때문에 승진 · 임면의 기초가 되어야 한다. 그리고 직무분석은 승진 · 승격 등과 새로운 직책의 임면에 대한 능력평가에 기초가 된다.

4) 교육훈련의 자료

어떤 업무를 위한 교육훈련을 하기 위해서는 그 업무의 내용이 명확해야 하기 때문에 직무분석의 목적에는 직무가 필요로 하는 능력과 지식 파악이 정확히 되어야 인재양성 및 교육훈련의 자료로 활용될 수 있다.

5) 업무의 개선

직무분석은 종업원의 업무를 분석하고 운영상의 결점이나 개선할 점을 찾아내어 문제점을 명확하게 해야 한다. 다음에 직무의 성질을 결정하는 것과 관련하여 종래의 작업연구(work study), 즉 동작 및 시간연구는 직무가 요구하는 노동력의 양적 필요요건을 명확하게 하는 것이다.

그리고 시간 및 동작연구가 주로 작업의 기술적 연구에 의한 생산표준의 설정인 데 반하여 직무분석은 모든 직무를 그것에 필요한 책임 · 의무 · 지도성 등의 질적 면에서 연구함으로써 경영관리의 조직전반에 걸친 직무의 표준화를 수행하는 것이라 하겠다.

직무분석의 기본목적은 직무에 관한 공식적인 개요를 작성하는데 필요한 모든 정보를 수집하고 이를 분석하는 것이다. 지식(knowledge), 기술(skill), 능력(ability), 책임(responsibility), 직무조건(work condition), 직무환경(job environment), 조직관계(organization relationship) 등 직무와 관련된 기본사항들이 직무분석의 정보들이다. 직무분석에서 정리된 자료는 직무기술서와 직무명세서를 작성하는데 사용되고, 직무평가의 기본자료로도 사용된다.

[표 3-1] 직무 관련 용어

- ✦ 요소(element) : 관련된 동작, 움직임, 정신적인 과정을 구성하는 최소 단위.
- ✦ 과업(task) : 독립된 목적으로 수행되는 하나의 명확한 작업활동.
- ✦ 임무(duty) : 개인이 수행하는 것으로 여러 가지 과업으로 그 과업들이 모여서 된 하나의 임무.
- ✦ 직위(position) : 특정 시점에서 특정 조직의 한 개인이 수행하는 하나 혹은 그 이상의 임무.
- ✦ 직무(job) : 작업의 종류와 수준이 유사한 직위들의 집단으로, 어떤 경우에는 유사한 직위가 없기 때문에 한 직위만으로 이루어지기도 한다.
- ✦ 직군(job family) : 유사한 종업원 특성이나, 과업을 내포하고 있는 둘 이상의 직무의 집단.

[그림 3-2] 직무, 직군, 직종 구분

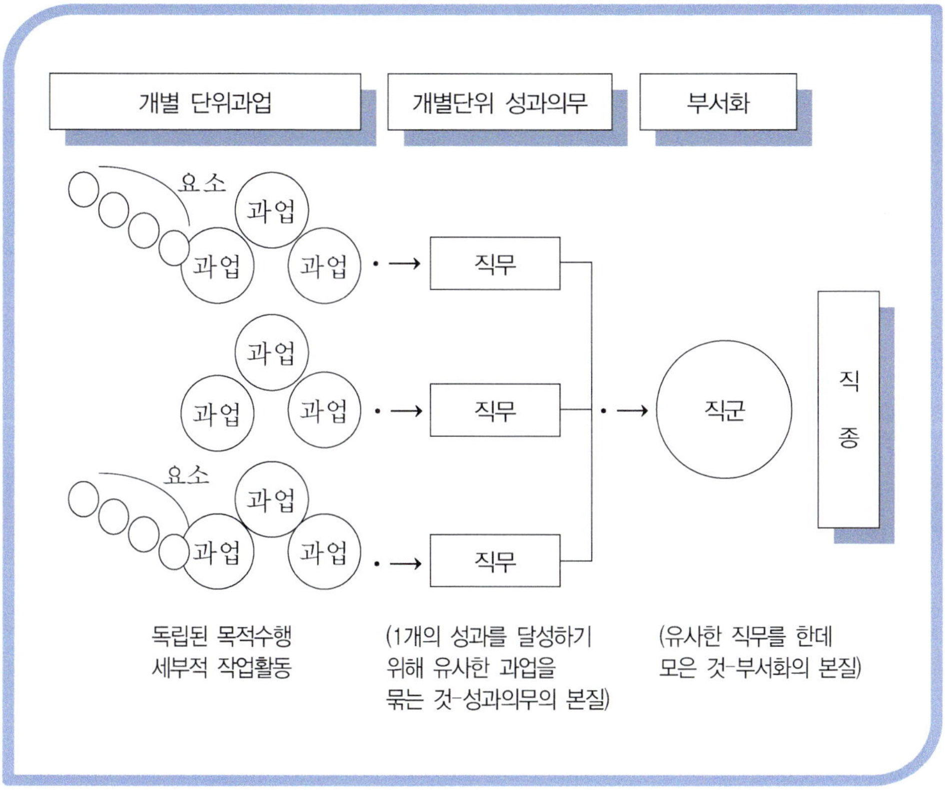

자료 : 김성수(2010), 「혁신적 인적자원관리」, 탑북스, p. 1-8.

1.3 직무분석의 방법

직무분석은 인사부문이 중심이 되어 직무담당자와 협력하에 행하여지며, 직무의 능률적인 수행에 필요한 종업원의 자격요건을 정확하게, 또한 빠짐없이 명시하여야 한다. 이와 같은 원칙에 따라 직무를 분석할 경우에는 다음과 같은 직무분석의 공식에 의한다.

그 직무에 대하여 ① 종업원은 무엇을 해야 하는가, ② 종업원은 어떤 방법으로 하는가, ③ 종업원은 왜 하는가, ④ 그것을 하는데 필요한 숙련 등은 어느 정도 명확하게 해야 하는가, 이들 네 가지 요건은 직무분석 상으로 공식화되고, 일반적으로 직무분석의 공식 내지 방법(job analysis formula)이라 일컫는다. 직무분석의 방법에는 일반적으로 면접방식, 질문지방식, 직접관찰방식 및 중요사건법 등이 있다.

1) 면접법

면접법(interview method)이란 숙련된 직무조사원이 개개의 감독자나 종업원을 면접하여 질문하고 조사하여 기술한다. 면접방식은 기술된 정보, 회사 내의 기존자료나 실무분석을 위해 특별히 제작된 조직도, 업무흐름표, 업무분담표 등을 자료로 하여 담당자를 개별적으로 혹은 집단적으로 면접하여 필요한 분석항목의 정보를 획득한다. 면접은 직무에 대한 중요한 질문을 하도록 구조화되어 있으며, 분석자는 직무분석의 전문가적 신뢰성을 가져야 한다.

2) 질문지법

질문지법(questionnaire method)이란 조사용지를 각 종업원에게 배부하여 기입하게 하고 이것을 정리하게 하는 방법이다. 질문지는 보통 표준화되어 있으며, 직무담당자가 직무에 관련된 항목을 체크하거나 평가하도록 하는 것이다. 이것은 다른 직무분석 방법에 비해 시간과 비용이 절약되며, 폭넓은 정보를 얻을 수 있다. 또한 구조화된 질문지는 컴퓨터를 사용하는 전산시스템적 직무정보 분석을 만들어야 한다.

3) 관찰법

관찰법(observation method)이란 직무조사원이 실제의 직무를 직접 관찰하여 조사・기술하는 방법이다. 인적자원관리의 전공자로서 직무조사원의 능력을 구비한 관리자가 이 관찰법을 수행한다.

4) 중요사건법

중요사건법(critical incidents method)이란 직무수행자의 직무행동 가운데 성과와 관련하여 효과적인 행동패턴을 추출하여 분류하는 방법이다. 직무분석은 일반적으로 다음 순서에 따라 행하게 된다. 그러나 각종 방식을 병행하면 더욱 효과적이다.

① **사전조사** : 기업조직을 조사하여 직무가 차지하는 위치 또는 그 직무의 연혁 등을 명확하게 할 것

② **직무조사표의 설계** : 앙케이트에 의한 경우에는 조사표의 설계가 중요하다. 설계는 기입될 내용・항목, 기타의 기재양식도 잘 고안할 것.

③ **예비조사** : 실제 조사에 들어가기 전 특정한 부・국에 대하여 미리 조사를 하여

충분히 준비할 것

④ **직무조사표 배부**

⑤ **직무조사표 기입**

⑥ **직무조사표를 수집하여 정리할 것**

[그림 3-3] 직무분석의 절차

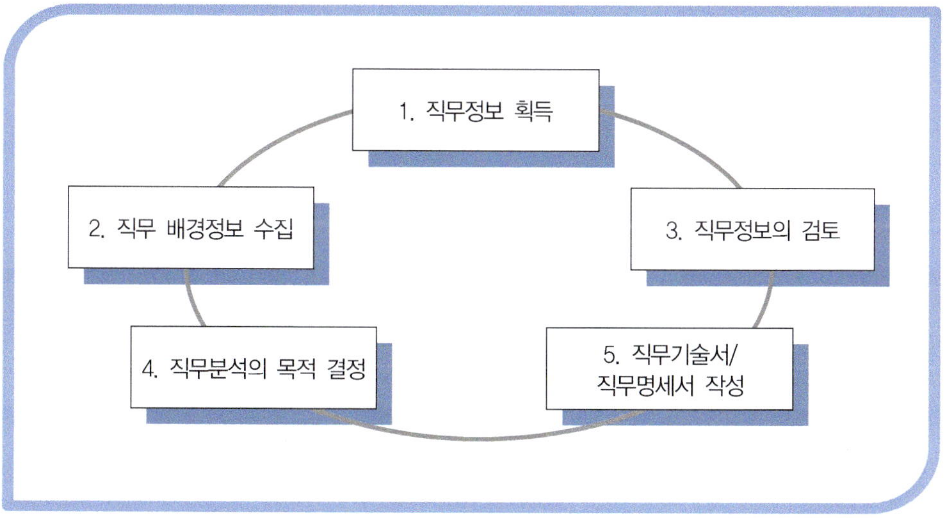

[그림 3-4] 직무분석의 활용

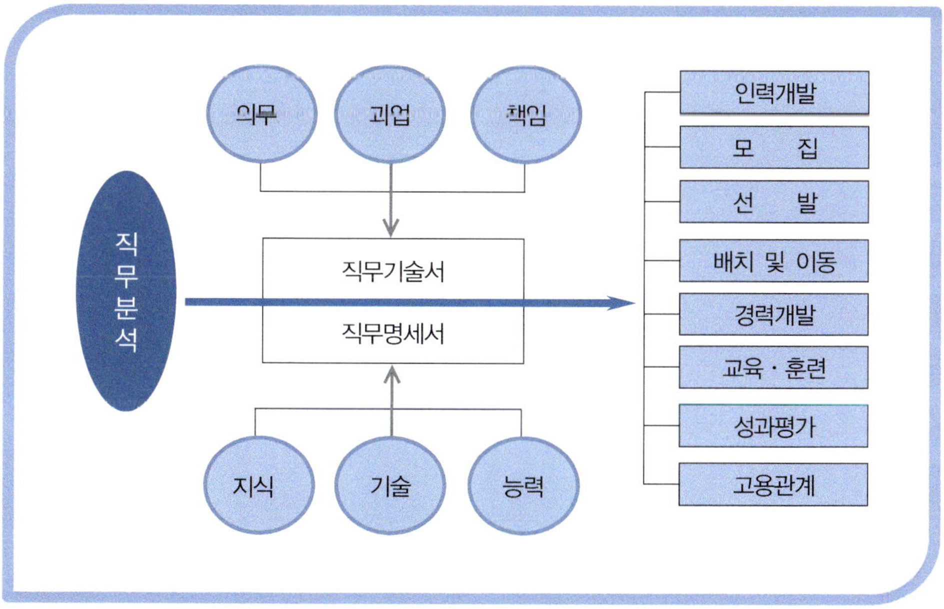

[표 3-2] 직무조사표

<table>
<tr><td>성 명</td><td>1. 성별 남 · 녀</td><td>2. 연령 세</td><td colspan="2">3. 기혼 미혼</td><td>4. 부양가족 명</td></tr>
<tr><td colspan="6">5. 근무지명</td></tr>
<tr><td colspan="6">6. 직명 (직위: 직책:)</td></tr>
<tr><td colspan="6">7. 최종학력 및 전공</td></tr>
<tr><td colspan="6">8. 합격한 자격시험</td></tr>
<tr><td colspan="6">9. 특기 (운전면허: 특기:)</td></tr>
<tr><td rowspan="2">10. 근무년수</td><td>급별</td><td></td><td></td><td></td><td></td></tr>
<tr><td>연수</td><td></td><td></td><td></td><td></td></tr>
<tr><td colspan="6">11. 현직과 동일 직무의 경험년수 년 월</td></tr>
<tr><td colspan="6">12. 월 급여액</td></tr>
<tr><td colspan="6">13. 근무시간 정시 교대 기타</td></tr>
<tr><td colspan="6">14. 당신이 사용하는 기술설비의 명칭과 작업을 위한 보조원의 성명 및 그 소요시간
(소속하고 있는 곳의 직무와 부하직원의 성명 및 근로시간)</td></tr>
<tr><td colspan="6">15. 당신의 직접관리자의 직명 및 당신에 대한 감독내용을 설명 할 것
성명 직명 내용</td></tr>
<tr><td rowspan="2">16. 당신이 감독하는 직원의 성명과 직명</td><td colspan="5">직명</td></tr>
<tr><td colspan="5">성명</td></tr>
<tr><td colspan="6">17. 직무내용에 당신이 담당하고 있는 작업종류와 그 내용을 상세하게 기입하시오. 설사 과나 계의 분장사항이 아니더라도 최근에 당신이 실제로 하고 있는 일이라면 사항별로 상세하게 기입할 것. '기타 및 %'와 같은 기입을 하지말 것</td></tr>
<tr><td>담당하고 있는 일의 종류</td><td colspan="2">그 일의 어떤 부분을 어떻게 처리하고 있는가.</td><td>소요시간
%</td><td colspan="2">보관사용자료</td></tr>
<tr><td colspan="6">이상의 모든 기입은 사실임을 서약합니다. 성명 (인)</td></tr>
<tr><td rowspan="3">18. 감독자기입란</td><td colspan="5">직급(직위) 성명 (인)</td></tr>
<tr><td colspan="5">(1) 이 직무를 행하기 위하여 필요한 최소한도의 자격 요건
a. 학력 b. 자격
c. 경험의 종류 d. 경험년수</td></tr>
<tr><td colspan="5">(2) 위의 기입을 검사하여 다음과 같이 인정함
기재에 있어 누구나 상위함이 없음(있으면 다음에 기입할 것)</td></tr>
</table>

[표 3-3] 종업원의 특성표

직명 　　　　　　　　　　　　　　　　　　　　　　직무분석표의 번호

이 직무를 완수하는데 필요한 특수능력을 지정할 것. 그 필요 정도는 다음과 같이 정의함 (해당란에 x표를 할 것)

D-이 직무에 반드시 필요하지는 않다. 　　　B-보통 이상으로 필요하다.
C-어느 정도 필요하다. 　　　　　　　　　　A-매우 필요하다.

A와 B가 불명확할 때는 B로 하고, B와 C가 불명확할 때는 C로 한다. 그리고 C와 D가 불명확할 때는 D로 할 것. 이 표에 없는 특수능력이 요구될 때는 49이하에 추가하여 간결하게 정의할 것.

정도				요구되는 특수능력	정도				요구되는 특수능력
A	B	C	D		A	B	C	D	
				1. 장시간의 신속작업					26. 계산력
				2. 손의 힘					27. 지능
				3. 완력					28. 순응력
				4. 배근력					29. 결단력
				5. 족력					30. 계획력
				6. 손가락의 계산					31. 기계・기구에 대한 이해
				7. 수완의 재간					32. 적극성
				8. 수족의 재간					33. 모든 항목에 대한 주의력
				9. 눈과 손의 공응능력					34. 표현력(언어)
				10. 발・손・눈의 공응능력					35. 표현력(문서)
				11. 양손의 공응능력					36. 대인관계에 있어서의 지도력
				12. 대소의 목측					37. 기억력(남의 이름과 사람)
				13. 수량의 목측					38. 용자(容姿), 얼굴자태
				14. 형상의 지각					39. 혼란 중 정신집중능력
				15. 속도의 목측					40. 감정의 안정성
				16. 시각의 예민성					41. 작업의 위험상황
				17. 청각의 예민성					42. 감별력(질적 평가)
				18. 후각					43. 신체적 불쾌작업
				19. 미각					44. 색체의 판별
				20. 촉각					45. 면접 대인 능력
				21. 근육의 식별력					46. 신장
				22. 세부의 기억					47. 체중
				23. 추상관념의 기억력					48. 책임감
				24. 구두명령의 기억력					49.
				25. 문서명령의 기억력					50.

추가한 특수능력의 정의

현장이야기 1

HP사의 직무기술서

"사람은 가능한 한 적게 뽑고 일단 채용하면 파산 직전까지 함께 가라." 1939년 캘리포니아 Palo Alto의 조그만 창고에서 538달러의 자본금으로 회사를 창업한 Bill Hewlett와 David Packard의 창업이념이다. 그 후 창업이념은 수많은 경기변동에도 불구하고 계속 지켜질 수 있었다. 어떻게 가능했을까? HP사에는 1,200여 명 사원들에 대한 직무, 역할, 책임 등을 200여 가지로 분류 정리한 직무기술서가 있으며, 직원 개개인에게도 담당고객과 수주량을 구체적으로 정한 포스트 계획표를 적용하여, 1,200여 개의 자리가 정밀기계처럼 돌아가기 마련이다. 이렇게 만들어진 직무분석표는 전세계 HP지사에 인터넷을 통해 똑같이 공급된다. 결원이 생기면 사내에서 충당하고, 담당 업무가 없어지면 다른 포스트로 이동한다. 누가 어느 포스트로 가면 되는지 직무분석표를 보면 책상에 앉아서도 훤히 알 수 있다. 그 덕분에 HP에는 정리해고란 말이 없다.

• 자료 : 임창희(2014), 「인적자원관리」, 비앤엠북스, p. 85.

1.4 직무기술서 및 직무명세서

직무기술서(job description)는 직무조사표에 의하여 모든 항목을 상세하게 기술하여 개선해야 할 점은 개선하고 정리한 후에 그 요점을 기술한 문서를 의미한다. 즉, 직무기술서는 직무분석의 결과 직무수행과 관련된 과업 및 직무행동을 일정한 양식으로 기술한 문서이다([표 3-4] 참조).

직무기술서에 의하여 직무와 그 필요 항목, 요건만을 개인적 자격에 중점을 주어 간단한 양식으로 종업원의 행동, 기능, 능력, 지식 등을 정리한 문서가 직무명세서(job specification)이다. 직무기술서는 직무 그 자체의 특성에 중점을 두고 정리한 것인 반면, 직무명세서는 직무를 수행하는 사람의 인적 요건에 더 초점을 둔 것이 차이점이다. 최근에는 직무기술서를 간략화하거나 생략하여 직접 직무명세서를 작성하는 경향이 있다.

직무명세서를 만드는 목적은 고용을 위한 기초가 되지만 직무평가를 위한 것이 그 주된 목적이다. 따라서 내용항목을 평가요소별로 표시하면 다음과 같은 항목이 명시된다.

[그림 3-5] 직무기술서와 직무명세서 비교

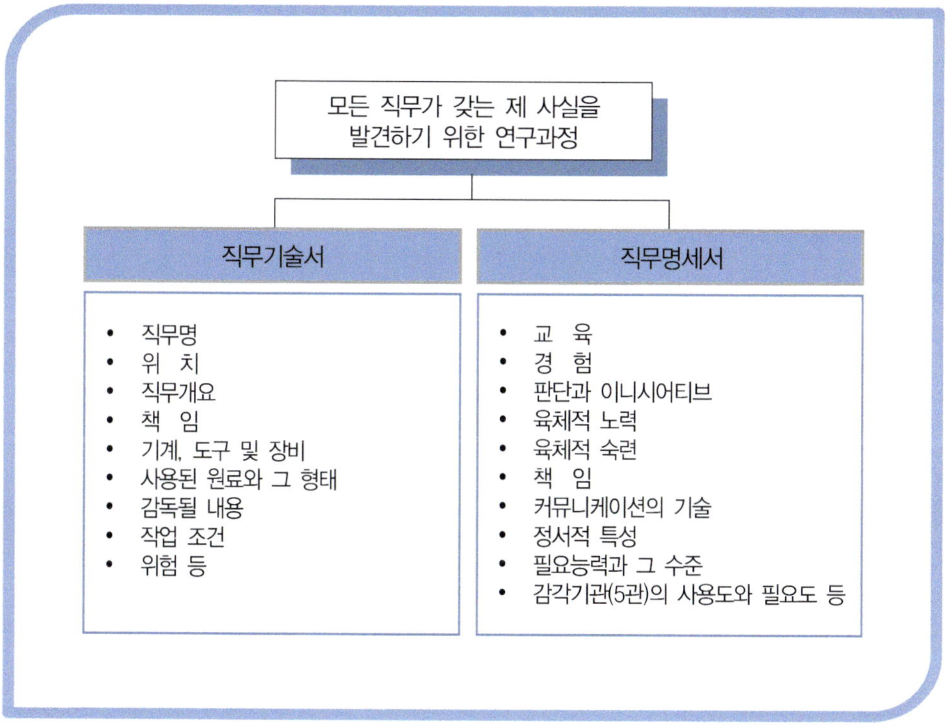

(1) 직무명,

(2) 직무의 성질,

(3) 종업원에게 필요한 능력 · 자격요건,

(4) 취업조건,

(5) 습득기간,

(6) 진보의 속도와 승진의 기회,

(7) 고용조건 · 임률 · 급여액 · 근무시간 · 과업 · 고용의 형태 등이 명시되고, 말하자면 직무를 능률적으로 수행하기 위하여 요구되는 개인의 필요요건이 일정한 형식으로 기술된 것이다.

[표 3-4] 직무기술서 사례

<table>
<tr><td>1. 직무명</td><td colspan="2">채용담당자</td><td>2. 직무기호</td><td>1506</td></tr>
<tr><td>3. 부 서</td><td colspan="2">인사팀</td><td>4. 근 무 지</td><td>본사</td></tr>
<tr><td colspan="5">5. 직무분석자 및 일시 직무분석담당자 ○○○(○○○○년 ○○월○○일)</td></tr>
<tr><td>6. 확 인</td><td colspan="4">인사팀장 ○○○</td></tr>
<tr><td colspan="5">7. 직무개요
· 회사의 인사운영방침에 의해 회사원의 채용에 관한 업무를 수행한다.</td></tr>
<tr><td colspan="5">8. 직무내용 (의무와 책임)
· 회사의 연간 인원수급계획을 모집일 30일 전까지 입안하고, 종업원 채용에 관한 업무를 수행하며 관계규정을 관리한다.
· 종업원 채용에 필요한 제반사항을 계획・운영한다. 여기서 채용에 필요한 제반사항이란 모집일시, 모집방법, 채용원칙, 선발장소, 면접시기와 장소, 채용인원수 채용인원 형태 등을 말한다.
· 종업원 채용결과에 대한 최종보고는 선발결정이 이루어진 다음 날을 기준으로 1주일 후에 채용담당과장에게 보고한다.
· 채용된 인력에 대한 자료를 훈련담당자에게 위임한다.
· 자질 있는 종업원의 인력수급에 대한 부분별 채용방침을 입안하여 운영・관리 한다.</td></tr>
<tr><td colspan="5">9. 자격요건(직무명세서)</td></tr>
<tr><td rowspan="4">교육경험</td><td>학교교육</td><td colspan="3">인문계 대학 졸업정도</td></tr>
<tr><td>실무경험</td><td colspan="3">인사실무 2년 이상</td></tr>
<tr><td colspan="4">기타교육</td></tr>
<tr><td colspan="4">자격면허</td></tr>
<tr><td>학술지식</td><td colspan="4">· 경영학원론, 인적자원관리론, 경영조직론, 경제원론, 사회심리 등의 일반적 지식
· 회사 인력채용에 관한 지식으로 채용제도의 원칙과 변천과정에 대한 지식</td></tr>
<tr><td>실무지식</td><td colspan="4">· 회사의 인사규정, 급여규정, 여비규정, 퇴직금 규정, 인사고과규정, 징계규정 등 제반 규정에 대한 일반적 지식</td></tr>
<tr><td>신체적 조건</td><td colspan="4">비교적 적다</td></tr>
<tr><td>정신적 조건</td><td colspan="4">기획에 관한 창의성과 성실성에 대한 노력이 크다</td></tr>
<tr><td>작업환경과 위험성</td><td colspan="4">작업환경은 좋고 위험성은 없다</td></tr>
<tr><td colspan="5">10. 특이사항</td></tr>
</table>

주: 미국 미네소타 대학 산업관계연구소 조사에 의해 개발 보급된 사례

[표 3-5] 직무명세서 사례

(1) 사업부문의 장(라인)의 자격요건(이사/ 팀장/ 영업이사)
① 교육 : 경영관리를 주로 연구한 대학 졸업자 또는 경영실무상 그들과 동등한 경험이 있는 자
② 경험 : 판매부장 · 업무부장 또는 감사관을 포함하여, 5년간 성공적으로 업무를 수행한 경험을 가질 것
③ 지식 : 좋은 판매와 고객에 대한 좋은 서비스란 무엇인가에 대하여 잘 인식하지 않으면 안된다…(이하 생략)
④ 능력 및 역량 : 업무를 계획 · 조직화화여 부하를 지도 · 감독하고 직책에 권한을 합리적으로 위양하여 성적을 확보할 수 있는 능력을 가질 것
⑤ 인간 특징 : 강력한 지도자의 자질을 가질 것, 분석력이 있고 치밀하며 협력적이면서도 진취적일 것. 문서에 있어 충분한 표현력을 가질 것, 신뢰 · 충성심 및 열의를 고무할 수 있는 부드러운 인품과 높은 인격을 갖출 것
⑥ 신체적 조건 : 건강하며 비즈니스를 좋아하는 인상, 고객에게 호감가는 인상

(2) 인사과장의 자격요건
① 성별 : 남녀 무방함
② 교육 : 최저 4년의 대학교육 과정과 인적자원관리, 노사관계론, 조직행동론, 경영전략. 인사심리, 생산관리 및 생산기술 등을 이수한 사람
③ 경험 : 인적자원관리 및 노사관계 관련분야에 있어서의 최근 수년간 전임으로 유급의 경험
④ 성격 : 산업 내의 조화를 유지할 수 있는 능력, 종업원에 대한 관심, 주의 깊고 또한 착실할 것, 조직하고 운영할 수 있는 능력
⑤ 지능 : 대학 졸업 정도
⑥ 지식 : 인적자원관리. 노사관계 등 일반에 관한 이해 · 능력 · 적성 · 흥미 · 성격 등의 개인차에 대한 지식, 당해 지역의 노동시장과 임률에 능통할 것

주: 미국 미네소타 대학 산업관계연구소 조사에 의해 개발 보급된 사례

1.5 직무분석기법

직무분석기법은 직무분석의 대상이 되는 직무의 내용과 직무수행자에게 요구되는 자격요건에 대한 정보의 내용을 어떤 관점에서 수집, 분류하느냐에 따라 기능적 직무분석법, 직위분석 설문지법, 관리직위기술 질문지법, 과업목록법 등이 있다.

1) 기능적 직무분석법

기능적 직무분석(functional job analysis)은 미국 노동부에 의해서 개발된 것으로, 원래 취지는 직무배치와 상담에 사용하기 위한 것으로 직무를 간략하게 분류하는데 유용하다. 기능적 직무분석은 직무정보를 모든 직무에 존재하는 3가지의 일반적 기능,

즉 자료와 관련되는 기능, 사람과 관련되는 기능, 사물과 관련되는 기능의 정보로 분류하고 정리한다. 정보수집방법으로는 작업자 업무일지 및 메모사항, 작업자 및 그의 상사와 면접을 하여 또한 직업의 진행사항을 관찰하기도 한다.

이 방법으로 미국 직업사전(Dictionary of Occupational Titles: DOT)이 만들어졌는데 직업사전을 활용하여 특정 직무를 간단하게 분류하는데 유용하게 활용할 수 있으며 특히 중소기업에서 쉽게 사용할 수 있다. 기능적 직무분석은 다른 방법과 결합해서 직무분류와 직무평가에 유용하게 활용될 수 있다.

[표 3-6] 기능적 직무분석에서의 직업기능

자료관련 기능	사람관련 기능	사물관련 기능
1. 비교	1a. 지시받음	1a. 조작
	1b. 서비스 제공	1b. 원료공급
		1c. 손질
2. 복사	2. 정보교환	2a. 조종
		2b. 작동/통제
		2c. 운전/통제
3a. 계산	3a. 코칭	3a. 조준
3b. 정리	3b. 설득	3b. 설치
	3c. 변형	
4. 분석	4a. 자문	
	4b. 지시	
	4c. 처리	
5a. 혁신	5. 감독	
5b. 조정		
6. 종합	6. 협상	
	7. 멘토링(mentoring)	

주 : 척도가 높을수록 기능은 복잡해짐.

2) 직위분석 질문지법

직위분석 질문지(position analysis questionnaire : PAQ)는 맥코믹(E. J. McCormick) 등에 의해서 개발된 것으로서 작업자 활동과 관련된 187개의 항목과 임금관련 7개 항목을 포함하여 총 194개의 항목으로 구성된 질문지로서 작업에 대한 표준화된 정보를 수집하는 대표적인 방법이다. 설문항목은 투입정보, 정신적 과정, 과업성과, 다른 사람과의 관계, 직무환경, 기타 직무특성의 총 6개의 범주로 구성되어 있다. 직위분석설문지의 직무부문의 예는 [표 3-7]과 같다.

[표 3-7] 직위분석 질문지의 내용

부문(요소의 수)	내 용
1. 정보의 투입(35개)	직무수행에 필요한 정보를 어디서, 어떻게 얻는가?
2. 정신적 과정(14개)	직무수행에 포함되는 논리, 의사결정, 계획, 정보처리 활동은 무엇인가?
3. 작업산출(49개)	직무수행에 필요한 육체적 활동은 무엇이며 어떤 도구, 수단이 사용되는가?
4. 다른 사람과의 관계(36개)	직무수행에서 다른 사람과의 어떤 관계가 요구되는가?
5. 작업환경 및 직무사항(19개)	직무가 수행되고 있는 곳의 물적·사회적 상황은 어떠한가?
6. 기타 측면(41개)	직무와 관련된 다른 활동, 조건, 특성은 무엇인가?

각 질문항목은 주관적으로 평가하는 알파벳 기호, 즉 활용빈도, 소요시간, 직무에의 중요성, 발생가능성, 응용가능성, 특수한 코드의 6개의 척도 중 반드시 하나를 사용하여 평가한다. 구조화된 직무분석기법들 중에서 직위분석 질문지는 다른 것보다 더욱 철저히 연구된 것이며 변형 없이도 넓은 범위의 직무에 사용가능하고 많은 자료원에 대한 비교를 가능케 한다. 직위분석 질문지는 선발과 직무분류 용도로 널리 활용되고 있다. 그러나 인사고과와 훈련용도로는 활용되고 있지 않다. 왜냐하면 직위분석 질문지는 매우 다양한 직무를 쉽게 분석할 수 있고 직무평가용도로 널리 활용되고 있지만, 성과표준이나 훈련내용을 질문지의 점수로부터 도출해 내기가 어렵기 때문이다.

3) 관리직위기술 질문지법

직무분석 중에서 관리직무의 경우에는 비교적 복잡하다. 관리자의 직무는 계획, 조직, 조정 등의 다양한 활동으로 이루어져 있으며, 유사한 직무가 직무담당자에 따라 다르게 수행될 수 있고 또 직급, 직종, 지역적 여건, 조직 성격에 따라서도 달라지기 때문에 이러한 점들을 고려하여 직무차원을 구별하고 측정하는 것은 간단한 일이 아니다.

[표 3-8] 관리직위기술 질문지의 구성

번호	범 주	정 의
1	제품, 마케팅, 재무전략 계획수립	장기적인 사업성장과 기업의 안전성을 얻기 위해 생각하고 계획 수립하는 것
2	다른 부서와 인력에 대한 조정	관리자가 직접적으로 통제하지 못하는 개인과 집단의 활동을 조정하는 것
3	내부 경영통계	기업의 재무적, 인적 그리고 다른 자원을 검토하고 통제하는 것
4	제품과 서비스에 대한 책임	생산시기와 품질을 확실하게 하기 위해 제품과 서비스의 기술적인 측면을 통제하는 것
5	대중 및 고객과의 관계	고객과 대중에 대해 직접적인 접촉을 통해 기업의 명성을 유지시키는 것
6	높은 수준의 컨설팅	조직에서 제기되는 특별한 문제를 다룰 수 있는 기술적인 능력을 적용하는 것
7	행동의 자율성	거의 직접적인 감독 없이 직무활동을 수행하는 것
8	재무적인 약속의 승인	조직에서 행한 큰 재무적인 약속을 승인하는 것
9	스탭의 서비스	사실 확인과 기록정리 같은 스탭의 서비스를 상사에게 제공하는 것
10	감독	부하들과의 대면적인 접촉을 통해 다른 사람들의 작업을 계획하고 통제하고 조직화하는 것
11	복잡성과 스트레스	마감시간을 맞추고 요구되는 직무활동을 수행하기 위해 높은 스트레스를 받으며 작업하는 것
12	높아진 재무적 책임	기업의 성과에 직접적으로 영향을 줄 거대한 재무적인 투자와 다른 재무적 의사결정을 하는 것
13	폭넓은 인력에 대한 책임	기업 내에서 종업원에 영향을 미치는 인적자원관리와 정책에 대해 매우 폭넓은 책임을 지는 활동과 관련되는 것

토나우(W. W. Tornow)와 핀토(P. R. Pinto)는 책임, 관계, 제약, 요구, 활동 등에 관하여 관리직무를 객관적으로 기술하기 위한 관리직위기술 질문지(Management Position Description Questionnaire: MPDQ)를 개발했다. 이 질문지는 과업중심적인 방법으로 다양한 직능, 직급, 회사에 걸쳐 시험된 208항목으로 구성되어 있다. 많은 관리자들의 응답이 통계적으로 분석되어 13종류의 직무기술요인들이 밝혀지고 해석되었다.

관리직위기술 질문지는 보상관리를 위해 처음 개발되어 새로운 관리직무를 분석하고 평가하는 수단으로 사용되었다. 직위분석 질문지와 마찬가지로, 항목의 포함 여부를 위한 중요성 수준이 결정되고, 직무수행에 필요한 지식, 기능, 능력이 추론된다. 이 방법은 새로운 직무로 이동하기로 되어 있는 관리자의 교육필요성을 진단하고, 새로운 직무의 직무분류, 직무평가에 유용하다. 관리자들의 개인적 자질과 직무의 행동적 요건, 조직성과의 측정을 연계시키는 것이 과제이다.

4) 과업목록법

과업목록법(task inventory procedure)은 미국 공군에서 기원한 것으로 질문지를 이용하여 분석하고자 하는 직무의 과업을 열거하고, 이를 상대적 소요시간, 빈도, 중요성, 난이도, 학습의 속도 등의 차원에서 평가한다. 이것은 특정 과업에 대한 구체적 정보를 수집하는 대표적인 방법이다. 과업목록법은 특정 작업을 단위로 작업을 구성하는 각 직무별로 수행되기 때문에 일반화된 양식은 없다. 과업목록법은 개발비용이 많이 들지만 일단 개발되면 교육용도로 매우 효과적으로 활용된다. 또 과업을 매우 세부적이고 체계적으로 분석할 수 있고, 종업원과의 인터뷰를 통해 획득한 질문항목을 사용하기 때문에 현실적인 직무내용을 파악할 수 있다는 장점이 있다. 그러나 직무간 비교가 어렵기 때문에 직무평가 등의 용도로는 적합하지 않다.

1.6 직무분석의 문제점

직무분석시에 여러 가지 원인으로 오류가 발생할 수 있다. 여기서는 오류를 발생시키는 몇 가지 원인을 설명하고자 한다.

1) 부적절한 표본 추출

전통적 방법에서 관련된 과업 영역 전체를 조사하지 않거나, 직위분석 질문지와 같은 포괄적인 방법에서 관련 과업 영역의 모두를 먼저 명확히 하지 않으면 직무의 중요한 면들이 직무분석에서 제외될 수 있다. 또 다른 문제로 사람들의 직무활동이나 그것에 소요되는 시간을 실제로 정확하게 보고하지 못하는 수가 있다.

2) 반응 세트(response sets)

반응 세트는 사람들이 예상된 혹은 왜곡된 방법으로 질문에 대해 일관적으로 답변했을 때 발생한다. 반응 세트는 질적 세트에 대한 사람들의 해석이나 그 정보를 치리하려고 하는 의도에 대한 잘못된 믿음 때문에 생기는 것이다. 직무담당자가 반응 세트를 가지고 있다면, 질적 방법을 사용하는 자료의 확인이 곤란해진다.

3) 직무환경의 변화

새로운 공정 특히 사람과 기계의 상호작용이 일어나는 공정의 도입과 관련되어 있다. 새로운 공정의 도입과 같은 직무환경의 변화는 직무수행자의 역할을 변화시키기 때문에, 과거의 직무분석에 의하여 개발된 직무기술서와 직무명세서는 현재의 직무에 다시 활용할 수 없게 된다.

4) 종업원 행위의 변화

대부분의 경우 종업원 행위에 대한 정보의 획득은 특정 시점에 이루어진다. 종업원의 행위는 계속 변화하기 때문에 잘 훈련된 관찰자는 이것을 분석에 반영해야 할 것이다.

2. 직무평가

2.1 직무평가의 의미

직무평가(job evaluation)란 기업에 있어서 직무(job)의 상대적 가치(relative value)를 정하여 직무간의 임률격차를 조정하는 인사관리상의 한 기법이다. 라이틀(C. W. Lytle)에 의하면, 직무평가는 직무분석의 연장이며, 직무의 상대적 가치를 확정하고 이 평가를 적정한 임률 구성에 반영시켜 그 임률 구성에 대하여 부가하는 것과 조정하는 것에 대한 표준절차가 되는 것이다.

노울스(A. S. Knowles)와 톰슨(R. D. Thompson)은 직무평가는 경영조직에 있어서 각 직무의 상대적 가치를 결정하기 위한 방법이므로 직무를 취급하는 것이며 개개의 인간을 취급하는 것은 아니라는 것이다.

따라서 직무평가는 직무분석과 마찬가지로 직무를 수행하는 인간이 아닌, 각 직무가 요구하는 숙련, 노력, 책임, 직무조건 등을 평가하여 기업의 전 계층에 있어서 각 직무의 상대적 가치를 결정하는 것이다. 이와 같은 직무평가가 특히 문제가 된 것은 미국의 경우 제1차 세계대전 이후이며, 순수한 직무적 요소에 의하여 직무평가를 하게 된 것은 제2차 세계대전 이후의 일이다. 따라서 직무평가의 보급은 제2차 세계대전이 계기가 되었다.

① 제1차 세계대전 중의 대량생산방식의 급진적인 발전에 따라 많은 새로운 직무가 생기게 되고, 여러 직종에서 상호 간의 임률질서가 혼란하게 되었다.
② 1930년 이후 기계화가 더욱 촉진되고, 제2차 세계대전이 끝난 후, 대량생산체제가 고도화되자 직무의 중요성에 박차를 가하였다.
③ 전국적인 산업적 규모의 단체교섭 발전에 따라 광범위한 직종에 대하여 경영 내에서 차지하는 상대적 가치를 결정하는 기술적 절차가 필요하였으며, 이들 직무를 평가하여 직무의 상대적 가치관계를 정하는 것이 적정한 급여를 설정하기 위해서도 필요하였다. 직무평과 과정은 [그림 3-6]과 같다.

[그림 3-6] 직무평가 과정

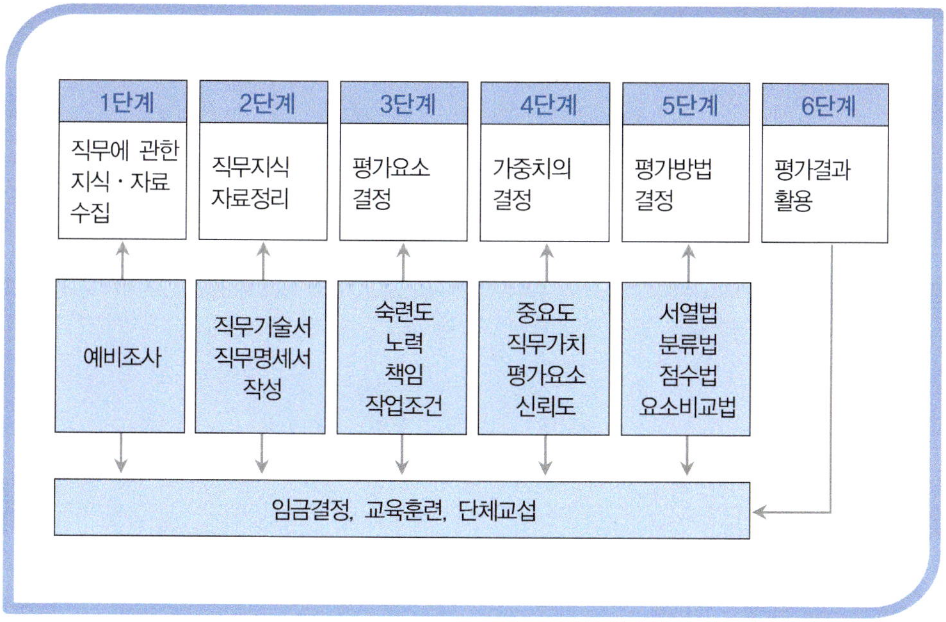

2.2 직무평가의 목적

직무평가의 목적은 직무급의 확립에 있다. 즉, 기업 내에 있어서 노동의 질과 양에 따라 정상적인 임금격차를 확립하기 위한 것이다.

직무평가의 목적에 대하여 요더(D. Yoder)는 "최근 임금관리의 현저한 진보는 임금을 공정하게 하기 위한 직무평가가 급속하게 보급된 점이다. 직무평가에 의하여 각 직무는 그 질과 양이 최종적으로 결정된다. 그리고 직무의 상대적인 가치가 정해지고 그 가치에 따라 임금격차는 공정하고 타당하게 이루어진다. 직무평가에 의하여 임금체계가 합리적인 기초 위에 확립되고 임금의 불규칙성이나 불공평이 제거되며, 근로자의 불평과 불만도 제거되는 것이다. 이러한 직무평가는 사기업이나 공기업에 있어서 다 같이 적용할 수 있는 것"이라고 하였다.

이상에서 알 수 있는 바와 같이 직무평가에 의하여 직무등급(job grade)이 정해지고 직계제(job classification system)가 확립되었다. 따라서 직무평가는 직계제의 기초이다. 직계제에 의하여 인사조직의 전계층에 있어서의 지배질서가 유지되고, 또 합리적인 임금지급의 기초가 된다. 이것이 직계급 또는 직무급(job classification wage, job wage)이라고 한다.

따라서 직무평가는 ① 다른 작업에서의 직무간의 비교가 가능하다. ② 기업 내의 직무의 상대적 가치를 알 수 있다. ③ 임금불공평을 명확하게 한다. ④ 인적자원관리의 기초정보가 된다.

2.3 직무평가의 방법

[그림 3-7] 직무평가 방법

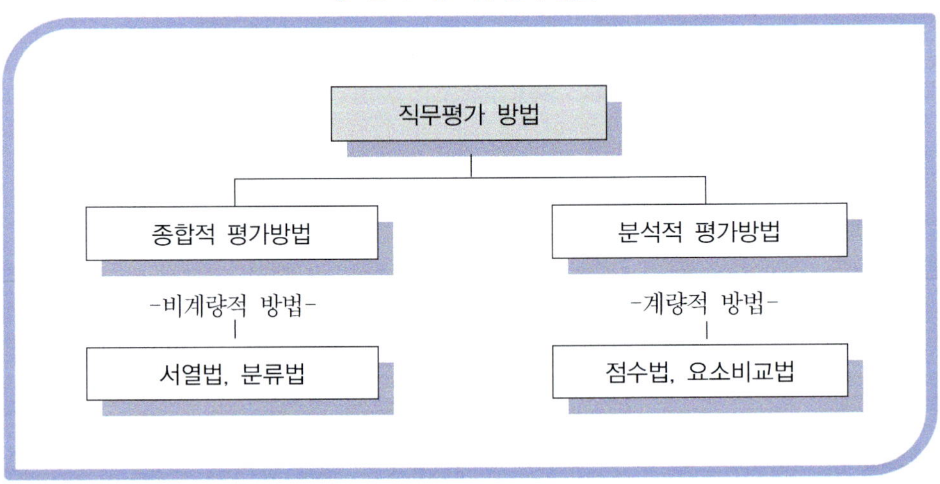

1) 서열법 또는 등급법

서열법 또는 등급법(ranking method)은 가장 단순한 방법으로서 직무의 곤란성과 책임성, 감시를 받는 정도, 필요로 하는 교육훈련, 작업조건 등을 기준으로 하여 모든 직무를 평가하여 낮은 것에서 높은 것으로 서열을 지우는 방법이다. 즉, 직무의 중요도에 따라 등급을 매기는 방법이다. 이 서열을 각 부문 간에 조정하여 여러 단계로 나누어 직무를 마련하며, 임금은 이 직계에 따라 정해진다.

이 방법의 장점은 ① 간단하며, ② 등급을 만족하게 결정할 수 있다는 것이다. 그러나 단점은 ① 일정한 표준이 없으며, ② 비슷한 직무를 가진 등급에 혼란이 야기되며, ③ 직무의 수가 많고 내용이 복잡해지면 쓸모가 없다는 것이다.

2) 분류법

분류법(classification method or grade description system)은 상대적 가치에 따라 구분된 여러 직계를 마련하여 각 직계에 대하여 명확한 정의를 해두고 평가하려는 각 직무를 전체로서 평가하며, 또 이들을 분류하여 각각 소속될 직계에 편입시키는 방법이다. 이 경우에는 분류는 의무, 책임 및 필요조건의 정도에 따라 결정된다. 예를 들면, 최저의 미숙련 직무라는 분류에서 최고의 방침결정 직무라는 분류로 평가하게 된다. 또한 이 방법도 직무를 그 구성요소로 분해하지 않고 전체로서 고려한다.

따라서, 종합적인 입장에서 중요도를 평가한다. 이 방법은 서열법(등급법)을 개선한 것이며, 매우 간단하기는 하나 객관성을 유지하는 것이 용이하지 않으므로 직무의 종류가 적은 경우 이외에는 부적당하다. 그러나 각국의 정부기관에서 널리 사용되고 있는데, 그 이유는 간단하고 이해하기 쉽다는 것과 그 결과에 만족한다는 점 때문이다.

3) 점수법

점수법(point system)은 직무에 대하여 평가요소를 정하는 것은 앞의 방법과 같으며, 요소는 일반으로 숙련·노력·책임·작업요건 등이 이용된다. 이들 요소별로 몇몇 등급(제1등급, 제2등급 … 등)을 마련하여 각 등급에 대하여 정의를 규정하여 점수를 결정한다. 이 점수에 따라 직무의 상대적 가치를 표시하는 것이 이 방법의 특색이다.

따라서 직무를 평가하는 지표가 되는 몇 가지 평가요소를 정하고 각 요소에도 여러 단계를 마련하고, 각 요소에 대하여 분석적으로 상세하게 평정하여 각 요소별로 점수와 비중을 산출하여 총점을 산출하는 방법이다. 우리나라에서 실시되고 있는 평가는 일반적으로 이 방법에 의하고 있다. 점수법에는 단순점수법과 가중점수법의 두 가지가 있으나, 후자가 일반적이다.

점수법은 일반적으로 다음과 같은 절차를 거쳐 제정된다.

① 직무의 분류, ② 평가요소의 종류와 그 내용의 결정, ③ 평가요소의 등급과 그 정의 규정, ④ 평가요소의 비중을 정하여 등급별 점수 결정, ⑤ 기준직무를 선정하여 이를 평가하고 또한 타 직무를 평가, ⑥ 직무의 수와 점수를 정함, ⑦ 각 직무를 직계에 편입시킨다.

다음에 직무평가는 일반적으로 다음과 같은 절차에 따라 실시된다.

① 직무평가 담당조직의 설정, 직무평가계 및 직무평가위원회를 마련하여 실시, ② 직무평가의 조사연구와 평가방법의 선정, ③ 직무기술서의 작성, ④ 직무평가안의 작성, ⑤ 직무평가의 실시 등이다.

4) 요소비교법

요소비교법(factor comparison method)은 벤지(E. J. Benge)에 의해서 고안된 직무평가의 한 방법이다. 이것은 조직 내의 가장 중심이 되는 대표(기준)직무(key job)를 선정하여, 기준직무가 만들어지면 각 평가요소들 다섯 개 내지 일곱 개 요소에 결부시켜 상호비교함으로써 조직 내에 이들이 차지하는 상대적 가치를 분석적으로 판단 · 결정하게 한다.

평가를 할 때는 직무의 상대적 가치를 금액적 척도에 의하여 양적으로 표시한다. 평가의 요소는 보통 지식, 숙련, 체력, 책임 및 작업조건 등의 다섯 가지가 사용된다. 이 방법이 점수법과 다른 점은 10종 전후의 기준직무(key job)를 선정하고 이들 직무를 요소별로 분해하여 점수 대신으로 임률의 금액으로 평가하고 다른 모든 직무는 이 기준직무와 비교하여 각각의 임률을 결정하는 방법이다.

그리고 요소비교법의 절차는 다음과 같은 7단계로 실시된다.

① 평가요소의 결정, ② 기준직무의 선정, ③ 기준직무의 적정임률 결정, ④ 각 요소하에서 기준직무의 서열 결정, ⑤ 여러 요소 중에서 각 기준직무의 올바른 임률할당, ⑥ 이러한 요소척도들에 비추어서 여타의 직무를 평가, ⑦ 임금체계의 설계, 조정 및 운용 등에 활용한다.

5) 직무평가의 요소

직무평가요소는 직무를 평가하는 요소이며, 직무의 상대적 가치를 정하는 것이다. 이 직무의 상대적 가치는 직무가 기업에 얼마나 기여하는가에 따라 결정되는 것이다. 따라서 기업에 대한 기여도를 의미하며, 이 기여도는 그 직무가 어느 정도의 생산성을 향상시켰는가에 따라 결정되는 것이다. 따라서 인사고과가 대체로 직무와 사람과의 관계에서 본 것에 반하여 직무평가는 직무와 기업 전체와의 관계에서 본 것이다.

직무의 생산성은 직접 측정할 수 없기 때문에 그 복잡성, 곤란성 및 책임 등에 의하여 결정된다. 이들은 생산에 대한 투입량(input), 즉 노동투입량에 대한 하나의 표현이다. 결국 직무평가는 노동의 투입량에 의하여 그 산출량(output)을 측정하는 것이 된다. 이 점에 대하여 현재 정설이 되어 있는 요소로서는 복잡도, 곤란도와 책임에 대하여 평가하는 것이다.

그러나 여러 종류의 직무를 비교할 경우에 복잡도, 곤란도와 책임의 개념 만으로서는 판정하기 어려운 경우가 많다. 그러므로 이것을 분해하여 더욱 세분한 것이 요소가 되는 것이다. 복잡도란 것은, 즉 복잡한 직무를 수행하기 위해서는 주로 지식과 경험이 필요하다. 다음에 곤란도란 것은 강한 노력을 요하는 것이며, 육체적인 것과 정신적인 것이 있다. 육체적인 것을 더운 분해하면 소모하는 열량(calorie)과 작업부하, 즉 작업조건으로 구분할 수 있다.

이상은 이론적인 고찰이기는 하지만 일반적으로는 어떤 요소로 되어 있는가의 관점에 대하여 사회적인 평가를 볼 필요가 있다. 미국의 기업들은 당초 책임의 항목이 빠져 있었다. 즉, ① 필요로 하는 교육·훈련·경험, ② 필요한 능력 ③ 작업환경 등이었다. 그러나 그 후 다수의 항목이 수정되어 현재는 대부분의 직무평가요소는 다음과 같은 4종류의 8항목을 표준적인 것으로서 규정하고 있다.

① **숙련** : 지능적(지성, 교육, 경험, 훈련 등)·육체적(숙련, 정확도 등)
② **노력** : 정신적·육체적(시력적인 것을 포함)
③ **책임** : 대인적(타인의 안전·타인의 감사), 대물적(설비·재료·제품에 대한)
④ **작업조건** : 위험, 재해위험의 정도

이상은 미국에서 많은 조사와 보고를 통해 집약한 것을 표준화함으로써 타 기업을 평가점수로 비교할 수 있다. 그리고 평가요소가 선정되면, 각각 평가요소의 가중치를 붙이게 된다. 따라서 다음과 같은 숫자를 들고 있다.

가중치의 범위(%)		중앙치(%)
(1) 숙 련	40~60	50
(2) 노 력	10~20	15
(3) 책 임	20~30	25
(4) 작업조건	5~15	10

그리고 이것에 가장 가까운 것으로서 [표 3-9]를 들고, 또 세목에 대한 대표적인 가중치를 구성비로 간단하게 표시하고 있다.

국제직무평가회의에서 제안된 직무평가요소는 다음과 같다.

① **정신적 요소** : 전문지식, 판단력, 정신적 노력
② **육체적 요건** : 숙련, 근육부담, 주의력
③ **책임** : 생산수단과 제품, 타인의 안전과 건강, 생산공정
④ **작업환경** : 온도·소음·진동 등 공해적인 것, 재해위험 등

[표 3-9] 직무평가 요소의 가중치

	평가요소	구성비
① 숙 련	교 육 경 험 창 의	14 22 14 50
② 노 력	육체적 정신적	10 5 15
③ 책 임	설비·기계 원료·제품 안전 작업	5 5 5 5 20
④ 작업조건	작업환경 위 험	10 5 15
	합 계	100

[표 3-10] 우리나라 기업의 직무평가 구성요소

(단위 : %)

	평가요소	구성비
① 숙 련	지 식 숙련 · 경험 적용성	20 15 10 45
② 노 력	육체적 부하 정신적 긴장	10 10 20
③ 책 임	업무책임 지도책임	15 10 25
④ 작업조건	작업환경 위 험	5 5 10
	합 계	100

3. 직무설계

직무분석과 직무설계는 서로의 영역이 중복될 만큼 상호 간에 밀접한 관계를 맺고 있다. 기존 직무를 대상으로 동기부여적 관점에서 직무내용을 개선하고 직무의 효율성을 높이기 위한 직무재설계에 초점을 맞춰야 한다. 따라서 조직 전체의 효율성과 성과관점에서 직무설계가 보다 전략적인 의미를 지닌다.

산업화가 고도로 진전됨에 따라 직무 불만족, 노동의 소외, 악화되고 있는 근로생활의 질 등이 커다란 문제로 제기되고 있다. 산업혁명 이후 노동의 양식이 근본적으로 바뀌고 직장에서 보내는 시간이 생활에서 커다란 비중을 차지하게 되었다. 따라서 노동에서 발생하는 문제를 예전에는 여가시간에서 해소해 왔지만, 보다 근본적으로 직무수행과정 자체의 변화로 이를 해결하고자 하는 노력이 대두되었다.

즉, 기업에서도 직무의 경제적 · 합리적 측면만을 보는 입장에서 벗어나 적극적으로 노동의 인간화, 근로생활의 질 향상 등의 문제에 관심을 기울이게 되었다. 기업 내에서 구체적으로 이를 실천하기 위한 분야 중의 하나가 직무설계이다. 직무는 직무수행자에게 경제적 보상 뿐만 아니라 근로자로서의 의미와 만족을 부여하기 때문에 직무설계가 중요시되는 것이다.

직무설계(job design)는 조직의 목표를 달성하고, 직무를 맡고 있는 개인의 욕구를 만족시키기 위해, 직무의 내용, 기능, 관계를 결정하는 것이다. 이 정의에서 볼 수 있듯이, 직무설계는 직무의 여러 측면과 관계가 있다. 즉, 직무의 내용, 직무의 요건, 요구되는 대인관계, 성과 등이 직무설계의 핵심적 요인이다. 직무설계는 직무분석에 선행할 수도 있으나, **기존의 직무에 대해 직무분석을 실시하고, 이를 바탕으로 새로이 직무를 만들 경우에는 직무재설계(job redesign)라고 한다.**

현장이야기 2

볼보의 동기부여적 직무설계

볼보(Volvo) 자동차회사는 스웨덴 제일의 우수기업체로서 고품질, 안전 최고의 자동차 제조업체로 널리 알려져 있는 세계적인 기업체이다. 볼보는 고품질의 제품 뿐만 아니라 직장생활의 질을 강조하는 경영방식으로도 유명한데, 여기에는 무엇보다도 동기부여적 자동차 조립 직무설계가 큰 몫을 차지하고 있다. 이 사례는 볼보의 동기부여적 조립 직무설계가 어떻게 직장생활의 질을 향상시키고 있는지를 설명한다.

1. 경영이념의 전환과 새 조립시스템 설계

작업의 기계화・자동화로 인해 근로자의 직무소외가 가장 심한 작업장 중 하나가 자동차 조립공장일 것이다. 대량생산을 위한 전통적인 조립선(assembly line)에서 단순하고 반복적인 작업은 근로자들의 일에 대한 동기와 직무만족을 저하시키고 결근율과 이직률을 증가시키며, 나아가서는 생산성과 품질에도 부정적인 영향을 준다. 볼보 자동차회사도 세계 각국의 자동차제조업체와 마찬가지로 대량생산 위주의 전형적인 조립선 시스템하에서 오랫동안 근로자들의 심한 직무소외와 높은 결근율 및 이직률로 심각한 경영문제를 겪어야만 했다.

산업발전으로 근로자들의 욕구 및 기대수준이 높아지고, 특히 1970년대 중반 이래 스웨덴의 산업민주주의하에서 근로자들의 직업안정과 노사 공동경영참여제도가 한층 더 강화됨에 따라 볼보는 전통적 조립선 개념에서 벗어나 현대 산업조직 근로자들의 욕구・동기와 행동패턴에 맞추어 혁신적인 새로운 조립생산시스템을 개발하기에 이르렀다. 이것이 바로 볼보의 동기부여적 팀조립 또는 조립섬(assembly island)의 개념이다.

볼보의 동기부여적 조립생산시스템은 단순히 새로운 조립기술시스템이 아니라 새로운 인적자원 관점에서 근로자들의 욕구 충족과 직무만족 그리고 능력개발을 목적으로 그들의 인간적인 가치를 최대화하려는 새로운 경영이념과 인적자원관리를 기반으로 한 사회적・기술적 통합시스템이다. 다시 말해서 볼보의 동기부여적 생산시스템은 욕구충족을 위한 쾌적한 휴식 및 생활공간 등 물리적 작업환경의 개선과 새로운 생산시스템 하에서 근로자들의 능력 및 자질 향상으로 그들의 지속적인 자아실현을 가능케 하는 인력개발이 모두 통합된 인간・기술시스템이다.

2. 칼마르공장의 조립시스템과 직무설계

볼보의 동기부여적 조립시스템은 공장마다 다소 다른데, 600명이 일하는 칼마르(Kalmar)공장의 경우에 근로자들은 15~25명의 작업팀으로 구성되어 승용차의 내부장식, 제동장치, 전기배선장치 등 각기의 조립업무를 수행하고, 생산현황은 컴퓨터에 의하여 측정되어 전광판을 통하여 근로자들에게 피드백된다. 조립업무는 각기 자동추진운반장치(self-propelling carrier) 위에서 수행되는데, 이 장치는 공장바닥에 설치된 전도력 테이프(movable conductive tape)로 조정되어 작업팀 간에 이동된다. 자동추진운반장치는 컴퓨터의 지시에 의하여 이동되지만, 필요에 따라서는 작업팀이 언제든지 전도력 테이프를 조정함으로써 컴퓨터의 지시를 번복시킬 수 있다. 따라서 자동차가 조립되는 과정에서 어떠한 이상이 발견되면 작업팀은 그 자동차의 재작업을 위하여 담당작업팀에 돌려보낼 수 있다.

각 작업팀에는 완충지역이 있어서 근로자들이 들어오고 나가는 운반장치를 직접 조정하면서 작업의 진행속도를 조절할 수 있을 뿐만 아니라, 근로자들은 배정된 생산목표 내에서 작업진행을 그들 자신에 맞추어서 개별적으로 또는 공통으로 작업을 수행할 수 있다.

그리고 대부분의 근로자들은 전통적인 조립시스템에서와 같이 단지 몇 가지만의 고정된 조립업무를 서로 바꾸어 가면서 다른 여러 가지의 작업을 수행할 수 있다. 이와 같은 다양한 기술의 습득은 작업팀의 신축성을 증가시킨다. 또한, 팀조립 시스템하에서는 전통적인 조립공장에서 흔히 사용되는 엄격한 검사제도를 폐지하고 작업팀들이 자신들의 일을 검사한다. 그리고 검사결과는 컴퓨터에 의하여 분석되고, 그 결과는 담당 작업팀에게 피드백되는데 되풀이되는 품질문제에 대해서는 과거에 적용된 문제해결방법까지도 알려준다. 그 밖에도 작업팀은 자율적으로 각기의 작업일정을 세우고, 조립・생산한 부분에 대한 검사와 수리 등 모든 작업을 수행한다. 각 팀의 근로자들은 전통적인 조립선방식보다 평균 6~8배나 더 많은 조립작업을 수행한다. 볼보회사측에 의하면 대당 소요되는 노동시간은 전통적인 조립선 방식에 비하여 큰 차이가 없고, 완선가동의 경우에는 운영비 역시 별 차이가 없다. 불량품과 폐품 그리고 작업중단으로 인한 추가경비는 오히려 감소된다. 그리고 칼마르공장의 건설비용은 전통적인 조립식 공장보다 10% 정도가 더 소요되었다. 생산성은 전통적인 공장과 비슷하거나 다소 낮지만, 근로자들의 직무만족과 결근율・이직률 등 조직효율성에 있어서는 큰 개선효과를 얻었다.

• 자료 : 이학종・양혁승(2005), 『전략적 인적자원관리』, 박영사.

3.1 직무설계의 접근방법

1) 전통적 접근방법

과학적 관리법에 의한 직무설계 기법은 테일러(F. W. Taylor) 및 그의 동료들에 의해 주도된 것으로 산업화의 과정에서 조직이 당면하고 있던 문제들을 해결하기 위해 주로 조직의 요구를 중심으로 하여 전개되었다. 이 기법은 점차로 많은 조직에서 작업의 설계를 위한 전통적 접근방법으로 활용되었으며, 산업공학 내지 직무공학으로 계승되어 기술적·경제적 합리성을 목표로 한 직무설계의 원칙으로서 오늘날에도 여전히 중요한 위치를 차지하고 있다.

(1) 과학적 관리법에 의한 직무설계

과학적 관리법에서는 직무설계가 가장 중요한 요소 중의 하나이다. 과학적 관리법은 직무를 수행함에 있어 각 작업요소의 단순화, 표준화 및 분업화를 필수적인 것으로 상정하고 있다. 조직의 이러한 기본적인 직무설계 방법을 활용하기 위해서 모든 직무를 매우 작은 단위로 세분화하고 세분된 작업단위를 수행하기 위해 필요한 절차를 표준화하였으며 작업능률을 높일 수 있도록 종업원들을 교육·훈련하였다.

[그림 3-8] 직무설계의 동향

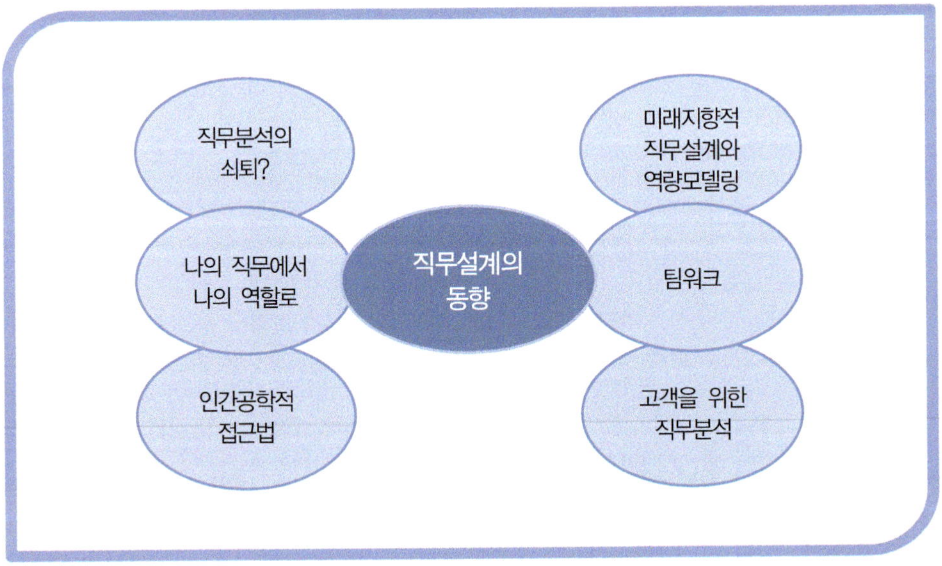

(2) 과학적 관리법에 의한 직무설계의 장 · 단점

과학적 관리법의 도입으로 인한 경영상의 이점을 보면 다음과 같다.

첫째, 과학적 분석 · 검토를 통해서 작업은 작업자의 능률을 극대화할 수 있도록 최대한으로 전문화되고 단순하게 설계될 수 있다.

둘째, 만약에 직무가 고도로 전문화된 단위로 세분화될 수만 있다면, 미숙련공으로도 얼마든지 수행될 수 있고, 또한 미숙련공은 비교적 싼 임금으로 언제든지 획득할 수 있는 것이었기 때문에 경제적인 이점이 있다.

셋째, 기술상의 숙련도가 문제되지 않았기 때문에 종업원에 대해서는 작업수행상 필요한 최소한의 교육이 실시되었으며, 여기서 절약되는 비용 또한 큰 이득이었다. 여기에 덧붙여 종업원에게 요구되는 최소한의 교육요건 및 저숙련도는 종업원을 기계의 부품처럼 호환성이 높게끔 만들므로 종업원들을 다른 직무로 배치전환하는 것은 공정 진행에 별다른 지장 없이 시행될 수 있으며, 이에 따른 비용의 절감을 기할 수 있다.

마지막으로 과학적 관리법은 작업의 양과 질에 대해 관리자에게 고도의 통제권을 부여해 준다. 요약하면 과학적 관리법으로 능률적인 직무설계가 가능하게 되며, 그것은 낮은 비용으로 높은 성과를 달성할 수 있게 된다.

그러나 단지 공학적 기준만으로 설계된 직무는 직무수행자에게 불만족, 직무에 대한 무관심, 몰개성화, 소외감, 개인적 성장 및 성공기회의 결여 등을 초래한다. 직무수행자에 대한 이러한 영향은 정신건강의 저하, 정신병의 발병과 같은 사회적 질병과 함께 태업, 노사분쟁, 높은 이직 및 결근, 변화에 대한 저항, 제품의 낮은 질 등과 같은 경제적 · 조직적 문제도 유발한다. 즉, 단조롭고 권태로운 직무의 심리적 비용은 예상되는 경제적 효과를 상쇄할지 모른다는 것이다.

2) 과도기적 접근방법

과학적 관리법에 의한 직무설계는 많은 부작용을 초래하였기 때문에 대안으로서 직무순환과 직무확대가 제시되었다.

(1) 직무순환(job rotation)

직무순환의 전제는 작업자에 의해 수행되는 여러 가지 과업은 호환성이 있으며, 작업자는 작업흐름에 큰 지장 없이 한 과업에서 다른 과업으로 순환이 가능하다는 것이다. 종업원들을 다른 직무들 사이에 순환시킴으로써 다른 기능을 개발할 기회가 되며,

전체 생산과정에 대한 시야를 넓힐 수 있기 때문에 권태감과 단조로움이 감소된다고 가정하고 있다.

그럼에도 불구하고 직무순환은 단지 단기적인 해결책일 뿐이라는 지적을 받고 있다. 즉, 작업자의 기대나 직무는 크게 바뀌지 않으며 일시적으로 단조로움이나 권태감이 완화되고 또 다른 일련의 단조로운 직무에 접하게 될 뿐이라는 비판이 제기되었다.

(2) 직무확대(job enlargement)

과학적 관리법에 의한 직무설계의 한계에 대한 또 하나의 해결책으로 제시된 것이 직무확대이다. 이는 작업의 흐름 중에서 작업자가 맡은 과업의 수를 증가시키는 것이다. 즉, 직무를 구조적으로 크게 함으로써 종전의 단순화된 직무에서 느끼던 권태감이나 단조로움을 줄이며, 직무에 대한 만족을 높이고 결근이나 이직 또한 감소될 것이라고 생각했다.

이 원리에 따른 시간절약, 품질의 향상, 비용의 절감 등의 성공사례도 있었으나, 이것은 직무의 실질적인 내용에 있어서 하등의 변화도 없기 때문에 아무런 해결책이 되지 않는다고 하며, 이로 인해 종업원들의 작업량이 증대되어 종업원 감축의 한 수단이 된다는 비판이 제기되고 있다. 또한 이 실험은 보수상의 변화가 동시에 진행되기 때문에 어느 요인이 그 성과에 기여했는가는 밝혀지지 않고 있다. 직무확대의 효과에 대해서도 알려진 바가 거의 없다.

3) 현대적 접근방법

분업화, 직무순환, 직무확대 등이 기본적으로 작업자들의 욕구를 충족시키지 못하며 유효한 직무설계의 방법이 되지 못한다는 것이 밝혀지자 작업자의 동기부여에 초점을 맞춘 직무충실이론과 직무특성이론이 등장하였다.

(1) 직무충실화(job enrichment)

허쯔버그(F. Herzberg)에 의하면, 직무충실화는 단순히 직무를 구조적으로 크게 하는 것이 아닌 직무의 내용을 보다 풍부하게 만들어 작업상의 책임을 늘리며, 능력을 발휘할 수 있는 여지를 만들고, 도전적이고 보람 있는 일이 되도록 직무를 구성하는 것을 의미한다. 충실화된 직무의 요소들로서 허쯔버그는 다음의 8가지를 들고 있다. 즉, ① 직접적 피드백, ② 고객관계, ③ 학습기회, ④ 작업일정 수립의 기회, ⑤ 전문적

[그림 3-9] 현대적 직무설계의 제 형태

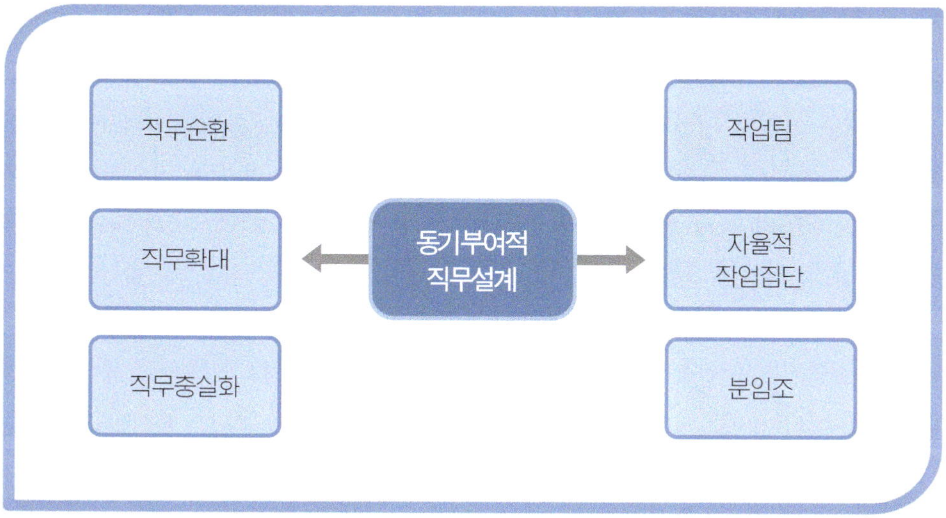

능력, ⑥ 자원의 통제, ⑦ 직접적 의사소통, ⑧ 개인의 책임 등이 그것이다.

직무충실화는 실제 기업에 적용되어 많은 성공사례가 보고되고 있다. 이 이론은 근로생활의 질 향상의 일환으로서 인정받고 조직개발 전략으로서도 훌륭하다고 하나 점점 많은 비판이 제기되고 있다. 첫째, 개인 간의 차이를 고려하지 않았으며, 둘째, 기업에서 이를 적용할 때 기술, 훈련, 임금상승, 유인 등의 변화를 동시에 실시하기 때문에, 과연 직무충실화 만의 효과 혹은 어떤 직무요소가 영향을 미치는지 밝혀지지 않았으며, 셋째, 투입된 비용을 커버할 만큼의 효과가 있는지, 넷째, 감독자 및 수직적 · 수평적 타부문과의 관계 문제, 다섯째, 충실화할 수 없는 직무 등의 많은 문제가 있다.

직무충실화가 현대경영이 당면한 모든 직무설계 문제에 대한 바이블이라고 할 수는 없지만, 동기부여라는 측면에서 가치 있는 기법임은 분명하다. 다만 직무충실화가 복잡한 인간 및 상황변수들을 고려하여 선택적으로 적절히 사용되어야 한다는 것이다.

(2) 직무특성이론(job characteristics theory)

직무충실화가 직무설계에 대한 훌륭한 원칙과 방향을 제시하였다고 한다면, 직무특성이론은 그 테두리 내에서 그것을 이론적으로 더욱 정교화하고, 그에 따른 실천적 전략까지 제시하였다는 점에서 높이 평가받고 있다.

핵크만(J. R. Hackman)과 올드햄(G. Oldham)이 개발한 직무특성이론은 핵심직무

차원, 중요 심리상태, 개인 및 직무성과의 세 부분으로 이루어져 있다. 직무설계이론에서 얻고자 했던 개인 및 직무성과는 중요 심리상태에서 얻어지며 중요 심리상태는 핵심직무 차원에서 만들어진다는 것이 이 이론의 개요다([그림 3-10]).

핵심직무 차원은 일반적으로 기능다양성, 과업정체성, 과업중요성, 자율성, 피드백의 다섯 가지이다. 그리고 중요 심리상태는 경험된 작업의 의미성, 작업결과에 대한 책임, 작업활동의 실제 결과에 대한 지식이며, 개인 및 직무성과는 내적 작업동기, 작업성과의 질, 작업에 대한 만족, 낮은 이직 및 결근이다. 핵심직무 차원이 중요 심리상태에 영향을 미치고 중요 심리상태가 개인 및 직무성과에 다시 영향을 주지만, 이 관계에 종업원의 성장욕구 강도, 지식과 기능, 상황이 조절적 영향을 미친다는 것이다. 또한 이러한 이론의 실천적 지침으로 다섯 가지의 실행개념이 제시되었다.

직무특성이론은 종래의 추상적이고 개념적인 직무충실화에서 벗어나, 종업원의 개인차를 고려하여 직무특성과 성과변수 사이의 관계를 정교하게 제시하고, 각 직무특성이론을 명확히 하고, 실행개념까지 도입하여 실질적인 직무설계를 제시한 점에서 높이 평가할 만하다.

[그림 3-10] 직무특성 이론의 개요

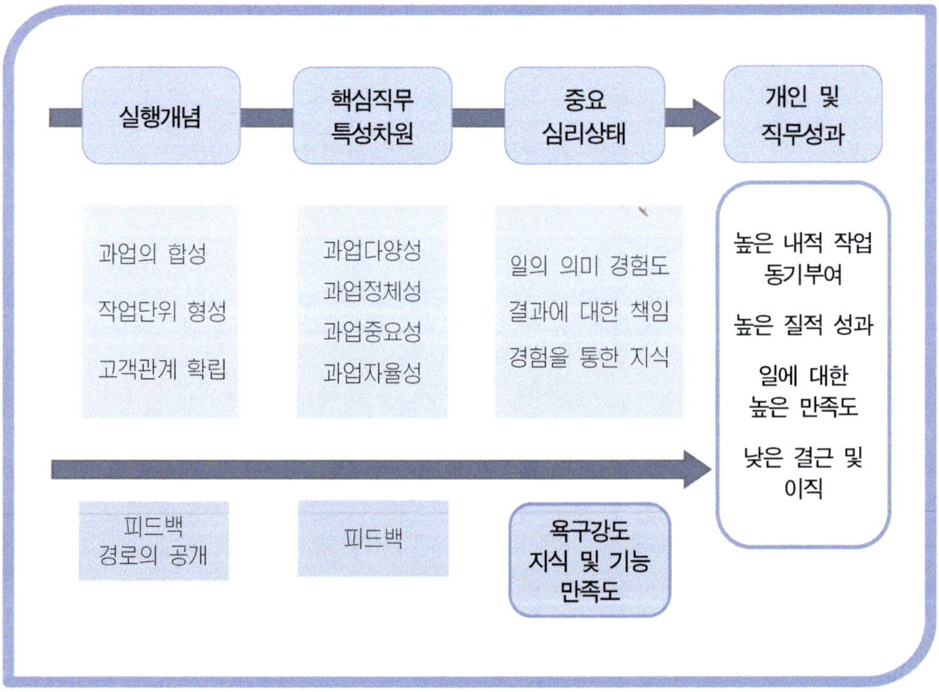

(3) 사회 · 기술시스템 접근법(socio-technical system approach)

사회 · 기술시스템은 기술적 하위시스템과 사회적 하위시스템의 공동최적화에 필요한 방향으로 직무의 객관적 특성을 변화시킬 것을 제시하고 있다. 사회 · 기술시스템은 직무설계 원칙으로, 첫째 직무 내에서 과업의 최적 다양성, 둘째, 전체 과업에 관계되는 하나의 의미 있는 과업형태, 셋째, 최적 작업주기, 넷째, 성과기준 설정에 있어서의 재량권과 결과의 피드백, 다섯째, 경계과업을 포함하도록 과업의 경계를 확장하는 것, 여섯째, 어느 정도의 기능을 필요로 하는 가치 있는 과업, 일곱째, 전체 생산과정에 뚜렷한 기여를 하는 과업 등이다.

일반적으로 직무설계는 미시적 입장을 취하는 데 비해, 사회 · 기술시스템은 보다 넓은 시각에서 접근하고 있으나, 양자 모두 직무특성에 초점을 맞추고 있는 점이 주목된다. 이 점에서 보다 인간적인 삶을 위한 노력은 직무의 변화에서부터 시작되어야 한다는 것을 알 수 있다.

4) 집단수준의 직무설계

집단수준의 직무설계에 있어서도 직무설계의 원리적인 면은 개인수준의 것과 차이가 없으나, 실제적 방법에 있어서 커다란 차이가 있다. 집단수준의 직무설계 방법으로 들 수 있는 것은 팀접근법, QC 등이 있다.

(1) 팀접근법(team approach)

작업은 때때로 독립적으로 일하는 개인에 의해서보다 집단에 의해서 수행되는 수가 많다. 이때는 팀을 대상으로 한 작업설계가 필요하다. 팀접근법에서도 작업설계의 목적과 원리는 개인수준의 그것과 유사하다. 차이점은 작업과정에 대한 책임이 개인이 아닌 팀 전체에게 있다는 점이다. 팀으로서 작업이 설계될 때 그것은 더욱 크고 의미 있는 도전감을 불러 일으키는 것이 된다. 팀으로서 작업하게 되면 서로 간에 더욱 밀접하고 만족스러운 관계를 가질 수도 있다.

개인수준의 직무설계와 달리 집단과업의 설계, 집단구성원의 구성, 집단규범 등이 집단수준의 작업설계의 특징이 된다. 집단수준의 작업설계는 작업수행을 위한 노력수준, 집단의 지식과 기능, 작업수행에 사용되는 전략의 적절성에 따라 작업집단의 유효성에 영향을 미치게 된다.

집단과업의 설계는 집단 전체의 과업에 대해서 개인수준의 직무설계와 같이 기능다양성, 과업정체성, 과업중요성, 자율성, 피드백 등의 차원으로 이루어진다. 이는 기술시스템에 의해서 제약되며, 과업수행의 노력수준에 영향을 주게 된다. 집단구성원은 과업 수행에 필요한 전문능력을 가진 사람이 있어야 하고 적절한 규모를 가지고 대인관계가 좋고 어느 정도의 동질성을 가져야 한다. 집단구성원의 구성은 집단 전체의 지식과 기능에 직접 영향을 미친다.

집단규범은 집단구성원들이 과업수행에 대해 가지고 있는 생각이며, 그것은 구성원들이 어떤 작업수행 전략을 택하는가를 결정하며 통제시스템이 이에 영향을 줄 수 있다. 작업집단의 유효성은 산출의 질 · 양, 집단구성원의 만족, 후속공정의 작업집단과의 협조에 의하여 판단된다.

작업집단의 작업설계 방법은 여러 나라에서 조금씩 변형되어 적용되고 있다. 이 방법의 선구자적인 스웨덴에서는 사회 · 기술시스템이론의 이론적 지원 아래 자율적 작업집단을 제안 실험하고 혹은 한 팀이 일관공정을 따라가며 모든 작업과정을 수행하도록 하는 방법도 실험하고 있다.

(2) QC(Quality Circle)

품질분임조는 10명 이내의 한 작업단위의 종업원들이 자발적으로 정기적인 모임을 갖고 제품의 질과 문제점을 분석하고 제안하는 분임조 활동을 말한다. 모임은 정규 근무시간에 회사의 승인 아래 정기적으로 열리며, 감독자 혹은 선출된 종업원이 지도자가 된다. 이것은 운영위원회의 형식을 띠고 다른 서클과도 협력을 하며 경영층과도 만나 제안을 한다. 품질분임조는 기업 내에서 참여적 분위기를 조성하며 일종의 소집단 활동이 된다.

3.2 직무설계의 실행방안

1) 직무설계의 진단단계

작업과 동기부여에 초점을 둔 직무설계의 실제적 단계는 다음과 같이 나누어진다.

(1) 1단계

동기부여와 만족이 중심적인 문제인가? 때때로 문제는 다른 곳에 있는 데도 동기부여와 만족을 향상시키기 위하여, 직무충실화의 전략을 도입하려는 경우가 있다. 첫 번째, 직무진단조사(Job Diagnostic Survey)를 통해 종업원의 동기부여와 만족수준을 조사하고, 과연 그것이 문제점인가를 조사하여야 한다. 동기부여와 만족이 문제된다면 다음 단계로 이행해야 한다.

(2) 2단계

그 직무의 동기부여 잠재력이 낮은가? 이 단계에서는 목표직무와 동기부여 잠재력을 조사하여 다른 직무와 비교함으로써, 직무 자체가 문제인가를 검토한다. 직무 자체가 문제이면 3단계로 이행한다.

(3) 3단계

직무의 어떤 면이 문제를 유발하는가? 현재 구성되어 있는 직무의 특별한 강점과 약점을 지적하고 핵심직무 차원의 각각에 대해 검토한다. 핵심직무 차원의 한 측면에 대한 문제가 발생하면 그것을 높이도록 직무설계를 한다.

(4) 4단계

종업원들은 변화를 받아들이려고 하는가? 직무에 대한 개선이 필요하고 문제점이 있는 부분들이 밝혀졌으며, 실제적 행동단계에 들어갔을 때 고려하여야 할 중요한 요인은 종업원의 성장욕구의 수준이다. 종업원의 성장욕구가 낮으면, 충실화된 직무에 대해 기대된 효과가 쉽게 나타나지 않는다. 직무진단조사는 종업원의 성장욕구 강도를 직접적으로 측정하여 준다. 물론 이러한 요소들 외에도 직무설계의 진단에 필요한 정보는 많다. 단지 여기서는 가장 중요하다고 생각되는 몇 가지 질문만 제시한 것이다.

2) 직무설계의 실행원칙

경영자가 직무설계의 필요성을 인식하여 실행하기로 결정하면 구체적으로 어떤 원칙에 의하여 실시하는가가 문제이다. 여기서 핵크만(J. R. Hackman) 등이 제시한 실행원칙을 살펴보기로 한다.

(1) 과업의 통합

과학적 관리법, 산업공학 등의 직무설계 접근법에 의해서 지나치게 세분화되고 단편화되어 있는 과업들을 결합하여 새롭게 보다 큰 작업모듈을 형성하는 것이다. 즉, 여러 개의 과업을 통합하는 것이다. 여러 개의 과업을 통합하는 것은 수평적으로 직무를 확대하는 것이며, 이에 의해 작업의 전체적인 모습을 볼 수 있기 때문에 과업완결성이 증대되고 직무수행에 요청되는 기능다양성도 높아진다.

(2) 자연적 작업단위의 형성

직무수행자 자신에 의하여 자연적으로 형성되는 작업단위를 말한다. 먼저 기본적인 작업단위를 식별하여 그것을 작업단위로 자연스럽게 집단화하는 것이다. 그렇게 함으로써 과업완결성을 느끼게 되고, 장기적으로 자신의 작업이 특정 부문과 어떻게 연결되어 있는가를 자각하게 되므로 과업 중요성을 높인다.

(3) 고객관계의 수립

직무가 세분화 · 단편화됨으로써 자신의 작업결과가 어떻게 사용되느냐를 알지 못하게 되어 일의 의미를 상실하게 된다. 그러므로 고객과의 직접적 접촉기회를 만들어 주는 것은 세 가지 의미를 준다. 첫째, 직무수행자는 고객에 의한 평가를 피드백 받게 된다. 둘째, 고객과 계속적으로 접촉을 유지함으로써, 대인관계기능을 개발하게 되므로 기능의 다양성이 증대된다. 셋째, 고객과의 관계 등으로 자기관리를 하게 되어, 개인적 책임감을 더욱 느끼게 된다.

(4) 수직적 직무부하

이는 작업일정의 수립, 작업방법의 결정, 품질검사의 재량권 증대, 권한의 증대 등이다. 작업에 있어서 순서, 시작, 끝, 휴식 같은 시간관리에 있어서 많은 자유를 가지고 문제상황 발생시 스스로 해결책을 찾고, 재무상의 일부 재량권까지도 부여하는 것으로 질적인 면에서 직무를 확대하는 것이다. 이는 과업의 자율성을 높이는 데 기여한다.

(5) 피드백 경로의 개방

직무수행의 결과에 대한 정보는 과거 공식적인 경로에만 의존했으나, 직무를 수행하는 본인이 직무수행과정에서 직접 정보를 획득할 수 있도록 하는 것을 말한다. 타인을 통한 피드백보다 모티베이션, 학습효과 등이 매우 상승할 것이 기대된다.

3.3 직무설계 방법의 효과 비교

직무설계에서 합리적 방법과 동기부여적 방법은 개념상으로나 실제 적용에 있어서 매우 대조적이다. 두 가지 방법을 자동차 조립작업에 적용했을 때, 합리적 직무설계방법은 전통적인 조립라인에서 근로자들은 극도로 기계화·자동화된 직무환경하에서 조립라인의 속도에 맞추어 각기 몇 가지 반복적인 단순과업만을 수행한다. 반면에 동기부여적 방법에서는 근로자들이 소규모의 작업팀을 구성하여 자동차를 완전 조립한다. 그리하여 팀조립 하에서 근로자들은 수많은 과업을 수행함으로써 과업이 다양화됨은 물론, 과업의 정체성과 중요성이 커지고 기술수준도 자연적으로 높아진다. 그리고 작업팀에게 자율성이 부여되고 팀조립의 결과피드백도 명확해진다.

직무설계의 이 두 방법은 각기 직무구조와 내용 그리고 구성원들 간의 상호작용에 있어서 큰 차이를 나타내고 직무성과와 조직효율성 등 그 결과에 있어서도 큰 차이가 있을 수 있다. 특히 동기부여적 방법은 구성원들에게 심리적으로 긍정적인 영향을 줌으로써 경제적 성과에도 좋은 효과를 가져올 수 있다. 그러나 실제 연구조사 결과에 의하면, 동기부여적 직무설계는 항상 기대된 만큼의 좋은 결과를 가져오지 않는다. 대다수의 연구조사 결과에서는 동기부여적 직무설계에서 기대되는 효과가 실제로 나타났지만, 일부 연구결과에서는 그 효과가 분명하게 나타나지 않았다.

1) 사기와 만족감

직무설계 방법의 효과에 관한 연구는 주로 동기부여적 직무설계방법의 효과를 대상으로 선진국에서 많이 이루어졌다. 그리고 이들 연구는 조립생산직 뿐만 아니라 사무직에도 실시되었다. 조립생산 공정에서 일하는 근로자들은 대체로 반복적이고 지루한 단순작업에 대하여 불만을 느끼고 이는 높은 이직률과 결근율의 주요 요인으로 작용하는 것으로 나타났다. 또한, 근로자들의 직무만족은 작업의 반복성 뿐만 아니라 직무에서 요구되는 기술수준과도 밀접한 관계가 있는 것으로 나타났다. 즉, 직무에서 요구되는 기술수준이 높을수록 직무에 만족한 근로자의 비율이 높고 기술수준이 낮을수록 불만족한 근로자의 비율이 높은 경향을 보였다.

사무직의 경우에도 직무만족은 기술수준 및 직무의 세분화 정도와 밀접한 관계를 나타내고 있다. 그리하여 직무에서 요구되는 기술수준이 높고 과업이 다양할수록 직무에 대한 소외감이 낮은 것으로 나타났다. 그리고 구성원들의 직무만족은 과업의 수와 다양성 등 직무의 수평적 측면보다는 작업의 기술수준과 자율성, 그리고 팀 참여 등 수직적 측면으로부터 더 많은 영향을 받는 것으로 나타났다. 따라서 과업범위를 확대하기 위한 직무순환보다는 기술수준과 구성원들 간의 상호작용 등 직무의 질적 내용과 작업팀으로서의 활동이 직무만족에 더 중요한 요인으로 작용한다는 것을 알 수 있다.

2) 능률과 경제적 성과

동기부여적 직무설계는 일반적으로 구성원의 직무만족에 긍정적인 결과를 가져온다는 것이 많은 연구조사 결과를 통하여 실제로 입증되었다. 능률과 경제적 성과에 있어서도 많은 연구결과가 동기부여적 직무설계의 효과를 입증하고 있다.

3) 동기부여적 직무설계의 성과요인

동기부여적 직무설계 방법은 전통적인 합리적 직무설계 방법에 비하여, 대체로 직무만족과 능률 그리고 조직체 성과에 긍정적인 결과를 가져온다. 그러나 동기부여적 방법이 반드시 좋은 결과를 보장하지는 않는다. 동기부여적 방법이 과업의 확대와 기술수준의 향상으로 구성원들에게 직무만족을 가져온다 하더라도, 이것이 반드시 작업집단이나 조직체의 높은 성과로 연결된다고는 할 수 없다.

동기부여적 직무설계방법이 구성원들의 직무만족과 더불어 조직체 성과를 실제로 향상시키는 데에는 구성원들의 적극적인 경영참여 활동이 매우 중요한 역할을 한다. 특히 생산현장에서 품질과 생산성의 향상을 목적으로 형성된 분임조 활동은 구성원들에게 경영참여를 통하여 자율성을 부여하고 결과 피드백을 증대시켜 그들의 동기유발과 심리적 강화에 긍정적인 영향을 줌으로써 성과향상에 크게 기여한다.

정리하기

1. 직무분석(job analysis)이란 직무에 관련된 정보를 수집, 분석, 종합하는 활동을 말하며, 직무분석 결과로 직무기술서와 직무명세서가 작성된다.
2. 직무분석의 절차는 직무에 대한 배경정보의 수집 → 분석될 대표직위의 선정 → 직무정보의 획득 → 직무기술서의 작성 → 직무명세서의 작성 등 다섯 단계로 나누어진다.
3. 직무평가(job evaluation)는 직무분석에 의해 작성된 직무기술서 또는 직무명세서를 기초로 직무의 중요성, 곤란도, 노력도, 위험도 등을 평가하여 직무의 상대적 가치를 정하는 방법을 말한다.

4. 직무설계(job design)는 조직의 목표를 달성하고, 직무를 맡고 있는 개인의 욕구를 만족시키기 위해, 직무의 내용, 기능, 관계를 결정하는 것이며, 기존의 직무에 대해 직무분석을 하고, 이를 바탕으로 새로이 직무를 만드는 것을 직무재설계(job redesign)라 한다.

5. 직무설계의 접근방법에는 개인수준의 접근방법으로 전통적 접근, 과도기적 접근, 현대적 접근방법 등이 있고, 집단수준의 접근방법으로 팀 접근법, QC(품질분임조) 접근법이 있다. 최근 작업자의 동기부여에 초점을 맞춘 직무충실화, 직무특성이론, 사회·기술시스템 접근법 같은 현대적 방법들이 관심을 끌고 있다.

연습문제

단답식

1. 독립된 목적으로 수행되는 하나의 명확한 작업활동을 (　　　)이라 한다.
2. 직무분석의 절차는 배경정보의 수집→분석한 대표직위의 선정→(　　　)→직무기술서의 작성→직무명세서의 작성 순이다.
3. 직무분석의 결과에 따라 직무수행과 관련된 과업 및 직무행동을 일정한 양식에 기술한 문서를 직무명세서라 한다.(O, X)
4. 직무의 내용을 보다 풍부하게 만들어 작업상의 책임을 확대하고 도전적이고 보람있는 직무가 되도록 설계하는 것을 (　　　)라 한다.
5. (　　　) 직무설계방법은 전통적인 합리적 직무설계방법에 비하여 대체로 직무만족과 능률, 그리고 조직체 성과에 긍정적인 결과를 가져 온다.

객관식

1. 작업의 종류와 수준이 유사한 직위들의 집단은? (　)
   ① 과업(task)　② 직무(job)
   ③ 요소(element)　④ 임무(duty)
2. 다음 중 직무명세서에 포함되어야 할 내용이 아닌 것은? (　)
   ① 교육　② 지적 능력
   ③ 과거 직업 경험　④ 사회적 환경
3. 다음 중 직무평가의 주요 요소가 아닌 것은? (　)
   ① 연령　② 경험
   ③ 노력　④ 책임

4. 직무의 성공적인 수행에 필수적인 행위들을 유사한 범주별로 분류하고, 이를 중요도에 따라 점수를 부여하는 직무정보 획득방법은? ( )

① 중요사건법 ② 워크샘플링
③ 관찰법 ④ 면접법

5. 다음 중 질문지법에 관한 설명 중 틀린 것은? ( )

① 보통 표준화되어 있다.
② 정보수집시 시간과 비용이 절약된다.
③ 사용시 융통성이 많다.
④ 직무관련 해당 항목을 체크하거나 평가한다.

6. 다음 중 전통적인 합리적 직무설계 접근방법에 해당하는 것은? ( )

① 직무확대 ② 직무충실화
③ 직무특성이론 ④ 과학적 관리법

7. 다음 중 개인을 대상으로 한 직무설계 접근방법이 아닌 것은? ( )

① 직무순환 ② 자율적 작업집단
③ 직무충실화 ④ 직무확대

8. 다음 중 동기부여적 직무설계 접근방법이 아닌 것은? ( )

① 분업화 ② 직무순환
③ 직무확대 ④ 직무충실화

9. 직무특성이론에서 핵심직무 차원에 해당하지 않는 것은? ( )

① 기능다양성 ② 과업정체성
③ 타율성 ④ 과업 중요성

10. 다음 중 집단수준의 직무설계방법에 속하는 것은? ( )

① 직무확대 ② 품질분임조(QC)
③ 직무순환 ④ 직무충실화

참고문헌

김성수(2010), 『혁신적 인적자원관리』, 탑북스.

김식현(1999), 『인사관리론』, 무역경영사.

김윤철(2007. 3), "직급체계 개선 및 직무중심의 성과관리제도 구축", 「인사관리」, 한국인사관리리협회.

단국대학교 출판위원회(2009), 『기업과 경영』, 북넷.

이학종(1996), 『인적자원관리』, 세경사.

이학종 · 양혁승(2005), 『전략적 인적자원관리』, 박영사.

임창희(2003), 『신인적자원관리』, 명경사.

———(2014), 『신인적자원관리』, 비엔앰북스.

정재훈(2008), 『인적자원관리』, 북넷.

제 4 장 인적자원계획

학습개요

이 장에서는 조직목표 달성을 위하여 인적자원의 수요와 공급의 균형을 효과적으로 유지해 나가는 일련의 과정인 인적자원계획의 전반적인 내용을 학습한다. 구체적으로 인적자원계획의 의의와 목적, 수립과정 및 정원관리에 관하여 살펴보고, 인적자원의 수요와 공급 예측방법들에 대해 학습한다.

학습목표

1. 인적자원계획의 의의 및 목적을 이해하고, 인적자원계획의 수립과정을 학습한다.
2. 정원관리의 필요성과 정원산정 방법을 이해한다.
3. 인적자원의 수요예측 방법인 델파이기법과 명목집단법, 회귀분석 등에 대해 학습한다.
4. 인적자원의 공급예측 방법인 기능목록, 대체도, 마코브 모형 등에 대해 학습한다.
5. 인적자원의 수요와 공급의 불균형(과부족) 발생시, 이를 조정하기 위한 대응방안들을 살펴본다.

주요용어

1. 인적자원계획(인력계획) : 기업의 목표와 전략을 인력수요로 전환하여 인적자원의 양적·질적 필요를 충족시키고, 장·단기적으로 인적자원의 수요와 공급의 균형을 효과적으로 유지해 나가는 일련의 과정.
2. 정원관리란 기업의 목표 달성을 위하여, 각 부서별로 필요한 인원을 결정하고, 이를 유지, 운용, 통제하는 활동.
3. 델파이 기법 : 특정 문제에 대해 집단토론을 거치지 않고, 다수 전문가들의 의견을 개별적으로 종합하여, 미래의 상황을 예측하는 집단의사결정 방법.
4. 대체도(승진도표) : 조직 내의 특정 직무가 공석이 된다고 가정할 경우, 이를 대체할 인력의 흐름도를 정리해 놓은 시각적인 도표.

경영사례 1

▌"인재가 기업 성공의 원천...'생각의 속도'로 실행하라"

스탠포드 경영대학원 조직행동학 교수로 재직 중인 제프리 페퍼(Jeffrey Pfeffer) 교수는 인적자원의 중요성을 누구보다 체계적으로 연구한 석학이다. 페퍼는 인적자원의 중요성이 과거 그 어느 때보다 커졌지만, 많은 기업들이 이러한 변화를 진지하게 받아들이지 않거나, 혹은 여러 가지 요인들로 인해 제대로 실행에 옮기지 못하고 있다고 주장한다.

흔히 생산성을 높이려면 무조건 직원을 줄이면서, 임금을 줄여야 한다는 고정관념이 있다. 하지만 초우량기업들은 더 많은 근로자들을 통해 더 많은 부가가치를 창출할 수 있음을 배웠다. 반면에 실패한 기업들은 중국산 제품에 대한 가격경쟁력을 확보한다는 명분으로 근로자들을 줄이는 일을 계속해 왔다. 막대한 자금을 투자해 공장자동화도 시도했다. 하지만 결과는 참담한 실패였다. 자동화가 생산성을 높이는 것처럼 보이지만 품질과 서비스 측면에서 치명적인 약점을 드러냈기 때문이다. 페퍼는 이러한 문제를 근본적으로 해결하기 위해서는 인적자원에 관한 올바른 이론을 정립하고, 이에 기초해 올바른 인적자원관리 정책을 실천해야 한다고 역설한다.

◆ 평범한 인재의 잠재력을 깨워라

사업을 성공시키는 지속적인 경쟁우위의 원천은 무엇일까? 지금까지 전 세계 경영자들이 가장 신봉하는 성공원리는 '이윤을 창출할 수 있고, 경쟁사가 쉽게 모방할 수 없으며, 경쟁사와 차별화할 수 있는 요인'을 찾아내는 것이다. 이러한 믿음에 따라 경영자들은 경쟁이 상대적으로 덜해 수익률이 높은 산업에 진출하거나, 천문학적인 자금을 투자해 새로운 기술을 개발하거나, 대규모 시설투자를 통해 규모의 경제를 달성하는 일련의 노력들을 기울여 왔다.

하지만 높은 성과를 달성한 기업들이 성공할 수 있었던 궁극적인 요인은 업종의 선택이나 기술개발, 대규모 설비투자가 아니라 바로 '사람', 즉 인적자원의 경쟁력이었다고 페퍼는 주장한다. 페퍼 교수가 연구한 성공기업들 중 사우스웨스트항공 · 월마트 · 노드스트롬 · 홀푸드마켓 등은 해당 기업들이 속한 산업이 그다지 매력적이지도 않고, 특별한 신기술이 개발되지도 않았으며, 그 어느 기업도 지배적인 기업으로 규모의 경제를 누리지도 않았다. 물론 그의 주장은 규모의 경제나 신기술 개발과 같은 전통적으로 강조되었던 성공요인들을 부정하는 것은 아니다. 다만 경쟁우위의 원천들이 시간이 지남에 따라 변할 수 있다는 점을 강조하고 있는 것이다.

그 동안 수많은 기업들은 '사람이 회사의 가장 중요한 자산이다'라는 그럴 듯한 구호를 내걸고, 실제로는 인재를 최우선시 하기 보다는 다른 방법으로 경쟁에 대응하고 있었다. 경영자들은 자신의 사업

분야를 언제든 시장에서 사고 팔 수 있는 포트폴리오 쯤으로 인식하고, 다운사이징과 아웃소싱을 통해 이윤을 확보할 수 있는 잠재적 기회를 스스로 축소했다. 혹은 인건비를 아끼기 위해 자신의 조직문화를 황폐화시킬 무모한 일들을 벌렸다.

따라서 이제 경영자들이 진지하게 생각해 봐야 할 최우선 과제는, 기업 성공의 진정한 원천은 무엇이며, 또한 지속적으로 탁월한 성과를 낼 수 있는 역량을 가진 기업을 만드는 것이 실제로 가능한 일인가에 대해 고민하는 것이다.

사실 기업의 성공은 그 기업이 어떤 전략을 갖고 있느냐가 아니라, 그러한 전략을 효과적으로 실행에 옮길 수 있는 능력이 있는가에 달렸다. 하지만 현실에서는 잘못된 모델이나 이론이 하나의 유행처럼 유포되고, 어느덧 지배적인 경영관행으로 자리 잡는 경우가 허다했다.

파트타임과 계약제 고용 같은 각종 형태의 임시직 고용이 급증하는 상황을 살펴보자. 이는 보다 헌신적이고 동기부여된 인력을 선호하는 기업체에서 조차도 조직과 구성원들 사이의 기본적인 연대감이 현격히 감소하는 심각한 부작용을 낳고 있다. 많은 산업에서 인건비 자체는 전체 비용 가운데 중요한 요인이 아닐 수도 있다. 그렇지만 경영자들은 효과적인 대안들을 찾기보다는 여전히 종업원에 대한 임금지급률을 낮추기 위해 혈안이 되어 있다.

만약 경쟁에서 승리하는 길이 사람에게 달려 있다는 페퍼 교수의 조언을 수긍한다면, 결국 능력 있고 타사가 쉽게 모방할 수 없는 인력을 확보하는 일이 무엇보다 중요하다. 이런 관점에서 임시직 혹은 계약직 사원 채용을 늘이는 기업의 인력정책은 재검토해야 할 것이다.

페퍼 교수는 최근 전 세계적으로 보편화되고 있는 핵심인재 관리에 대해서도 우려한다. 핵심인재에 대한 지나친 차별관리는 오히려 득보다 실이 더 많을 수 있기 때문이다. 잘못 운영될 경우 대다수 구성원들이 소외감을 느끼고, 이로 인해 사기 침체는 물론 팀워크 저하나 생산성 감소로까지 이어질 수 있다. 전체 구성원의 1% 내지 5% 이하 소수인력에 대한 차별적 관리가 오히려 조직 건강을 해칠 수도 있다는 것이다.

따라서 인적자원이 경쟁력의 원천이라는 페퍼의 주장은 조직의 모든 구성원들이 역량을 발휘할 수 있도록 제도적 여건을 조성하고 조직문화를 구축해야 한다는 뜻이지 극소수 핵심인재의 중요성을 강조하는 것은 아니다. 구성원들이 잠재력을 100% 발휘할 때 얼마나 큰 위력을 발휘하는지를 경영자들이 깨닫는다면, 극소수의 인재를 확보하기 위해 치열하게 경쟁하기보다는 평범한 직원들의 잠재력을 극대화하는 데 더욱 노력할 것이다.

• 자료 : 이동현(2010), '21C 구루', 『Economyplus』, 65호.

1. 인적자원계획의 의의

1.1 인적자원계획이란?

인적자원계획(human resource planning)[1]**은 기업의 목표와 전략을 인력수요로 전환하여 인적자원관리 시스템과 기능을 통해 인적자원의 양적, 질적 필요를 충족시키고, 장·단기적으로 인적자원의 수요와 공급의 균형을 효과적으로 유지해 나가는 일련의 과정을 말하며, 인력계획**(manpower planning) **또는 인사계획**(personnel planning)**이라고도 한다**. 즉, 인적자원계획은 급변하는 경영환경 속에서 기업이 필요로 하는 인적자원의 수와 질, 시기를 계획하고, 이러한 필요에 충당할 수 있는 기업 내·외의 공급원에 대해 예측함으로써 인적자원의 수급을 조절하는 과정이다. 따라서 이러한 인적자원계획은 인적자원의 수요예측과 공급예측이 핵심적인 활동이다.

인적자원계획은 다양한 요인들을 반영하여 수립되는데, 인적자원계획의 수립에 영향을 미치는 변수로는 기업의 인사철학, 경영환경, 경영전략, 조직문화 등을 들 수 있다. 이 중 경영환경은 경제여건과 제품시장 환경, 노동시장의 변화, 노동관련 법규와 노동조합, 정보기술의 발전 등을 들 수 있다. 인적자원계획은 넓은 의미에서 인적자원관리의 전반에 대한 관리과정상 계획의 기능을 수반하는 것으로 인력계획, 제도계획 그리고 조직계획으로 분류할 수 있다([표 4-1]).

인력계획은 필요로 하는 인력의 수요 추정과 확보, 그리고 유지·개발에 관한 일련의 계획과정을 말하며, 제도계획은 임금, 승진, 평가 등 공정한 성과측정과 보상을 위한 제도적 지원에 대한 전반적 계획과정을 포함한다. 그리고 조직계획은 조직의 운영과 관련된 직무구조와 권한관계를 체계적으로 지원하는 일련의 계획과정이다. 인적자원계획을 좁은 의미로 정리해 보면, 인력계획 중 인적자원의 수요와 공급에 관한 계획인 인력소요 계획 혹은 정원계획(정원관리)을 말한다. 인력소요 계획은 경영의 목표를

---

1) 'plan' 혹은 'planning'은 '계획하다', '계획을 세우다(수립하다)'는 의미이다. 'plan'은 평평하다는 plane에서 유래되었다. 평면도를 보고, 상황을 이해하고, 결정을 내린다는 뜻에서 '계획'으로 의미가 확장되었다. 'plan'은 어떤 복잡한 일의 진행상황에 대하여 '그림'을 그리는 것, 즉 '구상하다', '계획하다'라는 뜻이다.

달성하기 위해 수요 측면에서 단기, 중기 및 장기적으로 요청되는 양적 및 질적인 인력을 소요시기에 적합하게 계획하는 것을 말한다.

[표 4-1] 인적자원계획의 분류

구 분	세부 분류
인력계획	- 인력소요 계획 - 인력확보 계획 - 배치전환 계획 - 인력개발 계획 - 인력비용 계획
제도계획	- 임금제도 계획 - 승진제도 계획 - 평가제도 계획 - 개발제도 계획
조직계획	- 직무구조 계획 - 권한구조 계획

1.2 인적자원계획의 목적

인적자원계획 수립의 주요 목적으로 다음의 다섯 가지를 들 수 있다([표 4-2] 참고).

첫째, 인력의 과다 충원(overstaffing)과 과소 충원(understaffing)을 방지하는데 있다. 조직이 너무 많은 종업원을 고용하고 있으면, 인건비와 과잉생산으로 인해 운영상의 효율성이 저하될 수 있다. 반면 너무 적은 종업원을 고용하고 있으면, 고객의 수요를 만족시킬 수 없기 때문에 매출액에 차질을 초래할 수 있으며, 더욱이 과소 충원으로 인해 현재의 제품 및 서비스 수요에 대처하지 못하면, 경쟁기업으로 발을 돌릴 수 있는 미래의 고객을 놓칠 수도 있다. 따라서 인적자원계획은 운영의 효율성 뿐만 아니라 고객 수요에 적시 대응할 수 있도록 보장해 준다.

둘째, 조직이 필요로 하는 적합한 기술(skills)을 가진 종업원을 적기에 그리고 적소에 공급하도록 보장하는 것이다. 조직은 필요로 할 때 고용되고, 충분히 훈련되고 최고의 성과를 제공할 준비가 되어 있는 최고의 종업원들을 모집하기를 기대한다. 인적자원계획 수립의 과정에는 기술수준, 조직에 적합한(fit) 종업원, 훈련, 작업시스템과 계획된 수요를 포함하는 수많은 요인들을 고려할 필요가 있다. 그리고 이들 요인들을 HR전략과 핵심요소로 통합할 필요가 있다.

셋째, 조직의 환경 변화에 대응할 수 있어야 한다. 인적자원계획 수립의 과정에는 의사결정자가 환경의 다양한 영역에 대해 다양한 시나리오를 고려해야 한다. 예를 들어, 경제가 성장할 수도 있고, 정체하거나, 위축될 수도 있으며, 산업은 경쟁상황이 동일하거나 더 경쟁적일 수 있고, 정부의 규제는 동일하거나, 완화되거나, 혹은 더 엄격해질 수도 있으며, 기술은 더 발전할 수도, 그렇지 않을 수도 있다. 따라서 인적자원계획은 조직으로 하여금 외부환경의 상태에 대해 검토하고, 평가하도록 요구한다. 이러한 외부여건에 수동적으로 반응하기 보다 어떤 가능한 변화를 예상하고 계획하는 것은 조직으로 하여금 경쟁기업들 보다 한 단계 더 앞서게 한다.

넷째, 모든 인적자원 활동과 시스템에 방향과 일관성을 제공하는데 있다. 인적자원계획은 충원, 훈련과 개발, 성과측정, 보상 같은 모든 타 HR기능의 방향을 설정한다. 또한 조직으로 하여금 HR프로그램과 시스템의 상호연관성 및 한 분야에서의 변화가 다른 분야에 어떤 영향을 미치는지 이해함으로써, 인적자원관리 활동에 대한 보다 체계적인 관점을 갖도록 보장한다.

다섯째, 라인과 스탭 관리자들의 관점을 결합하는데 있다. 비록 인적자원계획이 보통 기업의 HR스탭에 의해 주도되고 관리된다 하더라도, 조직 내 모든 관리자들의 노력과 협조가 요구된다. 어느 누구도 해당 부서의 책임자 보다 그 부서의 요구를 더 잘 알지 못한다. HR스탭과 라인관리자 간의 커뮤니케이션은 HR계획의 성공에 필수적이다. 기업 차원의 HR스탭은 해당 부서의 HR계획 수립과정에 개별 라인관리자를 지원하고, 그들의 전문성과 책임을 인정해야 한다.

[표 4-2] 인적자원계획의 주요 목적

- ✦ 인력의 과잉과 부족 방지
- ✦ 적합한 기술을 가진 종업원의 적기 적소 공급
- ✦ 조직의 환경 변화에 대응
- ✦ 모든 HR활동 및 HR시스템의 방향과 일관성 제공
- ✦ 라인과 스탭 관리자들의 관점 결합

자료 : Mello, J. A.(2011), *Strategic Human Resource Management*, South-Western, Sengage Learning, p. 208.

경영사례 2

I Drexel Heritage Furnishing사의 인적자원계획 수립

Drexel Heritage Furnishings사는 미국의 북 캐롤라이나(North Carolina)에 기반을 둔 100여년 전통의 고급 가구제조업체이다. 이 회사는 경쟁이 심하고, 변덕스럽고, 계절적 경기에 민감한 산업분야에서 인력수요(workforce needs)를 계획하기에 앞서 다양한 내·외부 지표들을 주의 깊게 관찰하고 있다. HR 담당 부사장은 주문량을 주의 깊게 추적하여 다가 올 분기의 물량을 추정한다. 추가로 전국의 월별 사업활동 측정치인 구매관리자지수(Purching Managers Index)도 파악한다.

이 지표는 경기에 대한 고객민감도의 기준이 되며, 새로운 주문, 가격, 재고 그리고 수주잔고(backlogs)에 기초하고 있다. 부동산 활동 같은 추가지표들, 예컨대 건축 활동, 담보대출 이율, 이사(relocations) 및 시장가격 같은 지표들도 가계 가구수요에 연결되는 요인들로서 HR에 의해 관찰된다. 마지막으로 상여금과 스톡옵션(stock options)을 포함하는 종업원 보상 추세도 고려된다. 이러한 추가 보상은 가구 구입의 재량적 소득으로서 사용되기 때문이다.

• 자료 : Mello, J. A.(2011), Strategic Human Resource Management, South-Western, Sengage Learning, p. 207.

1.3 인적자원계획 수립의 과정

인적자원계획의 수립과정은 일반적으로 환경분석과 전략적 계획 수립, 인적자원 수요예측, 인적자원 공급예측, 그리고 인적자원의 수급 불균형 조정이라는 네 단계로 이루어진다([그림 4-1]).

첫째, 조직이 처하고 있는 환경의 분석과 전략적 계획의 수립이다. 환경분석은 조직에 영향을 미치는 경제여건과 제품시장 환경, 노동시장의 변화는 인적자원계획 수립에 직·간접적인 영향을 미친다. 그리고 기업의 경영활동을 규제하는 정부의 인적자원 관련 각종 정책과 법규, 노동조합, 정보기술의 발전도 인적자원계획의 틀과 운영방식에 영향을 미치게 된다. 한편 기업의 내·외부 환경 분석에 따른 기회와 위협, 강점과 약점을 도출하고 이를 토대로 전략적 계획을 수립하는데, 이러한 전략적 계획은 기업의 기본적인 장기적 목표 설정, 정책과 자원 배분 같은 것은 조직 전체의 방향을 좌우하게 된다. 예를 들어 신사업의 추진, 신 공정 및 신 설비의 도입, 생산시설의 이전, 기업의 인수·합병(M & A) 등과 같은 장기적인 기업 성패와 밀접한 관계가 있는 전략적 계획의 범위에는 인적자원의 수급상황에 대한 고려가 필수적이다. 또한 기업이

[그림 4-1] 인적자원계획 수립의 과정

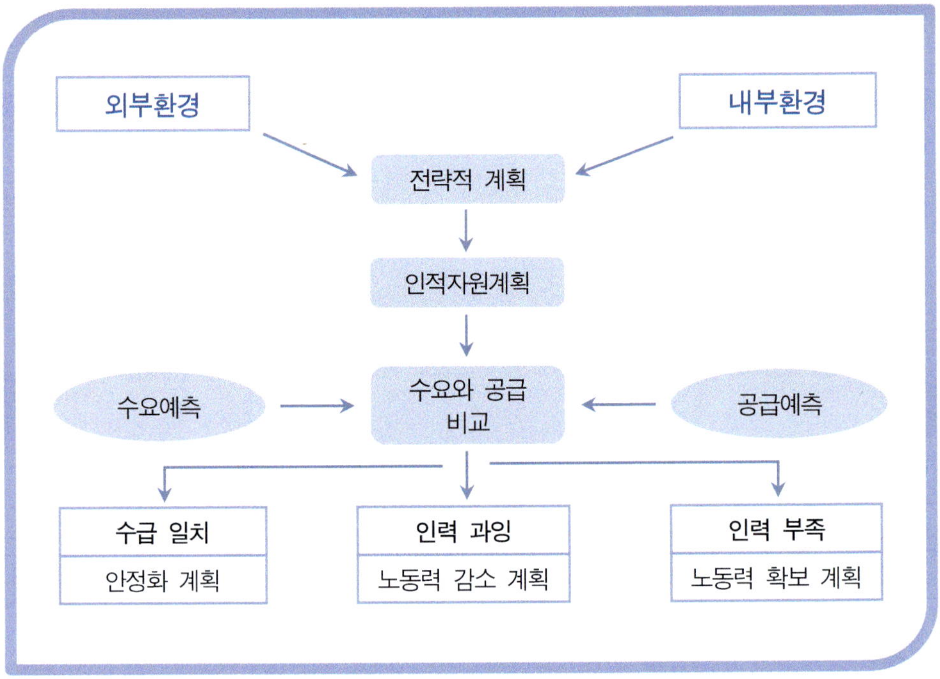

자료 : Mondy, R. W., & Noe Ⅲ, R. M.(1993), *Human Resource Management*, 5th ed., Needham Heights, Mass : Allyn and Bacon, p. 147 수정 인용.

성장전략을 추구하는가 아니면 현상유지 전략이나 감량전략으로 선회하는가에 따라 인적자원계획의 방향도 달라진다.

둘째, 인적자원의 수요예측이다. 이는 조직이 미래에 필요로 하는 인적자원의 질과 양을 추정하는 과정을 말한다. 즉, 인적자원의 수요예측 과정에서는 직무와 인적요건에 따라 종업원의 형태와 수를 결정하는 활동이 중심이 된다. 이 과정에서 생산계획, 생산성의 변화, 기업의 활동방향 등에 대한 고려가 필요하다. 인적자원의 수요를 예측하는 데에는 전문가들의 직관과 경험에 의존하는 방법에서 매우 정교한 수학적·통계적 기법에 이르기까지 상당히 다양한 방법들이 활용된다.

셋째, 인적자원의 공급예측이다. 이는 장래의 특정 시점에서 조직이 필요로 하는 유형의 인적자원을 조직 내부와 외부로부터 어느 정도 충당할 수 있을 것인가를 추정하는 과정을 말한다. 인적자원의 공급예측 과정에서는 현직의 종업원을 중심으로 한 내부공급 원천과 외부 노동시장으로부터 유입될 수 있는 외부공급 원천에 대한 평가가 이루어진다. 내부공급에 대한 예측은 조직이 현재 보유하고 있는 인적자원의 유형별

규모와 아울러, 승진, 배치전환, 퇴직, 해고, 휴직 등 조직 내의 인력 변동추이를 파악해야 한다. 이에는 기능목록이나 대체도, 마코브 체인(Markov Chain) 분석이 활용될 수 있다. 외부공급에 대한 예측은 과거의 신규채용 패턴과 외부 노동시장의 수급상황을 고려하여 이루어진다.

넷째, 인적자원의 수급 불균형 조정이다. 이는 위에서 인적자원의 수요와 공급의 비교를 통해, 그 결과에 대한 조치와 조정을 하는 것을 말한다. 먼저 인적자원의 수요와 공급이 균형을 이루는 상황에서는 안정화 계획이 필요하다. 그러나 수요가 공급을 초과하는 인력부족이 예측될 경우에는 필요한 인적자원을 조직 내・외부로부터 확보하기 위한 방안이 모색되어야 한다. 그리고 인적자원의 공급이 수요를 초과하는 인력과잉의 경우에는 인력감소 계획이 강구되어야 할 것이다.

2. 정원관리

2.1 정원관리란?

정원관리란 기업의 목표 달성을 위하여 각 부서별로 필요한 인원을 결정하고 이를 유지, 운용, 통제하는 활동을 말한다. 즉, 경영활동의 효과적인 수행과 인적자원의 효율적인 활용을 위해서 단위조직 또는 업무별로 필요한 인원을 결정하고, 이를 유지, 조정, 통제하는 활동이다.

그러므로 정원관리는 주어진 직무구조와 조직규모에 대한 적정인원 개념으로서 직무분석과 인적자원계획을 연결시켜 주는 고리(linking pin)로서의 역할을 한다. 뿐만 아니라 과잉인력의 축소나 적정인원 유지를 위해 인적자원 관리비용의 합리화를 기할 수 있는 기초를 제공한다.

여기서 정원(tables of organization : T/O)이란 특정 조직이 현재의 조직구조, 설비, 작업방법으로 필요한 업무를 가장 효율적으로 수행하기 위해 필요로 하는 적정인원을 말한다. 그리고 실제로 각 부서에서 업무를 수행하고 있는 현재의 인원을 현원(present organization : P/O)이라고 한다.

정원에는 법령(직제규정)에 정해지는 법정 정원, 조직기구가 결정됨에 따라 직위가 설정되어 결정되는 기구 정원, 현재의 설비에 의해 자연적으로 결정되는 설비 정원, 업무량에 따라 결정되는 산정 정원 등이 있으며, 정원관리에서의 정원은 주로 산정 정원을 의미한다.

정원관리는 인적자원관리의 출발점으로서 다음과 같은 역할을 수행한다.

첫째, 기업의 생산성과 지불 가능한 임금수준을 전제로 고용 가능한 적정 종업원 수를 파악하는 역할을 한다. 둘째, 현재 보유하고 있는 종업원 수는 적정 인원을 얼마나 초과 또는 부족한지 과부족 인원수를 파악하는 역할을 한다. 셋째, 부서별 정원이 설정되면, 신규 종업원의 배치기준이 된다. 넷째, 선발계획 및 인건비 산출의 기초가 된다.

2.2 정원 산정방법

정원계획은 각 부서별로 수립된 부문계획을 인사부서에서 정리하고 조정단계를 거쳐 최종적으로 수립된다([그림 4-2]). 즉, 정원계획의 수립은 미시적 방법과 거시적 방법에 의해 이루어진다. 거시적 방법은 총괄적인 정원 측정방식이며, 미시적 방법은 세부적인 정원 추정방식으로 거시적 방법보다 시간과 노력, 비용이 많이 소요된다.

먼저, 미시적 산정방법은 업무량과 업무내용의 변화에 따라 필요한 인원이 증감한다는 사실에 기초하여, 업무량의 파악에 의해 정원을 산정한다. 이는 정원을 직무별·직종별로 파악한 후, 이를 합산하여 총 정원을 산출하는 방법이다. 따라서 미시적 정원산정은 부서별 정원을 상향적으로 합산하여 총 정원을 산정하는 방법이다. 그리고

[그림 4-2] 정원계획의 수립과정

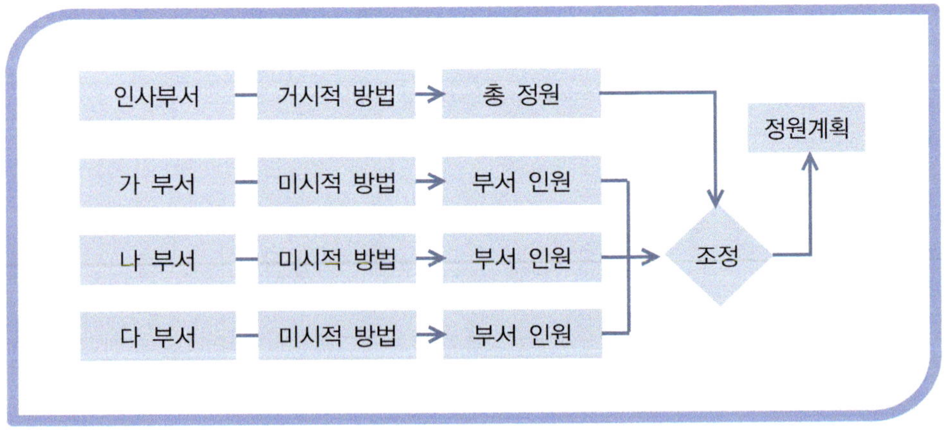

자료 : 박성수 외(2009), 『디지로그시대의 인적자원관리』, 박영사, p. 99.

거시적 산정방법은 종업원을 인적자산이자 비용의 원천으로 파악하여, 지불능력의 차원에서 조직 전체나 공장, 또는 사업부 차원에서 이루어진다. 보통 인사부서는 거시적 방법으로 정원을 산정하고, 각 부서에서는 미시적 방법으로 필요한 정원을 산정한다. 그러나 이 두 가지 접근방법에서 산정한 정원이 일치하기는 매우 어렵기 때문에, 조정단계를 거쳐 정원을 결정하는 것이 바람직하다.

미시적 정원산정의 방법으로는 직무분석에 의한 방법, 시간연구에 의한 방법, 워크샘플링(work sampling)에 의한 방법, 성과 분석체계(performance analysis system : PAS)에 의한 방법 등이 있으며, 거시적 정원산정의 방법으로는 손익분기점 분석에 의한 방법, 노동생산성에 의한 방법, 노동분배율에 의한 방법, 인건비율에 의한 방법 등이 있다([표 4-3]).

[표 4-3] 정원 산정의 방법

	유형	정원 산정 공식
미시적 방법	직무분석에 의한 방법	정원 $= \dfrac{\text{월간 총업무량}}{(\text{1인1일 노동시간} - \text{여유시간}) \times \text{1개월 노동일수}}$
	시간연구에 의한 방법	정원 $= \dfrac{\text{표준시간} \times \text{1일 목표생산량}}{\text{1인1일 작업시간}}$
	워크샘플링에 의한 방법	개당 표준시간 $= \dfrac{\text{총작업시간} \times \text{작업시간비율} \times \text{작업능률도}}{\text{총생산량}} \times \dfrac{1}{(1 - \text{여유율})}$ 정원은 시간연구에 의한 방법과 동일
	성과분석체계(PAS)에 의한 방법	정원 $= \dfrac{\text{월간 업무량} \times \text{통계적 표준}}{(\text{1인 월간노동시간} - \text{1인평균 월간결근시간}) \times \text{가동률}}$
거시적 방법	손익분기점에 의한 방법	정원 $= \dfrac{\text{매출액} \times \text{적정 인건비비율}}{\text{1인당 인건비}}$ 적정 인건비비율 $= \dfrac{\text{목표 인건비}}{\text{매출액}}$ 손익분기점, 적정 인건비 등은 동업 타사와 비교·검토하여 결정
	노동생산성(부가가치)에 의한 방법	정원 $= \dfrac{\text{부가가치 목표액}}{\text{목표 노동생산성}}$ 노동생산성 $= \dfrac{\text{총부가가치액}}{\text{종업원수}}$

	유형	정원 산정 공식
거시적 방법	노동분배율에 의한 방법	$\text{정원} = \frac{\text{부가가치 목표액} \times \text{노동분배율}}{\text{1인당 인건비}}$ $\text{노동분배율} = \frac{\text{인건비 총액}}{\text{총부가가치액}}$
	인건비율에 의한 방법	$\text{정원} = \frac{\text{목표 매출액} \times \text{인건비비율}}{\text{1인당 인건비}}$ $\text{인건비 비율} = \frac{\text{인건비 총액}}{\text{총매출액}}$

3. 인적자원의 수요예측과 공급예측

3.1 인적자원의 수요예측

조직은 미래의 사업계획 및 활동 수준을 예측하고, 이에 기초하여 미래의 특정 시점에서 필요로 하는 인력 소요량을 예측하여야 한다. 이처럼 미래에 소요되는 인적자원의 양과 질을 추정하는 과정을 인적자원 수요예측이라 한다.

인적자원 수요예측은 인적자원계획을 구체화시키기 위한 첫 번째의 과정으로서, 인적자원의 양적인 변화의 예측 뿐만 아니라, 작업방법이나 절차의 변경으로부터 발생하는 생산성이나, 능률수준의 변화, 자동화나 기계화에 따른 변화 등을 고려하여 질적인 변화도 예측하여야 한다.

인적자원의 수요를 예측하는 방법은 주관적이고 정성적인 판단적 방법과 객관적이고 계량적인 통계방법에 이르기까지 매우 다양하다.

1) 정성적 방법

이 방법은 전문가의 지식과 경험, 직관 및 판단에 의존하여 인적자원 수요를 예측하는 방법으로서, 전문가 예측법, 델파이 기법 및 명목집단법 등이 있다.

(1) 전문가 예측법

인적자원관리에 전문성을 가진 전문가가 자신의 경험이나 직관, 판단 등에 기초하여 조직이 필요로 하는 인적자원 수요를 예측하는 방법으로서 다소 주관적이고 비공식적으로 이루어진다. 이 경우 전문가들은 조직의 과거와 현재의 상황, 그리고 전략적 계획 등을 기초로 앞으로 어떠한 자질의 인적자원이 얼마나 필요로 할 것인지를 자신의 판단으로 예측하게 된다. 이 방법은 조직규모가 작고 조직의 전략적 목표 달성에 관련된 변수들을 간단히 파악할 수 있는 경우에 많이 활용된다.

(2) 델파이 기법(delphi technique)[2)]

특정 문제에 대해 집단토론을 거치지 않고, 다수 전문가들의 의견을 개별적으로 종합하여 미래의 상황을 예측하는 집단의사결정 방법이다.

구체적으로는 서로 격리된 전문가들에게 인적자원 예측에 관한 질문지를 보내 개별적으로 독립된 의견을 제출하도록 하고, 이것을 중간 조정자가 분석 · 종합한 후 다시 전문가들에게 다시 돌려 보내어 각자 자신들이 예측한 것을 수차례 수정하도록 한다. 이와 같이 다른 전문가들에 의해 개발된 정보가 피드백 됨으로써 초기의 예측을 수정하여 종합적인 의견을 제시하게 된다.

이 방법은 전문가들을 한 곳에 모으지 않고 의견수렴이 가능하며, 익명성이 보장되어 인적자원 예측에 관한 보다 나은 아이디어를 개발할 수 있으나, 시간과 비용이 많이 들고 참여자의 행동에 대한 통제력이 약한 단점과 신속한 의사결정을 요구하는 상황에서는 적합하지 않는 경우가 있다.

(3) 명목집단법(nominal group technique : NGT)

의사결정에 참여한 각각의 구성원들이 타인의 영향을 받지 않고 독립적으로 자신의 의견을 개진함으로써 미래에 대한 예측과 문제해결을 시도하는 기법이다. 원래 집단이란 구성원들 간의 활발한 토의와 상호작용을 전제로 하는 것이나, 명목집단법에서는 함께 모여 있지만, 대화와 토론 등의 상호작용을 제한하기 때문에 진정한 의미에서

---

2) 델파이라는 용어는 고대 그리스의 아폴론 신전이 있던 도시 델포이(Delphoe)라는 이름에서 유래됨. 델피(Delphi) 신전에는 오늘날의 전문가에 해당하는 점술가들이 전쟁이나 국가 대사 등에 대한 미래를 점쳤다. 이 기법은 1964년 미국의 기초과학 연구소인 랜드(Rand)사가 신제품 수요 예측이나 미래 과학기술의 방향을 예상하기 위해 발표함으로써 시작되었으며, 체계화된 기초자료가 많지 않고 미래의 불확실한 상황을 예측할 때 사용되는 전문가 합의에 의한 의사결정 방법임.

집단이라 할 수 없어 '명목상의 집단'이라 부른다. 이 기법은 다음의 방식으로 이루어진다.

첫째, 소집단 구성원들이 테이블에 둘러 앉되, 서로 말을 하지 않는다. 둘째, 각 구성원들은 문제에 대해 생각하는 바를 백지에 적는다. 셋째, 한 사람씩 돌아가면서 자신의 아이디어를 발표하고, 서기나 사회자는 구성원 모두가 한 눈에 볼 수 있도록 제시되는 아이디어를 칠판이나 큰 차트에 적는다. 각 아이디어에 대한 토의는 하지 않는다. 넷째, 지금까지 정리된 결과로 아이디어 목록이 얻어진다. 그런 다음 각각의 아이디어에 대해 구두로 보조 설명이나 지지 이유에 대한 설명을 한다. 다섯째, 각 참석자들은 제시된 아이디어에 대한 우선순위를 묻는 투표를 실시한 다음, 최고의 득표를 얻은 대안이 채택된다.

이 방법은 집단에 참여한 구성원들이 타인의 영향을 받지 않고 독립적으로 자신의 의견을 제시할 수 있으며, 의사결정의 시간도 많이 소요되지 않는 장점이 있다. 그러나 집단의 의사결정시 자질과 훈련된 리더가 요구되며, 한 번에 한 문제 밖에 처리할 수 없는 단점이 있다.

2) 통계적 방법

통계적 방법은 계량적 기법을 인적자원의 수요예측에 활용하는 것이며, 과거의 매출액이나 생산량의 추세가 미래에도 지속될 것이라는 가정 하에 미래의 인력수요를 예측한다. 대표적으로 추세분석, 회귀분석 및 시뮬레이션 등이 있다.

(1) 추세분석(trend analysis)

추세분석은 과거 일정 기간의 고용 추세가 미래에도 계속될 것이라는 가정 하에 인적자원에 대한 수요를 예측하는 시계열분석(time-series analysis) 방법의 일종이다. 여기서 시계열이란 시간의 흐름에 따른 변동사항을 발생 순서에 따라 표시해 놓은 통계계열로서 시계열 그림을 보면 변동 모습을 알 수 있다. 이러한 변동은 추세변동, 계절적 변동, 순환변동, 불규칙 변동 등으로 구분되는데 추세변동의 인력수요예측에 적합하여 많이 활용된다.

추세분석은 미래의 사건을 과거의 자료에 의해서 예측하는 비교적 단순한 방법이다. 과거 수년간의 인적자원 수요에 관한 자료를 월별, 분기별 또는 연도별로 작성하고 그 추세를 그래프로 나타낸 것이 추세선 또는 경향선(trend line)이며 이를 수학적으로 연장하여 미래의 인력수요를 예측하게 된다. 이 방법은 인적자원 수요와 밀접한 하나의 변수(예 : 매출액, 생산량)만을 이용하여 예측하며, 추세가 미래에도 일정하게 유지된다는 가정을 전제로 하기 때문에 단기적인 인력수요 예측에 적합하다. 따라서 장기적인 인력수요 예측이나 추세의 변동이 심하고 불확실성이 높은 상황에서는 적합하지 않다.

(2) 회귀분석(regression analysis)

회귀분석은 독립변수와 종속변수 간의 영향관계를 바탕으로 미래의 인적자원 수요를 예측하는 통계적 방법이다. 즉, 조직의 고용수준(종속변수)과 관련성이 높은 여러 독립변수, 예를 들어 매출액, 생산량, 수익, 설비투자액 등과 같은 변수 사이의 상관관계 분석에 기초를 두고 있다. 어느 기업의 고용수준과 매출액 사이에 존재하는 관계를 식(式)으로 나타낼 수 있다면, 미래의 인적자원 예측은 미래의 매출액 예측을 통해 이루어질 수 있을 것이다. 위에서 고용수준(종속변수)에 영향을 주는 독립변수가 매출액 1개 라고 가정하면, 단순회귀분석, 독립변수가 매출액, 생산량, 수익, 설비투자액 등 2개 이상일 경우에는 다중회귀분석을 사용한다. 다음과 같이 회귀방정식으로 정리할 수 있다.

$$Y = a + bX_1 + cX_2 + dX_3 + eX_4$$

(Y=인력수요, a=고정인력, X_1=매출액, X_2=생산량, X_3=수익, X_4=설비투자액)

위의 식을 풀이하면, 인력수요라는 종속변수에 현재 a라는 고정인력과 더불어 각각의 $X_1 \sim X_4$까지 독립변수들이 영향을 미친다는 것이다. 그리고 b, c, d를 회귀계수라고 부르는데, 이 계수의 값들은 인력수요와 독립변수들에 대한 과거의 데이터를 이용해 통계적 방법으로 추정된다.

회귀분석 방법은 현재의 자료를 통해 미래를 보다 과학적으로 예측할 수 있는 장점이 있으나, 회귀방정식 도출에 필요한 충분한 과거의 자료가 있어야 하고, 독립변수들과 인력수요(종속변수) 사이에 유의한 상관관계가 존재할 때 활용의 가치가 있다.

(3) 시뮬레이션(simulation)

시뮬레이션, 즉 모의실험 기법은 인적자원계획에 영향을 미치는 다양한 변수들의 상관관계를 파악하여 인력수요를 예측하려는 것으로 시뮬레이션은 많은 변수를 사용하고 변수간의 관계가 복잡하므로 수리적 모형에 기초한 컴퓨터를 이용하여 시뮬레이션 할 수 있다. 이는 미국의 General Electric(GE)사에서 개발한 MANPLAN이라는 시뮬레이션 모형이 대표적이다. 이 모형은 이용자들이 자기 기업에 가장 적합한 정보를 얻을 수 있게 일반화된 목적을 가지고 개발된 것으로, 컴퓨터에 입력된 정보를 바탕으로 특정한 기간 동안 필요한 인력 수요를 파악할 수 있다.

3.2 인적자원의 공급예측

인적자원 수요예측이 끝나면, 필요로 하는 인적자원에 대한 공급을 예측해야 한다. 즉, 기업의 인력수요에 비추어 해당 기술과 능력을 가진 인적자원을 유입할 수 있는 원천에 대한 분석이 인적자원 공급예측이다.

인적자원의 공급원천은 조직 내부와 외부가 있다. 내부 공급원천은 승진이나 배치전환을 통해 조직 내 공석을 충원하는 것이며, 외부 공급원천은 현재 다른 조직에 종사하고 있는 외부인력이나, 고용되지 않은 상태에 있는 구직자들을 말한다.

인적자원의 공급을 예측하는 방법은 내부공급 예측방법으로 기능목록, 대체도, 마코브 모형 등이 있고, 외부공급 예측은 외부 노동시장의 여건 분석을 통해 해결할 수 있다. 외부노동시장을 분석하기 위해서는 인구 규모 및 구성, 경제활동인구와 참가율 등 양적 측면의 분석과 함께, 교육훈련 수준, 노동력의 성취동기 수준 등 질적 측면의 분석이 요구된다.

1) 기능목록(skill inventory)

기능목록은 종업원의 경험, 교육수준, 능력 등과 같은 직무 관련 정보를 분석・검토하여 요약한 자료로서, 개인의 직무 적합성에 대한 정보를 파악하기 위한 도구이다. 즉, 종업원의 업무수행능력 파악과 개인의 직무적합성에 대한 정보를 파악하기 위한 도구로써 개개인의 기능과 능력을 목록화한 것이며, 이는 문서의 형태로 또는 컴퓨터 파일로 관리할 수도 있다. 기능목록에는 종업원의 이름, 학력, 교육훈련, 주요 직무경험, 직무 관련 기술 및 자격 등의 내용들로 구성되어진다([표 4-4]).

반면 관리직 구성원들의 관리능력을 포함하여 직무경험, 승진 가능성, 경력목표, 인적사항 등에 정보를 요약해 놓은 것을 관리자 목록(management inventory)이라 한다.

[표 4-4] 기능목록의 예

<table>
<tr><th colspan="10">기능목록</th></tr>
<tr><td colspan="5">성명: 정 현 진
사번: 2025110</td><td colspan="5">작성일자: 2014.3.1.
부서코드: 119</td></tr>
<tr><td colspan="5">핵심 직무</td><td colspan="5">경력</td></tr>
<tr><td colspan="5">직무 내용 활동
1. 인사 데이터분석 계획
2. 교육 기획 계획
3. 노사관계 노무관리 감독 및 분석</td><td colspan="5">1. 2003~2008 채용관리
2. 2009~2012 복지후생
3. 2013~2014 교육훈련</td></tr>
<tr><td colspan="3">학력</td><td colspan="4">특별연수</td><td colspan="3">회원</td></tr>
<tr><td colspan="3">1. 학사 경영학 2000
2. 석사 인사관리 2002</td><td colspan="4">1. 인사관리 세미나 2007
2. ASTD 2011</td><td colspan="3">1. 한국경영학회
2. 한국인사관리학회</td></tr>
<tr><td colspan="2">자격증</td><td colspan="2">외국어 능력</td><td colspan="2">희망직위</td><td colspan="2">희망근무지</td><td colspan="2">취미</td></tr>
<tr><td colspan="2">1. 공인노무사</td><td colspan="2">1. 영어 유창함
2. 일어 독해가능</td><td colspan="2">1. 인사관리
2. 노사관계</td><td colspan="2">1. 서울
2. 부산</td><td colspan="2">1. 축구
2. 바둑</td></tr>
<tr><td colspan="5">종업원 서명 : 정 현 진
날 짜 : 2014. 3. 1.</td><td colspan="5">인사부서 담당자 서명 : 최 종 균
날 짜 : 2014. 3. 1.</td></tr>
</table>

자료 : 김영재 외(2011), 『신인적자원관리』, 탑북스, p. 123 수정.

2) 대체도(replacement chart)

이는 승진도표라고도 하며, 조직 내의 특정 직무가 공석이 된다고 가정할 경우, 이를 대체할 인력의 흐름도를 정리해 놓은 시각적인 도표이다([그림 4-3]). 대체도는 구성원들의 연령, 성과 수준, 승진 가능성, 훈련 등의 요건에 중점을 두고 일목요연하게 요약하고 있다. 대체도는 주로 기능목록을 통해 얻어진 자료를 이용하여 작성되나, 일반적으로 관리직 및 전문직을 대상으로 활용된다. 따라서 대체도는 경영자에게 종업원에 대한 모든 자료를 제공하지는 못하지만 요약된 정보를 제공함으로써 기능목록의 보완물이 될 수 있다. 또한 이 도표는 경영자에게 구성원들의 경력·패턴을 시각화해서 보여주고, 현재 직위에서의 성과와 함께 잠재적 승진자를 구체적으로 보여준다.

[그림 4-3] 대체도의 예

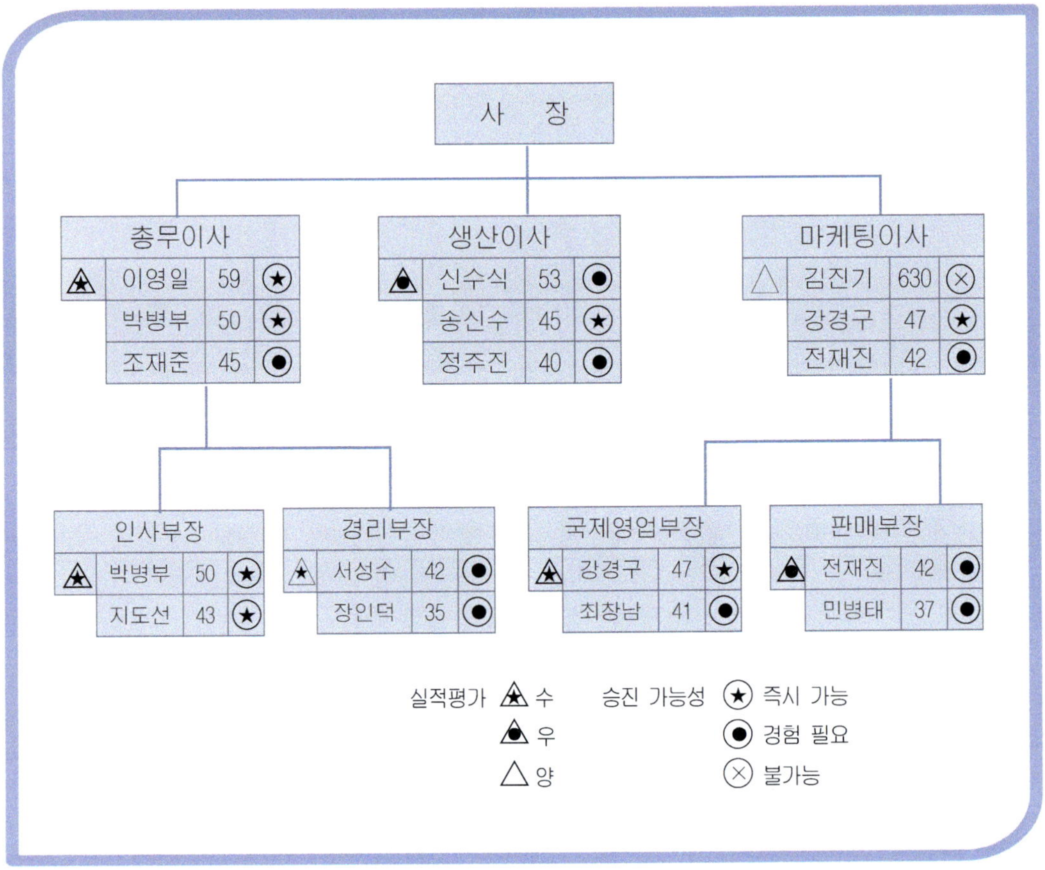

자료 : 양창삼(1994), 인적자원관리, 법문사, p.101.

3) 마코브 모형(Makov model)

마코브 모형은 시간의 흐름에 따라 조직구성원이 한 직무에서 다른 직무로 이동할 확률(transition probability)을 파악하기 위해 개발된 것으로, 내부노동시장이 안정적이라는 조건 하에서 구성원들의 승진, 이동, 이직 등의 일정 비율을 적용하여 미래 각 기간에 걸쳐 현재 인원의 변동을 예측하는 방법이다. 마코브 모형은 현재의 직무에 계속 재직할 가능성, 조직 내 다른 직무로 이동할 가능성, 조직을 이탈할 가능성 등에 관한 확률을 이용한 전이행렬(transition matrix)에 기초하고 있다. 전이행렬은 매년 초 각기 다른 직무에 종사하고 있는 사람들의 숫자를 이동예상률과 곱하여 나타낸다. 이 결과를 통해 매년 말 각 직무에 남게 될 사람이 몇 명인가를 알 수 있다([표 4-5, 4-6]).

[표 4-5] 직무간 예상이동률

	예상이동률				
	time 2				
time1	직무 A	직무B	직무C	직무D	퇴직
직무 A	0.70	0.10	0.05	0	0.15
직무 B	0.15	0.60	0.05	0.10	0.10
직무 C	0	0	0.80	0.05	0.15
직무 D	0	0	0.05	0.85	0.10

자료 : 김영재 외(2011), 『신인적자원관리』, 탑북스, p. 124.

[표 4-6] 전이행렬 계산(예)

time 1		time 2(연말)				
		직무 A	직무 B	직무 C	직무 D	퇴직
직무 A	62	44(0.70)	6(0.10)	3(0.05)	0(0.00)	9(0.15)
직무 B	75	11(0.15)	45(0.60)	4(0.05)	8(0.10)	7(0.10)
직무 C	50	0(0.00)	0(0.00)	40(0.80)	2(0.05)	8(0.15)
직무 D	45	0(0.00)	0(0.00)	2(0.05)	38(0.85)	5(0.10)

$$[62,\ 75,\ 50,\ 45] \times \begin{bmatrix} 0.70 & 0.10 & 0.05 & 0.00 & 0.15 \\ 0.15 & 0.60 & 0.05 & 0.10 & 0.10 \\ 0.00 & 0.00 & 0.80 & 0.05 & 0.15 \\ 0.00 & 0.00 & 0.05 & 0.85 & 0.10 \end{bmatrix} = [55,\ 51,\ 49,\ 48,\ 29]$$

자료 : 김영재 외(2011), 『신인적자원관리』, 탑북스, p. 125.

4. 인적자원 수요와 공급의 조정

인적자원의 수요예측과 공급예측이 완료된 후, 수요와 공급의 비교를 통해 과부족이 예상되면 미리 적절한 조치를 취해야 한다. 만일 이러한 수급의 균형을 유지하지 못하면 경영활동이 제한을 받게 될 뿐만 아니라, 조직의 목표를 변경 또는 수정해야 하는 상황도 발생할 수 있다.

먼저, 인력 부족(수요가 공급을 초과)은 매출액의 증대, 사업의 확장, 생산라인이나 공장의 증설 등으로 인해 증가하는 인력수요를 충족시키지 못하는 경우를 말한다. 따라서 일시적, 계절적 요인에 의한 인력부족시에는 기존 구성원들의 초과근로나 휴일근로 등 연장근로를 통해 증가된 인력수요에 대처할 수 있다.

또한 임시직(파트타임, 계약직)과 파견근로자의 활용, 아웃소싱에 의한 일부 업무의 외주(하청)를 통해 부족한 인력수요에 대처하고, 장기적이고 구조적인 인력수요는 신규채용(정규직)과 교육훈련 및 기술혁신(자동화 설비도입 등)을 통해 부족한 인력수요에 대처할 필요가 있다.

다음으로, 인력 과잉(공급이 수요를 초과)은 경기 침체, 매출액 감소나 사업의 축소 등으로 인력이 남아 돌 경우, 인건비 과다지출과 경쟁력 저하를 초래하게 되므로 인력감소 조치가 요구된다. 따라서 단기적으로는 근로시간 단축, 일시휴직, 신규채용 중지, 퇴직자 미보충, 그리고 중장기적으로는 워크 셰어링(work sharing), 조기퇴직 혹은 명예퇴직, 정리해고 등의 조치를 통해 인력과잉을 해소함으로써 인적자원의 적정 규모를 유지해 나갈 수 있다.

[표 4-7] 인력과잉 및 인력부족 대응방안

	대응방안	속도	종업원 고통
인력과잉	구조조정	신속	높음
	임금삭감	신속	높음
	강등	신속	높음
	배치전환	신속	중간
	워크셰어링	신속	중간
	채용동결	느림	낮음
	자연감원	느림	낮음
	조기퇴직	느림	낮음
	재교육	느림	낮음
	대응방안	**속도**	**복원력**
인력부족	초과근무	신속	높음
	임시직고용	신속	높음
	아웃소싱	신속	높음
	재훈련 후 재배치	느림	높음
	이직축소	느림	중간
	신규외부채용	느림	낮음
	기술혁신	느림	낮음

자료 : R. A. Noe, J. R. Hollenbeck, B. Gerhart, and P. M. Wright(2006), *Human Resource Management, Gaining a Competitive Advantage*, McGraw-Hill, pp. 182~183, 수정 인용.

정리하기

1. 인적자원계획은 급변하는 경영환경 속에서 기업이 필요로 하는 인적자원의 수요와 공급을 조절하는 과정으로서 인적자원의 수요예측과 공급예측이 핵심적인 활동이다.
2. 인적자원계획 수립의 과정은 조직환경의 분석과 전략적 계획 수립 → 인적자원의 수요예측 → 인적자원의 공급예측 → 인적자원의 수급 불균형 조정이라는 네 단계로 이루어진다.
3. 정원관리는 주어진 직무구조와 조직규모에 대한 적정인원 개념으로서 직무분석과 인적자원계획을 연결하는 고리로서의 역할과 함께, 과잉 인력의 축소, 적정 인원 유지를 위해 인적자원관리 비용의 합리화를 기할 수 있는 기초를 제공한다.
4. 미래에 소요되는 인적자원의 양과 질을 추정하는 과정을 인적자원 수요예측이라 하며, 이에 적합한 기술과 능력을 가진 인적자원을 유입할 수 있는 원천에 대한 분석이 인적자원 공급예측이다.
5. 인적자원의 부족(수요가 공급 초과)이 예상될 때, 단기적으로는 초과근로나 연장근로, 임시직, 파견근로자 활용, 외주(하청) 등을, 그리고 장기적으로는 정규직의 신규채용, 교육훈련, 기술혁신 등의 대안을 강구할 필요가 있다.
6. 인적자원의 과잉(공급이 수요 초과)이 예상될 때는, 단기적으로는 근로시간 단축, 일시휴직, 신규채용 중지, 퇴직자 미보충 등을, 그리고 중장기적으로는 워크 셰어링(work sharing), 조기퇴직 혹은 명예퇴직, 정리해고 등의 조치를 취할 필요가 있다.

연습문제

단답식

1. 인적자원계획은 인적자원의 (　　　　)과 (　　　　)이 핵심적인 활동이다.

2. 인적자원계획의 수립과정은 조직환경의 분석과 전략적 계획 수립 → 인적자원의 수요예측 → 인적자원의 공급예측 → 인적자원의 (　　　　) 조정이라는 네 단계로 이루어진다.

3. 특정 조직이 필요한 업무를 가장 효율적으로 수행하기 위해 필요로 하는 적정인원을 (　　　　)이라 한다.

4. (　　　　)은 종업원의 경험, 교육수준, 능력 등과 같은 직무관련 정보를 분석, 검토하여 요약한 자료를 말한다.

5. 근로시간 단축, 일시휴직, 신규채용 중지, 퇴직자 미보충, 조기퇴직 혹은 명예퇴직, 정리해고 등의 조치가 필요할 때에는 인적자원의 (　　　　)이 예상될 때이다.

객관식

1. 다음 중 인적자원계획 수립에 영향을 미치는 변수가 아닌 것은? (　　)
   ① 인사철학　② 경영환경
   ③ 경영전략　④ 교육훈련

2. 다음 중 인적자원계획의 목적에 해당되지 않는 것은? (　　)
   ① 인력의 과잉과 부족 방지
   ② 적합한 기술을 가진 종업원의 적기 적소 공급
   ③ 인적자원관리 활동과 시스템의 불일치 조장
   ④ 조직의 환경 변화에 대응

3. 현원(P/O)에 대해 바르게 설명하고 있는 것은? ( )

① 법령(직제규정)에 정해진 인원 ② 실제로 각 부서의 업무를 수행하는 인원
③ 업무량에 따라 결정되는 인원 ④ 조직기구의 결정에 따라 정해지는 인원

4. 다음 중 거시적 정원 산정방법에 해당되지 않은 것은? ( )

① 성과분석체계(PAS)에 의한 방법 ② 손익분기점에 의한 방법
③ 노동생산성에 의한 방법 ④ 인건비율에 의한 방법

5. 다음 중 델파이 기법에 대한 올바른 설명이 아닌 것은? ( )

① 집단토론을 거치지 않는 집단의사결정방법.
② 독립변수(매출액, 생산량 등)와 종속변수(고용)간의 영향관계를 바탕으로 수요예측.
③ 서로 격리된 전문가들에게 질문지를 보내 개별적으로 독립된 의견 수렴.
④ 다른 전문가들의 정보 피드백.

6. 다음 중 정성적 인적자원 수요예측 방법에 해당하는 것은? ( )

① 추세분석 ② 회귀분석
③ 명목집단법 ④ 시뮬레이션

7. 다음 중 인적자원 공급예측 방법이 아닌 것은 무엇인가? ( )

① 전문가 예측법 ② 마코브 모형
③ 대체도 ④ 기능목록

8. 다음 중 마코브 모형(Markov model)에 대한 설명이 아닌 것은? ( )

① 전이확률에 기초한 분석기법
② 인적자원 외부 공급예측 분석기법
③ 인적자원 내부 공급예측 분석기법
④ 시간의 흐름에 따라 한 직무에서 다른 직무로 이동하는 확률을 기술한 분석기법

9. 다음 중 인적자원계획의 결과로 바르게 연결된 것은 무엇인가? ( )

① 공급〈수요: 노동력 확보계획 ② 공급=수요 : 노동력 확보계획
③ 공급〈수요: 노동력 감소계획 ④ 공급〉수요 : 안정화 계획

10. 다음 중 인력 부족시 대응방안으로 올바르지 않는 것은? ( )

① 초과 근로 ② 신규 채용
③ 파견근로자 활용 ④ 근로시간 단축

참고문헌

김영재 · 김성국 · 김강식(2011), 『신인적자원관리』, 탑북스.

박성수 외(2009), 『디지로그시대의 인적자원관리』, 박영사.

신유근(1995), 『인사관리』, 경문사.

양창삼(1994), 『인적자원관리』, 법문사.

최종태(2000), 『현대인사관리론』, 박영사.

Mello, J. A.(2011), Strategic Human Resource Management, South-Western, Cengage Learning.

Mondy, R. W., & Noe III, R. M.(1993), Human resource management, 5th ed., Needham Heights, Mass: Allyn and Bacon.

Niehaus, R. N.(1980), Human Resource Planning Flow Models, Human Resource Management, 3.

Noe, R. A., Hollenbeck, J. R., Gerhart, B., & Wright, P. M.(2000), Human Resource Management, Gaining a Competitive Advantage, Boston : Irwin McGraw-Hill.

제 5 장 채용과 배치관리

학습개요

이 장은 인적자원의 모집과 선발과정 및 적합한 직무에 배치하는 활동인 채용관리의 전반적인 내용에 대해 살펴보고, 모집, 선발, 배치에 대한 과정과 방법 및 유의사항에 대해 학습한다.

학습목표

1. 채용관리의 중요성을 개인, 조직, 사회적 관점에서 설명할 수 있다.
2. 내부모집과 외부모집의 장 · 단점을 설명할 수 있다.
3. 선발면접의 유형에 대해 이해한다.
4. 채용업무의 아웃소싱(Outsourcing)에 대해 이해한다.
5. 선발비율(Selection Ratio : SR)에 대해 이해한다.

주요용어

1. 채용관리(Employment Management): 인적자원의 모집과 선발과정 및 적합한 직무에 배치하는 활동.
2. 내부모집 : 조직 내의 현직 종업원을 대상으로 하는 모집활동.
3. 외부모집 : 조직 밖의 사람을 대상으로 하는 모집활동.
4. 인사배치(placement)는 선발된 종업원의 능력과 직무요건이 서로 잘 부합될 수 있도록 인사명령을 통해 실현시키는 작업.
5. 입직관리 : 배치된 종업원이 업무와 인간관계 측면에서 잘 적응하도록 돕는 것.

경영사례 1

▌Google의 인적자원관리-분야별 전문가에 의해 최고의 인재를 선발하는 채용시스템

미국의 FORTUNE에서는 매년 가장 일하기 좋은 100대 기업을 선정하여 발표한다. 올해 영예의 1등은 인터넷 기업인 구글(Google)이 차지했다. 이러한 구글의 성공 배경으로 최고의 인재들을 선발하는 채용시스템과 이들로 하여금 최대의 잠재력을 발휘하게 만드는 근무환경을 들 수 있다.

언론 등을 통해 알려진 바와 같이 구글은 직원들에게 최고 수준의 급여와 매력적인 복리후생을 제공하는 것으로 유명하다. 기본적인 복리후생 프로그램과는 별도로 다른 회사에서 찾아보기 힘든 기발하면서도 독특한 복리후생 항목이 많이 있다.

이는 구글이 자체 복리후생 프로그램을 "당신들이 근무하는 회사에는 절대 없는 구글만의 복리후생"(Google's "I bet you don't have that where you work" benefits)이라고 하는 것에서도 쉽게 알 수 있다. 여기에는 사내 무료 마사지 서비스, 발레 파킹, 세차 서비스, 최고 요리사가 제공하는 무료 식사, 사내 치과 및 병원 서비스 등의 항목도 포함된다.

구글이 직원들을 위한 복리후생에 아낌없이 지원하고 투자하는 이유는 명확하다. 바로 경쟁력 있는 복리후생만이 직원들로 하여금 구글이 가장 중요하게 여기는 혁신과 창의성을 발휘하게 하는 근무환경적 요소, 즉 핵심 성공요인을 만든다고 믿고 있기 때문이다.

이와 함께 구글은 미국 내 어떤 기업보다도 많은 예산과 자원을 채용활동에 쏟고 있다. 한때 전체 직원 가운데 얼마나 많은 채용담당자가 있는지를 측정하는 지표에서 직원 14명당 한 명의 채용담당자가 있는 14대 1의 비율을 기록한 적이 있다.

물론 미국 기업에서는 채용담당자로 외부 계약인을 쓰는 경우가 많기 때문에 이 수치의 의미를 우리 기업의 현실과 직접적으로 비교하기는 어려울 것이다. 하지만 구글은 매우 많은 채용 전문인력을 고용하고 있으며 이들을 통해 최고의 인재들을 찾고 있다.

무엇보다도 주목해야 할 점은 채용전문가를 매우 세분화된 역할로 나누고 있으며 세부 영역별 전문가가 있다는 것이다. 예를 들면 구글의 채용전문가들은 채용연구 분석가, 지원자 개발자, 과정진행 책임자, 지원자 선별자, 대학전문 채용담당자, 리더전문 채용담당자, 채용프로그램 관리자 등의 역할로 구분되어져 있다.

이러한 채용 모델은 비용이 적지 않다는 단점이 있다. 하지만 엄청난 비용에도 불구하고 채용 시스템을 운영한다는 사실은 뛰어난 인재 선발이 얼마나 중요한지를 보여주는 단적인 사례라고 할 수 있다.

구글이 채택하고 있는 다양한 채용 도구 중에 몇 가지를 설명하면 크게 네 가지이다.

첫째, 미국 내 주요 대학의 교수들과 직접적인 네트워크를 형성하여 수많은 박사 출신의 학생을 채용한다.

둘째, 자체 검색도구를 이용하여 이력서를 제출하지 않은 지원자를 먼저 찾아낸다. 즉 이들이 인터넷 구글 사이트에서 특정 단어로 검색하는 순간 화면에 모집광고를 뜨게 하여 인재를 유인한다.

셋째, 소프트웨어 엔지니어를 대상으로 'Google Code Jam'이라는 온라인 소프트웨어 경연대회를 개최하여 매년 7,500명이 넘는 인원을 참가시킨다. 이를 통해 결승전에 진출한 25명에게는 구글에서 근무할 수 있는 기회를 제공한다.

끝으로 수학이나 컴퓨터 프로그램 분야 천재들의 관심을 끌기 위해서 옥외 광고판·잡지 등에 어려운 수학문제나 퀴즈를 게재, 관심을 유도한다.

최근 들어 구글은 지나치게 많은 지원자 때문에 지원부터 최종 선발까지의 속도가 점점 느려진다는 문제를 발견, 이를 개선하기 위해 많은 투자와 노력을 기울이고 있다.

이렇듯 구글은 뛰어난 인재를 유치하고 지속적으로 선발하는 것에 회사의 성패가 달려 있다는 사실을 철저히 인식하고 이를 실천하고 있다.

• 자료 : 박영희(2007. 5), 「월간 인사관리」, 한국인사관리협회.

1. 채용관리의 의의

1.1 채용관리란?

인적자원관리는 유능한 인재를 채용하는 것으로부터 출발이 된다. 따라서 지원자의 모집과 장래 종업원이 될 사람을 선발하는 과정은 효과적인 인적자원관리를 위한 핵심적이고도 전략적인 분야이다.

이러한 **인적자원의 모집과 선발과정 및 적합한 직무에 배치하는 활동을 통틀어서 채용관리(employment management) 또는 충원관리(staffing)라 한다**. 따라서 채용관리는 앞 장에서 언급한 인적자원계획을 통해 확정된 부족한 인원을 필요로 하는 시기에 확보할 수 있도록 모집(recruitment), 선발(selection), 배치(placement)하는 체계적 활동을 말한다. 오늘날 조직의 경쟁우위는 조직구성원들의 역량에 의해 크게 좌우되므로 경영자들은 우수한 인재의 채용과 적재적소 배치에 매우 신중한 주의를 기울여야 한다. 일반적으로 채용 혹은 충원관리는 크게 모집과 선발 및 배치활동 순으로 이루어지는 바, 모집은 가급적 많은 지원자가 응모하도록 유인하는 적극적 활동인 반면, 선발은 다수의 응모자들 중에서 가장 적합한 자를 뽑는, 즉 부적격자를 배제하는 소극적 활동이라 할 수 있다. 그리고 배치는 선발된 종업원에게 적합한 직무를 부여(배정)하는 활동을 말한다.

1.2 채용관리의 중요성

조직의 경쟁력이나 성과는 종업원들의 역량과 노력의 결과라고 전제할 때, 채용 또는 충원과정에서 사용된 특정 전략과 의사결정은 조직의 성공과 실패에 직접적인 영향을 미칠 수 있다. 따라서 채용과정의 일부분으로 이루어진 의사결정은 한 조직의 손익에 결정적인 영향을 주게 된다. 미국 기업들의 45%는 1인당 이직비용(turnover costs)을 1만 달러, 10%의 기업들은 4만 달러 이상으로 계산하고 있다는 연구가 제시되고 있다. 이러한 이직비용은 직무의 수준과 복잡성이 증가할수록 늘어나며, 하이테크 기업들의 이직비용은 깜짝 놀랄 정도라고 한다.

특히 서비스 기반 경제로 이행함에 따라 서비스 직무가 계속 증가하고 있다. 그런데 서비스 직무는 제조업과는 다른 기능을 요구하고 높은 이직비용을 수반할 뿐만 아니라, 임금이 전체 비용에서 차지하는 비율이 높다. 따라서 이직률이 높은 서비스 직무는 전략적인 채용관리가 중요하다. 즉, 생산적인 종업원의 채용과 보유는 인건비 지출을 줄이게 해 준다. 그러나 무엇보다도 가장 중요한 것은 조직문화에 적합한 종업원이 채용되도록 주의할 필요가 있다.

또한 합리적인 채용관리는 종업원 개인에게는 능력발휘의 기회가 됨과 동시에 직장생활의 만족을 통한 삶의 질 향상에 기여할 수 있다. 그리고 채용은 조직의 분위기 활성화와 경쟁력 향상에 도움이 되며, 사회적 관점에서는 일자리의 창출과 사회 정의 실현에도 기여할 수 있다. 특히 대기업의 채용전략은 대학 교육 뿐만 아니라 취업 준비생들의 가치관과 생활방식에도 커다란 영향을 미치고 있다. 이처럼 채용관리는 기업경영에 지대한 영향을 미치는 인적자원관리의 출발점이 되므로 유능한 인재의 모집과 선발에 많은 노력과 투자가 요구된다 하겠다.

현장이야기 1

인재 모집을 위한 유인전략

어떤 회사는 취업 예비생들에게 자기 회사의 칸막이(partition)된 사무실에서 사원들이 짧은 반바지에 수영복 차림의 웃옷을 입고 근무하는 비디오를 보여 주었다. 예비생들은 그 비디오를 보고 그 회사가 매우 자유분방한 신나는 회사일 거라고 예측했고, 지원자가 물밀 듯 몰려 들었음은 당연하다. 물론 우수한 인원만 선발했을 것이다. 그런데 희한한 사무실 광경을 보여준 이 회사의 비디오 모집전략은 사실 위주 전략으로 보아야 할까? 과대포장을 한 유인전략으로 보아야 할까?

2. 모집관리

2.1 모집의 의의와 과정

인적자원계획 및 정원산정을 통해 확정된 부족한 인적자원에 대해서는 구인활동을 통해 조직으로 적극 유인하는 과정이 필요한 바, 이러한 활동을 모집관리라 한다. **모집(recruitment)이란 직무명세서에 명시된 인적 요건을 갖춘 유능한 인적자원에게 조직에서 일할 기회를 제공하기 위해 조직으로 유인하는 것이다.** 즉, 모집은 기업이 필요로 하는 잠재적 인적자원이 공석이 되었거나 예상되는 직위에 지원할 수 있도록 장려하는 과정을 말한다.

성공적인 모집은 성공적인 선발을 이끄는 핵심요소이다. 따라서 기업은 우수한 인적자원을 선발하기 위해서 전 단계에 해당하는 모집관리에 심혈을 기울이고 있다. 최근에는 모집관리에 따르는 비용을 절감하거나 전문성을 갖춘 모집을 실시하기 위해

외부 전문업체에 아웃소싱하는 경우가 증가하고 있다.

모집과정은 [그림 5-1]에서와 같이 인적자원계획에 의해 시작되며, 모집 이전에 부족한 인적자원은 바로 충원하지 않고, 대체안의 사용을 고려해 볼 수 있다. 모집 이전의 대안으로는 초과근무(overtime), 하청(subcontracting), 임시직원(temporary employees), 파견근로자(employee leasing) 활용 등이 있다. 이는 인력부족이 얼마나 장기간 지속될지 여부를 정확하게 예측한 후에 충원이 필요한 경우, 첫 번째의 전략적 선택은 내부모집 혹은 외부모집을 할 것인지 결정하고, 상용직(정규직) 혹은 임시직(비정규직)을 모집할지 아니면 둘 다 모집할지 두 번째 전략적 선택을 하게 된다.

내부모집은 주로 안정화 전략(stability strategy) 채택시, 그리고 외부모집은 변화전략(need for change) 채택시 필요하다([표 5-1]). 이하에서는 상용직(정규직)의 채용을 기준으로 설명하고자 한다.

[그림 5-1] 모집과정

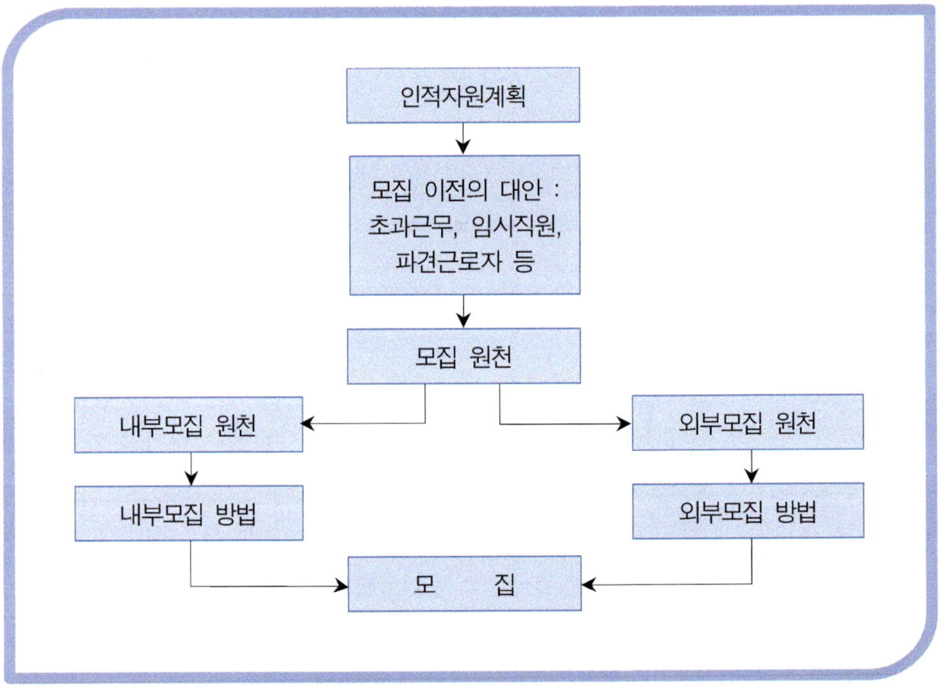

2.2 모집의 원천과 방법

모집에는 내부모집(internal recruiting)과 외부모집(external recruiting)이 있다. 내부모집은 조직 내의 현직 종업원을 대상으로 모집활동을 하는 것을 말하며, 외부모집이란 현재 종업원이 아닌 조직 밖에 있는 사람을 대상으로 모집을 하는 것을 말한다.

[표 5-1] 내 · 외부 모집의 장 · 단점

	내부모집	외부모집
장점	· 종업원의 성과자료 사용 가능 - 업무습관, 기능, 역량, 대인관계, 조직적응 · 내부 승진 동기부여 · 훈련 필요성 강조, 사회화 촉진 · 시간 단축 및 비용 저렴	· 새로운 아이디어와 관점 도입 · 기존 종업원의 지식기반 확충 · 외부인력 유입으로 조직분위기 쇄신 · 신규 인력 수요 대처 · 능력과 자격 갖춘 자 영입
단점	· 다수 종업원들의 동일 직위 지원 집중시 경쟁 치열→역기능적 갈등 초래 · 탈락자의 사기 및 성과 저하 · 과도한 내부모집은 창의력 저하 · 승진사슬 초래(과도한 내부모집은 복수공석 유발의 원인)	· 알지 못하는 실체(근무 경험 없음) · 내부 지원자의 사기 저하 · 훈련과 사회화 시간 소요 · 장시간 소요 및 모집비용 증가 · 외부인력 채용에 따른 위험 부담
필요시	· 안정화 전략 채택시 · 외부환경 안정시 · 제한된 시간과 자금	· 변화전략 채택시 · 외부환경 변동시

자료 : Mello, J. A.(2011), *Strategic Human Resource Management*, South-Western Cengage Learning, p. 346을 보완.

1) 내부모집

내부모집은 사내모집이라고도 하며, 사내승진(promotion from within)의 성격을 띠는 경향이 있다. 이는 기업 내에서 경력을 쌓아 온 종업원들을 육성하여 활용한다는 측면에서 볼 때 개발(making)전략에 해당된다. 외부의 경영환경이 안정되어 있고, 모집에 따른 시간과 자금이 제한되어 있을 경우 실시한다. 내부모집을 함으로써 모집 및 선발비용의 절약과 종업원들의 사기진작, 종업원들의 자기개발 촉진 등 여러 가지 이점이 있다. 그러나 근친교배가 이루어져 창의력이 저하되고 탈락자의 사기와 성과가 저하되며 모집범위가 제한되어 있다는 단점이 있다. 내부모집의 방법에는 관리자목록 및 기능목록 활용, 사내공개모집제도 등이 있다.

(1) 관리자목록 및 기능목록

조직 내의 모든 관리자들의 관리능력을 포함하여 그들에 관한 자세한 정보 모음인 관리자목록(management inventory)과 종업원에 대해 작성된 기능목록(skill inventory)을 참고하여 적격자를 찾는 방법이다. 관리자목록 및 기능목록이 데이터 베이스로 구축되어 있으면 더욱 손쉽게 적격자를 찾아낼 수 있다.

(2) 사내공개모집제도(Job posting and Job bidding system)

기업에서 특정 프로젝트나 신규 사업에 필요한 인재를 모으기 위해, 사내에 있는 인재를 널리 활용하는 제도로, 사내직원공모제 · 사내인력공모제 · 내부공모제라고도 한다. 직무공모(Job posting)는 공개모집하는 직위의 내용과 특성 등을 사내의 홈페이지와 게시판, 사보 등에 공석이 있음을 공개적으로 알리는 것이며, 직무응찰(Job bidding)은 요구하는 자격을 갖추고 있다고 생각하는 종업원이 게시된 직위에 지원하는 것이다.

이 제도는 미국이나 유럽 · 일본 등 선진국에서는 일반화된 제도이나 한국에서는 21세기에 들어와 활성화되기 시작하였다. 프로젝트 공모제도나 사내벤처제도가 대표적이며, 넓은 의미로는 사내FA(free agent)제도 포함된다. 또한 사장공모제와 같은 직위공모제도 이에 해당된다. 기업에서는 프로젝트나 신규 사업에 적합한 인재를 활용할 수 있고, 개인에게는 필요한 지식이나 기능을 익힐 수 있다는 장점이 있다.

현장이야기 2

한국 IBM... 공석땐 내부적임자 우선권

올들어 한국IBM에서는 직원 18명이 정규 인사와 무관하게 자리를 옮겼다. 공통점은 한결같이 본인이 희망하는 자리로 이동했다는 것이다. 이것은 한국IBM의 내부 제도인 "희망직책 지원제(Internal Job Posting)"에 따른 결과이다. "희망직책 지원제"란 특정 자리가 빌 경우, 경력직 채용 등으로 외부 인사를 영입하기 전에 내부 적임자를 먼저 찾도록 하는 제도이다.

IBM이 본사 차원에서 시행하는 이 제도를 한국IBM은 지난 1997년 도입해 지금까지 5년 간 활용하고 있다. 희망직책 지원제에 의한 자리 변동이 이뤄지는 장(場)은 IBM의 그룹웨어

시스템이다. 공석이 생길 경우 관리자는 내부 직원들만 볼 수 있는 그룹웨어 시스템에 직위, 업무내용, 필요한 능력 등을 기록해 놓는다. 이를 본 희망자는 시스템 상에 바로 지원 의사를 표시할 수 있다. 특정 직위에 대한 공시는 2주간 하게 되어 있고, 그 기간이 끝나면 인사팀에서 해당 부서에 지원자 내역을 알려준다. 최종 결정은 부서 책임자가 지원자들을 인터뷰한 뒤 내린다. 적임자 선정 과정은 대개 한달 안에 끝난다. 한국IBM에서는 올해 모두 53건의 지원공고가 붙었고, 이 가운데 34%인 18건이 성사됐다. 한국IBM은 희망직책 지원제를 통해 인력 활용도를 높이고, 내부 불만을 줄이고 있다. 한국IBM 관계자는 "희망직책 지원제"는 인력을 적재적소에 배치해 업무 만족도와 생산성을 동시에 높이기 위한 제도"라며 "유능한 인재의 유출방지 등 부수적 효과도 거두고 있다"고 덧붙였다.

• 자료 : 한국경제신문, 2001. 11. 28.

"우리 부에 지원하세요" posco 포스코ICT 사내공모제

"ERP 컨설팅팀에서는 인재를 초빙합니다. 모집인원은 3명, 근무지는 본사 7층, 이달 15일까지 지원 가능, 비밀보장." 취업 시즌의 회사 구인광고가 아니다.

포스데이타의 사내 인트라넷 게시판에 한 달에 두세 번씩 오르는 사내 공모의 한 내용이다. 포스데이타는 독특한 사내공모제도를 운영하고 있다. 직원을 충원하고자 하는 부서가 있으면 이같이 게시판에 안내를 띄우고 지원자를 받아서 심사를 통해 팀원으로 선발한다. 직원들은 소속팀과 자신의 업무를 자유롭게 바꿀 수 있는 셈이다. 더구나 한 직원이 담당 직무를 2년 이상 수행했다면 소속 부서장 동의 없이도 본인 의사에 따라 자유롭게 팀을 옮길 수 있다. 사내 공모과정은 지원자의 "불이익"을 배려해 철저히 비밀에 부쳐지는 게 특징이다.

• 자료 : 매일경제신문, 2006. 9. 11.

2) 외부모집

이는 기업 밖에서 자격을 갖춘 외부인을 노동시장에서 영입(buying)하는 전략이다. 외부 경영환경의 변화가 심하고, 사업 확대 등이 필요할 때 실시한다. 외부모집은 다양한 원천에서 다양한 방법으로 모집활동이 일어난다. 이에 따라 인적자원관리자는 필요로 하는 인적자원을 가장 효과적으로 확보할 수 있는 원천에서 효율적인 방법을 사용하여 모집하여야 한다.

(1) 외부모집의 원천

최하위직(entry-level job) 종업원, 현재의 종업원이 갖고 있지 않은 기능과 자격증 소유자, 새로운 배경을 갖고 있는 종업원, 추가로 필요한 종업원에 대해서는 외부모집을 하게 된다. 외부모집에서 많이 이용하는 원천은 다음과 같다.

① **고등학교 및 직업훈련소**

사무보조직, 영업직, 생산직, 기능직 근로자들은 대개 고등학교 및 기능대학, 직업훈련소에서 모집한다. 특성화 고교 및 기능대학, 각종 직업훈련소에서는 특정 직업기술에 대한 맞춤형 훈련 프로그램을 갖추고 있다.

② **대학(교)**

일반적으로 관리직, 사무직, 전문직 종사자는 대학(교) 졸업자로 충원한다. 캠퍼스 모집(on-campus recruiting)은 단기간에 최저 비용으로 다수의 지원자 풀을 확보할 수 있는 장점이 있으나, 사전 노동경험이 매우 제한되어 있다는 단점이 있다.

③ **직업소개소 및 취업정보업체**

고용노동부의 지역별 고용센터나 지방자치단체들이 운영하는 공공 직업안내소를 비롯해 다양한 민간 직업소개소가 있다. 그리고 최근에는 인터넷을 이용한 온라인 취업정보업체들이 중요한 모집원천으로 이용되고 있다(예 : 잡코리아, 인쿠르트, 사람인 등).

④ **경쟁기업 및 타회사**

특정 분야에 경력이 있는 경력직 종사자를 모집하는 경우에는 경쟁기업 또는 타 회사 종업원이 모집의 원천이 될 수 있다.

⑤ **미취업자 및 실업자**

경제가 고도화되는 과정이나 구조조정 과정에서 인력의 수급불균형으로 인해 미취업자 및 실업자가 발생하게 된다. 이러한 미취업자 및 실업자 중에는 기업에서 필요로 하는 자격을 갖추고 일할 의욕도 높은 사람들이 많은 바, 중요한 모집의 원천이 된다.

⑥ **전문가 단체**

기업이 필요로 하는 엔지니어와 연구원 그리고 기능면허 소지자 등의 전문직 인력에 대해서는 해당 전문가 단체(professional associations)가 좋은 모집원천이다.

⑦ **중역 탐정회사**

숙련된 기술직과 고위경영층 등 소수의 중역직위의 채용을 지원하는 전문화된 충원대행기기관으로 헤드헌팅(head hunting) 회사가 여기에 포함된다(예: LinkedIn, 링크나우).

경영사례 2

Microsoft사의 인턴십을 통한 캠퍼스 리크루팅

미국의 소프트웨어 산업계의 거인인 마이크로소프트(Microsoft)사는 구직자들에게 세계에서 가장 인기 있는 회사들 중의 하나이다. 매월 5만 통 이상의 이력서가 들어오는데 많은 지원자들에게 가장 취업하고 싶은 기업(employer of choice)으로 선망을 받고 있다.

지원자들이 이 회사에 취업할 수 있는 기회를 높이는 한 가지 방안은 인턴을 하는 것이다. 그런데 인턴십 프로그램 자체가 경쟁률이 아주 높아서 회사와 인턴들은 제한된 기간 동안 서로를 파악하는 기회를 가지려 애쓴다. 따라서 회사는 매년 여름에 약 800명의 대학생들에게 유급 인턴십을 제공한다. 12주(3개월) 간의 인턴십이 끝난 후에 엄격한 심사과정을 거쳐 10% 미만의 지원자가 최종적으로 선발된다. 경쟁력 있는 급여(competitive salaries)를 받는 이들 인턴들은 회사가 지원하는 주택과 교육훈련 및 충분한 부가급여(복지후생)를 받는다. 종업원 이직률이 6% 미만인 마이크로소프트사는 인턴의 45%를 정규직(permanent full-time employment)으로 채용한다.

- 자료 : Mello, J. A.(2011), *Strategic Human Resource Management*, South-Western Cengage Learning, p. 352.

(2) 외부모집의 방법

앞에서 살펴 본 모집원천으로부터 지원자를 유인하는 방법을 열거하면 다음과 같다.

① 광고(Advertising)

신문, TV, 전문잡지, 지역정보지, 옥외게시판 등의 대중매체를 이용하여 모집하는 것이 가장 많이 사용되며 일반적인 방법이다. 구인광고(help-wanted ad)를 통해 모집을 할 경우에 인적자원관리자는 사용할 매체의 결정, 광고의 내용 구성 등을 결정하여야 한다. 각 매체마다 장・단점이 있기 때문에 그것을 고려하여 최적의 매체를 결정하여야 한다. 예를 들어, 사무직, 관리직 종업원을 모집할 경우에는 신문이 유리할 것이며, 심리학자, 화학공학자 등 전문가를 모집할 경우에는 전문잡지나 전문가협회(학회) 홈페이지를 이용하는 것이 더 효과적일 것이다.

② 인터넷 모집(e-Recruiting)

인터넷 이용자가 급증함에 따라, 기업들이 취업포털이나 자사 홈페이지에 채용정보를 게재하여 온라인상에서 수시로 모집하고 있다. 이 방법은 다수의 인터넷 사용자를 대상으로 하기 때문에 실시간으로 모집이 가능하고 소요되는 비용에 비해 다수의 지원자를 확보할 수 있으며, 전 세계를 대상으로 특수한 언어나 자격을 가진 잠재적 인재를 구할 수 있는 장점이 있다([표 5-2]).

[표 5-2] e-Recruiting의 장 · 단점

장 점	단 점
- 대량의 지원자 확보로 인재선발의 폭이 넓음 - 특정 지원자군을 대상으로 한 모집 가능 - 인터넷 등 IT기술 능통자 모집 - 지원자들과 신속한 의사소통 - 모집비용 절감 및 간편	- 지원자가 다수회사에 응모하여 실제 모집 인원은 감소 - 적극적 지원자 선별 곤란 - 대량의 지원자 서류 검토 시간과 노력 - 인터넷 미이용자의 지원 배제 - 개인정보의 노출 등 웹 사이트 안전 문제

자료 : 김영재 외(2011), 『신인적자원관리』, 탑북스, pp. 153~154.

그런데 최근에는 SNS(Social Network Service)나 스마트폰을 이용하여 구직자와 직접적인 소통을 통해 채용업무를 진행하는 소셜 리쿠르팅(social recruiting)과 HR용 트위터를 개설해 운영하고 있는 기업들이 증가하고 있다(예: 삼성, CJ, SK, KT 등).

③ 인턴사원제(Internship)

인턴사원제는 원칙적으로 기업이 산학협력의 차원에서 졸업을 앞둔 대학생들을 대상으로 방학 중 일정한 기간 동안 현업부서에 배치하여 현장실습의 기회를 제공한 후, 특별한 하자가 없는 한 정식사원으로 채용하는 제도를 말한다.

이러한 인턴사원제는 기업의 입장에서는 산학협동, 적재적소의 인재 배치, 우수인력의 조기 확보, 기업 이미지 제고, 기업에 대한 친근감과 신뢰성 제고, 학생들에게 건전한 기업관 주입 등 여러 장점이 있다. 또한 실습기간 동안 각 개인의 기업관과 능력, 인성을 파악할 수 있다는 점과, 다른 방법으로 채용된 사람들보다 이직률이 낮다는 이점이 있다.

한편, 학생들의 경우에도 막연하게 생각하고 있던 해당기업의 분위기나 업무를 미리 파악함으로써 자신의 적성에 맞는 직장을 선택할 수 있을 뿐만 아니라, 입사 후 빨리 회사생활에 적응할 수 있다는 장점이 있다. 그런데 최근에는 청년층의 취업난으로 인해 기업들이 인건비 절감과 우수한 인력의 활용 차원에서 정규직을 선발하기 위한 전 단계로 정착되고 있다.

④ 현직 종업원의 추천(Employee referrals)

종업원 추진제도는 현직 종업원을 대상으로 자신의 친구나 적합한 인물을 추천하도록 하는 방법이다. 이 경우 현직 종업원들은 해당 기업의 분위기, 필요로 하는 기술 등을 잘 알고 있고, 이것을 피추천자에게 충분히 설명하였기 때문에, 적격자를 손쉽게 모집할 수도 있는 방법이다. 또한 특정 기능영역에서는 인적자원이 부족한 경우에 이 방법이 효과를 거둘 수 있다.

현장이야기 3

YAHOO! 사원추천제도

- 배경 : 회사 홈페이지와 채용전문회사를 통한 채용. 그러나 홈페이지에 의한 채용방식은 우수한 인재모집에 한계가 있으며, 채용전문회사에 의한 채용은 높은 비용이 발생하게 됨. 이에 2000년 1월부터 "사원추천제도"를 도입하여 실시하고 있음.
- 채용프로세스
  - 일반 채용 : 지원서 접수 → 서류전형 → 1차 전형(해당 부서) → 2차 면접(임원, HR부서) → 신체검사
  - 사원추천제도
    ① 직원이 모집 직종 추천 → ② 추천자가 이력서 제출 → ③ 채용부서에서 인터뷰 실시 여부 결정 → ④ 해당 부서와 면접실시 → ⑤ 최종 통보
    ※ 피추천인이 입사후 3개월이 경과하여 수습이 만료되면, 추천인에게 리프레시 보너스 지급.
- 효과
  - 모집 직종에 적합한 인재 선발
  - 이직률이 적고, 빠른 조직적응력
- 문제점
  - 사원들의 관심 또는 참여 부족

• 자료 : 한국인사관리협회(2007.12), www.kpiok.co.kr/hr

⑤ 특별행사(Special events)

언론사(신문, 방송사)와 중소기업협동조합중앙회가 공동으로 개최하는 '중소기업 채용박람회'와 자치단체 및 각 지역 언론사들이 개최하는 각종 채용박람회, 대기업들이 공동으로 대학캠퍼스에서 실시하는 '취업설명회'와 같은 특별한 행사를 통해 모집하는 방법이다.

⑥ **자발적인 응모자**(Unsolicited applicants/Walk-in applicants)

기업이 좋은 이미지를 얻고 있는 경우에는 모집활동을 하지 않았는데도 유능한 인재가 자발적으로 기업의 문을 두드리는 경우가 있다. 우리나라에서는 그다지 흔하지 않지만 미국의 경우 많이 사용되는 방법이다. 이때 자발적인 응모자는 자신의 이력서, 자기소개서 및 각종 서류를 가지고 기업을 직접 방문하거나 우편, 인터넷 등을 통해 취업상담을 한다.

현장이야기 4

AhnLab의 오픈하우스

- 목적 : 오픈하우스는 각계 인사들을 초청하여 신문사, 방송국, 설비제조업 등의 운영을 보여주는 행사이다. 안랩은 이 제도를 활용하여, 매년 채용 시기 전에 지원자들에게 회사를 직접 보고, 현 종사자들과의 교류를 할 수 있는 자리를 마련하고 있다. 이는 실질적으로 양질의 지원자들의 지원을 더 발생시키고 있고, 잠재적 고객인 지원자들에게 기업의 이미지를 제고시키는 효과가 있다.
- 주요내용
  - 채용설명회 : 안랩 사옥에서만 펼쳐지는 특별한 채용설명회
  - 사옥투어 : 놀이터와 같은 일터의 체험
  - 진심멘토링 : 안랩 선배와의 토크
  - 함께하는 저녁 : 안랩 선배들과 함께 하는 저녁

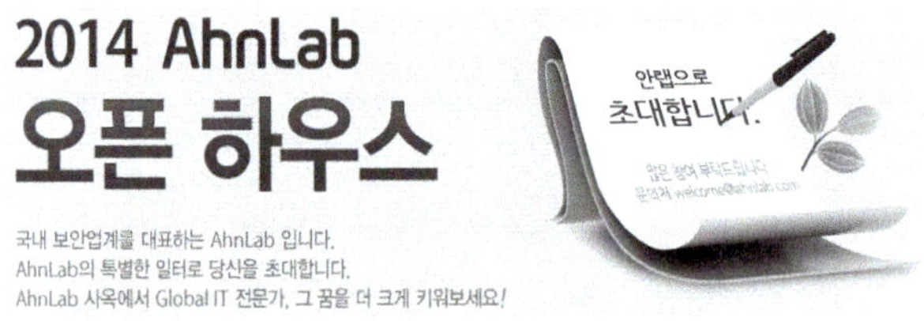

3. 선발관리

3.1 선발의 의의

기업이 다수의 지원자를 모집했으면, 이들 응모자들 중에서 기업이 요구하는 특정

직위에 가장 적합한 지원자를 뽑아야 한다. **선발(selection)이란 지원자 가운데서 기업이 필요로 하는 직무에 가장 적합한 자질을 갖추었다고 판단되는 사람을 고용하기로 결정하는 과정이라고 할 수 있다.** 즉, 선발하고자 하는 직위와 관련된 자격을 갖춘 지원자들 중에서 기업이 원하는 사람을 선택하는 과정을 말한다. 선발의 요체는 선발과정에서 선발기준을 적용하여 성공이 예상된 지원자가 실제 선발 후에 회사업무에서도 성공하는 것이다. 바꾸어 말하면, 실패가 예상된 지원자가 선발과정에서 잘 걸러져야 좋은 선발이라는 것을 의미한다.

경영사례 3

▌취업 후 도움 되는 알짜 스펙은 컴퓨터와 話術(화술)

'취업 후(後)에는 컴퓨터 활용 기술과 스피치술(術)이 가장 중요하다!'

전국경제인연합회가 여론조사 전문회사 리서치앤리서치에 맡겨 대기업·공기업·금융회사·외국계 기업에 일하는 20~30대 대졸 직장인 800명을 상대로 벌인 설문조사에서 나온 결과이다. 업무 수행에 가장 도움되는 스펙 1,2위로 '컴퓨터 활용 능력'(77%)과 '스피치 능력'(49%)이 꼽힌 것이다.

컴퓨터 활용 기술은 '빠른 업무 처리로 높은 효율성'(54%)과 '내부 보고서 및 발표자료 작성 시 유리'(36%)가 이유로 지적됐다. 스피치 능력의 경우, '상사·외부 인사를 대상으로 발표 시 유리(53%)' '조직 내부 소통에 도움(30%)'이 중요한 이유라고 이들은 응답했다. 반면 자격증(38%), 영어점수(23%), 해외유학 경험(10%) 등은 업무 수행에 큰 도움이 안되는 것으로 지적됐다. 특히 영어점수가 업무 수행에 도움 되지 않는다는 대답(77%)이 '도움된다'의 3배가 넘었다.

이철행 전경련 고용노사팀장은 "취업 준비 대학생들이 가장 중시하는 스펙은 외국어 성적과 자격증인 반면, 기업 현장에선 의사소통 능력과 컴퓨터 활용 기술이 승부처라는 사실이 확인됐다"고 말했다.

• 자료 : 조선경제, 2014. 5. 21.

선발은 기업에서 꼭 필요한 우수한 인재를 확보하는 수단이 되기 때문에 유능한 인재의 선택 여하에 따라 그 기업의 성패가 결정된다 할 수 있다. 미국의 경영자들이 흔히 잘 쓰는 말에도 "Hire easy, manage hard 보다도 Hire hard, manage easy가 훨씬 낫다"는 말이 있다. 즉, 직원들을 선발할 때 엄격하게 하는 것이 나중에 관리할 때 쉬워진다는 뜻이다. 사람을 너무 쉽게(느슨하게) 선발하게 되면 나중에 관리에 애를 먹는다는 그들 나름의 경험법칙을 이야기하고 있다.

이와 같이 인적자원의 선발은 인적자원관리에서 중요하고 핵심적인 기능의 하나이다. 따라서 기업은 직무에 필요로 하는 자격요건을 갖춘 장래성 있는 사람을 신중하고 엄격하게 선발해야 한다. 선발의 기준이 되는 것은 특정 직무에 대하여 응모자들이 해당 직무를 성공적으로 수행할 수 있는가에 달려 있다. 즉, 해당 직무에 필요한 능력과 적성을 가지고 있는지의 여부와 함께 신체적 · 정신적 조건, 학력, 가정환경 등 응모자 개인에 대한 제반 조건 등이다. 이 기준은 선발될 종업원이 담당하게 될 직무에 따라 달라질 수 있기 때문에 기업이 필요로 하는 인재를 그 기업의 실정에 맞는 적절한 선발도구나 기준에 의해 선발하여야 한다.

3.2 선발의 접근법 및 절차

선발은 응모자를 선발절차 상의 모든 단계를 거치게 한 후, 각 단계에서의 점수를 합산하여 선발 의사결정을 하는 종합적 접근법과 선발절차의 각 단계마다 응모자의 특성이 그 단계의 합격점에 미달하면 탈락시켜 다음 단계로 넘어가지 못하게 하여 최종단계까지 탈락하지 않고 남아 있는 응모자만을 선발하는 단계적 제거법(hurdle process method)이 있다. 전자의 종합적 접근법은 신빙성이 낮은 전 단계 정보로 조급하게 판단하여 우수한 인재를 놓칠 가능성이 적은 반면, 응모자가 많은 경우에는 선발비용이 높다는 단점이 있다. 한편, 후자의 단계적 제거법은 응모자의 수가 많은 경우에 사용하면 선발비용을 줄일 수 있어 효과적이지만 우수한 인재를 초기단계에서 놓칠 가능성이 많다는 단점이 있다.

그러면 기업은 어떤 절차를 거쳐 응모자 중에서 적임자를 선발하고 있는가? 이에 대해서는 일률적으로 말하기 어려운 문제이다. 왜냐하면 국가마다 기업마다 선발 방식과 기준이 다르고, 모집 직종, 응모자의 수에 따라서도 다르기 때문이다. 선발절차를 소개하면 [그림 5-2]와 같다. 그런데 우리나라 기업의 경우, 서류전형(이력서와 자기소개서)-필기시험(영어, 전공, 논술 등)-검사(직무능력, 인성, 적성)-면접-신체검사 등의 절차를 거쳐 신입사원을 선발하는 기업이 많다. 그러나 경력자나 수시채용의 경우 필기시험이 폐지되고 서류전형 통과 후 면접을 거쳐 채용되는 경우가 많다.

[그림 5-2] 선발절차

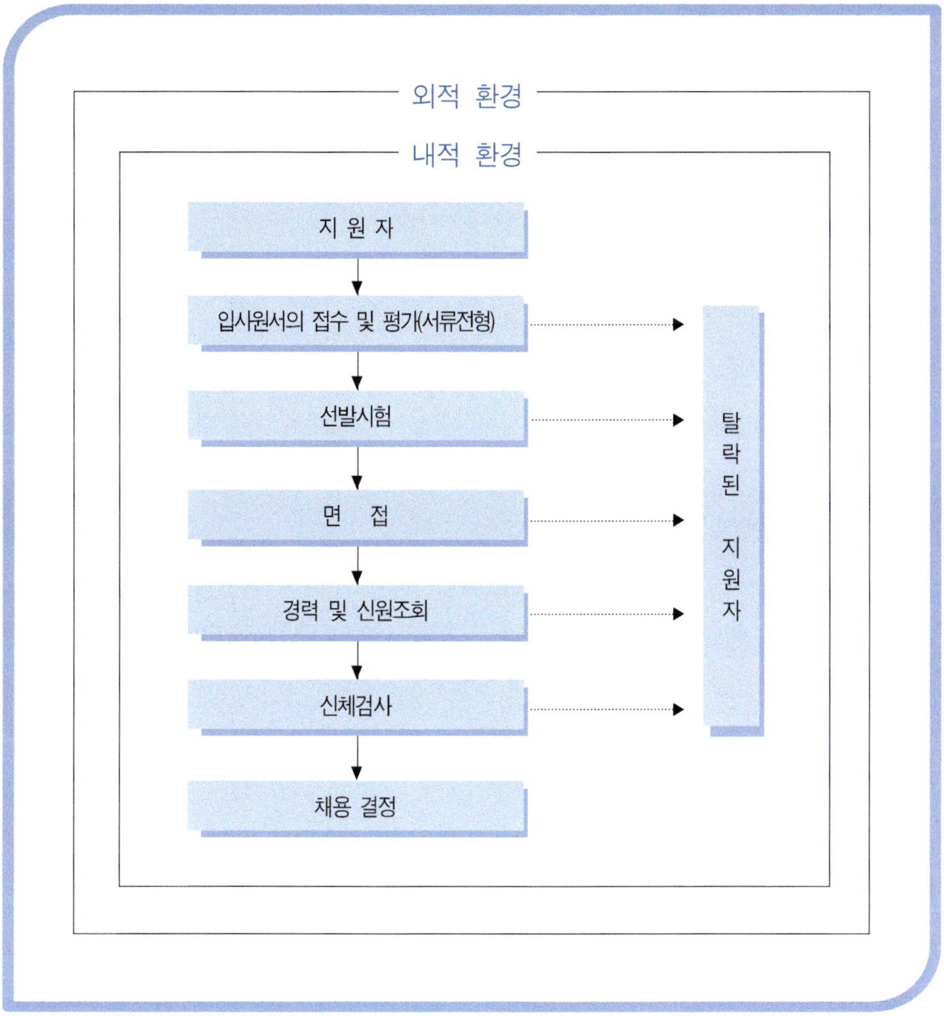

1) 입사원서의 접수 및 평가(Application form)

입사원서(이력서) 및 자기소개서를 포함한 각종 서류를 접수하고 검토하여 평가하는 단계이다. 우리나라의 경우 이를 서류전형이라 부른다.

서류전형에서 중시하는 항목은 지원자의 전공, 학과성적, 자기소개서, 출신학교, 외국어 능력, 자격증 등이다. 그런데 최근의 채용방식에서 몇 가지 변화가 나타나고 있다. 소위 스펙(학벌, 학점, 영어시험, 자격증, 인턴경력, 해외연수 등 취업을 위해 구직자가 갖추어야 할 요소)이 중요한 지원요건이었으나, 이것이 상향평준화되고 입사 후 업무성과와 큰 상관관계가 없다는 기업들의 자각으로 그 중요성이 약화되어 기본요건으로서만 활용(예 : 삼성, SK 등)하고 오히려 자기소개서를 중점적으로 평가하는 기업들이 늘어나고 있는 추세이다. 즉, 실제 자신이 경험한 사례와 역량을 스토리 형식으로 구체적으로 기술하기를 요구하고 있다.

2) 선발시험(Selection tests)

입사지원서와 각종 서류를 통해 얻을 수 없는 지원자에 대한 정보를 얻기 위해 각종 선발시험을 치르게 된다. 여기서 선발시험이라고 하는 것에는 영어시험, 전공시험, 논술 등의 필기시험과 직무능력검사, 인·적성검사 등 선발을 위해 실시되는 각종 시험 및 검사를 지칭한다. 이것에 대해서는 항을 달리하여 설명한다.

3) 면접(Interview)

면접은 최근 들어 그 비중이 증가되고 있는 선발도구로서 지원자를 직접 대면한 상태에서 응모자에 대한 정보를 획득하는 과정이다. 이에 관해서는 따로 자세히 설명하기로 하겠다(보다 자세한 내용은 본장의 3.4. 선발면접 p. 162 참고).

4) 경력 및 신원조회(Reference check)

입사원서에 나타난 학력 및 경력이 사실과 다르지 않은지 조회하고, 지원자의 과거 행적, 사상, 태도, 교우관계를 파악하는 신원조회를 하기도 한다.

5) 신체검사(Physical examination)

선발에 대한 최종 의사결정을 하기 전에 신체적으로 조직 및 직무의 요구조건에 부적합하거나 전염성이 있는 질병을 소지한 자를 가려내는 단계이다.

3.3 선발시험

선발시험은 선발을 위한 정보를 얻는 수단으로 매우 유용하기 때문에 대부분의 기업이 선발도구로 활용하고 있다. 선발시험은 직무수행에 필요한 전문지식, 기능, 지적능력, 적성 등을 평가하여 이것을 근거로 공정한 선발을 하려는 데 목적이 있다. 선발시험으로 어학실력을 테스트하는 어학시험, 전공지식을 테스트하는 전공시험, 논술,

한자 등의 필기시험과 직무능력 검사, 실제 업무수행에 필요한 능력을 알아보는 인·적성검사, 지능검사, 흥미검사 등의 각종 검사가 활용되고 있다.

종전의 선발시험은 대부분 학력에 치중하였으나, 오늘날 급변하는 내외환경에 적응하기 위해서는 직무와 관련된 적성과 능력을 중시하는 선발시험이 강조되고 있다.

1) 필기시험(Paper and pencil test)

"필기시험 사라진다."라는 신문기사에서처럼, 그 중요성이 과거에 비해 많이 줄어들고 있는 추세에 있지만, 아직까지 많은 기업에서 사용하고 있다. 필기시험 중 가장 큰 비중을 차지하고 있는 것은 영어시험이다. 그런데 이러한 영어시험도 외부의 공인된 시험(TOEIC, TOEFL 등)으로 대체되고 있다. 그리고 필기시험에는 전공지식을 테스트하는 전공시험과 논술, 한자시험 등이 있다.

2) 적성검사(Aptitude test)

적성은 어떤 직무에서의 성공 가능성을 의미하는 것으로서 어떤 일을 수행할 경우, 빠른 시간 내에 특정 수준에의 도달 가능성과 더 높은 수준으로의 성취 가능성을 말한다. 따라서 적성검사는 한 개인이 가지고 있는 기본능력을 과학적인 기법을 동원하여 진단하는 것이다. 필기시험은 지원자가 가지고 있는 지식을 측정하는 것이라면, 적성검사는 지식과는 다소 무관한 그 사람이 기본적으로 소유하고 있는 기본적인 능력측면, 즉 잠재력에 해당하는 측면과 성격적인 기질을 진단한다.

많은 심리학자들이 수많은 적성검사법을 개발하였다. 그리고 기업체에서도 외부 전문가들과 함께 자체 개발한 기법을 사용하고 있다. 삼성그룹은 삼성직무적성검사(Global Samsung Aptitude Test : GSAT),[3] 현대그룹은 인·적성검사(HMAT)를 개발하여 실시하고 있다. 이 두 그룹은 시대 트렌드에 대한 관심, 논리력과 창의력을 중점적으로 평가하고, 최근에는 역사에 대한 이해도를 강조하고 있다. 또한 LG 그룹은 직무적성검사인 RPST(Right People Selection Test)를 실시하고 있다. LG전자의 RPST는 현재 많은 기업들이 실시하고 있는 지능검사방식의 직무적성검사와는 달리, R & D

---

3) 지원자의 학습능력, 문제해결능력 등 전반적인 직무수행능력을 평가함. GSAT는 검사유형에 따라 기초능력(Academic Intelligence) 검사와 직무능력(Practical Intelligence) 검사로 구분되어 실시됨. 기초능력검사는 언어논리, 수리논리, 추리 그리고 시각적 사고 등 총 110문항으로 구성되어 있고, 직무능력검사에는 원활한 조직생활과 비즈니스 활동을 위한 업무처리, 대인관계 및 사회생활에 필요한 직무상식 및 일반상식을 50문항, 그리고 역사의식도 평가함.

직군과 비 R & D 직군의 검사문항을 차별화해 업무분야별 필요 역량을 입체적으로 분석한다. 즉, RPST는 직무 관련 400문항과 적성 관련 115문항으로 구성되어 있으며, 승부근성과 실행력, 전문역량, 대인관계 등 4개 영역 14개 세부역량으로 지원자의 자질을 평가한다. 그리고 LG그룹의 공통적 인성검사인 LG way fit test가 있다.

3) 인성검사(Personality test)

성격검사, 기질검사(temperament test)라고도 부르며, 개인의 내향성/외향성, 사회성, 정서적 안정성, 충동성, 인내 등 개인의 성격적인 측면을 측정하는 방법이다(예: MBTI, Big Five Model).

3.4 선발면접

1) 면접의 의의

면접(interview)은 두 사람 사이에 특정한 목적을 가지고 행해지는 대화 또는 구두의 상호작용이라고 할 수 있다. 면접자는 지원자가 선발에 적합한 사람인지를 결정하기 위해 특정의 직무에 대한 자격을 분석하고 알아본다. 지원자의 배경이라든지 홍미와 가치관을 파악하는 한편, 지원자는 조직이나 직무에 대해 물어 볼 기회를 제공받는다.

면접은 오늘날 기업이 신입사원을 선발할 때 가장 많이 사용하는 방법으로 알려져 있으나 다른 선발도구에 비해서 타당성이 그리 높지 않기 때문에 면접만으로 선발하는 것은 문제가 있다. 그러나 경영자 입장에서 지원자를 직접 대면하고 평가할 수 있다는 장점 때문에 선발방법으로 보편적으로 사용되고 있다.

현장이야기 5

'압박 질문'에 당황하지 말고… 최대한 솔직하게 답하세요

▸ **합격을 부르는 면접 요령**

"상사의 부정행위를 목격했거나 알게 됐다면 어떻게 할 것인가?"

입사를 위한 최종 관문인 면접 때 이런 질문을 받는다면 누구든 당황할 수밖에 없다. 실제로 LG·롯데 등 일부 대기업 공채 시험에서 면접관이 이런 질문을 던진 적이 있다. 정답은 없다. "못 본 척 눈을 감겠다"고 대답했다고 해서 탈락하는 것은 아니다.

이런 고약한 질문을 던지는 이유는 무엇일까? 지원자의 도덕성이나 정치적 성향을 확인하기 위한 것이 아니라 논리적 설명 능력을 보기 위한 의도라는 게 기업들의 설명이다. 이석기 LG화학 인재확보 팀장은 "지원자가 자신의 결정에 대해 이유를 어떻게 설명하는지 듣기 위한 것"이라며 "'모른 척하겠다'고 대답해도 설득력 있게 설명하면 합격할 수 있고, '부정행위를 신고하겠다'고 답변해도 이유를 제대로 설명하지 못하면 탈락할 수 있다"고 말했다.

삼성·SK·LG그룹 등 주요 대기업과 금융회사가 지난달 말부터 올 하반기 대졸 신입사원 공채를 위한 면접에 들어갔다. 기업들은 일반적으로 서류 전형이나 인·적성 검사 등 앞선 전형의 결과를 고려하지 않고 '제로 베이스'에서 면접을 실시하는 곳이 많다. 오직 면접 결과만으로 최종 합격 여부를 가리는 것이다. 기업 채용 담당자들은 "기업이 인재 선발을 위해 다양한 노력을 기울이는 만큼 지원자도 사전에 충분히 대비해야 합격 가능성이 높아질 것"이라고 조언한다.

◇ 지원자 밑천 드러내는 '구조화 면접'

한 외국계 IT(정보기술) 기업에서 스펙이 화려한 지원자를 대상으로 면접을 하면서 일어난 일이다. 한 면접관이 "이 정도 스펙을 갖춘 사람이 왜 우리 회사에 지원했느냐" "진짜 지원 동기가 무엇이냐"고 끊임없이 질문을 던졌다. 준비한 답변을 계속하던 지원자는 나중에 "엄마가 가라고 해서 어쩔 수 없이 지원했다"고 털어놓았다. 끊임없는 질문에 결국 진짜 지원 동기를 고백한 것이다.

최근 들어 이런 식으로 하나의 사안을 놓고 꼬리에 꼬리를 무는 질문을 던지는 방식의 면접을 하는 대기업이 늘고 있다. '압박 면접' 또는 '구조화 면접'이라고 불리는 이 면접 방식은 지원자의 '밑천'을 드러내 자질과 위기 대처 능력을 확인하려는 것이다. 모멸감을 느낄 수 있는 인신공격성 질문이 나오기도 한다.

기업 인사 담당자들은 압박 면접 때 최대한 솔직하게 대처하는 것이 좋다고 이야기한다. 앞뒤 말이 다르거나 거짓말이 들통나면 탈락할 가능성이 높다는 것이다. 손우람 롯데그룹 채용 담당자는 "하나의 경험에 대해 계속 질문을 던지다 보면 지원자의 성격과 역량 등을 어느 정도 파악할 수 있다"고 설명했다.

◇ 직무 역량 평가 강화… 회사·직무에 애정 보여야

대기업은 최근 영어 성적, 자격증 같은 스펙보다 직무 역량에 대한 검증을 강화하는 추세다. 지원 기업의 주력 사업이 무엇인지, 지원 직종에 대해 제대로 알지 못하면 좋은 점수를 기대하기 힘들다.

작년 GS칼텍스에선 한 지원자가 직무에 대해 제대로 알지 못해 면접에서 탈락했다. 입사 원서에는 석유 제품 판로를 개척하는 해외 영업 분야에 지원한다고 적어놓고선 정작 면접에선 국제 원유 거래를 담당하는 트레이딩 전문가가 되겠다고 이야기한 것이다.

반면 현대중공업 면접에선 해양 플랜트 분야 전략에 대해 충실히 설명한 지원자가, LG화학 면접에선 새로운 제품 개발을 위해 배터리 시제품을 제작해온 지원자가 합격한 사례가 있다. 직무 역량을 확인하기 위해 전공 관련 기초 지식이나 전문 용어에 대한 설명을 요구하는 기업도 적지 않다.

◇ "성의없는 모습과 자만심은 금물"

두산·LS 등 일부 그룹은 총수가 직접 최종 면접관으로 참석한다. 총수 면접은 최종 합격자의 1~1.2배수 정도가 면접 대상자로 올라간다. 특별한 결격 사유가 없으면 90% 이상 합격한다.

하지만 방심은 금물이다. 한 명문대 출신 지원자는 최근 총수 면접에서 "다른 사람과 의견 마찰이 있거나 큰 실패를 했을 때 어떻게 위기를 극복하느냐"는 질문을 받았다. 이 지원자는 "저는 리더십이 강해 다른 사람이 제 이야기를 듣지 않을 수 없다. 지금껏 큰 실패를 경험한 적도 없다"고 대답했다가 불합격했다. 면접을 한 총수는 "기업 일은 다른 사람과 협력하는 것이 중요하고 실패 경험도 자산인데, 이런 사람은 지나친 자신감 때문에 조직 발전에 저해될 수 있다고 판단했다"고 말했다.

SPC그룹은 미각 · 후각 테스트
이랜드는 '출퇴근 현장면접' 도입

▶ 이색 면접 기업

기업마다 회사 특색에 맞는 이색 면접을 하는 곳도 많다. 식품 전문 기업인 샘표는 2000년부터 '요리 면접'을 진행하고 있다. 식품회사 직원으로서 요리를 알아야 주부의 마음을 알 수 있다는 취지다. 4~5명이 한 팀을 이뤄 한 가지 요리를 완성하고 발표를 한다. 샘표 관계자는 "팀워크와 요리 아이템의 창의성 등을 살펴본다"고 말했다. 파리바게뜨로 유명한 SPC그룹은 감각 능력을 테스트하는 이른바 '관능(官能) 면접'을 거친다. 설탕물이나 소금물 5잔을 진한 순서대로 찾아내거나 실린더에 든 향을 맡아보고 무엇인지를 묻는 문제 등이 해마다 주제를 달리해 출제된다. SPC그룹 관계자는 "선천적으로 미각이나 후각이 둔감한 사람이 아니라면 통과할 수 있는 수준"이라고 말했다.

이랜드는 올 하반기부터 '출퇴근 현장 면접'을 도입했다. 5~6명씩 팀별로 매장에 출근해 직접 소비자들을 접하면서 '올가을 인기 아이템을 찾아라'와 같은 주제의 프로젝트를 수행하는 방식이다. 이랜드 관계자는 "프로젝트 결과를 바탕으로 팀원 간 상호평가와 일대일 면접 등을 진행한다"고 말했다. 돌발 상황에 대한 대처 능력을 묻는 곳도 있다. 대한항공은 객실 승무원 2차 면접에서 "면접 참석을 위해 가던 중 보호자를 잃고 길을 헤매는 아동을 발견했다. 면접 시간은 다가오는데, 경찰에 인계하기까지 상당한 시간이 소요된다. 어떻게 하겠는가?"와 같은 질문을 던진다. 객실 승무원 직무 특성에 맞는 판단력은 물론 기본 인성까지 확인하기 위한 질문이다. 신한은행도 영업점에서 발생할 수 있는 상황을 제시하고 어떻게 대응하는지를 보는 '상황 면접'을 실시한다.

• 자료 : 조선경제, 2015. 11. 6.

면접자가 최선을 다한다 해도 면접은 정교한 기술이 아니기 때문에 지원자들은 면접자에 따라서 그리고 면접을 어떻게 운용하느냐에 따라 매우 다양하게 반응한다. 지원자의 성공과 실패에 대한 고정된 기준이 없기 때문에 편견을 가지고 있는 면접자는 피면접자의 외형적 태도에 의해 손쉽게 평가해 버리는 경향이 있다. 따라서 면접자는 면접을 함에 있어 이러한 오류를 범하지 않도록 유의하여야 한다.

2) 면접의 유형

(1) 계획적 면접(Planned interview)

이것은 피면접자들이 직무를 수행할 때 잠재적인 성공이나 실패의 가능성을 알 수 있는 단서를 밀도있게 찾고자 하는 것으로 심층면접 또는 행동면접(behavioral interviewing)이라고도 한다. 이는 특정 직무나 어떤 부서에 요구되는 행동적 특성을 결정하는 것으로 현재 고성과를 내는 직원들의 핵심 특성을 통해 확인될 수 있다. 행동면접은 지원자의 기술적 숙련이나 인간 상호간에 일어나는 대인관계 기술에 초점을 두고 행해진다.

(2) 정형적 면접(Patterned interview)

정형적 면접은 표준화 면접(standardized interview)과 구조화된 면접(structured interview) 그리고 지시적 면접(directive interview) 등 여러 명칭으로 불리우며, 매우 구조화된 질문지에 따라 면접자가 차례로 질문을 피면접자들에게 해 나가는 것이다. 따라서 피면접자들은 동일한 질문을 받고 동일한 응답처리가 주어지므로 상호 비교가 가능하다.

(3) 비지시적 면접(Nondirective interview)

비지시적 면접은 비정형적 면접(nonpatterned interview), 비구조적 면접(unstructured interview)이라고도 불리는 면접으로 피면접자에게 최대한 의사 표시의 자유를 주면서 피면접자에 대한 폭넓은 정보를 수집하는 면접법이다. 그러나 이 방법은 미리 정해진 질문이 아니라 대화 형식으로 수행되므로 피면접자 간의 비교가 어려우며 많은 시간이 소요되어 면접자에게는 고도의 훈련이 필요하다.

(4) 패널면접(Panel interview)

패널면접은 한 명의 피면접자를 다수의 면접자가 평가하는 면접법이다. 이것은 여러 명의 면접자가 있고 면접 후 피면접자에 대한 그들의 개인적 의견을 서로 교환할 수 있어 피면접자를 보다 포괄적으로 검토할 수 있고 한 쪽으로 치우친 평가가 이루어질 가능성이 낮다.

(5) 집단면접(Group interview)

집단면접은 한 명의 피면접자에 대해 한 명의 면접위원이 실시하는 단독(개별)면접과 구별되는 것으로 여러 명의 면접위원이 여러 명의 피면접자를 대상으로 실시하는 면접이다. 집단면접 중에 집단토론면접이라는 것이 있는데, 이는 피면접자에게 토의할 주제와 리더를 정해 주거나 리더나 주제도 정해 주지 않은 상태에서 자유롭게 토론하도록 하고, 토론과정을 관찰하여 피면접자를 판정하는 방법이다.

(6) 스트레스 면접(Stress interview)

제2차 세계대전 중 미국 정보국 첩보요원을 선발하기 위해서 고안된 것으로 면접자가 피면접자를 고의적으로 무시하거나 자존심을 상하게 하는 질문을 하거나 당황하게 하여 좌절감을 느끼도록 하여 스트레스 하에서 얼마나 감정의 안정성을 유지하고 좌절의 극복 및 인내심을 발휘하는가를 관찰하는 방법이다.

그런데 이러한 면접법은 잘 훈련된 면접자에 의해 실시되어야 하며, 스트레스를 많이 받는 직무를 담당할 사람을 선발할 때만 사용하는 등 신중을 기해야 한다. 왜냐하면 선발되지 않은 지원자가 회사에 대해 아주 부정적인 이미지를 갖기 쉽고, 막상 채용을 하려고 해도 입사를 거부하는 경우가 있기 때문이다.

(7) 기타 면접형태

최근에는 많은 기업에서 다양한 형태의 면접방식을 고안하여 실시하고 있다. 그 중에서 몇 가지를 소개하면 다음과 같다. 먼저, 일정시간 특정 주제를 준 후 면접위원 앞에서 파워포인트로 발표하게 하는 프리젠테이션 면접(presentation interview)을 들 수 있다. 또 블라인드 면접(blind interview)은 면접자가 지원자에 대해 아무 정보도 없는 상태에서 실시하는 무자료 면접이다. 한편, 기존의 틀에 박힌 사무실 면접 대신에 회사 밖에서 등산·술자리·스포츠·노래방·사우나 등을 통해 다차원적인 행동관찰형 면접을 실시하기도 한다.

3.5 선발도구의 신뢰성, 타당성, 효용성

앞에서 살펴 본 선발의사결정에 사용되는 서류전형, 선발시험, 면접 등을 선발도구라 한다. 선발 의사결정은 선발도구를 통해 얻은 정보에 의해 이루어지는데 선발도구가 합리적이지 않으면 선발 의사결정은 오류를 피할 수 없다. 그리고 선발도구가 합리적이기 위해서는 신뢰성, 타당성, 효용성을 지니고 있어야 한다.

1) 신뢰성(Reliability)

선발도구가 합리적이기 위해서는 우선 신뢰성이 있어야 한다. 신뢰성이란 선발도구를 통해 얻은 측정치가 언제, 누가 측정하더라도 측정하려는 특성이 변하지 않는 한 일관되게 나타나는 정도를 말한다. 즉, 측정치의 일관성(consistency)을 가리킨다. 그리고 신뢰성은 타당성의 필수 전제조건이다. 이러한 신뢰성을 측정하는 방법은 검사-재검사법, 복수양식법, 반분법 등이 있다.

(1) 검사-재검사법(Test-retest method)

동일한 상황에서 동일한 대상에 대해 동일한 선발도구를 시간을 달리하여 두 번 측정하여 그 결과를 비교하는 것이다. 다시 말해 어떤 시점에서 신뢰성을 알아보려는 선발도구를 통해 측정한 후, 일정 기간이 경과한 뒤 동일한 선발도구를 사용하여 동일한 대상에게 다시 한번 측정하여 그 결과의 상관관계를 계산하는 것이다. 여기서 계산된 상관계수를 통하여 신뢰성의 정도를 추정할 수 있다. 즉, 상관계수가 높다는 것은 선발도구의 신뢰성이 높다는 것을 의미한다.

(2) 복수양식법(Multiple forms method)

평행양식법(parallel forms method), 동등형식법(equivalent forms method), 대체형식법(alternate forms method) 등 여러 가지로 불리어지는 것으로 신뢰도를 알아보려는 선발도구와 유사한 선발도구를 개발하고 이것과 본래의 선발도구를 동일한 대상에 차례로 적용하여 신뢰도를 측정하는 방법이다. 예를 들어 난이도, 문항 수, 내용 등이 아주 유사한 두 가지 선발시험 문제를 개발하여 동일한 대상에 대해 실시한 후, 두 점수 사이의 상관계수가 높으면 신뢰성이 높은 것이고 그렇지 않으면 신뢰성이 낮은 것이다.

(3) 반분법(Split-half method)

이 방법은 복수양식법을 논리적으로 보다 발전시킨 것으로 하나의 큰 개념을 측정하기 위하여 여러 항목들로 구성된 선발도구에만 적용할 수 있다. 이 방법은 선발도구의 항목을 임의로 반으로 나누어 각각 독립된 두 개의 척도로 사용함으로써 신뢰성을 추정하는 방법이다. 다시 말해 항목의 반을 가지고 결과를 얻은 다음, 항목의 다른 반쪽을 동일한 대상에 적용하여 얻은 결과와 비교하는 방법이다. 그리고 반분하는 방법에는 보통 짝수 항목과 홀수 항목으로 반분하거나, 무작위로 항목의 반을 추출하고 나머지를 또 하나의 척도로 만드는 식을 일반적으로 사용하고 있다. 그리하여 두 부분의 측정 결과를 비교하여 상관계수를 계산함으로써 신뢰성을 추정하는 것이다.

2) 타당성(Validity)

선발도구가 합리적이기 위해서는 높은 타당성을 지녀야 한다. 타당성은 선발도구가 측정하려고 하는 것, 즉 응모자가 선발되어 직무에 배치되었을 경우 직무수행 결과에 얼마나 잘 부응하는지를 말한다. 다시 말해 선발도구를 통해 얻은 측정치와 직무수행 성과의 관련성을 말한다. 선발도구의 타당성을 평가하는 방법으로는 일반적으로 크게 두 가지 유형이 사용된다.

(1) 기준 관련 타당성(Criterion-related validity)

기준 관련 타당성은 선발도구의 어떤 심사 기준치(Screening Criterion) 및 예측치(Predictors)와 직무성과와의 관련성을 말한다. 여기에서 심사기준치는 선발시험이나 면접에 의해 얻은 점수를 말하며, 기준치에서 높은 점수나 평가를 받은 사람이 담당 직무에서 높은 성과를 낼 경우 기준 관련 타당성이 있다고 본다. 이러한 기준 관련 타당성에는 현재 타당성(concurrent validity)과 예측 타당성(predictive validity) 두 가지가 있다. 그리고 현재 타당성은 예측 타당성에 비하여 시간과 비용이 유리하여, 많은 기업들이 현재 타당성을 활용하고 있다.

현재 타당성(concurrent validity)

현재 실무에서 종사하고 있는 구성원들로부터 예측기준치와 성과기준치를 측정하여, 이들 간의 상관관계를 계산함으로써 예측치의 타당성을 계산하는 것을 말한다.

예측 타당성(predictive validity)

선발 당시의 예측기준치(예: 학력, 경력, 시험점수, 면접점수 등)와 선발 이후 직무에서 실제로 나타난 성과기준치(예: 생산성, 실적평가 등)와 비교하여, 두 변수 간의 상관관계를 계산하여 선발과정의 타당성을 측정하는 방법을 말한다.

(2) 내용 타당성(Content validity)

내용 타당성은 어떤 측정치와 기준이 실제 직무내용을 대표하느냐, 그리고 직무수행에 필요한 지식을 대표하는가를 가리킨다. 즉, 선발시험, 면접 그리고 기타의 선발도구가 직무의 성공적인 성과를 가능하게 하는 기술과 지능, 그리고 능력을 측정하는 정도를 나타낸다.

예를 들어, 공인회계사 시험문제가 단지 재무회계 문제로만 구성되었다면, 그러한 시험문제는 내용 타당성이 낮다고 할 수 있다. 왜냐하면 공인회계사 업무를 성공적으로 수행하려면, 재무회계 뿐만 아니라 세무회계, 회계감사 등 여러 분야의 지식과 실무경험이 필요하기 때문이다.

3) 효용성(Utility)

선발에 있어서 정확성을 높임으로써 선발의 효과성(effectiveness)을 본질적으로 높일 수 있는지를 나타내는 지표로서 효용성(utility)을 들 수 있다(이를 유용성이라고도 부른다). 선발의 효용성이 높으면 선발에 있어서 평가도구 성적이 미래의 직무성과를 예측하는 능력이 크므로 선발비용도 절감되고 우수한 사람을 선발할 가능성이 높아짐으로써 조직에 이익을 준다는 의미가 된다.

가령, 선발의 정확성을 높이기 위해서 면접관으로 외부에서 전문가를 모셔오고 각종 심리검사를 실시한다면 선발의 비용이 높아지게 되는데 이러한 추가 비용을 들여서라도 선발의 정확성이 획기적으로 높아진다면 비용 대비 효과성이 높아질 수 있지만, 막대한 비용을 들였지만 선발의 정확성을 조금 밖에 높이지 못했다면 비용 대비 효과성이 낮다고 볼 수 있다.

예를 들면, A사에서는 총 1,000명이 지원하여 판매원을 모두 10명을 선발하였고, 같은 시기에 경쟁사인 B사에도 모두 1,000명이 지원하여 모두 20명의 판매원을 선발하였다. A사와 B사의 선발에 있어서 선발도구의 효용성을 비교하기 위해 선발비율(selection ratio)을 비교하면 A사의 경우 선발비율은 10/1,000 = 1%이고, B사의 선발비율은 20/2,000 = 2%이다. 물론 A사와 B사에는 능력과 자질 면에서 유사한 지원자들이 지원하였다고 가정한다. 만약, A사와 B사의 최종 선발된 10명과 20명의 판매원들이 입사 후 유사한 판매실적을 올리고 있다고 가정하면 A사의 선발효용성이 B사에 비해서 크다고 말할 수 있다. 왜냐하면 유사한 능력을 갖춘 인재를 선발하는데 있어서 B사는 A사보다 두 배나 되는 인원을 선발하느라고 선발비용을 더 많이 들였기 때문이다.

일반적으로, 선발의 효용성을 측정하는 방법은 선발을 통해 입사한 직원들이 달성하는 직무성과(제품 및 서비스의 양과 질)를 선발에 투입된 총비용(각종 테스트 비용 등)으로 나누어 계산한다.

3.6 선발상의 오류와 선발비율

선발도구에 의해 지원자를 선발하는 경우에는, 선발도구에 의해 측정된 결과가 합격점 이상의 점수를 받은 지원자는 선발되고 그 이하의 점수를 받은 지원자는 탈락된다. 이와 같이 선발도구에 의하여 선발 의사결정을 하는 경우에는 선발도구의 타당성이 1이 아닌 이상 [그림 5-3]에서와 같이 두 가지 유형의 오류를 범할 수 있다.

즉, 잘못된 탈락과 잘못된 선발이 그것이다. 잘못된 탈락이란 제 1 유형 오류(false negative error)라고도 부르고 있는 것으로 선발도구의 점수가 합격점에 미달되어 불합격시켰지만, 만약에 합격시켰으면 만족스러운 성과를 올렸을 지원자를 탈락시킨 오류이다. 그리고 잘못된 선발이란 제 2 유형 오류(false positive error)라고도 불리어지는 것으로 선발도구의 점수가 합격점 이상이 되어 선발하였지만, 실제 성과는 만족스럽지 못한 지원자들로서 탈락되었어야 할 지원자를 선발한 오류이다. 그런데 기업의 입장에서는 두 가지 오류 중에서 잘못된 탈락보다는 잘못된 선발에 더 큰 비중을 두고 그것을 줄이려고 노력할 것이다. 이들 두 가지 오류는 선발도구의 타당성에 의해 크게 영향을 받게 된다. 즉, 선발도구의 타당성이 낮을수록 오류의 비중은 커진다.

[그림 5-3] 선발 의사결정의 가능한 결과

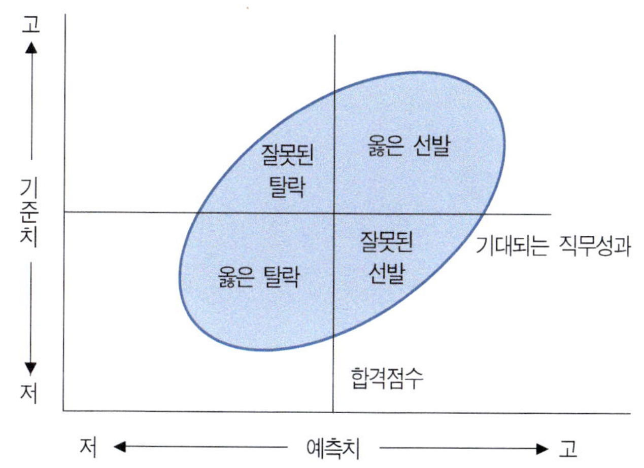

또한 동일한 타당성을 지닌 선발도구라 할지라도 선발비율(selection ratio : SR)이 어떠냐에 따라 오류의 크기가 영향을 받게 된다. 선발비율이 1(지원자가 모두 선발되는 경우)에 가까울수록 기업의 입장에서는 선발상의 오류를 범하게 될 가능성이 높아져 바람직하지 못하다고 할 수 있다. 반대로 선발비율이 0(지원자가 아무도 선발되지 않은 경우)에 가까워질수록 기업의 입장에서는 오류를 범할 가능성이 낮아지므로 바람직하다고 하겠다.

이러한 관계를 [그림 5-4]에서 잘 보여주고 있다. 여기서 r은 선발도구의 타당성계수이다. [그림 5-4]에서 보는 바와 동일한 타당성을 지닌 선발도구를 가지고 선발비율이 달라짐에 따라 푸른 부분으로 표시된 잘못된 선발의 오류가 변화함을 보여주고 있다. 즉, 선발비율이 줄어듦에 따라 잘못된 선발이 감소한다.

그런데 이와 같은 관계는 선발비용을 전혀 고려하지 않은 결과이다. 선발비율을 낮춘다는 것은 기업의 모집·선발에 더 많은 노력을 하게 하여 선발비용을 증가시키는 결과를 초래하게 된다. 따라서 기업은 선발비용을 고려한 적정한 선발비율을 결정하여야 한다.

[그림 5-4] 동일한 타당성의 선발도구에서 상이한 선발비율이 선발오류에 미치는 영향

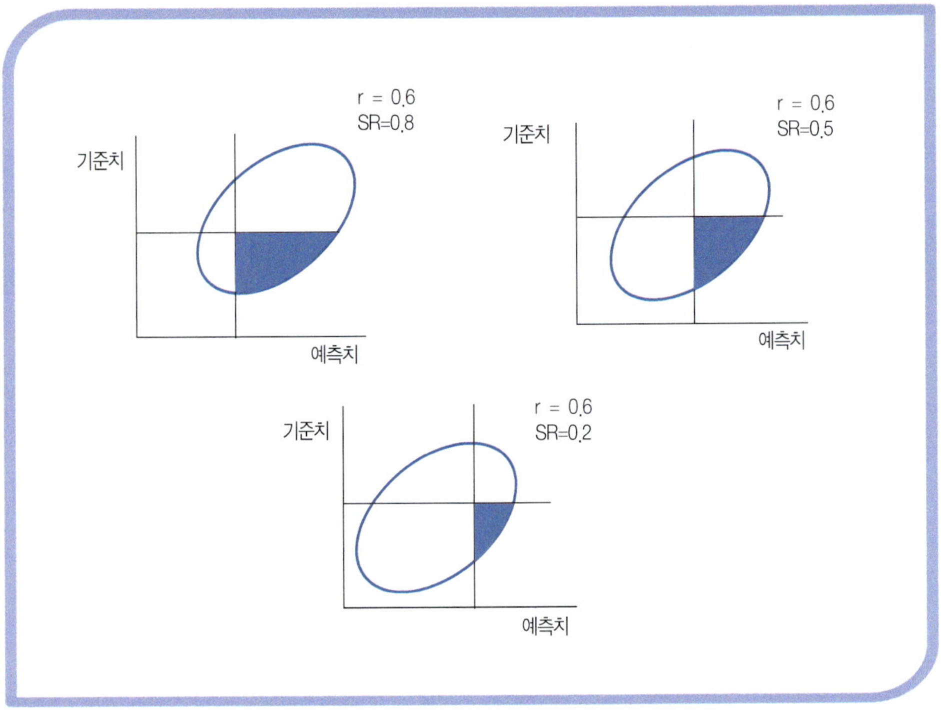

4. 채용방식의 변화

4.1 채용업무의 아웃소싱(Outsourcing)

원래 아웃소싱이란 기업이 수행하는 여러 가지 다양한 활동 중 전략적으로 중요하면서도 가장 잘 할 수 있는 분야나 핵심역량에 모든 자원을 집중시키고, 나머지 업무분야는 전문적인 외부 우수기업(혹은 인재)에게 맡기는 것을 의미한다. 이는 기업의 핵심역량을 핵심업무에 집중하면서 외부 전문분야의 도움을 받아 자신들의 경쟁력을 높이기 위한 경영혁신의 일환으로 실시되며, 흔히 '외부조달', '외부화'라고도 한다.

아웃소싱은 단어 자체의 의미처럼 외부로부터 자원을 공급받는 것이며 비용 절감 ·

원가 감소・역량 구축 등을 위한 목적에서 실시되며, 경영활동・기술・원자재 등을 내부에서 조달하는 인소싱(insourcing)과는 대비된다. 원래 생산부문에서 시작된 아웃소싱(1990년대 중반)은 점차 정보기술 영역으로 확대되고 이후에 인적자원의 부문에도 도입되기 시작하였다. HR아웃소싱은 다양한 기능별 아웃소싱의 한 유형이며, 채용・교육훈련・인사정보시스템・퇴직자관리 등 인적자원관리 업무의 설계와 운영의 일부 혹은 전부를 외부의 서비스 공급사에 이전하는 활동을 말한다. 보다 구체적으로는 인적자원관리의 대상이 되는 기능, 즉 임직원의 모집과 선발・교육훈련・인사평가・급여관리・사회보험관리・복리후생관리・노무관리・인사정보시스템・퇴직자관리가 외부의 서비스 전문 제공업체에 의해 수행되는 것을 말한다. 즉, HR아웃소싱은 조직의 핵심역량 강화를 목적으로 인적자원관리 업무의 일부 혹은 전부를 외부의 전문기관에 장단기 계약형태로 위탁하는 것이라고 할 수 있다.

최근 많은 기업들이 채용업무를 외부의 채용 전문기관(교육기관, 컨설팅회사, 노무법인, 헤드헌팅사 등)에 아웃소싱 하는 추세가 늘고 있는 바, 이의 가장 큰 이유는 채용업무 자체가 복잡하고 어려우면서 시간적 소비가 요구되는 전문성이 있기 때문이다. 특히 노동력 공급이 부족하고 채용담당자를 고임금으로 고용해야 할 상황일 경우, 대안으로서 아웃소싱을 하는 것이 바람직하다(예: 인재파견회사의 인력 활용). 또 아웃소싱은 핵심사업 추진시 경험자 부족, 업무수요 변동에 대처, 신규 사업이나 프로젝트, 비전문분야 진출시 기술 부족으로 외부 전문가에게 의뢰할 필요가 있을 때 이루어진다.

채용업무와 관련된 아웃소싱 분야로는 채용광고의 문안작성 및 배치, 이력서 접수 및 선별 분류, 1차 면접, 최종지원자 집단의 선발 보고, 추천서와 자기소개서 체크 등으로서 이들 업무의 일부 또는 전 과정을 외부에 맡길 수 있다.

4.2 임시직 또는 비정규직 채용 증가

최근 글로벌 경쟁이 심화되고, 경기침체 기간이 길어짐에 따라 기업들은 지속적인 구조조정과 함께 정규직 채용을 줄이고, 경기변화에 탄력적으로 대응할 수 있는 임시직이나 비정규직 채용을 증가시키고 있다. 임시직이나 비정규직은 상용직이나 정규직보다 낮은 임금으로 활용할 수 있고 상대적으로 채용과 해고가 용이하며, 노조와의 마찰이 적고, 복지후생비도 저렴하다.

따라서 기업들은 고용상의 유연성을 확보함과 동시에 노무비 절감에도 기여하기 때문에 채용 규모를 늘리고 있다. 그러나 취업난을 겪고 있는 구직자들에게는 고용상의 불안정과 저임금 등 처우상 불리한 점이 많고, 조직에 대한 충성심이 낮으며, 정규직과의 갈등으로 인한 많은 문제점이 제기되고 있다. 현재 많이 활용되고 있는 임시직 및 비정규직 고용형태로는 임시직, 계약직, 파견근로자, 재택근로자, 프리랜서 등 종류가 다양하다.

4.3 인턴 채용 증가(Internship)

과거에는 대학 재학생들이 방학 중 기업에서 사전 직무경험을 하는 기회로 사용되었으나, 지금은 정규직 신입사원을 선발하기 위한 하나의 채용절차로 정착되어 가고 있다. 국내 대기업(예 : 삼성, 포스코, 한전 등)들은 인턴십을 신입 공채시스템으로 대체하고 있다. 따라서 인턴십이 정규직 취업의 우회로가 아닌 지름길이 되고 있다. 이처럼 많은 기업들이 인턴십을 계속 도입하거나 그 규모를 대폭 늘리고 있으며, 이 추세는 지속될 전망이다.

4.4 웹기반 모집(e-Recruiting)

최근 미국과 유럽 등 선진국은 물론, 국내의 IT 기업 등에서 인력모집관리에 관한 획기적인 변화를 목격하고 있다. 그것이 바로 웹사이트나 인터넷을 통해 종업원을 채용하는 웹기반 모집(web-based-recruitment)이다. 웹기반 모집은 단순히 모집을 하는데 있어서 수작업을 줄이고 컴퓨터나 인터넷을 동원한다는 의미가 아니고 그 이상의 의미를 지닌다.

이 방식은 기업의 모집비용을 획기적으로 감소시키는 한편, 전통적인 모집방법에서는 도저히 실현할 수 없었던 잠재적 응모자에 대한 전 세계적인 풍부한 데이터베이스의 활용이 가능해지고, 세계적인 모집 전문회사들이 가지고 있는 경험과 노하우를 이용할 수 있음은 물론, 실용적인 소프트웨어를 제공받아 모집관리가 획기적으로 개선될 수 있었다.

국내기업들의 경우, 취업포털이나 자사 홈페이지에서 진행되어 오던 채용이 SNS(Social Network Services)로 옮겨지고 있다. SNS는 원래 친구 소개와 정보 공유를 위해 개설된 온라인 인맥구축서비스인데, 많은 기업들이 구직자와의 직접적인 소통을 위해 채용과 HR용 트위터를 개설해 운용하고 있다(예 : 삼성, CJ, SK, KT 등).

일부 기업은 아예 공식채용 커뮤니케이션을 SNS로 진행하고 있다. 구직자 역시 SNS로, 또 스마트폰으로 편리하게 기업 인사담당자와 소통하며 취업정보를 얻고 있어 SNS의 활용이 더욱 중요해지고 있다.

현장이야기 6

이젠 일자리도 SNS 통해서 구한다!

소셜 네트워크 서비스(SNS)가 새로운 구직채널로 부상하고 있다. 이른바 '비즈니스 SNS'로 불리는 인맥관리 사이트가 고급 전문직 인력시장에서 점차 인지도를 넓혀가고 있는 것이다. 미국의 대표적인 비즈니스 SNS인 '링크트인'(LinkedIn, 회원수 1억명)이 최근 뉴욕증권거래소에 상장되면서 국내에서도 점차 관심이 높아지고 있다. 한국형 비즈니스

SNS '링크나우'의 정장환 대표는 서울 플라자호텔에서 열린 기자회견에서 "링크나우가 2007년 처음 시작한지 4년 만에 회원수 15만명을 돌파했다"며 "보통의 SNS에 비하면 많은 회원수는 아니지만 채용의 관점에서 보면 질적으로 월등하다"고 말했다. 현재 링크나우에는 기업체 인사담당자 1,600여 명과 헤드헌터 700여 명이 활동 중이다. 또 회원 직업도 직장인(66%), 기업주(11%), 컨설턴트(9%) 등 비즈니스 현장에 있는 사람들이 대부분이다. 이에 따라 특히 경력직 채용이 활발한데 회사가 자체 집계한 바에 따르면, 한 달에 30건 이상의 채용이 이뤄지고 있다.

한 사례로서 소프트 엔지니어인 안영훈 씨는 링크나우를 통해 국내의 한 IT업체에서 구글코리아로 이직할 수 있었다. 링크나우에 가입된 헤드헌터가 안씨의 이력서를 보고 구글코리아에 추천한 것이 주효했다.

오라클의 채용담당 이정미 부장은 링크나우를 통해 인재를 채용하고 있다. 그는 "비즈니스 SNS에는 고급 전문직 종사자가 많아 직원채용에 도움이 된다"고 말했다.

NHN의 경우도 10명이 넘는 인사담당자가 링크나우에서 활동 중이다. 링크나우는 사용자가 전문분야, 직책, 경력, 학력 등 프로필을 작성하면 인사담당자가 검색기능을 이용해 인재를 찾을 수 있는 기능을 제공하고 있다.

분야별 혹은 직장별로 인맥을 구축해 정보를 교류하고 채용시에는 추천을 할 수 있는 서비스도 제공한다. 이와 함께 스마트폰으로도 인맥위치 등 다양한 기능을 이용할 수 있다. 정 대표는 "앞으로 링크나우가 기업과 개인 모두의 생산성을 높이는데 도움이 되도록 꾸준히 기능을 추가해 나갈 것"이라고 말했다.

• 자료 : 중앙경제, 2011. 5. 31.

5. 배치관리

5.1 인사배치

인사배치(placement)란 다음 두 가지 과제를 수행하는 것이다. 선발을 통해 조직에 들어오게 된 인력을 직무요건에 합당하게 배치하는 것이 그 첫째 과제이고, 둘째는 조직 전체 차원에서 적성과 직무요건에 적합한 인력을 유지, 확보하는 과제이다. 선발은 미래에 조직의 각 직무가 요구하는 인재상에 맞게 사람을 뽑는 작업으로서 '밑그림'을 그리는 설계(design) 작업이라면, **인사배치는 실제로 이 밑그림에 따라 사람의 능력과 직무요건이 서로 잘 매치(match)되도록 인사명령을 통해 실현시키는 작업이라고 할 수 있다.**

인사배치 작업은 다음과 같은 세부적 과업으로 구성되어 있다.

첫째, 단기적으로는 시간적인 측면과 능력적 측면에서 인력을 작업프로세스에 적합하도록 배치하는 작업이다. 예를 들면, 결근, 병가, 휴가, 출산 등의 사유로 인해 인력 결손이 발생할 경우 이에 대처하여 작업프로세스에 지장이 없도록 인력을 배치하는 것을 말한다.

둘째, 인사배치의 중・장기적 과업으로서 다음과 같은 세부작업을 포함하고 있다.

① 공석이 발생하거나 신설된 포스트에 대해 최적의 인력을 배치하는 작업
② 공석이 발생한 때 조직 내 보직의 수평이동(전보인사)을 통해 충원하는 작업
③ 인력배치가 잘못된 경우 능력에 맞는 인력으로 수정배치하는 작업
④ 종업원의 능력을 직무요건에 맞게 적합시키는 작업, 예를 들면, 조직 내 타 직무로 이동이 가능하도록 자질과 능력을 향상시키는 작업 및 종업원들이 관리직 포스트에 진출이 가능하도록 체계적인 후계자 양성 프로그램을 운영하는 것
⑤ 반대로, 종업원들의 능력에 맞게 직무요건을 변경하는 작업으로서, 종업원이 지닌 자격요건과 잠재력을 실현할 수 있도록 업무프로세스를 변경하거나, 장애인, 장년근로자, 여성과 청소년과 같이 특수한 여건하에 있는 종업원에 대해서 이들이 능력을 충분히 발휘할 수 있도록 업무내용을 변경하는 작업

위에서 설명한 바와 같이, 인사배치는 직무=사람의 배치가 최적이 될 수 있도록 하는 실무 작업을 의미하며, 이러한 최적 배치를 실현하기 위해 인사담당자가 취할 수 있는 조치는 다음과 같은 것이 있다. 이 조치들은 효율적 인사배치 실현을 위한 도구들이라고 볼 수 있다.

첫째, 기존 인력에 대한 보직 이동(일시적 또는 장기적), 둘째, 신입사원에 대한 직무배치, 셋째, 자격 획득 교육 및 인력개발, 넷째, 근무시간의 변경(근무시간 연장, 근무시간 단축, 파트타임제 등 탄력적 근무시간제 도입), 다섯째, 업무 재설계 및 재조직(redesign and reorganization of work) 등이다. 이러한 다섯 가지 인사배치 조치들이 실효를 거두기 위해서는 무엇보다도, 시기를 놓치지 않고, 적시에 시행되어야 한다는 점을 간과해서는 안될 것이다. 적시의 인사배치를 위해서는 인력의 수급과 요구되는 자질과 능력을 미리 예측하고, 이에 맞추어 인력 모집과 선발이 이루어져야 함은 물론이다. 결국, 인력의 모집과 선발은 인력배치를 전제로 하여 이루어지는 작업이라고 볼 수 있으며, 모집-선발-배치는 상호 불가분의 의존관계에 있다. 모름지기, 모집-선발이 잘 이루어져야 인력배치가 효율적으로 시행될 수 있는 것이다. 그리고 인력배치가 잘 이루어지면, 향후 모집과 선발작업도 적절히 이루어질 수 있으며 인건비도 절약될 수 있다.

인력배치와 관련된 의사결정은 과거에는 경영자의 경험과 판단에 의존하였지만 조직이 커지고 배치해야 할 포스트의 숫자가 증가함에 따라 사람의 판단에 의한 인력배치는 한계에 도달할 수 밖에 없게 된다. 더욱이, 새롭고 다양한 직무가 자꾸 생겨나고 인력의 이동이 빈번해지는 현대 기업조직에서는 통계적이고 과학적인 방법에 의존하지 않을 수 없게 되었다. 최근 e-HRM의 도입이 본격화됨에 따라 인력배치를 e-HRM의 placement solution을 이용하여 수행하는 기업이 늘고 있다. e-HRM 패키지에서는 컴퓨터가 주어진 입력 데이터에 의해 인력배치 작업을 수행하고 있다. 이러한 계량적인 인력배치에 있어서도 그 운영원리는 단순하다. 즉, 직무요건에 가장 유사한 능력요건을 갖춘 개인을 사전에 결정된 해법(solution)에 따라 계산을 통해 찾아내는 것이다.

인사실무자는 e-HRM을 사용하여 인력배치를 수행하는 경우, 그 구체적인 연산과정은 모른다 하더라도 컴퓨터가 어떤 논리를 사용하여 최적해를 구하는지는 알 필요가 있다. 인력배치의 계량화와 전산화를 하기 위해서는 회사 내 각 직무별로 직무요건, 종업원의 능력을 코드화할 필요가 있다. 그리고 능력요건 가운데 특정 부분에 가중치를 부여하는 문제를 사전에 결정하여 이를 코드화 하여야 할 것이다. 우리나라 기업에서는 사번, 직위, 생년월일, 성별, 입사일자, 승진일자, 직군, 근무지 등을 코드화하는 단계에까지 왔지만 직무요건, 능력요건 등을 코드화 하여 인적자원관리에 정교하게 활용하는 예는 많지 않다. e-HRM과 효율적 인력배치를 위해서는 이러한 선행조건들이 충족되어야 할 것이다.

5.2 입직관리

일단 인사배치가 이루어지고 나면 크게 두 가지 방향에서 입직관리가 이루어져야 한다. 첫째는, 수행업무 측면에서의 적응이고, 둘째는, 인간관계 측면에서의 적응이다. 전자는 새로 담당하게 된 업무가 요구하는 지식, 기술, 능력 등 전문적인 요구사항에 종업원이 적응하는 것을 말하고, 후자는 새로운 사람들과 관계를 잘 설정하고 친숙해지는 적응을 의미한다. 입직관리는 배치 후 종업원들의 직무 적응 및 사회적 적응을 도와주고 이직을 방지하는 효과가 있다. 실제로 이직의 발생은 직무배치 후 1년 내에 가장 빈번히 일어나고 있으며 이직 발생은 인건비의 증가는 물론, 조직분위기를 저해하는 요인이 된다.

업무적 입직관리의 기법으로서는 OJT(현장중심의 직무 교육훈련)와 Off-JT(현장 이외의 장소에서 행해지는 교육훈련)이 전통적으로 사용되어 왔다. 최근에는 업무 적응을 강화하고 자기개발을 촉진하기 위해 업무수행과 병행하여 가상연수원(virtual training), 인터넷교육과 같은 CBT(computer-based training)를 실시하는 사례가 늘고 있다.

사회적 또는 인간관계적 입직관리를 위해서는 멘토링(mentoring) 제도가 흔히 도입되고 있는데 멘토링은 개인의 조직사회화(organizational socialization)를 돕는 회사의 공식 지원제도라고 할 수 있다. 마치 가톨릭 교회에서 영세를 받을 때 신앙의 선배인 대부, 대모를 세우듯이 조직에 처음 들어오거나 새로운 직위에 입직하는 직원들을 위해 회사 차원에서 후원자인 멘토를 지정하여 직무 적응을 돕는 제도이다. 결국, 인력배치 작업은 업무적인 측면과 인간관계적인 측면에서 성공적인 입직관리가 수행될 때 비로소 완료되는 것이라고 볼 수 있다.

정리하기

1. 채용 혹은 충원(staffing)이란 인적자원의 모집과 선발, 배치활동을 통틀어서 일컫는 말이다. 그리고 채용관리 또는 충원관리란 인적자원계획을 통해 확정된 부족한 인원을 적기에 확보할 수 있도록 모집, 선발, 배치하는 체계적 활동이다.

2. 내부모집은 조직 내의 현직 종업원을 대상으로 하는 모집활동이고, 외부모집은 조직 밖의 사람을 대상으로 하는 모집활동이다.
3. 선발절차는 대개 입사지원서의 접수 및 평가(서류전형) → 선발시험 → 면접 → 경력 및 신원조회 → 신체검사 → 채용결정의 순으로 이루어진다.
4. 선발 의사결정에 사용되는 서류전형, 선발시험, 선발면접 등을 선발도구라 하며, 선발도구가 합리적이기 위해서는 신뢰성, 타당성 및 효용성을 지니고 있어야 한다.
5. 최근의 채용방식의 변화로는 채용업무의 아웃소싱, 임시직 또는 비정규직의 채용 증가, 인턴채용 증가, 웹 기반 모집 등을 들 수 있다.
6. 인사배치(placement)는 선발된 종업원의 능력과 직무요건이 서로 잘 부합될 수 있도록 인사명령을 통해 실현시키는 작업이다. 그리고 배치된 종업원이 업무와 인간관계 측면에서 잘 적응하도록 돕는 것이 입직관리다.

연습문제

단답식

1. 채용 혹은 충원은 모집 - (　　　　) - 배치활동을 통틀어 일컫는 말로서 이 세 가지 활동은 상호불가분의 의존관계에 있다.

2. 모집은 많은 지원자가 응모하도록 유인하는 (　　　　) 활동인 반면, 선발은 부적격자를 배제하는 (　　　　) 활동이다.

3. 내부모집은 변화전략 채택시 필요하다. (O , X)

4. 여러 명의 면접위원이 여러 명의 피면접자를 대상으로 실시하는 면접방식을 (　　　　)이라 한다.

5. 선발상의 오류는 잘못된 (　　　　) (제 1 유형 오류)과 잘못된 (　　　　) (제 2 유형 오류) 두 가지가 있다.

객관식

1. 다음 중 모집 이전의 대안이 아닌 것은? (　)
   ① 초과근무　② 하청
   ③ 임시직 활용　④ 정규직 채용

2. 다음 중 외부모집의 장점에 해당하는 것은? (　)
   ① 내부 종업원의 승진 동기부여　② 모집시간 단축 및 비용절감
   ③ 새로운 아이디어와 관점 도입　④ 종업원의 성과자료 사용

3. e-Recruiting의 장점이 아닌 것은? (　)
   ① 대량의 지원자 서류 검토시간과 노력 소요　② 인재선발의 폭이 넓다
   ③ IT기술 숙련자 모집　④ 지원자들과의 신속한 의사소통

4. 다음 중 선발의 절차가 옳은 것은? ( )
① 면접→채용→선발시험→서류전형
② 서류전형→선발시험→면접→채용
③ 선발시험→면접→서류전형→채용
④ 면접→선발시험→서류전형→채용

5. 구조화된 질문지에 따라 면접자가 차례로 질문을 해 나가는 면접유형은? ( )
① 비정형적 면접
② 행동 면접
③ 표준화 면접
④ 패널 면접

6. 선발비율이 1에 가까울수록 선발상의 오류를 범하게 될 가능성은? ( )
① 낮다
② 보통이다
③ 없다
④ 높다

7. 공인노무사 시험문제가 노동법 문제로만 구성되어 있다면 어떤 타당성이 문제가 되는가? ( )
① 내용 타당성
② 기준 관련 타당성
③ 구성개념 타당성
④ 신뢰성

8. 다음 중 채용업무의 아웃소싱 분야로서 적합하지 않은 것은? ( )
① 이력서 접수 및 선별 분류
② 모집인원 수 결정
③ 추천서와 자기소개서 체크
④ 채용광고 문안 작성

9. 기업 입장에서 비정규직 활용의 이점이 아닌 것은? ( )
① 저임금
② 채용과 해고 용이
③ 조직에 대한 충성심이 낮다
④ 경기변화에 탄력적 대응

10. 다음 중 입직관리의 기법으로 적합하지 않은 것은? ( )
① OJT
② 멘토링
③ Off-JT
④ 비즈니스 게임

참고문헌

김영재 · 김성국 · 김강식(2011), 『신 인적자원관리』, 탑북스.

박성수 · 황호영 · 김공수 · 이경근(2009), 『디지로그시대의 인적자원관리』, 박영사.

이학종 · 양혁승(2005), 『전략적 인적자원관리』, 박영사.

임창희(2008), 『인적자원관리』, 비앤엠북스.

한국인사관리협회(2007.12), www.kpiok.co.kr/hr

Mello, J. A.(2011), *Strategic Human Resource Management*, South-Western Cengage-Learning.

제 6 장 성과관리

학습개요

이 장에서는 성과관리에 관한 다양한 접근법을 배우게 된다. 우선 성과관리와 관련된 활동을 살펴보고, 이 과정을 수행하는 목적을 다룬다. 다음에는 성과관리의 여러 가지 방법과 각각의 장·단점을 살펴보고, 성과정보의 다양한 출처를 알아본다. 또한 성과를 측정하는 동안 공통적으로 발생하는 오류와 그 오류를 줄일 수 있는 방법에 대해서도 다룬다. 특히, 성과피드백을 효과적으로 제공하는 방법과 성과를 향상시키기 위해 개입하는 방법을 살펴본다.

학습목표

1. 성과관리의 개념과 성과관리 방안에 대해 이해한다.
2. 성과관리의 전략적 평가기준에 대해 이해한다.
3. 성과관리의 평가방법에 대해 이해한다.
4. 평가오류에 대해 이해한다.
5. MBO(management by objectives)에 대해 설명할 수 있다.

주요용어

1. 성과관리(performance management): 기업이 구성원으로부터 원하는 성과를 달성하기 위해 설계하는 일련의 모든 활동.
2. 상동적 태도: 타인에 대한 평가가 그가 속한 특정 집단에 대한 지각을 기초로 해서 이루어지는 것.
3. 평가센터법(assessment center): 종업원의 적성과 능력을 사전에 객관적으로 정확하게 평가함으로써, 인재선발과 육성, 특히 관리자의 육성개발에 이용되는 평가기법이다.
4. 목표관리(management by objectives: MBO): 상사와 부하가 공동으로 목표를 설정하고 달성된 성과를 공동으로 토의함으로써 개인과 조직의 목표를 통합하고 개인의 동기부여와 능력개발을 증진시키려는 경영기법.
5. 다면평가: 본인, 상사, 동료, 부하, 고객 등과 같은 복수인으로부터 성과에 대한 피드백을 얻어, 다양한 측면에서 평가하는 방법.

경영사례 1

▌개방형 업무성과와 역량평가로 승진과 이동

인사철이면 임직원들의 불만과 갈등이 표출되는 경우를 종종 볼 수 있다. 그렇지만 임직원들이 행복을 느끼는 기업들은 나이, 학력, 성별, 경력 등 다양한 차별조건을 무시하고, 공평한 기회를 제공한다는 특징이 있다. 특히 공평한 인사기회는 직원 만족도에 막대한 영향을 미친다.

LED조명 제조업체인 소룩스는 공평한 기회를 제공하기 위해 직급을 타파했다. 마케팅 부서만 제외하면, 소룩스에는 팀장과 부팀장이라는 단 2개의 직급만 있다. 신입사원도 3개월 근무하면 부팀장이 된다. 연초에 팀별, 사업부별로 업무계획을 수립하고 예산을 배정한 다음 지난 해 업무성과와 업무역량 평가에 따라 임직원들의 근무부서가 결정된다. 성과가 수치로 드러나지 않는 부서의 업무역량 평가는 상사가 하는 것이 아니라, 전 직원이 서로를 다면평가한다. 따라서 입사 3년차 팀장도 있고, 10년차 부팀장도 있다. 김대한 대리는 "서로를 평가하기 때문에 가족같은 분위기를 유지하는 데 도움이 될 뿐 아니라, 평가를 잘 받는 사람들이 어떤 행동을 하는지 배울 수 있기 때문에 도움이 된다"고 평가했다. 소룩스 임직원들은 자신이 연초에 수립한 계획 내에서 소신껏 예산을 사용할 수 있는 일종의 '소사장'이다. 그래서 자신이 연초에 작성한 계획서에 비해 어느 정도 성과를 달성했느냐에 따라 급여와 인센티브도 결정된다.

온라인 검색광고업체인 에코마케팅에서는 평사원들이 승진대상자를 직접 선정한다. 승진대상자 지원에는 학력, 경력, 연령 등 아무런 제한이 없다. 매년 두 차례 열리는 워크숍에서 자신이 왜 승진해야 하는지 발표하고, 동료 직원들이 이에 동의하면 승진할 수 있다. 실제로 현재 27세로 에코마케팅에 입사한 지 3년 차인 김민국 마케팅3실 사원은 올해 워크숍에서 프레젠테이션을 통해 팀장으로 승진했다. 평사원이 승진대상자를 직접 선정하는 제도에 대해 팀장은 "임원평가의 경우 업무만 보고 평가받기 때문에 업무 이외의 영역은 평가를 받지 못하는 경우가 있다. 하지만 사실 회사 일을 하다 보면 동료들의 도움을 받아 문제를 해결하는 경우가 많다. 따라서 우리 회사의 승진 심사방식은 회사에 대한 만족감과 일의 책임감을 높이는 데 크게 도움이 된다"고 말했다. 한편 근무부서에 대한 불만이 있는 임직원도 있다. 신입사원의 경우 지원한 업무와 실제업무에 종종 괴리를 느낀다. 기존사원의 경우에도 오랫동안 같은 업무를 하다 보면, 커리어 관리를 위해 다른 업무로 이동하고 싶다는 생각을 할 수 있다.

현대캐피탈·카드에서는 '커리어 마켓'(career market) 제도를 통해 대부분의 임직원들이 자신이 원하는 업무를 할 수 있다. '커리어 마켓' 제도는 사내 채용시장에 자신을 매물로 내놓을 수 있는 시스템이다. 임직원들은 '오픈 커리어 존'(open career zone)이라는 사내 인트라넷에 자신이 일하고 싶은 부서와 자신의 경력을 마케팅할 수 있다. 이곳에 부서 이동을 지원한 경우, 부서장이나 임원이 막을 수 없다.

2008년 제도 도입 이후 올해 10월 말까지 현대캐피탈·카드 직원 331명이 커리어 마켓을 통해 자신이 원하는 부서로 자리를 옮겼다. 이는 현대캐피탈·카드 전체 인사이동의 75% 안팎이다. 나머지 인사이동의 경우에도 임원 발령이나 태스크포스 인사 등 특수한 경우가 대부분이다.

현대캐피탈·카드의 커리어 마켓제도를 활용해 경영법무실 법무팀에서 경영지원실 기획조사팀으로 보직을 바꾼 이대한 과장은 "회사에서 행복하기 위해서는 결국 자신이 하고 싶은 일을 해야 한다"며 "직장에서 직업선택의 자유를 보장하기 때문에 개인의 행복을 극대화할 수 있다"고 말했다.

개인의 만족도는 곧 기업의 경쟁력으로 직결된다. 직원 수 70여 명, 매출액 500억원의 중소기업인 에코마케팅이 개방형 승진제도를 채택한 이유는 직원 행복감을 높여 인재 유출을 막으려는 전략적 의도가 있다. 온라인 검색광고시장은 업계 특성상 사람이 중요하고, 이직률도 높은 편이다. 따라서 임직원이 행복을 느끼지 않으면 회사의 노하우를 갖고 있는 직원들이 다른 회사로 떠날 가능성이 있다. 에코마케팅 사장은 "애써 키운 직원은 회사의 재산이나 다름없기 때문에 직원에게 다양한 기회를 제공하는 것은 회사의 재산을 위한 재투자나 다름없다"며 "우수한 직원들의 행복감을 높이는 것은 곧 기업 경쟁력"이라고 말했다.

• 자료 : 문희철(2010), "행복경영 사례 : 공정한 기회주기", 「매경이코노미」, 제1581호.

1. 성과관리의 의의

1.1 성과관리란?

성과관리(performance management)는 조직이 종업원들의 활동과 산출물이 조직목표에 기여한 바를 확인하는 과정이다. 기업에서 성과관리는 종업원을 평가하기 위해, 평가시스템을 구축하고, 이를 기반으로 관리자들이 종업원을 연례적으로 평가하며, 이를 성과와 연계하여 관리하는 방식이다.

많은 조직들은 기업의 지속적인 성장을 도모하기 위해, 평가와 보상을 연계한 성과시스템을 도입하고 있다. 그러나 문제는 평가지표를 통해 조직의 성과를 높이려고 하지만, 조직의 실적 향상은 고사하고 팀워크 등 조직분위기를 와해하거나 갈등을 조장하여 결국 조직의 성장을 떨어뜨리는 경우가 비일비재하다.

이와 같은 성과관리의 문제점은 평가지표의 문제점을 지적하는 사례를 살펴보면 더욱 쉽게 이해할 수 있다. 예를 들어, 병원에서 수술 도중 사망하는 환자 수를 관리하기 위해, 의사들의 수술 도중 사망비율이 일정 수준을 넘으면 벌점을 부과하도록 평가지표를 개선하였다. 그 결과, 병원에서 발생하는 사망률은 줄었으나, 의사들은 심각한 상태의 환자에 대한 수술을 꺼려하여 환자들이 수술실이 아닌 입원실에서 죽어 나가게 된다는 것이다. 또 하나의 사례를 들면, 새 정부가 출범하면서 성폭력, 가정폭력, 학교폭력, 불량식품 등 4대 사회악의 척결을 강조하면서 이를 달성하기 위해 국정지표로 제시하였다. 이에 많은 경찰들이 국정지표를 달성하기 위해 동분서주하여 4대 사회악과 관련된 지표는 단기간 개선되었지만, 역설적으로 살인, 강도, 절도 등 중요범죄에 투입되는 인력은 오히려 감소하게 되었다는 것이다.

이처럼 조직의 비전과 목적, 구성원의 동기부여 등을 고려하지 않은 상태에서 단기적 목표 달성을 위해 평가시스템을 설계하게 되면, 조직구성원들의 동기부여, 중장기적 비전이나 목적과 충돌이 일어날 수 있다. 따라서 조직의 평가시스템은 조직의 비전이나 목적과 연계되어야 하며, 또한 구성원들의 동기부여를 강화시키는 방향으로 설계되어야 한다. 그럼에도 불구하고, 기존의 전통적인 성과관리에 대해서는 성과평가를 하는 관리자나 평가를 받는 구성원 모두, 관리자들이 구성원들의 성과를 효과적으로 평가하고 있는 것인지? 구성원들은 자신이 제대로 평가받고 있는지? 라는 성과평가에 대한 의문을 갖는 경향이 강하다.

[표 6-1]에서 알 수 있듯이, 전통적인 성과관리에 대한 구성원들의 인식은 평가

[표 6-1] 성과관리의 문제점과 대안

문제점(problem)	대안(solution)
팀워크를 저해한다.	성과평가 기준으로 협업(collaboration)을 설정한다.
평가자가 일관성이 없거나, 다른 기준을 사용한다.	인사부서가 평가자들에게 평가오류 등 평가에 대한 교육을 제공한다.
성과가 매우 좋거나, 나쁜 종업원들에게만 도움이 된다.	종업원들이 향상시켜야 할 구체적인 행동이나 결과들을 평가한다.
종업원들은 단기목표 달성에만 관심을 갖는다.	성과평가 과정에서 장기 및 단기목표를 포함한다.
관리자들이 종업원들에 대해 절대적인 권한을 가지고 있다.	관리자들 역시 종업원들을 평가하는 방식에 대해 평가받아야 한다.
너무 주관적이다.	구체적인 행동과 결과를 평가한다.
감정적인 분노를 일으킨다.	행동에 초점을 두고, 종업원을 비난하지 않으며, 즉시 평가한다.

자료 : Siegel, J. A.(2000), "How Your Appraisal Process?", *HR Magazine*, pp. 199~202.

시스템이 팀워크를 저해하며, 평가자가 일관성이 없거나, 다른 기준을 사용하거나, 관리자들이 종업원들에 대해 절대적인 권한을 행사하고, 종업원들은 단기적인 목표에만 집중하게 되거나, 평가결과에 대한 피드백이 소홀하다는 비판을 받고 있다.

그러나 최근의 성과관리는 전통적인 성과관리의 한계점을 보완하고, 기업경영의 발전에 기여하고자, 새로운 대안에 대한 지속적인 고민과 변화를 추구하고 있다. 예를 들어, 과거의 평가가 평가자의 주관적인 판단에 의존했다면, 최근의 평가는 평가자의 오류를 줄이기 위해, 피평가자의 구체적인 행동과 결과를 평가한다. 특히, 최근 들어 기업들은 인재들의 핵심역량을 개발하기 위해, 단순히 부하직원들의 성과를 판단하고 이에 대한 등급을 매기는 것이 아니라, 구성원들의 역량 개발과 조직의 목표를 연계하기 위한 성과관리에 초점을 두고 있다.

성과관리의 문제점을 극복하고, 기업과 구성원 모두에게 도움이 되기 위해서는 성과관리에서 가장 중요한 것은 기업의 전략적 목표에 부합되는 구성원 목표를 설정하는 것이다. 그러기 위해 관리자들이 성과평가에 대해 구성원들과 의사소통을 활성화해야 하고, 평가기준이 동일해야 하며, 평가결과는 실적이 우수한 구성원과 그렇지 않은 사람을 식별할 수 있어야 한다. 그래야 성과평가는 조직 내 구성원들의 승진, 임금인상, 징계, 해고 등 인적자원관리의 정당성을 확보할 수 있다.

이런 목적을 달성하기 위해 성과관리는 기계적으로 반복되는 평가를 벗어나야 한다. 즉, 효과적인 성과관리는 조직의 전략과 연계되어야 하며, 조직전략의 틀 속에서 구성원들은 조직이 기대하는 목표를 명확히 인식할 수 있어야 한다. 그러기 위해서 평가 관련 각종 정보를 구성원들에게 공개하고, 목표 달성을 위한 개발기회를 제공하여야 한다. 특히 평가후 평가결과에 대한 피드백을 통해 구성원들의 부족한 점을 개발할 기회를 제공할 수 있어야 한다.

따라서 성과관리는 [그림 6-1]과 같이 진행되어야 한다. 성과관리는 조직의 전략과 연계되어야 한다. 물론 조직의 전략계획대로 업무가 수행된다고 단언할 수는 없지만, 전략이 체계적으로 수립되었을 경우, 조직의 전략은 부서 또는 팀에서 구체화될 것이다. 이러한 활동은 최종적으로 조직 내에서 업무를 수행하고, 책임져야 할 구성원들에게 업무가 할당될 것이다.

[그림 6-1] 성과관리 프로세스

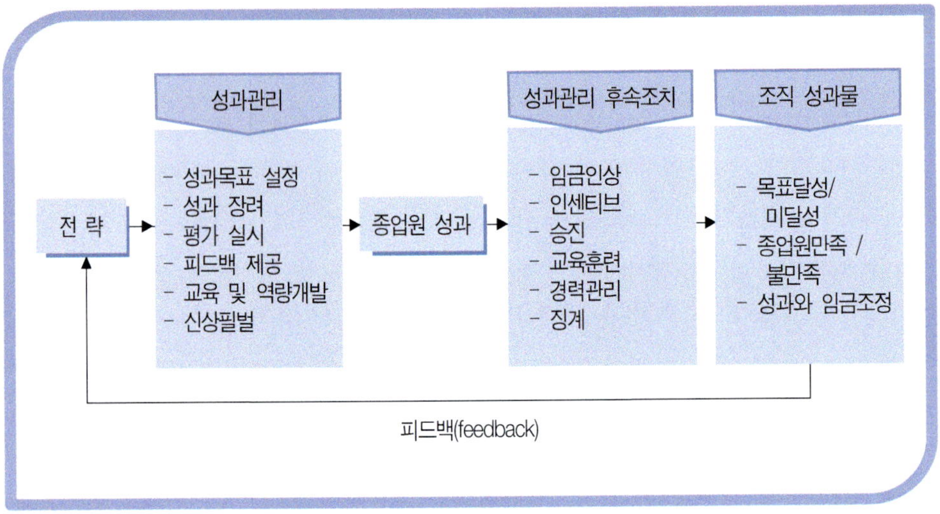

자료 : Lim, H. S., Mathis, R. L., & Jackson, J. H.(2010), *Human Resource Management*, Cengage Learning, p. 346.

1.2 성과관리의 목적

조직은 전략적 목적, 개발적 목적, 그리고 관리적 목적 등 3가지 목적을 달성하기 위해 성과관리 시스템을 구축한다. 그러나 국내기업의 성과관리 목적은 전략적 목적이나 개발적 목적으로 접근하기 보다는 여전히 많은 기업들이 단순히 관리적 목적으로 접근하는 경향이 많다. 기업의 장기적인 성장을 도모하기 위해서는 관리적 목적을 넘어, 전략적 목적 및 개발적 목적과의 정합성(alignment)을 달성해야 할 것이다

첫째, 전략적 목적(strategic purpose)은 효과적인 성과관리를 통해 조직이 사업목표를 달성하도록 돕는 것을 의미한다. 즉, 종업원의 행동과 조직의 목표를 연결시키는 것이다. 성과관리는 인력에 대한 조직의 기대를 정의하는 것부터 출발한다. 그리고 종업원들에 대한 기대가 충족되고 있는지를 파악하기 위해 종업원 개인의 성과를 측정한다. 이를 통해 조직은 교육훈련과 인센티브를 실행하게 된다. 성과관리는 측정결과가 실제로 조직목표와 연결되고, 목표와 성과에 대한 피드백이 종업원들에게 제대로 전달될 때 비로소 전략적 목적을 달성할 수 있다.

둘째, 성과관리에는 개발적 목적(developmental purpose)도 있다. 종업원들의 지식과 기술을 발전시키는 토대로 성과관리를 활용하는 것이다. 성과 피드백을 받거나,

성과 관련 토론을 할 때, 성과평가의 결과가 활용되는 데, 종업원들은 관리자의 기대 수준에 부응하려고 노력하면서 보다 발전적으로 변화하게 된다. 효과적인 피드백은 종업원들에게 자신의 강점을 인식하게 하며, 그들이 성장할 수 있는 영역을 가르쳐 준다. 또한 자신의 약점을 토론함으로써 종업원 자신과 관리자가 문제의 원인을 파악하게 하며, 개선방안을 찾을 수 있게 된다.

마지막으로 관리적 목적(administrative purpose)은 보상, 복리후생, 표창 등에 사용된다. 성과관리는 인력의 채용, 상벌, 유지, 해고 등과 관련된 의사결정을 지원한다. 성과관리는 이런 관리차원의 의사결정들을 지원하기 때문에, 성과평가(performance appraisal)는 종업원의 미래에 큰 영향을 미치게 된다. 평가결과가 부정적이어서 해고되거나 임금이 삭감되는 경우 관리자들은 성과평가를 꺼리게 된다.

2. 성과관리의 전략적 평가기준

성과관리의 가치는 조직의 전략과 성과 향상에 얼마나 기여하느냐에 달렸다. 구체적으로 성과관리의 전략적 가치를 평가하는 데에는 5가지 요소가 적용될 수 있다.

첫째, 평가기준은 전략적 통합(strategic congruence)으로서, 성과관리가 조직의 성공적인 전략경영에 필요한 바람직한 행동과 성과를 구성원들로부터 실제로 창출해 내는 정도를 의미한다. 고객만족이 전략목표인 조직에서 성과관리의 전략적 가치는 구성원들의 성과를 통하여 성공적인 고객만족경영에 실제로 기여하는 것이다. 성과관리가 전략적 통합관점에서 높은 가치를 유지하려면, 항상 변화하는 기업의 전략목표에 유연하게 적응해 나가야 한다. 따라서 급변하는 조직환경과 전략목표 하에서 성과관리 시스템의 전략적 통합을 유지하는 것은 매우 어렵고, 따라서 이것이 현대 조직의 전략적 인적자원관리의 중요한 과제이다.

둘째, 성과측정의 타당도(validity)는 측정해야 할 성과를 실제로 측정하는 정도로서, 성과관리의 내용타당도(content validity)라고 할 수 있다. 성과측정에는 측정해야 할 성과가 빠졌거나 측정해야 할 성과와 무관한 '성과'가 포함되는 경우가 많이 있다. 판매실적만으로 판매원의 성과를 측정하는 것은 측정해야 할 성과(고객서비스)를 빠뜨린 경우이고, 독점시장에서의 판매업적 만으로 판매원의 성과를 측정하는 것은 측정해야 할 성과(새 시장개척)와 무관하거나, 측정된 자료가 오염된 경우이다. 성과관리의 타당도는 평가요소들이 구성원들의 성과를 측정하는데 있어서 측정해야 할 성과를 실제로 얼마나 잘 측정하느냐에 달렸고, 타당도가 높을수록 성과관리의 전략적 가치는 물론 커진다.

셋째, 성과관리의 신뢰도(reliability)는 근본적으로 성과측정 결과의 일관성을 의미하는 것이며, 신뢰도가 높을수록 성과관리의 전략적 가치는 크다. 성과측정 결과의 신뢰도는 평가자들 간의 신뢰도(interrater reliability)와 평가항목들 간의 내적 신뢰도(internal consistency reliability), 그리고 시기상의 신뢰도(test- retest reliability)를 포함한다.

넷째, 성과관리의 수용도(acceptability)는 성과관리시스템을 사용하는 구성원들(평가자, 피평가자, 기타 평가자료 사용자)이 실제로 성과관리시스템을 얼마나 잘 수용하고, 이를 활용하는지를 의미한다. 성과관리의 타당도와 신뢰도가 높다 하더라도 성과관리에 너무 많은 시간이 소요된다면, 평가자와 피평가자는 이에 거부감을 갖게 될 것이다. 성과관리의 타당도와 신뢰도는 물론, 합법성과 정당성 그리고 공정성이 구성원들의 수용성에 많은 영향을 준다. 성과관리시스템에 대한 구성원들의 수용성이 높을수록 전략적 가치는 물론 크다.

마지막으로 피드백은 성과평가 결과가 구성원들에게 피드백의 역할을 얼마나 잘 하고, 성과 향상을 위한 구체적인 개선방안을 얼마나 잘 제시하느냐를 의미한다. 성과관리가 평가결과를 통하여 평가자와 피평가자에게 성과상의 전략적 통합 정도를 알려주고, 전략적 통합수준을 높이는 데 구체적인 도움을 줄수록 전략 목표 달성에 기여하는 바가 크고, 따라서 성과관리의 전략적 가치가 커진다.

3. 성과관리의 체계와 방법

3.1 성과관리의 체계

성과관리는 무엇을(what), 누가(who), 어떻게(how) 평가하느냐에 초점을 두어 평가관리를 체계화시켜야 한다. '무엇을' 평가하느냐는 성과평가의 구조적 측면에 해당되며, 이는 성과평가의 '대상'인 것이다. 또한 '누가'와 '어떻게' 평가하는가에 해당하는 것이 성과평가의 '과정'이다. 따라서 평가는 어떤 평가이든 효과적으로 정착하기 위해서는 평가기준과 평가행위에 공정성이 확립되어야 하고, 이를 위해서는 평가대상과 과정에 신뢰성과 타당성이 있어야 한다.

1) 평가의 대상

어떤 평가든 성과관리에서 가장 중요한 과제는 '무엇을' 평가할 것인가 하는 평가대상, 즉 평가영역을 합당하게 효과적으로 확정하는 것이다. 성과평가에서도 구성원의 '무엇'에 대한 평가를 해야 할 것인가 하는 평가영역을 확정하는 것이 무엇보다도 중요하다. 성과평가의 대상은 구성원의 직무수행능력과 업적이라 할 수 있다.

[그림 6-2] 성과평가의 대상과 과정

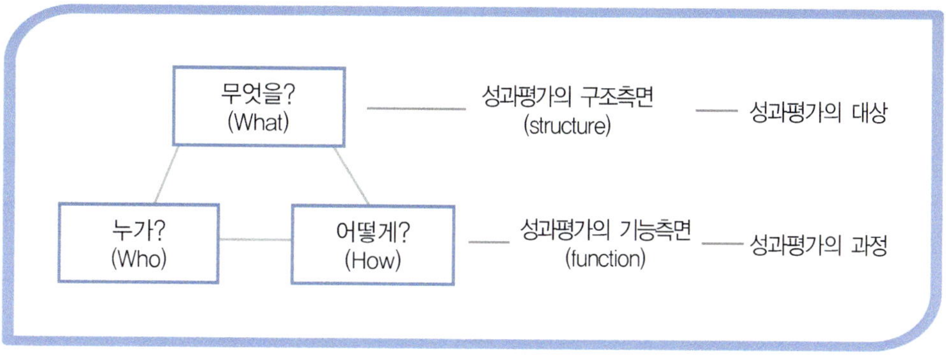

자료 : 최종태(2000), 현대 인사관리론, 박영사, p. 426 수정.

조직구성원은 조직성과를 창출할 수 있는 업무수행능력을 지니고 있어야 한다. 구성원의 업무수행능력은 [그림 6-3]과 같이 보유능력과 발휘능력으로 나눌 수 있다.

[그림 6-3] 능력, 태도, 업적

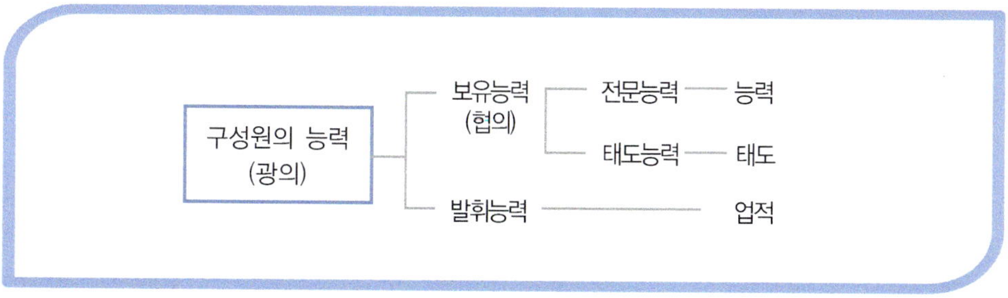

자료 : 최종태(2000), 현대 인사관리론, 박영사, p. 426.

구성원의 능력을 광의로 해석할 때는 보유능력과 발휘능력 모두 포함되지만, 이를 협의로 정의할 때에는 보유능력만을 의미하며, 이는 전문능력인 '능력'과 태도능력인 '태도'로 구분된다. 일반적으로 조직에서 구성원들에 대한 평가기준은 이상의 3가지 – 능력, 태도, 업적 –가 포함된다.

성과평가는 이 3가지 기준에 따라 능력평가, 태도평가, 업적평가로 구분하여 평가하는 것이 일반적이다. 그러나 최근 기업에서는 실적을 강조하면서, 능력평가와 태도평가를 하나로 묶어서 '능력평가'로 단순화하여, '능력평가'와 '업적평가'로 조직구성원들을 평가하고 있다. 이러한 능력평가는 구성원에 대한 미래지향적이고 투입지향적인 평가의 특성으로 구성원의 잠재적 능력을 평가하게 된다. 또한 업적평가는 구성원에 대한 과거 및 현재 지향적이고 결과지향적인 평가의 특성을 가지고 있다.

따라서 능력평가는 구성원의 신분관리와 관련하여 승진, 배치전환, 경력개발, 교육훈련 등의 합리적인 관리목적에 활용되며, 업적평가는 구성원의 보상관리와 관련하여 임금, 성과배분, 상여금, 복지후생 등의 합리적인 관리목적에 보다 더 적극적으로 활용된다.

3.2 평가 시기와 빈도

성과평가는 1년에 언제, 얼마만큼 해야 하는 것인가? 대부분 기업들은 1년에 한번 또는 상·하반기 각각 두 번 정도 평가를 실시하는 것이 일반적이다. 그러나 피평가자의 업무실적과 평가자의 평가시기에 따라 평가오차는 발생하게 되며, 이를 고려한 공정한 평가에 대한 고민이 필요하다.

성과평가는 피평가자의 과업사이클(task cycle)에 맞추어서 중요 과업이 완료되고, 평가자가 충분한 시간을 투입할 수 있는 시기에 실시하는 것이 가장 효과적이다. 그러나 경영관리 관점에서의 편의와 승진·승급의 결정시기 등 실질적인 문제가 성과관리 시기 선정에 작용하는 것이 사실이다. 이러한 점을 감안한다면, 성과를 개인별로 신축적으로 평가할 수 있는 목표관리(management by objectives : MBO)에 의한 성과관리 방법이 효율적일 수 있다.

따라서 기업 내 성과평가는 피평가자의 과업사이클과 기업의 경영관리를 감안하여 평가시기를 신중히 선정하여야 한다. 그러나 실제 기업 현장에서는 시간 및 예산상 제약에 따라 보편적으로 1년을 주기로 성과평가를 실시하고 있다. 이러한 현실을 감안하여 평가를 실시하더라도 성과평가의 오류를 보정(補正)하기 위해 평가자에 대한 교육훈련, 직종별 또는 직위별로 평가 시기 조절, 다면평가 등을 고려하여 평가 시기 및 빈도를 선정하여야 하겠다. 중요한 것은 공식적인 성과평가는 1년에 한 번씩 실시하더라도 비공식적인 피드백은 피평가자에게 자주 제공함으로써, 구성원들의 동기를 강화하는 것이 바람직하다는 것이다.

현장이야기 1

Aetna의 성과관리 방법

건강, 생명 및 상해 보험을 주로 취급하는 Aetna에는 34,000명 이상의 종업원이 있다. 그 회사의 스탭들은 회사의 미션인 "사람들이 건강과 재무적 보장을 받을 수 있도록 도와주는 것"을 달성하기 위해 고용주, 의료진, 환자, 공무원들과 함께 일한다. 몇 년 전, 이 회사는 성과관리 문제 때문에 생존을 위해 고군분투해야 했으며, 큰 손해를 입었다. 종업원의 기술과 지식에 너무 의존적인 산업에 속해 있어 이 회사의 성과평가 접근법은 단편적일 수 밖에 없었고, 경영자는 종업원들이 무엇을 하는지 잘 알지 못했다.

새로운 경영진들은 Aetna의 우수한 성과관리 시스템을 구축하기 시작했다. 관리자는 종업원들의 성과를 검토할 때가 되었을 때, 온라인에 접속해 주관적인 기준과 더불어 특정한 프로그래밍 언어에 대한 지식과 같은 객관적인 기준을 활용하여, 종업원들의 기술 및 역량을 평가할 수 있는 "대시보드"를 활용한다. 회사는 43개의 직무와 능력을 확인했고, 관리자들은 각 종업원들의 직위에 맞게 직무와 능력을 평가한다. 또한 종업원들은 스스로를 평가해 보고, 관리자들과 대면 미팅을 통해 자신과 관리자의 평가에 관한 차이에 대해 논의하게 된다.

대시보드는 관리자가 필요한 훈련을 평가하도록 도와준다. 즉, 종업원들이 특정 영역에서 미숙함을 부인다면, 관리자들은 종업원들에게 필요한 훈련을 확인하기 위해 그 시스템을 활용할 수 있다. 5점 척도를 통한 개별 종업원에 대한 전반적인 평가는 관리자가 좀더 많은 인센티브를 제공해 주어야 하는 고성과자를 확인하는데 도움을 준다. 기대 이상의 성과를 달성해 5점을 받은 종업원은 승진대상자로 고려된다.

웹에 기초한 시스템은 관리자가 보다 쉽게 성과평가를 하고 적시에 보고서를 제출할 수 있도록 해 준다. 또한 종업원들은 자신의 업무가 조직목표에 대해 어느 정도 기여했는지를 쉽게 볼 수 있다. Aetna에서는 경영진들이 매년 연말에 회사의 전체 목표를 정하면, 그 이후 부서, 팀 및 개인별로 하부목표를 세우게 한다. 최근 설문조사에서는 종업원들의 83% 정도가 Aetna의 "전략 및 경영상의 성공적인 목표달성에 기여"하는 방법에 대해 이해하고 있음을 확인했다. 4년 전에는 59% 정도만이 이해했었다.

• 자료: Michael Myser(2007). "Bosses Get a Helping Hand" Business 2.0.

3.3 평가방법

평가방법과 평가도구 개발의 노력은 성과관리에서 가장 먼저 체계적인 연구가 이루어진 영역이라 할 수 있다(한태영, 2013, p. 76). 즉, 학자들은 효과적인 평가방법이 무엇인지 검증하는 과정에서 실무적으로도 조직현장에서 사용하기 용이한 평가도구를 개발하는 데 많은 노력을 기울여 왔다. 따라서 성과평가[1]는 기업의 업종이나 특성, 내용, 규모, 실시목적 등에 따라서 각각 적합한 방법이 고안 및 채택되어야 한다. 또한 성과평가를 실시하는 데 있어서 무엇보다도 평가자의 주관과 편견, 그리고 속단 등이 배제되어야 하며, 객관적이고 공정한 방법으로 실시되어야 한다. 이를 위해서는 다음 네 가지를 고려해야 한다. ① 평가대상과 목적에 맞는 평가요소를 선정할 것, ② 평가방법이 객관적이고 비교 가능할 것, ③ 평가자가 적절할 것(적격자), ④ 평가과정상의 합리성을 유지(심리적 편향 방지) 하는 것이다.

1) 상대평가 방법

상대평가는 한 집단의 점수를 성적이 높은 순으로 배열하기 때문에, 집단 내에서의 개인간의 성과 차등화가 쉽고, 관리자의 의사결정에 유익하며, 개발과 사용이 용이하며, 평가자의 주관적 입장이 반영되지 않기 때문에 공정하다는 장점이 있다. 그러나 조직전략과의 연계성이 부족하거나, 신뢰성과 타당성이 평가자에게 의존하는 경향을 보이며, 우수한 집단만 있는 등급과 우수하지 못한 집단만을 갖고 비교할 때, 어느 집단이 더 우수한지 등은 평가할 수 없는 단점이 있다. 이러한 상대평가 방법으로는 서열법, 쌍대비교법, 강제할당법 등이 있다.

(1) 서열법(Ranking method)

서열법은 성적순위법, 순위비교법이라고도 한다. 근무성적이나 근무능력에 대해, 모든 구성원들을 최고순위에서 최하순위까지 서열을 매기는 방법이다. 서열법은 종합적으로 순위를 매기는 방법과 각 요소마다 매겨, 이를 종합하는 방법이 있다. 쉽게 활용할 수 있으나, 종업원의 수가 많을 경우에는 순위를 붙이기가 곤란하고, 반대로 종업원 수가 너무 적어도 순위가 가지는 의미는 없어진다. 이 방법은 동일직무에 대하여서만 적용될 수 있고, 이종직무나 부서간의 비교에는 부적합하다.

---

1) 이하에서는 성과평가를 인사평가, 인사고과 등으로 함께 사용한다.

[표 6-2] 서열법의 예

평가요소	현재능력	잠재력	태 도	업 적	순위합계	최종순위
○○○	3	3	4	4	14	4
□□□	1	2	3	2	8	2
△△△	4	1	1	1	7	1
×××	2	4	2	3	11	3

(2) 쌍대비교법(Paired comparison method)

쌍대비교법은 많은 피평가자들을 서열화하는 과정에서 비일관성이 나타나는 현상을 막기 위해서, 피평가자간 비교를 좀 더 쉽게 만들어서 평가결과의 신뢰성을 높이기 위한 방법이다. 구성원들 중에서 2명 씩을 골라 계속해서 비교하는 것으로 비교의 빈도가 매우 높아지게 된다. 예를 들면, A・B・C・D의 4명일 경우에는 A－B, A－C, A－D, B－C, B－D, C－D의 6개 조합(combination)으로 짝지어 각각을 평가한다. 즉, 피고과자 총수 n명을 두 사람씩 짝지어 평가하기 위해서는 nCx = {n(n－1)} / 2의 공식에 의거 4C2 = {4(4－1)} / 2 = 6회의 비교평가를 해야 한다. 일일이 비교하는 것이 번거로울 수 있지만, IT를 활용한 인사정보시스템이 발달한 현재에는 평가프로그램을 구축하여 보다 쉽게 활용할 수 있다.

(3) 강제할당법(Forced distribution method)

강제할당법은 평가자의 관대화 경향이나 중심화 경향을 방지하기 위하여, 사전에 일정한 평가의 범위와 수를 결정해 놓고, 일정한 비율에 맞추어 강제로 할당하는 방법이다. 이 평가방법은 피고과자의 수가 많으면 평가결과가 정규분포를 이룰 수 있다는 가정에 근거하고 있으며, [그림 6-4]와 같이, 일반적으로 기업에서 이 방법을 사용할 때는 수, 우, 미, 양, 가와 같은 5단계 척도를 사용하여, 수 10%, 우 20%, 미 40%, 양 20%, 가 10%와 같은 비율을 사용한다.

이 방법은 평가자의 관대화 경향이나 중심화 경향과 같은 개인간의 항상오차를 제거할 수 있다는 장점을 지니고 있으나, 실제로 피평가자들의 능력과 업적 등이 정규분포곡선이나 강제분포비율과 일치하지 않는다는 단점이 있다.

[그림 6-4] 강제할당법의 예

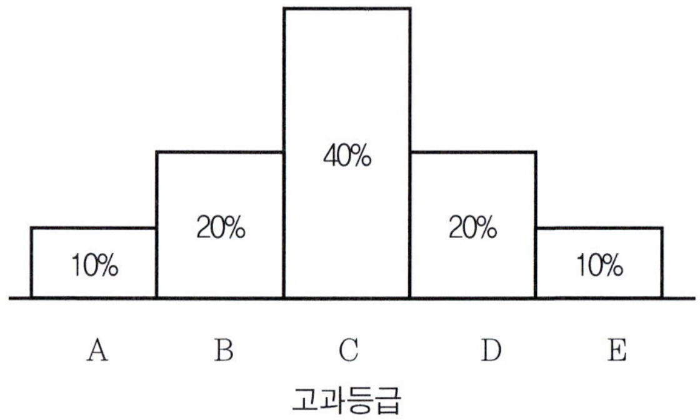

2) 절대평가 방법

절대평가 방법은 절대적인 기준에 의하여 평가하는 방법이다. 성과평가를 실시할 때 개개인에 대해 기대치를 명확하게 하여, 그것에 대해 어떻게 응답했는가를 평가하는 것을 말한다. 예를 들면, 자격등급제 기준을 설정하여, 그 기준을 얼마만큼 달성했는가를 평가하는 방법이다. 이 방법에서는 전원이 우수하여 기준을 충족시키는 경우에는 전원에게 5점 척도에서 '5'를 주게 된다. 이러한 절대평가 방법으로는 평정척도법, 체크리스트법, 강제선택법, 자유기술법, 중요사건평가법, 행위기준고과법, 행위관찰고과법 등이 있다.

(1) 평정척도법(Rating scale method)

평정척도법은 비교적 간단하여, 기업의 인사평가에 많이 활용되고 있다. 이 평가방법은 먼저 지식, 숙련, 노력, 근무성적 등 필요한 분석적 평가요소를 선정하여, 이들 평가요소에 내포되는 능력과 행동을 해당 종업원이 어느 정도 발휘하고 있는지를 평소의 근무성적으로 판단하여, 인위적으로 점수를 매겨 수량화한 각 평가요소의 척도에 그 정도를 표시하는 것이다. 여기에는 연속성을 고려하지 않는 단계식 평정척도법과 연속성을 고려하는 도식평정척도법이 있다.

평정척도법의 장점은 가중치를 둘 수 있고 계량화가 가능하며, 분석적 평가가 가능하다는 것이다. 또한 평가자들이 별도의 교육 없이, 평가를 신속하게 완료할 수 있으며, 직무나 부서에 관련 없이 사용할 수 있다는 장점이 있다.

그러나 단점으로는 평가요소의 선정과 구성이 어렵고, 평가자의 평가오류를 방지하기 어려운 점과 서열자료를 계량화하는 문제 등을 들 수 있다. 특히 평가 항목과 척도가 애매모호한 관계로, 평가현실과 맞지 않는 경우가 많으며, 구성원의 성과개선을 위한 피드백을 제시하는 것이 어려운 단점이 있다. 또한 평가자의 판단과정에 부담을 주지 않기 때문에, 평가자가 불성실하게 평가할 수 있다.

① 단계식 평정척도법

평가요소의 척도를 몇 등급으로 구분하여 각 등급에 A, B, C, D, E 또는 수, 우, 미, 양, 가 등을 사용하여 척도를 정하고, 이에 의거하여 피평가자를 평가하는 방법이다.

[표 6-3] 단계식 평정척도법의 예

소속 :	성명 :				
평가등급 / 평가요소	수	우	미	양	가
① 지도력	○				
② 계획력		○			
③ 판단력			○		
④ 이해력				○	
⑤ 지 식					○
⑥ 적극성	○				
⑦ 협소성		○			
⑧ 직무의 양			○		
⑨ 직무의 질				○	
합계점수					

수 : 50점
우 : 40점
미 : 30점
양 : 20점
가 : 10점

② 도식 평정척도법

연속적인 수치로 평가척도를 사용하고 있다는 점에서 단계식 평정 척도법과는 다르다. 각 평가요소에 강약도의 등급을 매긴 연속적인 수치(등급)를 표시하고, 그 해당하는 곳에 체크를 함으로써 평가하는 방법이다. 도식 평정척도법은 사무・관리직이나 생산직 종업원에게 공통으로 사용할 수 있다. 사무・관리직에서는 직무지식, 판단력, 지도력 등이 큰 비중을 차지하며, 생산직에서는 직무의 양, 직무의 질 등이 큰 비중을 차지하게 평가된다.

[그림 6-5] 도식 평정척도 법의 예

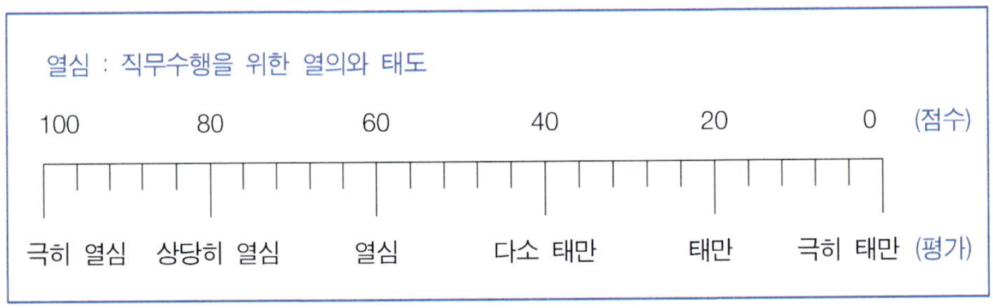

(2) 체크리스트법(Checklist method)

체크리스트법은 평가에 적당한 몇 가지의 표준행동을 구체적으로 기술한 문장을 소정의 리스트에 작성·기재하고, 종업원의 능력, 근무상태 등에 관하여 이 리스트와 대조하고 해당사항이 있으면 체크한 후, 일정한 채점기준표를 통하여 등급을 매기는 방법이다. 이 경우에 고과자는 체크해서 보고만 할 뿐, 그 평가는 인사부서에서 하게 된다. 체크리스트법은 평정척도법과는 달리 사실의 관찰과 계량화가 가능하다.

[그림 6-6] 체크리스트법의 예

고과요소 : 리더십은? (성명 : 조승행 팀장)

가중치		
4	☑	부하들에 대해 공정한 인사를 한다.
4	☐	부하들의 신망이 두텁다.
2	☑	문제에 부딪치면 결단력 있게 해결한다.
2	☐	다른 부서장들과 좋은 관계를 갖는다.
1	☑	부하들의 감정까지 읽으면서 통솔한다.
5	☑	부하들로부터 실력이 있다는 평을 많이 듣는다.

총점 : 12점(4+2+1+5)

※ 왼쪽의 가중치는 인사부서에서만 알고 있으며, 고과자는 해당되는 네모칸 안에 ✓표만 하면 됨.

장점으로는 현혹효과(halo effect)가 적고, 타 부서와의 비교가 가능한 점, 평가자의 심리적 부담감 감소, 평가요소가 실제의 일과 밀접하여 판단하기가 쉽다는 것을 들 수 있고, 단점으로는 전반적으로 업무를 망라할 행동기준의 선택이 어렵고, 점수화 절차가 복잡하다는 것을 들 수 있다.

(3) 강제선택법(Forced choice method)

1947년 미국 육군에서 처음 사용한 평가방법으로서 평가자의 편견을 최소화하려는 데 있다. 강제선택법은 평가자가 이미 정해진 평가구간에 따라서 피평가자의 직무수행점수를 강제로 배분하는 방식이다. 즉, 이 방법은 종업원의 행동이나 능력을 가장 적합하게 기술한 서술문 두 항목과 적합하지 않은 서술문 두 항목으로 구성된다. 예를 들면,

① 긴급한 상황하에서 책임질 수 있다.
② 태도가 항상 좋다.
③ 자신의 직무에 대한 관심이 결여되어 있다.
④ 상사의 지시에 의문을 갖는다.

위의 문장 가운데 ①, ②에서 한 항목, ③, ④에서 한 항목을 선택하는 것과 같다. 이 방법은 편견이나 일반적 인상에 의한 주관적 평가를 최소화시키는 동시에 관대화 경향을 방지할 수 있는 장점을 지니고 있다. 그러나 평가자들이 부하에게 개발목적으로 피드백을 해 줄 수가 없고, 항목을 설정하는 과정이 번잡하고 평가자의 심리적 압박감이 많아 별로 채택되지 않고 있다. 특히, 피평가자가 모두 우수한 성과나 아주 저조한 성과를 낼 경우에, 평가구간에 강제 배분해야 하기 때문에, 모두 우수한 성과를 내더라도 일부 구성원의 경우에는 낮은 점수에 배분될 수 밖에 없다는 단점이 발생하게 된다.

(4) 자유기술법(Essay appraisals)

자유기술법은 가장 단순한 방법으로 평가자가 개별 종업원의 장·단점과 과거의 성과 및 잠재적 요인의 향상을 위한 제언을 사실적으로 서술하는 평가방법이다. 물론 이 방법의 장점은 간단하고 단순하다는 점이다. 따라서 복잡한 형식이 필요치 않으며, 서술방법에 특별한 양식도 없다. 그러나 이 방법은 구조화되어 있지 못해서 내용이 다양

하게 나타날 수 있고, 개인간 비교가 어려우며, 평가자의 기술내용에 따라 평가결과가 상이할 수 있다.

(5) 중요사건평가법(Critical incident appraisals)

중요사건평가법은 평가자가 일을 효과적 또는 비효과적으로 수행하는 차이요인에 대해 핵심적이고 중요한 행동에 초점을 맞추어 평가하는 방법이다. 이때에 평가자는 종업원이 효과적 또는 비효과적으로 일을 하고 있는지의 여부를 기록하게 된다.

중요사건평가법은 다음과 같은 절차를 거쳐 평가가 이루어진다(박홍배 · 채규옥, 2013, p. 122). ① 먼저 직무별 주요 직무요건을 리스트로 작성한다. ② 주요 직무요건이 결정되면, 이후 피평가자의 성공, 실패의 예나 중요한 사건에 항상 주의하도록 평가자를 교육시킨다. ③ 평가자는 관찰한 사건을 기록하며, 이를 토대로 평가한다.

이러한 행동기준 평가는 특성기준 평가보다 타당성이 높다. 그 이유는 직무와 관련되어 있기 때문이며, 특성보다 성과위주(예 : 적극적 · 창의적 또는 안이함) 등으로 평가되고, 동시에 행동 성과 중심으로 개선점을 찾게 되기 때문이다. 이 방법의 단점은 정기적으로 중요 사건을 기술하므로 시간적 소모가 크며, 관리자에게는 번거로운 일이 된다. 그리고 종업원의 중요 평가요소에 계량적 자료를 얻을 수 없어서 비교 · 서열화가 어렵다.

(6) 행위기준평가법(Behaviorally Anchored Rating Scale : BARS)

행위기준평가법은 행위기준평정척도법이라고도 부르며, 과거 수년간 학계에서 상당한 주목을 받아 온 평가방법이다. 이 방법은 인성적인 특질(personal traits)을 중시하는 정통적인 평가방법의 비판에 기초하여, 피평가자의 실제 행동을 관찰하여 평가하는 방법이다. 즉, 직무상에 나타나는 행동을 평가의 기준(anchor)으로 제시하여, 평가기준과 실제 피평가자의 행동을 평가하는 방법이다.

이러한 평가방법을 개발하기 위해서는 기준이 되는 대표적인 직무행동을 추출하고, 그 행동에 점수를 부여하기 위해 탁월한 행동과 미흡한 행동에 해당하는 다양한 직무행동의 사례를 도출하는 복잡한 단계를 거치게 된다. 평가에 활용되는 대표적인 직무행동과 행동기준을 도출하는 과정은 다음과 같다(한태영, 2013, pp, 81-84.). 첫째, 피평가자에 대해서 정확하고 효과적인 평가를 하기 위해서는 업무의 중복된 부분을 줄이고, 평가대상의 업무의 범위를 명확하게 할 수 있도록 피평가자의 업무를 규명하는 단계이다. 둘째, 업무의 범위를 정하고 나면, 해당 직무에 대표적인 직무행동을 추출하는 단계를 거치는 데, 이 단계에서는 직무담당자와 관리자가 주도적으로 직무수행의 여러 영역[2)]을 파악하게 된다. 셋째, 추출된 문항은 원래 의도했던 직무와 관련이 없는 문항인 경우도 있고, 직접적으로 관찰하는 것이 가능하지 않는 경우도 있으며, 애매모호한 내용인 경우도 있다. 이에 행동문항을 직무수행 차원으로 재분류하는 단계를 거쳐, 좀더 완벽해진 문항의 군집을 선정하게 된다. 넷째, 완성된 문항을 직무수행 차원에 할당하고 나면, 직무담당자와 관리자가 각 직무행동 문항을 보고, 행동 문항에 점수를 부여한다. 즉, 비효과적인 행동을 1점에 해당하는 행동으로 정하고, 가장 효과적인 직무행동에 최고점수를 할당한다. 다섯째, 이 평가법은 평가자가 관찰할 수 있는 직무행동에 초점을 두기 때문에, 평가의 시간범위를 결정하는 것이 매우 중요하다. 예를 들어, 평가기간이 길게 될 경우에는 평가자의 기억의 한계로 최근 오류(recency bias)[3)]가 생길 수 있으므로, 가능한 짧은 기간으로 여러 번 나누는 것이 효과적이다. 마지막으로, 이상의 과정을 거쳐서 완성된 문항을 직무와 조직의 특성에 맞는지 확인하고, 행동문항의 점수를 기초로 평가문항의 각 점수에 적절히 배분한다.

행위기준평가법은 중요사건평가법과 도식평정척도법의 주요 요소를 합쳐 놓은 것이며, 업무중심으로 특정 행동을 평가하기 때문에, 상대적으로 오류가 적고 믿을 만한 방법이다. 행위기준평가법의 주요한 특징은 첫째, 다양하고 구체적인 직무에 적용이 가능하다는 점이다. 둘째, 특정 직무에 대한 성과를 정의하고, 그에 따른 평가방법과 가중치를 공개하여 피평가자가 그것을 인식하고, 업무를 수행할 수 있도록 함으로써 업무개선 효과를 거둘 수 있다. 셋째, 목표관리의 일환으로 사용될 수 있다. 즉, 어떤 행동이 목표 달성과 관련이 있는지를 인식하게 하므로 피평가자는 주어진 목표를 달성하기 위해 노력한다. 넷째, 구체적인 행동이 수집됨으로써, 기업의 교육훈련의 기초자료로 활용할 수 있다.

---

2) 직무수행 영역이란 원하는 성과에 결정적인 영향을 주는 직무차원이어야 하며, 이를 직무수행 차원(performance dimension)이라 한다.

3) 최근 오류(recency bias)는 평가기간 전체의 실적이 아니라, 최근의 실적이나 능력을 중심으로 평가함으로써 발생하는 오류를 말한다. 근무성적평정은 대개 1년 내지 6개월로 된 전체 평정기간의 근무성적을 평가하도록 되어 있지만, 대체로 전체 기간의 근무성적을 종합하여 평정하지 못하고, 최근의 근무성적에 대한 인상을 가지고 평정하는 경향이 있다.

[그림 6-7] 행위기준평가법 예시(갈등관리)

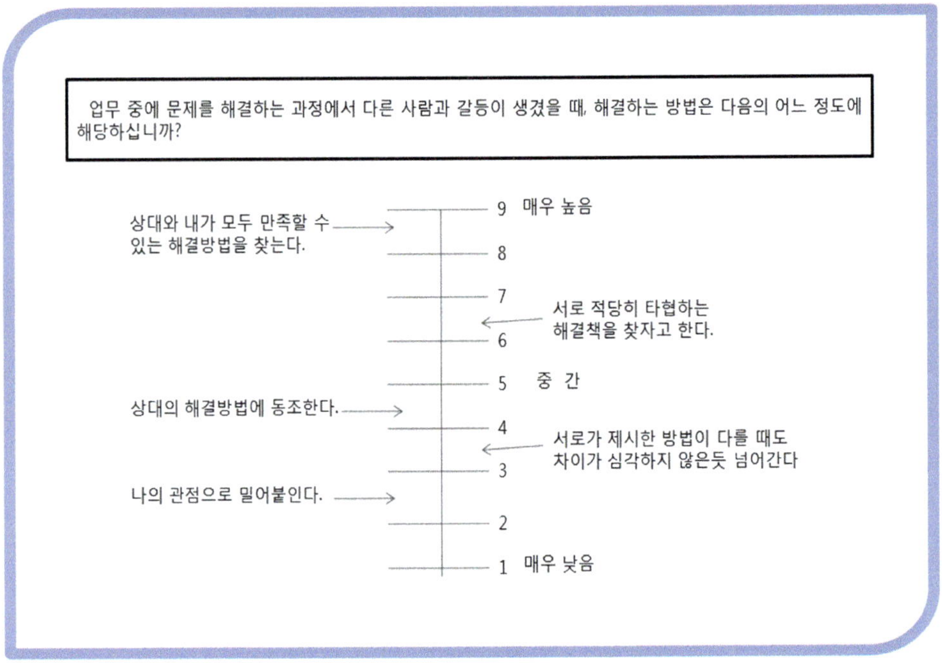

자료 : 한태영(2013), 「인사평가와 성과관리」, 시그마프레스, p. 82.

이 방법의 장점은 특정 기술과 특정 행동에 초점을 맞추기보다 오히려 이를 성과차원으로 나누고 있다는 점이고 이해가 쉽다는 점이다. 또한 피평가자의 직접적인 참여를 통하여 공동으로 설계되므로, 성과평가에 대한 적극적인 관심과 참여를 유도할 수 있다. 그러나 행위기준평가법은 직무수행자와의 공동설계에 많은 시간이 소요되며, 과업마다 별도의 기준행동과 평가척도를 설계해야 하고, 직무마다 개별적으로 고과양식이 설계되어야 하므로, 많은 시간과 비용이 든다. 또한 물론 분석가는 체크리스트를 근거로 점수화하는데, 중요도에 따라 가중치를 두게 되며, 평가자와 분석가의 견해와 관점이 다르기 때문에 편견을 증대시킨다. 이 방법은 체크리스트 항목에 따라 결과가 상이하게 되므로 비효율적인 방법이라 하겠다.

(7) 행위관찰평가법(Behavioral Observation Scale: BOS)

행위기준평가법이 실무적용이 어렵다는 문제점이 노정되면서, 이에 대한 새로운 대안이 모색되었으며, 그 중 하나가 행위관찰평가법이다. **행위관찰평가법은 평가자에게 평가의 기준점으로 제시된 구체적인 행위에 대해서 피평가자가 수행한 빈도를 묻도록**

구성되어 있다. 행위기준평가법이 피평가자의 행위가 바람직한 것인지 아니면, 바람직하지 못한 것인지를 결정해 점수화하는 것에 반해, 행위관찰평가법은 보통 7점 척도로 구성된 행동문항에 대해서 평가자가 각 문항에 대한 피평가자의 행위빈도에 따라 등급을 부여하게 된다. 구체적인 개발절차는 ① 먼저, 중요사건을 활용하여 직무분석한다. ② 도출된 행동에서 핵심행동 사례를 추출한다. ③ 어떤 행동이 중요한 사례로 관찰되는지 조사하여, 요인분석하고 평가차원을 구성한다. ④ 구성타당도를 보완하여 행위관찰평가법을 완성한다(한태영, 2013, p. 87).

행위관찰평가법은 다음과 같은 장・단점이 있다(한태영, 2013, p. 86). 먼저 장점으로는 첫째, 평가에 적용되는 행동은 체계적인 직무분석을 통해 도출되고, 평가자와 피평가자에게 익숙한 행동이기 때문에 평가자가 척도를 이해하기 쉽고, 피평가자는 어떤 행동에 관해서 자신이 평가받는지 명확하게 할 수 있다. 둘째, 피평가자의 강점과 약점에 대한 구체적인 피드백이 가능하기 때문에 직무에 필요한 역량을 육성하는 면에서 유용하다. 셋째, 평가되는 직무수행 차원들이 현재의 직무에서 도출한 것이기 때문에 내용적으로 타당성이 높다. 그러나 단점으로는 첫째, 일반적으로 평가가 1년에 한번 실시

[표 6-4] 행위관찰평가법의 평가표

변화에 대한 저항 극복 능력

1. 구성원에게 변화의 자세한 내용을 설명한다.
   전혀 그렇지 않다 1 2 3 4 5 매우 그렇다
2. 구성원에게 변화가 왜 필요한지를 설명한다.
   전혀 그렇지 않다 1 2 3 4 5 매우 그렇다
3. 구성원에게 변화가 어떠한 영향을 주는지를 토의한다.
   전혀 그렇지 않다 1 2 3 4 5 매우 그렇다
4. 구성원의 관심사에 관심을 가진다.
   전혀 그렇지 않다 1 2 3 4 5 매우 그렇다
5. 구성원에게 변화가 잘 정착하도록 도움을 구한다.
   전혀 그렇지 않다 1 2 3 4 5 매우 그렇다
6. 구성원의 관심사에 반응하기 위하여 사후점검 미팅을 정한다.
   전혀 그렇지 않다 1 2 3 4 5 매우 그렇다

총점수 = (　)점

평균 이하(6-10) 평균(11-15) 좋음(16-20) 탁월함(21-25) 매우 뛰어남(26-30)

자료 : Latham, G. P., & Wexley, K. N.(1994), Increasing productivity through performance appraisal, Mass: Addison-Wesley Publishing Co. Inc., p. 56.

될 경우에는 피평가자의 행동을 기억하는 것에 대한 오류가 발생할 수 있다. 둘째, 최고점수에 해당하는 것이 95~100%의 빈도로 나타나는 행동이라면, 그러한 행동빈도가 어느 정도인지 실제로 평가자가 판단하기 어렵다. 셋째, 행동문항에 해당하는 행동만 관찰하게 되기 때문에, 다양한 직무행동 정보를 수집하지 못하게 되는 단점이 있다.

3) 목표에 따른 평가방법 : 목표관리법(MBO)

목표관리법(management by objectives : MBO)이란 상사와 부하가 공동으로 목표를 설정하고 달성된 성과를 공동으로 토의함으로써, 개인과 조직의 목표를 통합하고 개인의 동기부여와 능력개발을 증진시키려는 경영기법이다. 따라서 이 방법은 조직의 목표를 개인의 목표로 전환시키는 과정으로 목표설정, 실행계획, 자기통제, 주기적 검토의 4단계를 거치게 된다. 이 과정을 통해서 종업원은 성공적으로 직무를 수행하는 동안 특정 목표를 어느 정도 달성하였는지를 평가받게 된다([그림 6-8] 참조).

[그림 6-8] MBO 평가의 예시

MBO 평가대상 : 마케팅 팀장								
MBO목표	달성방안	KPI	목표 수준	평가 가중치	달성 수준	달성 도(%)	평가 등급	가중치 적용점수
· 경상이익 향상	· 판매촉진방안 확대 · 판매비용의 절감	· 경상이익률	20%	0.4	18%	90%	A:4	1.6
· 신규브랜드 매출신장	· 차별화 집중 · Target 고객 확대	· 신규브랜드 매출액	10억원	0.3	12억원	120%	S:5	1.5
· 리더십 강화	· 리더십 교육 참여 · 팀원들과의 지속적인 면담	· 팀원의 리더십평가	(정성적 평가)	0.1	정성적 평가	-	A:4	0.4
· 우수인재 확보	· 적극적행동 · 현 우수인재의 이직 예방	· 신규채용 인원수 · 연평균 팀인원수	4명 10명	0.1 0.1	4명 11명	100% 110%	A:4 A:4	0.4 0.4
합계			총점(5점 만점)					4.3
			100점 만점 환산 점수					86
			최종 업적평가등급					A

자료 : 김영재 외(2011), 신인적자원관리 제2판, 탑북스, p. 296.

피터 드러커의 SMART 목표설정

① 목표는 구체적(specific)이어야 한다. 바람직한 목표는 조직 및 개인이 정확히 무엇을 달성하려는 지를 명확히 담고 있어야 한다.
② 목표는 측정가능(measurable)해야 한다. 바람직한 목표는 목표결과를 측정할 수 있도록, 기업 및 개인의 목표는 계량화시킬 수 있어야 한다.
③ 목표는 달성가능 또는 행동지향적(achievable or action-oriented)이어야 한다. 목표는 조직 및 개인의 능력으로 달성할 수 있는 수준에서 결정되어야 한다. 달성가능한 목표는 구성원의 동기부여와 성취감을 높이지만, 달성불가능한 목표는 구성원에게 목표 포기나 좌절감을 경험하게 한다.
④ 목표는 현실지향적(realistic)이어야 한다. 바람직한 목표는 조직 및 개인의 여건 내에서 추구할 정도로 현실적이어야 한다.
⑤ 목표는 시간지향적(time-limited)이어야 한다. 바람직한 목표는 달성하고자 하는 목표시점을 구체적으로 설정해야 한다.

첫째, 목표 설정에서 조직 차원의 목표는 부서나 개인의 목표 설정시 하나의 지침이 되며, 관리자와 부하직원이 합의한 목표는 성과평가의 기준이 된다. 둘째, 실행계획 단계에서는 목표 달성을 위한 필요 행동이 무엇인지를 규명하고, 이들 행동대안 간의 관계를 명확히 하며, 각 행동대안을 수행하는 데 필요한 시간과 자원을 결정한다. 셋째, 자기통제 단계에서는 성과를 체계적으로 측정하고 모니터한다. 넷째, 주기적으로 진행과정을 검토하는 과정에서는 목표설정 단계에서 정해진 표준이나 기준에 벗어나는 행동을 종업원이 할 때에 교정조치를 취해 건설적인 방향으로 수정・검토된다. 검토과정에서는 개인에게 불리한 점을 최소화시키고, 미래 성과에 도움이 되도록 수정한다. 이때에 질적 목표는 피하고, 측정가능한 양적인 목표로 바꾸어야 한다.

[표 6-5] 목표관리법의 장・단점

장 점	단 점
- 결과 강조: 구성원이 목표에 대한 정확한 이해를 통해, 성과향상에 기여	- 단기적인 목표에 초점을 둠.
- 상급자와의 공동목표 설정으로 피평가자의 동기부여 강화	- 일방적인 의사결정 또는 신뢰가 구축이 안되었을 경우, 사용하기 힘듦.
- 업무수행 과정 및 종료 후의 피드백을 통해, 구성원들의 역량개발 기회 제공	- 목표 수립에 많은 시간이 소요

목표관리의 장점은 결과를 강조하는 점이다. 종업원은 자신에게 기대되는 것이 무엇이고, 어떻게 평가를 받는지, 그리고 목표의 표준이나 기준을 정확하게 알 수 있기 때문에, 기획과 통제는 조직의 성과발전에 기여하게 된다. 또한 상급자와의 공동목표 설정 및 피드백을 통해, 구성원들이 동기부여의 효과와 자기계발의 기회도 얻을 수 있다.

반면에 목표관리의 단점은 장기적인 목표보다는 단기적인 목표에 초점을 두게 된다. 종업원의 신뢰가 없는 경영환경에서는 효과적인 평가방법이 못된다. 일방적인 의사결정과 외부환경에 대한 지나친 의존은 실패하기 쉽고, 목표관리 과정을 유지하고 실행하는 데, 많은 시간이 필요한 것도 문제점으로 지적된다.

[표 6-6] 목표설정시 고려사항

1. 소속 조직의 목표나 상위 조직의 목표를 우선적으로 검토한다.
2. 소속 조직의 목표나 상위 조직의 목표가 달성되도록 개인의 목표항목을 결정한다.
3. 개인의 업무내용과 업무목록을 동시에 검토하여, 중요한 업무가 목표에 빠지지 않았는지 검토한다.
4. 목표는 가능하면, 구체적으로 설정한다.
5. 계량적인 수치의 산출이 가능할 경우, 계량적인 수치로 목표를 정한다.
6. 계량적인 수치가 어려울 경우, 업무추진에 대한 세부계획을 설정하고, 세부계획의 일정을 구체화한다.
7. 본인의 노력에 따라 성과가 향상될 수 있는 목표를 설정하는 것이 효과적이다.
8. 목표결과의 완료시점을 정한다.
9. 측정이 곤란하다고 해서 목표에서 제외시켜서는 안된다.

• 자료 : 정종태(2013), 인사관리 기본과 실제, 시그마프레스, pp. 118-119.

목표관리에서 유의해야 할 점은 목표관리 자체가 바로 성과평가가 아니라는 점이다. 따라서 목표관리와 성과평가는 성과의 정확한 평가는 물론, 개인의 능력개발과 피드백 등 서로 공통된 목적을 지니고 있으므로, 두 시스템을 사용하는 경우에는 두 시스템의 장·단점을 상호보완 함으로써, 공정한 평가와 능력개발 그리고 동기부여에 긍정적인 효과를 가져 올 수 있다.

4) 평가센타법(Assessment center)

평가센타법은 종업원의 적성과 능력을 사전에 객관적으로 정확하게 평가함으로써, 인재선발과 육성, 특히 관리자의 육성개발에 이용하는 평가기법이다. 이 방법은 1956년에 미국의 AT & T사에서 처음 시도된 후, 대기업에서 실험적으로 도입되어 정확성에서 높은 평가를 받고 있다.

평가센타법은 대체로 직무수행 연습과 이에 대한 평가 등 전체 기간이 2-3일 동안이며, 이 기간 중에 다양한 방법 - 집단토의, 개인면접, 심리검사, 비즈니스게임, 상황문제해결, 사례연구, 시뮬레이션 등 -을 활용하여, 짧은 것은 10분간, 긴 것은 3시간 정도로 각각 다른 상황 설정의 연습을 7번이나 반복한다. 특히 중요하다고 생각되는 연습은 VTR로 전부 녹화하며, 본인의 행동결과인 문자, 메모, 보고서, 차트 등을 수록하여 필요하다고 생각되면, 이 결과에 대한 면접도 실시한다. 이와 같이 막대한 사실자료를 평가 종료한 후, 3일간 활동을 분류, 정리하여 행동의 의미를 부여한다. 보고서로 마무리하는 체계적인 시스템이 정비되어 있기 때문에, 훈련받은 자격자가 확실하게 프로세스를 밟아 가면, 객관적인 결과가 나오도록 되어 있다.

이러한 평가센타 방식의 특징은 관리자로서의 리더십에 대한 잠재능력을 파악할 수 있고, 리더십 능력과 그 능력의 장점과 단점에 대해 충분한 정보를 제공해준다는 점에서 관리자 선발기법으로써 서구에서 널리 활용되고 있으며, 국내의 경우 관리자와 더불어 금융권의 신입직원 채용을 중심으로 활용하고 있는 기업들이 늘고 있는 추세이다.

[그림 6-9] Assessment Center 체계

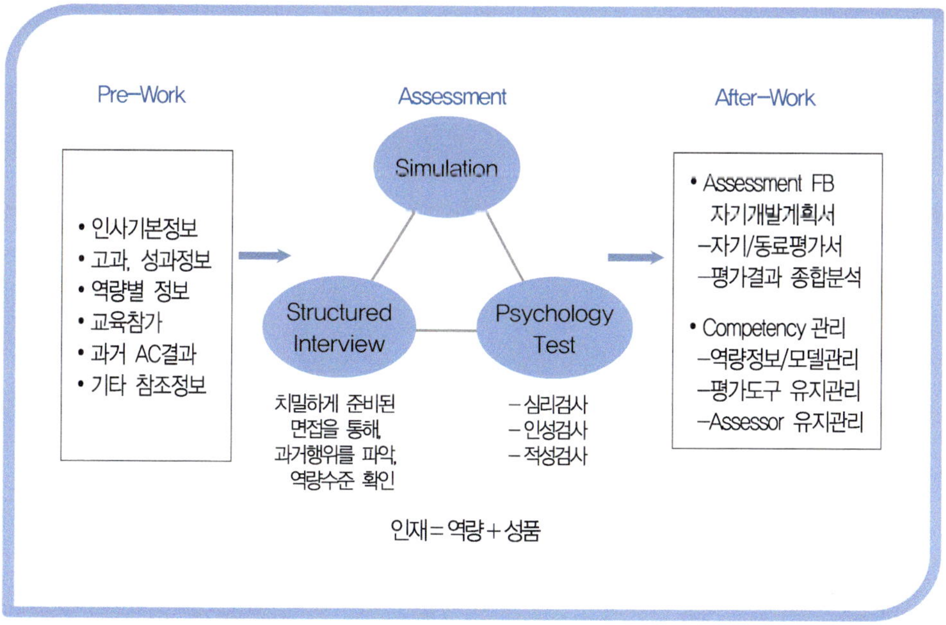

자료 : 홍순원(2006), 평가센터 활용 인사관리 워크숍자료집, KPI, p. 30.

그러나 이러한 평가센타법은 다음과 같은 문제점과 비판이 제기되고 있다. 첫째, 평가센타 방법은 선발되는 관리자가 실제 접하게 되는 직무상황을 완벽하게 시뮬레이터(simulate)하지는 못한다는 점이다. 둘째, 평가센터에서 시행되는 일련의 테스트는 주로 지원자의 언어능력과 관련된 것이 많다. 셋째, 관찰자가 사전에 잘 훈련되고, 의사결정상에 문제가 없어야 신뢰성과 타당성이 높아질 수 있는 데, 실제로는 그렇지 않은 경우가 있을 수 있다. 넷째, 평가센터는 여러 가지 기법들을 동원하고, 그 결과를 종합적으로 평가하는 방법이기 때문에 방법의 표준화가 어렵다. 다섯째, 예측타당성이 문제가 될 수 있다. 즉, 평가센터의 대상자들은 아직 관리자로서 직무를 수행한 경험이 없는 자가 대부분인데, 테스트항목이 관리자로서 5-6년 후의 사안을 검증하게 된다. 끝으로 평가센터방법은 시간과 비용이 많이 드는 단점이 있다.

따라서 평가센터법의 성공적인 운영을 위해서는 평가도구와 평가인력의 확보 및 유지와 같은 평가센터의 체계 확립이 우선되어야 한다. 또한 평가목적에 적합한 평가도구의 설계와 적용이 필요하고, 성공적 운영과 Pre-work를 통한 정보수집과 After-work를 통한 실천노력이 있어야 한다(홍순원, 2006, p. 30).

현장이야기 2

평가에 중요한 것은 무엇인가?
KPI에 대한 맹신을 버려라.

알다시피 KPI는 Key Performance Indicator의 약자입니다. 우리말로 핵심성과지표라고 하죠. 매년 말이나 매년 초에 조직이 달성해야 할 성과를 KPI로 구체화하고, 얼마나 달성해야 하는지 타겟을 설정합니다. 회사의 KPI가 설정되면 팀KPI가 결정되고 그에 따라서 개인KPI까지 설정되는데, 이를 '캐스캐이딩한다'고 말합니다. 캐스캐이딩은 굉장히 정교하고 논리적이고 과학적인 과정이라고 여겨지곤 합니다. 조직KPI와 개인KPI까지 한 눈에 보면 기업이 잘 돌아가도록 조정할 수 있다는 생각이 들죠. 마치 조종사가 비행기 계기판을 들여다보면서 비행기를 조종하는 것처럼(KPI를 설명하는 책에서 항상 등장하는 비유) 말입니다. 하지만 KPI는 절대 과학적이고 정교한 경영관리 도구가 아닙니다. 구체적으로 KPI가 어떤 문제가 있는지, 왜 KPI를 맹목적으로 믿으면 안되는지, 정리하는 차원에서 이야기하고자 합니다.

첫 번째 문제는 진정한 성과를 외면한다는 것입니다. 보통 KPI는 계량적으로 측정할 수 있는 것으로만 설정되곤 합니다. 그래야 평가를 해서 보상을 할 수 있기 때문인데, 그래서 우스꽝스러운 KPI가 등장하는 게 한 두 가지가 아닙니다. 전략수립 부서에서 정해진 KPI 중에는 '보고서 작성 개수' 같은 것이 설정되고, 인사부서에서는 직원들과 커뮤니케이션을 더 많이 하겠다면서 '간담회 성사 건수' 같은 것이 KPI로 떡 하니 올라갑니다. 많은 기업들의 진정한 성과의 대부분은 측정할 수 없는 비계량적인 부분에서 나온다는 것을 망각합니다. 개인이나 조직이 KPI는 다 달성했는데, 조직 전체로 보면 회사가 더 나아지지 않았는데도 성과급이 직원들에게 나가는 경우가 많은데, 그 이유는 바로 측정할 수 있는 계량지표만 KPI로 설정되기 때문입니다. 이를 보완하려고 비계량지표를 KPI로 설정하는 조직도 있지만, 문제는 사라지지 않습니다. 인사부서에서 '직원들의 커뮤니케이션 만족도'를 설정하지만, 조사 주체가 인사부서로 되어 있어서 얼마든지 만족도 값을 조작할 수 있죠. 교육부서에서는 직원들을 교육시키고 나서 '교육만족도'를 측정케 하지만, 교육의 장기적인 효과를 측정하는 데에는 실패하죠. 보통은 강사가 얼마나 교육생들을 재밌게 해줬는가만 측정되곤 합니다.

KPI의 두 번째 문제는 도전의욕을 떨어뜨린다는 것입니다. KPI의 원래 취지는 직원들의 도전의지를 높이자는 것인데, 오히려 의욕을 떨어뜨리고 게으르게 만드는 경우를 너무나 자주 접합니다. 도전적으로 목표치를 설정했다가 만약 달성하지 못하면 성과급을 못 받고 비난을 받죠. 그러니 팀장이 도전적인 목표를 세우라고 해도 팀원들이 움직이지 않습니다. 또한, 목표치를 달성하고 나면 더 이상 성과를 내려고 할 동기가 사라져 버립니다. 이미 성과급을 받을 수 있는 목표치를 달성했기 때문이죠. 충분히 초과 달성할 수 있는데도 지금 달성하려고 하지 않고 내년에 달성하기 위해 쌓아두는 경향을 보입니다. 만일 초과 달성하면 금년에 목표치를 낮게 잡은 것은 아니냐고 오히려 의심을 받게 되겠죠. 또, 초과 달성하면 내년 목표치가 훨씬 높아질 가능성이 큽니다. 그래서 연말이 되어서 KPI 목표치를 거의 달성하면 직원들은 더 이상 노력하지 않습니다.

세 번째 문제는 KPI가 책임회피를 조장한다는 것입니다. 모 회사에서 핵심인재에 해당되는 사람이 회사를 퇴사하게 됐는데, 그 회사는 '핵심인재 유지율'을 KPI로 설정해 놓고 있었습니다. 여럿이 모인 자리에서 '그 사람이 퇴사하면 핵심인재 유지율이 낮아진다'는 한탄이 나온 모양인데, 알고 보니 그 직원이 다행스럽게 얼마 전에 핵심인재 풀에서 제외됐다는 것을 알고 모두가 '해피'해졌다는 이야기가 있더군요. KPI를 잘 조작하면 부서가 궁극적으로 해야 할 일을 하지 않으면서도 KPI점수를 높게 받을 수가 있습니다. KPI가 성과의 전부를 커버하지 못한다는 것이 책임을 회피할 수 있는 이유이기도 합니다. KPI가 관리자들의 책임을 회피하게 만든다는 것도 큰 문제입니다. 팀장들은 팀원들의 KPI를 설정해주고 나서 자신이 해야 할 일을 다 했다고 간주하곤 하죠. 연말에 가서 평가만 잘 하면 된다고 생각하고 KPI 달성과정에서의 피드백이 더 중요하다는 것을 망각하고 말죠.

KPI의 네 번째 문제는 직원들의 편법을 조장한다는 것입니다. 성과가 아직 발생하지 않았는데 미리 당겨서 적용하는 사례는 이미 많은 업계에서 관행이 된 것 같습니다. 특히 연말이 되면 더 심해지는 경향을 보이는데요, 남양유업 사태에서처럼 KPI 달성하기 위해서 납품단가 후려치기, 물품 밀어내기 등 협력업체나 대리점을 괴롭히는 경우가 비일비재합니다. 어느 병원에서 수술도중 사망하는 환자비율을 KPI로 설정한 사례가 있었습니다. 그 값이 일정수준을 넘어가면 담당의사에게 벌점을 주기로 한 것이죠. 그랬더니, 환자들은 수술실이 아니라 입원실에서 죽어 나가는 경우가 급증했습니다. 이유가 뭘까요? 의사들은 본인이 벌점을 덜 받으려고 상태가 심각한 환자를 수술하려고 하지 않았다고 합니다.

다섯 번째 문제는 KPI가 단기적인 성과만 추구하게 만든다는 것이죠. 대개 KPI 측정은 1년 단위로 이뤄집니다. 그래서 1년 안에 달성할 수 있는 것만 KPI로 설정되고 또 그 목표치가 정해지는 바람에, 장기적인 전략을 간과하는 '근본적인' 약점이 있습니다. 사업포트폴리오를 재설정한다든지 해외진출을 모색한다든지의 장기전략은 특성상 KPI로 구체화하기가 매우 어렵죠. 비계량적이라서 더욱 그렇습니다.

KPI의 여섯 번째 문제는 유연한 경영을 해친다는 것입니다. 연초에 KPI가 설정되어도 경영환경이 변하면 전략이 변할 수밖에 없습니다. 그래서 기존 KPI는 폐기되고 다시 만들어져서 경영해야 합리적이겠죠. 하지만 이미 설정됐다고 해서 연말까지 바꾸지 않고 끌고 가는 경우가 일반적입니다. 왜 그럴까요? KPI를 변경하면 성과급 결정방식이 '꼬여버리고' 지금껏 애써온 노력을 저버리는 것이라서 KPI는 원래 것으로 고수되고 맙니다.

일곱 번째 문제는 우리 부서의 KPI가 다른 부서의 성과를 방해한다는 것입니다. KPI가 부분최적화를 방조한다는 말로 짧게 정리할 수 있습니다. 부분최적화란, 부서들이 한쪽 방향이 아니라 각자 다른 방향으로 뛰는 것을 말합니다. 회사 전체의 KPI와 부서들의 KPI가 캐스캐이딩되기 때문에 한쪽의 전략방향으로 정렬시킬 수 있다고 믿지만, 현실에서는 그렇게 하기가 상당히 어렵습니다. 회사가 고객만족을 최우선 목표로 설정했다고 해보죠. 고객만족 부서는 고객만족 활동을 하기 위해 돈을 지출해야 합니다. 그런데 경영관리부서가 '비용통제'와 관련한 지표를 KPI로 설정했다면, 서로 이해가 충돌하고 맙니다. 실제로 이와 같은 일들이 매우 자주 발생합니다. 부서 이기주의란 말이 별 게 아닙니다. 자기네 KPI를 높여서 자기네 성과급만 받으면 된다는 생각, 이런 것도 부서 이기주의라고 말할 수 있죠.

마지막으로 KPI의 여덟 번째 문제는 성과를 올리기 위해 도입한 KPI가 성과를 더 떨어뜨린다는 것입니다. 개인의 성과는 혼자 잘 나서 이루어지는 게 아닙니다. 시스템의 도움을 받고 다른 직원의 도움을 받는 것이죠. 피아노를 운반하려면, 최소 두 명의 인부가 필요합니다. 두 인부가 피아노를 안전하게 빨리 운반했다면 두 사람 모두에게 성과를 인정해줘야 하겠죠. 하지만 기업의 KPI제도는 두 사람의 성과를 각자의 성과로 쪼개서 평가하려고 합니다. 누가 피아노 운반에 기여를 많이 했는지 측정하려고 하는 것이죠. 이것이 과연 어떤 의미가 있을까요? 어느 한 사람이 더 잘했다고 그에게 돈을 더 준다면 어떻게 될까요? 그 두 사람은 피아노 운반을 잘 할 수 있을까요? 돈은 더 지출됐음에도 불구하고 성과는 나아지지 않고 더 나빠질 게 뻔합니다.

지금까지 모두 8가지로 KPI의 문제를 정리해 봤습니다. 이 밖에도 여러 가지 문제가 있지만, 대략 이 정도로 모두 마무리될 수 있다고 생각합니다. 문제가 많으면 없애면 됩니다. 그렇다면 대안은? KPI라는 '나름 과학적인' 장치를 도입하는 바람에 신경 쓰지 않고 놔뒀던 '성과 커뮤니케이션'을 활성화하는 것이 유일한 대안입니다. KPI를 더 정교하게 만든다든지, 직원들에게 KPI 목표 달성에 매진하도록 독려하는 방법은 아무런 효과가 없을 겁니다. '수시 피드백'과 '수시 검토'가 성과를 만들어 가는 것이지, KPI가 저절로 성과 창출의 동력을 제공하지는 못합니다.

• 자료 : 유정식(2014), KPI에 대한 맹신을 버려라, www.infuture.kr/1444.

3.4 평가정보의 출처

성과를 측정하려면, 평가정보를 수집하고 분석할 사람을 먼저 결정해야 한다. 이러한 직무에 자격을 갖추기 위해 담당자는 직무요건에 대해 이해하고 있어야 하며, 직무를 수행할 종업원을 살필 수 있는 기회를 가져야 한다. 전통적인 성과관리에서는 피평가자의 모든 정보를 상급관리자에 의존하여 평가를 실시하였다. 그러나 상급관리자 한 명에 의한 평가는 평가자의 평가오류가 작용할 확률이 높으며, 평가자 한 사람의 관점에 제한될 수 있다. 따라서 [그림 6-10]에서 보는 것처럼, 피평가자에 대한 정보는 관리자 뿐만 아니라, 동료, 부하, 자신 그리고 고객 등을 포함하여 평가하는 방안에 대한 고민이 필요하다.

[그림 6-10] 성과평가의 출처

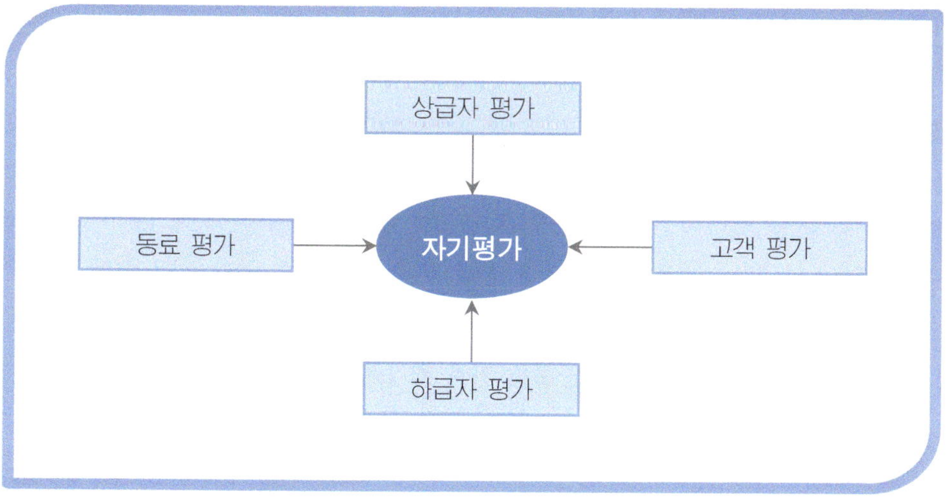

1) 상 사

일반적으로 조직에서 부하직원들의 능력 및 업적 관련 평가정보를 가장 많이 갖고 있는 사람은 상사들이다. 조직은 상사들이 업무요건에 대한 방대한 지식을 가지고 있으며, 근로자들을 관찰할 충분한 기회를 가지고 있다고 전제한다. 이에 상사에 의한 평가가 전통적으로 수용성이 높으며, 실시하기도 편리하다는 장점이 있다. 또한 상사는 종업원들의 성과 도출을 기반으로 자신의 과업이 완성되기 때문에 종업원 행동을 정확히 관찰하며, 피드백을 통해 성과향상을 도모하게 된다.

그럼에도 불구하고 어떤 경우에는 상사를 성과정보의 출처로 활용할 때 문제가 발생할 수 있다. 어떤 직무를 수행하는 종업원의 경우, 상사는 종업원들을 관찰할 충분한 기회가 없다. 예를 들어, 많은 영업사원을 총괄하는 영업관리자가 모든 영업사원과 함께 고객을 방문할 수는 없는 것이다. 또한 상사의 편향에 대한 부하직원들의 거부감이 높을 수 있으며, 단일평가자로서 평가오류에 취약하다.

2) 동 료

성과 평가정보의 또 다른 출처는 동료이다. 동료들은 관리자가 종종 관찰하지 못하는 측면에서 성과정보의 탁월한 출처가 된다. 동료들은 매일의 일상적 활동에서 종업원들을 관찰할 가장 좋은 기회를 갖는다. 동료들은 업무조건에 필요한 지식을 활용하며, 관리자와는 다른 관점에서 타당성 있는 정보를 제공한다. 또한 조직의 상사가 알지 못하는 동료의 인간관계 측면의 평가가 효과적이며, 팀 내 의사소통을 원활하게 할 수 있다.

그러나 동료평가에 있어 가장 경계할 것은 동료들의 우정이나 라이벌 의식이 평가에 편견을 줄 수 있다는 것이다. 또 다른 단점은 종업원들이 자신에게 미칠 영향 때문에 동료를 평가하는 것에 대해 불편해 한다. 특히 연공서열이 강한 조직의 경우에는 동료들 간의 담합에 의한 평가오류가 발생할 가능성이 존재한다. 그러나 일반적으로 종업원들은 피평가자인 동료의 발전을 위해 평가에 참여하는 사실에 대해서는 매우 긍정적으로 생각한다.

3) 부 하

관리자들의 성과를 평가하는 것에 대해 부하들은 특히 가치 있는 정보의 출처이다.

관리자가 종업원들을 어떻게 대하는지에 관한 매우 유용한 정보를 제공하기 때문이다. 특히 평가에 부하직원들이 직접적으로 참여함으로써 주인의식과 참여를 통한 권한위임을 지니게 된다. 또한 평가가 객관적이고 공정하게 실시될 경우에는 조직 내 상하간 원활한 의사소통의 기회를 제공하기도 한다.

그러나 상하간 관계로 인해 잠재적인 문제 발생의 가능성이 있다. 즉, 부하들은 상급자에 대해 부정적인 견해를 밝히기 꺼려 한다. 그래서 익명으로 평가하기를 원하며, 이름을 공개할 경우에는 관리자에게 최고점수를 주는 오류가 발생한다. 또 다른 문제는 관리자들이 부하들로부터 평가받게 되면, 생산성을 희생시켜서라도 종업원들의 만족을 강조하려는 경향을 보인다는 것이다. 따라서 동료평가와 마찬가지로 부하평가 역시 형식적이 아닌, 실질적인 평가개선의 목적이 있을 때 적절하다. 종업원들을 보호하기 위해서 그 과정은 익명이 되어야 하고, 한 사람의 관리자를 평가하기 위해 최소한 3명의 부하가 평가에 참여해야 한다.

4) 본 인

종업원의 과업수행 행동을 가장 잘 아는 사람은 바로 종업원 자신이므로 자기평가는 귀중한 정보를 제공한다. 일반적인 접근법은 종업원들이 자신의 업적을 평가하면서 구성원 자신이 수행하는 직무의 맥락에 대한 높은 이해를 가질 수 있다. 이를 통해 종업원들은 자신의 성과에 대해 생각하게 되고, 자기평가와 다른 이들의 평가 사이에 불일치하는 부분을 의미 있게 다루게 된다.

그러나 자기평가는 자신의 성과를 부풀리려는 경향이 존재한다. 특히 평가결과가 인사에 반영될 경우, 자신의 기여를 과장하는 것은 실제적인 이익으로 직결된다. 또한 사회심리학자들은 일반적으로 사람들이 성공에 대해서는 자신의 능력 덕분이라 생각하고, 자신의 실수에 대해서는 외부환경을 탓한다는 것을 밝혀냈다.

5) 고 객

고객은 직접적으로 서비스 성과를 관찰하는 사람이다. 이러한 점에서 고객은 객관적인 시각에서 평가정보를 제공하는 가장 좋은 출처이다. 종업원 성과에 대해 고객평가를 이용하는 것은 두 가지 상황에 적합하다. 하나는 종업원의 업무가 곧바로 고객에게 서비스를 제공해 주는 경우이거나, 고객을 조직 내의 다른 서비스에 연결하는 경우이다.

[표 6-7] 평가주체별 장 · 단점 비교

평가주체	장 점	단 점
상사	▪ 실시가 용이하며, 수용성이 높음 ▪ 과업중심의 평가 가능 ▪ 구체적 피드백 가능	▪ 상사의 편향에 대한 부하의 거부감 ▪ 단일 평가자로서 평가오류에 취약함
동료	▪ 동료의 인간관계 측면 평가에 장점 ▪ 팀내 의사소통 원활 ▪ 동료 개발에 기여	▪ 구성원 간의 경쟁 유발 ▪ 담합 가능 ▪ 가혹화 경향 및 평가스트레스 발생 가능
부하	▪ 참여를 통한 주인의식과 권한위임을 갖게 함 ▪ 관리자의 리더십 평가에 효과적임 ▪ 상하간 원활한 의사소통 기회	▪ 부하들의 부자연스러움과 두려움 ▪ 상사의 직무내용에 대한 이해 부족 ▪ 관대화 경향
자기	▪ 직무수행의 맥락에 대한 높은 이해 ▪ 피드백을 통한 자기개발에 기여	▪ 과대평가 경향 ▪ 일반적인 귀인오류 경향
고객	▪ 객관적인 시각에서 평가 가능 ▪ 고객평가를 종업원 개발 및 마케팅전략에 활용 가능	▪ 직무에 대한 정보 부족 ▪ 피평가자의 심리적 반발

다른 한 가지 상황은 고객이 원하는 상품과 서비스에 대해 정보를 수집하려는 경우이다. 즉, 고객평가를 통해 조직의 마케팅 활동을 지원함으로써 목표 달성에 기여하는 것이다. 이런 관점에서 고객평가는 종업원의 성과를 평가하고, 교육훈련과 보상과 같은 인적자원관리 활동에서 변화를 일으켜 고객 서비스를 향상시키려 할 때 유용하다.

그러나 고객평가는 고객이 직무성과에 대한 정확한 정보가 부족하다는 단점이 발생한다. 또한 자신의 업무에 대해 정확히 알지 못하는 고객이 피평가자의 승진 및 성과급에 영향을 주는 평가자의 역할을 하게 되는 경우에 대해, 피평가자의 심리적인 반발이 높을 수 있다.

6) 360도 다면평가

360도 다면평가(360-degree appraisals)는 본인, 상사, 부하, 동료, 고객, 공급자 등과 같은 복수인으로부터 성과에 대한 피드백을 얻어, 다양한 측면에서 평가하는 방법이다. 성과평가시스템은 전통적인 방법보다 혁신과 창조적 아이디어를 통해 방법론을 개발하여야 한다. 특히 평가자 차원별로 광범위한 사람들의 지식과 경험을 종합적으로 평가에 이용하는 방법이 개발되어야 한다.

360도 다면평가의 장점은 복수인 으로부터 평가를 받기 때문에, 평가의 공정성과 객관성을 높일 수 있다는 것이다. 그러나 다면평가 설계시에는 먼저 평가목적 측면을 명확히 해야 한다. 많은 기업들은 다면평가를 '개발' 측면[4]에서 활용하고 있음에도 불구하고, 공공기관 또는 일부 기업에서는 다면평가를 '평가'도구로 활용하고 있다. 업적평가에 반영하게 될 경우, 평가자들은 관대화 경향을 보이게 되며, 피평가자 역시 업무실적보다는 인간관계에 비중을 두게 되며, 평가자 간의 담합 등으로 평가가 왜곡될 수 있다. 또한 다면평가시 피평가자의 업무를 제대로 이해하지 못하거나, 실적을 파악하지 못한 경우에는 오히려 평가결과에 대한 불신을 야기할 수 있다. 따라서 다면평가 설계시 평가목적 및 피드백 등을 고려한 보다 체계적인 접근이 필요하다.

4. 성과관리의 오류

피평가자에 대한 평가시, 여러 평가출처를 통해 정보를 수집하는 이유는 성과측정이 완벽하게 객관적일 수 없어 오류를 일으키기 때문이다. 사람들은 행동을 관찰하지만 행동과 관련된 모든 상황 및 의도, 결과들을 알 수 있는 실제적인 방법을 잘 모를 수 밖에 없다. 그래서 사람들은 자신이 본 것을 기초로 하여 해석 및 판단하고, 어떤 상황에서는 고의적으로 정보를 왜곡하기도 한다. 그러므로 평가자들은 공정한 성과평가와 성과평가의 해석을 위해 흔히 발생하는 평가오류의 종류를 이해하고 있어야 한다.

4.1 평가오류의 종류

성과평가가 아무리 타당하고 신뢰도가 높다고 하더라도, 결국 평가는 사람이 하는 것이다. 예를 들어 똑같은 평가기법으로 평가를 실시하더라도, 한 명의 평가자는 100점을 주고, 또 다른 평가자는 60점을 줄 수 있다는 것이다. 특히 평가자 본인 스스로

4) 다면평가의 가장 중요하고도 본질적인 목적은 관리자의 능력과 리더십 개발임을 강조하고 있다.

공정하고, 객관적인 평가를 다짐해도 평가를 하는 시기, 장소, 감정, 심리적 오류 등에 의해 피평가자의 평가가 왜곡될 수 있다. 따라서 공정하고 객관적인 평가를 위해서는 평가자들이 흔히 발생하는 평가에 대한 오류에 대해 이해할 필요가 있다.

경영사례 2

▌오티스(Otis) 엘리베이터의 전략적 목표와 연계된 성과관리시스템

세계 최대의 엘리베이터, 에스컬레이터, 이동통로(moving walkways), 기타 수직 및 수평 승강기의 제조, 설치 및 서비스 업체인 미국의 오티스(Otis) 엘리베이터는 세계 200개국 이상에 제품을 공급하고 있다.

그러나 오티스는 여러 해 동안 비효과적인 성과관리시스템을 유지해 왔는데, 이는 지나치게 시간이 많이 소요될 뿐만 아니라, 종업원들이나 관리자들의 신뢰를 잃는 요인이 되었다. 따라서 프로젝트팀에 초점을 맞추어 회사에 꼭 필요한 전략적 역량에 기초한 성과 피드백 시스템으로 개편하게 되었다.

프로젝트팀의 성공을 위해 관리자들은 프로젝트의 재무 및 운영 결과에 대한 책임은 물론, 팀의 리더십 발휘와 프로젝트 관리 둘 다에 특별한 역량이 요구되고 있다.

그러나 이러한 분야에서 필수적인 피드백이 직속상사들로부터 이루어질 수 없음을 깨닫고, 오티스는 관리자들의 성과에 가장 직접적인 영향을 미치는 부하, 동료, 고객들로부터 피드백을 받도록 설계된 360도 피드백 시스템을 개발하게 되었다.

이 시스템은 몇 가지 필수적인 핵심역량에 관해 평가하고, 회사의 인트라넷을 통해 온라인으로 관리되고 있다. 온라인 시스템은 사용하기 쉽고, 자료의 안전을 위해 암호기술을 채택함으로써 20분 내에 성과검토가 완료된다. 그리고 이 시스템은 조직의 전략적 목표와 연계되도록 성과피드백을 제공하고 있다. 그 결과, 성과 피드백 시스템은 과거의 서면 평가시스템보다 훨씬 효율적이며, 가장 중요한 점은 종업원들의 신뢰를 회복하게 되었다는 것이다.

• 자료 : Mello, J. A.(2011), *Strategic Human Resource Management*, South-Western, Sengage Learning, p. 437.

1) 상동적 태도(streotyping)

상동적 태도는 고정관념이라고도 하며, 특정 집단의 모든 구성원들이 비슷한 특징과 행동을 공유한다는 믿음이다. 즉, 상동적 태도는 타인에 대한 평가가 그가 속한 특정 집단에 대한 지각을 기초로 해서 이루어지는 것을 말한다. 상동적 태도는 평가자들이 내리는 의사결정에 강력한 영향을 줄 수 있다. 이러한 상동적 태도는 다른 사람의 행동에 대한 예측을 용이하게 해주기도 하지만, 상동적 태도에 근거한 평가는 부정확성을 가져오기도 한다. 예를 들어 A과장은 더운 지방에서 태어나서 부지런 하지 않을 거야? 그는 연예인이어서 개방적일거야? 등 평가자들은 피평가자 개인평가시 피평가자가 속한 집단의 특징과 행동을 반영하게 된다는 것이다.

2) 현혹효과(halo effect)

현혹효과(또는 후광효과라고도 함)는 다른 사람에 대한 평가를 우호적이든 비우호적이든 간에 오직 하나의 속성에 기초하여 평가하는 것이다. 즉, 피평가자 개인이 갖고 있는 부분적 특성과 개인의 장·단점 등을 가지고, 그 사람의 모든 측면을 평가하려는 오류이다. 예를 들어 A 직원의 지각을 하는 등 게으른 행동으로 평가자가 피평가자의 업무실적도 낮을 것이라고 평가하는 것이다. 이러한 평가결과는 합리적이지 않을 뿐만 아니라 객관성을 잃게 된다. 즉, 피평가자의 실제적인 능력의 투입요소와 결과의 산출요소를 정확하게 파악하지 못할 뿐만 아니라, 계량적인 분석과 평가 없이, 특정한 개인에 대한 부분적인 관점에 따라 전반적이고 획일적인 인상을 형성하게 된다.

따라서 이러한 현혹효과를 줄이기 위해서는 다음과 같은 방법이 있다(박홍배·채규옥, 2013, p. 130). ① 평가자가 특정한 사람의 전체 특성을 연속적으로 평가하지 말고, 하나의 특성으로 전체 피평가자를 평가한 뒤, 그 다음 특성을 평가하도록 한다. ② 평가자들이 서로 다른 편견을 가질 가능성이 있을 때에는 그들로 하여금 같은 사람을 독립적으로 평가하게 하여 현혹효과를 상쇄시킨다. ③ 평가도구로써 강제할당법이나 대조리스트법을 사용하는 것이 효과적이다. ④ 평가자의 교육, 평가방법 개선, 평가방법의 기술적인 활용이 요구된다.

3) 논리적 오류(logical error)

논리적 오류는 각 평가요소 간에 논리적인 상관관계가 존재할 경우에 비교적 높게 평가된 평가요소가 있게 되면, 다른 요소도 높게 평가하는 경향이 발생하게 된다. 예를 들어, 평가요소에 리더십의 항목이 있어, 평가자가 이 항목에 높은 점수를 주게 될 때, 리더십 항목과 연관된 추가적인 평가요소에도 긍정적인 평가를 하게 된다는 것이다.

이러한 논리적 오류는 현혹효과와 같은 것으로 이해하기 쉬우나, 양자는 본질적으로 다른 것이다. 현혹효과는 평가자 개인의 평가오류를 의미하나, 논리적 오류는 평가자 개인과는 관계가 없고, 각 평가요소간에 논리적인 상관관계에 의해 발생하게 되는 것이다.

따라서 논리적 오류를 줄이기 위해서는 다음과 같은 방법을 사용할 수 있다(박홍배 · 채규옥, 2013, p. 130). 첫째, 추상성이 높은 요소나 내용이 중복되는 요소로 평가하는 고과방식을 지양하고, 객관적으로 관찰가능한 사실을 평가하는 방법을 지향해야 한다. 둘째, 평가요소에 대한 정의와 설명을 충분히 한다. 셋째, 평가자는 인사고과의 운영기준을 지키며, 주관적인 판단이나 추측에 의한 평가를 지양한다. 넷째, 유사한 평가요소에 대하서는 가능한 시간을 두고 평가를 한다.

4) 대비오류(contrast error)

대비오류는 피평가자의 평가가 피평가자보다 먼저 평가를 받은 구성원과 비교하여 평가결과가 좋아지거나 나빠지게 되는 오류를 말한다. 예를 들어, 평균 정도의 실적에 해당되는 구성원이 성과가 저조한 구성원과 비교될 경우, 상대적으로 더 좋은 평가를 받게 될 수 있다. 반대로, 실적이 매우 우수한 종업원과 비교될 경우에는 평균 이하의 평가를 받게 될 수 있다.

이러한 대비오류를 줄이기 위해서는 다음과 같은 노력을 해야 한다. ① 성과평가시 객관적인 기준이나 행동기준을 활용하는 교육을 실시하여 대비오류를 줄인다. ② 평가자는 평가 가이드라인에 근거하여 평가를 실시한다. 오류 교육을 실시하여 평가오류를 방지한다.

5) '나와 유사하다'오류(similar-to-me error)

'나와 유사하다'오류는 평가자가 피평가자의 특징, 성격, 지역, 학교 등 중에서 평가자 자신과 유사한 부분에 대해서 긍정적인 평가를 하게 되는 오류를 말한다. 예를 들어, 평가자가 피평가자와 동일 대학을 나왔을 경우, 평가자는 피평가자에 대한 호의적인 감정을 지니게 된다. 특히 우리나라 사람들은 '나와 유사하다'오류에 노출되는 경우가 서구 사회보다 높다. 많은 언론에서 지적하듯이, 우리나라는 '학연(學緣)', '지연(地緣)', '혈연(血緣)' 등 3연(緣)에 의한 연고주의가 강하다. 신상필벌(信賞必罰)의 인사원칙이 지켜지지 못하는 기업들의 대부분이 인사평가시 연고주의에 매몰된 '나와 유사하다'오류를 범하게 되어, 객관적이고 공정한 평가시스템을 구축하지 못하고 있다.

따라서 '나와 유사하다'오류를 줄이기 위해서는 공식적인 교육프로그램의 개발이 필요하다. 이러한 공식적인 교육프로그램은 ① 다른 평가자의 오류를 관찰할 수 있는 기회를, ② 또한 평가자 자신의 오류를 발견할 수 기회를, ③ 특히 오류를 줄일 수 있는 직무관련 업무를 수행할 기회를 제공하게 된다.

6) 근접오류(proximity error)

근접오류는 시간적 혹은 공간적으로 멀리 떨어져 제시된 항목들보다 근접해 있는 항목들에 대해서 비슷하게 평가하는 경향을 보이는 오류이다. 즉, 인사평가표의 평가요소는 멀리 떨어져 있는 것보다 가까운 곳에 근접해 있는 평가요소간 유사한 평가를 나타내는 경향이 있다는 것이다. 또한 시간상으로도 인사평가 실시한 후에 바로 또 다른 평가를 실시할 경우, 평가자는 앞의 실시한 평가와 유사한 평가의 결과를 보이게 된다는 것이다.

이러한 근접오류를 줄이기 위해서는 다음과 같은 방법이 효과적이다. ① 인사평가표의 평가요소 배열의 위치 등을 차별화한다. ② 시간적 오류는 평가시기의 조절이나, 앞선 평가요소와 관련된 상황을 종료한 후 새로운 상황으로 전환하여 평가를 실시한다. ③ 확신할 수 있는 평가요소부터 평가를 실시한다.

7) 분포상의 오류

평가자들은 흔히 평가척도의 한 부분에 편중되게 평가하려는 경향이 있다. 물론 특정 집단 종업원들은 정말 비슷한 수준으로 업무를 수행하는 경우도 있다. 그러나 대부분의 경우 모든 구성원에 대한 비슷한 평가는 정확한 성과의 평가가 아니라 오히려 점수분포의 오류로 인한 실수이다. 평가자가 모든 구성원들을 높게 평가했을 경우, 이런 오류를 관대화 경향(leniency bias)이라 부른다. 그와 반대로 낮은 점수를 부여할 경우 가혹화 경향(strictness bias)이라 부른다. 또한 모든 사람들을 평균이라고 평가하는 것을 중심화 경향(central tendency bias)이라고 한다.

이러한 오류들은 두 가지 문제를 제기한다. 첫째, 한 사람의 평가자에 의한 평가는 종업원들 사이에서의 구별을 어렵게 한다. 모든 종업원들이 같은 수준에서 업무를 수행한다면 승진, 업무할당과 같은 중요한 결정이 힘들어지게 된다. 둘째, 이런 오류들은 다른 평가자에 의해 평가된 개인들의 성과와 비교할 때 문제를 일으킨다. 한 평가자가 관대하고, 다른 평가자는 가혹하다면 가혹한 점수를 받은 종업원들은 관대한 점수를 받은 종업원들보다 상대적으로 낮은 보상을 받을 것이다. 이때의 보상은 실제 성과와 관련된 것이 아니라 오류로 인한 것이다.

따라서 이와 같은 분포상의 오류를 줄이기 위해서는 다음과 같은 방법을 활용할 수 있다. 먼저 관대화 경향을 줄이기 위해서는 ① 분포비율에 의한 강제할당법 등을 사용한다. ② 평가요소에 대한 정의를 명확히 한다. ③ 평가자에게 평가 전에 주의 깊은 평가를 하도록 평가훈련을 한다. 또한 중심화 경향을 줄이기 위해서는 ① 평가방법으로 강제할당법 등을 사용한다. ② 중심화 부분을 더욱 세분화한다. 예를 들어, 5점 또는 7첨 척도가 아닌 평가자가 한 가운데를 평가할 수 없는 6점 척도를 사용한다. ③ 피평가자에 대한 지속적인 평가와 평가자의 역량을 높인다.

8) 기본적인 귀인의 오류(fundamental attribution error)

귀인이론(attribution theory)에 따르면, 종업원의 평가는 관리자 또는 평가자의 지각이 직접적으로 영향을 미쳐서 평가결과의 왜곡이나 과오를 범할 수 있다. 즉, 누가 종업원의 성과를 통제하고 있는지에 대한 관리자의 지각이 평가에 영향을 미치게 된다는 것이다. 이를 귀인과정(attribution process)[5]이라 한다. 이에 평가자인 관리자와 피평가자인 종업원의 행동을 이해하기 위해서는 행동과 관련된 귀인을 살펴보는 것이 매우 중요하다. 예를 들어, 낮은 성과를 구성원에게 직접적으로 귀인시키는 평가자는 낮은 성과를 통제할 수 없는 환경에 귀인시키는 평가자에 비해 더 엄격한 평가의 잣대를 들이대게 될 것이다.

이처럼 평가자가 피평가자의 행동을 평가하는 데 있어서, 상황의 요인을 과소평가(또는 과대평가)하고, 개인의 요인을 과대평가(또는 과소평가) 하는 경향을 기본적인 귀인의 오류(fundamental attribution error)라 한다(서재현 외, 2011, p. 187). 이 오류는 평가자가 피평가자의 평가에 영향을 주는 중요한 환경적인 요인을 무시하거나 과대평가하는 원인이 되기도 한다. 문제는 평가자가 피평가자의 성공과 실패한 이유에 대한 지각에 기초하여 평가를 실시한다는 것이다. 따라서 평가자들은 피평가자들에 대한 부정적 귀인을 피하고, 구성원들의 성과가 피평가자 개인의 능력과 노력에 의한 결과를 인정하도록 노력해야 할 것이다.

5) 귀인과정은 사람들이 자신과 다른 사람들의 행동의 원인을 이해하게 되는 방식을 의미한다.

4.2 평가오류를 줄이는 방법

먼저, 평가오류 교육을 실시한다(한태영, 2013, pp. 180-184). 평가자는 교육을 통해서 평가오류의 특성을 이해하고, 평가자 스스로 평가과정에서 평가오류에 대비한다. 전형적인 평가오류 교육은 다양한 평가오류 유형을 설명하고, 평가오류를 대표하는 평가 점수 분포들을 알도록 하며, 평가오류를 범한 평가의 예를 보여주고, 그리고 이러한 오류를 피할 수 있는 방법을 훈련하는 교육내용으로 구성된다.

평가오류 사례를 통한 학습

- 평가자로 선발된 사람들은 평가오류가 발생하도록 고안된 비디오테이프를 활용한다.
- 비디오테이프 속의 가상적인 종업원들을 평가한 뒤에 평가자들은 그 점에 대해 토의하며, 그런 오류가 평가결정에 어떻게 영향을 미쳤는지 파악한다.
- 훈련프로그램들은 앞으로 그런 오류를 피할 수 있도록 정보를 제공한다.

둘째, 평가의 정확성을 위한 교육을 실시할 수 있다(한태영, 2013, pp. 184-194). 이러한 교육은 성과 차원 교육, 정확성 향상 교육, 자신감 향상 교육 등으로 실시한다.

① **성과차원 교육** : 평가제도에서 사용하는 성과의 차원에 대하여 숙지하도록 교육시키는 데 초점을 둔다. 즉, 평가자는 평가하게 되는 각 평가 차원에 대하여 구체적으로 이해할 수 있도록 구성하고, 이에 더하여 이를 숙지할 기회를 제공하는 추가적인 활동으로 강화할 필요가 있다.

② **정확성 향상 교육** : 이 교육은 직무수행, 또는 성과의 차원, 각 직무수행 차원에 대한 효과적인 직무행동 사례, 그리고 평가실습과 피드백이 교육내용으로 구성되어, 평가의 정확성을 직접적으로 향상시키는 것이 목적이다.

③ **자신감 향상 교육** : 평가가 관리자 뿐만 아니라 다면평가를 통해서 다양한 조직 구성원들이 평가에 참여하기 때문에, 평가에 대한 자신감이 중요해졌다. 따라서 평가효능감 교육은 평가자로 하여금 자신이 인사평가의 평가자로서 충분한 능력을 갖고 있다는 자신감을 갖도록 해 주는 것이 목표이다.

셋째, 무엇보다 중요한 것은 평가자의 선발과 평가후 피드백이다. 앞서 살펴본 평가오류 중, 분포상의 오류의 경우 평가자가 해당 분야에 대한 전문적인 지식이나 자신감이 없을 때 발생하는 경우가 많다. 따라서 평가자를 선발할 시 해당 분야의 전문가를 선정해야 하며, 평가자에게 피평가자를 사전에 충분히 파악할 수 있는 시간과 정보를 제공해야 한다. 특히 많은 조직의 상위관리자들이 평가자로서 참여하다 보니, 성과평가후 타평가자들의 평가결과를 피드백하여 보완하는 경우가 매우 드물다. 따라서 평가후 평가자에 대한 평가를 통해 평가의 공정성과 객관성을 높여야 한다.

5. 성과 피드백

성과관리에 있어서 국내기업의 가장 큰 문제점 중 하나가 평가결과를 효과적으로 활용하지 못하고 있다는 것이다. 예를 들어, 종업원의 성과를 측정했다면, 종업원에게 그에 대한 정보를 제공해야 한다. 그래야 구성원들은 성과에 대한 피드백을 통해, 성과평가에 있어서 구성원 자신의 부족한 점 또는 단점 등을 어떻게 보완할지를 계획할 수 있다.

그러나 국내 기업의 현실과 기업문화를 감안할 경우, 높은 평가를 받은 종업원과의 피드백 토의는 원활할지 모르겠지만, 평가결과가 낮은 종업원에 대한 성과피드백에 대해서는 많은 관리자들과 종업원들이 불편하게 느낄 것이다. 더구나 관리자는 피드백을 줄 때, 다른 사람들을 판단한다고 느끼기 때문에 이런 역할을 좋아하지 않는다. 피드백에 대한 비판을 받을 때면, 더욱 불편함을 느낀다. 하지만 다행히도 관리자들이 피드백 과정을 유연하고 효과적으로 수행할 수 있는 여러 방법들이 있다(Noe et al. 2009, pp. 233-236).

5.1 성과 피드백 일정계획

성과 피드백은 규칙적이고 계획적으로 이루어져야 한다. 대부분의 기업들은 관례적으로 일 년에 한 번 정도 공식적인 성과 피드백을 실시하거나, 실제로 성과 피드백을 하지 않는 조직들이 대다수이다. 조직의 성과관리의 효과성을 높이기 위해, 관리자들은 저조한 성과를 바로잡을 책임이 있다. 예를 들어, 관리자가 6월에 구성원들의 행동에서 문제를 인식했지만, 11월에 연중평가가 계획되어 있다면, 그 구성원은 실적을 개선할 기회를 놓치게 된다.

자주 피드백을 해야 하는 또 하나의 이유는 종업원에게 신속하게 관련 정보를 제공하는 것이 가장 효과적이기 때문이다. 자신이 상급자의 기대에 부응하는지 알아내는 데 1년이 걸린다면, 평가에 의한 성과 향상의 의미가 퇴색된다. 구성원들은 연말 성과점검 기간에 관리자의 최종 평가내용을 예측하기 위해서라도 자주 피드백을 받아야 한다.

5.2 성과 피드백 준비

관리자들은 공식적인 피드백 단계에 대해 준비되어 있어야 한다. 즉, 피드백 토의를 위한 적절하고 올바른 환경을 조성하여야 한다. 예를 들어, 성과 피드백을 실시하는 관리자의 사무실이 대화하기에 불편할 경우, 관리자의 사무실보다는 회의실이 더 좋을 수 있다. 또한 구성원들이 개방적인 분위기에서 성과 피드백을 자유로이 토의할 수 있도록 해야 한다.

특히 관리자는 구성원들이 성과 피드백을 잘 준비할 수 있도록 도와주어야 한다. 종업원에게 먼저 자기평가를 하게 함으로써 종업원들에게 자신의 성과에 대해 생각해 보고, 자신의 장점과 약점을 인식하게 해야 한다. 비록 종업원이 자신의 업적을 과장한다 할지라도, 자기평가는 관리자와 종업원에게 토론이 필요한 부분을 명확히 하는 데 도움을 줄 수 있다.

현장이야기 3

평가 피드백의 딜레마

인사평가 결과는 본인에게 피드백시켜 주어야 의미가 있다. 왜냐하면 상사, 동료, 부하들로부터의 평가결과에는 자신의 강점, 약점, 개선점 등이 들어있기 때문에, 이를 보고 고쳐 나가면서 좀 더 나은 사람이 되어간다. 그런데 문제는 상대편이 모르는 약점을 깨닫게 하여 개선시켜 주고 오류는 고쳐 준다면, 회사 안에서 그의 입지는 올라가고 상대적으로 나의 입지가 약해지는 것은 뻔 한 일이다. 약점을 지적해 주었을 때 상대가 화를 내고 듣지 않는 것은 나에게 더욱 더 손해가 된다. 그와의 인간관계가 더 좋아질 리가 없기 때문이다. 그러나 이 모든 것을 초월하여 너와 내가 서로의 단점을 지적하여 고쳐 주면서, 너와 내가 동시에 유능한 사원으로 커 나가자는 목적으로 인사평가 결과의 피드백은 더욱 장려되어야 한다.

5.3 성과 피드백 실시

성과 피드백이 진행되는 동안 관리자들은 3가지 방식을 취할 수 있다. 관리자 주도방식(tell-and-sell)은 평가자가 정해진 방법으로 구성원의 변화를 설득하는 방식으로 관리자가 구성원에게 평가결과를 전달하고, 자신의 평가결과를 정당화한다. 쌍방참여방식(tell-and-listen)은 관리자가 구성원에게 평가결과를 전달하고, 구성원이 자신의 의견을 언급하도록 한다. 예를 들어, 평가자와 피평가자의 첫 번째 인터뷰에서는 종업원의 업무성과에 대한 장단점에 대해서 피드백을 해 주며, 두 번째 인터뷰에서는 평가에 대한 구성원의 의견을 과감없이 평가자에게 전달한다. 이와 같은 과정을 통해, 평가자와 피평가자는 모두 평가에 대한 부정적인 감정을 털어버리게 된다. 문제해결방식(problem -solving)은 관리자와 구성원이 상호존중과 격려의 분위기 속에서, 성과문제를 해결하기 위해 당사자들이 함께 노력한다. 따라서 관리자들은 구성원들이 자신의 의견을 피력할 수 있는 기회를 제공하고, 성과목표에 대해 토론하게 함으로써, 원활한 피드백 뿐만 아니라 구성원의 성장과 개발을 자극하게 된다. 특히, 성과피드백을 제공할 때에는 구성원들의 개인적 특성이 아닌 구성원들의 행동에 초점을 두어야 한다.

5.4 성과 관련 문제해결

많은 조직들이 성과결과에 대한 피드백 없이 저성과자를 솎아 내는 데 집중하고 있다. 그러나 저성과자들의 경우에도, 자신의 역할을 제대로 인식하고 있지 못하거나, 현재 수행업무에 대한 능력과 동기부여가 다소 부족할 수가 있다. 따라서 평가결과에 대한 일방적인 통보 보다는 성과평가에서 성과가 기대 이하인 구성원들에 대해, 피드백 과정에서는 문제를 해결하려는 노력이 요구된다.

또한 구성원들의 성과가 현재의 기준에 부합된다 하더라도, 피드백 토의를 통해 조직의 현재 내지 미래 업무에 보다 많은 기여를 할 수 있도록 하기 위해 구성원들이 향상될 수 있는 분야를 명확히 할 필요가 있다. 다시 말해, 성과관리의 마지막 피드백 단계에서 개선을 위한 분야와 이 분야에서의 성과를 향상시킬 수 있는 방법들을 규명하게 된다.

[그림 6-11]에서 보는 바와 같이, 가장 효과적인 개선방안은 종업원의 능력과 동기

부여에 따라 다양하다. 일반적으로 종업원들이 높은 수준의 능력과 동기를 가지고 있을 때, 그들은 기준 이상을 해 낸다. 그러나 그들의 능력이나 동기가 부족할 때, 교정조치가 필요하다. 요구되는 조치형태는 종업원에게 부족한 것이 무엇이냐에 달려 있다.

구성원들의 능력수준을 결정하기 위해서 관리자는 구성원들이 업무를 효과적으로 수행하기 위해 필요한 지식, 기술, 능력을 가지고 있는지 고려해야 한다. 때때로 능력의 부족은 종업원이 새로 채용되었거나 업무가 바뀔 때 이슈가 된다. 동기부여가 된 구성원이 특정 분야에서 지식, 기술, 능력이 부족할 때 능력을 향상시키기 위한 수많은 방법이 있다. 관리자는 코칭, 훈련, 보다 구체적인 피드백 등의 조치를 취할 수 있다. 때때로 그런 방식으로도 종업원의 능력을 더 이상 개발할 수 없다면, 업무를 재조정하는 것이 적절하다.

[그림 6-11] 성과 개선방향

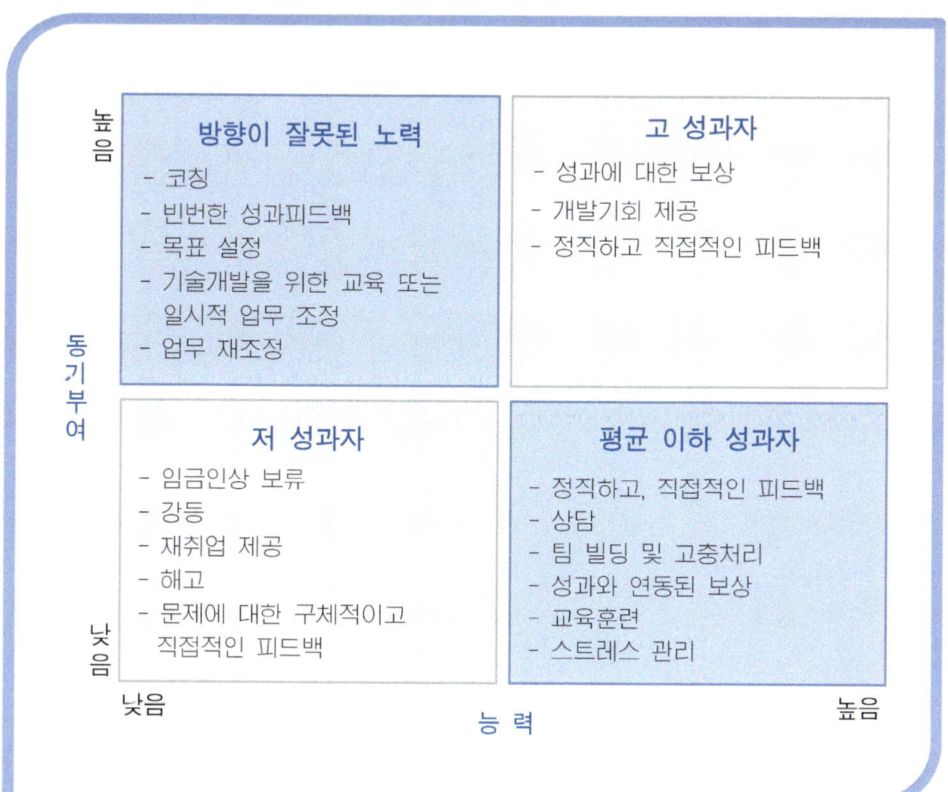

자료 : London, M.(1997), *Job Feedback*(Mahwah, NJ: Lawrence Erlbaum Associates), pp. 96~97.

종업원의 동기부여 수준을 결정하기 위해서는 관리자가 구성원 입장에서 자신이 원하는 일을 하고 있는지 생각해 보는 것이 필요하다. 봉급이나 다른 보상이 적다고 믿는 것은 동기부여에 타격이 된다. 때때로 사람들과의 문제가 동기부여를 방해하는 요인이 되기도 한다. 동기부여가 되지 않은 종업원과 함께 과업을 수행하는 관리자는 그 종업원이 정당하게 대우받으며, 적절하게 보상받고 있다는 것을 보여줄 수 있는 방법을 마련해야 한다. 이때의 해결책으로는 칭찬과 같이 보다 긍정적인 피드백을 전달하는 것이다. 구성원들은 상담이나 스트레스 관리를 통하여 도움을 받을 수 있다.

정리하기

1. 성과관리(performance management)는 기업이 구성원으로부터 원하는 성과를 달성하기 위해 설계하는 일련의 모든 활동을 의미한다. 이는 구성원들을 직무와 관련하여 평가하고, 구성원들의 평가 관련 정보를 교류하는 성과평가(performance appraisal)와는 다르다. 이러한 성과관리는 조직의 전략과 연계되어 조직의 전략적 목적, 관리적 목적 및 발전적 목적 등을 달성하도록 설계되어야 한다.

2. 성과관리의 가치는 조직의 전략과 성과 향상에 얼마나 기여하느냐에 그 중요성이 있다. 따라서 성과관리의 전략적 평가기준인 전략적 통합(strategic congruence), 타당도(validity), 신뢰도(reliability), 수용도(acceptability), 피드백(feedback) 등을 고려하여 성과관리 시스템이 구축되어야 한다.

3. 성과평가 방법은 기업의 특성, 내용, 규모, 실시 목적 등에 따라서 기업에 부합하는 방법이 고려되어야 한다. 이를 위해서는 ① 평가대상과 목적에 알맞은 평가요소를 선정하여야 하며, ② 평가방법이 객관적이고, 비교 가능해야 한다. 또한 ③ 이를 평가할 평가자가 적절해야 하며, ④ 평가과정상 합리성이 유지되어야 한다. 이러한 평가방법으로는 상대평가(서열법, 쌍대비교법, 강제할당법), 절대평가(평정척도법, 체크리스트법, 강제선택법, 자유기술법, 중요사건평가법, 행위기준평가법), 목표관리(MBO), 평가센터법(assesment center) 등이 있다.

4. 전통적인 성과평가에서는 피평가자의 모든 정보를 상급관리자에 의존하여 평가를 실시하였다. 그러나 상급관리자 한 사람에 의한 평가는 평가오류가 작용할 확률이 높으며, 평가자 한 사람의 관점에 제한될 수 있다. 따라서 최근에는 상급 관리자 1인에 의한 평가를 벗어나, 동료, 부하, 고객, 자기 자신 등을 포함하여 성과평가가 이루어지고 있다. 특히 최근에는 360도 다면평가를 실시하여 복수인으로부터 성과에 대한 피드백을 얻음으로써 평가의 객관성과 공정성을 높이고 있다.

5. 성과평가는 타당하고 신뢰도가 높다 하더라도, 결국 평가는 사람이 하는 것이다. 그러므로 시기, 장소, 감정, 심리적 오류 등에 의해 피평가자의 평가가 왜곡될 수 있다. 특히 평가자들은 상동적 태도(streotyping), 현혹효과(halo effect), 유사오류(similar to me), 분포오류, 기본적인 귀인의 오류(fundamental attribution error) 등의 심리적 오류를 지니고 있기 때문에 사전에 이에 대한 교육을 실시하고, 평가후 평가결과에 대한 피드백을 통해 평가자들의 오류를 줄이도록 노력해야 한다.

6. 성과 피드백은 구성원들의 저성과 및 업무의 개선효과가 있으며, 문제해결을 위한 신속한 정보제공을 통해 구성원의 역량개발과 조직성과 달성에 기회를 제공한다. 특히 성과 피드백은 구성원의 능력과 동기부여를 고려한 다양한 개선방안 - 고성과자, 방향이 잘못된 노력을 수행하는 자, 평균 이하 성과자, 저성과자 - 등을 고려하여 구성원의 역량개발과 조직성과 달성의 기회를 제공할 수 있다.

연습문제

단답식

1. 성과관리의 기본과정은 (　　)→성과관리→종업원 성과→성과관리 후속조치→조직성과물→성과관리 피드백으로 이루어진다.

2. 성과관리의 전략적 평가기준 중 조직의 성공적인 전략경영에 필요한 바람직한 행동과 성과를 구성원들로부터 실제로 창출해 내는 정도를 의미하는 것은? (　　　　　)

3. 중요사건법과 도식평정척도법의 주요 요소를 고려하여, 업무중심으로 특정 행동을 평가하기 때문에 상대적으로 오류가 적고, 피평가자의 실제 행동을 관찰하여 평가하는 방법은 ? (　　　　　)

4. 평가자의 관대화 경향이나 중심화 경향을 방지하기 위하여 사전에 일정한 평가의 범위와 수를 결정해 놓고, 일정한 비율에 맞추어 강제로 할당평가하는 방법은? (　　　　　)

5. 성과평가시 피평가자에 대한 평가를 상사, 부하, 동료, 고객, 부하 등과 같이 복수인으로부터 성과에 대한 피드백을 얻으려는 평가방법은? (　　　　　)

객관식

1. 다음 중 성과관리의 주된 목적으로 틀린 것은? (　　)
   ① 전략적 목적　② 관리적 목적
   ③ 평가적 목적　④ 발전적 목적

2. 성과관리의 전략적 평가기준 중 측정해야 할 성과를 실제로 측정하는 정도를 의미하는 것은? (　　)
   ① 신뢰도　② 타당도
   ③ 수용도　④ 전략적 통합

3. 평가자가 개별 종업원의 장·단점과 과거 성과 및 잠재적 요인의 향상을 위한 제언을 사실적으로 형식에 구애없이 서술하는 평가방법은? ( )

① 강제할당법 ② 자유기술법
③ 중요사건평가법 ④ MBO

4. 기업 내 본사에 근무하는 A과장에 대한 성과평가시 평가정보의 출처로 바람직하지 못한 것은? ( )

① 사장 ② 영업점 고객
③ 소속 대리 ④ 과장 자신

5. 평가오류 중 특정 집단의 모든 구성원들이 비슷한 특징과 행동을 공유한다는 믿음을 지닌 오류는? ( )

① 후광효과 ② 유사오류
③ 귀인이론 ④ 상동적 태도

6. '저 사람은 매일 지각하므로 업무실적도 낮을 거야?'라고 지각하는 평가오류는? ( )

① 상동적 태도 ② 현혹효과
③ 대비오류 ④ 유사오류

7. 성과 피드백이 진행되는 동안 관리자와 종업원이 상호존중과 협력적의 분위기 속에서 성과문제를 해결하기 위해 노력하는 방식은? ( )

① 관리자 주도 ② 종업원 주도
③ 쌍방 참여 ④ 문제해결방식

8. 평가센터법과 관련이 없는 것은? ( )

① AT & T ② 관리자의 리더십 개발에 유리
③ 예측타당성이 문제될 수 있다. ④ 시간과 비용이 적게 든다.

9. MBO에 대한 설명으로 잘못된 것은? ( )

① 목표에 의한 관리 ② 과학적 관리법
③ 피터 드러커 ④ 결과에 의한 관리

10. 성과관리 피드백 중 평균이하 성과자에 대한 개선방안에 해당되지 않는 것은 ? ( )

① 코칭 ② 교육훈련
③ 성과와 연동된 보상 ④ 스트레스 관리

참고문헌

권용만 · 신형재 · 김효겸(2010), 『인적자원관리론』, 무역경영사.

김영재 · 김성국 · 김강식(2011), 『신 인적자원관리』, 탑북스.

문희철(2010), "행복경영 사례 : 공정한 기회주기", 「매경이코노미」, 제 1581호.

박홍배 · 채규옥(2013), 『개정판 인사관리론』, 두남.

서재현 · 설현도 · 송상호 · 이호선(2011). 『조직행동론』, 한경사.

이학종(2000), 『전략적 인적자원관리』, 세경사.

최승준(2005), 『인적자원관리론』, 학술정보.

최종태(2008), 『현대 인사관리론: 의사결정론적 시스템 어프로치』, 박영사.

한태영(2013), 『인사평가와 성과관리』, 시그마프레스.

홍순원(2006), 『Assessment center 활용 인사관리 워크숍자료집』, KPI.

Bernardin, H. J., & Beatty, R. W.(1984), *Performance Appraisal: Assessing Human Behavior at Work,* Boston: Kent Publishing.

Latham, G. P., & Wexley, K. N.(1994), Increasing productivity through performance appraisal, Mass; Addison-Wesley publishing Co. Inc.

Lim, G. S., Mathis, R. L., & Jackson, J. H.(2010), *Human Resource Management*, Cengage Learning,

Noe, R. A., Hollenbeck, J. R., Gerhart, B., & Wright, P. M.(2006), *Human Resource Management : Gaining A Competitive Advantage*, McGraw-Hill.

Noe, R. A., Hollenbeck, J. R., Gerhart, B., & Wright, P. M.(2009), Fundamentals of Human *Resource Management*, McGraw-Hill.

Siegel, J. A.(2000), "How Your Appraisal Process?", *HR Magazine*.

제 7 장 보상 및 복리후생관리

학습개요

이 장은 조직에 기여한 구성원들에게 제공하는 보상, 즉 임금의 의의 및 중요성, 그리고 임금수준의 결정요인 및 임금체계, 임금형태에 대해 학습한다. 또한 종업원의 생활안정과 수준 향상, 건강유지 등을 위해 제공되는 간접보상, 즉 복리후생의 목표 및 효과, 그리고 형태에 대해 학습한다.

학습목표

1. 보상관리에 대해 설명할 수 있다.
2. 합리적 임금관리를 위한 방안에 대해 이해한다.
3. 임금피크제도에 대해 설명할 수 있다.
4. 연봉제에 대해 설명할 수 있다.
5. 선택적 복리후생제도에 대해 이해한다.

주요용어

1. 임금: 사용자가 근로의 대가로 근로자에게 임금, 봉급, 기타 어떠한 명칭으로든지 지급하는 일체의 금품을 말한다.
2. 임금수준(wage level) : 기업의 근로자 1인당 지불된 평균임금액을 말한다. 즉, 일정기간 동안에 기업 내의 모든 근로자에게 지급되는 임금 또는 노무비의 수준을 말한다.
3. 임금체계(wage structure) : 임금 지급항목의 구성 내용 또는 개별 종업원의 임금을 결정하는 기준으로 근로자의 개별 임금수준의 격차를 형성하는 중요한 기준이다.
4. 임금형태(wage payment method) : 근로자에 대한 임금의 지급방법 내지 산정방법을 의미한다. 임금을 지불할 때, 무엇을 단위기준으로 산정하는가를 나타내 주는 개념이다.
5. 최저임금제도 : 국가가 근로자의 최저임금을 법률상으로 강제함으로써, 저임금 근로자의 임금을 개선하여, 근로자의 생활안정을 도모하기 위한 제도이다.
6. 임금피크제도 : 근로자의 계속 고용을 위해, 노사간 합의를 통해 일정 연령을 기준으로 임금을 조정하고, 소정의 기간 동안 고용을 보장하는 제도이다.
7. 복리후생(employee benefits): 종업원의 생활안정과 생활수준의 향상, 건강유지 등을 위해 제공되는 임금 이외의 간접보상.
8. 선택적 복리후생제도(flexible benefit plan) : 모든 종업원에게 동일한 항목의 복리후생을 제공하는 것이 아니라, 회사가 제공하는 다양한 복리후생 항목 중에서 종업원 각자의 욕구와 기호에 따라 개인에게 부여된 범위 내에서 원하는 항목을 선택하도록 하는 제도.

경영사례 1

▌임금, 복지 가장 좋은 미국 직장은 구글…2위는?

미국에서 연봉과 복지혜택이 가장 좋은 일터는 어디일까.

미국의 구직정보업체 글래스도어는 미국에서 임금과 사원복지가 가장 좋은 직장으로 구글을 선정했다고 24일(현지시간) 경제잡지 포브스 등 미국 언론이 보도했다. 글래스도어는 미국내 약 30만개 기업의 직원들을 대상으로 소속기업에 대해 17개 항목에 걸쳐 5점 척도 방식으로 평점을 매기는 방식으로 순위를 정했다.

1위에 오른 구글의 평점은 4.4로, 높은 연봉에다 남다른 사원복지가 장점으로 꼽혔다. 구글 내 소프트웨어 기술자의 평균 초임은 12만 8천 달러(1억 3천여만 원)에 달했다. 이는 애플의 13만 2천 달러보다는 다소 낮지만 페이스북(12만 달러), 마이크로소프트(11만 1천 달러), 아마존(10만 5천 달러)보다 높다. 연봉이 애플보다 낮은데도 구글이 1위를 달린 것은 직원들에 대한 스톡옵션은 물론 다른 회사에서는 찾아볼 수 없는 혜택 덕분이다. 특히 구글은 사망한 직원의 배우자에게 사망직원이 받은 월급의 50%를 10년간 지급한다. 사망직원의 자녀들은 19살이 될 때까지 월 1천 달러씩 '장학금' 명목으로 받는다. 이들이 정규 대학에 입학하면 23세까지 월 1천 달러 지급 혜택이 연장된다. 아울러 사내병원, 척추지압을 비롯한 물리치료와 금연 프로그램 제공, 요리강좌 등의 혜택도 빼놓을 수 없다. 이런 혜택 덕에 직원들의 최고경영자에 대한 호감도 역시 구글이 월등히 높다. 래리 페이지 최고경영자에 대한 호감도는 95%다.

구글에 이어 2위는 '예상 외로' 대량판매점 코스트코가 차지했다. 평점은 4.4다. 이 회사는 월등히 높은 시간당 임금이 강점이다. 계산대 초임 직원의 시간당 임금은 약 12달러(1만 2천 300원) 수준에서 시작된다. 선임 계산대 직원의 시간당 임금은 16달러가 넘는다. 일부 관리자급 직원은 시간당 임금이 무려 22달러(2만 2천 500원)에 이른다. 미국내 대부분의 패스트푸드점 직원들의 시간당 임금이 7~8달러 선이라는 점을 감안하면 월등하게 높은 임금이다. 여기에 다른 회사와는 비교가 안되는 좋은 의료보험 혜택도 빼놓을 수 없는 장점이다.

구글과 페이스북에 이어 소프트웨어업체 어도비 등이 뒤를 이었다. 이 가운데 페이스북은 세끼 무료 식사, 100% 의료보험 혜택, 1년 4주 휴가, 무료 세탁 서비스, 입양을 포함해 자녀 1명당 4천 달러 양육비 지급, 4개월간 유급 출산휴가 등의 혜택 덕분에 상위권에 올랐다.

• 자료 : 연합뉴스, "임금, 복지 가장 좋은 미국 직장은?", 2014. 5. 25.

▌임금과 경제 : 중국의 임금 빅뱅

자고 나면 중국 곳곳에서 파업이 터지고, 사방에서 임금을 올린다는 소식이 쏟아진다. 중국에 진출했던 외국기업들이 해외로 공장을 옮기는 움직임도 감지된다. 세계의 공장이라 불리는 중국의 위상이 뿌리째 흔들리고 있는 셈이다.

파업과 임금인상 물결에도 정작 중국 정부는 꿈쩍도 않는다. 중국 지도자들은 한 술 더 떠 앞장서 마치 임금인상을 부추기는 듯한 인상마저 준다. 원자바오(溫家寶) 중국 총리는 최근 베이징에서 신세대 농민공을 만나 "사회가 농민공을 친자식처럼 돌봐야 한다"고 말했다. 세계 어느 나라 정부가 근로자 파업이나 임금인상을 반길까. 참 기이한 일이다.

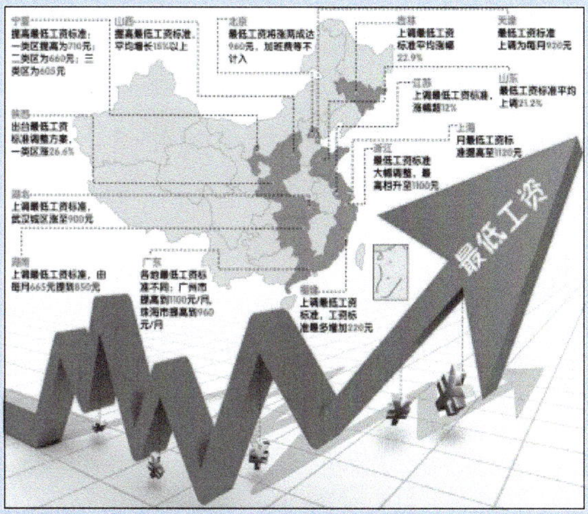

지금으로부터 60여 년 전 미국의 '자동차 왕'이라 불리는 포드사 창업자 헨리 포드는 자본주의 풍요의 비밀을 예리하게 통찰했다. 그는 근로자들이 스스로 생산한 제품을 자신의 소득으로 소비하고, 여가도 즐길 수 있어야 미국의 풍요가 가능하다고 보았고, 실제 미국 자동차의 대중화 시대를 열었다. 그 이후 미국은 강력한 구매력과 세계 최대 규모의 내수시장을 앞세워 초강대국의 지위를 구가해 왔다. 미국은 내수시장의 접근을 쥐락펴락하며 주요 국가의 흥망을 갈랐다. 미국의 세계 패권에는 거대한 내수시장이 한 축을 맡고 있음을 누구도 부인하기 힘들다.

중국도 자본주의 풍요의 비밀을 모를 리 없다. 더 이상 값싼 노동력에 기대는 수출과 투자 중심의 경제체제로는 계속 성장할 수 없으며, 세계 패권경쟁에서도 미국에 밀릴 수밖에 없다. 중국 정부는 작년 12월 중앙경제공작회의에서 소득분배제도를 개혁해 내년부터 근로자의 평균임금을 매년 15% 이상 올리는 방안을 추진하고 있다. 중국이 세계의 공장에서 세계의 시장으로 변신하는 '거대한 실험'에 나선 셈이다.

• 자료 : 세계일보, 2010. 6. 20.

1. 임금과 임금관리

1.1 임금의 의의 및 중요성

1) 임금의 의의

조직은 조직의 목표 달성에 기여한 구성원들에게 적절한 보상을 제공하여야 한다. 사실 종업원들이 조직을 선택하거나 조직생활을 하면서 실제로 가장 많은 관심을 보이는 이슈는 보상, 특히 금전적 보상과 종업원의 사회적 신분의 위치라 할 수 있는 승진이다. 따라서 좁게는 보상관리로서의 임금관리와 신분관리로서의 승진관리는 현대

인적자원관리의 양대 지주라 할 만큼 중요한 요체가 되고 있다.

조직에서의 **보상(compensation)은 조직이 구성원에게 제공하는 모든 형태의 대가로서 크게 금전적 보상과 비금전적 보상으로 구분된다.** 금전적 보상 또는 경제적 보상은 노동의 대가를 금전적으로 보상해 주는 것으로 직접적 보상과 간접적 보상으로 구성된다. 직접적 보상은 화폐적 임금으로 받는 보상인 기본임금과 작업성과와 연동되어 있는 성과임금으로 구성된다. 간접적 보상은 화폐적인 형태로 직접 제공받지는 않지만, 금전적인 성격이 강해 조직이 금전적 비용을 부담해야 하는 유형적인 서비스 및 혜택이다. 한편 비금전적 보상 혹은 비경제적 보상은 종업원이 직무 그 자체나 업무의 심리적, 물리적 환경으로부터 얻는 만족, 즉 성취감, 자기계발 기회 제공, 자율성, 탄력적 근무시간제, 재택근무 등의 작업장의 유연성, 쾌적한 환경 등을 말한다.

근로기준법 제2조 5항에는 "**임금이란 사용자가 근로의 대가로 근로자에게 임금, 봉급, 기타 어떠한 명칭으로든지 지급하는 일체의 금품을 말한다.**"라고 규정하고 있다. 즉, 임금은 근로자가 기업에 노동을 제공하고, 회사로부터 받게 되는 반대급부로서 회사로부터 받는 일체의 금품을 말한다. 따라서 임금(賃金, wage)은 광의로는 정기적으로 지급되는 통상의 임금 및 봉급 등의 경상적 지급 외에 수당, 상여금 등 각종의 임시적 지급을 의미한다. 협의로는 각종의 임시적 지급을 제외한 경상적 지급만을 의미한다.

그러나 임금을 둘러싸고 기업 측과 근로자 측은 서로 상반된 이해관계에 놓이게 된다. 이에 임금배분을 둘러싼 이해관계의 대립은 노사분규의 직접적인 원인이 되는 경우가 많다. 따라서 근로자들의 욕구를 충족시키면서, 기업의 이익을 보장할 수 있는 합리적인 임금관리가 중요하다. 임금관리는 인적자원관리의 중심적인 관리활동으로서 직무분석, 성과관리 등과 밀접히 관련되어 있다.

2) 임금관리의 중요성

임금은 임금구조와 관리, 임금수준과 정책, 지급방법과 형태에 따라서 구성원은 물론이고 기업과 그들이 속해 있는 사회에서 중요성이 강조되고 있다.

(1) 근로자 측면

임금은 근로자 자신은 물론 부양가족에 대한 생계비 원천으로서 중요하다. 또한 노동의 반대급부로 획득하는 물질에 대한 가치 척도는 사회에서 근로자의 신분을 규정하는 요소가 되고 있다. 임금은 근로자의 경력개발과 기업에 대한 공헌도 증진을 유인하는 요소로서 중요성을 갖고 있다. 특히 임금은 근로자에 대한 동기부여 수단으로써 중요성이 크다.

(2) 기업 측면

임금은 비용으로써 이를 효율적으로 관리하는 것이 중요하다. 또한 임금수준의 적정 여부는 기업의 생산성에 영향을 주며, 궁극적으로는 기업성과에 중대한 영향을 주게 된다. 비용요소인 임금은 기업이윤과도 밀접한 관계를 갖고 있어서 비용의 증감은 기업 이윤에 직접적인 영향을 준다. 특히 임금은 기업의 핵심인재를 유인하고, 유지하며, 근로자들의 동기를 부여하는 유인으로서 유능한 인적자본을 유지하게 하고 지속가능한 성장을 도모할 수 있다.

(3) 사회적 측면

임금은 공정사회를 지향하는 바로미터의 역할을 수행한다. 예를 들어, 최저임금, 임금지급 방법, 임금채권 우선변제, 퇴직금 등을 법률로 규정함으로써 근로자들의 노동력 및 생계를 보호하고, 이는 기업의 경쟁력을 제고하며, 더 나아가 사회를 발전시키게 된다.

일반적으로 기업의 임금관리에 대한 문제는 임금의 전반적 수준과 개인의 임금격차에 관한 내용으로 구분할 수 있다. 임금의 전반적 수준은 국민경제, 노동인구, 기업의 지불능력 등이며, 개인의 임금격차에 영향을 미치는 요소로서는 연령, 학력, 가족 수, 능력 등이 있다고 볼 수 있다.

임금관리의 목적을 달성하기 위해서는 근로자의 생활수단인 임금을 근로자 자신과 가족의 생활에 충족될 수 있도록 하고, 기업이 필요로 하는 노동력을 확보하기 위해서는 기업의 임금수준이 노동시장의 일반적인 임금수준보다 낮아서는 안된다. 또한 동일기업 내의 근로자 간에는 노동성과에 대해 공정한 기준에 의하여 지급되어야 한다.

최근에는 기업 규모의 확대, 정보화, 세계화 등에 따라서 관리방식의 과학화와 합리화가 요구되고 있다. 또한 경영관리상의 인간관계, 노사 협력, 사회발전, 기업의 사회적 책임 등의 촉진에 따라서 임금의 윤리성이 강조되고 있다.

1.2 임금관리의 목표

임금은 개인과 조직에 직접적인 영향을 주는 중요한 요소로서 인적자원관리에서 중요한 위치를 차지하고 있다. 임금관리는 효율적인 인적자원의 활용과 조직체 성과에 많은 영향을 주고 있다. 개인과 조직의 성과 향상과 공동의 이익을 실현하기 위하여 갖추어야 할 구체적인 임금관리의 목표를 요약하면 다음과 같다.

① **적절성(adequacy)** : 임금시스템은 사회경제 그리고 노사관계와 법규의 관점에서 적절한 임금수준을 유지해야 한다.

② **공정성(fairness)** : 전반적인 임금수준 뿐만 아니라, 조직구성원 각자에게도 그의 노력과 능력 그리고 지식, 기능 등 여러 기준에 의하여 공정한 임금이 지급되어야 한다.

③ **안정성(stability)** : 근로자의 경제적 안정과 그들의 안정욕구 충족에 기여하여야 한다. 임금은 근로자의 생활 안정, 기업의 개별경제 안정, 국가의 국민경제 안정 등이 요구되고 있다.

④ **타당성(acceptability)** : 임금은 개인, 조직의 관점에서 상호 이해할 수 있고, 타당하다고 느껴져야 한다.

⑤ **균형성(balance)** : 임금과 복리후생 등 여러 종류의 보상과 균형을 맞춰 구성되어야 한다.

⑥ **경제성(cost effectiveness)** : 조직의 지불능력을 고려하고, 일관성을 유지함으로써 조직에 무리한 비용부담이 되어서는 안된다.

⑦ **동기유발(motivation)** : 임금은 동기유발 요인으로 작용하여 종업원의 생산성 제고와 성과 향상에 긍정적 영향력을 미쳐야 한다.

2. 임금관리 이론

2.1 임금결정이론

1) 임금생존비설

임금생존비설(subsistence theory)은 고전학파 경제학자인 스미스(A. Smith)와 맬더스(R. Malthus)로부터 연구되어, 리카도(D. Ricardo)에 의해 발전되었다. "임금이란 근로자와 그 부양가족의 생계비의 크기에 따라 결정된다."는 학설이다. 리카도는 임금에 영향을 미치는 주요 요인을 인구 증감, 즉 노동인력의 증감으로 보고, 시장임금은 노동력의 생존비 수준을 중심으로 변동한다고 주장하였다.

노동시장에 실제 지급되는 임금이 생계비 보다 높은 경우에는 노동력의 공급이 증가하여 임금이 하락하고, 반대로 임금이 생계비를 하회할 때는 노동력이 감소하여 임금은 생계비를 상회하는 수준으로 상승하여, 장기적으로 임금은 생계비와 일치한다고 역설하였다. 이 이론은 임금이 생존비를 상회하면, 노동의 공급이 증가한다는 가정하에서 성립된 것으로 노동의 수요 측면을 무시한 이론이라는 비난을 면치 못한다.

2) 임금기금설

임금기금설(wage fund theory)은 밀(J. S. Mill)에 의해 주장된 것으로 "임금수준의 결정은 이미 임금지급을 위해 마련한 기금(fund)의 크기에 좌우된다"는 학설이다. 즉, 임금은 한 나라의 노동인구와 한 나라의 자본(임금을 지불할 수 있은 기금)과의 상대적 규모에 의하여 결정된다. 따라서 기업들이 임금을 지불할 수 있는 총액은 미리 계획되고 마련된 기금으로 결정되어 있다. 그리고 근로자의 평균임금은 임금기금을 근로자 총수로 나눔으로써 구해진다고 주장하였다.

이러한 임금기금설은 자본축적이 증가하면, 임금도 증가하므로, 노동운동에 의하여 임금인상을 요구하는 것은 무의미하다는 견해이다. 예를 들어, 한 나라의 임금기금은 일정하기 때문에, A노동조합의 임금투쟁으로 A기업에 속한 근로자의 임금이 인상될 경우, 전체 임금의 총액이 변동이 없는 관계로, 다른 기업에 속한 근로자의 임금은 A기업의 임금인상분 만큼 감소하게 되므로 임금인상을 위한 노동조합의 노력은 전체 근로자의 입장에서는 바람직하지 않다는 것이다.

3) 노동가치설

노동가치설은 고전파 임금이론인 임금생존비설이나 임금기금설을 비판하면서, 마르크스(K. Marx)에 의해서 주장된 것으로 "임금은 노동과 노동력을 구별하여 결정해야 한다는 것이다. 노동은 노동력의 사용가치이며 노동력의 가치, 즉 임금은 노동력 그 자체의 재생산이 필요한 노동시간에 의해 결정된다"는 학설로, 잉여가치설(surplus value theory)이라고도 한다.

자본가들은 강력한 교섭력을 이용하여 노동인력의 투입가치보다 적은 가치의 저임금을 지불하고, 근로자로부터 잉여가치를 착취한다고 주장하였다. 자본주의 사회는 자본가와 근로자의 2대 계급이 형성되는데, 자본가는 장시간 노동과 저임금으로 근로자를 착취한다는 이론이다. 마르크스의 이런 주장에도 불구하고, 근로자의 실질임금은 계속적으로 증가되며, 이 이론의 역사적 한계성을 보여 주었다.

4) 한계생산력설

한계생산력설(marginal productivity theory)은 클라크(J. B. Clark)와 마샬(A. Marshall) 등에 의해 주장된 것인데, "임금은 노동의 한계생산력에 의해 결정된다"는 학설이다. 즉, 임금이 최종 근로자의 생산액(한계생산력)과 같게 된다는 이론이다.

일반적으로 생산 증가에 따라 수확체감의 법칙이 작용하여, 한계생산력이 저하되는데, 노동의 한계생산능력과 임금이 일치되는 점까지 기업가는 노동을 수요한다는 것이다. 즉, 근로자의 수를 늘리면 추가되는 근로자가 생산하는 생산량은 점점 감소하게 된다는 점에서, 결국 근로자에게 지급되는 임금과 근로자가 생산한 가치가 일치하지 않게 되어 경영자에게는 이윤이 없게 된다는 것이다. 따라서 기업은 일반적으로 한계생산력을 기준으로 임금을 결정하며, 나아가서 고용량을 결정하게 된다. 그러나 고임금이 높은 생산성을 가져오는 경우도 있다.

5) 임금세력설

임금세력설(wage force theory)은 오펜하이머(F. Oppenheimer)와 바라노브스키(M. I. Baranovski)의 이론으로서 "임금은 노동조합의 사회적 세력, 즉 노동조합의 투쟁강도에 따라 좌우된다"는 학설이다. 즉, 임금은 노동조합의 세력이 강하면 노조의 요구에 따라 상승하게 될 것이며, 즉 투쟁의 강약에 따라 큰 영향을 받는다.

이 이론은 한계생산력설이 정태적인 경제상태에서만 이해될 수 있고, 동태적인 사회적 세력관계의 영향력이 무시된 점을 비판하면서 대두되었다. 현대사회에서 자본가의 부당이득을 배제하는 데에는 타당성이 인정되나, 노사 간의 신뢰가 형성될 경우, 기업의 지불능력을 고려한 임금교섭이 전제되어야 한다.

6) 임금계약설

미국의 노동경제학자들이 주장한 최근의 임금학설로 대표학자로는 던롭(J. T. Dunlop)이 있다. 임금계약설은 노동조합과 사용자 사이에서 대등한 임금교섭을 통한(노사간의 교섭력) 임금계약으로 임금수준이 결정된다는 이론이다. 이 학설은 1930년대

까지 미국의 임금이론의 중심을 이루어 온 한계생산력설에 대한 비판에서 출발한 임금이론이다. 교섭력의 성격에 대해서는 던롭이 노동시장의 통제력이란 순경제적인 힘을 주장한 데 반해, 로스(A. M. Ross)와 칼더(N. Kaldor)는 노동조합이 임금인상 이외의 경제적 · 사회적 · 정치적 목적을 달성하는 조직의 결집체이기 때문에 이것들의 종합적인 힘의 결집이 교섭력이라고 보았다. 따라서 노동조합의 교섭력은 임금결정의 중요한 요인으로 작용하게 된다.

[표 7-1] 임금결정이론

임금결정이론	주요학자	내 용
생존비설	Smith, A. Malthus, R. Ricardo, O.	임금이란 근로자와 그 부양가족의 생계비의 크기에 따라 결정
임금기금설	Mill, J. S.	임금수준 결정은 이미 임금지급을 위해 마련된 기금(fund)의 크기의 좌우
노동가치설	Marx, K.	노동력의 가치, 즉 임금은 노동력 자체의 재생산이 필요한 노동시간에 의해 결정 - 잉여가치설
한계생산력설	Clark, J. B. Marshall, A.	임금은 노동의 한계생산력에 의해 결정
임금세력설	Oppenheimer, F. Baranovski, M. I.	임금은 노동조합의 사회적 세력, 즉 노조의 투쟁강도에 따라 좌우
임금계약설	Dunlop, J. T.	노사 간의 임금계약으로 임금수준이 결정

자료 : 김성수(2010), 혁신적 인적자원관리, 탑북스. p. 232 일부 수정.

2.2 공정성 이론

1) 공정성 이론의 개념

공정성 이론(equity theory)이란 페스팅거(L. Festinger)와 아담스(J. S. Adams)가 체계화시킨 이론으로, 임금은 공정한 노동행위와 성과에 따라 공정하게 지급되어야 한다는 이론이다.

임금은 종업원 만족의 정도로써 종업원이 보상의 공정성을 어떻게 인식하고 지각하느냐에 달려 있다는 것이다. 만일 종업원이 공정하게 취급받는다고 생각하면 만족할 것이고 불공정하다고 생각한다면 보상 여하에 관계 없이 불만족할 것이다.

또한 공정성 이론은 사회비교이론의 하나로써 종업원은 자신이 다른 사람에 비해 과다하게 임금을 받고 있거나 반대로 임금을 과소하게 받고 있다고 지각(perception)하게 되면 자신의 노력을 증가시키거나 또는 자신의 노력을 낮게 하든지, 더 많은 임금을 요구하든지 하여 공정한 인식을 하려고 노력하게 된다는 것이다.

2) 공정성 이론과 감정

공정성 이론에서 불공정성(inequity)이란 종업원이 그의 투입(input)의 대가로 제공받는 성과의 비율과 타인의 투입에 대한 대가로 제공받는 성과의 비율이 동등하지 못하다고 느낄 때 발생한다. 직무와 관련하여 볼 때 성과란 ① 임금, ② 부가급여, ③ 지위, ④ 직무의 내재적 흥미 같은 것을 포함하고, 투입이란 ① 교육수준, ② 지능, ③ 경험, ④ 작업의 곤란성, ⑤ 직무에 대한 일반적 자질 등을 포함한다.

임금관리의 내용과 관련하여 볼 때, 성과란 임금의 내용과 수준이라고 볼 수 있다. 공정성 이론은 불공정성에 대한 현재의 인식 정도가 공정성을 이루거나, 불공정성을 감소시킬 수 있도록 개인을 동기유발시킬 것이라고 본다. 특히 불공정성을 줄이기 위한 동기유발의 강도는 과거의 경험적 기준과 비교하여 인식한 불균형의 정도에 따라서 투입과 성과간의 비율을 직접적으로 변화시킬 것이라는 것이다.

공정성 이론은 [그림 7-1]과 같이 투입과 성과의 사회적 비교를 해 봄으로써 만족감과

[그림 7-1] 공정성 이론과 감정

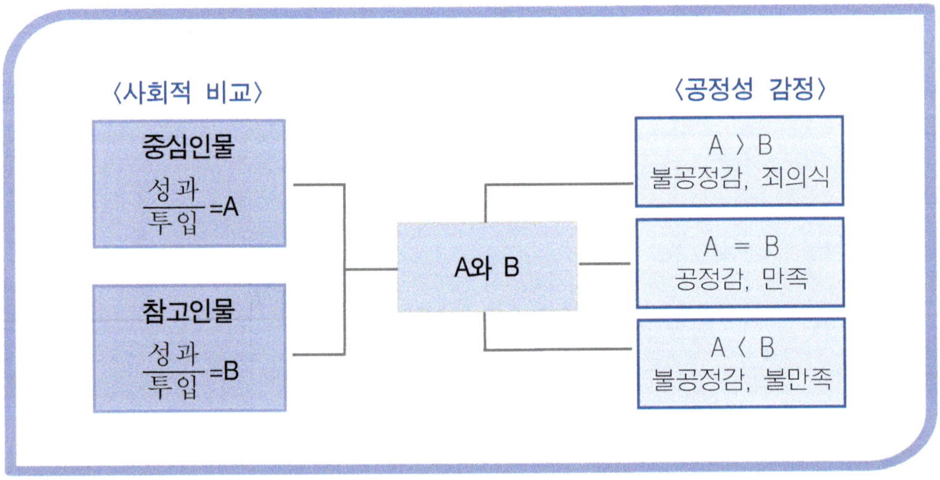

자료 : 김식현(1996), 인사관리론(신판), 무역경영사, p. 326.

불만족 등 공정성 감정을 찾을 수 있다. 종업원은 다른 사람, 즉 참고인물(reference person)의 투입과 성과와의 비율과 자신의 것을 비교해 본다면, 중심인물(focal person)과 참고인물의 비율이 균형을 이룰 경우 임금은 공정하다고 인식할 것이며 또한 만족할 것이다. 만일 그 자신의 비율이 다른 사람의 것보다 작다면 불만족이 나타날 것이다. 반대로 자신의 비율이 타인의 비율보다 크다 하더라도 그는 불공정한 감정이나 의식을 느낄 것이다.

3) 공정성 이론의 임금에 대한 반응

공정성 이론은 임금에 대한 반응을 예측하는 데 과소급여(under payment)와 과다급여(over payment)의 두 가지가 있다. 과소급여란 타인과 비교해서 임금을 덜 받게 된 경우이고, 과다급여는 타인과 비교해서 임금을 더 많이 받는 경우이다. 여기서 지적하는 과소급여나 과다급여는 비교대상으로 본 상대적 임금수준을 나타내는 것이지, 받는 임금의 절대적 크기를 나타내는 것은 아니다. 이는 임금을 주는 방법에 따라서 [표 7-2]와 같은 행위가 유발될 것으로 보인다는 것이다.

[표 7-2] 임금지급 방법과 수준

수준 / 지급방법	과 소 급 여	과 다 급 여
자극급[1]	- 생산량은 많음 - 제품의 질은 낮아짐	- 생산량은 축소 - 제품의 질은 높아질 것임
시간급[2]	- 값싼 것에 의존하여 제품의 질과 양 동시 감소, 그 중 하나를 감소시킬 것임	- 효율적으로 불균형 해소, 제품의 질과 양 개선, 그 중 하나만 증가시킬 것임

자료 : 김식현(1996), 인사관리론(신판), 무역경영사, p. 326.

4) 공정성 이론의 평가

공정성 이론은 임금과 같은 금전적 보상이 투입에 대해서 나타나는 성과로서는 가장 명료하고 측정이 용이하다는 이유로 자주 사용되었고, 이에 대한 제약이 많이 지적

1) 자극급이란 일정한 시간 동안에 완성 또는 생산량에 따라서 임금을 지급하는 방법이다.
2) 시간급이란 수행한 작업량이나 질에 관계없이 일정한 시간마다 임금을 지급하는 방법이다.

된 것도 사실이다. 그러나 금전적 보상은 그 나름대로 동기부여 관리의 강력한 도구 중의 하나로써 현실적이고 가장 많이 활용되고 있는 것이다. 따라서 임금관리에 있어서는 공정성 원리가 적용될 수 있도록 지도해야 하며, 기존의 임금시스템의 평가에도 공정성의 개념이 응용되어야 한다.

2.3 임금의 노사합의 결정론

전통적인 임금의 결정은 주로 경영자가 주도적인 관점으로 결정하였다. 현대 사회는 산업구조가 복잡해지고, 고도의 숙련이 요구됨에 따라 근로자의 노동에 대한 질적 수준도 높아져 왔다. 또한 대부분의 국가들이 근로자들의 근로조건 향상과 권익 향상을 위해 노동조합의 단체교섭권을 보장하고 있다.

이에 기업의 경영자들이 종래와 같은 전통적 임금결정을 추진해 나간다면, 당연히 노동조합의 반발은 커지고 구성원들의 동기부여와 소속감이 낮아지게 될 것이다. 따라서 임금 및 근로조건에 대한 노사간의 합의를 통해, 기업의 경쟁력 확보와 구성원들의 직무 및 조직에 대한 만족도를 높이는 것이 큰 과제로 되어 왔다. 조직구성원들의 근로의욕을 향상시키기 위해서는 그 기초를 이루는 인간의 행동원리를 파악해야 되고, 노동조합과의 신뢰를 기반으로 한 임금교섭이 글로벌시대의 기업경쟁력 제고에 가장 중요한 요소이다.

따라서 현대적 임금의 결정은 기업의 투명경영과 노동조합과의 신뢰 구축을 통한 노사 간의 합의를 통해 결정되어야 한다. 이러한 노사합의를 통한 임금결정은 ① 근로자 생계비, ② 기업의 지불능력, ③ 동일산업 임금수준, ④ 단체교섭력, ⑤ 노동조합, ⑥ 정부의 임금가이드라인, ⑦ 경영참가 등을 참고해야 한다.

[표 7-3] 노사합의 결정론

생산성 임금결정론	노사합의 결정론
1. 표준생계비 2. 기업의 지불능력 3. 노동생산성 4. 수익성 5. 수요공급의 법칙	1. 단체교섭력 2. 경영참가 3. 기업의 지불능력 4. 생계비 5. 산업임금 6. 노동조합 7. 정부(경기 변화)

자료 : Megginson, L. C., Chruden, H. J., Sherman, A. W., & Flippo, E. B. 등의 임금결정요인 분류 참조.

3. 임금에 대한 법적 요건

임금과 관련된 정부의 규제는 임금에 대한 차별 및 근로자의 권리를 보호하기 위하여, 통상임금 산정, 최저임금, 시간외 근로수당, 퇴직금 등의 영역에서 기업의 임금결정에 많은 영향을 준다. 따라서 기업의 임금결정은 이러한 법적 요건을 충족하여야 한다.

3.1 균등한 처우

우리나라 근로기준법 제6조에 의하면, 사용자는 근로자에 대하여 남녀의 성(性)을 이유로 차별적 대우[3]를 하지 못하고, 국적 · 신앙 또는 사회적 신분을 이유로 근로조건에 대한 차별적 처우를 하지 못한다. 즉, 기업은 구성원들의 연령, 성별, 인종 또는 기타 개인적 속성 특성에 따라 임금 등 근로조건을 차별화해서는 안된다. 따라서 기업의 임금관리 목표는 "동일노동 동일임금"을 달성하는 것이다.

우리나라 근로기준법에서 금지하는 차별적 처우는 국적, 신앙 또는 사회적 신분을 이유로 하는 것이다. 따라서 근로형태, 직급, 업무성적, 능력 등 합리적인 이유가 있는 차별은 차별적 처우라 할 수 없다(하갑래, 2005, p. 154). 예를 들어, 근로자의 개인적인 직무, 능률, 근무부서의 난이도 등에 따라 상여금 지급의 차등을 두는 것이나 근속연한에 따라 상여금 지급률, 근속수당, 학자금 등에 차등을 두는 것은 차별적 대우로 볼 수 없다.

3.2 임금지급의 원칙

임금은 통화(通貨)로 직접 근로자에게 그 전액을 지급하여야 하며, 배월 1회 이상 일정한 날짜를 정하여 지급하여야 한다(근로기준법 제43조).

---

3) 차별적 대우 : 당해 사업장의 다른 근로자에 비하여 불이익 또는 유리한 대우를 하는 것.

1) 직접지불의 원칙

임금은 반드시 근로자 본인에게 지급되어야 한다. 임금의 직접지불의 원칙은 근로자 본인에게 직접 지불하게 함으로써 근로자의 생활을 보호하기 위함이다. 예를 들어, 사용자가 근로자의 임금을 근로자의 친권자 기타 법정대리인에게 지급하는 것은 안되며, 임금채권을 제3자에게 양도한 경우라도 임금채권의 압류의 경우를 제외하고는 임금은 근로자에게 지급해야 한다.

2) 전액지불의 원칙

임금은 전액이 근로자에게 지급되어야 하며, 임금의 일부 공제는 법령 또는 단체협약에 특별한 규정이 있어야 한다. 즉, 법령 또는 단체협약을 제외하고는 근로자에게 지급하는 임금의 공제는 불가능하다는 것이다.

법령에 의한 공제

근로소득세, 주민세, 건강보험, 국민연금 등

check-off system(조합비 일괄공제제도)

노동조합의 조합비를 사용자로 하여금 일괄 공제케 하는 조합비 일괄공제조항 역시 일방적으로 공제할 수 없다. 이 조항의 효력은 단체협약에 조합비 일괄공제제도가 규정되어 있고, 이에 관한 조합원 총회의 의결이나 노조규약 내에 관련 규정이 있어야 한다.

3) 통화지불의 원칙

임금은 법령 또는 단체협약에 특별한 규정이 있는 경우를 제외하고는 강제통용력이 있는 통화로 지급하여야 한다. 이 규정은 현물급여(truck system)를 통해 근로자의 자유를 구속하거나, 회사의 과잉제품을 지급함으로써 근로자들의 실질적인 임금 확보에 지장을 주는 것을 방지하기 위한 것이다(하갑래, 2005, p. 575).

4) 정기지급의 원칙

임금은 매월 1회 이상 일정한 기일을 정하여 지급하여야 한다. 또한 취업규칙에는 반드시 임금 지급시기를 명시하여야 한다.[4] 사용자로 하여금 매월 정해진 기일에 근로의 대가를 지급하게 하여, 근로자의 생활 안정을 도모하기 위함이다.

---

4) 근로기준법 제93조(취업규칙의 작성・신고) 2항에는 임금의 결정・계산・지급방법, 임금의 산정기간・지급시기 및 승급에 관한 사항을 명시하고 있다.

3.3 임금의 종류

우리나라는 근로기준법에 통상임금과 평균임금이라는 2가지 개념을 사용하고 있다. 통상임금과 평균임금은 근로자들의 연장·야간·휴일 근로에 대한 가산임금, 연차수당, 퇴직금 등 각종 법정수당과 보상금을 산정함에 있어 적용기준이 되고 있다.

1) 통상임금

근로기준법 시행령 제6조에 의하면, **통상임금은 근로자에게 정기적이고 일률적으로 소정근로**[5] **또는 총 근로에 대하여 지급하기로 정한 시간급 금액, 일급 금액, 주급 금액, 월급 금액 또는 도급 금액으로 정의하고 있다.** 즉, 기업이 정한 기준에 의해, 구성원에게 공통적·고정적으로 지급하는 기본급과 모든 근로자에게 일률적·정기적으로 지급하는 각종 수당이 이에 포함된다. 통상임금의 경우에는 해고예고수당, 휴업수당, 연장·야간·휴일 수당, 연차휴가수당 등의 산정에 활용된다.

그러나 국내기업은 경제성장의 과정에서 기본급은 가능한 억제하면서 각종 수당을 추가 또는 증가함으로써, 임금구성이 매우 복잡해지면서 통상임금에 포함되는 수당과 포함되지 않은 수당에 대한 노사의 다툼이 지속되었다. 통상임금에 대한 노사 간의 불일치 가운데, 대법원은 전원합의체 판결(2013.12.18.)을 통해, 기존의 통상임금 산정에 포함되지 않은 '정기상여금'을 통상임금에 포함되는 것으로 판결함에 따라, 국내 기업의 복잡한 임금구성의 문제점을 제기하였다. 따라서 복잡한 임금구성을 단순화하기 위한, 임금체계의 개편이 필요하다 하겠다.

2) 평균임금

평균임금은 실제로 제공된 근로에 대해 정기적이든 부정기적이든 실제로 지급받은 임금을 의미한다. 근로기준법 제2조 6항에서도 **평균임금은 이를 산정하여야 할 사유가 발생한 날 이전 3개월 동안에 근로자에게 지급된 임금의 총액을 그 기간의 총일수로 나눈 금액이라 하였다.** 이러한 평균임금은 근로자의 퇴직금, 휴업수당, 연차휴가수당, 재해보상금 및 제재로서 감급액 등의 산정에 적용된다.

---

5) 소정(所定)근로시간이란 "법정근로시간의 범위 내에서 근로자와 사용자 사이에 정한 근로시간"을 말한다(근로기준법 제2조 7항).

경영사례 2

▌재계 "임금인상 억제 · 채용 축소 불가피"…노동계 "통상임금 적용 시점 앞당겨야"

현대자동차는 최근 윤갑한 사장(울산공장장), 이경훈 금속노조 지부장 등이 참석한 가운데 올해 첫 노사협의회 1차 본회의를 열고 노사현안을 논의했다. 그러나 현대차 노조는 11일자 노보를 통해 "회사 측이 통상임금과 관련한 각종 시행세칙에 대해 일방적인 해석을 내놓고 있다"며 "앞으로 노사협상은 통상임금 반환에 초점을 맞춰 상여금의 산입시점을 앞당기는 데 주력하겠다"고 밝혔다. 경기도 안산 반월공단 내 자동차부품업체 A사도 최근 열린 임금협상에서 "상여금을 퇴직자에게 지급한 전례가 없다"며 "앞으로 지급되는 상여금도 통상임금에 포함할 수 없다"는 입장을 밝혔다. 그러나 노조 측은 "그동안 관행을 들어 모든 상여금의 임금성을 부정하는 것은 위법"이라며 강경투쟁을 예고하고 나섰다.

통상임금 적용범위에 대한 노사 입장이 팽팽하게 맞서고 있는 데다 양대 노총과 현대차 등 강성노조들이 강경투쟁을 선포하고 나서면서 올해 제조업 현장 곳곳에서 생산라인 중단과 파업이 재현되는 게 아니냐는 불안감이 확산되고 있다. 실제로 2월 중순 현재 노조와 공식협상이나 물밑협상을 벌인 재계 측은 "통상임금 법리해석에 대한 의견 차이가 예상보다 더 크다"며 올해 파업 대란과 생산차질을 우려하고 나섰다. 각종 협회 주도로 열린 통상임금 설명회도 대법원 판결과 고용노동부의 지침에 대한 해석이 제각각 엇갈리면서 노사 양측의 혼란과 대립이 더욱 가중되고 있다.

12일 대한상의가 300개 기업을 대상으로 대응방안을 조사한 결과 '임금체계 조정'(40.0%)을 꼽은 기업이 가장 많았고 '연장근로 억제를 통한 초과근로수당 지급 여지 최소화'(20.4%), '향후 수년간 임금인상 억제 · 동결'(10.2%), '인력 구조조정 또는 신규 채용 중단'(6.0%) 등의 답변이 뒤를 이었다. '대법원 판결을 수용해 임금인상을 하겠다'는 곳은 6.4%에 그쳤다. 노사간 대화로 통상임금 문제가 원활하게 풀릴 것이라는 답변은 20.7%에 불과했다. 대기업 노사협상에 큰 영향을 미치는 현대자동차는 통상임금 이슈에 원활하게 대응하기 위해 노사가 공동으로 참여하는 '임금체제개편위원회'라는 별도 조직을 만들 방침이라고 밝혔다.

중소기업의 경우 급여 보전과 복리후생 차원에서 지급해 온 모호한 개념의 각종 수당들이 대기업보다 더 많기 때문에 노사 갈등이 더욱 크게 표면화될 것으로 보인다. 시화공단 내에서 50여 명의 근로자를 고용하고 있는 금형업체 B사는 급여명세표에 포함된 '성실수당'을 놓고 노사 양측이 팽팽하게 맞서고 있다. 회사 측은 '가족수당'과 유사하게 기본급 보존 차원에서 지급돼 온 복리후생수당인 만큼 통상임금이 아니라는 입장이지만, 노조 측은 "'성실'개념 자체가 근로에 대한 보수라는 점을 포함하고 있는 만큼 통상임금으로 봐야 한다"며 물러서지 않고 있다.

노동계도 본격적으로 대응 수위를 높여가고 있다. 노사정위원회의 '임금 · 근로시간특별위원회' 참여를 거부하고 있는 한국노총은 이달 말 열리는 대의원대회에서 통상임금과 관련해 공동투쟁위원회 구성을 결의할 예정이다. 앞서 한국노총은 각 산하 조직에 "대법원 판결 이후 조정된 통상임금을 기준으로 각종 법정수당을 지급할 것을 요구하는 공문을 사측에 보내라"는 내용의 대응지침을 내려보냈다. 민주노총도 오는 25일 총파업 이후 통상임금 정상화를 목표로 '2014 임금투쟁 승리를 위한 전진대회'를 개최할 계획이다.

배규식 한국노동연구원 노사 · 사회정책연구본부장은 "통상임금 문제의 조속한 수습을 위해 한노총은 노사정 대화에 복귀해 문제를 해결하는 데 책임 있는 모습을 보여야 한다"며 "정부 역시 한국노총을 대화 파트너로 인정할 필요가 있다"고 말했다.

• 자료 : 매일경제신문, 2014. 2. 12.

3.4 최저임금제도

1) 최저임금제도의 의의

최저임금제도(minimum wage system)는 국가가 근로자의 최저임금을 법률상으로 강제함으로써 최저임금을 하회하여 근로자를 고용하지 못하도록 하는 동시에 저임금 근로자의 임금을 개선하여, 근로자의 생활 안정을 도모하기 위함이다. 우리나라에서는 최저임금법을 두어 근로자들의 최저임금을 보장하여, 근로자의 생활 안정과 노동력의 질적 향상을 도모함으로써 국민경제의 건전한 발전에 기여하고자 최저임금제도를 운영하고 있다.

최저임금제도는 19세기말인 1894년 뉴질랜드의 산업조정중재법에서 출발하였으며, 1896년 오스트레일리아 빅토리아주의 공장법이 창설되어, 구미 선진국에 큰 영향을 주었다. 이에 영국은 1909년에 임금위원회법, 미국은 1911년에 메사추세츠주에서 처음 법제화된 이후, 1938년에 연방법인 공정노동기준법에서 최저임금제를 법제화하였다. 이후 최저임금제도는 국제노동기구(ILO)에서 1928년 제26호 협약에서 최저임금제도 창설에 관한 협약을 시작으로 1951년 제99호 협약(농업부문의 최저임금 협약), 1970년 제131호 협약(개발도상국의 최저임금 협약) 등 수 개의 권고를 널리 보급하였다(박홍배 · 채규옥, 2013, p. 295). 우리나라에서는 최저임금법이 1986년 12월 31일에 제정 · 공포 되었으며, 1988년 1월 1일 이후 법적 구속력을 지니게 되었다. 또한 2001년 ILO협약 제131호(개발도상국의 최저임금 협약)를 비준하였다.

2) 최저임금제도의 순기능과 역기능

최저임금제도의 순기능과 역기능은 다음과 같다(최종태, 2000, p. 205). 먼저 순기능으로는 저소득층 근로자들을 사람다운 생활수준에 접근시키고, 비교적 이동성이 결여되어 있는 교섭력이 약한 근로자들을 보상해 준다. 억압된 저임금률에서의 경쟁을 제거하고, 경기후퇴기에 임금과 가격하락의 순환을 막고, 소득을 모두 소비하는 저소득집단에게 구매력을 보충해 줌으로써 경제 회복에 도움을 준다. 또한 최저임금의 실시는 기업에 압력작용을 하여 품질관리를 더욱 개선시키고, 낭비와 결함을 없애며 노동력을 더욱 효율적으로 활용하게 된다. 이는 기업으로 하여금 판매에 더욱 힘쓰게 하고, 신제품 개발에 집중케 하는 효과가 있다.

그러나 최저임금제는 다음과 같은 역기능이 발생할 수 있다. 먼저, 최저임금은 경제적 경쟁이론에서 볼 때, 기업은 최저임금보다 낮은 공헌을 하는 근로자를 해고하거나 채용하지 않을 것이며, 기업의 입장에서 최저임금을 적용하게 되면 노무비가 오르기 때문에 근로자의 채용을 줄이거나 다른 대체물을 찾아 실업으로 이어질 수 있다. 둘째, 사회정책 측면에서 최저임금은 정규직 근로자들의 실제 생계비보다 낮게 책정되는 경향을 보이므로 근로자들의 생활수준을 떨어뜨리게 된다(Noe et al., 2009, p. 314). 이에 미국에서는 특정 지역의 생활비에 기초한 최저임금으로 생활임금(living wage)을 제시하고 있기도 하다.

3) 최저임금의 결정 및 기구

우리나라는 최저임금위원회를 두어, 매년 8월 5일까지 최저임금을 결정하도록 되어 있다. 그러나 최저임금을 결정함에 있어서 최저임금위원회에 참여하는 노사위원이 요구하는 최저임금은 매년 상당한 차이를 보여 노사 간의 갈등이 반복되고 있다. 이처럼 최저임금을 적정수준에서 결정하기는 매우 힘든 일이다. 이에 ILO에서는 최저임금의 결정기준으로 근로자의 생활자금을 우선 고려해야 한다고 하였으며, 다음으로 비슷한 근로자의 임금 또는 일반적 임금표준을 고려하도록 권고하고 있다.

우리나라의 최저임금 결정기준은 근로자의 생계비, 유사 근로자의 임금, 노동생산성 및 소득분배율 등을 고려하여 정하며, 이 경우 사업의 종류별로 구분하여 정할 수 있다. 이러한 최저임금 결정기준에 근거하여 최저임금위원회는 그 해의 최저임금을 결정한다.

최저임금위원회는 최저임금에 관한 심의와 그 밖에 최저임금에 관한 중요한 사항을 심의하기 위하여 구성한다. 최저임금위원회는 총 27명의 위원 - 근로자를 대표하는 위원(9명), 사용자를 대표하는 위원(9명), 공익을 대표하는 위원(9명) - 으로 구성된다. 위원의 임기는 3년이며, 연임이 가능하다.

최저임금 결정절차는 다음과 같다. 먼저, 고용노동부장관이 최저임금위원회에 심의를 요청한다. 둘째, 최저임금위원회는 심의를 요청받은 날부터 90일 이내에 심의결과를 고용노동부장관에게 제출하여야 한다. 이때 최저임금의 심의결정은 재적위원 과반수의 출석과 출석위원 과반수의 찬성으로 의결한다. 셋째, 최저임금안에 이의가 있을 경우, 10일 이상의 재심의가 가능하다. 재심의 결정은 재적위원 과반수의 출석과 출석위원 3분의 2 이상의 찬성으로 의결하게 된다. 넷째, 최저임금이 결정된 때에는 고용노동부장관이 지체 없이 결정내용을 고지한다. 또한 고시된 최저임금은 다음 년도 1월 1일부터 효력이 발생하게 된다.

최근에 우리나라에서 최저임금을 결정함에 있어서, 고령근로자의 증가와 경기침체 등으로 아파트 경비업종에 종사하는 근로자에 대한 최저임금 적용으로 경비업종에 종사하는 근로자들이 일자리를 잃는 경우가 발생하고 있다. 이에 우리나라 최저임금법 제5조 2항에 별도의 규정을 두고 있다. 예를 들어, 수습 사용 중에 있는 자로서 수습 사용한 날부터 3개월 이내인 자 또는 감시 또는 단속적으로 근로에 종사하는 자의 경우에는 기존의 최저임금액과 다른 최저임금액을 결정할 수 있다.

[표 7-4] 년도별 최저임금액(1997년~2016년)

적용년도	시간급	일급(8시간 기준)	인상률
'16.1.1~'16.12.31	**6,030원**	**48,240원**	**8.1%**
'15.1.1~'15.12.31	5,580원	44,640원	7.1%
'14.1.1~'14.12.31	5.210원	41.860원	7.2%
'13.1.1~'13.12.31	4.860원	38.880원	6.1%
'12.1.1~'12.12.31	4.580원	36.640원	6.0%
'11.1.1~'11.12.31	4.320원	34.560원	5.1%
'10.1.1~'10.12.31	4.110원	32.800원	2.75%
'09.1.1~'09.12.31	4.000원	32.000원	6.1%
'08.1.1~'08.12.31	3.770원	30.160원	8.3%
'07.1.1~'07.12.31	3.480원	27.840원	12.3%

자료 : 최저임금위원회(2014), 최저임금액 현황, www.minimumwage.go.kr을 참고로 보완함.

[그림 7-2] 임금관리의 3분야

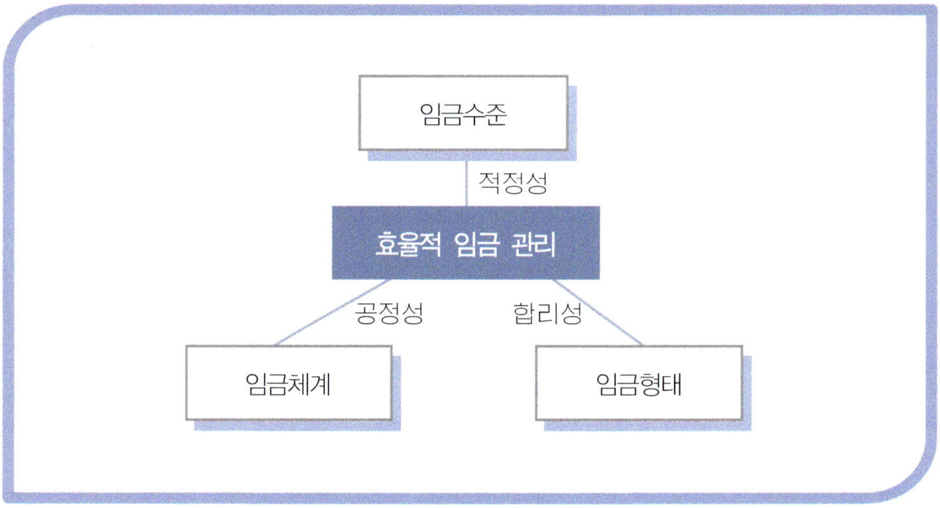

4. 임금수준의 결정

4.1 임금수준의 결정요인

우리나라 기업에서 발생하는 많은 노사분쟁들의 주된 이슈가 바로 임금수준과 직결된 임금인상 이슈이다. **임금수준(wage level)은 기업의 근로자 1인당 지불된 평균임금액을 말한다. 즉, 근로자의 생계 유지를 위한 기업의 임금 지급수준으로서 일정기간 동안에 기업 내의 모든 근로자에게 지급되는 임금 또는 노무비의 수준을 말한다.** 임금수준의 파악은 각 기업의 평균임금을 산출하거나, 산업별 임금의 평균으로서 파악할 수 있으며, 임금수준은 기업의 대외적 경쟁력을 비교하는데 유용하다.

임금수준에 영향을 미치는 요인은 기업의 대내외 환경변화에 따라 다르고, 학자들의 의견도 다양하지만, 기본적으로 기업측 요인으로서 기업의 지불능력, 종업원 측 요인으로서 근로자의 생계비, 노동시장적·사회적 측면으로서 외부적 공정성 결정의 기준이 되는 노동시장의 임금수준 등을 들 수 있다.

기업의 임금수준은 최소한 종업원의 생계를 보장할 수 있는 수준이 되어야 하고,

한편으로 임금은 비용이므로 기업의 지불능력 범위 내에서 지불되어야 한다. 그리고 법적 환경요인으로 근로기준법 및 최저임금법 등 법률이 임금결정에 규제적인 영향을 준다. 즉, 임금수준의 결정은 여러 가지 관련사항을 고려하여 이루어지는 바, 단순히 사용자에 의하여 일방적으로 결정될 수 없고, 근로자들의 요구를 모두 받아들여 결정될 수 없으며, 사회·경제적 여건이나 다른 기업들의 실정을 무시하고 한 기업체의 입장만을 고려하여 결정될 수 없다.

기업의 임금수준 결정요인에 대한 주장은 학자에 따라 서로 다르다. 시큘라(Sikula, 1976)는 8요인을, 플립포(Flippo, 1976)의 6요인을 열거하였으며, 매긴손(Megginson, 1969)은 7가지를 들고 있다. 먼저 시큘라(Sikula)는 기업의 지불능력, 생산성, 생계비(cost of living), 생활임금(living wage), 우세임금(prevailing pay), 수요공급의 시장요인, 노동조합의 단체교섭력, 직무의 난이도 등 8가지를, 플립포(Flippo)는 기업의 지불능력, 기업의 생산성과 경제성, 생계비(cost of living), 종업원 숙련의 수요공급, 정부의 가이드라인, 노동조합 등 6가지를, 매긴손(Megginson)은 수요공급의 원칙, 행정적 요인, 산업임금, 지역임금, 표준생계비, 단체교섭, 지불능력 등 7가지를 들고 있다. 그러나 현실적으로 나타나는 임금수준의 결정요인은 ① 종업원 생계비, ② 기업의 지불능력, ③ 사회일반의 임금수준, ④ 노동력의 수급현황, ⑤ 노동조합의 단체교섭력, ⑥ 정부의 규제, ⑦ 경기변화 및 물가수준의 동향 등으로 설명할 수 있다.

[그림 7-3] 임금수준 결정의 기본모형

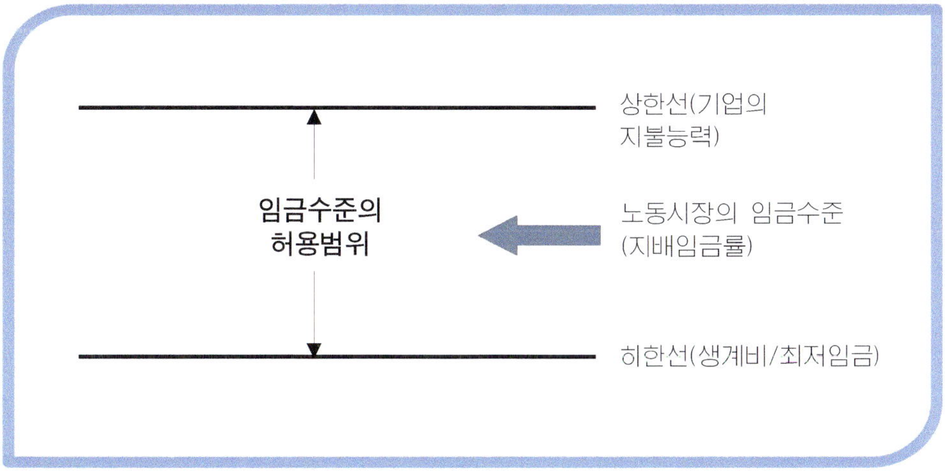

[그림 7-4] 임금의 결정요인

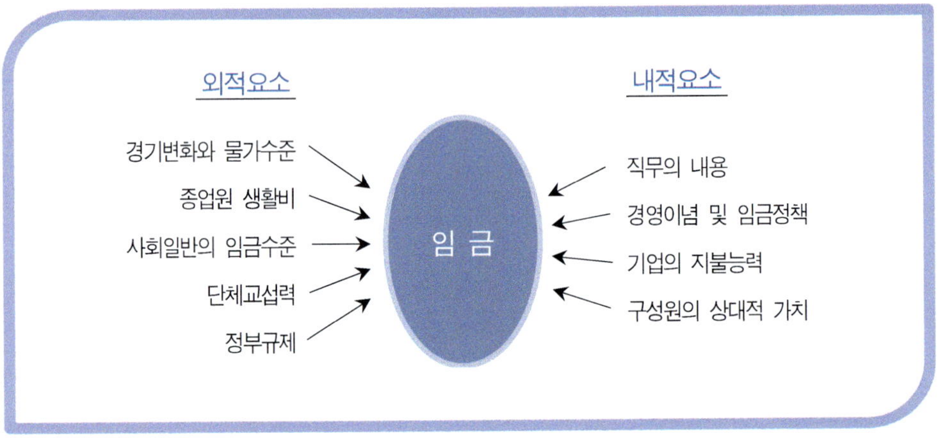

1) 종업원 생계비

임금수준은 근로자의 생계비(cost of living)를 충족함으로써 생활이 보장되어야 한다. 임금이 생계비에 부족하면, 근로자는 조직에 충실할 수 없고, 작업능률이 향상되지 않으므로, 노동력의 재생산이나 기업발전을 도모할 수 없게 된다. 그러므로 근로자가 생계를 유지함은 물론 건강을 보전하고 문화생활을 영위할 수 있는 일정수준의 생활임금(living wage)이 되어야 한다. 따라서 생계비는 임금을 결정하는 하한선으로 작용하게 된다. 그러나 문제는 근로자의 생계를 보장하기 위한 생계비 산정이 무엇을 기반으로 산정해야 하는 문제이다. 일반적으로 생계비는 크게 실태생계비와 이론생계비로 구분할 수 있다(박홍배 · 채규옥, 2013, p. 261).

① **실태생계비** : 이론생계비에 대응하는 개념으로, 각 가구가 현실적인 생활에 필요한 지출액을 의미한다. 즉, 실생활에서 음식물비, 피복비, 주거비, 광열비, 문화비 및 잡비 등이 얼마만큼 지출되었는가를 직접 가계조사를 통하여 분석하는 것이다. 이 방법은 현실성이 있으나, 지출이 근로자의 수입에 의해 제한되므로 바람직한 기준을 파악하기가 힘들다.

② **이론생계비** : 가계가 필요로 하는 소비내용을 이론적으로 그 생계비 산정의 목적에 따라 결정하고, 그것을 각 품목의 적정가격을 곱하여 얻은 금액을 이론생계비라 한다. 이론생계비가 되기 위해서는 노동과학 · 생활과학 등 여러 과학의 발달이 전제가 되며, 이의 발달로 이론적 생활내용이 규정되며, 이론생계비가 파

악된다. 이론생계비의 대표적인 것이 표준생계비로, 이는 표준적 생활을 영위하는데, 필요한 물질 또는 서비스의 가격을 산술적으로 가산함으로써 산정할 수 있다.

현장이야기 1

영국 네슬레, 계약직 노동자도 생활임금

– 최저임금보다 최대 1.8배 많아

세계 최대 식품기업인 네슬레가 영국에서 계약직을 포함한 전 직원에게 '생활임금'을 지급하기로 했다고 외신들이 30일 전했다. '네슬레 영국·아일랜드'는 2017년까지 청소와 요리 등의 업무를 담당하는 800명의 계약직 노동자들에게도 생활임금을 지급하기로 했다고 밝혔다. 네슬레는 8,000명의 정규직 직원들에겐 이미 생활임금을 지급해 왔으며, 이번에 대상을 계약직까지 확대했다. 네슬레는 전 직원에게 생활임금제를 적용하는 첫 주요 대기업이라고 <비비시>(BBC) 방송은 전했다.

생활임금은 물가와 사회적 소비수준 등을 고려해 노동자의 기본적 생활비용을 보장해주는 수준으로 결정되며, 대체로 최저임금보다 높다. 영국의 최저임금은 시간당 5.03~6.31파운드지만, 생활임금은 런던을 기준으로 8.8파운드에 이른다. '네슬레 영국·아일랜드'의 최고경영자 피오나 켄드릭은 "이번 결정이 자랑스럽다"며 "이번 결정으로 우리 직원뿐 아니라 전체 공동체가 혜택을 볼 것"이라고 말했다. 생활임금 지급 캠페인을 벌여온 영국 비영리시민단체 관계자들은 "중요한 이정표를 세웠다"며 환영했다.

한국에선 경기도 부천시와 서울 노원·성북구 등에서 지방자치단체 또는 출연기관의 청소·경비·주차·안내 노동자를 대상으로 생활임금제가 시행되고 있다.

• 자료 : 한겨레, 2014. 7. 1.

2) 기업의 지불능력

근로자 입장에서는 임금은 높을수록 좋겠지만, 기업은 재무상태에 따라서 어느 수준보다 낮은 임금을 지급하는 경우와, 반대로 우수한 종업원을 확보하기 위하여 높은 수준의 임금을 지급하는 경우가 있다. 따라서 기업은 기업의 지불능력(ability to pay) 내에서 임금을 결정해야 한다.

기업의 지불능력은 기업이 임금으로 얼마나 지불할 수 있는지의 가능성이고, 기업이 인건비로 지불할 수 있는 최대액을 의미하는 것보다는 얼마나 지불하는 것이 정상이며, 기업경영상 허용될 수 있는지의 문제이다(박홍배 · 채규옥, 2013, p. 260).

그런데 기업이 어느 정도의 지급능력을 가지고 있는지를 파악하는 것은 결코 쉬운 일은 아니다. 이러한 기업의 지불능력을 파악하는 기준으로서, 기업의 생산성(productivity)과 수익성(profitability)의 2가지 방법을 사용하는 것이 일반적이다. 생산성을 측정하는 방법으로는 매출액 분석과 부가가치 분석이 있으며, 수익성은 손익분기점 분석, 원가구성 분석, 매출이익 분석 등이 있다(최종태, 2001, pp. 199-201).

① **생산성 분석** : 생산성은 투입량(input)에 대한 산출량(output)의 대비이다. 이러한 생산성 분석은 기업의 지불능력을 파악하는 데 가장 적절한 지표로 삼을 수 있다. 생산성은 투입요소에 따라, 자본생산성과 노동생산성으로 구분되며, 임금결정에 있어서는 노동생산성을 많이 활용한다.

② **수익성 분석** : 수익성은 지출에 대한 수익의 비율이다. 즉, 총지출에 대한 총수익의 비율을 수익성이라고 한다. 기업의 지불능력을 파악하기 위한 수익성 분석의 보다 구체적인 것으로는 손익분기점 분석, 원가구성 분석, 매출총이익 분석방법 등을 사용한다.

기업의 지불능력에 의한 임금수준 결정에 있어서 가장 중요한 요인의 하나는 '노동분배율$\left(=\frac{\text{인건비 총액}}{\text{총부가가치액}}\right)$' 책정이다. 즉, 노동분배율을 어디에다 기준을 두고 어떻게 결정하느냐가 임금수준을 결정하는 기업의 지불능력 한도 결정에서 핵심이 된다. 임금지불능력의 결정에 있어서 노동분배율은 부가가치, 매출액, 손익분기점, 혹은 원가구성의 어디에다 근거를 두고 계산하는 것이 가장 좋다고 단언할 수 없다. 따라서 개별 기업들은 기업의 경영전략, 업종, 규모 등에 따라서 기업 사정에 알맞은 방법을 선택하거나 혹은 여러 가지를 혼합하여 사용할 수 있다. 예를 들어, 기업의 경영전략이 성장 위주일 경우에는 생산성 기준, 그 중에서도 매출액 분석에다 기준을 두고 임금결정을 할 수 있다.

3) 사회일반의 임금수준

임금은 동종기업이나 이종의 타 기업의 수준과 비교하여 합리적인 수준에서 유지, 운용되어야 한다. 즉, 근로자의 임금수준은 동일지역, 동일업종의 타 기업 임금수준과 비교하여, 사회적 균형을 이루는 수준에서 결정되어야 한다. 만약에 그 기업의 임금이 사회일반의 임금수준 이하로 지급되면, 근로자의 이직은 물론 근로의욕의 감퇴로 인하여 생산성의 저하를 초래할 수 있다. 이 경우에 기업의 계속적인 성장은 어렵게 될 것이다.

사회 일반의 임금수준은 동일노동 동일임금의 보상원칙에 입각한 임금의 공정성 실현에 기여할 수 있고, 인력의 확보, 유지 및 구성원의 동기부여에 영향을 미칠 수 있는 중요한 요인이다(이원우, 2005, p. 236). 따라서 임금의 사회적 균형과 기업의 지급능력과 상호 모순되는 경우에 어려운 문제이기는 하나, 사회적 균형에 중점을 두는 것이 바람직하다. 임금이 안정된 곳에 인재가 몰리기 때문에 기업은 항상 타 기업, 특히 동종업계의 임금수준의 변화 추이를 세심하게 고려하여야 한다. 이러한 관점에서 기업은 사회일반의 임금수준에 대한 정확한 조사가 필요하며, 특히 자사와의 경쟁상태에 있는 동일업종 타 기업의 임금수준에 대한 정확한 조사가 필요하다.

4) 노사 간의 교섭력

근로자의 임금은 노동조합이 존재하는 기업의 경우, 노동조합과의 임금교섭을 통해 임금이 결정된다. 즉, 임금 및 근로조건의 개선을 목표로 이루어지는 노사간의 임금교섭(단체교섭, 노사협의 등)의 결과는 근로자 임금수준의 결정 및 조정에 큰 영향을 미친다. 따라서 노동조합과 사용자의 교섭력의 정도에 따라, 기업의 임금수준의 결정에 매우 큰 영향을 미치게 된다.

일반적으로 노동조합이 결성되어 있고, 노동조합의 사용자에 대한 교섭력이 높은 기업은 무노조기업이나 노동조합의 교섭력이 낮은 기업에 비해 높은 수준의 임금성향을 보이고 있다.

5) 정부의 규제

국가에서 제정・시행하는 임금에 관련된 법령도 임금수준 결정에 중요한 요인이 된다. 즉, 정부는 사회구성원인 근로자의 생계비와 임금관련 각종 법규를 통해서 기업의 임금을 규제 및 조정한다. 따라서 정부의 각종 임금정책과 노동관계 법규 등은 기업의 임금수준 결정에 큰 영향을 준다.

예를 들어, 고용노동부의 행정지침에 따라서 많은 기업들이 정기상여금을 통상임금에 포함시키지 않고 임금을 지급하여 왔다. 그러나 대법원은 전원합의체 판결(2013.12.18.)에 따라, 정기상여금을 통상임금에 포함되는 것으로 판결하였다(본장 3-3과 경영사례 2 참고). 이에 많은 기업들은 정기상여금이 통상임금에 포함될 경우, 증가될 임금에 대비하기 위해 복잡한 임금구조를 개편하기 위한 작업을 준비하고 있다.

또한 최저임금법을 제정하여 근로자들의 생활 안정을 지원하고 있다. 정부에서 최저임금의 도입 목적은 첫째, 사회정책적인 목적으로 근로자의 고한(苦汗) 노동, 즉 최저생계비에도 미달되는 저임금 직종 근로자의 임금을 정부가 개입하여 저임금 근로자의 생활을 보호해 주는 데 그 일차적 목적이 있다. 둘째, 최저임금제를 실시함으로써 기업간 과당경쟁으로 인한 임금의 부당한 절하를 방지하는 동시에 저임금 의존식 경영을 지양하고, 장기적으로는 기술개발과 경영합리화를 통한 생산성 향상 노력을 자극하고 기업간 공정한 경쟁을 유도하기 위해서이다. 마지막으로 최저임금제는 불황기에 임금수준의 절하를 방지하는 결과가 되어 유효수요의 감소도 방지해 준다. 이에 정부에서는 매년 최저임금을 산정하여 국민과 기업에 고시하고 있다. 이에 대한 자세한 내용은 본 장의 3-4(최저임금제도)에 대해 자세히 설명하고 있다.

정부는 이러한 임금관련 법률과 정책을 통해, 근로자의 생활의 안정을 도모하는 동시에 기업의 경쟁력 제고를 통해 국민경제 발전에 기여하고자 한다.

[표 7-5] 인적자원관리 관련 국내 법규

고용상 연령차별금지 및 고령자고용촉진에 관한 법률	산업안전보건법
고용보험법	산업재해보상보험법
고용정책기본법	고용보험 및 산업재해보상보험의 보험료징수 등에 관한 법률
공인노무사법	선원법
국민연금법	장애인고용촉진 및 직업재활법
근로기준법	기간제 및 단시간 근로자보호에 관한 법률
근로자참여 및 협력증진에 관한 법률	직업안정 및 고용촉진에 관한 법률
숙련기술장려법	직업안정법
남녀고용평등과 일가정 양립 지원에 관한 법률	직업훈련기본법
노동위원회법	진폐의 예방과 진폐근로자의 보호 등에 관한 법률
노동조합 및 노동관계조정법	최저임금법
근로복지기본법	외국인근로자의 고용 등에 관한 법률
사내근로복지기본법	건설근로자의 고용개선 등에 관한 법률 등
파견근로자보호등에 관한 법률	

6) 경기변화와 물가수준의 동향

경기변화와 물가수준의 동향은 임금수준 결정에 중요한 영향을 미친다. 먼저, 국내의 경기가 불경기보다 호경기의 경우, 기업의 생산성 및 수익성이 향상되고, 기업의 지불능력도 증대되어 결국 임금수준의 향상에 좋은 영향을 줄 것이다. 그러나 불경기에는 기업의 생산성과 수익성이 감소하여, 결국 임금수준의 하락을 초래한다. 따라서 기업의 임금수준을 결정할 때에는 차기 년도 또는 중장기 관점에서 경기변화를 파악하여, 이를 반영하여야 할 것이다.

또한 임금수준의 결정요인으로 물가의 동향과 변동 추이에 대한 충분한 검토를 할 필요가 있다. 예를 들어, 명목임금의 수준이 큰 폭으로 상승해도, 당시의 물가수준이 그 이상으로 상승하면, 근로자의 실질임금은 오히려 감소하게 된다. 따라서 물가와 관련하여 임금의 실질적 수준을 유지하기 위해서는 단순히 화폐액만으로 표시된 명목임금(名目賃金, nominal wage)이 아니라 실질임금(實質賃金, real wage), 즉 구매력(購買力)으로 표시된 임금수준을 유지하여야 한다. 그러므로 물가수준의 변동을 감안하여 정기적으로 임금액을 개정하여 물가에 연동하는 순응임금제도가 되어야 한다.

① **실질임금(real wage)** : 실질임금은 생산과정에 노동을 제공한 대가로 받은 임금의 실질적인 구매력을 말한다. 따라서 실질임금은 화폐액이 아니라 상품수량을 단위로 해서 표시된다. 실질임금은 명목임금에서 물가변동을 제거한 실질적인 척도나 금액으로 나타난다.

② **명목임금(nominal wage)** : 명목임금은 근로자가 지불받는 임금의 가격을 단순히 화폐액으로 표시하는 것으로 현재의 구매가치를 고려하지 않은 임금을 말한다. 명목임금은 근로자의 생활실태 변화를 파악하는 것이 어렵다.

4.2 임금격차

임금격차(wage differential)는 동일한 시점에 있어서 각 기업의 임금수준의 차이, 또는 각 근로자들이 받는 임금액의 차이를 의미한다. 일반적으로 기업의 임금구조는 기업의 속성과 근로자 개인의 속성에 따라 기업간의 임금격차와 기업 내의 임금격차로 구분할 수 있다. 기업간의 임금격차로는 산업별 · 지역별 · 기업규모별 격차 등이 있으며, 기업 내의 임금격차로는 직종별 · 성별 · 근속별 · 학력별 격차 등을 들 수 있다.

이러한 임금격차는 우리나라 기업의 임금구조 특성에서 그 요인을 찾아볼 수 있으며, 그 격차는 선진국에 비하여 매우 크다고 할 수 있다(이원우, 2005, p. 248). 근로자의 임금은 기업간의 임금격차와 개인적 조건이라고 할 성별, 연령, 학력, 경력, 숙련도, 직무 등에 따라서 좌우된다. 실제로 기업 내에서 각 근로자들이 받는 임금액은 같지 않은 것이 일반적이다. 그러나 동일한 작업조건하에서 동일한 능력을 가진 근로자에게 임금격차를 둔다면, 이는 불평 · 불만의 대상이 될 뿐더러 사기와 의욕이 저하되어 노동생산성이 떨어지는 원인이 될 것이다. 따라서 기업은 공정한 임금수준 및 체계를 수립하고 합리적 임금형태를 유지하여야 한다. 우리나라의 기업간 임금수준의 차이(산업별, 지역별, 기업규모별)와 기업 내 임금수준의 차이(직종별, 학력별, 성별)를 살펴보도록 하겠다(강정태 · 황호영, 1998, pp. 375-380).

1) 기업간 임금격차

(1) 산업별 임금격차

한 나라의 산업별 임금구조의 체계 또는 임금격차의 구조를 의미한다. 한 산업의 임금수준은 산업에 고용되는 근로자의 종류와 그 구성 · 성별의 임금격차와 성별 구성, 연령별의 임금격차와 연령별 구성, 지역별 격차, 근로시간의 상위, 그 산업의 경제적 · 기술적 상황, 노동조합의 유무 등 노무구성과 제 세력이 반영된 것이며, 이러한 제 요인을 그 속에 포함하고 있다. 산업별 임금격차에 영향을 주는 요인은 많다. 예를 들어, 임금수준이 높은 산업부문은 자본집약적이고, 고도의 생산기술을 요구하는 산업이며, 반대로 임금수준이 낮은 산업부문은 노동집약적이고 낮은 생산기술을 지닌 영역이다.

우리나라의 산업별 임금격차(10인 이상 사업체 기준)를 살펴보면([표 7-6]), 전기 ·

[표 7-6] 산업별 임금격차

(단위 : 천원/월)

구분	전산업	제조업	전기 · 가스 및 수도업	건설업	도매 및 소매업	음식 숙박업	금융 및 보험업	교육서비스업	보건 및 사회복지사업
1997	1,463	1,326	2,079	1,624	1,427	1,202	2,054	2,202	1,462
1998	1,427	1,284	2,022	1,502	1,397	1,178	1,967	2,190	1,484
1999	1,599	1,476	2,328	1,691	1,471	1,192	1,833	2,019	1,604
2000	1,727	1,601	2,490	1,840	1,598	1,251	1,953	2,096	1,671
2001	1,825	1,702	2,875	1,835	1,827	1,336	2,065	2,138	1,804
2002	2,036	1,907	3,243	2,063	1,979	1,527	3,027	2,597	1,945
2003	2,228	2,074	3,661	2,287	2,215	1,615	3,395	2,850	2,078
2004	2,373	2,280	3,860	2,352	2,301	1,686	3,646	3,053	2,192
2005	2,525	2,458	4,138	2,374	2,573	1,781	3,854	3,052	2,403
2006	2,667	2,595	4,354	2,577	2,718	1,830	4,198	3,192	2,593
2007	2,823	2,772	4,703	2,731	2,883	1,851	4,532	3,232	2,676
2008	2,891	2,758	4,007	3,141	3,018	1,948	3,959	3,368	2,694
2009	2,875	2,770	4,101	2,977	3,013	2,008	3,929	3,414	2,719
2010	3,046	2,925	4,583	3,142	3,178	2,055	4,179	3,563	2,842

자료 : 고용노동부(2014), 사업체노동력조사.

가스 및 수도업, 금융 및 보험업 등에 종사하는 근로자의 월 평균 임금수준이 비교적 높은 편이다. 그러나 제조업, 음식・숙박업, 보건 및 사회복지사업 등에 종사하는 근로자의 임금은 전 산업의 평균 임금수준보다도 낮게 나타나, 우리나라 산업 간의 임금 격차가 상당하다는 것을 알 수 있다.

(2) 지역별 임금격차

지역별 임금격차는 동일한 산업에 속하고, 더욱이 동일한 속성을 가지는 근로자의 임금이 지역간에 어느 정도의 격차를 나타내는가의 문제로 이해할 수 있다. 그러므로 어느 시점에 있어서 지역 간에 임금차이가 생기는 것은 노동이동이 불안전하여 노동시장에 있어서 노동력의 수급관계가 균형을 이루지 못한 결과라고 할 수 있다. 이러한 지역 간 임금격차는 그 지역에 있어서의 경제활동수준, 경제구조, 노동수급 등의 요인이 중요한 원인으로 작용된다. 따라서 임금수준을 결정할 때에는 해당기업이 속한 지역의 임금을 파악하는 것이 임금의 대외적 공정성을 확보하는 필요하다.

(3) 기업규모별 임금격차

오늘날 임금에 관한 연구 중 가장 큰 관심을 보이는 것은 규모별 임금의 문제이다. 더욱이 기업규모별 임금격차는 선진국보다는 저개발국에서 더욱 현저하게 나타난다. 임금의 고저를 비교하기 위해서는 비교되는 임금의 수령자인 근로자의 조건을 동일하게 하여 살펴보아야 한다. 예를 들어, 동일한 속성을 가지는 노동력의 임금에는 규모별로 임금격차가 없다 하더라도 근로자의 구성이 규모별로 보아 크게 다르다고 한다면, 평균임금으로 측정되는 임금격차는 실질적인 것이라고 간수할 수 없다.

우리나라의 기업규모별 임금격차를 살펴보면([표 7-7]), 기업규모별로 월평균 임금수준이 상당한 차이를 보이고 있다. 300인 이상의 대규모 사업장에 비해 300인 미만의 중소규모의 임금격차가 크게 나타나고 있다. 특히, 2013년 기준으로 10인 미만의 소규모 기업(월 238만 9천원)과 300인 이상의 대규모 기업(월 458만 3천원) 간의 임금격차는 거의 2배 이상의 차이를 보이고 있다.

[표 7-7] 기업규모별 임금격차

(단위 : 천원/월)

구분	5～9인	10～29인	30～99인	100～299인	300～499인	500인 이상
1997	-	1,283	1,342	1,418	1,619	1,774
1998	-	1,255	1,307	1,382	1,570	1,765
1999	1,192	1,376	1,439	1,561	1,794	2,019
2000	1,274	1,497	1,567	1,713	1,973	2,195
2001	1,344	1,606	1,680	1,785	2,135	2,313
2002	1,466	1,705	1,856	2,067	2,357	2,718
2003	1,543	1,808	2,005	2,230	2,474	3,043
2004	1,642	1,945	2,124	2,387	2,683	3,327
2005	1,783	2,081	2,259	2,517	2,822	3,541
2006	1,886	2,187	2,413	2,646	2,943	3,660
2007	1,957	2,331	2,574	2,836	3,064	3,939
2008	2,055	2,385	2,593	2,928	3,921	
2009	2,115	2,442	2,682	2,957	3,934	
2010	2,212	2,561	2,837	3,126	4,291	
2011	2,186	2,562	2,864	3,113	4,273	
2012	2,295	2,711	3,046	3,355	4,424	
2013	2,389	2,815	3,145	3,484	4,583	

자료 : 고용노동부(2014), 사업체노동력조사보고서.

2) 기업 내 임금격차

(1) 직종별 임금격차

산업별 임금격차가 일반적으로 산업의 구조적 특성 및 제도적 요인 등 수요측의 원인에 의해 결정되는 데 비해, 직종별 임금격차는 인적자원에 대한 투자기간 및 이동의 완만성 등의 공급측면의 원인에 의해 결정된다.

우리나라의 경우, 고위임직원 및 관리자, 전문가・기술공・준전문가, 사무직의 임금수준은 외국의 수준에 이르고 있으나, 서비스 및 판매, 기능원, 장치기계조작원의 임금은 상대적으로 낮은 것을 알 수 있다. 특히 단순노무직은 여타 직종에 비해 가장 낮게 나타나고 있다.

[표 7-8] 직종별 임금격차

(단위 : 천원/월)

구분	고위임직원 및관리자	전문가 기술공, 준전문가		사무직	서비스	판매	기능원	장치기계 조작원	단순 노무
1997	2,808	2,013	1,727	1,400	1,096		1,340	1,258	896
1998	2,723	2,078	1,768	1,417	1,102		1,332	1,240	879
1999	2,686	2,243	1,747	1,435	1,076		1,368	1,304	911
2000	3,098	2,418	1,992	1,580	1,305	1,166	1,530	1,451	961
2001	3,186	2,567	2,173	1,655	1,355	1,213	1,623	1,550	963
2002	3,432	2,688	2,314	1,877	1,360	1,625	1,737	1,689	1,080
2003	3,852	2,902	2,525	2,028	1,460	1,717	1,859	1,793	1,137
2004	4,118	3,048	2,665	2,263	1,561	1,751	2,000	1,930	1,191
2005	4,539	3,265	2,734	2,488	1,626	1,750	2,164	2,064	1,286
2006	5,012	3,513	2,831	2,624	1,756	1,880	2,313	2,186	1,376
2007	5,298	3,452	2,938	2,722	1,753	2,177	2,479	2,249	1,471
2008	5,143	3,737	2,987	2,855	1,893	2,535	2,526	2,451	1,485
2009	5,143	3,361		2,975	1,939	2,591	2,559	2,442	1,544
2010	5,267	3,476		3,044	1,915	2,684	2,664	2,482	1,552
2011	5,857	3,613		3,308	1,881	2,876	2,798	2,742	1,660
2012	5,997	3,720		3,445	1,994	2,784	2,877	2,791	1,662

자료 : 고용노동부(2014), 임금구조기본통계조사 및 고용형태별근로실태조사.

(2) 학력별 · 성별 · 근속년수별 임금격차

연공급 임금체계가 근간을 이루고 있는 국내기업에 있어서 학력, 연령, 근속년수 등은 임금수준의 결정에 중요한 결정요인의 역할을 하고 있다.

[표 7-9]에서 알 수 있듯이, 우리나라는 학력별, 성별, 근속년수별로 임금격차가

[표 7-9] 학력별 · 성별 · 근속년수별 임금격차(2012년)

(단위 : 천원/월)

성별	학력별	1년 미만	1~3년 미만	3~6년 미만	6~9년 미만	9~12년 미만	12년 이상
남성	중졸이하	1,385	1,451	1,596	1,799	1,836	1,978
	고 졸	1,662	1,753	1,932	2,111	2,234	2,323
	초 대 졸	1,921	2,073	2,323	2,525	2,813	2,694
	대졸이상	2,754	3,014	3,295	3,689	4,112	3,991
여성	중졸이하	1,094	1,123	1,190	1,282	1,419	1,213
	고 졸	1,315	1,368	1,501	1,627	1,803	1,552
	초 대 졸	1,605	1,739	1,926	2,080	2,371	1,852
	대졸이상	2,123	2,289	2,572	2,994	3,149	2,601

자료 : 고용노동부(2014), 임금구조기본통계조사.

상당한 차이를 보이고 있다. 2012년을 기준으로 볼 때, 전문대를 졸업한 1년차 미만인 남성 신입직원의 임금은 대졸의 월평균 임금의 70%(여성 76%)정도에 그쳤다. 또한 남성에 비해 여성의 임금수준 역시 낮은 경향을 보이고 있다. 국내기업의 임금체계가 연공급을 기반하듯이, 근속년수가 길면 길수록, 근로자의 임금수준은 증가하고 있다.

5. 임금체계

임금체계(wage structure)란 임금 지급항목의 구성내용 또는 개별 종업원의 임금을 결정하는 기준으로, 근로자의 개별 임금수준의 격차를 형성하는 중요한 기준이다. 따라서 임금체계는 개별 근로자의 임금 결정기준으로서 사회적 형평성과 객관성을 충분히 고려하여야 한다.

임금체계의 구성내용에 대해서는 다양한 견해가 있으나, 일반적으로 광의와 협의의 두 가지 관점에서 임금체계를 구분할 수 있다(이원우, 2005, pp. 251-252). 먼저 광의의 임금체계는 기업 내 근로자의 개인별 임금액의 결정 및 지급을 위한 전체적 임금결정기준 또는 임금 구성항목을 의미한다. [그림 7-5]에서 알 수 있듯이, 광의의 임금체계는 ① 소정의 근로조건 및 근로시간 내의 노동대가로 지급하는 기준 내 임금과, ② 소정의 근로조건 및 근로시간을 초과하여 제공하는 노동의 대가로 지급하는 기준 외 임금, ③ 그리고 일정한 성과나 공로 등의 대가로 지급하는 상여금, 인센티브 등의 부가적 임금체계를 포괄하는 개념으로 이해할 수 있다.

협의의 임금체계는 임금의 기본적 부분을 구성하는 기준 내 임금체계를 의미한다. 기준 내 임금체계는 연공급, 직무급, 직능급 등으로 구성되는 기본급 체계와 일정수당으로 구분할 수 있다. 협의의 임금체계는 기본급의 주요 내용 및 그 결정원리에 중점을 두고 있다.

[그림 7-5] 임금체계 구성

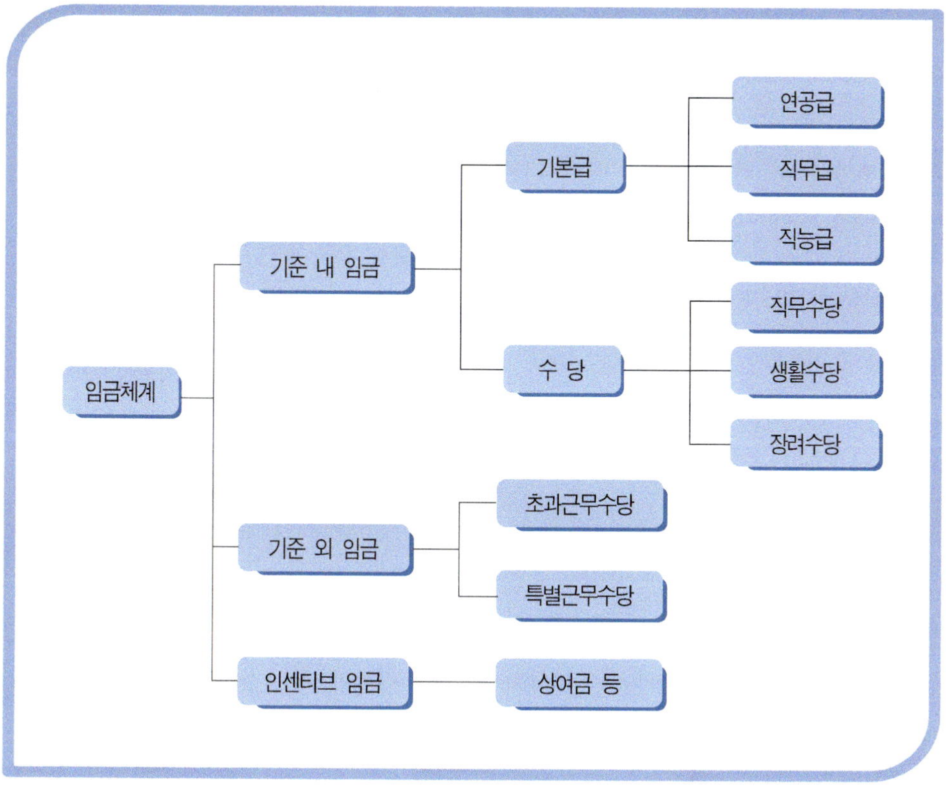

5.1 임금체계의 유형

임금의 대내적 공정성 관리, 그 중에서도 조직적 공정성 관리를 효율적으로 수행하기 위해서는 임금체계 전략이 수립되어야 한다. 기업의 임금총액은 여러 가지의 형태로 지급되는데, 이와 같은 복합적 임금 지급항목의 구성내용, 즉 임금의 배분기준 및 임금의 구성내용을 임금체계(wage structure)라 한다. 임금체계는 임금수준과 함께 임금결정의 중요한 요인이며, 임금의 산정 및 지급방법을 중심으로 임금을 구분하는 임금형태와도 구별되는 개념이다. 따라서 합리적인 임금체계를 통해서 근로자는 수입을 안정시킬 수 있고, 동일노동 · 동일임금(equal pay for equal work)의 원칙에 의한 공정한 임금이 결정되며, 경영 전반에 대한 신뢰감이 형성되어 원만한 노사관계를 형성할 수 있게 된다.

임금체계관리는 노동대가의 원칙에 따라 임금을 제공한 노동에 대응하여 책정하도록 하는 것이다(최종태, 2000, p. 207). 노동대가의 원칙은 다시 노동의 가치와 노동력의 가치로 나누어진다. 노동의 가치는 현재 근로자가 종사하고 있는 직무의 가치를, 노동력의 가치는 근로자에 체화된 기능의 가치를 말한다. 따라서 노동의 가치란 직무의 가치로, 노동력의 가치란 구성원 능력의 가치로 파악될 수 있다. 임금의 조직적 공정성은 직무 또는 능력의 가치에 따라 그에 대응한 임금이 책정되어야 한다.

[그림 7-6] 임금체계의 내용

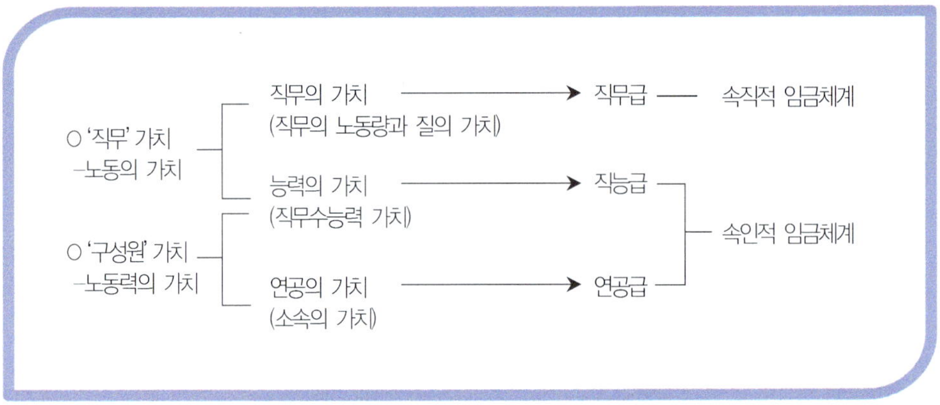

자료 : 최종태(2000), 현대 인사관리론, 박영사, p. 208.

그러므로 임금체계관리의 결정기준으로서 '직무'와 '능력'을 선정할 수 있다(최종태, 2000, p. 207). 조직의 '직무'를 중심으로 임금체계를 책정하는 것을 속직적 임금체계라 하며, 조직의 '구성원 능력'을 기준으로 임금을 설정하는 것을 속인적 임금체계라 한다. 속직적 임금체계의 구체적인 임금형태가 직무급이고, 속인적 임금체계의 구체적인 임금형태가 연공급이다. 또한 속직적 임금체계와 속인적 임금체계를 절충한 형태가 직능급이라고 할 수 있다.

1) 연공급

(1) 연공급의 의의

연공급은 기업에 있어서 각 개인의 근속년수의 차이에 따라 임금의 격차를 정하는 임금체계이다. 장기고용을 전제로 정기승급제도를 매개로 하여 학력, 근속년수, 연령, 성별 등 주로 속인적(屬人的) 연공요소를 기초로 하여 형성된 임금제도이다. 속인적 연공임금이 우리의 기업에 뿌리를 내린 것은 우리 고유의 유교문화와 노사관계에 기초하고 있는 역사적 산물이라 할 수 있다.

(2) 연공급의 장 · 단점

연공에 따라 지급되는 연공급은 임금의 성격상 장 · 단점을 가지고 있다. 연공급의 장점은 ① 고용을 안정시키고, 노동력의 정착화를 가져온다. ② 근로자의 연공에 따른 임금지급으로 근로자의 생활을 안정시켜 주며, 기업에 대한 소속감과 애사심을 높여준다. ③ 연공을 중시하는 사회적 풍토 속에서 질서 확립과 사기의 유지에 도움을 준다. ④ 종업원의 직무가 불분명한 경우, 실시가 용이하다는 장점을 지니고 있다.

그러나 연공급의 단점은 ① 성과에 따른 임금의 차별이 이루어지지 않아, 조직 내 역량개발보다는 무사안일한 조직문화가 구축될 수 있다. ② 특히 매년 인상되는 임금은 기업의 인건비 비중을 높이므로, 기업경쟁력에 부담이 될 수 있다. ③ 또한 근속년수 차이에 따른 임금차이는 동일직무를 수행하는 구성원들에게 다른 임금을 적용하기 때문에 근속년수가 낮은 젊은 종업원들의 동기부여를 저하시키는 동시에 유능한 인재의 확보와 처우가 어려운 단점이 있다.

연공급 임금체계가 최근 기업경쟁의 강화와 능력지향 가치관의 변화 등에 의해 많은 기업들이 능력주의적 임금으로 전환하고 있지만, 연공급은 기업목표가 협력적이고 팀 지향적인 행동을 조장할 필요가 있을 때, 또한 종업원들이 기업 특유의 지식과 기능을 광범위하게 학습할 것이 요구되는 상황에서는 의미있는 임금체계로 받아들일 수 있다.

(3) 연공급의 보완 : 임금피크제(salary peak system)

① 임금피크제 도입배경

세계화로 인한 기업간 경쟁이 심화되고 있는 가운데, 연공급을 실시하고 있는 국내 기업들은 증가하는 인건비 부담으로 인한 기업경쟁력의 문제점이 노정되어 있다. 또한 고령화 시대에 정년 이후에도 근로의욕과 능력이 있음에도 불구하고, 고령자의 재취업은 매우 어려운 실정이다. 이러한 배경 속에 근로자 역시 경직된 임금체계에 따른 기업의 구조조정으로 인해 정년을 보장받지 못하고, 조기퇴직으로 고용안정과 노후보장이 어려워지고 있다. 이에 최근 기업들은 노사 간의 합의를 통해 임금피크제를 도입하고 있다.

② 임금피크제 개념

임금피크제는 근로자의 계속고용을 위해 노사간 합의를 통해, 일정 연령을 기준으로 임금을 조정하고, 소정의 기간동안 고용을 보장하는 제도이다. 임금피크제를 통해, 근로자는 해고를 피할 수 있으며, 정년 이후에도 계속 근로를 할 수 있다. 또한 기업 역시 해고를 둘러 싼 노사갈등을 피할 수 있으며, 보다 저렴한 비용으로 훈련된 인력을 유지·확보하는 한편, 경감된 비용을 재원으로 신규인력을 채용할 수 있다.

③ 임금피크제 유형

임금피크제는 고용보장 또는 연장을 전제로 임금을 삭감하는 제도로 크게 정년보장형과 정년연장형, 고용연장형, 그리고 근로시간 단축형이 있다.

첫째, 정년보장형은 단체협약이나 취업규칙에 정한 정년연령을 기업이 보장하는 것을 전제로 정년전 일정 연령부터 임금을 조정하는 모델이다. 이 유형은 2003년 신용보증기금을 시작으로 한국컨테이너부두공단, 대한전선 등 일반 기업에서 많이 활용하고 있는 모델이다.

[그림 7-7] 신용보증기금의 임금커브

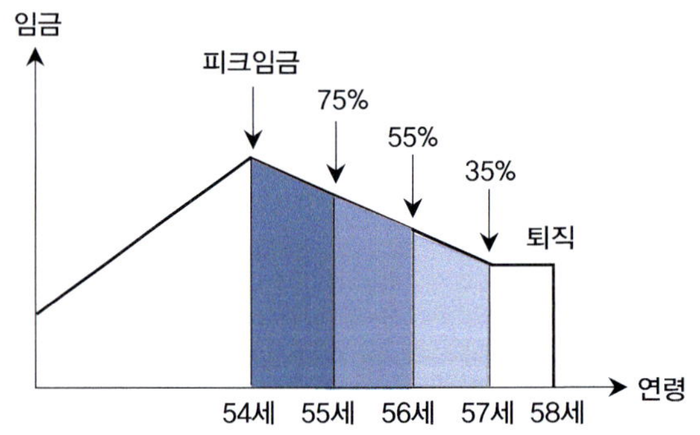

자료 : 박성준(2009), 우리나라 임금피크제의 현황과 문제점, 한국경제연구원, p. 25.

[그림 7-8] 한국수출입은행 임금커브

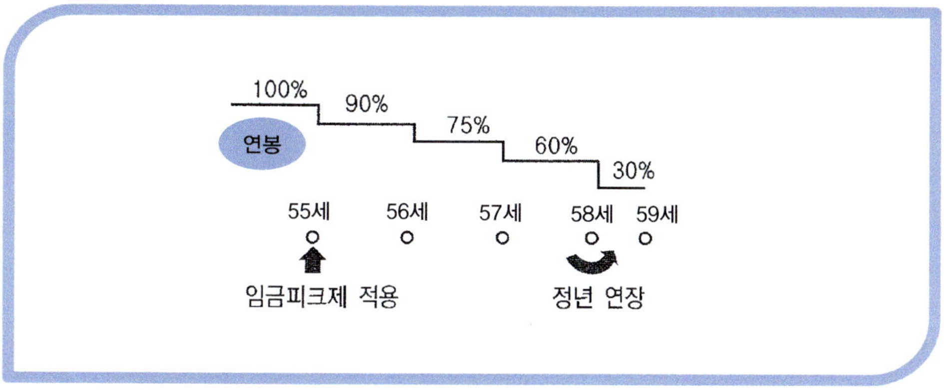

자료 : 박성준(2009), 우리나라 임금피크제의 현황과 문제점, 한국경제연구원, p. 27.

둘째, 정년연장형은 정년을 연장하는 대신 정년연장 기간만큼 정년 전 또는 정년 시점부터 임금을 조정하는 방식이다. 즉, 정년을 일정시점까지 연장하는 대신 기존 정년의 몇 년 전부터 또는 정년 시점부터 임금을 삭감하는 방식이다. 이 제도는 대우조선해양, 한국수출입은행 등에서 도입하고 있다.

셋째, 고용연장형(재고용형)은 정년이 된 근로자를 계약직 또는 촉탁직 등으로 고용형태를 변경하여 고용을 연장(재고용)하는 대신 임금을 조정하는 방식이다. 이 제도는 우리나라에서는 생소하지만 일본에서는 일반화되어 있는 방식이다. 일본은 고령사회에 따른 생산인력 확보 차원에서 실시하고 있으며, 재고용제, 근무연장제, 그리고 정년제 폐지 등의 방안을 활용하고 있다.

[그림 7-9] 미츠미시전기의 임금커브

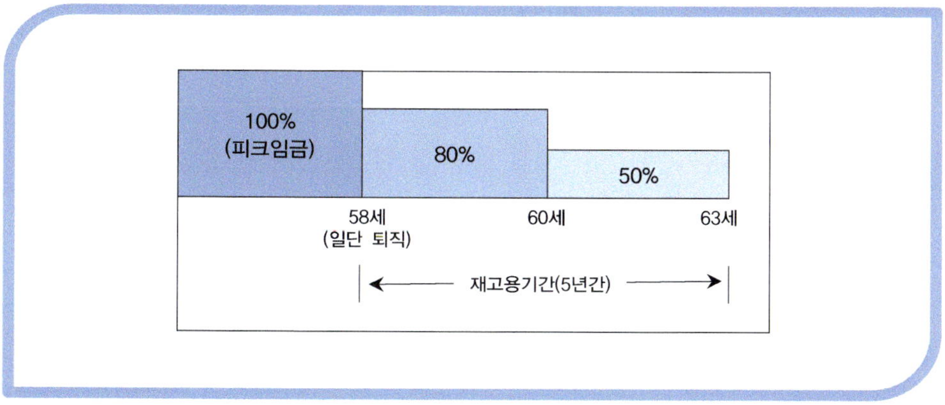

자료 : 박성준(2009), 우리나라 임금피크제의 현황과 문제점, 한국경제연구원, p. 28.

넷째, 근로시간 단축형은 기존의 정년을 연장하거나 정년은 그대로 두고 정년퇴직자를 재고용하는 조건으로 정년전 또는 정년퇴직 후부터 근로시간을 단축하는 방식이다.

④ 도입절차 및 설계방향

임금피크제를 성공적으로 도입하기 위해서는 임금피크제를 도입하려는 배경 및 목적을 명확히 이해하고, 노사 간의 협의를 통해 근로자의 고용안정과 기업의 경쟁력을 제고하는 방향으로 제도를 설계해 나가야 한다(고용노동부, 2004, pp. 10-28).

첫째, 사전 준비단계로 임금피크제 도입을 위한 명확한 목표를 설정하여야 한다. 예를 들어, 신용보증기금은 인사적체 해소와 명예퇴직으로 인한 고용불안감 등을 최소화하여, 조직활성화를 달성하고자 임금피크제를 실시하였다. 또한 제도 도입과정에서 노사간에 충분한 협의와 투명한 경영정보 공개를 통해, 제도 도입의 필요성에 대한 공감대 형성이 중요하다.

둘째, 적용대상 근로자 범위를 설정하는 것이다. 임금피크제 적용 대상을 전체근로자로 할 것인지, 일정직렬 근로자 또는 일정조건을 충족하는 일부 근로자를 할 것인지를 정한다. 이때, 기업 내 인력구조와 인건비 부담, 생산직 · 사무직 등 근로자 특성별 요구사항 등을 고려해야 할 것이다.

셋째, 임금조정 기준연령(임금피크연령)을 설정하여야 한다. 기업의 규정상 정년(예 : 57세) 또는 실제 정년을 기준으로 일정기간 전(예 : 3년)을 임금피크연령(예 : 54세)으로 정한다. 피크연령은 해당 기업 근로자의 실제 퇴직연령과 기업의 인건비 부담이 생산성을 상회하는 연령과 인력구조, 직종 등을 종합적으로 고려하여 노사가 합리적인 선에서 결정한다.

넷째, 임금조정방법을 결정하여야 한다. 임금피크연령이 결정되면, 그 연령부터 정상적인 임금선 대신 적정하게 조정된 임금선(임금커브, wage curve)을 임금피크제 적용대상 근로자의 임금선으로 결정한다. 임금조정을 위해 임금인상률 둔화, 임금 단순삭감, 변동급 삭감, 호봉승급 중단, 임금체계 변경 등 다양한 방법을 활용할 수 있다.

다섯째, 임금피크 연령 및 임금 조정방법이 결정되면, 임금피크 연령 이후 직무방법 등을 재설계한다. 직무 · 직급은 그대로 유지하면서 임금만 조정하는 경우도 있을 수 있으나, 임금조정의 일환으로 직무를 재설계할 수도 있다. 예를 들자면, 직급(호칭)은 그대로 유지하면서 그 직무만 변경하는 경우도 있을 수 있으며, 직무를 변경함과 동시에 경력을 별도 관리(예: 승진없이 전문업무 종사)하는 방법도 있다.

[그림 7-10] 임금곡선의 유형

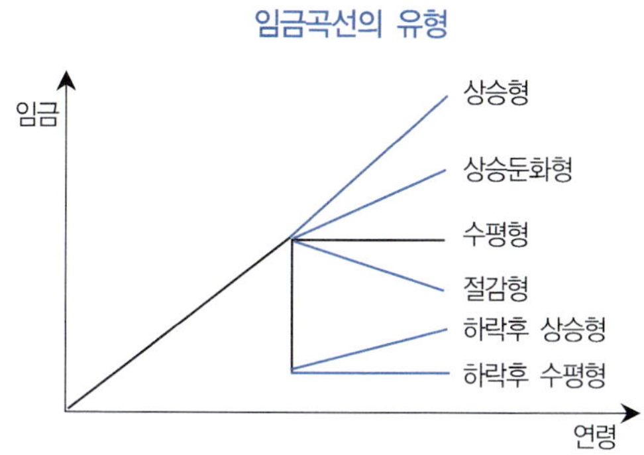

상승형	임금수준을 임금피크제의 도입여부와 관계없이 상승시키는 유형
상승둔화형	임금인상폭을 둔화시켜 운영하는 유형(정기승급분의 상승폭 축소, 베이스업을 낮은 비율로 조정)
수평형	임금피크제를 도입하는 특정 연령부터 정년 연령까지 임금조건을 그대로 유지하는 유형
절감형	임금피크제가 도입되는 연령에서 정년에 이를 때까지 서서히 임금을 감소시키는 유형
하락후상승형	정년 전 특정 연령에서 정액 또는 정률로 일단 감액시킨 다음, 정년까지 임금을 점진적으로 상승시키는 유형

자료 : 고용노동부(2004), 사례로 알아보는 임금피크제 매뉴얼, p. 14.

여섯째, 고용보장 기간의 결정이 이루어져야 한다. 임금피크 연령 이후 정년까지 고용을 보장할 것인지, 정년 이후까지 고용을 연장할 것인지 등 고용보장 기간에 대한 결정이 필요하다. 대부분 우리나라 기업의 경우 근로자의 실제 퇴직연령이 정년보다 훨씬 낮아진 것을 감안하여, 정년까지 고용을 보장하는 '정년보장형'식 임금피크제를 도입하고 있다.

마지막으로, 단체협약 또는 취업규칙을 변경하여야 한다. 노동조합이 있는 사업장의 경우, 단체협약을 변경하여야 하며, 비조합원인 근로자나 비조직대상인 관리직에게 임금피크제를 적용하기 위해서는 단체협약과는 별도로 취업규칙을 변경해야 한다. 또한 노동조합이 없는 사업장의 경우 취업규칙만 변경하면 된다.

현장이야기 2

임금피크제 도입과 정부지원금

임금피크제를 적용받는 근로자에게 임금삭감액의 일부를 지원하여, 근로자의 고용 연장 및 기업의 임금부담을 완화하고자 정부에서는 임금피크제 지원금제도를 운영하고 있다(고용노동부(2013), 고용안정지원제도, pp. 38-39. www.moel.go.kr).

- 지원요건

정년연장형 근로자 대표의 동의를 받아 정년을 55세 이상으로 연장한 사업장에서 18개월 이상 근무하고, 50세 이후 일정시점부터 임금이 감액된 근로자
* 임금감액률 : 피크임금 대비 20%(우선지원대상기업은 10%) 이상

재고용형 정년이 57세 이상인 사업장에서 18개월 이상 근무하고, 정년퇴직 후 재고용 조건으로 정년이전(55세 이후)부터 임금이 감액되거나, 정년퇴직 후 3개월 이내에 재고용되면서 임금이 감액된 근로자
* 임금감액률 : 정년 전(55세 이후)에 임금을 감액하는 경우 피크임금대비 20%(우선지원대상기업은 10%) 이상, 정년 이후부터 임금을 감액하는 경우 피크임금대비 30%(우선지원대상기업은 15%) 이상

근로시간 단축형 18개월 이상 근무한 자로서 i) 정년연장 또는 ii) 정년 후 재고용되어 소정근로시간이 주당 15시간 이상 30시간으로 감소된 근로자
i), ii)는 각각 정년연장형, 재고용형과 임금감액률을 제외한 지원요건 동일
* 임금감액률 : 피크임금 대비 30% 이상, 단, 2013. 1. 25 이후 도입 사업장에 한함 (기존 도입사업장은 기존조건 적용)

- 지원수준 및 기간

구분	지원내용
정년연장형	피크임금대비 80%(우선지원대상기업은 90%) 이하로 감액되는 부분을 임금피크제가 적용되는 날부터 최대 10년간 연 600만원 한도까지 지원
재고용형	정년 전(55세 이후)에 임금이 줄어든 근로자는 피크임금 대비 80%(우선지원 대상기업은 90%) 이하로 감액되는 부분을, 정년 이후 임금이 줄어든 근로자는 피크임금 대비 70%(우선지원대상기업은 80%) 이하로 감액되는 부분을 재고용된 날부터 최대 5년간 연 600만원까지 지원
근로시간단축형	피크임금 대비 70% 이하로 감액된 부분을 임금이 감액된 최대 10년간(재고용 시는 재고용된 날부터 최대 5년간) 연 300만원까지 지원

* 연근로소득(비과세소득 제외) 5,760만원 초과시 지급 제외

- 신청절차

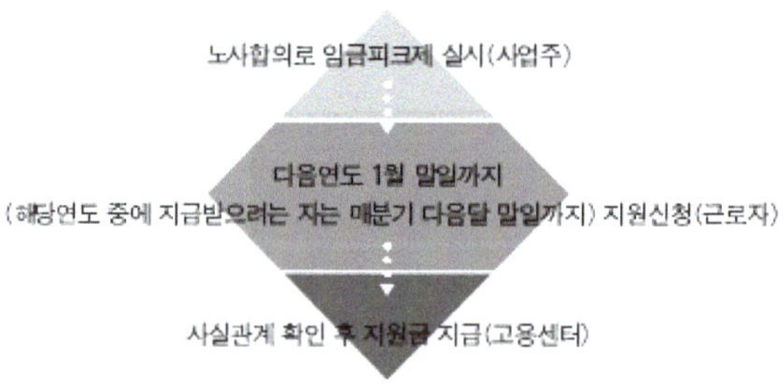

2) 직무급

(1) 직무급의 의의

직무급은 직무를 중심으로 임금을 결정하는 제도이다. 직무급은 각각의 직무에 소요되는 ① 직무지식, ② 숙련도, ③ 노력도, ④ 책임도, ⑤ 작업조건, ⑥ 직무의 곤란도, ⑦ 직무의 중요도 등의 제 요소에 의해서 직무의 상대적 가치를 평가하고, 그 결과에 따라서 결정하는 직무중심형의 임금이다. 따라서 동일한 직무에 종사하는 근로자에겐 개인적 요소의 상위에 관계없이 동일한 임금이 지불되는 동일노동 · 동일임금 원칙의 제도라고 하겠다.

직무급은 근로자의 생활여건과 신분 등에 의한 요소를 배제하고, 임금의 공정성을 이룩함과 동시에 직무의 내용과 책임을 명확히 하고, 나아가 노동능률의 향상을 기하는 데 있는 것이다. 그러나 국내 기업의 경우, 노동의 질과 양에 상응하는 임금의 원칙이 확립되지 않고 있다. 그 이유는 다음과 같다. 첫째, 기업 내 직무분석을 통한 직무의 체계적인 관리가 이루어지지 않고 있다는 것이며, 둘째, 우리나라는 전통적으로 선채용 · 후배치의 고용관행을 가지고 있어, 적재적소의 배치가 이루어지고 있지 못하다는 것이다. 따라서 이러한 현실을 반영하지 않고 직무급을 실시할 경우, 오히려 구성원들의 불만을 야기시킬 수 있으며, 직무급에 대한 수용도를 떨어뜨릴 수 있다.

(2) 직무급의 장 · 단점

직무급의 장점으로는 동일직무에 대한 동일임금을 지급함으로써 근속년수에 따른 임금격차를 없앨 수 있으며, 이는 직무간 임금을 둘러 싼 불평이나 불만을 제거할 수 있다. 또한 직무급은 직무에 따른 인사관리를 구축하여, 해당 직무에 대한 전문가를 육성할 수 있다. 특히 직무에 따른 임금관리로 기업 내 인건비가 예측 가능해진다는 점이다.

그러나 직무급을 실시하기 위해서는 직무의 분석과 평가가 사전에 이루어져야 하며, 신규사업 또는 새로운 직무에 대한 분석에 많은 시간과 비용이 소요된다는 것이다. 특히 급변하는 경영환경 속에서 인력의 탄력적 운영이 어려우며, 노동조합이 있는 기업은 연공급을 선호하는 노동조합과 협상하는 것이 어렵다는 단점이 있다.

(3) 직무급의 형태

직무급은 크게 개별 직무급과 직급별 직무급으로 구분된다(박홍배 · 채규옥, 2013, p. 269).

① **개별 직무급** : 개별 직무급은 직무평가의 결과로서 평점에 1점당 단가를 곱하여 임금을 결정하는 것으로 평점별 직무급이라고도 하며, 직무를 등급으로 분류하지 않고, 각 직무마다 임률을 설정하는 직무급이다. 따라서 직무의 수만큼 상이한 임금이 존재하게 되고, 관리하기가 번잡하므로 직무의 수가 적은 경우에만 사용할 수 있다.

[그림 7-11] 직급별 직무급(단일직무급과 범위직무급) 예시

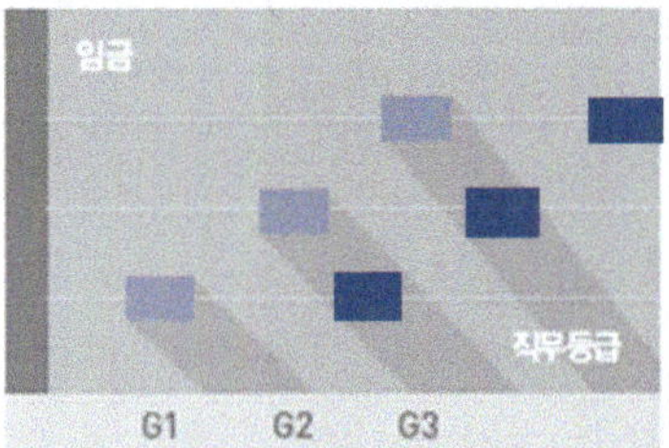

[단일직무급(동일 직무등급 = 동일 임금)]

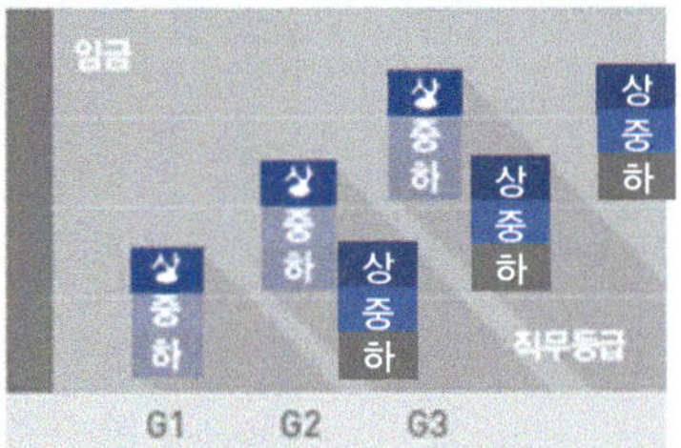

[동일 직무등급 = 동일 임금구간]

범위직무급제의 기본급 인상률 예시

임금구간 \ 평가결과	S	A	B	C	D
상	6.5%	5.5%	4.5%	3.5%	2.5%
중	7.0%	6.0%	5.0%	4.0%	3.0%
하	7.5%	6.5%	5.5%	4.5%	3.5%

- 임금구간이 낮을수록, 평가결과가 높을수록 기본급 인상률이 높음.

자료 : 고용노동부(2014), 합리적 임금체계 개편 매뉴얼. p. 34.

② **직급별 직무급** : 직급별 직무급은 평점이 유사한 직무군을 같은 직급으로 분류하여, 각 직급에 대해서 임금을 결정하는 방식이다. 일반적으로 직무급이라고 할 경우, 직급별 직무급을 뜻한다고 할 수 있다. 직급별 직무급은 직무가 대체로 자동적・정형적으로 결정되고, 개인의 숙련도에 따라 작업의 질이나 양이 영향받지 않는 직무에 적합한 형태인 단일(single) 직무급과 동일직급 내의 직무에 대해서도 각 개인의 호봉에 따라서 임금액에 차이를 두는 범위(rate range) 직무급의 두 가지 형태가 있다.

③ 직무급 도입 프로세스

1단계 : 직무 분석과 직무분류

- 직위별로 과업내용을 조사하여 정리하는 과정. 기존의 업무분장이나 개인별로 수행하고 있는 과업을 조사하고, 분석결과를 부서별 · 개인별로 정리한다.

❑ 직무급의 기초 용어 설명

✧ **과업** : 최소단위로서 근로자에게 배분되는 업무를 지칭. 상호 밀접하게 연관되어 있는 과업을 묶은 것이 단위과업임.

✧ **직위** : 한 사람이 수행하는 모든 업무의 집합. 총 근로자가 10명이면 직위도 10개임.

✧ **직무** : 내용수준과 가치가 유사한 직위의 집합. 요컨대 직무란 일의 내용과 수준이 비슷한 직위를 묶은 것. 동일한 부서의 업무라 할지라도 업무의 가치와 난이도에 따라 사원급 직무, 과장급 직무, 부서장급 직무로 구분할 필요

2단계 : 직무 평가

- 직무별로 상대적 가치를 평가하는 과정으로, 직무를 평가하는 기준은 요구되는 기능과 지식수준, 육체적 · 정신적 노력의 정도, 과업의 중요도와 책임수준, 작업환경의 난이도 등 다양한 적용이 가능하므로, 기업 여건에 맞는 평가기준을 마련하는 것이 필요하다.

3단계 : 임금등급 결정

- 임금등급은 동일한 가치 또는 동일 내용의 직무를 관리하기 쉽게 묶어 등급화한 것으로, 직무별로 시장의 임금수준과 직무평가 점수를 이용하여 임금등급을 결정한다.

4단계 : 승급 폭의 결정

- 승급 폭은 임금등급 내의 최소임금과 최대임금 간의 간격을 의미하며, 임금등급을 결정한 후 임금등급별로 승급 폭을 결정한다.
- 일반적으로 하위층은 승급 폭이 적고, 고위층은 승급 폭이 크다.
- 임금등급과 승급 폭이 결정되면, 개별 근로자의 고과에 따라 임금인상률을 차등 결정하여 운영한다.

  | 예시 | 임금등급의 승급 폭을 3~4 등분하여, 임금수준 구간을 정하고, 개인의 평가결과(수, 우, 미, 양, 가)에 따라 인상율을 차등 적용하는 것으로, 임금구간 내에서의 위치에 따라 인상률이 차등 적용

자료 : 고용노동부(2014), 합리적 임금체계 개편 매뉴얼. pp. 35-36.

3) 직능급

(1) 직능급의 의의

직능급이란 직능을 기준으로 하여 각 근로자의 임금을 결정하는 임금체계이다. 다시 말하면 개별의 직무가 필요로 하는 능력, 즉 근로자가 직무를 수행하는 데 요구되는 능력을 기준으로 임금을 결정하는 임금제도이다. 그러므로 직능급은 동일능력·동일임금이라는 능력주의적인 의미를 갖는 것이다.

능력이라 함은 개개의 직무를 수행하는 데 필요한 능력을 의미한다. 그러므로 능력에는 직무에서 실제로 발휘된 현재적인 능력과 아직은 나타나지 않은 잠재적인 능력을 포함한 종합적인 능력을 의미함.

- ○ 잠재적 능력 : 기본적 능력(지식, 기능, 체력), 의지(규율성, 협조성, 적극성 등), 정신적 능력(이해도, 판단력, 기획력)으로 분류됨.
- ○ 현재적 능력 : 주로 업적에 의해서 파악됨.

직능급은 일본에서 1970년대 중반 오일쇼크 이후, 고성장에서 저성장으로 전환되면서 조직의 확대가 둔화되어 기업 내 승진 정체현상이 발생하면서 고안되었다. 특히 일본기업들의 특징인 장기고용관행으로 노동력이 고령화되었고, 정년이 연장됨에 따라 인력관리의 어려움에 봉착, 경영환경의 변화에 따른 기업경쟁력 제고를 위해 체계적인 인재육성을 위한 방안으로 직능자격제도를 개발하게 되었다.

직무급은 직무의 상대적 가치를 직무평가에 의해서 평가하고, 그 결과에 따라 서열을 정한 후, 그 서열에 따라 개별임금을 결정하는 것인데 비해, 직능급은 근로자 자신의 능력을 직능고과에 의해서 평가하고, 그 결과에 따른 서열에 의해서 개별의 임금을 정하는 임금체계이다. 좀 더 구체적으로 설명하면, 각 직종을 직무수행능력에 의해서 단계적으로 구분하고, 그것을 횡단적으로 파악하여 등급을 구분한 후, 각 등급마다 기준임률을 설정하여 직무수행능력의 상승에 따라 승급시키는 제도이다.

(2) 직능급의 장·단점

직능급의 장점으로는 기업 내 구성원들의 능력에 따라 능력주의 임금관리를 실현할 수 있으며, 구성원들의 자아실현을 위한 역량개발을 자극할 수 있다. 또한 기업 내 승진 정체를 완화시킬 수 있다.

그러나 단점으로 먼저 연공급과 유사하게 근로자들의 직무수행능력이 증가함에 따라 임금부담이 증가할 수 있으며, 직무수행능력을 정확히 평가하기가 어렵다는 것이다. 따라서 연공 상승을 능력 상승과 동일시하여 기존의 연공급제와 차별화하지 못한다면, 직능급 도입은 실패할 가능성이 높으므로, 실질적 직무수행능력의 향상 여부를 검증하여 이에 합당한 승격과 승급의 적용이 필요하다(고용노동부, 2014, p. 32).

(3) 직능급의 형태

직능급의 형태는 임금항목의 구성형태에 따라 순수형 직능급, 병존형 직능급으로 구분되며, 직능급 결정방법에 따라 직능등급별 직능급 및 능력평점별 직능급으로 구분된다(박홍배 · 채규옥, 2013, p. 271).

① 임금항목의 구성 형태에 따른 분류

㉠ **순수형 직능급** : 기본금액 전액을 직능(자격)급으로 결정하는 형태로 단일형 직능급이라 한다.

㉡ **병존형 직능급** : 기본임금 항목 중 일부만을 직능(자격)급으로 결정하는 형태로 병존형 직능급이라 한다.

② 직능급 결정방법에 따른 분류

㉠ **직능등급별 직능급** : 직능등급별로 임금률이 결정되고, 이에 따라 직능급을 결정하는 형태이다. 이는 몇 가지의 직급으로 나누어 직급별로 임금률을 정하여 직능급을 실현하는 것이다.

㉡ **능력평정별 직능급** : 종업원 개개인별로 직능평가 및 인사고과 평가결과에 따라 임금계수를 결정하고, 이에 따라 직능급을 결정하는 형태이다. 이 경우는 종업원을 직급으로 분류하지 않기 때문에, 종업원 수만큼 임금률이 있으며, 따라서 소규모 기업의 경우에 타당성을 갖는다.

③ 직능급 도입 프로세스

1단계 : 직능자격 등급 설계

- 직무의 난이도 및 숙련자격에 따라 임금 등급을 결정하고, 근로자의 직업교육의 정도, 시식, 경력, 업무의 난이도, 숙련, 직종, 자격요건 등 평가요소에 따른 임금등급을 부여한다.
- 사업장 특성에 따라 평가요소를 구성한 후, 평가요소별 등급과 점수표를 작성한다.

| 예시 | 숙련 항목에 대해 최소 1점에서 최대 9점, 학력에 대하여 최소 8점에서 최고 15점, 경력에 대하여 최소 1점에서 10점 등을 부여

2단계 : 직능급 임금표 설계

- 근로자들의 임금분포와 임금수준을 진단한 후, 승급액과 임금등급별 상한임금을 결정하여 임금표를 설계한다.
  - 고과에 따른 승급액을 정하고, 매년 승급액을 누적하는 방법과 누적하지 않는 방법이 있음(예시 : 고과를 기준으로 수 · 우 · 미 · 양 · 가 등급으로 구분한 후, 등급별로 승급액을 차등 결정)

자료 : 고용노동부(2014), 합리적 임금체계 개편 매뉴얼. p. 32.

[표 7-10] 연공급, 직무급 및 직능급의 비교

종류 / 항목	연 공 급	직 무 급	직 능 급
개요	• 학력, 근속연수 등의 연공에 기초해서 임금을 지불하는 제도. 일반적으로는 연공요소를 주로 하고 직무수행능력, 업적, 직무가치 등의 요소를 부가하여 평가기준으로 삼고 있음	• 담당직무의 상대적 가치에 따라 일정급여액을 정하고, 동일한 직무를 수행하는 경우 동일한 임금을 지급하는 제도	• 직무수행능력(현재능력, 잠재능력)을 고려하여 동일한 직무를 수행하더라도 개인의 직무수행능력을 판단하여 임금을 처리하는 제도
유형	• 연령급 : 연공요소 중 종업원의 연령이 주요 평가기준이 되는 것으로 생활급적 형태가 강한 임금형태 • 근속급 : 당해 조직에 얼마나 오래 근무하였느냐 하는 근속연수 기준에 따라 임금을 지불하는 형태(호봉제급여)	• 개별직무급 : 직무평가 결과 평점마다 그 직무의 급여액을 결정하는 형식으로 한 직무에 한 급여액의 적용 • 단일직무급 : 직무평가에 따라 직무를 등급화 함 -단일직무급 : 직무평가의 평점이 비슷한 몇 개의 직무를 일괄해서 직급을 만들고 각 직급마다 단일 급여액 결정 -범위직무급 : 동일직급에 대한 급여액에 폭을 갖게 하고, 그 폭 중에서 승급을 인정하는 형태	• 임금항목의 구성형태에 따른 구분 -순수형 직능급 -병존형 직능급 • 직능급 결정방법에 따른 구분 -직능등급별 직능급 -능력평정별 직능급 • 실시 절차 -직능분류 -직능등급 구분 설정 -개인등급 부여 -직능체계에 따른 급여설계 설정 -인사고과, 업정평가와의 연계
특징	• 조직의 안정화와 생활안정, 위계질서의 확립, 실시가 용이하다는 장점이 있음 • 전문기술인력의 확보 곤란, 인건비 부담의 가중, 소극적	• 직무에 상응하는 급여지급, 개인별 임금차 불만의 해소, 동일노동 동일임금의 원칙에 충실하다는 장점이 있음	• 직능구분의 명확화, 능력개발 · 능력평가를 어떻게 할 것인가 하는 점이 선결요건이고 계획 전에 교육훈련, 적정배치가 뒤따라야 함.

종류 항목	연 공 급	직 무 급	직 능 급
특징	이고 종속적인 근무태도의 야기, 능력 있는 젊은 층의 사기저하라는 부정적 측면이 있음	• 직무내용의 명확, 직무의 안정, 고임금수준, 적정한 직무평가방법 등이 직무급 실시의 전제조건이나 대부분이 이러한 조건을 충족시키기 어려움 • 직무와 능력의 결합이 잘되지 않는다는 점이 중요한 단점임. • 특히 장기근속자에게 불리한 임금임 • 이동(순환배치)과 다능화 요구를 충족시킬 수 없음.	• 직위승진을 보상받는 계층과 직능급의 승진(급여보상)을 보상받는 계층으로 구분되어 보상의 기회가 확대되는 효과가 있음. • 학력이나 화이트 칼라, 블루칼라 구분없이, 근속에 따라 동일한 직능자격등급을 부여받을 수 있는 기회가 확대되므로 노사공동체 형성에 기여할 수 있음

자료 : 최종태(2000), 현대인사관리론, 박영사, p. 224.

현장이야기 3

동일노동 동일임금

동일노동 동일임금(Equal pay for equal work)은 성별, 정규직, 파트타임, 파견 사원 등의 고용 형태, 인종, 종교, 국적 등에 관계 없이 동일한 직업에 종사하는 노동자에 대하여 동일한 임금 수준을 적용하고 노동의 양에 따라 임금을 지급한다는 임금 정책의 원칙이다(위키백과). 국제 노동 기구(ILO)는 이 원칙을 국제 노동 기구 헌장에 실었으며, 기본적 인권의 하나로 보고 있다. 국제 인권법에서도 경제적 및 사회적, 문화적 권리에 관한 국제 협약 제7조와 사람과 인민의 권리에 관한 아프리카 헌장 제15조에서 근로권에 대해 이 원칙을 명시하고 있다.

여기서 동일노동이란 ① 동일한 기능, ② 동일한 노력, ③ 동일한 책임, ④ 동일한 작업조건을 가진 직무를 뜻한다. 그럼에도 불구하고 동일한 직무를 하는 사람끼리 임금의 차이가 있다면, 다음과 같은 이유에서 가능하다.

· 연공차이
· 업적 · 성과의 차이
· 생산량과 인센티브 차이
· 기타(야간 타임 등)
그럼에도 불구하고 집단간의 임금격차는 꾸준히 있어 왔다.
· 직무내용은 다르지만 직무평가 점수가 같은 직무라면 임금이 같아야 하는가?
· 남녀간 소득격차는 그들이 맡은 직무가 다르

기 때문인가? 아니면 남녀 간에 업적이 다르기 때문인가? 선진국에서도 여성근로자의 소득이 남성 것의 80%이며, 우리나라의 경우 여성은 남성의 65% 수준이다.
· 직무평가는 과연 정확하게 할 수 있는가? 왜나하면 그것이 정확해야 동일노동인지, 아닌지를 평가할 수 있기 때문이다.

6. 임금형태

6.1 임금형태의 유형

임금의 대내적 공정성 관리, 그 중에서도 개인적 공정성 관리를 효율적으로 수행하기 위해서는 임금형태 전략이 수립되어야 한다. **근로자에 대한 임금의 지급방법 내지 산정방법을 임금형태(wage payment method)라 한다. 즉, 임금을 지불할 때 무엇을 단위기준으로 산정하는가를 나타내 주는 개념이다.** 이러한 산정기준으로 일반적으로 활용하는 것이 시간(정액임금제)과 성과(능률급제)이다. 정액임금제는 다시 정액임금에 대응하는 시간단위의 차이에 따라 시간급제 · 일급제 · 주급제 또는 월급제로 구분된다. 또한 능률급제는 노동능률의 척도를 생산량으로 할 것인지, 생산에 필요한 표준시간으로 하느냐에 따라 성과급제와 할증급제로 구분할 수 있다.

1) 정액임금제

정액임금제는 "근로자의 직무성과의 양이나 질에 관계없이 실제 노동에 종사한 시간에 따라 임금을 지급하는 제도"이다. 정액임금제는 시간급제, 일급제, 주급제, 월급제를 말한다.

정액임금제는 근로자의 입장에서 보면, 그들이 받는 임금을 일정액으로 보장해 준다는 데 장점이 있으며, 기업의 입장에서도 노동일수나 노동시간수가 산출되면 임금계산이 간단하다는 장점이 있고, 제품의 생산에 시간적 제약을 받지 않기 때문에 품질향상에 기여할 수 있다. 그러나 이 제도하에서는 근무시간만 채우면 임금이 보장되므로, 작업능률 향상이나 동기부여가 되지 않는다는 단점이 있다.

㉡ 정액임금제가 적절한 경우

- 생산량의 단위가 명확하지 못하여 측정이 어려운 경우
- 종업원의 노력과 생산량과의 사이에 명료한 관계가 없을 경우
- 종업원의 통제 불능한 작업흐름의 지체가 때때로 일어날 경우
- 작업의 질이 특히 중요할 경우
- 감독자가 하루의 공평한 작업량을 평가할 수 없을 경우
- 기업이 독점적 상태였기 때문에, 생산단위마다 노무비를 정확하게 알아 둘 필요가 없을 경우

• 자료 : 박홍배 · 채규옥(2013), 개정판 인사관리론, 두남, p. 271.

(1) 시간급제

임금이 시간단위로 결정되는 임금형태이다. 즉, 1시간을 단위로 하여 임률을 정하고, 근로시간을 곱하여 임금을 산정하여 지급하는 형태이다. 시간급은 시간당 임금이 명확하고, 임금계산이 간단하다는 것이 특징이다. 이러한 시간급은 주로 생산직이나 임시고용직의 근로자를 대상으로 한 지불방식이다.

(2) 일급제

1일을 단위로 하여 임률을 정하고, 근로일수를 곱하여 임금을 계산하여 지급하는 형태이다. 일급제는 작업의 내용이 단순 · 반복적이고, 작업의 성과가 1일 단위로 파악될 수 있는 경우에 적합하다. 일급제 역시 생산 · 판매활동에 종사하는 사람에게 적합하다.

(3) 주급제

1주를 단위로 하여 임률을 정하고, 1주마다 임금을 지불하는 형태이다. 시간급제와 일급제와 달리 주급제는 생산직보다 사무직 근로자의 임금산정 및 지급방식으로 적용하고 있다. 이 제도는 유럽 및 미국 등 서구에서 주로 사용되고 있다.

(4) 월급제

월 단위로 일정 임금을 결정하여, 매월 정기적으로 근로자에게 지급하는 형태이다. 월급제는 임금이 월단위로 결정되기 때문에, 휴일이나 경조사일은 물론 지각 · 조퇴 · 결근에 관계없이 임금이 감액되지 않고 임금이 지급된다. 서구와 달리, 국내에서는 주급제가 아닌 월급제가 보편적으로 적용되고 있다. 또한 기업 내 관리자 및 일반 근로자에게 가

장 많이 적용되고 있는 임금형태이다. 이러한 월급제는 작업의 내용이 복잡하고, 매일 수행하는 작업의 내용이 동일하지 않은 경우, 작업의 성과가 장기간을 경과한 후에 파악되는 경우, 작업의 성과, 근로일수와 근로시간수에 직접 관련이 없는 경우 등에 적합하다.

2) 능률급제

능률급제는 근로자의 작업량에 따라 임금을 지급하여 노동능률을 자극하려는 제도이다. 열심히 일하는 근로자에게 그만큼 더 임금을 지급하고, 노동생산성을 향상시키는 데 이 제도의 주된 목적이 있다.

능률급제는 시간급제와 대립되는 개념으로 노동능률에 대응하는 임금을 지불하는 제도이다. 능률급은 1인당 생산량의 증대에 의해서 임금수입의 증대를 가능케 하고, 한편으로는 단위 노무비의 절감을 도모할 수 있다. 이러한 능률급제는 크게 성과급제, 할증급제, 상여급제가 있다.

(1) 성과급제(Piece-rate plan)

근로자의 작업량, 즉 구성원이 달성한 성과를 기준으로 임금을 지급하는 임금제도이다. 성과급제는 구성원 개인이 달성한 성과를 기준으로 임금을 결정하는 제도로 생산량과 시간을 기준으로 성과급을 지급한다. 생산량 기준 성과급으로는 단순성과급 및 차별성과급(테일러식, 메리크식)이 있으며, 시간 기준 성과급제에는 표준시간급과 할증급이 있다([그림 7-12] 참조).

[그림 7-12] 성과급의 기본 유형

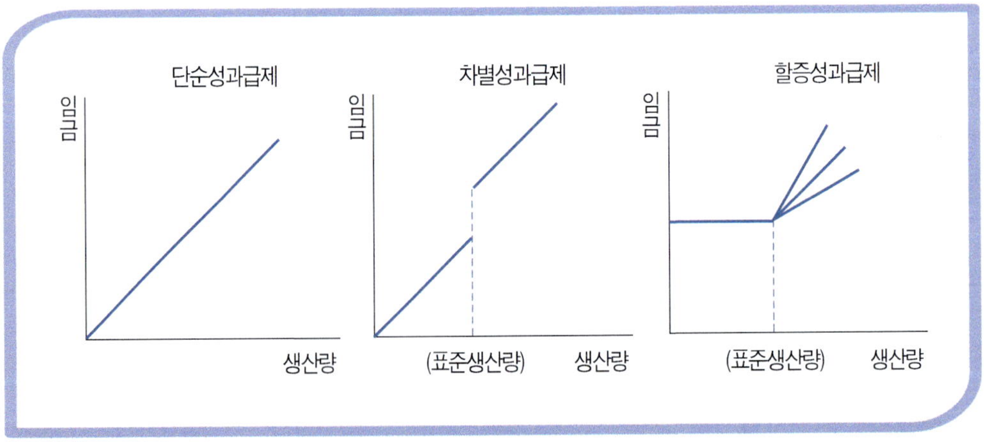

자료 : 이학종(2000), 『전략적 인적자원관리』, 세경사, p. 485.

① 단순성과급

성과급제도 중에서 가장 오래되고, 가장 많이 사용되어온 제도로 제품 또는 작업의 단위당 고정된 단일의 임금을 정하고, 실제의 작업성과를 곱하여 임금액을 산정하는 방식이다. 이 제도는 ① 간단하고 이해하기가 쉬워, 종업원의 수용도가 다른 성과급제도에 비해 높으며, 생산성 제고에 유인이 강하다. ② 산출물 단위로 성과급이 결정되어 정확성이 높고, 노무비를 예측할 수 있는 장점이 있다. 반면에 ① 성과표준 설정이 어렵고, ② 최저구간이 설정되어 있지 않아 초보자나 미숙련공들은 낮은 임금을 받을 수 있으며, ③ 수입이 일정치 않아 생활 안정을 기하기가 어렵다는 단점이 있다.

산정방식

- 단가성과급 = 임금단가(개수임률) × 성과고
- 시간성과급 = 실제표준작업시간 × 시간당 임률

② 테일러식 차별성과급

테일러식 차별성과급은 과학적 관리의 창시자라 할 수 있는 테일러(F. W. Taylor)가 1895년에 고안한 제도로, 근로자의 하루 표준작업량을 시간연구 및 동작연구에 의해 과학적으로 설정하고, 이를 기준으로 하여 고저 두 종류의 임금률을 적용하는 제도이다. 즉, 표준작업량을 달성하면, 정상임금보다 높은 임금률을 적용하고, 달성하지 못하면 낮은 임금률을 적용하는 방식이다.

산정방식

- 표준작업량 미만 : 임금 = 성과고 × 저율의 개수임률
- 표준작업량 이상 : 임금 = 성과고 × 고율의 개수임률

③ 메리크식 차별성과급

이 방식은 테일러의 제자인 메리크(D. V. Merrick)가 테일러식 차별성과급의 결함을 보완하여, 임금률을 3단계로 나눈 것이다. 즉, 테일러방식이 고율의 임금격차가 크고, 대상근로자가 저율 적용 근로자가 많은 현실과 일급보장이 없다는 점에 착안하여,

표준생산량을 83% 이하, 83-100%, 그리고 100% 이상으로 나누어 상이한 임금률을 적용하는 방식이다.

산정방식
- 표준작업량 83% 미만 : 임금 = 작업량 × 임률
- 표준작업량 83–100% : 임금 = 작업량 × (1.1 × 임률)
- 표준작업량 100% 초과 : 임금 = 작업량 × (1.2 × 임률)

(2) 할증급제(Premium plan)

할증성과급은 종업원이 표준작업시간 내에 표준과업량을 달성하지 못하더라도 일정한 임금을 보장해 주고, 표준작업시간 내에 과업을 달성해서 노동성과가 높은 종업원에 대해서는 기본시간급에 일정한 비율의 할증임금을 추가로 지급하는 제도이다. 이 제도는 작업능률의 증대로 절약된 시간에 대한 임금의 일부를 종업원에게 배분한다는 점에서 절약임금 배분제도라고도 한다.

① 할시식 할증급제(Halsey premium plan)

1890년 할시(F. Halsey)에 의해 창안되었다. 작업의 표준시간을 정하고 과업이 표준시간 이상의 시간을 요하는 경우에는 일정한 시간급을 지급하고(일급 보장), 표준시간 이내에 완성한 경우에는 그 절약시간에 대한 일정률의 추가임금을 지급하는 방식이다. 그 비율은 근로자가 3분의 1 또는 2분의 1을 받는다.

산정방식
- 표준능률 이하 : 임금 = 실제작업시간×시간당임률
- 표준능률 이상 : 임금 = 실제작업시간×시간당임률+(표준작업시간–실제작업시간)×시간당임률/2 또는 3

② 로완식 할증급제(Rowan premium plan)

1898년에 영국의 로완(J. Rowan)이 고안한 것으로서 할시식과 같은 원리이나 할증의 산정방법이 다르다. 로완식은 할시식보다 처음에는 근로자에게 유리하지만 능률의 일정한계가 넘어서면 불리해진다는 특색이 있다. 즉, 아무리 능률이 증진된다 하더라도 임금은 결코 기본급의 2배가 되지 않는다.

산정방식

- 표준능률 미만 : 임금 = 실제작업시간×시간당임률
- 표준능률 이상 : 임금 = 실제작업시간×시간당임률+(실제작업시간×시간당임률)×(표준작업시간−실제작업시간)×표준작업시간

③ 비도우식 할증급(Bedaux premium plan)

1916년에 미국인 비도우(Bedaux)에 의해 고안된 것으로서 과업 달성을 기점으로 임금을 일정하게 증가시키는 방법이다. 근로자 소득의 측면에서, 근로자는 절약시간에 대해 75%(3/4)의 보상을 받게 된다. 작업능률(표준작업시간/실제작업시간)이 100%를 초과한 경우에 기본급(시간급)의 75%를 할증하여 더해 주는 방식으로서 할시식의 변형이라고 할 수 있다.

산정방식

- 표준능률 미만 : 임금 = 실제작업시간×시간당임률
- 표준능률 이상 : 임금 = 실제작업시간×시간당임률+(표준작업시간−실제작업시간)×3/4시간당임률

(3) 상여급제(Efficiency-bonus plan)

상여급제는 근로자에게 임금을 보장하면서 표준 이상의 과업을 달성한 경우, 일정률의 상여를 추가로 지급하는 제도이다. 즉, 일정의 과업 달성이나 개인의 업적에 따라 일정비율의 급여를 지급하는 방식으로써, 그 수준은 기본급에 대한 일정률로 산정하는 경우가 많다.

할증급제에 있어서 할증급은 절약임금의 분배분으로서 간주되는 데 비하여, 상여급제의 상여는 절약임금에 관계없이 기본급에 대한 일정률로 산정하여 지급한다. 그 대표적인 형내에는 간트식 과업상여급제와 에머슨 능률상여급제가 있다.

① 간트식 과업상여급제

간트식 과업상여급제는 테일러의 제자였던 간트(H. I. Gantt)에 의하여 1901년에 고안된 임금형태이다. 이 제도는 테일러의 차별적 성과급제를 수정한 형태로써, 일정의 과업

을 달성한 근로자에 대해서는 기본급(고정급)의 20%를 상여로서 가산하여 지급하며, 일정의 과정을 달성하지 못한 근로자에게는 소정의 기본급만을 보장하는 제도이다.

산정방식

- 표준작업 미달 : 임금 = 시간임률 × 실제시간
- 표준과업 초과 : 임금 = 시간임률 × 실제시간 × 1.2

② 에머슨식 능률상여급제

미국의 에머슨(H. Emerson)에 의해 1904년에 고안되었다. 이 제도는 일정의 과업 또는 표준작업시간의 기준을 설정한 후, 근로자의 능률 정도에 따라 일정한 상여를 증가시켜 지급하는 상여급제이다. 기준능률을 달성할 수 없는 많은 저능률 근로자에 대해서는 표준과업을 달성시키기 위한 능률 자극이 필요하다. 이와 같은 능률 자극을 위해 표준작업량의 67%에 미달하는 근로자에게는 일정의 시간급(기본급)을 보장하고, 표준작업량인 67%에 달하면 0.25%의 상여금을 지급하며, 100%까지는 일정한 비율로 상여금을 증가시켜 간다. 또한 100%를 초과하여 달성한 근로자에게는 20%의 상여금을 지급하며, 그 이상의 고능률자에게는 1% 초과마다 1%의 상여금을 추가하여 지급한다.

산정방식

- 67% 미만 : 임금 = 시간임률 × 실제시간
- 67%-100% 미만 : 임금 = (1+상여율)×시간임률×실제시간
- 100% 초과 : 임금 = 표준작업시간×시간임률+0.2(실제시간×시간임률)

3) 특수임금제

이 제도에는 ① 성과배분제(스캔론플랜, 럭커플랜, 이윤분배제), ② 순응임금제, ③ 집단자극임금제 등이 있다.

(1) 성과배분제도

기업의 생산활동이나 판매활동의 결과에서 나타난 일정기준 이상의 성과 및 이익에 대하여 그 일부를 일정한 비율로 노사 쌍방에게 분배하는 제도이다. 이러한 성과배분제

도는 종업원의 성취동기 유발 및 애사심의 증대, 성과배분제의 도입에 의한 탄력적 임금 정책의 실현, 근로자에 대한 공정한 보상 실현 및 노사관계의 개선 등에 기여하게 된다.

① **스캔론 플랜** (Scanlon plan)

이 제도는 미국의 철광노조 간부인 스캔론(J. N. Scanlon)이 고안한 노사협력 차원의 성과배분 임금제이다. 이 제도의 핵심은 집단을 중심으로 발의되고 발전시킨 제안제도이다.[6] 또한 집단을 중심으로 한 보상으로써 일체 개인 보상을 하지 않고, 이 제도의 실시에 의하여 생긴 노무비의 절약분은 상여금으로 참가자 전원에게 배분된다.

스캔론 플랜은 참가한 전 구성원의 생산성 향상 노력과 조직의 성과 증대에 대한 참여감, 소속감 및 자아실현 욕구 등 심리적 보상은 물론 경제적 보상을 통해 구성원들의 업무에 대한 만족도를 높였다.

성과의 산출과 배분은 월 단위로 다음과 같이 실시된다. 첫째, 과거의 일정기간의 실제노무비를 산출하여 기준율(표준노무비율)로 한다. 둘째, 기준율을 적용하여, 그 달의 기준노무비를 산출한다. 셋째, 실제의 노무비와 기준노무비를 비교하여, 그 달의 노무비 절약액을 산출하여 이것이 상여자원이 된다. 넷째, 절약액은 일정비율로 회사 측과 근로자 측에 배분한다. 상여기금의 25%는 실제노무비 총액이 기준노무비 총액을 초과하는 결손월에 대비하여 적립금으로 유보하고, 나머지 75%는 일반적으로 근로자 측(50%)과 회사 측(25%)으로 배분한다. 마지막으로, 근로자 개인의 배분은 각자의 실제노동시간에 따르는 기본급 총액에 비례하여 지급한다.

분배자원 = 월간매출액(판매가치) × 표준노무비율 - 월간지급임금

② **럭커플랜** (Rucker plan)

이 제도는 1932년에 미국의 럭커(A. W. Rucker)가 고안한 성과배분(부가가치 배분)의 일종이다. 이 제도는 생산부가가치의 증대를 목표로 하여 노사협력체제를 만들고 생산성 향상과 성과를 럭커표준(임금상수)이라는 일정한 분배율로써 노사 간에 적합하게 분배하는 자극임금제도이다.

임금 = 생산가치(부가가치) × 임금분배율(임금상수)

---

6) 스캔론 플랜의 제안제도는 종래의 제안제도 폐단(예: 이기주의, 비밀주의 등)을 극복하고자, 구성원들간의 협력과 팀워크를 강조한 공개적인 집단제안제도를 채택하고 있다.

먼저, 생산가치, 즉 부가가치를 구하고, 이에 대한 임금총액의 비율, 즉 임금분배율을 정해 두고 생산가치에서 임금분배율을 공제한 잔액을 회사분배율로 한다. 이때 임금분배율은 39.395%[7]로 거의 고정된 것으로서 일명 럭커계수 또는 임금상수라 한다.

럭커플랜은 중요한 목표인 ① 노사협력관계의 확립 및 유지, ② 생산성 향상, ③ 공정배분, ④ 생활수준 향상을 이루는 데 있다. 이 제도는 노사간에 생산분배위원회가 조직・운영되며, 근로자는 이 위원회를 통해서 생산가치의 증대를 위한 의사결정과정에 참가하고 자신들의 근로의욕을 높인다. 생산가치 증대분으로 절약된 노무비는 노사가 사전에 합의한 비율에 따라 배분하는 데, 일반적으로 근로자 측(50%)와 회사 측(50%)의 비율로 배분한다. 결손월에 대비해서는 일반적으로 절약분의 25~30%를 유보하여 적립금은 연말에 보너스로 지급되고 손실분은 기업이 충당한다.

이러한 럭커플랜은 원재료비의 구성비가 높고, 품질에 대해서도 근로자가 관심을 가져 원가가 절감될 수 있는 상황에서 스캔론 플랜보다 경영자에게 유리하다.

③ **이윤분배제** (Profit sharing plan)

이윤분배제는 노사간의 계약에 의하여 기본임금 이외에 각 영업기마다 결산이윤의 일부를 근로자들에게 부가적으로 지급하는 제도를 말한다. 이 제도는 프랑스의 도장공 르 클레르(Le Claire)가 1842년에 고안・채택하였다. 노사관계의 개선, 작업능률의 증진, 근로자의 생활안정 등을 목적으로 채택되었다.

이 제도는 첫째, 종업원에게 시가보다 낮은 가격으로 주식을 분배하여 이익을 배당하든가, 둘째, 연말, 명절 등에 이윤의 일부를 분배하든가, 셋째, 대리점 또는 판매부문에 매출액의 일부를 지급하든가, 넷째, 기업 측이 종업원의 복리후생을 위한 공동기금에 기업이윤의 일부를 투입하는 방법으로 분배한다.

일반적으로 이윤분배제도의 효과는 첫째, 기업 측과 근로자간의 협동정신을 함양, 강화하여 노사관계의 개선에 도움을 준다. 둘째, 근로자는 자기의 이윤배당액을 증가시키려고 작업에 열중하여 능률증진을 기할 수 있다. 셋째, 근로자의 이익배당 참여권과 분배율을 근속년수와 관련시킴으로써 근로자의 장기근속을 유도하게 된다.

7) 임금분배율은 약 30년 간의 센서스를 조사분석한 결과, 임금총액은 부가가치, 즉 생산가치에 정비례하며, 일관되게 39.395%이고 표준편차는 1.66% 정도이었다.

이윤분배제도의 종류

- 일반적 이윤분배(general profit sharing) : 경영 전체에서 나오는 이익의 일부를 분배하는 것으로 분배이윤의 출처는 일반 순이익의 총액에서 계산된다.
- 단위이윤분배(unit profit sharing) : 일반적 이윤분배와 달리 경영 내의 한정된 일부문에서 생기는 이윤의 일부를 통해 당해 부문 근로자들이 분배받는 제도이다.
- 개인이윤분배(individual profit sharing) : 개개인의 노력에 의해서 발생하는 이윤의 일부를 분배할 것을 약속하는 제도이다.

(2) 순응임금제(sliding scale wage plan)

순응임금제는 기업의 임금 산정에 있어서 물가변동과 같은 경제적 조건의 변화나 기업의 사정에 순응하여 임금률을 자동적으로 변동 또는 조정하여 지급하는 임금의 지급형태이다. 이러한 순응임금제는 임금률의 결정과 관련되는 조건의 내용에 따라, 3가지 유형으로 구분할 수 있다(이원우, 2005, pp. 308-309).

① **생계비 순응임금제** : 근로자의 생계비에 순응하여, 임률을 자동적으로 변동 또는 조정하는 임금제도이다. 이 제도는 물가지수 또는 생계비지수와 임금률을 관련시켜 임금을 산정함으로써, 근로자의 생계유지와 생활안정에 필요한 실질임금의 보장이 가능하다는 장점이 있다.

② **판매가격 순응임금제** : 제품의 판매가격의 변동에 따라 근로자의 임금률을 변동시켜 가는 임금제도이다. 이 제도는 기업이 생산하는 제품의 판매가격을 표준으로 하여 판매가격이 일정액 이하인 경우에는 기준임률을 적용하고, 일정액 이상으로 판매가격이 상승하는 경우에는 판매가격 상승률에 따라 일정한 임금률을 높여서 지급하는 것을 말한다.

③ **이익 순응임금제** : 기업의 이윤과 임금을 결부시켜 임률을 결정하는 것으로, 이윤지수의 변동에 순응하여 임률을 변동 또는 조정하여 임금을 지급하는 형태이다. 이 경우의 이윤지수는 기업 자체의 이윤지수보다는 기업이 속한 산업이윤지수를 고려하게 된다.

(3) 집단자극임금제(group incentive plan)

집단자극임금제는 근로자 개인별로 임금을 지급하는 것이 아닌 일정한 기준에 근거하여 근로자 집단별로 임금을 산정하여 지급하는 방식을 말한다. 특히 집단자극임금제는 동종제품을 대량생산하는 작업의 경우, 구성원 상호간의 긴밀한 협력이 필요로 하기 때문에, 근로자 상호간의 긴밀한 팀워크를 통해 기업 전체의 작업능률을 향상하기 위해 고안된 임금지급형태이다.

집단자극임금제도를 산정하기 위해서는 ① 기업 내의 근로자를 숙련의 정도, 작업의 연관성, 기타의 일정기준에 의해 몇 개의 집단으로 구분한다. ② 구분한 집단의 작업능률을 일정한 기준에 따라 측정 및 평가하고, 각 집단별 임금을 산정하여 지급한다. ③ 집단임금은 집단에 속한 구성원들에게 공정하게 배분한다. 집단임금의 분배는 개인별로 기본임률(시간임률)×실제작업 시간 수에 의하여 산정한다(이원우, 2005, pp. 307-308).

4) 연봉제(年俸制, Annual Pay System)

(1) 연봉제의 본질

연봉제는 일정기간 동안 이루어진 개별 근로자의 성과를 평가하여, 이를 기초로 하여 개별 근로자의 임금을 결정하는 임금제도이다. 연봉제는 형식적인 측면에서 보면, 복잡한 임금의 구성항목을 연봉이라는 항목으로 통합하고, 임금을 1년 단위로 계산하여 지급하는 임금형태의 한 종류이다. 또한 내용상으로 보면, 개개인의 임금수준이 연공서열이 아닌 구성원의 실제 업무성과와 능력에 따라 차별적으로 결정되고 개인별로 계약의 형식을 통해, 매년 개별적으로 조정되어 지급되는 임금체계라고 정의할 수 있다.

(2) 연봉제의 도입배경

고용노동부에서 2013년 기준으로 연봉제 실시 현황을 조사한 바에 의하면, 상용근로자 100인 이상 사업장(10,029개소) 중 연봉제를 실시하고 있는 사업장이 66.2%로 나타났다. 업종별로 보면, 전기·가스·수도, 도소매, 음식·숙박, 오락·문화·체육에서 도입률이 상대적으로 높게 나타나고, 조직규모가 증가할수록 도입비중이 높으며, 노동조합이 조직되지 않은 기업에서 도입률이 높다. 이와 같이 많은 기업들이 연봉제를 도입하고 있거나 도입하려고 하는 배경을 살펴보면 다음과 같다.

[표 7-11] 우리나라 기업의 연봉제 도입현황

(단위 : %)

구 분	1996	1997	2000	2005	2007	2008	2009	2010	2011	2012	2013
연봉제 도입률	1.6	3.6	23.0	48.4	52.5	57.4	61.8	62.7	64.8	66.7	66.2

자료 : 고용노동부(2013), 「알기 쉬운 임금정보」, 제19호 등 각 년도 자료 참고.

첫째, 글로벌화가 진행됨에 따라 급변하는 경영환경에 대처하고 무한경쟁에서 살아남기 위해서는 기업의 경쟁력을 제고할 수 밖에 없다. 이를 위해 개인의 능력이 충분히 발휘되도록 동기부여하여 기업의 생산성과 성과가 향상되도록 하는 능력주의·실적주의 인사관리가 필요하게 되었다. 둘째, 종업원에게는 고임금을, 기업주에게는 효율적인 인건비를 실현하기 위함이다. 연봉제는 고생산성 및 고부가가치를 창출하는 개인에게는 높은 임금을 지급하여 이들에게 생산성 제고와 고부가가치 창출을 유도함으로써 기업 전체적으로는 효율적인 인건비를, 개인에게는 고임금을 실현하기 위한 수단이다. 셋째, 인재육성과 유능한 인재를 확보하기 위함이다.

현장이야기 4

"한국 경제 성장하려면 근로자 임금 올려야"

한국 경제가 성장하려면, 근로자 임금이 늘어나 가계와 기업 사이에 균형적으로 소득이 배분돼야 한다는 지적이 나왔다. 박종규 한국금융연구원 선임연구위원은 10일 금융연구원·동반성장연구원이 공동주최한 콘퍼런스에서 '한국경제의 저성장 구조와 동반성장'을 주제로 이렇게 발표했다.

한국의 실질 국내총생산(GDP) 성장률은 2012년 2.0%, 2013년 3.0%로 2년 연속 3% 이하에 그쳤다. 성장률이 3% 밑으로 떨어진 뒤, 뚜렷하게 반등하지 못한 경우는 이번이 처음이다.

박 연구위원은 최근 ▲소비 둔화에 따른 내수 부진 ▲가계저축률 급락 ▲가계부채 증가 등의 현상이 나타나는 점을 고려하면, 경기회복의 장애물은 바로 가계소득 증가세가 둔화한 것이라고 분석했다. 금융위원회 자료에 따르면, 1975~1997년 국민총소득이 8.9배로 늘어나는 동안 가계소득은 8.2배, 기업소득은 8.1배로 늘어 증가세가 비슷했다. 하지만 2005~2010년에는 국민총소득이 2.8배로 늘어날 동안 가계소득은 1.6배가 되는 데 그친 반면, 기업소득은 26.8배로 급증했다.

이처럼 소득 증가세가 기업에 치우친 이유로 박 연구위원은 '임금 없는 성장'을 들었다. 노동생산성은 계속 높아지는데, 물가상승률 등을 고려한 상용근로자의 실질 평균임금이 2008년 이후 제자리걸음을 하고 있다는 것이다. 투자를 꺼리는 기업들이 돈을 쌓아두면서 기업저축률이 2010년 경제협력개발기구(OECD) 2위 수준으로 뛰어오른 점도 한 요인이다.

박 연구위원은 기업에 편향적으로 배분된 소득이 투자보다 저축에 쓰이고 있어 저성장 탈출의 걸림돌이 되고 있다고 지적했다. 그는 이런 현상을 해결하려면 "가장 직접적인 방법은 기업들이 임금을 올리는 것"이라며, "다만, 기업에 일률적으로 임금을 올리라고 하는 것은 부적절하므로 대기업과 중소기업 간 자금순환이 원활해지도록 하는 것이 바람직하다"고 설명했다.

● 자료 : 연합뉴스, 2014. 4. 10.

(3) 연봉제의 장 · 단점

① 장점

첫째, 연봉제는 자신의 능력과 업적이 곧 임금으로 표현된다고 생각함으로써 종업원들에게 동기를 부여할 수 있다. 둘째, 유능한 인재확보가 용이하다. 오늘날 세계는 하나의 지구촌화되어 가고 있어 기술진보의 속도가 빨라지고 국제경쟁은 더욱 치열해지고 있다. 이러한 환경 속에서 기업이 필요로 하는 우수한 인재를 종래의 연공급체계로는 확보하기가 어렵고, 연봉제를 통하여 확보하는 것이 용이하다. 셋째, 임금관리가 용이해진다. 현행 연공급체계에서는 기본급, 제 수당, 상여금으로 구성되어 있어 임금체계가 매우 복잡하고, 임금의 동기유발 기능이 상실된 상태이다. 이에 반해 연봉제는 임금체계와 임금 지급구조가 단순하여 임금관리가 용이하다. 넷째, 상사와 부하 간의 의사소통이 원활히 이루어진다. 연봉제 대상자는 매년 스스로 업무목표를 세우고, 이를 상사와 면담을 통해 확정한 후, 연말에 그 달성 정도를 평가받게 된다. 따라서 연봉제 대상자는 목표 수립과 업무 수행과정 및 평가시에 상사와 면담을 통해 자신의 의견을 충분히 밝히고, 상사로부터 조언을 구할 수 있어 상사와 부하간의 의사소통이 원활해지는 장점이 있다. 다섯째, 공정한 평가문화를 조성하는 기반이 된다. 연봉제 하에서는 명확한 기준을 설정하고 면담과 합의에 의해 임금액을 결정함으로써 공정한 평가문화를 정착시킬 수 있다.

② 단점

첫째, 타당성 있는 연봉의 결정이 어렵다. 연봉의 책정시 평가의 객관성과 공정성이 철저히 보장되지 않으면 근로자들의 불신감이 높아지고, 조직의 정보전달이 왜곡되고 근로자들의 사기저하가 우려된다. 둘째, 연봉의 결정시 주로 단기적인 업적과 결과만이 중요하게 평가되는 경향이 있으므로, 장기적 안목과 관련된 부분에 대한 배려가 소홀해질 가능성이 있다. 셋째, 연봉액 증감의 조화가 어렵다. 연봉액이 감액되는 경우 근로자의 사기저하를 유발하고, 매년 연봉이 다름으로 수입이 불안정해져 근로자의 위기감과 스트레스를 과중시키는 결과를 초래할 수 있다. 넷째, 우리나라의 고유한 장유유서 의식 및 선임자 우대원칙과 충돌할 가능성이 있다. 다섯째, 근로자 상호간에 과도한 경쟁심을 유발하여 위화감을 조성하고 개인주의로 흐를 수 있다.

(4) 연봉제 적용 대상자

연봉제는 개인의 업무상 실적을 명확하게 파악할 수 있고, 각자의 역할과 책임이 명확한 직종이나 사람에게 적용하여야 성공할 가능성이 높다. 이러한 직종에는 관리직, 전문직, 기술직, 영업직 등이 해당된다.

(5) 국내기업의 연봉제의 형태

연봉제의 형태는 연봉의 구성을 어떻게 하며 연봉의 결정기준으로 어떠한 것을 사용하느냐에 따라 다양하다. 국내기업들이 도입하고 있는 연봉제의 유형은 크게 3가지(성과급 차등 연봉제, 순수 연봉제, 혼합형 차등 연봉제)로 구분할 수 있다(정종태, 2013, pp. 164-167).

① 성과급 차등 연봉제

연봉의 일정 항목을 성과급(또는 능력급)으로 구분하고, 이를 평가에 따라 차등하는 방식이다. 이 방식은 성과급의 차등방식에 따라 기업의 연봉제 도입에 따른 인건비의 부담을 줄일 수 있으나, 근로자의 입장에서는 임금에 대한 불안감을 제공하게 된다.

이 방법은 기존의 호봉제 임금체계에서 월급과 상여금을 통합하여 연봉으로 하고, 연봉을 다시 기본급과 성과급(또는 능력급)으로 구분한다. 통상적으로 연봉의 70% 정도를 기본급으로 하고 30% 정도를 성과급으로 한다. 성과급은 매년 평가를 통해 평가등급에 따라 차별적 인상을 결정한다.

[표 7-12] 성과급 인상율 예시

평가등급	S등급	A등급	B등급	C등급	D등급
성과급 인상율	+30%	+20%	0%	-20%	-30%

② 순수 연봉제

기존의 모든 임금항목을 합하여 기본연봉으로 통합하고, 이를 평가에 따라 차등하는 방식이다. 순수연봉제는 평가에서 하위등급을 받더라도 감소가 없는 경우가 일반적이어서 기업 입장에서는 인건비 증가를 초래하게 된다. 따라서 근로자의 입장에서는 임금의 하락이 없으므로 안정적인 임금제도라도 할 수 있다. 이 방법은 기존의 호봉제 내에 있는 여러 가지 다양한 급여항목을 하나의 기본연봉으로 통합하고 평가에 따라 연봉을 차등 인상하는 임금제도이다. 특히 연봉인상이 개인별 평가등급에 따라 매년 연봉인상률을 누적적으로 적용한다.

[표 7-13] 기본연봉 인상율 예시

평가등급	S등급	A등급	B등급	C등급	D등급
기본연봉 인상율	8-10%	6-8%	4-6%	2-4%	0%

③ 혼합형 차등 연봉제

연봉을 기본연봉과 성과연봉으로 구분하고, 평가에 따라 기본연봉과 성과연봉을 모두 차등하는 방식이다. 우리나라의 많은 기업들이 이 방식의 연봉제를 도입하고 있다. 혼합형 연봉제는 연봉제 도입으로 인한 과도한 인건비 부담을 줄이고, 직원들의 임금저하에 따른 불안감을 줄이는 장점이 있다.

이 방법은 기존의 월급과 상여금의 일부를 기본연봉으로 하고, 기본연봉에 포함하지 않은 나머지 상여금을 성과연봉으로 구성한다. 매년 평가등급에 따라 개인의 연봉을 차등 인상한다. 연봉을 차등할 경우, 기본연봉은 순수 연봉제와 같은 누적방식을 적용하고, 성과연봉은 성과급 차등 연봉제의 차등방식을 적용한다.

[표 7-14] 혼합형 연봉 인상율 예시

구분	평가등급	S등급	A등급	B등급	C등급	D등급
기본연봉	기본연봉 인상율	4-5%	3-4%	2-3%	1-2%	0%
성과연봉	성과급 인상율	+30%	+15%	0%	-15%	-30%

(6) 미국, 일본, 한국의 연봉제 현황

① 미국의 연봉제

미국의 노동법에서는 시간외 수당의 적용을 받는 직종(nonexempt)과 적용을 받지 못하는 직종(exempt)으로 나누어, 적용을 받지 못하는 직종의 임금을 계산하는 방식으로 연봉제가 사용되었다. 미국에서의 연봉은 직무급을 토대로 기본연봉이 결정되고, 고과급(merit pay)을 통해 연봉을 조정한다. 기본연봉은 외부노동시장의 임금조사를 통해 얻어지는 시장임금률과 기업내부의 직무평가를 기초로 결정된다.

② 일본의 연봉제

일본의 연봉제는 일본의 문화적 전통에 바탕을 둔 연공주의에 능력주의를 가미한 절충형태를 취하고 있다고 볼 수 있다. 일본의 연봉제는 단일연봉액 방식과 기본연봉+업적연봉 방식으로 나누어진다. 단일연봉액 방식은 임금이 연봉 하나의 항목으로 구성되어 있으며, 미국의 연봉제와 동일한 형태이다.

그리고 이러한 단일연봉은 전년도 업무목표 달성도에 근거하여 결정된다. 한편 기본연봉+업적연봉 방식은 월급제의 기본급이나 기준 내 임금에 해당하는 기본연봉과 상여금에 해당하는 업적연봉을 합쳐 연봉을 구성한다. 연봉을 업적에 대한 보수로 본다면 업적연봉만으로 연봉을 구성하는 것이 합리적이다. 그러나 임금에는 생활보장, 직무수행 능력에 대한 보상이라는 측면도 있기 때문에 대부분의 일본기업들이 연봉을 기본연봉과 업적연봉으로 구성하고 있다.

③ 우리나라의 연봉제

우리나라의 연봉제는 일본형 연봉제와 유사하며, 플러스섬(plus sum) 방식과 제로섬(zero sum) 방식으로 나눌 수 있다. 플러스섬 방식은 잘 하는 사람에게 임금을 더 많이 주는 방식이다. 이 방식에서는 실적이 나쁜 사람도 연봉이 줄어들지는 않는다. 이 경우는 대체로 지난 해 연봉이 연봉 산정의 기준이 되는 누적식이다. 이에 비해 제로섬 방식은 실적이 나쁜 부서, 능력이 모자라는 사람의 임금을 줄여서 실적이 좋은 부서와 사람에게 나누어 주는 방식이다. 이 경우 연봉의 산정 기준은 매년 결정되는 직급별 표준임금이다. 제로섬 방식을 채택하는 경우는 지난 해 연봉을 고려하지 않는 비누적식 연봉 산정방식을 쓰고 있다.

현장이야기 5

직장인앱 블라인드

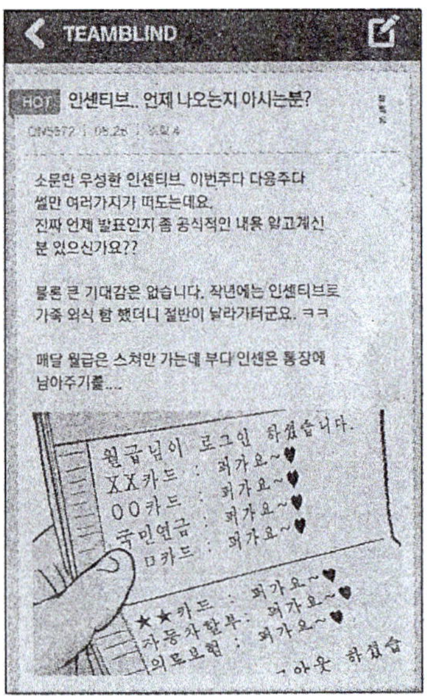

작년 12월 서비스를 시작한 '블라인드' <사진>는 직장인들이 회사 이메일로 가입해 같은 회사 사람들끼리만 대화할 수 있는 직장인 전용 커뮤니티 서비스다. 이 눈치 저 눈치 보느라 평소할 수 없던 이야기부터 구내식당 메뉴불만까지 시시콜콜한 이야기가 오간다.

서비스 오픈 이후 8개월 남짓한 사이 LG전자·KT·롯데쇼핑 등 꽤 많은 기업별 커뮤니티가 만들어졌다. 네이버는 5,000명 이상이 이 앱을 이용하고 있다. 대기업의 경우 조직 개편이나 인사철이면 이용자가 많이 몰리는 편이다.

이용 방식은 간단하다. 앱을 깔고 들어가 업종별로 메뉴를 고르면 기업별 목록이 뜬다. 자기 회사를 선택해 회사공식 이메일 계정을 입력하면 인증번호가 전송되고 다시 이를 입력하면 된다. 이메일은 저장되지 않기 때문에 기록이 남지 않는다. 가입 이후에는 닉네임(별명)으로만 이용할 수 있다. 따라서 같은 회사 사람끼리 이야기를 주고받아도 상대가 누군지 알 수가 없다.

앱에 자기 회사의 목록이 없는 경우, 신청만 하고 회사 커뮤니티 열리기를 기다려야 한다. 서비스를 제공하는 팀블라인드의 정영준 대표는 "대기업은 최소 100명 정도가 모여야 커뮤니티를 열어주고, 규모가 적은 회사도 40~50명은 돼야 한다"며 "이용자가 적으면 자칫 대화 내용만으로 이용자 신상이 드러날 수도 있기 때문"이라고 말했다.

• 자료 : 조선경제, 2014. 8. 28.

경영사례 3

▌근로자지원 프로그램(EAP) 사례

선진 기업복지제도는 이미 미국, 일본, 유럽 등에서 그 효과가 검증된 기업복지제도로, 근로자의 사기 앙양 및 기업경쟁력 제고를 위해 실시하는 퇴직연금, 우리사주, 사내근로복지기금, 선택적 복지, 근로자지원프로그램 등의 복리후생프로그램을 총칭하는 제도다. 임금의 유연화 수단으로도 활용돼 협력적 노사관계를 통해 실질적인 생산성 향상 및 기업경쟁력을 강화할 수 있다.

● **서비스산업 · 사회적 기업 육성정책과 연계 가능**

근로자 지원프로그램(Employee Assistance Program : EAP)은 직무성과에 영향을 미칠 수 있는 개인적 문제를 완화하기 위해 조직 내부나 외부의 자원을 이용해서 제공하는 사회 · 심리적 서비스로써, 그 대상은 문제를 가진 근로자와 가족, 친지, 직무조직, 지역사회 전체를 포괄한다고 볼 수 있다. 세계 EAP협회에서는 생산성에 문제가 제기되는 직무조직을 돕고 건강문제, 부부 · 가족생활문제, 법 · 재정문제, 알코올 · 약물문제, 정서문제, 스트레스 등 업무성과 전반에 영향을 미칠 수 있는 근로자 문제를 해결하기 위해 개발된 사업장 기반의 프로그램으로 규정했다.

2000년 기준, 미국에는 1만 2,000개 이상의 EAP기관이 있으며, 500대 기업의 95%가 EAP를 이용하고 있다. 또한 100인 이상 기업 80%가 EAP를 이용하고 있고, 미국 내 기업의 62%가 EAP를 시행 중이며 33%는 시행계획 중이다. EAP 서비스 이용자는 5,881만명으로 전체 경제활동 인구의 30%를 차지한다. 영국에는 1,137개의 EAP 조직이 영국 내 근로자의 10% 정도인 226만명의 근로자들에게 서비스를 제공하고 있다. 이는 약 2,200만 파운드 정도의 산업규모를 가지고 있는 것으로 평가된다. 또한, 304개의 전화상담 단체가 180만명의 고객에게 서비스를 제공하고 있으며 약 200만 파운드의 산업규모를 가지고 있는 것으로 알려졌다. 국내에는 1999년 듀폰코리아(Dupont Korea)가 EAP를 도입한 이후 유한킴벌리, P&G, 한국IBM, SK에너지 등 약 600여개 업체에서 유료 EAP 혹은 이와 유사한 서비스를 실시하고 있다.

2009년부터는 근로복지공단을 통해 정부 후원의 EAP서비스를 도입해 온라인(www.workdream.net, 희망드림근로복지넷) 개인상담과 스트레스 측정 서비스를 시작했다. 2010년에는 오프라인 대면상담 및 집단상담으로 서비스를 확대할 예정이다. 국내 EAP시장은 아직 걸음마 단계지만, 선진국의 시장규모는 최근 일자리 창출을 위해 서비스업과 사회적 기업을 육성하겠다는 정부정책에 시사하는 바가 크다. 아직은 열악한 사회복지서비스가 산업화될 경우 전문 일자리 창출은 물론 새로운 성장동력이 될 것으로 기대되기 때문이다.

• **정부주도의 EAP모델 사회복지 서비스산업 형성 촉매될까**

EAP의 유형으로는 500인 이상 대기업에 적합한 사내모형(Internal model), 자체적으로 EAP를 운영하기 어려운 중견기업들이 외부전문업체에 위탁하는 외부모형(External model), 여러 기업주들이 지역사회 자원 등을 집단보상의 형태로 공유하는 컨소시엄모형(Consortium model), 미국의 항공기조종사협회 · 의사협회 등 특정 직종의 회원제 형태로 제공되는 협회모형(Association model), 노동조합을 중심으로 제공되는 노동조합모형(Union model), 정부재원과 민간의 전문인력이 결합된 정부지원형 모델(Government sponsored model) 등이 있다.

이 가운데 정부지원형 모델은 공공 EAP 공급모델로서 2007년부터 고용노동부 지원하에 비영리사단법인인 한국EAP협회를 중심으로 전국 100여명의 EAP전문가들이 제공하고 있는 서비스다. 이는 다른 나라가 EAP 관련지침을 제시하고 기업들이 활용할 수 있도록 지원하는 형태보다 직접적인 운영모델로서 세계 최초로 시도되고 있다. 2009년 정부지원형 모델은 100인 미만 중소 · 영세사업장에 대한 무상지원과 시범 도입을 희망하는 100인 이상 사업장을 중점적으로 지원하고 있으며, 가장 많은 비중을 차지하는 스트레스 관리, 가족관계, 정서/성격, 재무문제 등 다양한 서비스를 제공하고 있다. 정부 주도의 EAP모델이 아직 초보단계인 사회복지서비스의 산업화에 촉매가 될지 주목된다. 김정호 KDI 연구원은 "사회적 기업 육성책은 고용과 복지 두 마리의 토끼를 잡을 수 있는 정책이기 때문에 그 동안 꾸준히 논의돼 온 것으로 안다"면서 "다만 정부가 얼마나 의지를 갖고 실효성 있게 운용하는지 좀 더 지켜봐야 한다"고 말했다.

• **EAP투자 1달러당 7.21달러의 경제적 효과**

EAP가 하나의 산업으로 자리매김 하려면 그 만큼의 생산효과를 내야 한다. EAP는 사회복지의 특성상 직접적인 생산효과보다는 생산 저해 요인을 제거함으로써 생산성을 향상시키는 경제적 효과로 최근 세계 선진기업들에게 호응을 얻고 있다. 미국 우체국 서비스는 EAP투자 1달러당 7.21달러의 경제적 효과를 낼 수 있다고 보고한 바 있다. 또 우울증 하나만으로 연간 330억 달러에 달하는 결근비용이 발생한다는 연구결과도 나왔다.

국내에서는 우울증으로 고통 받고 있는 근로자 1인당 결근으로 연간 252만원, 비효율근무로 연간 488만원, 총 740만원의 연간손실이 발생했고 이는 연봉의 약 26%에 이른다는 연구가 있었다. 특히 EAP도입 전후 30일간 근로자의 결근, 지각 일수 변화를 분석한 통계에서 근로자의 업무손실 시간이 EAP 도입 전에 비해 60% 이상 감소한 것은 매우 의미 있는 수치였다. EAP 도입 전후 직원들의 업무역량 점수는 64점에서 70점으로 상승했다.

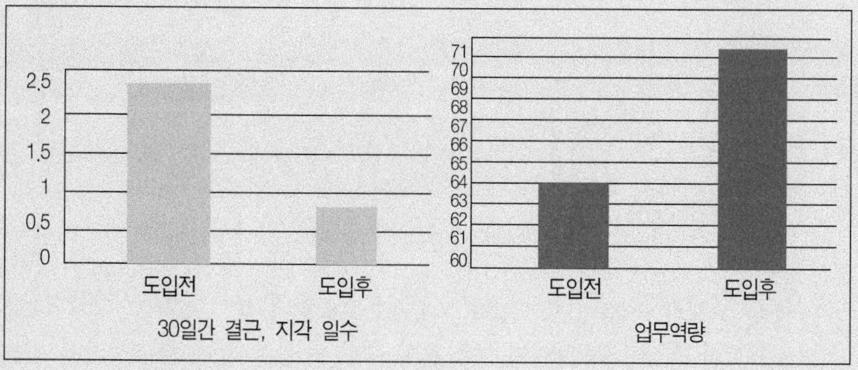

경제적 효과 외에 근로자의 정신적·신체적 건강의 향상도 중요한 평가요소다. 미 연방직업보건기관은 1999년부터 만 3년간 5만 9,685명을 대상으로 정신문제, 신체건강, 대인관계, 업무관련 성과지표에 대해 EAP 도입 전후의 효과를 분석했다. 분석결과 EAP의 도입은 근로자의 건강은 물론 조직의 생산성 향상에도 기여한 것으로 나타났다. EAP 도입 전에는 정신건강 문제로 인한 생산성 감소가 30%였던 것이 도입후 8%로 감소했다. 대인관계 문제로 인한 생산성 감소 역시 도입전 31%에서 도입후 8%로 23%p 개선 된 것으로 나타났다.

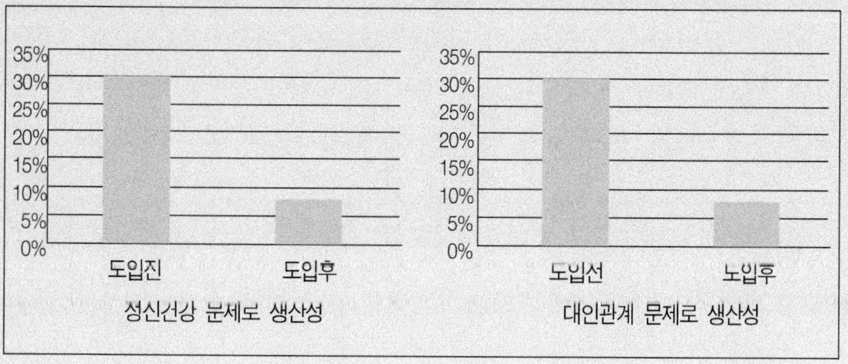

• 자료 : 강정규, "선진기업복지제도-근로자지원프로그램(EAP)", 2010. 3. 7.

7. 복리후생제도

7.1 복리후생의 의미

복리후생제도(employee benefits plans)는 종업원의 노동과 직접적으로 연결되지 않는 간접적 보상으로 기업이 종업원의 생활 안정과 질을 향상시키기 위해, 종업원들과 그 가족에게 제공하는 직접적 보상인 임금 이외의 모든 보상과 서비스를 말한다(Ivancevich, 1998, p. 376). 즉, 기업이 종업원이나 그 가족을 대상으로 임금 이외의 간접적인 보상과 복지를 제공함으로써 근로자의 육체적·정신적 건강을 증진시키고, 경제적 안정을 도모하여, 종업원의 자아실현과 조직의 유효성을 높이는 부가적 보상체계(additional compensation system)의 한 부분이다.

종업원 복리후생은 기업이 종업원에게 제공하는 은혜라고 인식되어, 제도의 실시나 시설의 설치가 기업 경영자의 자의적인 결정에 의존되었으나, 최근에는 그 기준의 최저한도를 확보하기 위하여 국가 차원에서 부분적으로 법제화하여 강제적 시행의무를 갖는 것도 있으며, 근로자 복지를 위한 사회정책 및 사회보장제도로 발전하게 되었다. 특히 글로벌 경쟁이 심화되고 있는 상황에서 기업 내 임금인상이 어려운 현실을 감안할 경우, 기업 내 복리후생제도에 대한 중요성은 더욱 강조된다.

그럼에도 불구하고, 국내 기업의 복리후생제도에 대한 구성원과 기업의 인식은 아직도 부족한 것이 현실이다. 온라인 취업포털 '사람인'이 직장인 1,915명을 대상으로 '복리후생제도 활용 여부'를 조사한 결과, 응답자의 62.2%가 '잘 활용하지 못하는 편'이라고 답했다. 기업 형태별로 살펴보면, 중소기업(66%), 중견기업(59.9%), 대기업(45.4%) 순으로 활용도가 낮았다[8].

복리후생제도를 잘 활용하지 못하는 이유로는 '업무를 하다 보면, 사용이 불가능해서'(35.4%, 복수응답)를 첫 번째로 꼽았다. 이어 △괜찮은 제도가 별로 없어서(34%), △직원들이 사용하지 않는 분위기라서(31.4%), △나에게 해당되는 부분이 적어서(27.8%), △회사에서 승인해 주지 않을 것 같아서(25.8%), △주변 시선이 부담스러워서(20.5%)

---

8) 이투데이(2014.5.8), "회사 복리후생 제대로 활용 못해" 대기업 45%, 중소기업 66%.

등의 순으로 나타났다. 직원들 반응과 마찬가지로 기업들도 복리후생제도를 반기는 눈치는 아닌 것으로 밝혀졌다. 실제로 회사에서 직원들에게 복리후생제도 활용을 권장한다는 응답은 28.2%에 불과했다. '특별히 권장하지 않는다' 52%, '오히려 눈치, 불이익을 줘 못 쓰게 한다'도 19.8%나 됐다. 직장인들은 운영 중인 복리후생제도의 만족 여부에 대해서도 83.8%가 '불만족하는 편'이라고 답했다. 특히 이들 중 83.4%는 복리후생제도 때문에 이직까지 고민했다고 털어놓기도 했다.

이처럼 국내 기업에 종사하는 근로자들은 업무 등의 이유로 기업의 복리후생제도를 활용하지 못하고 있는 것을 알 수 있다. 또한 실시하고 있는 복리후생제도에 대해서는 많은 구성원들이 불만족하고 있는 것을 알 수 있다. 따라서 구성원의 동기부여를 통한 조직성과를 향상하기 위해서는 합리적인 복리후생제도의 설계와 구축된 복리후생제도의 적극적인 활용이 무엇보다 중요하다 하겠다. 이를 위해 기업은 구성원과 공동으로 복리후생제도를 설계하고, 복리후생제도의 정착에 대한 고민이 필요하다 하겠다.

7.2 복리후생의 목표와 효과

1) 복리후생의 목표

기업에 있어서 복리후생제도는 우수인력을 확보하고, 근로자들의 이직 및 결근을 줄이며, 생산성을 확보할 수 있다. 또 기업 내 노사관계를 협력적으로 구축하며, 이를 통해 기업의 사회적 책임을 수행할 수 있다. 근로자 역시 조직 내 복리후생제도를 통해 동기부여와 경력개발, 경제적 안정을 통해 자아실현을 달성해 나갈 수 있다.

2) 복리후생의 효과

복리후생제도는 다음과 같은 구체적인 효과가 있기 때문에 그 도입 및 활용이 보편화되고 있다.

(1) 회사 측에 대한 효과

① 생산성 및 조직 유효성 증가

② 우수인력 확보

③ 인간관계의 개선

④ 이직 및 결근률의 감소

⑤ 종업원의 자발적 참여 유도
⑥ 기업목표와 이념을 보다 잘 주지시킬 수 있음
⑦ 기업 전체의 이미지 개선 등

(2) 종업원 측에 대한 효과

① 동기부여 제고
② 고충의 감소
③ 노사관계의 개선
④ 고용의 안정과 수입의 증가
⑤ 회사방침에 대한 의욕의 고취
⑥ 회사에 대한 귀속감 강화
⑦ 경력개발을 통한 자아실현 등

7.3 복리후생의 형태

오늘날 기업에서 실시하고 있는 복리후생의 범위는 다양한 내용을 포함하고 있으나, 법률에 의한 강요가 있느냐 없느냐에 따라 법정 복리후생과 법정외 복리후생으로 나누어진다.

1) 법정 복리후생제도

법정 복리후생은 국가의 사회보장정책의 일환으로 국가가 기업에 법률로 실시를 강제함으로써 의무화된 복리후생을 말한다. 법정 복리후생의 범위와 내용은 국가의 사회보장정책에 따라 다를 수 있지만, 기본적으로는 종업원들의 안전 및 안정의 욕구 충족에 초점을 두고 종업원들이 직장이나 일상생활에서 당면하는 여러 가지 위험들로부터 이들을 보호함으로써 최소한의 사회·문화적 생활을 유지할 수 있도록 하는데 그 목적이 있다.

우리나라에서는 사회보험제도로 건강보험(www.nhis.or.kr), 연금보험(www.nps.or.kr), 산업재해보상보험(www.kcomwel.or.kr), 고용보험(www.kcomwel.or.kr) 등이 실시되고 있으며, 또한 퇴직금제도[9]와 유급휴일·휴가제도도 법정 복리후생제도로 시행되고 있다.

---

9) 자세한 내용은 제11장(이직관리) 3. 퇴직금 제도 참고.

[표 7-15] 4대 사회보험의 특징

<table>
<tr><th colspan="2"></th><th>건강보험</th><th>국민연금</th><th>산재보험</th><th>고용보험</th></tr>
<tr><td colspan="2">도입연도</td><td>1977.7.1</td><td>1988.1.1</td><td>1964.7.1</td><td>1995.7.1</td></tr>
<tr><td colspan="2">전면확대</td><td>2003.7.1</td><td>2006.1.1</td><td>2000.7.1</td><td>1998.10.1</td></tr>
<tr><td colspan="2">사전조치
(예방조치)</td><td>질병의 조기발견과
예방</td><td>노후생활 설계</td><td>산업재해 예방</td><td>직업훈련, 상담, 알선을
통한 실업예방</td></tr>
<tr><td colspan="2">사후조치
(치료조치)</td><td>질병치료, 가사지원
및 경영원조</td><td>연금지급</td><td>산업재해 보상</td><td>실업수당 지급</td></tr>
<tr><td colspan="2">보장유형</td><td>의료보장</td><td>소득보장</td><td>의료, 소득보장</td><td>교육, 소득보장</td></tr>
<tr><td colspan="2">급여방식</td><td>현물급여</td><td>현금급여</td><td>현금+현물급여</td><td>현물+현금급여</td></tr>
<tr><td colspan="2">관장부처</td><td colspan="2">보건복지부</td><td colspan="2">고용노동부</td></tr>
<tr><td colspan="2">운영주체</td><td>국민건강보험공단</td><td>국민연금관리공단</td><td>근로복지공단</td><td>고용노동부
고용지원센터</td></tr>
<tr><td colspan="2">적용범위</td><td>전 국민</td><td>18-60세 미만 국민</td><td colspan="2">상시 고용 1인 이상 사업장의 근로자</td></tr>
<tr><td rowspan="2">적용
제외자</td><td>근로자</td><td colspan="2">-1월 미만 고용 일용근로자
-월80시간 미만 시간제근로자</td><td>-공무원, 군인 등</td><td>-공무원, 군인 등
-월60시간 미만 근로자
-65세 이상자</td></tr>
<tr><td>사업주</td><td colspan="2">-1인 사업자(개인)</td><td colspan="2">-1인 사업자(개인), 법인 대표이사</td></tr>
<tr><td colspan="2">가입단위</td><td>직장, 지역</td><td>직장, 지역, 임의</td><td colspan="2">사업장</td></tr>
<tr><td colspan="2">가입현황</td><td>49,989,620명[10)]</td><td>20,809,917명[11)]</td><td>15,548,423명[12)]</td><td>11,152,354명[13)]</td></tr>
</table>

자료 : 박홍배 · 채규옥(2013), 개정판 인사관리론, 두남. p. 309. 일부 내용 수정.

2) 법정 외 복리후생

법정 외 복리후생은 기업 자체에서 임의적으로 실시되는 것으로 그 주요 내용은 ① 생활지원(주택, 기숙사, 전월세, 식당 등), ② 경제지원(소비조합, 융자 및 공제 등), ③ 건강지원, ④ 문화 및 체육 지원, ⑤ 교육 및 경력개발 지원 등이 있다.

(1) 생활지원(주택, 기숙사, 전월세, 식당 등)

기업이 근로자 및 그 가족에 대하여 일정의 주택시설을 지원하는 복리후생제도이

10) 건강보험심사평가원(2013), 2013년도 진료비통계지표.
11) 국민연금관리공단(2014.02), 국민연금 통계. http://www.nps.or.kr/jsppage/etc/data/data01_01.jsp.
12) 근로복지공단(2014), 2012년 근로복지공단 통계연보.
13) 근로복지공단(2014), 2012년 근로복지공단 통계연보.

다. 이를 통해 근로자의 생활안정, 실질소득의 상승효과, 고용의 안정, 통근시간의 단축 등의 효과를 창출한다.

(2) 경제지원(소비조합, 융자 및 공제 등)

근로자의 경제적 안정에 기여하기 위하여, 기업이 근로자에게 제공하는 서비스이다. 공제제도는 근로자와 가족이 경조사나 갑작스런 재해를 입었을 때 제공하는 경제적 지원제도이며, 융자제도는 근로자가 주택마련 등의 목적으로 경제적 지원이 필요할 경우에 기업에서 지원하는 제도이다.

(3) 건강지원

근로자 및 그 가족의 질병치료 및 예방을 위한 건강지원제도이다. 특히, 최근에 국민들의 건강에 대한 관심이 증가하면서, 기업에 제공한 건강검진에 대한 구성원들의 관심과 이용이 증가하고 있는 제도이다.

(4) 문화 및 체육 지원

주 40시간 근무가 확산되면서, 구성원들의 문화와 여가활동에 대한 관심이 증대되고 있으며, 기업에서도 구성원들의 문화적 소양 증가와 여가를 통한 근로의욕 고취가 기업의 생산성을 증대하기 때문에, 많은 기업들이 문화 및 체육에 대한 지원을 강화하고 있다.

(5) 교육 및 경력개발 지원

많은 기업들이 조직 구성원들의 역량 및 경력개발을 위해, 어학, 자격증, 기술, 리더십, 조직관리 등의 다양한 분야의 교육 및 경력개발 지원을 강화하고 있다.

7.4 복리후생의 원칙과 프로그램

1) 복리후생관리의 원칙

종업원 복리후생은 종업원들의 근무의욕을 고취시키고, 안정된 노동력 확보에 기여하여, 생산성과 성과 제고에 효과가 있다고 하지만, 기업에 많은 재무상 비용 발생의 압박을 주기 때문에 복리후생제도를 운영할 때에는 적정성의 원칙, 합리성의 원칙, 협력성의 원칙 등을 고려해야 한다.

(1) 적정성의 원칙

종업원이 필수적으로 요구하며, 복리후생비가 기업 운영에 큰 부담을 주지 않으며, 경쟁기업들과 비교하여 크게 차이가 없을 정도의 복리후생이 적당하다는 것이다.

(2) 합리성의 원칙

기업이 복리후생제도와 시설의 운영에 있어서 객관적 기준을 설정하고, 구성원들이 공평하고 효과적으로 이용할 수 있도록 합리적으로 관리되어야 한다. 종업원의 복리후생이 기업만의 책임이 아니라, 국가나 지역사회에서도 추진되는 것이므로, 서로 중복되는 사항이 없도록 하며, 관련성을 고려하여 합리적으로 조정해야 한다는 것이다.

(3) 협력성의 원칙

기업과 지역사회 및 국가와의 협력관계도 있겠지만, 그보다는 기업 내 노동조합과의 협력이 가장 중요하다. 노사가 협의하여 충실하게 기업 내 복리후생제도를 설계하고 운영할 때, 구성원들의 복리후생제도에 대한 만족도와 구성원들의 복지가 향상될 수 있다. 물론, 복리후생제도와 시설을 설치하고, 운영하는 데는 기업의 의무적인 책임이 있겠지만, 종업원도 자신들의 복리와 후생을 위하여 협력해야 할 책무도 인식해야 한다.

현장이야기 6

가난 이기고 성공 스타벅스 회장 "全 직원에 대학 學費 전액 지원"

미국 커피 프랜차이즈인 스타벅스에 다니는 직원들은 앞으로 회사 지원으로 학비 걱정 없이 대학에 다닐 수 있다. 미국 대기업 가운데 직원들의 대학 학비를 대출해 주는 곳은 상당수 있지만, 무상 지원하는 곳은 스타벅스가 처음이라고 뉴욕타임스(NYT)가 보도했다.

하워드 슐츠<사진> 스타벅스 회장은 16일 (현지 시각) 뉴욕 맨해튼에서 기자회견을 열고 "애리조나주립대에 합격하는 모든 직원에게 아무 조건 없이 4년간 학비를 무상 제공하겠다"고 밝혔다. 대학 학비 지원은 정규직뿐만 아니라 주당 20시간 이상 근무하는 파트타임 직원에게도 적용된다. 미 전역에서 일과 학업을 병행하는 직원들의 편의를 위해 애리조나주립대는 온라인 강의만으로 졸업에 필요한 120학점을 딸 수 있도록 했다.

애리조나주립대의 학비는 1학점당 500달러다. 시간당 10달러를 받고 주당 20시간을 근무하는 파트타임 직원이 대학에 진학할 경우 1년 연봉(약 1,000만원)보다 많은 연평균 1,500만원 가량의 학비 지원을 받을 수 있는 셈이다.

스타벅스 직원 13만 5,000명(파트타임 포함) 중 70%는 대학 졸업장이 없다. 슐츠 회장은 "직원들이 학사학위를 취득한 후 더 좋은 직장을 찾아 스타벅스를 떠나더라도 상관하지 않겠다"면서 "대학 교육을 받는 직원들 덕분에 회사 성과가 향상될 것이고, 더 좋은 인재들이 앞으로 스타벅스에 지원하게 될 것"이라고 했다.

스타벅스의 이런 결정은 가난을 극복하고 성공한 슐츠 회장의 개인사와 관련이 있다고 NYT는 전했다. 뉴욕의 빈민가에서 자란 슐츠 회장은 고등학교 때까지 운동에만 몰두했던 인물이다. 정부 보조를 받아 저소득층 임대주택에 살며 트럭운전과 공장 노동으로 생계를 근근이 꾸려나가던 그의 아버지가 자신의 등록금을 감당할 수 없었기 때문이다. 슐츠 회장은 미식축구 장학생으로 노던미시건대에 입학했고, 졸업 후 복사기 업체인 제록스에 취직해 성공의 발판을 마련했다.

그는 8세 때 아버지가 공장에서 다쳐 일을 못하는 바람에 한 달 넘게 의료보험 혜택을 받지 못했다. 소년 시절의 아픈 기억을 간직한 슐츠 회장은 스타벅스 정규직뿐 아니라 파트타임 직원들에게도 의료보험을 제공하는 파격적인 정책을 펴고 있다. 또 직원들이 주인의식을 갖고 일할 수 있도록 임원이 아닌 평직원들에게도 스톡옵션(주식매수청구권)을 부여하는 등 업계 최고 임금과 복리후생을 제공한다. NYT는 "대학 학비 지원은 '고객 만족을 위해 우선 종업원들의 신뢰를 얻어야 한다'는 그의 경영 철학에서 비롯된 것"이라고 분석했다.

• 자료 : 조선일보, 2014. 6. 17.

2) 복리후생 프로그램 설계

기업에서는 기업의 성격 및 그리고 종업원의 요구와 기업정책에 따라 적당한 복리후생의 내용이 채택되고, 이것이 기업목표 달성에 효율적으로 기여하도록 하기 위해서는 복리후생프로그램이 각 기업별 특성을 반영하여 제도가 운영되어야 한다. 즉, 기업 내 복리후생제도는 종업원의 욕구와 기대는 물론 기업의 부담능력도 충족되도록 마련되어야 한다. 효과적인 복리후생 프로그램을 위해서 고려해야 할 몇 가지의 측면을 살펴보면 다음과 같다.

첫째, 종업원에 대한 요구조사이다. 복리후생의 근본적인 목적은 그 프로그램이 근로자의 욕구를 사실상 얼마나 잘 충족시켜 주고 있느냐 하는 점이다.

둘째, 복지제도 설계시 노사가 공동으로 추진하는 것이다. 복리후생 프로그램 설계시 수혜의 당사자인 근로자의 참여와 관심이 따르지 않고, 회사의 일방적인 정책에 의해 시행될 경우 의도했던 효과를 얻지 못한 채, 비용과 노력의 낭비를 초래할 수 있다. 따라서 조직 내 근로자 또는 노동조합과의 협력을 통해 제도를 구축해 나가는 것이 보다 효과적이다.

셋째, 대상범위가 넓은 제도를 우선적으로 고려하는 것이 필요하다. 여러 가지 복리후생 프로그램 중에서도 다수의 근로자가 혜택을 누릴 수 있는 제도를 우선 실시하는 것이 근로자들 사이에 상대적인 불평등감을 최소화할 수 있다.

넷째, 기업의 지불능력 평가이다. 복리후생의 증진이 생산성 향상에 실제로 얼마나 공헌하는 지에 대해서 반드시 플러스의 관계만 있는 것이 아니라는 연구결과가 있다. 따라서 프로그램 설계시에는 반드시 생산성 향상 측면 외에도 반드시 현재의 지불능력을 검토해야 한다.

다섯째, 카페테리아식 복리후생제도이다. 근로자 각자의 욕구에 따라 선호하는 복리후생제도를 선택하도록 하는 신축적인 프로그램으로 근로자의 욕구를 잘 충족시켜 줄 수 있어야 한다. 그러나 이 제도는 상대적으로 설계 및 운영에 많은 비용이 발생할 수 있다는 단점이 있다.

7.5 선택적 복리후생제도

1) 선택적 복리후생제도의 의의

선택적 복리후생제도(flexible benefits plans)란 모든 종업원에게 동일한 항목의 복리후생을 제공하는 것이 아니라, 회사가 제공하는 다양한 복리후생 항목 중에서 종업원 각자의 욕구와 기호에 따라 개인에게 부여된 범위 내에서 원하는 항목을 선택하도록 하는 제도이다. 이를 카페테리아식 복리후생제도(cafeteria benefits plans)라고도 한다.

이 제도는 1963년 미국 캘리포니아 대학의 심리학자 닐리(S. M. Nealey)가 창안하여, 미국의 ETS와 TRW사에서 1974년에 최초로 도입하였다. 우리나라의 경우는 1997년 한국IBM을 시작으로 공공기관 및 민간기업들이 선택적 복리후생제도를 실시하였다. 이러한 선택적 복리후생제도가 각광을 받는 이유는 노동력 구성이 다양해지고 종업원의 욕구가 다양해져 과거의 제도로는 다양화된 욕구를 충족시키는 데 한계가 있으며, 계속해서 증가하고 있는 복리후생비를 효과적으로 관리하기 위함이다.

2) 선택적 복리후생제도의 효과

(1) 복리후생 만족도 제고

기존의 획일적 복리후생 메뉴에서 탈피하여 개인의 취향 및 환경에 따라 자율적으로 복리후생 메뉴를 선택함으로써 종업원들의 복리후생 만족도가 높아진 것으로 조사되고 있다.

(2) 복리후생 수혜의 불균형 개선

포인트 배분 기준에 따라 비슷한 수준에 있는 종업원들에게 균등한 포인트(금액)를 제공하므로 금전적으로 균등한 혜택을 제공할 수 있다.

(3) 복리후생에 대한 관심 제고

제도 설계과정에 종업원들이 직접 참여함으로써 복리후생에 대한 주인의식이 제고되고, 자신의 복지에 대한 관심과 아울러 복지에 대한 합리적인 설계능력을 배양할 수 있다.

(4) 합리적인 복리예산 관리

복지비용의 사전 예측이 가능하여, 안정적이고 합리적인 예산관리가 가능하다.

(5) 우수인재 확보 및 유지에 유리

동일한 조건하에서 기존 복지제도에 비해 복리후생에 대한 만족도가 높고, 성과에 따른 보상이 가능하므로 우수인재 확보와 유지에 유리하다.

(6) 기업의 복리후생 투명성 확보

선택적 복지제도는 종업원들에게 복지비용을 지급하고, 스스로 복지혜택을 선택하므로 기업의 복지정책과 비용에 대한 인식이 높아진다.

3) 선택적 복리후생제도의 유형

(1) 선택항목 추가형(core-plus option plan)

종업원이 반드시 필요한 핵심항목의 복리후생을 기업이 우선 정한 후, 추가적으로 제공되는 복리후생에 대해서는 종업원에게 선택권을 주는 유형이다.

(2) 모듈형(modular plan)

몇 개의 복리후생 항목들을 집단화시켜서 종업원에게 선택을 제시하는 유형이다. 종업원은 기업이 제시하는 복리후생의 집단항목 중에서 어느 하나의 집단만을 선택할 수 있다. 즉, 기업이 제시하는 복리후생의 집단항목 중에서 근로자들이 어느 하나의 집단만을 선택하게 되는 것이다. 따라서 선택항목 추가형과 같이 종업원이 원하는 모든 복리항목을 선택할 수 없게 되는 한계가 있다.

(3) 선택적 지출계좌형(flexible spending accounts)

기업복리후생의 예산범위 내에서 종업원 개인이 자유로이 복리후생의 항목을 선택할 수 있게 하는 유형이다. 종업원이 선택하는 항목의 비용은 기업의 예산에서 부담하게 되지만, 기업과 근로자 개인이 공동부담하여 지출하는 경우이다. 따라서 이 유형은 선택항목 추가형이나 모듈형에 비하여, 기업의 각종 복지시설 및 제도의 선택권이 종업원에게 보다 자율적으로 부여되는 장점이 있지만, 지출비용의 측면에서는 일정한 제한이 존재하게 된다.

4) 선택적 복리후생제도의 장 · 단점

(1) 선택적 복리후생제도의 장점

첫째, 구성원들의 요구를 반영하기 때문에, 구성원들의 동기부여를 강화시킬 수 있다. 둘째, 구성원들에게 복리후생제도에 대한 선택권을 부여하기 때문에, 구성원들의 만족도 제고와 자율적이며 긍정적 조직분위기를 구축할 수 있다. 셋째, 기업의 복리후생에 대한 조직예산의 합리적 배분이 가능하다. 넷째, 기업이 도입하고 있는 복리후생 프로그램에 대한 효과의 평가가 용이하다.

(2) 선택적 복리후생제도의 단점

첫째, 구성원들의 요구 파악이 잘못되었을 경우에는 기업의 복리후생제도의 효과가 감소하게 된다. 둘째, 선택적 복리후생제도는 기존의 제도에 비해, 다양한 항목의 복리후생제도를 개발하여 운영하기 때문에, 제도의 관리가 복잡하고, 운영비용이 증가하게 될 수 있다. 셋째, 특정의 복리후생 프로그램에 대한 구성원들의 선택이 집중될 경우에는 기업의 비용부담이 증가하게 된다.

정리하기

1. 금전적 보상은 노동의 대가를 금전적으로 보상해 주는 것으로 화폐적 임금으로 받는 직접적 보상과, 화폐적인 형태의 직접적 보상은 아니지만 금전적 비용을 부담해야 하는 유형적인 서비스 및 혜택의 간접적 보상이 있다. 비금전적 보상은 종업원이 직무 그 자체나 작업의 심리적, 물리적 환경으로부터 얻는 만족 등을 말한다.

2. 임금관리는 효율적인 인적자원의 활용과 조직체 성과에 많은 영향을 미치므로, 즉 개인과 조직의 성과 향상 및 공동의 이익을 실현하기 위하여, ① 적절성, ② 공정성, ③ 안정성, ④ 타당성, ⑤ 균형성, ⑥ 경제성, ⑦ 동기유발 등의 목표를 달성해야 한다.

3. 임금수준의 결정요인은 ① 생계비, ② 기업의 지불능력, ③ 사회일반의 임금수준, ④ 노동력의 수급현황, ⑤ 단체교섭력, ⑥ 정부의 규제, ⑦ 경기변화 및 물가수준의 동향 등이다.

4. 임금체계는 임금의 배분기준 및 임금의 구성내용을 의미하며, 합리적인 임금체계를 통해서 근로자는 수입을 안정시킬 수 있고, 동일노동 동일임금 원칙에 의한 공정한 임금이 결정되며, 경영전반에 대한 신뢰감이 형성되어 원만한 노사관계를 형성할 수 있다. 먼저 연공급은 각 개인의 근속년수의 차이에 따라 임금의 격차를 정하는 임금이며, 직무급은 각각의 직무에 소요되는 직무의 상대적 가치를 평가하고, 그 결과에 따라서 결정되는 직무중심형 임금이다. 마지막으로 직능급은 직능을 기준으로 하여 각 근로자의 임금을 결정하는 임금으로 개별 직무가 필요로 하는 능력을 기준으로 임금을 결정하는 제도이다.

5. 임금형태는 근로자에 대한 임금의 지급방법 내지 계산방법으로, 임금을 지불할 때 무엇을 단위기준으로 산정하는가를 나타내 주는 개념이다. 임금형태는 시간급제와 능률급제로 나눌 수 있고, 그 밖에 특수임금제가 있다. 시간급제는 근로자의 직무성과의 양이나 질에 관계없이 실제 노동에 종사한 시간에 따라 임금을 지급하는 제도이며, 능률급제는 근로자의 작업량에 따라 임금을 지급하여 노동능률을 자극하려는 제도이다.

6. 연봉제는 형식적인 측면에서 보면, 복잡한 임금의 구성항목을 연봉이라는 항목으로 통합하고, 임금을 1년 단위로 계산하여 지급하는 임금형태의 한 종류이다. 또한 내용상으로 보면, 개개인의 임금수준이 연공서열이 아닌 구성원의 실제 업무성과와 능력에 따라 차별적으로 결정되고 개인별로 계약의 형식을 통해 개별적으로 조정되어 지급되는 임금체계라고 정의할 수 있다.

7. 복리후생제도는 종업원의 생활안정과 생활수준의 향상, 건강유지 등을 유지하기 위해 제공되는 임금 이외의 간접보상을 말한다. 즉, 기업이 종업원이나 그 가족을 대상으로 임금 이외의 간접적인 보상과 복지를 제공함으로써 종업원의 육체적 · 정신적 건강을 증진시키고, 경제적 안정을 도모하여, 종업원의 자아실현과 조직의 유효성을 높이는 부가적 보상체계(additional compensation system)의 한 부분이다.

8. 선택적 복리후생제도는 모든 종업원에게 동일한 항목의 복리후생을 제공하는 것이 아니라, 회사가 제공하는 다양한 복리후생 항목 중에서 종업원 각자의 욕구와 기호에 따라 개인에게 부여된 범위 내에서 원하는 항목을 선택하도록 하는 제도이다. 이를 카페테리아식 복리후생제도(cafeteria benefits plans)라고도 한다.

연습문제

단답식

1. ( )이란 사용자가 근로의 대상으로 근로자에게 임금, 봉급, 기타 어떠한 명칭으로든지 지급되는 일체의 금품을 말한다.

2. 전반적인 임금수준 뿐만 아니라 조직구성원 각자에게도 그의 노력과 능력 그리고 지식, 기능 등 여러 기준에 의하여 ( )한 임금이 지급되어야 한다.

3. 기업의 임금수준은 최소한 종업원의 ( )를 보장할 수 있는 수준이 되어야 하며, 한편으로 임금은 비용이므로 기업의 ( ) 범위 내에서 지불되어야 한다.

4. 기업에 있어서 각 개인의 근속년수의 차이에 따라 임금의 격차를 정하는 임금체계는 무엇인가? ( )

5. 이 제도는 생산부가가치의 증대를 목표로 하여 노사협력체제를 구축하고 생산성 향상과 성과를 럭커표준이라는 일정한 분배율로서 노사간에 적합하게 배분하는 방식이다.( )

객관식

1. 다음 중 임금관리의 목표에서 조직의 지불능력을 고려하고, 일관성을 유지함으로써 조직에 무리한 비용부담이 되어서는 안된다는 것은? ( )

   ① 균형성 ② 경제성
   ③ 안정성 ④ 공정성

2. 임금수준 관리에 있어서 노동조합과의 협상을 통해 임률, 특별급여, 조합기준 등을 결정하고, 이에 근로자들의 수용성이 높은 영향요인은 무엇인가? ( )

   ① 기업의 지불능력 ② 정부의 규제
   ③ 생계비 ④ 단체교섭력

3. 개별의 직무가 필요로 하는 능력, 즉 근로자의 직무를 수행하는 데 요구되는 능력을 기준으로 임금을 결정하는 제도는? ( )

① 연공급 ② 직무급
③ 직능급 ④ 연봉제

4. 근로자의 작업량에 따라 임금을 지급하여 노동능률을 자극하려는 임금형태는? ( )

① 시간급제 ② 능률급제
③ 이윤분배제 ④ 퇴직금

5. 개개인의 임금수준이 연공서열이 아닌 구성원의 실제 업무성과와 능력에 따라 차별적으로 결정되고, 개별로 계약의 형식을 통해 개별적으로 지급되는 임금은? ( )

① 연봉제 ② 연공제
③ 직능급 ④ 직무급

6. 임금의 공정성 인식은 결과로서 지급되는 액수도 중요하지만, 그에 못지 않게 과정으로서의 정보공유와 참여도 중요하다. 이는 조직에 대한 구성원의 오해와 불신을 없애고, 상호신뢰와 참여의 만족을 증대시켜 주는 지침이 되는 공정성은? ( )

① 대내적 공정성 ② 대외적 공정성
③ 과정적 공정성 ④ 개인적 공정성

7. 임금의 배분기준 및 임금의 구성내용을 중심으로 임금을 구분하는 것은? ( )

① 임금수준 ② 임금형태
③ 임금체계 ④ 연봉제

8. 일정한 사업 또는 직무에 종사하는 근로자를 위하여, 정부가 개입하여 저임금 근로자의 생활을 보호해 주는 제도는? ( )

① 퇴직금제도 ② 선택적 복리후생제도
③ 최저임금제도 ④ 노동법

9. 복리후생제도의 목표가 아닌 것은? ( )

① 우수인력 확보 ② 동기부여 제고
③ 이직 및 결근률 감소 ④ 근무시간 감소

10. 모든 종업원에게 동일한 항목의 복리후생을 제공하는 것이 아니라 회사가 제공하는 다양한 복리후생 항목 중에서 근로자들이 각자의 욕구와 기호에 따라 선택할 수 있는 제도는? ( )

① 생활지원제도 ② 경제지원제도
③ 근로자 지원제도 ④ 선택적 복리후생제도

참고문헌

강정규, "선진기업복지제도-근로자지원프로그램(EAP)", 「아시아경제」, 2010.03.07.

강정대 · 황호용(1998), 『현대 인적자원관리』, 박영사

고용노동부(2004), 『사례로 알아보는 임금피크제 매뉴얼』.

————(2009), 「임금제도 실태조사」, 2009.

————(2014), 『합리적 임금체계 개편 매뉴얼』.

권용만 · 신형만 · 김효겸(2010), 『인적자원관리론』, 무역경영사.

근로복지공단(2014), 2012년 근로복지공단 통계연보.

김성수(2010), 『혁신적 인적자원관리』, 탑북스.

김영재 · 김성국 · 김강식(2011), 『신 인적자원관리』, 탑북스.

박홍배 · 채규옥(2013), 『인적자원관리론(개정판)』, 두남.

이원우(2005), 『신인사관리론(제2판)』, 삼영사.

이투데이(2014.5.8), 『회사 복리후생 제대로 활용 못해』.

이학종(2000), 『전략적 인적자원관리론』, 세경사.

정종태(2013), 『인사관리 기본과 실제』, 시그마프레스.

주춘렬, "[특파원 리포트] 중국의 임금 빅뱅", 세계일보, 2010.06.20.

최승준 외(2005), 『인적자원관리론』, 학술정보.

최종태(2000), 『현대 인사관리론 : 의사결정론적 시스템 어프로치』, 박영사.

하갑래(2005), 『근로기준법(제15판)』, 중앙경제.

Bernardin, H. J., & Beatty, R. W.(1984), *Performance Appraisal: Assessing Human Behavior at Work*, Boston: Kent Publishing.

Dreher, G. F., & Dougherty, T. W.(2002), *Human Resource Strategy: A Behavioral Perspective for the General Manager*, New York: McGraw -Hill.

Flippo, E. B.(1976), *Principles of Personnel Management*, Tokyo: McGraw Hill.

Ivancevich, J. M.(1998), Humsn Resource Mauagement, 7th ed., New York : McGraw-Hill.

Megginson, L. C.(1969), *Personnel Administration: A Behavioral Approach*, Irwin Inc., New York.

Milkovich, G. T., & Newman, J. M.(2008), *Compensation*, 9th ed., New York: McGraw-Hill,

Mondy, R. W., Noe, R. M., & Premeaux, S. R.(2002), *Human Resource Management*, 8th ed,, Englewood Cliffs: Prentice Hall.

Noe, R. A., Hollenbeck, J. R., Gerhart, B., & Wright, P. M.(2006), *Human Resource Management Gaining A Competitive Advantage*, McGraw-Hill.

Noe, R. A., Hollenbeck, J. R., Gerhart, B., & Wright, P. M.(2009), *Fundamentals of Human Resource Management*, McGraw-Hill.

Sikula, A. F.(1976), *Personnel administration and human resources management,* Santa Barbara, CA: John Willy & Sons.

제 8 장 승진 및 징계관리

학습개요

이 장은 조직구성원의 더 나은 직무로의 이동인 승진의 의의 및 중요성에 대해 살펴보고, 승진의 정책, 유형 및 절차에 대해 학습한다. 또한 기업질서를 위반한 근로자에게 책임을 부가하는 조치인 징계의 의의, 사유 및 정당성에 대해 학습한다.

학습목표

1. 승진정책의 기본원칙 3가지에 대하여 설명할 수 있다.
2. 능력승진과 연공승진을 비교 이해한다.
3. 징계절차의 정당성을 이해한다.
4. 징계의 종류를 제시하고, 징계의 사유에 대해 설명할 수 있다.

주요용어

1. 승진(promotion): 하위의 직급/직위계층에서 상위의 직급/직위계층으로의 상승을 의미. 즉, 기업 내에서 개인이 현재 수행하는 직무보다 더 나은 직무로 이동하는 것.
2. 징계(discipline): 사용자가 기업질서를 위반한 근로자에게 그 책임을 부가하고 그러한 근로자로 인해 무너진 기업질서를 유지하기 위해 행하는 인사상 불이익 조치를 통칭.
3. 직급승진: 직급계층, 즉 대리, 과장, 부장 등 직위의 상향이동.
4. 자격승진: 직무수행능력의 상급화, 즉 호봉, 계급 등의 승급(승격)을 의미함.
5. 승급(승격: upgrading): 동일한 조직단위 내에서 기능수준이 보다 높은 직무로 배치전환하는 것. 즉, 직책을 상승시키지는 않고 직급을 높여주어 자긍심을 높여주거나 급여인상을 하는 것을 말함.

경영사례 1

D건설사의 직급체계 및 승진제도

D건설사는 기존의 연공서열 승진중심의 인사제도를 탈피하고, 인재의 능력개발 포인트를 파악하고 육성·개발시키기 위하여 인적자원관리 시스템을 대폭 정비하였다. 현재의 인적자원관리 시스템은 역할 중심, 사업 중심, 보상 강화 등을 주 내용으로 하는 성과주의 인사전략으로 특징지을 수 있다. 보상의 경우, 업계 상위의 보상수준을 유지하되 업무성과 및 회사에 대한 기여도를 임금에 반영하고 있으며, 인사고과제도는 성과지향적 측면을 강화하면서 전략과의 연계성을 강화하려는 노력을 기울이고 있다. 직급 및 승진 시스템의 변경도 그러한 맥락에서 이루어졌다. 아래의 표는 변경 전과 변경 후 직급제도를 보여준다. 변경의 주요 내용을 보면 일반직군과 연구개발 직군을 분리하고 종전 8단계였던 직원 직급단계를 4단계(스태프-주니어-시니어-매니저)로 통합하면서 이사부장은 임원직급으로 전환하였다. 또한 직급과 직위호칭을 분리하고 직위호칭은 호칭 상승연한에 도달하면 자동상승이 가능하도록 하였다. 다만, 과장과 부장 호칭에 한해 각각 시니어와 매니저로 직급상승이 이루어졌을 때에만 부여하는 것으로 하였다. 그리고 스태프 직급에 해당하는 사원들의 경우 편의상 S1(대졸), S2(전문대졸), S3(고졸)로 구분하여 관리하고 있다. 이렇게 직급체계를 변경한 것은 직급단계의 축소를 통하여 조직운영의 유연성 및 효율성을 확보하고, 직급과 직위호칭을 분리함으로써 역할과 역량 중심으로의 사고전환을 유도하는 데 있다. 동시에 직급단계를 줄이는 대신 직급간 중첩형 보상구조를 도입함으로써 직급보다는 금전적 보상 중심의 성과주의 조직문화 구축도 모색한 것이다. 한편, 승진관리의 경우 종전에는 표준 승진체류연한 도달자를 승진대상으로 삼았다. 그러나 새로운 제도하에서는 승진 점수제와 교육 이수제 등을 기초로 자격심사를 실시한 후 심사기준을 통과한 구성원을 승진대상자로 삼고 있다. 즉, 표준 승진연한에 관계없이 높은 성과를 내는 경우에는 단기간에도 특별승진이 가능하도록 기회를 확대시킨 것이다. 승진심사 평가배점 측면에서는 기존 60%를 반영하였던 업적과 능력에 대한 평가점수를 70% 수준으로 높였다. 그리고 업적과 능력의 상대적 점수 비중을 직급에 따라 차별화하였다. 즉, 임원 승진시에는 역량 50%, 업적 50%를 반영하고, 매니저 승진시에는 역량 60%와 업적 40%를, 시니어 이하 직급으로 승진하는 경우에는 역량 70%와 업적 30%를 반영하도록 한 것이다.

<table>
<tr><th>변경 전</th><th></th><th colspan="3">변경 후</th></tr>
<tr><th></th><th></th><th colspan="2">일반 직군</th><th>연구개발 직군</th></tr>
<tr><td>이사부장</td><td>→</td><td colspan="2">경영임원/전문위원</td><td>전문위원</td></tr>
<tr><td>부 장 (5)</td><td>→</td><td colspan="2">매니저(Manager)(5)</td><td>선임연구위원(Senior Researcher)(5)</td></tr>
<tr><td>차 장 (5)</td><td rowspan="2">→</td><td colspan="2" rowspan="2">시니어(Senior)(9)</td><td rowspan="2">연구위원(Researcher)(9)</td></tr>
<tr><td>과 장 (4)</td></tr>
<tr><td>대 리 (4)</td><td>→</td><td colspan="2">주니어(Junior)(4)</td><td>연구원(Associate)(4)</td></tr>
<tr><td>4급 갑 (3)</td><td>→</td><td>S1(3)</td><td rowspan="3">스태프
(Staff)</td><td>보조연구원(Assistant)(3)</td></tr>
<tr><td>4급 을 (3)</td><td>→</td><td>S2(3)</td><td></td></tr>
<tr><td>5 급 (4)</td><td>→</td><td>S3(4)</td><td></td></tr>
</table>

*( )는 차상위 직급으로 승진하는 데 필요한 표준 승진 소요연한을 나타냄.

경력경로 측면에서는 전체 직무를 시공, 기술, 사업관리, 경영관리, 영업 및 개발 등 다섯 개의 직무 클러스터로 구분하였다. 그리고 스태프와 주니어 직급에서는 직무 클러스터간 이동이 가능케 함으로써 다양한 직무경험을 통해 향후 자신의 경력경로를 모색할 수 있도록 하였다. 반면, 시니어 직급에서는 특정 직무 클러스터간의 이동만을 허용함으로써, 특정 분야의 전문적인 지식과 경험을 축적하도록 하였다. 그리고 다시 매니저 직급으로 올라가면 직무 클러스터간 이동이 가능하도록 함으로써 광범위한 경영활동 경험을 통하여 예비임원으로서의 자질을 준비할 수 있도록 하였다.

• 자료 : 이학종 · 양혁승(2005), 『전략적 인적자원관리』, 박영사, pp. 497~499.

1. 승진관리

1.1 승진관리의 필요성과 의의

국내 기업에 근무하고 있는 샐러리맨이 조직에서 가장 희망하고 기다리는 것이 승진이다. 국내의 많은 기업들은 아직 연공서열문화가 존재하며, 전문직으로서의 대우보다는 기업에서의 직급이 사회에서의 신분 또는 평판으로 인식되고 있어, 많은 샐러리맨들이 승진을 갈망하고 있다.

특히 이러한 승진은 종업원 개인에게는 자아발전의 욕구를 충족시켜 주는 요인이며, 조직구성원들의 2대 관심사인 신분 및 보상 모두가 신분 상승을 통해 이루어지는 것이 현실이기 때문에, 승진에 대한 구성원들의 인식은 매우 강할 수 밖에 없다. 즉, 승진은 국내 기업 현실상 조직 내 구성원들의 동기부여에 가장 강력한 요인이기 때문에, 승진관리의 성공 여부가 인적자원관리제도의 성공을 넘어 조직의 성장과 직결된다고 해도 과언이 아닌 것이다. 따라서 구성원들의 조직에 대한 충성심과 직무몰입을 높이기 위해서는 공정하고 합리적인 승진제도의 확립이 무엇보다 중요하다 하겠다.

승진(promotion)은 하위의 직급·직위 계층에서 상위의 직급·직위 계층으로의 상승을 의미한다. 즉, 기업 내에서 개인이 현재 수행하는 직무보다 더 나은 직무로 이동하는 것을 말한다. 결국 승진은 보다 큰 직책/직위 또는 지위의 상승으로 권한과 책임이 증대된다. 이에 따라 승급(upgrading)을 포함하는 직무의 상승 이동으로 급여와 임금이 증가하고, 동기부여의 역할을 수행하게 된다.

기업 조직을 의사결정에 대한 중요도의 서열 또는 명령계통에 대한 계층으로 파악한다면, 승진이란 보다 광범위한 명령을 할 수 있는 입장에서 권한과 책임이 확대되고 임금상승을 의미하는 것이다. 이와 같이 승진이란 책임을 수반하는 것이기 때문에, 그 결과로서 급여/상여 및 기타 처우가 증가되어 직위와 이익이 커지게 된다. 이에 비하여 **승급(upgrading)은 동일 조직 단위 내에서 기능수준이 보다 높은 직무로 배치전환되는 것으로 어떤 의미에서는 소폭의 승진을 말한다.**

이와 같이 승진제도는 경영조직에 있어서 수직적으로 실시되는 인사이동의 하나로써 종업원의 능력을 향상시켜 그것을 내부적으로 인정함으로써 신분 상승을 유도하는 제도이기도 하다.

1.2 승진정책

기업의 수명이 계속되는 한 인재양성은 계속되는 것이지만, 그것은 일정한 원칙하에 마련된 장기계획에 의해 실현되고 추진되는 것이다. 이 장기인사계획에 요청되는 인재양성 계획이야말로 계통적 승진제도의 확립을 의미하는 것이다.

[그림 8-1] 승진관리의 원칙

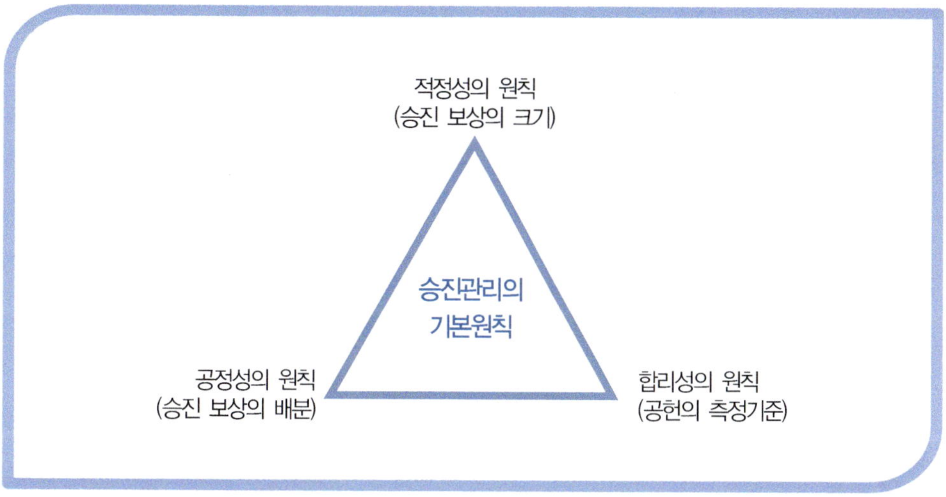

자료 : 정종태(2013), 인사관리의 기본과 실제, 시그마프레스, p. 259.

1) 승진관리의 원칙

(1) 적정성

조직구성원이 일정한 정도의 공헌을 했을 때, 어느 정도의 승진과 보상을 받아야 하는지 그 크기의 적정성을 의미하며, '승진기회의 적정성'의 문제라 할 수 있다(정종태, 2013, p. 259). 승진할 직원의 수가 적정하고 사원들이 승진할 능력과 시기가 되었을 때 승진이 가능해야 한다. 승진의 자격과 시기가 되었음에도 불구하고, 정체현상으로 승진할 자리가 없다면 적정성이 없다고 보아야 하므로 유사업종과 비교하고 과거사례를 고려해 조직에서는 적정성의 원칙에 의한 승진정책과 승진제도를 수립해 두어야 한다.

(2) 공정성

조직이 구성원에게 나누어 줄 수 있는 승진보상의 덩어리를 올바른 사람에게 배분했는가 하는 것으로 '승진자 선별의 공정성' 문제이다(정종태, 2013, p. 259). 승진대상자들에게 승진의 기회를 공정하게 배분해야 함은 당연하다. 그럼에도 불구하고 공정성 원칙이 지켜지지 않아 누구는 승진되고 다른 사람은 안된다든지 또는 승진이 특정 부서에만 치우치고 다른 부서에는 승진의 기회가 주어지지 않는다면, 구성원들의 불만이 증가되어 이직현상까지 나타나게 되므로, 공정성 확보를 위한 계획을 수립함은 물론 혈연・지연・학연 등을 배제한 공정한 승진시스템을 구축해야 한다.

(3) 합리성

구성원이 조직의 목표 달성을 위해 공헌한 내용을 정확히 파악하기 위해 어떤 것을 공헌으로 간주할 것인가의 문제로 '합리적 승진기준'의 문제이다(정종태, 2013, p. 259). 승진결정에 미친 평가요소를 합리적으로 선택하여 평가했는지, 즉 공헌을 많이 하고 능력이 탁월한 사람을 승진시켰다면 공헌도와 능력수준을 무엇으로 평가했는지, 합리적인 평가요소를 적용시켰는지를 확인할 수 있게 해야 한다.

2) 승진관리의 방침

기업은 승진제도를 합리적으로 운영하기 위해서 승진에 관한 기본적인 방향을 설정해야 한다. 이것은 인적자원관리의 기본이념과 밀접한 관계를 가지게 된다. 승진에 관한 기본적인 방침을 결정함에 있어서 가장 중요한 것은 '연공'과 '능력'의 상대적 중요도를 결정하는 것이다(강정대 · 황호영, 1998, p. 192). 즉, 인사철학에 의한 승진방침은 연공주의 방식, 능력주의 방식 및 혼합방식 중 어디에 근거하여 승진정책을 수립할 것인가 하는 문제이다.

(1) 연공승진

연공주의 승진은 조직구성원의 연령, 학력, 근속년수, 즉 근속기간의 차이에 의해 승진에 우선을 주는 제도이다. 이는 근속년수에 비례하여 개개인의 업무능력과 숙련도가 신장된다는 기본적 사고에 근거하고 있다.

연공승진은 근속년수와 같은 것이 측정하기도 용이할 뿐만 아니라 객관적인 척도가 될 수 있기 때문에 인사문제를 결정하는 것이 편리하다는 이유와 우리나라의 문화가 유교사상으로 인해 서열을 중시하기 때문에 널리 활용되어 왔다. 그러나 연공승진은 젊고 능력있는 직원들의 동기부여를 자극하기 어렵다는 것과 기업의 임금비용을 증가시킨다는 단점을 가지고 있다. 이에 연공승진은 기업의 입장보다는 안정성을 중요시하는 구성원들과 노동조합이 선호하고 있다.

(2) 능력승진

능력주의 승진은 조직구성원이 조직의 목표 달성에 기여한 업무수행 성과에 따라 승진에 우선권을 주는 것이다. 능력승진을 위해서는 합리적이고 객관적인 직무명세서와 직무기술서에 기초한 직무분석과 직무평가, 인사고과, 업적평가 등이 뒷받침이 되어야 한다.

능력승진은 개인의 능력을 인정받을 수 있고, 개인은 실적을 올려야 하기 때문에, 구성원들의 동기부여를 자극할 수 있다는 장점이 있으나, 지나친 경쟁이 유발될 경우에는 구성원들의 협동심을 저해하거나 전체 조직의 목표를 달성하지 못하게 되는 단점을 보일 수 있다. 이러한 능력승진은 조직의 성과를 우선시하는 경영자들이 널리 지지하고 있다.

(3) 연공과 능력승진의 조화

이제까지는 연공주의와 능력주의를 대조적인 개념으로 이해해 왔다. 그러나 승진정책의 결정은 이 두 가지 기준 중 어느 하나만을 선택하는 의사결정은 아니다. 오히려 문제는 주어진 각 요소의 상대적인 비중을 결정하고, 이들 간의 조화를 이루는 것이다(강정대 · 황호영, 1998, p. 196).

절충주의는 기업환경의 변화에 따라 연공주의에서 능력주의로 그 체제를 전환시켜야 한다는 의견이 높아지면서 연공주의와 능력주의를 조화시키려는 의도에서 나온 것이다. 특히 성과지향적 관리체제, 글로벌화에 따른 경영기법의 보편화, 기술혁신과 전문성 강조, 노동력 부족과 인건비의 상승, 가치관의 변화 등이 절충주의를 앞당기고 있다(강정대 · 황호영, 1998, p. 196).

우리나라는 선진국과 같이 능력주의 승진정책으로 전환하는 것 보다는 [표 8-1]에서

[표 8-1] 능력주의와 연공주의 비교

구 분	능력주의	연공주의
승진요소	성과, 업적, 직무수행능력	연령, 경력, 근속년수, 학력 등
승진기준	직무중심(직무능력기준)	사람중심(신분중심)
승진제도/임금	직계승진제도/연봉제	연공승진제도/호봉제
경영 내적 요인	상위층, 전문직종 보편화	하위층, 일반직종 보편화
경영 외적 요인 (이해집단과 경영문화적 전통)	경영자가 주장 개인주의 능력서열화 이익공동체와 운명공동체 조화 단기 고용제-자유 전문직종제	노동조합 주장 가족주의 장유유서 서열화 운명공동체와 이익공동체 조화 종신고용제(변화되고 있음)
특 성	승진관리의 불안정 능력평가의 객관성 확보 곤란 개인중심의 경쟁질서 형성	승진관리의 안정성 객관적 기준 집단중심의 연공질서의 형성

자료 : 김성수(2010), 『혁신적 인적자원관리』, 탑북스, p. 98.

보는 바와 같이, 능력주의와 연공주의의 특징을 살펴, 국내 개별기업의 특성에 부합되도록 연공과 능력주의를 적절히 조화하여 승진관리에 적용하도록 해야 하겠다.

1.3 승진의 기준

승진의 기준은 승진방침에 따라 설정되는 것이므로 방침이 시대와 기업의 특성에 따라 각양각색이듯이 그 기준도 다양하다. 여기서는 일반화된 몇 가지 요건을 중심으로 그 기준을 살펴보기로 하겠다(박홍배 · 채규옥, 2013, pp. 193-196).

1) 근무평정

근무평정제도의 목표는 구성원 개개인의 능력과 업적을 평가하여 구성원의 승진과 보상을 공정하고 객관적으로 함으로써, 구성원들의 자기개발과 동기부여를 강화하기 위한 것이다.

근무평정의 내용은 크게 실적, 태도, 능력, 장래성 등을 고려할 수 있으며, 기업 및 직무의 특성에 따라 근무평정의 내용과 가중치 등을 설정할 수 있다. 예를 들어, 영업직에 종사하는 근로자의 근무평정은 실적에 대한 비중이 높을 수 밖에 없을 것이나, 일반적인 기업에서는 능력과 장래성의 비중이 높을 수 있다. 따라서 기업 및 직무특성에 부합한 객관적이고 합리적인 근무평정 요소와 가중치를 설정하여, 근무평정 자체가 구성원들에게 조직의 목표를 제시할 수 있도록 설계되어야 한다.

2) 승진시험

승진제도의 객관성과 공정성 확보를 위해, 많은 조직들이 승진시험을 제도화하려는 경향이 증가하고 있다. 이러한 승진시험을 통한 승진대상자의 결정은 합리적이라고 할 수 있고, 능력주의 인사관리제도하에서는 바람직한 기준이라 할 수 있다.

그러나 승진시험은 ① 누구를 대상으로, ② 어떤 시험방법으로, ③ 어떤 문제를 시험내용으로 하여, ④ 언제 실시할 것인가? 하는 것이 문제가 될 수 있다. 승진시험이 객관성을 담보할 수 있는 장점이 있는 데 반해, 승진시험이 조직의 목표와 연계된 타당성을 확보하지 못한 경우에는 업무와 동떨어진 시험을 위한 시험이 될 수 있다. 또한 승진시험을 실시하는 기업들은 시험기간에는 구성원들이 시험준비로 업무에 차질이 생기기도 한다. 따라서 구성원들이 승진시험을 별도로 준비하지 않고, 현장업무의 최고 능력자가 승진시험에서 고득점을 득할 수 있도록, 승진시험은 시험 자체가 신뢰성과 타당성을 확보하여야 한다.

3) 연공평가

연공이 승진대상 선정의 기준이 되는 것은 동서양을 막론하고 자연스러운 승진기준이다. 서양에서도 선임권의 개념으로 우리와 같은 연공의 필요성을 인정하고 있다. 특히 승진기준으로서 연공은 우리나라에서 가장 널리 사용되고 있는 기준이다.

그러나 연공에 대한 승진기준이 변화하는 경쟁 환경하에서 달성해야 하는 조직목표와의 연계성이 떨어지고 있어, 그 비중이 낮아지고 있는 것이 현실이다. 따라서 연공의 승진기준을 사용하고자 할 경우, 승진 대상직위가 요구하는 자격요건을 명확히 제시하여야 한다.

4) 경력평정

경력기간을 승진기준으로 하는 것은 일반적이다. 기업마다 경력기간을 승진기준으로 활용하기 위하여, 기업의 인사규정에 최소 승진년수를 정하여 최소한도의 능력훈련기간을 통제하고 있으나, 능력주의 인사제도의 도입에 따라 최소 승진년수의 기간을 단축하거나 별도의 특별승진 규정을 도입하고 있다.

이러한 경력평정이 유효하기 위해서는 다음과 같은 전제조건이 고려되어야 할 것이다. ① 승진대상이 되는 직위의 직무에 대하여 유사성 또는 친근성이 높은 경력이 낮은 경력에 비해 유효하다. ② 직무수행능력은 일반적으로 경력년수에 비례한다. ③ 어떤 경력이 어떤 직무에 유효하기 위해서는 그 이전에 일정 정도의 경력과 학력이 있어야 한다. ④ 어떤 직무에 대하여 유효한 경력과 학력은 동등하다. ⑤ 새로운 경력은 오래된 경력보다 가치가 있다. ⑥ 책임이 무거운 직위의 경력은 가벼운 직위의 경력보다 가치가 있다.

5) 교육훈련

승진기준으로 많은 기업들은 구성원들의 교육훈련 점수를 반영하고 있다. 즉, 구성원들이 ① 어떤 교육과정을 이수하였거나, ② 교육의 평가결과를 반영하거나, ③ 교육의 결과를 현장에서 활용하는 정도 등을 기업에 특성에 맞추어 승진기준에 반영하고 있다. 예를 들어, 어떤 교육과정의 수료를 특정 직위로 승진하기 위한 최저 자격요건으로 정하거나, 연수의 내용이나 정도에 따라 이를 그 직위에서의 경험이나 필요한 지식 및 교육정도 등 승진을 위한 필요한 자격요건으로 대신 평가해 주는 경우도 일반화되어 있다. 일부 대기업에서는 특정 교육을 실시하고, 그 결과를 평가하여 바로 승진과 연결시키고 있다.

참고자료 1

승진 규정

제1조(승진) 직원을 승진임용할 때에는 동일 직렬의 바로 하위직급에 재직하는 직원을 임용함을 원칙으로 하되, 제6조의 근무성적 평정원칙에 의하여 작성한 근무성적을 기초로 하여야 한다.

제2조(승진소요 최저년수) ① 직원이 승진함에 있어서는 다음 각호의 기간을 당해 직급에서 재직하여야 한다.

1. 3급 직원 · · · · · · · · · · · 3년 이상
2. 4급 직원 · · · · · · · · · · · 4년 이상
3. 5급 직원 · · · · · · · · · · · 3년 이상
4. 6급 이하 및 업무지원직 직원 · · · · 2년 이상

② 제1항의 규정에 의한 승진 소요기간을 계산함에 있어서는 징계처분기간 및 제4조의 규정에 의한 승진임용 제한기간을 포함하지 아니한다. 다만, 다음 각호의 1에 해당하는 휴직기간은 이를 산입한다.

1. 병역법 · 기타 법률이 정하는 바에 의한 업무를 수행하기 위하여 휴직한 기간
2. 업무상 재해 · 공무상의 질병 또는 부상으로 인하여 휴직한 기간
3. 국제기구 또는 외국기관에 임시로 고용되어 휴직한 기간

제3조(특별승진) ① 직원 중 근무성적과 업무수행 능력이 특히 우수하다고 인정되는 직원에 대하여는 제2조의 규정에도 불구하고, 승진소요 최저년수의 2분의 1 이상이 경과하였을 경우, 특별승진시킬 수 있다.

② 제1항의 해당자에 대한 근무성적과 업무수행 능력 등에 관한 평가방법은 이사장이 따로 정하는 바에 의한다.

제4조(승진의 제한) 직원이 다음 각호의 1에 해당하는 경우에는 승진 임용할 수 없다.

1. 징계처분 · 직위해제 또는 휴직 중에 있는 자. 다만, 공무상의 질병 또는 부상으로 인한 휴직의 경우에는 그러하지 아니한다.
2. 징계처분의 집행이 완료된 날로부터 다음의 기간이 경과되지 아니한 자
   가. 정직 · · · · · · · · · · · · · 12개월
   나. 감봉 · · · · · · · · · · · · · · 6개월
   다. 견책 · · · · · · · · · · · · · · 3개월

제5조(근무평정) ① 직원의 승진 임용에 필요한 인사관리를 기하기 위하여 근무성적평정, 경력평정 및 가산점 평정 등을 실시한다.

② 근무평정은 전 직원을 대상으로 한다.

제6조(근무성적 평정원칙) ① 근무성적은 직렬별, 직급별로 구분하여 평정하되, 일부 직급에 대하여는 통합하여 평정할 수 있다.
② 근무성적평정의 시기, 방법, 기타 필요한 사항은 이사장이 따로 정한다.
③ 직원이 휴직, 직위해제, 기타의 사유로 6월 이상의 기간을 근무하지 아니한 때에는 근무평정을 하지 아니한다. 다만, 복귀하여 2월이 경과한 후에는 평정을 하여야 한다.
제7조(평정자와 확인자) 근무성적의 평정자는 평정방법에 따라 이사장이 지정한다.
제8조(연수성적 평정과 경력 평정) ① 이사장은 필요하다고 인정할 경우에는 연수성적평정과 경력평정을 실시할 수 있다.
② 연수성적평정과 경력평정에 관하여 필요한 사항은 이사장이 따로 정하는 바에 의한다.

1.4 승진의 유형

1) 직급승진

조직들은 여러 가지 직급체계를 갖고 있어 상위직급으로 승진시키거나, 이직 또는 퇴직으로 인해 공석이 발생할 경우 해당 직급에 적합한 자를 선발해 승진시키는 제도를 말한다. 최근에는 직급은 한정되어 있는데 능력을 갖춘 자는 많아 모두 발탁하지 못해 불평불만이 제기되기도 하는데다 팀제가 도입되면서 직급이 없어지는 경향이 있어 직급승진제도는 무의미하다는 비판을 듣기도 한다.

2) 자격승진

자격승진제도는 연봉과 능력, 즉 직무주의와 사람주의를 절충시킨 것이다. 이 제도는 사람주의의 장점을 살리면서 직무주의의 합리성을 가미시킨 것으로서 승진에 일정한 자격을 설정해 놓고, 그 자격을 취득한 사람을 승진시키는 제도이다(최종태, 2000, p. 370).

담당하는 직무내용과 상관없이 종업원이 갖고 있는 인적자원 요건에 따라 상위호봉으로 올려주는 호봉승진과 직급을 올려 주는 승진이 있다. 학력, 근속년수, 근무상황, 기본급 등 개인에 속하는 형식적 요소만 고려하는 신분자격 승진과 현재의 담당직무가 요구하는 자격요건에는 직결되지 않으나, 직원이 보유하는 지식, 기술, 능력 등의 잠재능력을 평가하여 그 장래의 유용성이나 신장도에서 승진을 결정하는 능력자격 승진제도가 있는데, 자격승진의 대부분은 능력자격승진을 말한다.

3) 대용승진

인사체증과 사기저하를 방지하기 위해 직무내용상의 실질적 변화없이 직위명칭 또는 자격호칭 등 형식적 승진을 시키는 경우로 일명 준승진이라고도 한다. 대용승진은 구성원들의 사회적 명분을 향상시킬 수 있어 구성원의 사기진작이나 대외활동의 신뢰를 확보할 수 있기도 하지만, 남발될 경우에는 오히려 구성원들의 사기를 저하시킬 수 있다.

4) 직위승진

특정 직위에 전문가를 승진시켜 임무를 수행하게 할 경우를 말한다. 직위승진을 한 경우는 해당 직위에만 근무해야 하므로 일반승진과는 차별화되고 있으나, 특정 직위에 그만한 일을 할 수 있는 인재가 한정되어 있어 아무나 발탁을 할 수가 없을 경우 주로 활용을 하게 된다.

5) 임시승진

그 직위에 임명해 일을 시켜야 하나 그 대상자가 능력은 있는데 승진시기가 도래하지 않은 경우, 특히 특진을 시킬만한 여력도 없을 경우 임시로 승진을 시켜 업무를 하게 하다 진급시기가 도래하면 정식 승진을 시키기도 한다. 만약 임시 진급을 시켜 일을 하다 그 능력이 부족하다고 추후 판명되면 승진했던 것을 취소해 원위치로 환원시키기도 한다. 물론 승진을 시키지 않고 대리로 임무를 수행하게 할 수도 있으나, 직무수행에 관련 있는 대상자들로부터 홀대를 받지 않게 하거나 업무를 성공적으로 수행하기 위해 필연적으로 진급을 시켜야 할 경우에 활용하고 있다.

6) 조직변화 승진제도

조직변화 승진제도는 승진대상자는 많으나 승진직위가 부족하여 승진의 정체가 발생하고 있는 경우, 승진의 기회가 주어지지 않음으로써 생기기 쉬운 구성원들의 사기저하와 이직 등에 대비하기 위하여 조직구조를 변화시켜 승진을 탄력성 있게 운영하기 위한 것이다. 즉, 이것은 조직의 계층을 확대하는 것보다는 오히려 조직의 계층을 축소시키고, 그 대신 권한을 확대시켜 책임을 증가시킴으로써 실질적인 지위의 상승과 같은 승진효과를 제공하는 제도이다. 그러므로 이 제도는 조직구조의 변화와 직무구조의 재편성이 뒤따르게 되는 것이 일반적이다(강정대 · 황호영, 1998, p. 202).

알고 갑시다.

승진포인트제도

- 의의 : 승진포인트제도는 특정 직급의 근무기간에 관계없이 정해진 포인트만 받으면, 승진자격을 부여하는 제도이다. 이는 삼성 등 대기업은 물론 공공조직이나 중소기업에 이르기까지 폭넓게 활용되고 있는 제도이다.
- 구성요소 : 승진포인트제도는 평가 포인트, 교육 포인트, 그리고 가감점으로 구성된다. 평가 포인트는 특정 직급의 근무기간 동안의 평가 포인트의 누계나 평균을 말한다. 그리고 교육 포인트는 특정 직급에서 요구되는 교육이수 정도나 교육평가 결과를 말한다. 또한 회사마다 요구하는 항목을 가감점으로 구성할 수 있다.
- 승진포인트 제도의 사례

구 분	최소 연한	승진기준 포인트	기준항목(포인트 취득기준)				
			인사 평가	교육		가감점	
				리더십	기초교육	상벌	어학
과장 → 부장	4년	14P	S(5P), A(4P), B(3P), C(2P), D(1P)	0~1P	0~0.5P	−0.5~0.5P	0~1P
대리 → 과장	3년	11P					
주임 → 대리	2년	8P					

자료 : 정종태(2013), 인사관리 기본과 실제, 시그마프레스, pp. 260-262.

1.5 승진제도의 운용

승진제도를 활용하여 필요인력의 효과적인 육성과 노동력의 효과적인 활용을 도모하기 위해서는 다음과 같은 내용을 충분히 고려하여야 한다(박홍배 · 채규옥, 2013, pp. 199-201).

1) 승진계획의 수립

승진계획은 승진제도가 소기의 성과를 달성하기 위해 필요한 절차이다. 따라서 승진계획을 수립할 때에는 다음과 같은 사항들을 고려해야 한다. ① 승진계획은 승진방침에 따라 조직 내의 모든 직위에 대하여 수립되고 실시되어야 한다. ② 승진계획을 수립할 때에는 구성원들의 동기부여와 수용성을 높이기 위해, 구성원 개인 및 노동조합 또는 근로자 대표의 의견을 반영하도록 한다. ③ 승진계획은 다른 부문의 인사계획 - 특히 인력계획, 모집계획, 교육훈련계획 등과 연동되도록 설계되어야 한다. ④ 승진계획의 모든 절차는 구성원들에게 사전에 고지 및 교육되어야 한다. ⑤ 승진계획은 모든 구성원에 대하여 일관되고 공평하게 적용되어야 한다.

2) 승진경로의 설정

구성원은 누구나 각자의 능력과 공헌도를 종합적으로 평가받아 승진할 권리를 가지고 있다. 따라서 기업은 효과적인 승진계획을 연결하기 위해서는 합리적인 승진경로를 설정하여야 한다. 승진경로를 결정하기 위해서는 직무분석을 통해 직무의 유사성, 연속성 등을 분명히 하고, 소요능력의 종류 및 정도를 명확히 하여야 한다.

3) 승진방식의 결정

승진경로에 따라서 승진방식을 결정하여야 한다. 승진방식은 크게 직선방식과 다각방식으로 구분할 수 있다. 직선방식은 인사분야와 같은 동일 직무계통 안에서 승진하는 것이며, 다각방식은 다른 계통의 직무를 경험하면서 승진하는 방식이다. 일반적으로 임원급 등 상위직급으로 승진할 때에는 다각방식을 활용하게 되며, 하위직 또는 전문직종의 경우에는 직선방식을 채택하게 된다.

4) 승진의 집행

승진을 실제로 집행하는 권한과 책임은 조직의 특성에 따라, 직속상사와 인사부서로 양분되어 있다. 예를 들어 의사결정이 중앙에 집중되어 있는 집권화 조직이나 조직규모가 작은 조직은 직원들의 인사권한을 중앙의 인사부서에서 전체를 총괄하고 있는 것이 일반적이다. 그러나 최근에는 기업들이 변화하는 환경에서 팀제의 확산과 신속한 의사결정, 높은 문제해결능력을 강화하기 위해, 많은 의사결정 권한을 현장의 관리자에게 위임하고 있다. 이에 구성원들의 승진에 대한 권한과 책임이 현장관리자인 직속상사에게 위임되어 있다. 또한 인사부서는 현장관리자가 승진을 집행함에 있어서 필요한 전문적 사항을 조언하여, 기업의 승진제도가 성공적으로 정착하도록 지원하고 있다.

5) 승진의 사후관리

승진대상자가 결정되면, 다음과 같은 조치가 이루어져야 한다. 첫째, 승진대상자가 결정되면, 신속하게 구성원 개인은 물론 기업의 모든 구성원들에게 신속하게 통보하여야 한다. 승진대상자가 결정되었음에도 불구하고, 승진통보가 미루어지면, 조직 내에는 많은 유언비어가 난무하거나, 조직분위기가 침체될 수 도 있다. 둘째, 승진대상자가 현재의 업무를 벗어나, 새로운 직무에 적응할 수 있도록 해주어야 한다. 인사부서는 승진대상자가 안정적으로 새로운 직무를 인수인계 받을 수 있도록, 행정조치를 취해야 한다. 셋째, 인사부서는 승진결과에 대한 피드백을 실시하여야 한다. 인사부서는 승진결과가 승진계획에 따라, 객관적이고 공정하게 진행되었는지, 승진대상자 선정에 문제가 없었는지 등을 평가하여 사후조치를 진행하여야 한다. 마지막으로 승진탈락자에 대한 지원책을 마련하여야 한다. 특히 우리나라는 승진이 구성원의 명예와 보상 모두에 영향을 주기 때문에, 탈락자는 조직에 대한 충성심이나 직무성과, 협동심 등이 떨어질 수 있다. 따라서 승진탈락자를 배려하는 조직문화 구축과 승진에서 누락된 사유를 탈락자에게 피드백하는 동시에 이를 보완할 시스템의 구축이 필요하다.

2. 징계관리

2.1 징계(懲戒)의 의의 및 필요성

1) 징계(懲戒)란?

일반적으로 **사용자는 기업의 경영 목적을 위하여 불가결하게 요청되는 기업 질서를 정립하고, 근로자의 기업 질서 위반행위에 대하여 일정한 불이익조치를 부과할 수 있으며, 이를 징계(懲戒)라 한다. 즉, 징계는 사용자가 기업 질서를 위반한 근로자에게 그 책임을 부가하기 위한 목적으로 인사상 불이익조치를 취하는 것을 의미한다.** 따라서 징계(discipline)는 조직의 구성원이 제반규칙을 위반하여 구두나 서면계고를 받는 일종의 벌칙이다(김성수, 2010, p. 320).

징계가 근로자의 귀책사유에 의해, 사용자가 근로자에게 인사상 불이익조치를 주는 것이지만, 징계를 받게 되는 구성원의 입장에서는 작게는 경고에서 가장 중하게는 해고까지 당하게 되므로 자연스럽게 소송까지 이어지게 된다. 즉, 부당한 징계가 남발될 경우, 구성원들은 조직에 대한 애사심은 물론 내적 동기의 저하, 팀웍(teamwork)의 저해 등의 부정적인 결과를 수반할 수 있다. 따라서 조직의 징계관리는 사회통념상의 정당한 사유와 절차를 준수해야 한다. 그래야 징계에 대한 당사자의 수용성을 높이며, 조직구성원들에게 징계의 정당성을 확보하여 효과적인 징계관리가 가능하게 된다.

2) 징계관리의 목적

징계의 기본 목적은 종업원의 자기방어를 위한 목표설정이 명확해야 하며, 규율을 위반하는 구성원에 대하여 신속한 처분을 강구한다는 두 가지 목적이 있다. 이 2가지 목적을 수행하기 위해서는 다음 사항을 실시해야 한다(김성수, 2010, p. 321).

첫째, 준수사항을 문서화하고 위반한 사항에 대한 처벌내용을 명시할 것.

둘째, 취업규칙/복무기준을 명시하고, 종업원의 책임과 의무를 인식시킬 것.

셋째, 취업규칙/복무기준의 준수 정도를 주지시킬 방법을 결정할 것.

넷째, 기준이나 규칙에 대한 위반이 있었을 때에는 징계처분을 행하기 전에 그 배경과 상황에 대하여 신중한 조사를 행할 것.

다섯째, 위반한 종업원에게 책임이 있음을 판단한 경우에는 신속하고 통일성 있는 징계처분을 행할 것.

위와 같이 기업의 책임자나 인사관리자는 징계의 목적을 모든 종업원에게 주지시켜야 한다.

3) 징계의 법적 근거에 관한 학설

징계의 법적 근거에 관한 학설은 다음과 같다(김형배, 2002, pp. 401-402).

(1) 사용자의 고유권 또는 지시권설

징계의 근거를 사용자의 고유권 내지 경영권에서 찾는 견해이다. 경영질서 형성 및 유지와 이에 대한 위반행위를 제재하는 것은 본래 사용자의 고유한 권한에 속한다고 하는 고유권설에 따르면, 사용자의 징계권은 취업규칙이나 단체협약에 아무런 규정이 없는 경우에도 인정된다고 한다.

(2) 계약설

징계의 근거를 노사의 합의에서 구하는 견해이다. 이 견해에 따르면, 사용자의 고유한 징계권은 존재하지 않는다고 전제하고, 다만, 근로자가 근로계약을 체결함에 있어서 징계규정이 포함된 취업규칙에 따라 계약을 체결하게 되면 이를 매개로 사용자의 징계권을 인정할 수 있다. 따라서 취업규칙에 징계에 관한 규정을 두지 않은 경우에는 사용자는 근로자를 징계할 수 없게 된다.

(3) 법규범설

노사관계를 지배하는 일정한 법규범(취업규칙)을 근거로 하여, 근로기준법 소정의 요건을 갖추는 경우에 한에서 사용자는 근로자에 대한 징계권을 가진다고 하는 견해이다. 판례[1])도 법규범설과 같은 태도를 취하고 있다.

4) 징계절차의 정당성 및 방법

(1) 징계절차의 정당성

근로기준법 제23조 1항에 따르면, "사용자는 근로자에게 정당한 이유 없이 해고, 휴직, 정직, 전직, 감봉, 그 밖의 징벌(懲罰)을 하지 못한다"라고 명시하여 근로자에 대한 징계의 정당성을 요구하고 있다. 즉, 기업질서의 위반에 대한 제재로서의 징계에 있어서는 그 사유를 인정할 수 있는가의 여부와 해당 사유와 그에 대한 징계처분 사이에 정당성이 문제된다(김형배, 2002, p. 405).

앞서 살펴본 것처럼, 근로자에 대한 징계는 사회인으로서 근로자 개인의 신상에 큰 영향을 미치며, 조직 역시 잘못된 절차를 통한 징계로 구성원들의 동의 실패, 구성원 사기(morale) 및 팀웍(teamwork) 저하, 조직의 위상 및 성과 저하 등이 발생하게 된다. 따라서 조직구성원에 대한 징계는 정당한 절차를 통해 이루어져야 하며, 그래야 구성원들의 수용성을 확보할 수 있다.

그러나 근로기준법에는 징계절차에 대한 명확한 근거를 제시하고 있지 않다. 즉, 징계위원회를 구성하여 공정하게 심의해야 한다거나, 징계혐의자의 출석 아래 징계가 결정되어야 한다거나, 당사자에게 변명의 기회를 준다거나 하는 절차에 대하여는 근로기준법에 정해져 있지 않다(하갑래, 2005, p. 842). 그럼에도 불구하고, 징계와 관련한 판례에서는 사용자가 근로자를 징계하기 위해서는 '징계사유의 존부', '절차적 요건 구비 여부', '징계양정의 적정성' 등의 정당성을 확보하도록 규제하고 있다.

첫째, 징계의 정당성을 확보하기 위해서는 징계사유가 명시되어야 한다. 즉, 징계대

1) 대판 1999.3.26., 98두4672; 대판 2000.9.29., 99두10902.

상자가 기업질서를 문란케 하거나 기업의 명예를 훼손하였다는 것을 증명해야 하기 때문에, 취업규칙 등에 이러한 행위 등을 징계사유로 명시적으로 규정되어 있어야 한다. 특히, 중요한 것은 인사부서가 징계관리 규정을 제정하거나 집행할 경우에는 징계의 사유와 절차가 사회통념상 인정하는 범위 내에서 준수되었는가를 판단하여야 한다.[2)]

둘째, 징계는 절차적 정당성을 확보하여야 한다. 예를 들어, 단체협약, 취업규칙 등에 징계절차가 정하여져 있는 경우에, 이를 거치지 않은 징계는 무효가 되기 때문에, 인사부서는 이를 징계관리에 반영하여야 한다. 또한 징계대상자의 소명기회는 반드시 부여하도록 하여야 한다. 예를 들어, 회사규정에 소명기회의 사전통지를 일주일 전에 하도록 되어 있을 경우에는 이를 준수해야 한다. 따라서 합리적이고 생산적인 인적자원관리를 위해서는 공정하고 정당한 징계절차를 구축하는 것이 바람직하다 하겠다.

셋째, 징계대상자의 징계양정이 적정해야 한다. 징계처분은 징계권자의 재량권 행사에 의존하게 되므로, 징계가 사회통념상의 징계처분을 넘어서게 될 경우에는 재량권을 남용하는 것으로 판단하게 된다. 따라서, 회사에서는 징계사항에 대하여 구체적인 사안별로 징계양정 규정을 만들어 두고, 이에 기반하여 징계를 실시하는 것이 바람직하다.

(2) 징계 절차 및 방법

먼저 합리적이고 공정한 징계절차의 마련이 중요하다. 징계를 담당하는 부서는 구성원들에 대한 징계사유와 절차, 방법에 대한 내용을 취업규칙 또는 단체협약 등에 명시하여야 한다(예: 참고자료 2). 또한 징계규정을 명시하는 것 만큼, 징계규정의 차별없고 정확한 집행이 그 무엇보다도 중요하다. 많은 조직들이 징계규정을 명시하고 있지만, 집행에 있어서는 투명하지 못한 것이 현실이다. 예를 들어, 많은 조직에서는 문제가 있는 근로자에 대해 직접적으로 경고 등 징계를 하기보다는 징계규정을 강화하는 방향으로 문제를 해결하려고 한다. 그러다 보니 문제가 있는 직원은 자신의 문제를 제대로 지각하지 못하게 되고, 조직을 위해 열심히 일하는 구성원들은 강화되는 징계규정에 불만을 갖게 되고, 사기 및 애사심이 저하되게 된다.

---

2) 특히 회사에 징계위원회 및 징계절차를 두고 있을 때 징계절차를 거쳐야 할 징계사유에 대하여는 관련 규정에 정할 수 있으나, 징계사유가 명확하여 이론의 여지가 없는 것을 제외하고는 "근로자의 귀책사유로 인한 해고"는 모두 징계절차를 거쳐야 하는 것이 원칙이다. 특히 인사고과, 성적 불량 등과 같이 애매하고 추상적인 사유로 해고하고자 하는 경우에는 특별한 사정이 없는 한 관련 규정과 관계없이 당사자에게 해명의 기회를 주어야 한다(하갑래, 2005, p. 843).

참고자료 2

징계규정 예시

제1조(징 계) 직원이 다음 각호의 1에 해당하는 때에는 직원징계위원회의 심의를 거쳐 징계 처분할 수 있다.

1. 조직의 내규를 위반하였을 때
2. 직무상 의무를 위반하거나 직무를 태만히 한 때
3. 조직의 명예와 위신을 손상하는 행위를 하였을 때
4. 고의 또는 중대한 과실로 조직에 손해를 끼쳤을 때

제2조(직원징계위원회의 구성 및 운영) ① 직원징계위원회는 본사에 두며, 위원회의 위원장은 인사본부장, 위원은 기획팀장, 인사팀장, 총무팀장, 영업팀장 등으로 구성하며 간사는 위원장이 지명하는 자로 한다.

② 직원징계위원회 위원장의 유고시에는 이사장이 지명하는 위원이 그 직무를 대행한다.

③ 직원징계위원회는 재적위원 과반수의 출석과 출석위원 과반수의 찬성으로 의결한다.

④ 직원징계위원회의 위원장은 표결권을 가지며, 가부동수일 때에는 결정권을 가진다.

⑤ 직원징계위원회의 운영에 관하여 필요한 세부사항은 이사장이 따로 정하는 바에 의한다.

제3조(징계의 종류 및 효력) 징계는 견책, 감봉, 정직, 면직 및 파면으로 구분하고, 그 효력은 다음과 같다.

1. 견책 · · · 과오에 대하여 훈계하고 회개하게 한다.
2. 감봉 · · · 1월 이상 3월 이하의 기간으로 하여 보수규정이 정하는 바에 따라 보수를 감하여 지급한다.
3. 정직 · · · 1월 이상 3월 이하의 기간으로 하여 그 기간 중 신분은 보유하나 직무에 종사할 수 없으며, 그 기간 동안은 보수규정이 정하는 바에 따라 보수를 감하여 지급한다.
4. 해임 · · · 그 직에서 해임한다.
5. 파면 · · · 그 직에서 파면한다.

제4조(징계의 절차 및 방법) 징계에 대한 요구절차, 방법 및 기타 필요한 사항은 따로 정하는 바에 의한다.

제5조(징계양정) 징계에 대한 양정기준은 다음과 같다.

		비위의 도가 중하고 고의	비위의 도가 중하고 중과실	비위의 도가 중하고 경과실	비위의 도가 경한 경우
1. 성실의무위반	직무태만	파면	해임	정직, 감봉	견책
	기타	파면, 해임	정직	감봉	견책
2. 복종의무 위반		파면	해임, 정직	정직, 감봉	견책
3. 비밀엄수 위반		파면	해임, 정직	감봉	견책
4. 청렴의무 위반		파면	해임, 정직	감봉	견책
5. 품위유지 위반		파면	해임, 정직	감봉	경고
6. 영리업무 위반		파면	해임, 정직	감봉	견책

[그림 8-2] 징계절차

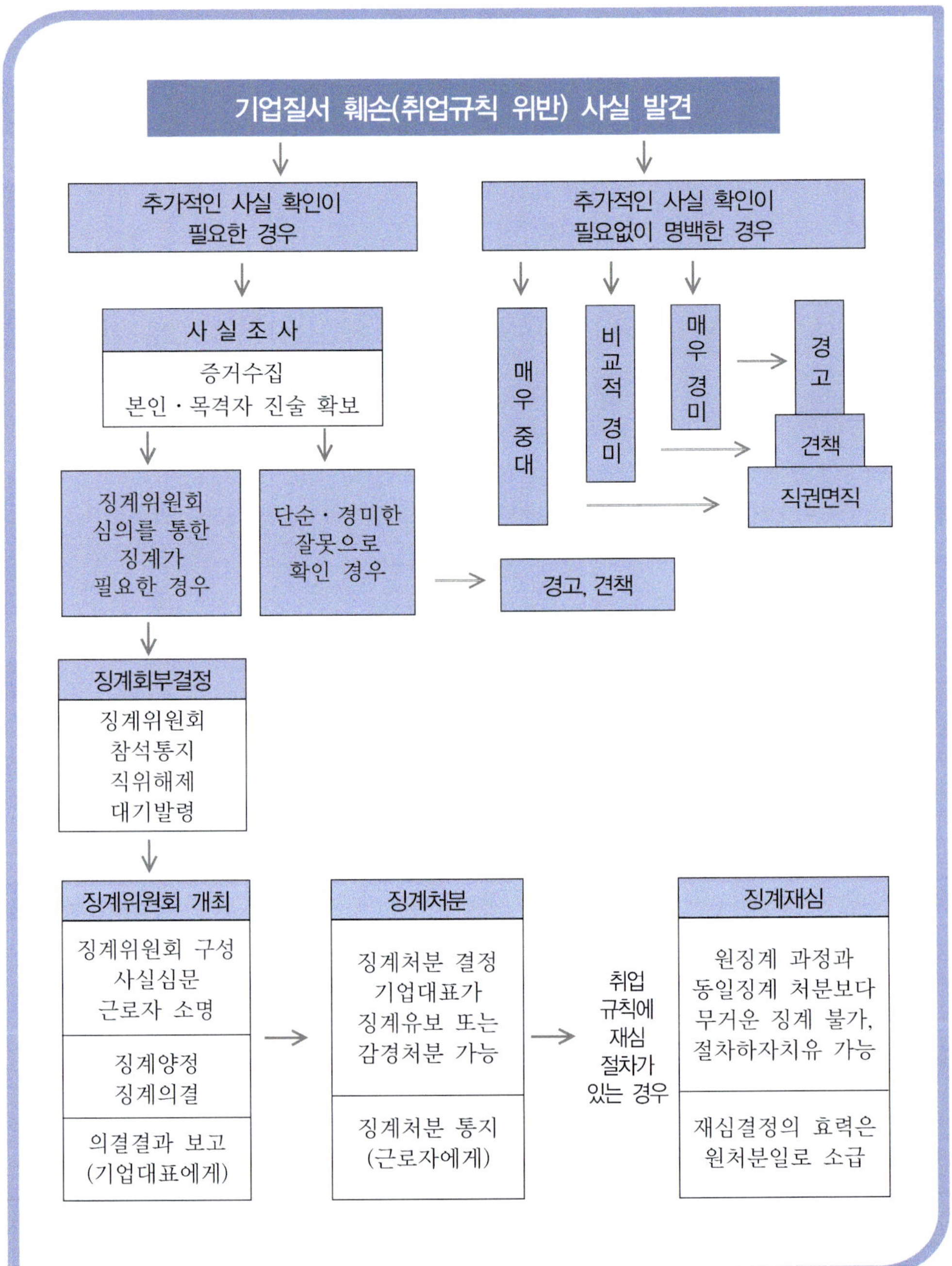

자료 : 조정구 · 김주목(2008), 인사관리 Solution(I), 중앙경제, p. 113.

이처럼 징계는 기본적으로 구성원들이 조직의 질서에 반하는 행동을 예방하고, 징계당사자가 자신을 반성하게 하고, 그 후의 태도 및 행동에 변화가 있도록 하는 데 그 목적이 있다. 따라서 징계는 징계사항의 발생원인을 검토·분석하여 그러한 사고를 방지하기 위한 대책을 수립해야 하고, 징계 후에 징계당사자에 대한 추가적인 지도를 해야만 징계의 의미가 살아난다(강정대·황호영, 1998, p. 468). 그러기 위해서는 합리적 징계절차 마련과 이에 기반한 공정하고 투명한 집행이 필요하다.

(가) 취업규칙 또는 단체협약에 징계규정 마련

직원 징계절차에 대한 사항이 취업규칙이나 단체협약에 규정되어 있는 경우에 구성원들은 징계관리의 목적과 유형 등을 이해하게 되고, 조직의 질서에 반하는 행동을 예방할 수 있게 된다. 또한 구성원들에 대한 징계사항이 발생할 경우에도 취업규칙 또는 단체협약에 정해진 절차에 근거하여 징계를 실시하게 되면, 당사자 또한 징계에 대한 수용성이 높으며, 조직 또한 징계의 정당성을 확보할 수 있다.

(나) 징계위원회 구성 및 운영

① **징계위원회 구성** : 징계위원회는 사용자만으로 구성되어도 문제는 없다. 그러나 징계시 당사자 뿐만 아니라 조직분위기에 미치는 파장이 큰 관계로 노동조합 또는 근로자 측의 참여가 바람직하다. 특히 징계위원회 구성시 징계위원이 권한이 없는 자인지, 제척대상이 되는 자의 징계위원 적격성 여부를 판단하여 징계위원을 선정하여야 한다.

② **재심절차** : 원래의 징계절차와 재심절차는 별개의 절차가 아니라 전체적으로 하나의 징계절차를 이루기 때문에, 징계를 담당하는 부서는 재심절차에 대한 규정도 명확히 하여야 한다.

③ **징계당사자의 소명기회 부여** : 징계절차에 있어 가장 본질적이며, 중요한 사항은 처분에 대한 사실을 당사자에게 사전에 통지하고, 근로자에게 진술과 같은 소명의 기회를 부여하는 것이다. 이는 징계의 공정성과 합리성을 확보하는 것 이외에 실질적으로 약자의 지위에 있는 근로자를 보호하기 위한 것으로 징계절차의 적정성을 보장하기 위한 핵심적인 사항이다. 특히 판례에서도 소명기회 부여 측면에서 사전통지의 시간적인 면을 강조하고 있으므로, 취업규칙 또는 단체협약 등에 통지기간을 명시하는 것이 바람직하다.

④ **출석 통지** : 징계위원회의 출석통지는 반드시 서면에 의할 필요는 없으며, 구두, 전언 등의 방법도 가능하다. 구두로 통보할 경우에도 직접 본인에게 통보해야 하는 것은 아니며, 어떠한 방법이든 간에 징계혐의자 본인에게 전달되었다는 사실을 입증할 수 있으면 된다(하갑래, 2005, p. 850).

5) 징계권의 종류

징계권의 종류는 다음과 같다.

첫째, 경고(警告)란 근로자의 경영질서에 반하는 행위에 대해 구두로 잘못을 지적하고, 이를 시정하지 않거나 재발시 징계처분을 할 것이라고 알려 주는 것을 말한다. 따라서 경고는 견책과 달리 시말서의 제출이 수반되지 않는다.

둘째, 견책(譴責)은 사용자가 근로자의 업무상 과오에 대해, 이를 반성케 하고 장래에 두 번 다시 반복하는 일이 없도록 경고하는 경징계 처벌이다. 징계처분으로서 견책은 공식적인 징계절차를 거쳐 훈계하고, 이를 인사기록에 남겨야 한다. 통상적으로 시말서를 제출케 하는 경우가 이에 해당된다.

셋째, 근신(謹愼)이란 잘못한 근로자에게 종업원 신분을 유지한 채, 출근해 일정한 장소에서 일정기간 동안 업무를 중지한 채 징계받은데 대해 반성하라는 것을 말한다.

[표 8-2] 징계권의 종류

징계권 종류	내 용
(1) 경 고	구두로 잘못 지적, 재발시 징계처분 계고
(2) 견 책	서면을 통해 반성과 장래에 두 번 다시 반복되는 일 없도록 경고
(3) 근 신	출근 후 일정한 장소에서 일정기간 동안 반성
(4) 감 봉	임금에서 일정액의 금액을 공제 처분
(5) 정 직	신분 보유, 출근 정지, 노무의 수령 거부, 임금 미지급
(6) 강 등	직급을 상위에서 하향시키는 불이익 처분
(7) 권고사직	징계 대상자에게 사직을 권고
(8) 징계해고	노동관계를 단절하는 가장 무거운 제재방법

자료 : 김성수(2010), 『혁신적 인적자원관리』, 탑북스, p. 328. 일부 내용 수정.

넷째, 전보(轉補) · 전직(轉職)은 잘못한 근로자에게 현재의 업무가 아닌 새로운 업무나 새로운 보직으로 바꾸면서 직급 · 호봉 · 직위 등을 낮추지 않는 것을 말한다. 좀 더 정확히 구분하게 되면, '전보'는 근무장소를 이동케 하는 인사발령을 의미하며, '전직'은 종사하고 있는 직무에서 다른 내용의 직무로 이동케 하는 인사발령을 말한다. 그러나 기업현장에서는 전보와 전직의 개념을 혼용하거나 혼합하여 사용하는 경우가 많다. 예를 들어, 인사업무를 담당하는 직원을 고객서비스팀으로 발령내어, 고객서비스 업무를 수행하게 하는 것이다.

넷째, 감봉(減封) 및 감급(減給)은 근로자의 위법에 대해 출근하여 직무를 수행하기는 하나 급여의 일부를 삭감하는 경제적 불이익을 주는 중징계처분으로서, 일정기간 일정액을 정해 삭감하는 경우와 일정비율을 정해 삭감하는 경우가 있다. 그러나 감봉과 감급은 근로가 제공되었음에도 일단 발생한 임금채권을 감액하는 것이므로, 노동력 착취의 논란이 있을 수 있으며, 그것이 지나치게 많은 금액일 경우에는 근로자의 생활을 위협할 염려가 있다(하갑래, 2005, p. 894). 이에 근로기준법 제95조에서는 이를 방지하고자 "취업규칙에서 근로자에 대하여 감액의 제재를 정할 경우에 그 감액은 1회의 금액이 평균임금의 1일분의 2분의 1을, 총액이 1임금지급기의 임금총액의 10분의 1을 초과하지 못한다."라고 규정하여, 감급제재의 한도액을 정하고 있다.

다섯째, 정직이란 기업질서를 위반한 근로자에게 근로계약을 존속시키면서 일정기간 신분을 정지시키는 중징계처벌로 정직기간 중에는 근로자의 노무제공이 일정기간 금지하게 된다. '대기발령'이 이에 해당된다. 정직기간에는 임금이 지급되지 않게 되나, 근속기간에는 정직기간도 포함된다.

여섯째, 강등은 현 직급을 하향 조정시키는 중징계처분으로서, 이때는 직위강등과 동시에 급여나 그에 준하는 처우도 함께 강등된다. 따라서 그 요건은 취업규칙 등에 정하는 것이 원칙이나 해고에 준하는 정도의 사유가 있어 근로관계를 현재 수준으로 유지하는 것이 타당치 않다는 점이 사회통념상 인정되어야 한다(하갑래, 2005, p. 890). 또한 직급은 그대로 유지한 채 근무여건이 양호한 직위에서 근무여건이 불리한 직위로 직위를 변경해 주거나 지방으로 내려 보내는 처벌을 좌천이라고 하는데, 이는 직접적인 징계처분이라고는 하지 않는다.

일곱째, 권고사직은 징계대상자의 위반행위가 중해 중징계처분을 해야 하나, 그 동안 기업을 위해 일한 공로를 인정해 징계처분을 하기 전 위반자가 스스로 책임을 통감하고 사직서를 제출토록 권고하여 제출하면 의원사직으로 처리해 퇴직에 따른 모든 권리를 인정해 준다. 이는 위반자가 사표를 제출하면 중징계처분을 하여 해고하는 것으로 위반자에 대해 불이익조치를 취하지 아니하고 원만하게 해결하려는 징계이다.

여덟째, 징계해고는 경영질서에 대한 침해행위가 매우 중대하여 근로자를 경영 외로 배제하지 않으면 경영질서를 유지하기가 어렵다고 판단될 경우, 중징계처분을 하여 강제로 해고하는 가장 무거운 제제방법이라 할 수 있다. 징계해고를 당하게 되면 퇴직시 부여되는 각종 혜택을 받지 못하는 경우가 많다. 특히 징계해고는 근로자가 조직으로부터 해고되어, 근로자가 자신의 직업으로부터 격리되는 동시에 생계가 곤란해지게 된다. 따라서 징계해고에 대해서는 취업규칙 또는 단체협약에 명확하게 명시하여야 하며, 절차의 정당성을 확보하도록 하여야 한다.

참고자료 3

징계해고의 요건과 단체협약, 취업규칙

- 원칙 : 징계해고의 요건에 대하여는 취업규칙, 단체협약 등에 규정하는 것이 일반적이다. 그러나 취업규칙과 단체협약에 규정되어 있지 않은 사항이라도 사회통념상 해고를 정당시 할 만한 합리성이 인정된다면, 정당한 해고사유가 된다.
- 열거주의(列擧主義) : 취업규칙 등에 열거되지 않은 징계사유나 종류가 타당성을 인정받으려면, 사용자의 자의적인 처분이 아니어야 하고 근로자에게 예기치 못한 불이익이 주어지지 말아야 하며, 그 밖의 징계의 일반원리에 어긋나지 말아야 한다.
- 배타적 배제조항 : 단체협약에 "이 협약에 규정되지 않은 사유를 가지고 근로자를 해고할 수 없다"는 배타적 배제조항이 있다면, 그러한 취지는 존중되어야 한다. 그러나 단체협약에 규정되어 있지 않은 징계사유가 도저히 근로관계를 유지할 수 없는 등 사회통념상 합리적인 것이라면 그에 따른 징계는 가능하다고 보아야 한다.
- 단체협약 우선과 그 예외 : 같은 사안에 대하여 취업규칙과 단체협약이 다른 경우에는 단체협약이 우선 적용된다. 그러나 단체협약의 규정이 추상적인 데 대해, 취업규칙이 그 부분을 더 자세히 규정하거나, 단체협약에 규정되지 않은 사안을 취업규칙에 징계사유로 규정해 놓은 경우에 단체협약에 "이 협약은 취업규칙에 우선한다"라고 규정했더라도 취업규칙의 내용이 단체협약의 취지에 저촉되지 않고 사회통념상 합리성이 있다면, 그 효력이 인정될 수 있다.

• 자료 : 하갑래(2005), 근로기준법 제15판, pp. 801–802.

2.2 징계권의 사유

징계가 되는 근로자의 귀책사유는 근무태도 불량, 범법행위, 2중 취업행위, 학력·경력사칭 및 불법집단행위 크게 나누어 볼 수 있다(하갑래, 2005, pp. 806-840).

1) 근무태도 불량

근무태도 불량은 범법행위 외에 근로계약을 충실히 이행치 않는다거나, 생산성 향상에 기여하지 않는다거나, 직장규율을 문란케 한다거나, 그 밖에 노사관계의 신뢰를 상실케 하는 행위를 말한다. 이러한 행위로는 무단결근, 전직・전보명령 거부, 정당한 업무명령 거부, 근무태만・직무해태, 직장규율 문란, 회사명예 실추, 근로계약상 성실의무위반 등이 있다.

(1) 무단결근

정당한 이유 없이 오랫동안 무단결근하거나, 사용자의 출근 독촉에 따르지 아니하거나, 출퇴근이 일정치 않는 등 평소 출근성적이 불량한 것은 근로계약의 가장 중요한 부분인 근로제공 의무를 일방적으로 이행하지 않음으로써 노사 간의 신뢰관계를 깨뜨리는 대표적인 징계요건으로 볼 수 있다.

(2) 정당한 업무명령 거부

사용자의 업무지시에 대해 정당한 사유 없이 불복하여 직장규율을 문란케 함으로써, 노사관계의 신뢰를 상실케 한 것이라고 인정되는 경우는 징계의 정당한 사유가 될 수 있다. 예를 들어, 근무이탈이나 시말서 제출 거부, 사용자의 정당한 전직・전근 명령에 따르지 않는 경우는 징계사유가 될 수 있다. 또한 안전보건상 예방조치를 소홀히 하여 회사에 재산상 피해를 입히거나 경영에 큰 지장을 가져온 경우에도 징계의 사유가 될 수 있다.

(3) 불성실한 근무태만 및 직무해태

근무성적이 현저히 나쁜 것이 객관적으로 증명되고, 사용자의 지시에도 불구하고 이러한 상태가 오랫동안 계속되거나 재교육 등 충분한 기회를 주었음에도 개선되지 않으면, 해고의 정당한 사유가 될 수 있다. 또한 작업을 성실하게 수행하지 않는 근로자에 대해서는 객관적 합리성이 인정되는 한 취업규칙 등의 규정에 따라 적절한 징계가 가능하다.

(4) 직장규율 문란

출근부에 부정 기입하거나 음주・도박, 욕설・폭언, 직장 내 성희롱 및 기타 직장규율을 위반하는 행위 등의 직장규율 문란행위는 행위를 하게 된 이유, 규율 문란의 정도 등을 고려하여 징계의 정도를 정할 수 있다.

(5) 회사명예 실추행위

직장의 내부사실을 외부에 공표하여 사용자의 비밀, 명예, 신용 등을 훼손하는 것은 징계사유가 된다. 이때 징계의 정당성은 공표된 내용과 그 진위, 그 행위에 이르게 된 경위와 목적, 공표방법 등을 고려하여 판단하게 된다. 예를 들어, 비방, 고소・고발・진정서, 제도적 개선방법을 벗어난 회사 잘못 공개 등이 이에 해당한다.

(6) 성실의무 위반

근로계약을 체결하면, 당사자는 서로에 대해 신의칙상 부수적인 의무를 진다. 근로자가 사용자에 대해 갖는 신의칙상 의무를 이행하지 않는 것이 노사관계에 있어 신뢰를 크게 해친 것으로 인정될 때에는 징계의 정당한 사유가 될 수 있다. 예를 들어 업무수행 도중에 회사에 대한 비밀을 누설한 경우 이는 정당한 징계사유가 될 수 있다.

[표 8-3] 징계권의 사유

사 유		내 용
(1) 근무태도 불량	무단결근	정당한 이유없이 무단결근하거나 근로제공 의무를 일방적으로 이행하지 않는 경우
	정당한 업무명령 거부	정당한 전직・전근・전보명령 거부, 근무이탈, 안전보건상 예방조치 소홀, 시말서 제출 거부 등
	불성실한 근무태만	근무성적이 현저히 나쁘거나 작업을 성실히 수행하지 않는 경우
	직장규율 문란	출근부 부정기입 행위, 음주・도박・욕설・폭언・폭행, 사업장내 성희롱, 기타 직장규율 문란행위
	성실의무 위반	거래상 비밀, 기업비밀 제3자 누설 등
	회사명예 실추행위	비방, 고소・고발・진정서, 제도적 개선방법을 벗어난 회사 잘못 공개 등
(2) 범법행위		폭행, 업무상 횡령, 뇌물 수령, 공금 유용, 풍기문란 등
(3) 이중 취업행위, 겸업		기업의 경영질서와 신용, 명예 등을 해치는 이중 취업행위 및 겸업
(4) 경력 및 학력사칭		경력 및 학력 사칭
(5) 불법집단행동		조정기간 중 쟁의, 법외단체 활동 등 불법집단행위

2) 범법행위

근로자는 기업 밖 또는 근로시간 외에는 시민으로서 사생활의 자유를 누릴 수 있다. 즉, 사회적으로 비난받고 위법시 되는 행위를 하더라도 사용자가 당해 근로자에 대한 책임 추궁을 할 수 없는 것이 원칙이다. 그러나 그러한 행위가 근로제공을 불가능케 하는 행위, 노동력의 평가에 관계있는 행위, 경제주체로서의 기업의 존속을 직접적으로 손상케 하는 행위, 회사의 명예와 신용을 상당히 실추시키거나 거래관계에 나쁜 영향을 미친 행위 등과 같이 업무와의 관련성이 있는 행위에 대해서는 사용자의 징계권행사가 가능하다.

(1) 수사 또는 구속 중인 자

형사문제로 소추된 자의 지위에 관하여는 단체협약이나 취업규칙・근로계약 등에서 정하는 바에 따라야 한다. 그러나 형이 확정되지 않았다면, 형사소추된 사실만으로는 회사의 분위기가 문란해지고 생산 활동에 지장을 가져왔으며 명예도 실추되었다 하더라도, 해고의 대상이 될 수는 없으며, 휴직 등으로 처리하는 것이 타당할 것이다.

(2) 폭행

회사 안밖에서 폭행을 행한 경우, 폭행이 비록 경미할지라도 다른 근로자의 업무를 방해하는 등 회사의 복무질서를 교란시키거나 동료 사원간의 인화단결을 해치거나 회사의 명예와 신용을 해친 행위로 인정된다면 폭행자를 징계처분할 수 있으며, 그러한 폭행은 해고의 정당한 사유가 될 수 있다.

(3) 업무상 횡령, 뇌물 수령, 공금 유용

업무와 관련하여 회사의 재산을 가로채거나 뇌물 또는 사례금을 받거나 부당한 이득을 취하였다면, 해고 등 징계의 사유가 될 수 있다. 징계의 정도는 업무의 성격, 업무와 관련 정도, 부당이득의 성격 등을 고려하여 합리적인 수준이어야 한다.

(4) 풍기문란

풍기문란에 관한 행위가 비록 친고죄이지만 인력의 적절한 배치, 기업 경영질서 위반, 회사명예 실추, 사업목적 달성과 관계된다는 점이 객관적으로 인정된다면, 징계 또는 해고의 사유가 될 수 있다.

3) 2중 취업행위 · 겸업

근로자는 일반적 · 원칙적으로 겸업이 금지되는 것은 아니다. 취업규칙 등을 통해 구체적 제한이 없는 한 근로자는 근로계약 상의 취업시기 중에 복종하고 그 외의 시간활동은 자유이며, 취업규칙에 의하더라도 겸업을 전면적으로 금지하는 것은 특별한 경우를 제외하고는 합리성을 결여한 것으로서 무효인 것이 원칙이다.

그러나 근로자가 취업시간 외의 시간에 정신적 · 육체적 피로회복을 위해 적절한 휴식을 취하는 것은 다음의 노동을 위한 필수조건이므로 사용자로서 근로자의 자유시간의 이용에 관하여 관심을 가짐은 당연하다 할 것이며, 겸업의 내용에 따라서는 기업의 경영질서를 해치고, 기업의 대외적 신용 · 체면을 손상하는 경우도 있으므로 겸업의 여부에 관하여 회사의 승낙을 얻도록 취업규칙에 정하는 것은 부당하다고 할 수 없다.

4) 경력 · 학력사칭

사용자가 학력사칭 등을 사전에 알았더라면 해당 근로자와 고용계약을 체결하지 않거나, 적어도 같은 조건으로는 계약을 체결치 않을 것으로 인정되어야 학력 · 경력 등의 사칭이 해고의 사유가 된다고 보는 견해가 있다.

판례는 징계해고의 '정당한 이유'의 존부문제를 채용 당시로 소급하여 경력사칭과 사용자의 주관적 판단 사이의 인과관계에 의하여 결정하고 있다. 사용자가 근로자를 고용함에 있어서 경력을 기재한 이력서를 요구하는 것은 노동력 평가의 조사자료 뿐만 아니라 직장에 대한 정착성, 기업질서에 대한 적응성, 기타 인격의 조사자료로 삼고자 함에 있으므로 근로자가 허위기재 또는 은폐한 이력 중 어느 것에 관계되든 간에 그 허위 또는 은폐한 내용이 사전에 발각되었다면, 고용계약을 체결하지 않았을 것으로 인정될 때에는 징계해고의 사유가 된다. 예를 들어, 채용시 학력을 입사요건으로 정하였는데, 근로자가 졸업증명서 위조 등을 통해 은폐하였거나 구체적인 업무수행능력평가에 영향을 미쳤거나 사칭을 하지 않았다면, 근로계약이 체결되지 않았을 것으로 인정된다면 해고의 정당한 사유가 될 수 있다.

5) 불법집단행동

먼저 조정기간 중의 쟁의행위, 폭력 및 파괴행위, 불법유인물 살포 및 불법 농성, 정당한 임금협상의 방해행위, 타 사업장 쟁의행위에의 불법개입, 무단 결근행위를 했다면 이는 불법쟁의이며, 이는 선동 및 폭력행위 등으로 직장질서를 파괴함으로써 회사의 운영에 중대한 지장을 준 것이므로 해고사유에 해당된다.

또한 법외단체 활동을 통해, 회사의 취업규칙을 위반하고 고의로 회사업무 능률을 저해하는 등 회사업무상의 지휘·명령을 위반할 경우 정당한 징계권 행사가 가능하다. 예를 들어, 합법노조와 별개의 단체를 조직하여 위법 쟁의행위를 주도한 것을 이유로 징계면직 처분하는 것은 정당한 이유가 있다.

정리하기

1. 승진(promotion)은 하위의 직급/직위계층에서 상위의 직급/직위계층으로의 상승을 의미한다. 즉, 기업 내에서 개인이 현재 수행하는 직무보다 더 나은 직무로 이동하는 것을 말한다. 결국 승진은 보다 큰 직책/직위 또는 지위로의 상승으로 권한과 책임이 증대되고 직무의 상승이동으로 급여와 상여금이 증가하고 동기부여의 역할을 하게 된다.

2. 승진정책의 기본원칙은 적정성, 공정성, 합리성이 담보되어야 하며, 승진에 관한 기본적인 방침인 '연공' 및 '능력'의 상대적 중요성을 결정해야 한다. 특히 최근 기업들은 기업 및 업무의 특성에 부합하도록 '연공'과 '능력'을 절충하여 조화롭게 운용하고 있다.

3. 직급승진이란 직급계층, 즉 대리, 과장, 부장 등 직위의 상향이동을 말하며, 자격승진은 직무수행능력의 상급화, 즉 호봉, 계급 등의 승급(승격)을 의미한다. 승급(승격: upgrading)은 동일한 조직단위 내에서 기능수준이 보다 높은 직무로 배치전환하는 것을 말한다. 즉, 직책을 상승시키지는 않고 직급만 높여주어 자긍심을 높여주거나 급여인상을 하는 것을 말한다.

4. 사용자가 기업질서를 위반한 근로자에게 그 책임을 부가하고 그러한 근로자로 인해 무너진 기업질서를 유지하기 위해 행하는 인사상 불이익조치를 통칭해 징계(discipline)라 한다.

5. 징계의 종류는 다음과 같다. 첫째, 구두에 의한 경고 둘째, 문서에 의한 견책, 셋째, 근신, 넷째, 징계처분으로서의 전보 및 전직, 다섯째, 감봉 또는 감급, 여섯째, 정직 또는 대기발령, 일곱째, 강등, 마지막으로 해고 등의 조치가 포함된다.

6. 징계권의 사유로는 첫째, 무단결근, 정당한 업무명령 거부, 직장규율 문란 등 근무태도 불량, 둘째, 폭행, 업무상 횡령, 풍기문란 등 범법행위, 셋째, 이중취업행위와 겸업, 넷째, 경력 및 학력 사칭, 마지막으로 조정기간 중의 쟁의행위 등 불법집단행위 등이 있다.

연습문제

단답식

1. ( )은 동일조직 단위 내에서 기능수준이 보다 높은 직무로 배치전환하는 것이다.

2. ( )은 구성원의 연령, 학력, 근속년수, 즉 근속기간의 차이에 의해 승진에 우선을 준다는 제도이다.

3. ( )는 특정 직급의 근무기간에 관계없이 정해진 포인트만 받으면, 승진자격을 부여하는 제도이다. 이는 삼성 등 대기업은 물론 중소기업에 이르기까지 폭넓게 활용되고 있다.

4. ( )이란 기업질서를 위반하는 근로자에게 근로계약을 존속시키면서 일정기간 신분을 정지시키는 중징계처벌이다. '대기발령'이 이에 해당된다.

5. 징계권의 사유 중 근로자가 근로계약을 충실히 이행치 않거나, 생산성 향상에 기여하지 않는다거나, 직장규율을 문란케 한다거나, 그 밖의 노사관계의 신뢰를 상실케 하는 행위는 무엇인가? ( )

객관식

1. 다음 중 승진정책 수립시 고려해야 할 사항에 포함되지 않는 것은? ( )
   ① 적정성 ② 공정성
   ③ 합리성 ④ 일관성

2. 인사체증과 사기저하를 방지하기 위해 직무내용상 실질적 변화없이 직위명칭 또는 자격호칭 등의 형식적 승진을 시키는 경우로 일명 '준승진'이라고도 하는 승진은? ( )
   ① 직급승진 ② 대용승진
   ③ 직위승진 ④ 임시승진

3. 다음 중 합리적인 승진제도의 운영에 해당하는 것은? ( )

① 승진방식 결정 → 계획수립→승진경로 설정 →집행→사후관리

② 승진방식 결정 → 계획수립→승진경로 설정 →사후관리→집행

③ 계획수립 → 승진방식 결정 → 승진경로 설정 →집행→사후관리

④ 계획수립 → 승진경로 설정 → 승진방식 결정 → 집행→사후관리

4. 다음 중 능력주의 승진과 관련이 없는 것은? ( )

① 학력 ② 성과

③ 연봉제 ④ 개인중심의 경쟁

5. 승진의 기준 중 실적, 태도, 능력, 장래성 등을 고려하여 평가하는 것이다. 예를 들어, 영업직에 종사하는 근로자는 실적에 대한 평가비율이 타 직종에 비해 높을 수 있다. 이에 해당하는 승진의 기준은? ( )

① 승진시험 ② 경력평정

③ 직무평정(근무평정) ④ 연공평가

6. 노사관계를 지배하는 일정한 취업규칙 또는 단체협약을 근거로 하여, 근로기준법 소정의 요건을 갖추는 경우에 한해서 사용자는 근로자에 대한 징계권을 가진다는 학설은? ( )

① 사용자의 고유권 ② 법규범설

③ 계약설 ④ 열거주의

7. 징계해고의 요건 중 단체협약에 "이 협약에 규정되지 않은 사유를 가지고 근로자를 해고할 수 없다"는 조항이 있으면, 징계해고 판단시 이 규정을 존중해야 한다는 내용은?( )

① 배타적 배제조항 ② 열거주의

③ 단체협약 우선의 법칙 ④ 징계의 정당성

8. 다음 중 징계의 목적 달성을 위해 실시해야 할 사항이 아닌 것은? ( )

① 준수사항의 문서화와 위반시 처벌내용 명시

② 취업규칙이나 복무기준의 명시

③ 징계의 목적을 종업원들에게 주지시킬 필요가 없다

④ 위반 종업원에 대한 신속하고 통일성 있는 징계 실시

9. 다음 중 현재의 업무가 아닌 새로운 업무나 새로운 보직으로 바꾸면서 현재의 직급 · 호봉 · 직위 등을 유지시켜주는 징계의 종류는? ( )

① 견책 ② 감봉

③ 해고 ④ 전보, 전직

10. 다음의 징계권 사유 중 근무태도 불량에 해당되지 않는 것은? ( )

① 무단결근
② 업무상 횡령
③ 정당한 업무명령 거부
④ 직장규율 문란

참고문헌

강정대 · 황호영(1998), 『현대 인적자원관리』, 박영사.
김성수(2008), 『21세기형 신인적자원관리』, 삼영사.
———(2010), 『혁신적 인적자원관리』, 탑북스.
김영재 · 김성국 · 김강식(2005), 『인적자원관리』, 삼영사.
———————(2011), 『신 인적자원관리』, 탑북스.
김형배(2002), 『노동법강의(제7판)』, 신조사.
박홍배 · 채규옥(2013), 『인사관리론』, 두남.
유기현(1999), 『인적자원관리론』, 무역경영사.
임창희(2003), 『신 인적자원관리』, 명경사.
———(2008), 『인적자원관리』, 비앤엠북스.
정재훈(2005), 『인적자원관리』, 학현사.
정종태(2013), 『인사관리의 기본과 실제』, 시그마프레스.
하갑래(2005), 『근로기준법(제15판)』, 중앙경제

제 9 장 교육훈련관리

학습개요

이 장은 조직이 직면하는 외부환경의 도전에 대처하기 위해 종업원들의 지식과 기술을 지속적으로 개발하는 교육훈련의 의의와 중요성 및 방법에 대해 학습한다. 또한 교육훈련의 최근 추세에 대해 살펴본다.

학습목표

1. 교육(education), 훈련(training), 개발(development)의 개념을 이해한다.
2. 교육훈련의 중요성 5가지를 설명할 수 있다.
3. OJT와 Off-JT를 구분하여 이해한다.
4. business game이란 무엇이며 어떻게 하는지 설명할 수 있다.
5. 다양성 훈련과 교차문화 훈련의 의미를 이해한다.

주요용어

1. 교육훈련(education/training): 조직의 목적을 달성하는데, 필요한 역량을 구성원들에게 학습시키는 조직의 활동.
2. 스마트러닝(smart learning): 스마트폰, 미디어 태블릿, e북 단말기 등의 모바일 기기를 이용한 학습 콘텐츠와 솔루션을 통칭함.
3. 액션러닝(Action Learning): 라인관리자들에게 기존의 사업운영시스템을 수정하도록 돕기 위한 실무훈련방법. 참가자(피훈련자)들에게 조직 혹은 사업부의 실제문제를 선택하고, 이에 대한 사례의 분석 및 작성과 함께 유사한 문제에 직면한 다른 관리자 집단과 문제해결방법을 토의하는 방식.

경영사례 1

▌졸리는 직무교육은 끝 … '모바일 연수원'에서 게임하듯 즐긴다!

2010년 10월 12, 13일 이틀간 경기도 용인의 삼성생명 '휴먼센터'에서는 '2010 삼성 HR 콘퍼런스'가 열렸다. 삼성의 국내외 관계사 인사담당 임직원 1,400여 명이 모여 인적자원(HR)관리의 새 동향을 공유하는 자리였다. 행사장 밖에는 기업 직무교육 관련 업체들의 홍보 부스가 마련됐다. e러닝 전문업체 크레듀도 그 중 하나였다. 스마트폰, e북 단말기, 미디어 태블릿 등 디지털 모바일 기기에 내려 받아 쓸 수 있는 '크레듀 모바일 러닝' 애플리케이션(응용프로그램 · 이하 앱)을 선보여 시선을 끌었다.

〈회사 · 개인별로 맞춤 프로그램 QR코드 찍으면 맞춤 동영상〉

• 언제 어디서나 맞춤학습

제품설명을 맡은 노성우 마케팅팀장 앞엔 갤럭시S 스마트폰과 '갤럭시탭' 미디어 태블릿이 놓여 있었다. 두 기기에 저장된 모바일 러닝 앱을 구동해 봤다. 삼성 로고가 선명한 초기 화면이 나타났다. "구성과 교육내용, 디자인까지 고객회사의 기호에 맞춰 앱을 만들 수 있다"고 설명했다. 언제 어디서나 접속해 공부하고 질문도 던질 수 있는 '맞춤형 모바일 연수원'이라는 이야기다. 이어 '마이 데스크'(my desk) 화면으로 이동했다. 개인별 수강내역, 과목별 진도와 취득점수 등을 한 눈에 확인할 수 있었다. PC로 학습하던 내용을 모바일 기기로 이어 공부할 수도 있다. 외국어 말하기 시험인 'OPIc'을 앱 상에서 신청 · 결제하는 과정도 시연했다. 관람객들은 위치기반서비스(LBS)를 활용해 현위치에서 가장 가까운 시험장을 찾는 방식에 흥미를 보였다. 곁에 두었던 MBA 학습교재 표지의 QR코드(2차원 바코드)에 두 기기를 가까이 댔다. 스캔이 이뤄지는 동시에 기기들 화면에 해당 교재에 대한 학습 동영상이 떴다. 탄성을 내는 관람객도 있었다. 이들은 일방적 동영상 강의 중심의 e러닝이 양방향 · 융합 · 개인화를 특징으로 하는 '스마트 러닝' 시대로 전환하는 장면을 목격하고 있었다. 배경에는 스마트폰과 무선인터넷이 자리 잡고 있다.

〈학습자 위치가 공항일 때 이에 맞는 어학자료 올라와〉

• CD롬, 동영상 넘어 앱으로

삼성 계열 e러닝 업체인 크레듀는 국내 직무교육 시장점유율 1위 기업이다. 2009년도 640억원 매출의 90%를 이 분야에서 거뒀다. 산업계는 사회 각 영역 중 변화 흡수가 가장 빠르다. 필요한 교육의 종류와 내용이 중 · 고교에 비할 바 없이 다양하고 복잡하다. 이를 좀 더 효과적으로 전달하려면 정보통신기술(ICT) 활용이 필수다. 또 직장인들은 출퇴근 때 외엔 공부할 시간을 내기 어려울 만큼 바쁘다. 크레듀가 일찌감치 모바일 기기를 통한 스마트 러닝 분야에 공을 들인 이유다. 크레듀의 배재근 대표는 "인터넷 접속 통로가 PC 에서 스마트 모바일 기기로 빠르게 옮겨가고 있다. 환경변화에 적극 대처하기 위해 임직원의 15%를 ICT 연구 인력으로 채워 관련 기술 개발에 힘쓰고 있다"고 말했다.

크레듀 외에도 앱 형태의 e러닝 솔루션을 내놓은 회사가 꽤 있다. 하지만 PC에서 보는 동영상 강좌를 재구성한 것이 대부분이다. 이 회사 모바일러닝 앱을 개발한 임기석 팀장은 "흔히 스마트 러닝을 e러닝의 보완서비스로 여기지만 그렇지 않다. 조만간 스마트러닝에 딱 들어맞는 교육 콘텐츠가 대거 쏟아질 것"이라고 예상했다. LBS를 활용해 학습자의 현재위치가 공항이면 이에 알맞은 회화 학습자료를 제공할 수 있다. 실제 이미지 위에 가상정보를 얹어 보여주는 '증강현실' 기술을 통해 굴착기 등 중장비 조작법을 익힐 수도 있다. 모바일 인스턴트 메신저를 통한 강사와 학습자간 직접소통도 가능하다.

• 롤플레잉게임 뺨치는 재미

크레듀의 첨단교육 솔루션 중에는 '크레듀 매니지먼트게임(CMG)'이라는 경영시뮬레이션 게임도 있다. 1~10명으로 구성된 한 팀이 역할을 나눠 각각의 결정사항을 자신의 PC에 입력하면 매출·순익 등 구체적인 결과로 도출된다. 팀 내 역할에 대한 평가는 물론, 다른 팀과의 비교·경쟁도 가능하다. 이 게임을 개발한 김미정 팀장은 "7월과 9월 두 차례에 걸쳐 모 그룹 신입사원 교육에 이 프로그램을 적용했는데 참가자의 97%가 '롤 플레잉 게임처럼 재미있다'는 반응을 보였다"고 전했다. 이 프로그램 역시 스마트 기기를 이용한 원격참여가 가능하다. 배재근 대표는 "머지않아 어학 말하기 시험도 사람이 직접 듣고 채점하는 것이 아니라, 음성 인식 프로그램을 평가하는 시대가 올 것"이라고 내다 봤다.

• 자료 : 중앙일보, 2010. 10. 21 E9면.

1. 교육훈련의 이해

1.1 교육훈련의 의의와 중요성

1) 교육훈련이란?

인간은 일생 동안 배움을 통해 인격 완성과 자아실현을 추구한다. 그 중에서도 학교, 군대, 기업 같은 조직 속에 들어가 많은 사람과 환경의 상호작용 속에서 새로운 지식과 기술, 태도, 행동 등을 끊임없이 배우게 된다.

특히 개인들이 조직생활을 통해 필요한 행동들을 습득하는 것을 설명하는 개념으로 학습을 들 수 있다.[1] 학습(learning)이란 원래 심리학 용어로서, 연습이나 경험의 결과로 나타나는 행위 또는 태도에 있어서의 비교적 항구적인 변화를 일컫는다.

이러한 **학습은 흔히 조직 내에서의 교육훈련(education/training)을 통해 이루어진다. 즉, 조직이 직면하는 외부환경의 도전에 대처하기 위해 종업원들의 지식과 기술을 지속적으로 개발하는 것을 말한다.** 교육훈련은 조직이 주체가 되어 조직의 가치관, 지식, 기술, 태도 등을 교육훈련 담당자를 통해 피교육자로 하여금 습득케 하는 조직의 활동을 말한다. 그런데 교육훈련은 원래 교육과 훈련이란 두 용어가 결합되어 만들어진 합성어이다. 이들 두 용어의 개념적 차이를 구분하면 교육(education)은 종업원의 일반적 지식・소양・태도를 육성하는 것으로서, 주로 정규교육제도에 의해 장기적이고 포괄적인 측면에서 정신적인 이론 위주의 지식 함양과 능력개발을 목적으로 한다. 반면, 훈련(training)은 특정 직무를 수행하는 데 필요한 지식과 기능의 습득을 위해 주로 기업에 의해서 기업 특유의 단기적이고 구체적인 실무 위주의 육체적 기능 습득과 연마를 목적으로 한다.

그러나 이 두 개념은 상호보완적인 관계에 있기 때문에 일반적으로 구분하지 않고 교육훈련이라는 복합적인 개념으로 사용되고 있다. 이를 정리해 보면, **교육훈련이란 조직의 목적을 달성하는데 필요한 역량을 구성원들에게 학습시키는 과정이며, 보다 구체적으로는 종업원들이 맡은 직무수행에 요구되는 지식과 기술 및 태도를 습득시키는 과정이다.**

한편, 개발(development)이라는 용어도 사용되고 있는 바, 이는 교육과 훈련이 종합된 개념으로서 경영자로 하여금 조직 내에서 성공적인 관리자가 되도록 경험, 기술 및 태도를 습득시키는 과정을 말한다. 오늘날 기업의 경영자는 교육과 훈련 양자 모두 동시에 필요한 바, 경영자 개발은 종업원을 지도하기 위해 필요한 고도의 전문지식과 함께 문제해결 능력, 대인관계 기술, 리더십, 갈등관리, 커뮤니케이션 능력 등도 뒷받침되어야 한다. 따라서 개발이라는 개념이 새삼 강조되고 있다.

이상 교육과 훈련, 개발의 세 가지 용어를 종합 정리해 보면 [표 9-1]과 같다.

---

1) 그런데 여기서의 '학습'은 개인 차원에서의 학습을 의미한다. 최근 학습의 개념은 조직 수준으로 확장되어 조직 수준에서 변화된 환경에 적응하기 위해 필요한 새로운 지식・정보를 습득하는 조직활동을 의미하는 조직학습(organizational learning)의 개념으로 발전하고 있다. 이 장에서는 조직학습에 대해서 설명하지 않는다.

[표 9-1] 교육, 훈련, 개발의 구분

구 분		교 육(education)	훈 련(training)	개 발(development)
공통점		·인간의 변화와 학습에 관계됨 ·학습이론이 적용됨		
차이점	추구 목표	·인간으로서 할 수 있는 다양한 역할의 습득과 지식함양에 치중 ·개인목표 강조 ·정신적, 보편적, 장기적 목표 추구	·특정 기업에서 종업원의 특정 직무 수행에 도움을 주기 위한 기능 습득이 주된 목표 ·조직목표 강조 ·육체적, 구체적, 단기적 목표 추구	·경영자로 하여금 조직내에서 성공적인 관리자가 되도록 경영능력 개발에 목표 ·개인과 조직의 동시 성장 강조 ·인격적, 창의적, 자발적, 장·단기적 목표 추구
	기대 결과	·보편적 지식학습을 통한 다양한 결과 기대 ·반응의 폭이 다양함	·특정의 제한된 행동 결과 기대 ·반응의 폭이 제한적임	·조직변화와 성장에 조화된 능력개발 기대 ·반응의 폭이 복합적임
	사용 수단	·이론 중심의 지식 전달	·실무 중심의 기능 연마	·참여 중심의 문제 해결력, 대인관계 기술, 의사소통능력, 갈등관리력, 리더십 배양
	주체	·주로 정규교육기관	·주로 기업 혹은 연수원	·정규교육기관 및 기업

2) 교육훈련의 중요성

오늘날 기업을 둘러싼 환경의 변화는 소직의 생존·유시와 발선을 위해 보나 능동적으로 적응할 것을 요구한다. 더욱이 기업들은 경쟁의 심화와 기술혁신 등 급변하는 경영환경에 대응할 수 있는 경쟁력을 갖추고자 부단한 노력을 하고 있는 가운데 종업원들의 능력개발에 힘쓰고 있다. 따라서 조직이 종업원을 인적자원으로 고려한다면 교육훈련은 이들 자산에 대한 계속적인 투자를 의미하고 기업이 할 수 있는 가장 중요한 투자의 한 부분이 될 수 있다. 선진국의 초일류기업들은 경쟁우위 확보의 수단으로 종업원들에 대한 교육훈련을 중요한 전략적 이슈로 삼고 있는 바, 그 이유를 제시해 보면 다음과 같다.

첫째, 급속한 기술변화는 기술진부화(skill obsolescence)를 촉진시키는 원인이 되고 있다. 따라서 경쟁적 기업으로 남아 있기 위해서는 최신의 기술을 시용할 줄 아는 종업원들을 지속적으로 훈련시킬 필요가 있다.

둘째, 보다 폭 넓은 책임을 갖는 직무로의 재설계(예 : 자율관리팀)는 종업원들에게 보다 많은 책임, 주도권, 추가적인 대인관계 기술 개발을 요구하고 있다. 따라서 종업원들은 보다 폭 넓은 기능 기초와 팀웍, 협업, 갈등관리 능력의 개발이 요구된다.

셋째, 인수와 합병의 증가에 따라 전혀 다른 조직문화를 가진 조직과의 통합을 위해 교육훈련이 필요하다.

넷째, 종업원들이 한 기업에서 다른 기업으로 이동하는 빈도가 과거보다 훨씬 증가함에 따라 새로운 조직의 규칙과 정책, 절차를 이해하고 회사 운영과 종업원 네트워크에 사회화될 필요성이 있다.

다섯째, 경영의 글로벌화에 따라 관리자들에게 언어와 문화 차이에 대한 지식과 기능 습득을 위한 교차문화 훈련(cross-cultural training) 등이 요구되고 있다. 최근의 글로벌화된 시장경쟁에서 경쟁우위를 확보하고 급변하는 경영환경에 효율적으로 대응하기 위해 변화를 주도할 주체는 결국 조직 내의 구성원들이며, 이들은 새로운 기업경쟁력의 핵심역량(core competence)으로 떠오르고 있다.

즉, 전통적으로 경쟁우위를 보장해 주던 생산 및 공정기술(특허나 독창적 노하우), 시장의 보호와 규제(국내시장의 보호와 진입규제), 금융자원의 확보(자금 확보능력), 규모의 경제(대량생산) 같은 요소들이 점차 그 중요성을 잃어가는 반면, 우수한 조직구성원, 즉 우수한 인적자원의 육성·개발을 통한 기술력 향상이 경쟁우위를 확보해 주는 새로운 전략적 요소로 부각되고 있다.

왜냐하면 인적자원은 타사가 쉽게 모방할 수 없는 보이지 않는 기업 고유의 독특한 조직문화나 인력관리 관행 등으로 반영되기 때문이다. 따라서 지속적인 경쟁우위의 원천인 우수한 기술을 가진 인적자원 확보를 위한 교육훈련의 중요성이 더욱 강조되고 있는 것이다. 그러나 아이러니하게도 대부분의 기업들이 경기침체기에는 교육훈련에 대한 지출을 일차적인 삭감 대상으로 여기고 있다. 이는 교육훈련에 대한 지출을 미래에 대한 투자(investment)로 생각하지 않고, 번영기를 위한 사치스러운 지출(luxury expenditures)로 생각하기 때문이다. 또 교육훈련된 유능한 종업원은 경쟁사의 매력적인 스카우트 표적이 될 뿐만 아니라, 숙련된 기술자들 또한 자신의 시장성(marketability)과 고용안정성(employability security)을 높이는 기회로 이용하기 때문에 기업들이 교육훈련에 적극적인 투자를 기피하는 현실이다. 그 이유는 교육훈련에 대한 지출이 단기적으로는 기업에 커다란 비용부담이 될 뿐만 아니라 즉각적인 투자수익률(ROI)을 보장하기 않기 때문에 단기적인 재무성과를 추구하는 경영자들은 교육훈련에 대한 우선순위를 덜 강조하고 종업원 개발을 강조하는 조직문화의 창조와 지원에 소홀하게 되는 경향이 있다. 그러나 심화되는 글로벌 경쟁과 급변하는 경영환경 속에서 종업원에 대한 교육훈련은 기업의 경쟁력을 유지・향상시키는 전략적 투자로 인식되고 그 중요성이 점점 더 강조되고 있는 추세이다. 따라서 효과적인 교육훈련을 제공하기 위해서는 종업원에 대한 교육훈련을 투자 관점에서 고려할 뿐만 아니라 신중한 모집과 선발을 포함한 충원전략과 성과관리 및 보상전략과 통합된 보다 전략적인 접근이 필요하다.

현장이야기 1

Motorola사의 교육 투자

1980년대 중반 Motorola사의 반도체 매출이 급격하게 떨어질 때 그 회사는 정리해고 대신 대대적인 교육훈련 계획을 세웠다. 관리층 월급의 1.5%에 해당되는 거금을 훈련에 투자하고, 1992년도까지 총 급료의 3.6%에 해당하는 금액을 교육에 투자하여 전직원이 1년에 평균 36시간의 훈련을 받도록 조치하였다. 1995년에는 평균 40시간, 2000년에는 평균 100시간의 훈련을 받도록 조치하여, 포춘(Fortune)지로부터 Motorola사는 교육훈련의 황금지표라는 찬사를 얻었다. 그 결과, Motorola사의 1달러당 교육훈련비는 3년 내에 30달러의 생산성 증대를 가져오고, 5년간 33억 달러의 비용 절감, 2배의 매출 증가, 47%의 이익 증대 효과를 올렸다. 새로운 기술, 새로운 시설, 새로운 산업에 투자하는 것보다 교육훈련에 투자하는 것이 급변하는 환경에 대처하는 가장 빠르고 쉬운 지름길이다.

1.2 교육훈련의 목적

교육훈련은 종업원들의 능력을 향상시켜 기업의 경쟁력을 제고하고 나아가 기업의 목적에 기여할 수 있는 인적자원을 개발하는 과정이다. 따라서 교육훈련은 궁극적으로 인재의 양성을 통해 조직의 유효성을 제고하는데 있다. 이를 보다 구체적으로 살펴보면, 기업 측의 목적은 인재 육성을 통한 기술 축적과 커뮤니케이션 활성화를 통한 조직유효성의 제고에 있으며, 종업원 측의 목적은 자기 발전의 욕구 충족을 통한 성취동기 달성과 자아실현에 있다.

이를 기업의 목적과 종업원의 목적으로 구분해 보면 [표 9-2]와 같다. 먼저, 기업의 교육훈련 목적은 인재 양성을 통한 조직유효성 제고에 있다. 보다 세부적으로는 교육훈련 결과, 종업원의 직무수행능력 개발을 통해 노동생산성 향상으로 연결된다. 즉, 기술진부화를 막기 위한 재훈련과 재교육으로 노동의 질을 유지하고, 기업전략과 미래 환경에 대비하기 위한 필요 인력을 육성하며, 조직 내 의사소통의 개선과 협력 제고 등이 가능하다.

다음으로 종업원들의 교육훈련 목적은 자신의 능력개발을 통한 성취동기 달성에 있다. 보다 세부적으로는 자아실현을 위한 성장욕구 충족과 함께, 승진과 보상, 고용안정의 기회로 활용되고, 신기술과 지식 변화에 적응하며, 직무만족과 직장생활의 질 제고 등이 가능하다. 요약해 보면, 교육훈련은 기업의 성과와 종업원의 경력 발전에 기여하는 등 양자 모두에게 이익이 되는 중요한 측면이 있다.

[표 9-2] 교육훈련의 목적

기업의 목적	종업원의 목적
조직유효성 제고	성취동기 달성
· 생산성 향상과 조직성과 제고 · 노동의 질 유지 · 미래 필요능력에 대비 · 사기 증대(자아 성장감) · 커뮤니케이션과 상호 협조 증대 · 의식과 태도 개선	· 성장욕구 충족 · 향상된 능력 → 승진기회로 활용 · 기술변화 적응 → 실업위험 감소 · 특기와 개성 개발 · 보상의 증가 · 직무만족도 향상

자료 : 박성수 외(2009), 『디지로그시대의 인적자원관리』, 박영사, p. 247 보완.

2. 교육훈련의 내용

2.1 교육훈련의 체계와 형태

교육훈련은 그 실시하는 주체, 목적과 대상, 교육장소, 내용, 방법 등에 따라 다양하게 분류된다. [표 9-3]에서는 네 가지 기준에 따라 구분해 보기로 한다.[2)]

[표 9-3] 교육훈련의 체계와 형태

구 분	체 계 및 형 태
주 체[3)]	• 직장 내 교육(OJT) -직장 내 훈련 : 직장의 상사 및 선배 등 타인에 의한 지도 -교육스탭에 의한 훈련 -전문가, 외부강사에 의한 훈련 • 직장 외 교육(Off-JT) -파견 교육훈련 : 관공서, 본사에 의한 위탁, 대학, 해외 파견 -외부 교육훈련기관 훈련 : 강좌, 세미나, 기타 • 자기개발교육(SD) -자기개발 : 자기성장 욕구에 의한 자기훈련 -지도를 수반한 능력개발 향상 : 평생교육, e-learning
대 상	• 신입자 교육 : 오리엔테이션, 기초훈련, 실무훈련 • 현직자 교육(계층교육) : 일반종업원 훈련, 감독자 훈련(TWI), 관리자 훈련(MTP), 경영자 훈련(AMP)
내 용	• 직능별 교육 : 생산부문, 마케팅부문, 인사부문, 재무부문, 전략부문 • 정신계발 교육 : 자기계발 훈련, 교양교육, 노사관계, 극기훈련 • 능력개발 교육 : 어학연수, 컴퓨터 교육, 자격취득 훈련, 대인관계 훈련
방 법	• 강의실 : 직접강의, TV강의, 인터넷강의 • 토론식 : 회의식, 담화, 자유토론, 분임토의 • 시청각 : 영어, PPT, 컴퓨터, TV, 인터넷 기반 교육 • 참여식 : 역할연기, 감수성훈련, 비즈니스게임, 인바스켓훈련 등 • 사례연구 : 토론과 발표

2) 여기서의 분류는 교육훈련을 기업 차원에서 구분한 것임. 그러나 보다 거시적으로는 교육훈련의 주체를 중심으로 국가가 행하는 직업훈련, 기업조직이 행하는 각종 교육훈련, 기타 단체 및 사설 학원의 교육훈련으로 구분할 수 있다.

2.2 교육훈련의 절차

기업에서 교육훈련의 목표를 보다 효과적으로 달성하기 위해서는 체계적인 절차에 따라 교육훈련을 실시하는 것이 무엇보다 중요하다. 일반적으로 교육훈련의 절차는 [그림 9-1]과 같이 이루어진다.

[그림 9-1] 교육훈련의 절차

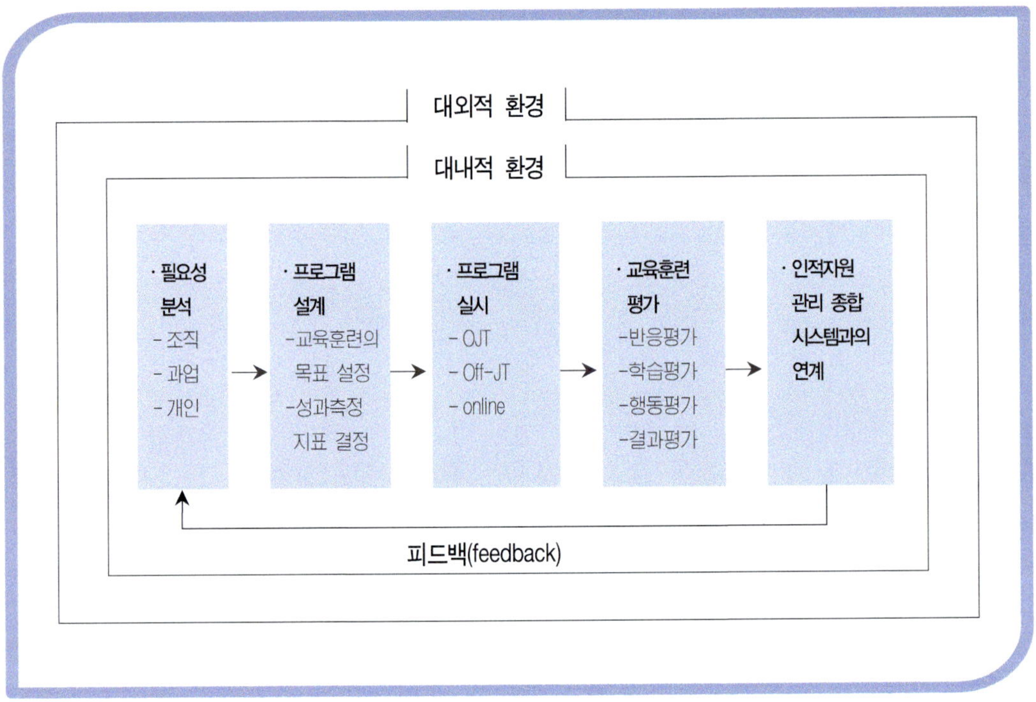

1) 필요성 분석(Needs Assessment)

교육훈련의 필요성은 조직의 실제적인 성과나 각종 통계지표, 그리고 구성원들로부터의 공식적, 비공식적 피드백을 통해 파악할 수 있다. 이익의 저하나 시장경쟁력의 약화, 사내 협조 의식의 저하, 유능한 인력의 이직, 원가 상승, 생산성의 저하, 부서간

---

3) 교육훈련의 또 다른 주체별 분류
- ① 국가 - 공공직업훈련, 인정직업훈련
- ② 기업 - 사업 내 교육훈련
- ③ 단체 및 사설학원 - 노동조합, 사용자단체, 종교·시민단체, 대학부설 교육기관, 사설강습소의 교육훈련

의 갈등, 사기 저하 등 여러 가지 증상이 나타나고 여기에서 교육훈련의 중요한 개선 요인을 파악할 수 있게 된다. 그런 다음에는 그 능력개발의 필요성을 구체적으로 분석하여 분명한 교육훈련의 목표를 수립하는 것인 바, 필요성을 분석하는 데 사용되는 방법으로는 조직의 강점과 약점, 환경분석을 통한 장·단기목표 설정, 자원 등 기업 전체 차원의 조직분석(organizational analysis), 과업의 성공적인 수행에 필요한 지식, 기술 및 태도에 관한 과업분석(task analysis), 교육훈련을 필요로 하는 특정 개인을 확인하는 개인분석(individual analysis)이 있다.

2) 프로그램 설계(Design)

교육훈련의 필요성이 인식되면 누구에게, 무엇을, 어떻게 교육훈련을 할 것인가? 즉 교육훈련 프로그램을 설계해야 한다.

먼저, 교육훈련의 목표를 설정해야 한다. 즉 "교육훈련을 통해서 무엇을 성취하려고 하는가?" 하는 구체적이고 명확한 목표를 설정한다. 특히 교육훈련의 목표는 측정가능한 용어로 기술되어야 한다. 그리고 교육훈련의 성공 여부는 목표 달성 정도의 측정에 의해 판단되므로 조직의 성과를 나타내는 여러 측정지표(measures)(예 : 이직률, 결근율, 성과〈비용-이익분석, ROI분석〉 등)도 결정되어야 한다. 또한 측정지표는 교육훈련 후 기대하는 종업원의 행동 뿐만 아니라, 그런 행동의 결과 형태로 제시되어야 한다.

다음으로, 목표가 설정되면, 이를 달성하는 데 필요한 교육훈련 방법(method)과 매체(media)를 선택하고 확보할 수 있는 교육훈련 계획을 수립한다. 교육훈련 계획은 조직구성원에 대한 실제 교육훈련 프로그램 뿐만 아니라, 교육훈련을 담당할 연수 요원에 대한 계획과 교육훈련자료의 개발, 그리고 교육훈련에 필요한 시설과 기자재에 대한 계획도 포함한다. 즉, 교육훈련 내용의 결정(교과내용 편성), 훈련대상자의 선정 및 동원, 현장감독자나 중간관리층 등 관계자의 협조 확보, 훈련방법의 결정, 훈련담당자의 선정(내부요원 또는 외부인사), 교육장소, 교육시간, 교재 및 교구 등의 준비가 구체적으로 결정되어야 한다.

현장이야기 2

유한킴벌리의 교육 시스템

우리나라 회사의 생산부문은 대부분 3조 3교대 또는 2조 2교대 체제로서 사원들의 재충전과 지식의 습득 기회가 구조적으로 어려운 실정이며, 교대 근무자의 가장 큰 어려움으로는 불규칙한 생활 리듬, 피로 누적으로 인한 안전사고의 위험성이다. 이러한 형태의 기존 교대근무는 사원들의 재충전 기회를 박탈하여, 현실적이고도 창의적인 업무활동을 저해하는 경우가 많다. 그런데 회사의 생산성 향상을 위해서는 사원들이 평일과 휴무일을 통하여 재충전과 자기계발의 기회를 확보할 수 있도록 만드는 것이 중요하다. 경영의 각 분야에서 끊임없는 변화를 추구하고 있는 유한킴벌리사는 이를 실현하는 주체가 사원이라는 사실에 역점을 두고, 사원들에게 심신 재충전의 기회 제공과 능력개발을 지원하고, 적절한 보상을 함으로써 평생을 공부하며 성장하는 직장으로 만들기 위해 노력하고 있다. 그 일환으로 이 회사의 4교대제 근무형태는 하루 24시간의 근무를 4교대조가 나누어 근무하는 것으로, 사업장에 따라서 4조 2교대제와 4조 3교대제로 운영된다. 근무유형은 2개조가 12시간씩 1일 24시간을 근무하는 동안 나머지 2개조는 휴무나 교육을 받을 수 있다.

- 근무시간 : 2개조가 주간(12시간), 야간(12시간) 근무를 담당하고, 나머지 2개조는 휴무 또는 교육후 교대한다.
- 근무주기 : 4일 야간 근무 → 3일 휴무 → 1일 교육 → 4일 주간근무
- 근로시간 : 교육시간 포함 주당 평균 45.5시간
- 교육시간 : 정례교육(연 183시간)과 필요시 휴무일을 이용한 추가교육

3) 프로그램 실시(Delivery)

이 과정은 교육훈련을 실제로 수행함으로써 종업원의 지식, 기능, 태도(KSAs : Knowledge, Skill, Abilities) 등에 현실적인 변화가 발생하는 핵심적인 절차이다. 따라서 훈련대상자의 수준과 능력에 맞는 훈련프로그램의 실시가 주의 깊게 행해져야 한다. 특히 피훈련자나 학습자가 실제의 직무상황과 유사한 환경에서 학습이 전이(transfer)될 수 있도록 교육훈련이 실시될 필요가 있다. 여기서 학습의 전이(transfer of training)란 피훈련자나 학습자가 교육훈련시 배운 내용을 실제의 직무상황(조건)에 이전(적용)할 수 있는 정도를 말한다. 교육훈련의 실시과정은 누가, 어떻게 가르치느냐 하는 것이 초점인 바, 이에 대해서는 교육훈련의 방법에서 상세하게 설명할 것이다.

4) 교육훈련 평가(Evaluation)

교육훈련의 평가는 교육훈련 후의 결과와 당초 설정한 목표를 비교하여 어느 정도 효과가 있었는지를 확인하는 과정이다. 그런데 교육훈련의 효과를 측정하는 것은 용이하지 않는 일이다. 따라서 대부분의 조직들이 교육훈련의 성과를 평가하는데 어려움을 느끼고 있다. 그 이유는 교육훈련의 성과가 단기적으로 나타나지 않을 뿐만 아니라 측정방법 또한 마땅하지 않기 때문이다. 그러나 교육훈련은 그 실시에 있어 많은 노력과 시간, 비용(훈련자 및 피훈련자의 급여와 시간, 훈련시설비, 훈련자재비, 강사료 등)이 소요되는 일종의 큰 투자이기 때문에 반드시 평가가 이루어져야 한다.

교육훈련의 평가에 대한 접근은 크게 평가의 4단계(수준) 모델과 계량적 평가모델로 나누어 볼 수 있다. 먼저, 평가의 4단계 모델(D. Kirkpatrick)은 반응평가(Reaction Measures), 학습평가(Learning Measures), 행동평가(Behavior Measures), 결과평가(Results Measures)로 구분되며, 4단계 모델은 계층별 수준을 이루고 있다([그림 9-2]).

[그림 9-2] 교육훈련의 4단계(수준) 평가 모델

단계(수준)	질문내용	측정도구
결과	교육훈련 후에 조직이나 단위 부서가 보다 향상 되었는가?	사고율, 품질, 생산성, 이직률, 사기, 비용, 이익
행동	피훈련자들이 교육훈련 후에 직무수행시 다르게 행동하는가? 교육훈련 때 배운 기능과 지식을 활용하는가?	상사, 동료, 고객, 부하에 의한 업적 평가
학습	피훈련자가 교육훈련 전보다 훈련프로그램 이수 후에 어느 정도 지식이나 기능이 더 향상되었는가?	필기시험, 성과테스트, 점수화 된 시뮬레이션
반응	피훈련자가 교육훈련 프로그램, 훈련자, 설비를 좋아했는가? 교육훈련코스가 유용하다고 생각하는가? 개선사항은 무엇인가?	질문지

자료 : Kirkpatrick, D.(1983), "Four Steps to Measuring Training Effectiveness", in *The Personnel Administrator*, Vol. 28, No. 11, Nov. p. 19.

첫째, 반응평가는 피훈련자들이 교육훈련 자체, 훈련자, 훈련시설을 좋아하는지 등 훈련의 유용성에 대해 질문지로 측정하는 방법이며, 대부분의 조직들은 이 단계에 머무르고 있다.

둘째, 학습평가는 교육훈련 이전보다 더 많은 지식과 기능을 알게 되었는지 평가하는 단계로서, 대개 지식교육은 학습내용의 시험(test)을 통해 평가하고, 기능훈련은 시범이나 시뮬레이션을 통해 평가하게 된다.

셋째, 행동평가는 교육훈련후 배운 기술을 종업원들이 직무에 적용하는지 행동의 변화를 평가하는 것으로 보통 업적평가(인사고과)를 통해 이루어진다.

넷째, 결과평가는 교육훈련 후의 전반적인 산출과 생산성, 효율성, 품질, 고객서비스에 미친 영향을 평가하는 것이다.

다음으로 계량적 평가모델은 비용-편익분석(Cost-Benefit Analysis), 투자수익률 분석(Return on Investment : ROI), 벤치마킹(Benchmarking) 등이 있다.

첫째, 비용-편익 분석은 실제 교육훈련에 들어간 비용(훈련자 및 피훈련자의 급여, 훈련자재비, 훈련비, 시설비, 기회비용 등)과 얻어진 효과(생산 증대, 사고 감소, 이직 감소, 신설비사용 능력, 태도 변화 등)를 비교하여 교육훈련 전·후의 성과를 측정하는 방법이다.

둘째, 투자수익률 분석은 교육훈련에 들어간 지출을 투자로 보고, 이에 대한 수익(results)을 분석하는 방법이다$\left(\frac{\text{수익}}{\text{교육훈련비}}\right)$. 그런데 ROI가 1보다 적으면, 교육훈련비가 수익보다 더 많이 지출된 것을 의미한다.

셋째, 벤치마킹 방법은 교육훈련의 평가를 조직 내부적으로 하는 대신 동종 산업 및 규모의 다른 기업과 비교하여 교육훈련의 성과를 측정하는 방법이다. 미국의 경우 미국훈련개발협회(American Society of Training and Development : ASTD)가 매년 1,000명 이상의 경영자들로부터 수집한 교육훈련 관련 자료(질문지)를 이용하여 벤치마킹할 수 있다.

5) 인적자원관리 종합시스템과의 연계

마지막으로 고려해야 할 점은 종업원들이 교육훈련을 이수했을 때 교육훈련 후의 기대결과가 강화되도록 보증하는 것이다. 즉, 종업원들의 새로운 기능과 지식이 직무에서 수행되게 하려면 인센티브가 필요하고 직무성과에 대한 인정과 강화가 필요하다. 그러나 교육훈련과 성과 측정, 그리고 보상이 별도로 관리되고 보다 큰 인적자원관리 전략에 통합되지 않으면, 적절한 강화는 일어나지 않는다. 따라서 종업원들은 조직에서 중요한 새로운 기능과 지식을 학습하고 이를 직무에 적용하라고 요구받을 때, 그리고 직무성과에 대한 보상이 교육훈련의 결과를 반영할 때 조직의 성공을 위해 더욱 헌신하게 된다.

[그림 9-3] 교육훈련과 성과관리, 그리고 보상 간의 연계

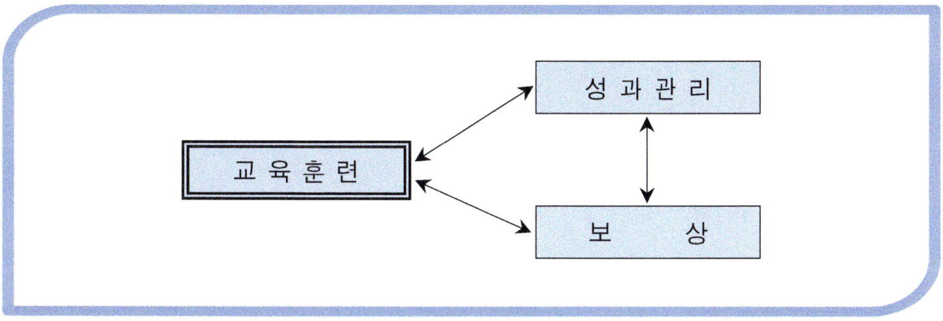

경영사례 2

▌미국 EMC사의 e-learning…장기적 투자로 생산성과 이익 증대!

EMC사는 미국의 매사추세츠주 홉킨톤(Hopkinton)에 소재한 자료 및 정보 저장을 위한 소프트웨어와 네트워크, 그리고 서비스를 제공하는 IT기업이다.

자료 저장과 검색에 관련된 기술의 급속한 발전은 제품의 수명주기를 점점 더 단축시키고 있다. 따라서 신제품 개발과 이에 대한 교육훈련의 필요성을 더욱 촉진시키고 있다. 이러한 교육훈련 수요에 대처하기 위한 전통적 강의실 훈련은 강의실 임차뿐만 아니라, 종업원들을 훈련장소로 이동시키는데 많은 비용지출을 수반하였다. 더욱이 회사가 글로벌화됨에 따라 콘텐츠 등 타 지역에서 발생하는 문제점을 방지하기 위해 보다 표준화된 교육훈련 제공의 필요성도 제기되었다.

EMC사는 이러한 도전들에 대처하고자 전통적인 강사 주도의 교육훈련 프로그램을 통합된 e-learning 프로세스로 이동하는 단일학습관리시스템(single learning management system)을 구축하였다. 그 결과, 신입사원들의 제품훈련이 9개월에서 5개월로 단축되고, 판매원들은 제품할당량을 판매하는데 기존의 9~12개월에서 4개월로 단축되었다. 가장 큰 이익은 신제품 출시를 통해 실현되었는데 개선된 e-learning 코스는 신제품 출시 시기와 동시에 실시됨으로써 제품출시 초기에 고객들의 제품구입 의사가 증가되었다. 한편, EMC사는 초기에는 e-learning 프로그램을 비용 관점에서 개발하였으나 점차 장기적 관점으로 전환하여 투자를 늘림으로써 생산성과 수익 증대를 도모하게 되었다.

• 자료 : Mello, J. A.(2011), *Strategic Human Resource Management*, 2nd Edition, Thomson, South-Western, p. 403.

3. 교육훈련의 방법

교육훈련의 방법은 교육훈련의 체계와 형태에 따라 다양하게 분류될 수 있다. 조직의 계층과 직능에 따라 관리층과 작업층에 각각 요구되는 의사결정 능력과 이의 실행을 위한 기술적 능력개발 및 생산, 영업, 인사, 재무 등 각 직능별 기술축적을 위한 직능별 교육훈련으로 구분하여 실시되는 전통적인 교육훈련방법과 함께 최근의 급속한 IT 기술혁신 등 기업환경 변화에 부응하여 창의성과 전문성, 그리고 글로벌 안목을 겸비한 인재양성을 목적으로 선진국 기업들이 도입하고 있는 최신의 능력개발방법으로 나누어 살펴보고자 한다.

3.1 전통적 교육훈련방법

1) 종업원 훈련방법

(1) 오리엔테이션 훈련(Orientation training)

신입사원으로 하여금 새로운 직장의 환경에 적응하기 위한 훈련으로서 도입훈련(entrance training)이라고도 한다. 훈련내용은 조직 전체에 대한 개괄(역사, 경영방침, 조직구조), 직무와 개별 종업원과의 관계(규정, 근로조건), 기타 조직의 일원으로서 필요한 입문교육(직무지식, 예절, 일반상식) 등이다. 오리엔테이션은 조직문화의 관점에서 볼 때 입사 초기부터 조직의 전통적 가치를 습득시키고 특정 조직의 사람을 만드는 조직사회화(organizational socialization)의 과정이기도 한다. 오리엔테이션은 '○○인'과 같이 조직구성원으로서의 기본정신과 자세를 배울 뿐만 아니라, 심리적 안정감을 주고 직무에 임하는 마음의 준비를 하게 만든다.

(2) 직장 내 훈련(On-the-Job Training, OJT)

종업원이 직무에 관한 기술을 현직에 종사하면서 감독자의 지도하에 훈련받는 현장실무 중심의 현직훈련으로서 직무훈련이라고도 한다. 이 방법은 매우 실질적이고 적용가능한 방법이어서 오늘날 교육훈련 방법 중 가장 많이 사용되고 있다. 이 방법은 전사적인 교육훈련의 프로그램에 의해 실시되는 것이 아니고 보통은 각 부서의 장(長)

이 주관하여 모든 계획과 집행의 책임을 지는 부서 내 교육훈련이다. 이 훈련의 장점은 일을 하면서 훈련을 할 수 있고, 종업원의 습득 정도나 능력에 맞춰 훈련을 할 수 있으며, 상사나 동료간의 이해와 협조정신을 높일 수 있다는 장점과, 일과 훈련의 병행에 따른 심적 부담과 다수의 종업원을 훈련하는 데는 적절치 못하며, 훈련내용 및 정도가 통일되지 못하는 단점이 있다.

(3) 직장 외 훈련(Off-the-Job Training, Off-JT)

종업원을 일정 기간 직무로부터 분리시켜 기업 내 연수원 같은 일정 장소에 집합하여 교육훈련에만 열중케 하는 직무 외 훈련이다. 즉, 교육훈련 담당 스태프의 책임하에 연수원이나 외부의 전문 교육훈련기관에 위탁하여 실시한다. 이 훈련은 현직을 떠나서 전문가의 지도 아래 훈련에만 전념할 수 있어 통일적, 단체적 집단훈련이 가능하다. 또 다른 부서의 종업원과 지식, 경험 등을 서로 교환할 수 있는 장점이 있다. 그러나 교육훈련 내용이 추상적이고 이론적이어서 현장과 괴리될 수 있으며, 훈련시설의 설치 및 이용에 따른 경제적 부담과 일손이 모자라는 중소기업은 작업시간 감소로 실시가 용이하지 않다는 단점이 있다.

(4) 직능별 교육훈련

이 훈련은 각 부서에 종사하는 종업원들의 업무 관련 지식의 수준 향상과 전문화를 통한 숙련된 인력의 개발을 목적으로 실시된다. 직능별 부서로는 생산, 영업, 상품개발, 인사, 재무 및 연구조사 직능 등을 들 수 있다. 교육훈련을 통한 기술 축적은 기업의 전 직능별로 골고루 이루어져야 내실 있는 경쟁력이 확보된다. 생산부문의 교육훈련은 제품의 생산 및 개발과 관련된 기술 및 지식을 향상시키기 위한 교육훈련이고, 마케팅부문의 교육훈련은 제품의 판매 및 유통에 관한 능력을 제고시키기 위한 교육훈련으로서 시장 및 소비자의 특성에 대한 조사, 마케팅믹스(marketing mix) 전략, 물적 유통(physical distribution), 광고 등을 교육 내용으로 한다. 또 인사부문은 채용, 배치, 이동, 승진, 인사고과, 능력개발, 임금과 복리후생, 안전보건, 노사관계, 인간관계 측면의 능력 향상을 주요 내용으로 하며, 재무・회계부문의 교육훈련은 자금계획, 자본의 조달과 운용, 자기금융과 배당정책, 경리 등에 관한 전문지식과 능력 향상을 목적으로 한다. 직능별 교육훈련의 강사는 주로 조직 내부의 라인부문의 중견관리자급에서 선정되는 경우가 많으며, 외부의 전문가들을 초빙해 오기도 한다. 그러나 외부

강사의 활용 빈도가 매우 낮은 것은 교육훈련 내용의 전문성이나 실무성이 우선적으로 고려되기 때문이다.

현장이야기 3

중견기업 신입사원 위탁교육 늘어
- 현장 기초실무 배우고 적성평가도 할 수 있어 -

박창주(25)씨는 지난 4월 가구업체 한샘에 영업사원으로 입사했다. 그는 입사 후 한 달 동안 외부 교육기관에서 교육을 받았다. 회사 업무에 대한 기초지식 뿐 아니라 현장에 투입 됐을 때 필요한 부엌 설계 기술을 배웠다. 시공 현장과 공장에 들러 실습도 해봤다. 그는 "두루뭉술한 큰 그림만 배우는 것이 아니라 현장에서 실제로 활용 가능한 기술을 배울 수 있어 도움이 됐다"고 말했다.

직원 채용 후 외부 훈련기관에 교육을 맡기는 모델이 확산되고 있다. 특히 대기업처럼 별도의 연수원이 있거나 전담부서가 있어 신입사원을 체계적으로 교육하기 힘든 중견·중소기업에서 그런 경우가 많다. 서류전형·면접이라는 수단 말고도 교육과정에서 자연스레 실무 적성평가를 할 수 있다는 것도 장점이다. 구직자 입장에서도 취업이 확정된 상태에서 배우기 때문에 취업준비를 하느라 다른 데 한 눈 팔지 않고 교육에 전념할 수 있다.

보일러 업체 대성셀틱은 보일러 서비스인력 150여 명과 주유소 근무직원 100여 명을 선발해 외부 훈련기관에 교육을 의뢰했다. 양창무 대성산업 인사총무부장은 "업무강도가 세서 이직률이 높은 편이라 교육 중에도 퇴사자가 많이 나왔는데, 외부 전문기관이 교육을 대행해 도움이 된다"고 말했다. 가구 및 인테리어 업체 에넥스도 올해 뽑은 영업담당 신입사원의 입사교육을 외부 훈련기관에 의뢰할 예정이다. 위탁교육 업체인 평화아카데미 관계자는 "고용노동부 지원을 받아 1~6개월 동안 신입사원 교육을 대행하는데 교육비용과 인력·시간을 줄일 수 있어 반응이 좋다"고 소개했다.

• 자료 : 중앙일보, 2010. 9. 8.

2) 감독자 훈련방법

(1) 산업 내 훈련(Training Within Industry, TWI)

계장(係長), 직장(職長), 반장(班長) 및 조장(組長) 등과 같은 현장감독자(lower management)의 지도·통솔력 양성과 관리에 관한 기초적인 지식·기술 배양이나 능력의 향상을 목적으로 실시되는 훈련으로서 제2차 세계대전 당시 유능한 감독자가 전쟁에 나가게 되자 현장감독자가 부족함에 따라 일선감독자 양성을 위한 단기 훈련방법으로 도입되었다. TWI는 감독자로서의 조건을 갖추기 위해 3대 기본과정을 설치하고 8~10명의 감독자를 한 조로 편성해서 매 과정마다 두 시간 단위의 회합을 다섯 번 갖도록 하였다.

3대 기본과정은 작업지도 및 훈련능력을 배양하기 위한 작업지도 훈련(job instruction training, JIT), 작업방법 개선능력을 향상시키기 위한 작업방법 개선훈련(job method training, JMT), 작업상의 인간관계, 특히 부하에 대한 지휘통솔력을 향상시키기 위한 작업상의 인간관계 훈련(job relation training, JRT)으로 구성되어 있다.

특히 감독자는 생산의 제일선에 있으면서 종업원의 작업을 지휘 · 감독 · 지도하는 중요한 역할을 맡고 있을 뿐만 아니라, 일선 종업원과 경영층을 연결하는 중요한 위치를 차지하고 있기 때문에 산업이 발달할수록 이들에 대한 훈련과 재훈련에 많은 관심과 투자가 요청되고 있다.

(2) 브레인스토밍(Brainstorming)

오스본(A. F. Osborn)이 고안한 것으로 자유연상법(free association method)을 이용하여 독창적 아이디어를 개발하기 위한 방법으로서, 여러 사람으로 하여금 자유롭게 각종 아이디어를 내게 하고 이것을 결합 · 교체 · 연결지워 실행가능한 새 아이디어를 개발한다. 브레인스토밍에는 네 가지 원칙이 적용된다. 첫째, 아이디어가 많을수록 좋다. 둘째, 한 사람보다 여러 사람이 많은 아이디어를 낼 수 있다. 셋째, 일반적으로 비판은 금지된다. 넷째, 제출된 아이디어를 결합하거나 개선하도록 한다. 즉, 다른 사람의 아이디어에 편승해서 자기 아이디어를 내어도 좋다. 이 방법은 일정한 과제에 대해 일정시간 내에 자유로이 독창적인 아이디어를 제출함으로써 창조성을 개발하고 폭넓은 사고력의 개발과 새로운 답안을 만들어내는 것으로 작업방법, 관리방법, 판매방법 등 산업조직 내 경영을 개선하고 개발하는데, 신제품 · 신용도 개발에, 그리고 여러 조직에서 새로운 아이디어를 창안하는 데 이용되고 있다.

(3) 역할연기법(Role playing)

어떤 주어진 사례나 문제에서 어떠한 인물의 역할을 실제로 연기해 봄으로써 그의 당면한 문제를 체험해 보는 교육훈련방법이다. 이것은 실제의 인간관계적 상황을 가상한 현장실습교육으로서 심리극(psycho-drama)이라고도 한다. 이 방법은 감독층 · 관리자들의 인간관계훈련이나 판매훈련용으로 많이 사용된다.

3) 중간관리층 훈련방법

(1) 관리자 훈련프로그램(Management Training Program, MTP)

미국 공군에서 중간관리자(middle management)[4]를 훈련시키기 위해 개발한 방법으로 이것은 산업 내 훈련(TWI)보다 상위의 관리층을 대상으로 비교적 광범위한 경영문제, 경영원리 해설, 관리자로서의 필요한 관리기술 지도를 목적으로 한다. 이 방법의 훈련내용을 보면 관리자의 책임 분야로 조직의 이해와 운영, 작업의 관리, 작업의 개선, 부하의 훈련, 인간관계, 관리의 전개 등 6개 부문 20개 항목으로 구성되어 있으며, 주로 회의식 토의방법을 활용한다.

(2) 중견간부 이사회제도(Junior boards of executives)

중견간부들로 하여금 경영관리자로서의 경험을 쌓고 그에 맞는 자질과 능력을 배양하는 훈련방법으로서, 복수경영제도(multiple management) 또는 청년이사회제도라고도 한다. 이 방법은 기업 내의 문제점이나 건설적인 제안들을 조사하여, 이사회(senior boards of executives) 및 상위경영진에 건의하고, 경영자로서의 실무경험을 쌓는 상설자문기관으로 두어, 미래의 경영자를 배출하는 도구로 사용되기도 한다.

4) 경영자 개발 훈련방법

(1) 최고경영자 훈련프로그램(Administrative Training Program, ATP)

기업의 최고경영층(top management)[5]을 대상으로 하는 토의식 경영강좌의 한 방법으로 경영간부에게 최신의 과학적 기업경영에 관한 지식과 기법을 지도하는 것을 목적으로 하고 있다. 주요 강좌내용은 기업의 목적과 전략, 조직상 문제(형태, 권한과 책임 등 조직편성과 구조), 제반 관리문제(인사, 자재, 예산, 원가, 품질 등), 관리과정과 업무실시・조정(작업결정, 할당, 집행, 검토) 등에 관한 문제 등을 포함하고 있다.

(2) 감수성 훈련(Sensitivity training)

다른 사람이 느끼고 생각하는 것을 정확히 감지할 수 있는 능력과 반응하는 태도, 행동을 개발하는 경영자 육성방법의 하나이다. 이 방법은 서로 알지 못하는 8~10명의 소집단 형태로 소위 '문화의 고도'라는 사회적 조건 하에서 1~2주간 집단생활을 통해

---

4) 부・실장, 팀장, 과장 등이 이에 포함됨.
5) 사장, 부사장, 전무, 이사 등이 포함됨.

자신의 감정이나 행동이 타인에게 미치는 영향과 타인의 반응을 체험하여 상대방에 대한 민감성을 높임과 동시에 집단간의 상호작용을 통하여 자신의 행동 개선과 대인 관계 기술을 향상시키려는 데 목적이 있다. 일명 T그룹 훈련이라고도 한다.

(3) 비즈니스 게임(Business game)

모의기업 경영경기(management simulation)라고도 하며, 경영자들에게 경영의사결정의 중요성을 훈련시키는 일종의 사례연구법이다. 보통 5~6명이 한 조로 된 여러 개의 집단이 가상적인 모의회사의 경영진이 되어, 부여된 각종 상황(생산비, 설비투자, 광고, 연구개발 등)에서 의사결정을 내린 후, 그 결과를 심사집단에서 평가하여 통보함으로써 우열을 가리게 하는 방법이다. 이 방법은 가상적인 경영게임을 통해 복잡・다양한 경영문제에 대한 의사결정훈련을 하게 함으로써 수년에 걸치는 실무상의 경험을 수일 내에 습득할 수 있게 해 준다.

(4) 인바스켓 훈련(In basket training)

가상적인 상황을 실제와 비슷하게 설정하고 가상적 요구에 따라 의사결정이나 업무수행을 하도록 하는 훈련방법으로서, 상사로부터 오는 메모, 전보, 편지, 지시, 전화메세지, e-mail 등 실제 상황과 비슷한 업무지시 용지(business papers)를 바스켓 안에 넣어 놓고 훈련 참가조로 하여금 이를 꺼내 정한 시간 내에 상황 분석을 하고 회답, 주문, 회의 구상 등 적절한 조치를 취하도록 하는 것이다. 이 방법은 경영자 개발과 능력평가에 사용된다.

(5) 경영학 학사 혹은 석사학위 프로그램(Bachelor's or Master's Degree Programs in Business Adminstration)

가장 대표적으로 학위가 수여되는 대학 등에서 광범위한 경영학 관련 지식과 기술을 강의실에서 습득하는 것을 말한다. 경영학 학사 프로그램에는 회계학, 행동과학, 경제학, 수학, 통계학과 일반적 경영교육 관련 지식이 제공되며, MBA 프로그램에는 재무분석, 국내 및 글로벌 경제상황, 조직행동, 인적자원관리 등이 다루어진다. 또 다른 형태의 하나로 임원 MBA(Executive MBA : EMBA) 프로그램이 있다. 이는 MBA 프로그램이 장기간에 걸쳐 운영되는데 따른 부담을 줄이기 위해 1주일에 한번 특히 주말에 압축된 코스로 운영하며, 2년 혹은 1년에 완성하는 프로그램이 인기를 끌고 있다. 이는 타 기업의 경영자들과 상호작용의 기회를 갖게 됨으로써 사업상의 새로운 아이디어를 얻고 대인관계의 네트워크를 넓히는 효과를 제공한다. 이러한 대학학위 프로그램은 국내외의 경영대학(원)과 주요 대기업 그룹들이 단체 혹은 개별적으로 계약을 맺고 임직원들에게 대학학위를 취득하도록 지원하고 있다.

3.2 최근의 능력개발 방법

1) 기술기반 교육훈련

최근 컴퓨터와 정보통신기술의 급속한 발전에 힘입어 교육훈련에도 인터넷과 인트라넷 등의 첨단기술을 활용한 다양한 기법들이 적용되고 있다. 이하에서는 시청각매체와 웹을 기반으로 하는 최신 교육훈련 방법을 제시하고자 한다.

(1) 시청각매체에 의한 교육훈련(Audiovisual Media Training)

먼저, 프린트물(인쇄물, 차트, 교재, 참고서 등), 슬라이드, OHP(Overhead transparencies) 등의 정적 매체(Static Media)와 DVD, CD, 디스켓, 비디오 테이프, 필름, 오디오, 카세트 등의 동적 매체(Dynamic Media)를 활용한 교육훈련 방법을 말한다. 예를 들어, 미국의 사우스웨스트 항공사(Southwest Airlines)는 종업원들에게 업무절차, 회사의 운영실태, 회사를 특징화하는 팀 정신(team spirit)과 유머문화(fun-oriented culture)를 전수하기 위해, 9분 짜리 랩 뮤직 비디오를 제작하여 교육훈련에 활용하고 있다.

신세대 종업원들은 영화나 TV를 보면서 성장하였기 때문에, 이러한 동적 매체를 이용한 교육훈련을 선호하고 있다. 그런데 이러한 훈련방법은 필름과 비디오 개발 등에 많은 노력과 비용이 소요되며, 숙련된 전문가의 도움이 필요하다. 그리고 피훈련자들은 영화나 비디오에 과도하게 의존함으로써, 교육훈련의 내용에 초점을 맞추기보다 오락으로 간주하여 만족을 추구하는 한계가 있다.

다음으로, 원거리통신을 이용하여 여러 지역으로 훈련 프로그램을 전송하는 형태의 원격통신(Telecommunication)을 들 수 있다. 위성, 케이블 TV(cable TV), 광섬유 네트워크를 통해 원격지(remote locations)간 회의나 강의를 가능하게 하고 있는 바, 대표적으로 원격회의(teleconferencing) 혹은 영상회의(videoconferencing)를 들 수 있다. 예를 들어, 미국의 JCPenney, IBM, AT & T, Domino Pizza, Texas Instruments사 등이 활용하고 있다. 그리고 케이블 TV와 위성을 이용하여 학사학위와 석사학위를 수

여하는 대학들도 점점 늘어나고 있다(예 : The National Technological University(NTU) - 네트워크를 통해 쌍방향의 위성통신으로 IBM, GE, HP의 엔지니어와 컴퓨터 과학자 같은 전문가들에게 계속교육 코스를 제공함). 원격 교육훈련은 감소되고 있는 훈련자, 훈련을 위한 출장, 시설비용 등을 줄이고 원거리 지방의 종업원들에게 양질의 교육훈련 서비스를 제공할 수 있는 장점이 있다. 따라서 영화, TV, 영상회의 같은 시청각 훈련방법들은 전통적인 교육훈련 방법(주로 강의)보다 더 효과적이어서 점점 더 활용도가 높아지고 있다.

(2) 웹기반 교육훈련(Web-Based Training)

웹기반 교육훈련은 인터넷에 의한 공개적 컴퓨터 네트워크나 인터라넷에 의한 사적 컴퓨터 네트워크를 통하여 제공되는 교육훈련 프로그램을 말한다. 기업에서의 웹 기반 교육훈련은 주로 인터라넷을 통한 훈련자와 피훈련자간의 단순한 커뮤니케이션 수준으로부터, 특정 훈련프로그램을 중심으로 훈련자와 피훈련자 그리고 피훈련자들 간의 높은 수준의 커뮤니케이션과 학습상호작용에 이르기까지 다양한 형태로 구성된다. 그 대표적인 교육훈련 형태로서 컴퓨터 기반훈련(Computer-Based Training : CBT)을 들 수 있다. CBT의 가장 큰 성장요인은 퍼스널 컴퓨터의 등장과 빠른 처리능력에 기인하는 바, 학습자와 컴퓨터간의 상호작용은 학생과 교사간에 1:1의 관계로 연결하여 질문과 응답, 즉각적인 피드백이 가능하다. CBT의 고급형태인 지능형 컴퓨터 지원강의(Intelligent Computer- aided Instruction)는 학습자의 응답과 실수 유형 분석, 결론 도출, 학습자에게 맞춤식 강의 등이 가능하다. CBT의 가장 큰 장점은 상호성(interaction)과 함께 학습자 주문형(on-demand learners)이라는 점이다. 즉, 피훈련자가 언제 그리고 어떻게 훈련할 것인지 스스로 통제가 가능하다는 것이다. 이하에서 CBT의 대표적인 몇 가지를 설명한다.

① 컴퓨터 지원 강의(Computer-Aided Instruction, CAI)

CAI 프로그램은 훈련과 실습접근법(drill-and-practice approach)을 사용하는 전자연습장(electronic workbooks)에서부터 읽기 전용 컴팩트 디스크(CD-ROM)에 이르기까지 다양하다. CAI 소프트웨어 패키지는 읽기와 타이핑 같은 기본 기능의 훈련에서부터 고도의 과학적인 기계, 엔지니어, 기계유지 보수에 이르기까지 광범위한 자재를 비교적 저렴한 비용으로 이용할 수 있어서 많은 기업들이 강사주도의 코스를 CD-ROM으로 대체하고 있다(예 : AT & T의 3일짜리 신입직원 입직프로그램).

② 인터넷 및 인트라넷 기반 훈련(Internet and Intranet-Based Training)

인터넷은 현재 세계에서 가장 빨리 성장하는 기술혁신 분야 중 하나로서 수천만 대의 컴퓨터가 모뎀, 전화와 케이블선, 초전도(ISDN) 전송선과 인터넷에 의해 서로 연결되어 있다. 인트라넷은 한 조직 내에서 정보의 발견, 관리, 창출 및 분배를 위해 인터넷과 WWW(World Wide Web)기술, 소프트웨어 도구 및 통신규약(protocol)을 사용하는 컴퓨터 네트워크이다. 2006년 현재 Training이라는 잡지가 발간한 「산업보고서」(Industry Report)는 15%의 교육훈련이 온라인 자습 프로그램을 통해 제공되었고, 14%는 가상교실(Virtual Classrooms)을 통해 제공되었다고 지적한 바 있다. 오늘날 많은 기술기반 훈련들이 e-learning(electronic learning)으로 불리고 있는데, e-learning이란 on-line으로 훈련을 수행하기 위해 인터넷이나 인트라넷 기술과 시스템을 사용하는 것을 말한다. 인트라넷 기반훈련(Intranet-Based Training : IBT)은 교육훈련 목적으로 조직 내부의 컴퓨터망을 사용한다. 즉, IBT를 통해 훈련자들은 국내외의 학습자(피훈련자)들과 언제든지 의사소통을 하고 훈련의 필요성을 분석하며 관리업무나 훈련코스의 자료 및 기타 훈련서류의 전송, 테스트 등을 실시한다. IBT는 특히 대규모의 글로벌 조직을 위한 강력한 전송시스템이 되고 있다.

현장이야기 4

e-learning의 급속한 증가에도 불구하고 전통적 교실훈련(classroom training : C-learning)이 여전히 인기를 끄는 지배적인 강의 전달 형태로 남을 것이라는 중요한 이유에 대해 James Farrel(2000) 교수는 정보의 충실성(information richness)을 가장 잘 전달하는 대면(face-to-face)강의이기 때문이라고 주장했다(예 : 훈련자의 신체언어, 억양, 비언어적 단서 등을 피훈련자가 관찰할 수 있을 때 의사소통의 정확성은 높아짐). 원격학습이나 컴퓨터 기반 학습, 비디오 및 인쇄물 기반 강의 같은 것은 대면 커뮤니케이션으로부터 멀어짐에 따라 충실한 커뮤니케이션을 위한 능력은 덜 필요하게 된다. 그러나 학습되어야 할 스킬이나 절차가 완전히 새롭거나 과거와는 다른 복잡한 상황일 경우에는 기술 기반 학습이 적합하지 않다. Farrel 교수는 다소 극단적이지만 재미있는 원격교육의 예를 제시하고 있다. "당신이 지금 긴급한 두뇌수술을 위해 응급실에 도착했다. 간호사는 두 명의 의사가 있는데 그 중의 한 명을 선택하라고 말한다. 한 명은 수술경험을 가진 전통적 대면의사 훈련을 거친 사람이고, 다른 한 의사는 병원의 혁신적이고 새로운 원격학습 프로그램에 의해 12단계의 CD-ROM코스를 마친 사람이라면 당신은 어느 의사에게 두뇌수술을 받기 원하는가?" Farrel 교수는 비록 새로운 학습기술들이 속도, 유연성과 비용측면에서 장점이 있다 할지라도 학습자에게 정보처리 요구가 높을 시에는 대면교실 상호작용이 더 필요하다고 주장했다.

- 자료 : Farrel, J. N.(2000), "Long live C-learning", *Training & Development*, 54(9), pp.43~46; Werner, J. M., & DeSimone, R. L.(2009), *Human Resource Development*, 5e, South-Western CENGAGE Learning, p.188에서 재인용.

③ **지능형 컴퓨터 보조강의**(Intelligent Computer-Assisted Instruction, ICAI)

ICAI는 지능형 개인교수 시스템(Intelligent tutoring systems)이라고도 불리며, 학습자의 성과를 질적으로 평가하는 유연성과 능력면에서 CAI를 능가한다. 즉, CAI 프로그램은 학습자가 몇 가지 프리젠테이션 수준을 선택할 수 있도록 돕는 반면, ICAI는 학습자의 대응패턴과 실수를 분석함으로써 학습자의 능력을 구별할 수 있다.

ICAI의 목적은 개별 학습자들에게 인내심 있게 자문을 하고, 학습자들의 실습을 격려하며, 학습자가 실험을 통해 호기심을 자극하도록 전자선생 보조자를 제공하는데 있다.

2) 글로벌 능력개발 방법

글로벌 시장경쟁에 직면한 기업조직들은 해외사업으로의 범위 확대와 함께 글로벌 마인드와 역량을 갖춘 다양한 종업원들을 채용하고 이들의 능력개발을 위해 각고의 노력을 하고 있다. 특히 한 조직 내에 다양한 문화적 배경(인종[민족], 성, 출신국가, 종교, 나이, 능력 등)을 가진 사람들이 둘 혹은 그 이상 존재하는 문화적 다양성(cultural diversity)이 증가하고 있다. 따라서 이하에서는 문화적 다양성을 극복할 수 있는 다양성 훈련과 해외 진출시 관리자의 현지 문화 적응과 현지 종업원들의 관리능력 개발을 위한 한 방법으로 교차문화 훈련을 중심으로 설명하고자 한다.

(1) 다양성 훈련(Diversity Training)

이 방법은 한 조직 내에 다양한 문화적 배경(인종, 성, 출신국가, 종교, 나이, 능력 등)을 가진 종업원들을 한군데 모아 훈련함으로써 노출되는 문화적 거리의 존재를 인정하고 문화적 차이점을 인식하도록 가르치는 감수성 훈련(diversity sensitivity)이다. 이 방법은 종업원들로 하여금 고정관념과 차별에 대해 민감하게 느끼도록 하고, 생산적 의사소통과 협력을 촉진함으로써 상이한 배경의 구성원들 간에 어려움을 극복하고 원만한 대인관계 구축을 목적으로 하고 있다(예 : IBM의 세계경영위원회, Motorola, AT & T 등).

보다 구체적으로는 입사시에 조직사회화와 오리엔테이션(Socialization and Orientation) 실시, 여성과 소수인종의 승진상의 불평등(차별)(예 : 유리천장) 제거를 위한 경력개발(Career Development) 시스템 수정, 여성과 소수인종을 위한 멘토링(Mentoring), 성희롱 및 인종차별 수정훈련(Sexual and Racial Harassment Training)이 있다.

(2) 교차문화 훈련(Cross-Cultural Training)

글로벌 시장에서 해외로 진출하는 기업의 종업원이나 관리자들에게 요구되는 핵심

이슈는 국가간 문화적 차이에 대한 인식과 사업전략 및 진출국의 문화에 적응할 수 있도록 능력을 개발하는 것이다. 따라서 해외 임무수행을 위한 종업원들의 전문성(업무수행), 현지 적응능력, 자발성, 애매함에 대한 인내, 의사소통 기술, 타인에 대한 배려와 개방성 등을 평가할 필요가 있다. 나아가 진출국의 규범과 가치관, 작업장과 사업관행, 현지 언어훈련, 건강과 안전관리, 현지의 일상생활에 대한 교차문화 훈련이 요구된다. 예를 들어 아침식사 대용 시리얼 제조업체인 Kellogg사는 글로벌 임무 수행에 중요한 핵심 성격 특성으로 유연성, 학습 의지, 개방성, 유머감각, 적응성, 애매함 조치능력, 타인에의 관심을 꼽고 있다.

현장이야기 5

삼성의 '지역전문가' 및 '글로벌 모빌리티'제도

삼성은 현지의 문화를 인정하고 흡수하면서, 한국 문화와 공존·공영해야 한다는 교육목표 아래, 타 기업보다 먼저 삼성만의 독특한 교차문화 교육을 실시하고 있다. 대표적인 글로벌 교육으로 "지역전문가"와 "글로벌 모빌리티"제도이다.

"지역전문가제도"는 1990년부터 전 세계 주요국가에 삼성직원을 파견하는 제도이다. 지역전문가는 입사 3년 이상 된 미혼 독신자 직원들 중에서 근무 성적이 우수하고, 국제화 마인드를 가진 핵심 인물들을 선발하여 해외에 1년씩 내보내는 일종의 자유방임형 해외연수 제도이다. 국제적인 감각을 지닌 세계 경영자를 양성하기 위한 것으로 관습이나 문화적인 차이를 뛰어넘어, 그 나라 사람처럼 생각하고 행동할 수 있는 현지화된 사람을 양성하는 제도다.

또한 "글로벌 모빌리티"제도는 2010년부터 시행되고 있는 제도로 지역전문가제도와 달리 해외 인재가 국내에 들어와 근무와 교육을 병행하는 제도이다. 해외에서 채용된 인력중 선발을 통해 국내 삼성 사업장에서 일정기간 근무함, 삼성의 조직문화를 익히고 일체감을 높이기 위한 제도이다.

글로벌 모빌리티 예 : 삼성 SDI

- 해외법인 현지인력 양성프로그램인 '한국 전문가 과정(Korea Expert Course: KEC)' 실시
- 5년 이상 근무한 간부급 현지직원들을 국내로 데려와서 10개월에 걸쳐 생산, 인사, 개발, 혁신 등 업무지식과 함께 한국어와 전통문화 교육.

4. 경영자(CEO) 교육

4.1 경영자 교육 내용

경영자(CEO) 교육의 내용은 세련된 의사결정을 할 수 있는 기반으로서 광범위한 시야를 배양하는 정치・경제・경영・사회・문화・과학에 대한 기초이론, 현상 파악, 최신 경영관리 기술의 이해 등을 추구하는 것이다.

첫째, 국내외 경영환경에 대응하는 경쟁력 제고 방안, 둘째, 상황 판단과 문제해결 능력을 향상시키기 위한 비즈니스 게임(business game)과 사례연구(case study), 셋째, 의사결정의 배경이 되는 경영철학 또는 비즈니스 리더십(business leadership)의 함양 등을 들 수가 있다.

다른 교육훈련과 같이 경영자(CEO) 교육도 자기 향상과 타율적인 것 두 가지 방법이 있으나, 특히 경영자 교육에 있어서는 자기 향상의 기대치가 크다. 사내 경영자 교육의 일환으로서 이사회・중역회를 연장하여, 매월 1, 2회씩 1회에 2시간 이상 교육에 충당하고 있는 기업체가 점차로 증가하고 있다. 이 형식은 강연 후에 간담회 방식으로 질의・응답・토의 등이 실시되고, 강사는 기업의 경쟁력, 위기관리, 경영전략 등 전문적인 주제를 발표하는 경우와, 사외 저명인사・전문가를 초청하여 듣는 경우가 대부분이다. 21세기에 들어와서는 기업의 사회적 책임, 투명성 교육, 경영혁신 기법 등 교육내용도 더욱 다양해지고 있다.

4.2 경영혁신과 관리자 교육

경영혁신을 위해서는 혁신적인 아이디어(idea) 창출이 필요하다. 기업의 성장을 결정하는 것은 기술혁신 뿐만 아니라 넓은 의미의 관리혁신이다.

혁신(innovation)은 기술적 개념이 아니고 경제・경영적 개념이다. 슘페터(J. A. Schumpeter)는 혁신을 ① 신제품 개발, ② 신기술의 도입과 개발, ③ 신시장의 개척, ④ 신원료의 확보, ⑤ 신조직의 형성 등으로 규정하였다. 따라서 혁신은 기업 이윤의 창조원이 되는 것이다.

경쟁이 격화됨에 따라 기업의 수익성은 필연적으로 저하되는 경향이 있지만, 기업이 수익성과 성장성을 유지하기 위해서는 경영의 모든 분야에서 혁신이 이루어져야 한다. 혁신은 신제품의 개발 다양화 또는 계열화, 혹은 공정이나 장치의 개발에 의한 비용 절감(cost down)의 영역에서 실시되는 것만이 아니다. 시장개발의 방법, 광고선전의 방법, 마케팅의 영역에서도 혁신이 가능하다.

경영혁신을 통하여 기업성장을 꾀하기 위해서는 먼저 최고경영층(top management)으로부터 하부 감독층에 이르기까지 현상유지적인 태도나 보수적인 태도에서 탈피하여 혁신적인 태도로 나아가지 않으면 안된다. 경영자층이 혁신적인 태도를 가짐으로써 회사 내에 혁신적인 분위기가 확산되고 그런 분위기 속에서 우수한 아이디어가 생기는 것이다. 더욱이 창의력(creative thinking) 개발이나 아이디어 창출이라는 훈련계획을 관리자 교육계획에 포함시킴으로써 보다 혁신적인 아이디어를 낼 수 있는 분위기를 마련할 수 있다.

4.3 전략적인 사고와 경영자 교육

오늘날과 같은 기술혁신 · 경영혁신의 시대에는 경영자의 전략적인 사고와 행동이 필요하다. 혁신의 시대에는 시장이나 기술 등의 조건이 빠르게 변화하는 것이 특징이다. 따라서 일상의 경영활동이 이루어지는 기업의 생산 · 판매 · 관리구조를 변혁해야 한다는 요구가 높아지고 있다. 예를 들면, 다품종 소량생산으로는 능률을 올릴 수 없으므로 품종을 제한하고 설계를 표준화함으로써, 생산구조가 개선되어야만 코스트 다운이 달성된다. 이와 같은 기업의 구조적 조건에 영향을 주는 경영자의 행동이 전략의 문제다. 경영전략이란 기업의 목적을 달성하기 위해 경영자가 행하는 일련의 장기적이고 전략적인 계획체계의 결정이라 할 수 있다.

따라서 전략적 사고를 경영자에게 주입하기 위해서는 "장기경영계획 수립"같은 과목의 교육이 가장 효과적일 것이다. "장기경영계획 수립"은 5년 내지 10년을 예측하여 경영자가 전략적인 계획을 수립하는 모형을 만드는 교육이다. 장기경영계획은 기업의 성장을 위한 계획이다. 따라서 최고경영자는 미래의 성장을 제약하는 전략적 요인에 대하여 전사적인 입장에서 문제를 발견하고 그 문제를 해결해야만 된다. 각 부문경영자나 각 사업부 경영자는 해당 부문의 장기계획을 수립함으로써 전략적인 사고를 개발할 수 있다.

[그림 9-4] 인재육성 교육체계도 예시

구분	Values 교육			직무교육								리더교육		Global 교육
	계층별 Values	리더십	공통	구분	Marketing & Sales	PM	Technology	Consulting	New Biz	Supporting	자격대비/인증			
임원	임원 W/S 신임 임원과정	경영혁신 포럼										임원 AMP	•GLDP •GPE •MDP	임원 외국어 Tutoring
팀장	팀장 W/S 신임 팀장과정	팀장 워크숍										Hipo 팀장 과정(HLP, GLP)		담당/팀장 외국어 과정
부/사장	계층별 교육	그룹/당사 경력 사원 교육	MS / History / 윤리 경영	직무전문		•신규/후속 사업기획 발굴 •협상 전략 등	•협상 전략 •대용량 DB 물리설계 Sql 등	•사업 개발/기획 Advanced 등	•PT Skill 등	•Consulting Skill Up 등		국내 국외 MBA MS ME	H-School	구성원 외국어 과정
과장					•협상 전략 •제안 전략 •신규/후속 사업기획 발굴 등	•제안 전략 •실전 PJT 관리 •서비스 수준 관리(SLM)	•TA 기본 •DA 기본 •SQL Tuning •사내개발 방법론		•제안 전략 등	•PT Skill 등				
대리					•규모산정 기법 •PT Skill •가망 고객발굴 •문서작성 •사업 개발 및 기획 등	•제안서 작성 •적정공수/규모산정 기법 •실전 PJT관리	•ICT 마케팅 실무 •자동화 도구 활용 (분석/설계) •데이터 모델링 •프로젝트 Inspection	•협상 전략 •제안 전략 •프로젝트 리스크 관리 •사업개발/기획 (Biz Analytics)	•Prototype 작성기법	•협상 전략 •ICT 마케팅 실무 등	•자격증 대비 •개발역량 인증 •분석/설계 인증 •PT 인증			
사원	그룹/당사 신입사원 교육						•Programming Language •JSP & Servlet •ITSM기반 Infra 제안/운영 등	•프로젝트 문제 해결 과정 •컨설팅 Case Cracking (컨설팅 PJT 산출물 작성)						
직위 공통				직무공통	•ICT 마케팅 실무 •고객 Industry/기술 이해 •프로젝트 리스크 관리 등	•프로젝트 리스크 관리 등 •프로젝트 리더십 역량 강화 •성공적인 PJT 계약 및 검수 등	•프로젝트 리스크 관리 등 •고객 Industry/기술 이해 등	•Consulting Foundation School •PT Skill 등	•신성장 Trend 이해 세미나 •ICT 마케팅 실무 등	•Supporting Foundation School UI 등				

5. 교육훈련의 최근 추세

최근 인적자원 개발의 중요성이 강조되면서 최고경영층의 높은 관심과 함께, 교육훈련에 대한 투자를 기업의 경영전략과 연계하여 장기적 관점에서 접근하고 있는 기업들이 증가하고 있다. 교육훈련의 추세는 기술기반 훈련(technology-based training)이 증가하는 방향으로 나가고 있는 가운데, 스마트러닝(Smart Learning)이라는 용어까지 등장하고 있다. 그러나 이러한 추세가 반드시 모든 교육훈련에서 최선의 해결책은 아닐 수 있다. 그리고 교육훈련이 기업 내의 훈련부서 주도로 실시되는 데서 벗어나, 외부의 전문업체에 아웃소싱(outsourcing)하는 비중이 증가할 뿐 만 아니라, 공식적인 교육훈련 전문가에 의해 실시되는 것 외에 실무현장에서 업무를 수행하는 과정에서 관리자와 종업원들의 잠재능력을 개발해 주는 코칭(Coaching), 액션러닝(Action Learning) 기법이 많이 활용되는 추세에 있다.

첫째, 소위 블렌디드 러닝(Blended Learning)은 전통적인 off-line상의 강의실 훈련과 on-line상의 기술강화훈련(technology-enhanced training)이 결합된 방식이다. 블렌디드 러닝은 두 방식의 상호보완적인 측면을 활용할 수 있어서 훈련자와 피훈련자 모두에게 단일기법보다 더 많은 이점을 제공한다.

둘째, 스마트러닝(Smart Learning)은 최근 선풍을 일으키고 있는 스마트 폰, 미디어 태블릿, e북 단말기 등의 모바일 기기를 이용한 학습 콘텐츠와 솔루션을 말한다. 무선 인터넷 접속은 물론 위치기반 서비스, 증강현실(실제 이미지 위에 가상정보를 얹어주는 기술) 등 다양한 기술 적용이 가능한 스마트 기기의 장점을 활용해 기존의 e-learning과 차별화된 서비스를 제공할 수 있다. e-learning은 일방적 동영상 강의를 중심으로 이루어졌으나 스마트 러닝은 고객의 기호에 맞춰 언제 어디서나 양방향의 맞춤 학습을 제공할 수 있는 시대로 전환되고 있다.

셋째, 교육훈련의 아웃소싱(Outsourcing) 추세를 들 수 있다. 최근 점점 더 많은 기업들이 외부의 훈련 전문기업, 컨설턴트, 훈련 제공업체들에게 교육훈련과정을 위탁하고 있다. 이 방법은 교육훈련의 필요성 분석, 설계, 강사 선정, 교육과정 개발, 실시 및 평가 등을 부분적으로 또는 전체적으로 아웃소싱함으로써 적은 비용으로 고품질의 교육훈련이 가능하다는 장점을 갖고 있다. 미국의 경우, 미국훈련개발협회(ASTD)에 의하면, 교육훈련비 지출의 약 20%가 아웃소싱으로 나가고 있다는 지적이다. 다른 한편으로는 아웃소싱할 경우, 기업의 전략과 교육훈련이 서로 조화되지 못하는 단점도 지적되고 있다.

넷째, 코칭(Coaching)은 관리자가 업무를 수행하는 과정에서 종업원들에게 자신의 성과에 대한 책임을 수용하도록 격려하고, 우수한 성과를 달성하도록 동기부여함으로써 조직의 목표와 유효성을 달성하도록 지도하는 과정이다. 이에는 두 가지 활동이 요구되는데 코칭 분석(coaching analysis)과 코칭 토의(coaching discussion)가 있다. 코칭 분석은 성과 분석이라고도 하는데 불만족스러운 성과의 원인을 분석하고 성과 개선을 위한 적절한 조치를 취하는 과정이며, 코칭 토의는 성과문제 해결과 개선을 위해 종업원들에게 힘을 북돋우는 종업원과 감독자(훈련자)의 대면적 의사소통이다.

다섯째, 액션러닝(Action Learning)은 라인관리자들에게 기존의 사업운영시스템을 수정하도록 돕기 위한 실무훈련 방법으로 참가자(피훈련자)들에게 조직 혹은 사업부의 실제문제를 선택하고, 이에 대한 사례의 분석 및 작성과 함께 유사한 문제에 직면한 다른 관리자집단과 문제해결 방법을 토의하는 방식이다. 이 학습방법은 참가자가 계속적으로 실무상의 문제점과 이슈를 다룬다는 점에서 '살아있는 사례'(living case) 접근법이다. 행동학습의 가장 유명한 사례로 미국 GE사의 Work-Out(기업개선작업) 프로그램이 있다.

정리하기

1. 교육훈련(education/training)이란 조직의 목적을 달성하는데, 필요한 역량을 구성원들에게 학습시키는 조직의 활동을 말한다. 보다 구체적으로는 종업원들이 맡은 직무수행에 요구되는 지식과 기술 및 태도를 습득시키는 과정이다.

2. 교육훈련의 목적은 기업 측에서는 인재육성을 통한 조직유효성의 제고에 있고, 종업원 측에서는 자기발전의 욕구충족을 통한 성취동기 달성에 있다.

3. 교육훈련의 절차는 교육훈련의 조직, 과업, 개인분석을 바탕으로 한 필요성 분석, 교육훈련의 목표 설정과 성과지표를 결정하는 프로그램의 설계, 종업원의 지식, 기술, 태도 등의 변화를 유발하는 프로그램의 실시, 교육훈련 후의 결과와 당초 설정한 목표의 달성 여부를 확인하는 평가, 교육훈련 후의 결과가 강화되도록 보충하는 HR 종합시스템과의 연계 순서로 진행된다.

4. 교육훈련의 방법은 교육훈련의 체계와 형태에 따라 다양하게 분류될 수 있으나, off-line상의 강의실 및 작업현장에서 이루어지는 전통적인 교육훈련 방법(종업원, 감독자, 중간관리층, 경영자 대상)과 최근의 정보기술에 기반을 둔 교육훈련(시청각 매체, 웹기반 훈련) 및 글로벌 능력개발 방법(다양성 훈련, 교차문화 훈련)으로 구분할 수 있다.

5. 최근의 교육훈련 추세는 강의실 훈련과 e-learning이 결합된 블렌디드 러닝(Blended Learning), 스마트폰과 무선인터넷을 기반으로 이루어지는 스마트 러닝(Smart Learning), 외부의 교육훈련 전문기업(기관)에 교육훈련의 일부분 또는 전 과정을 위탁하는 아웃소싱(Outsourcing), 조직성과의 개선을 위한 관리자의 종업원에 대한 업무상의 코칭(Coaching), 조직 혹은 사업부의 실제 문제를 분석하고 해결을 추구하는 액션 러닝(Action Learning) 등의 흐름이 나타나고 있다.

연습문제

단답식

1. 교육훈련의 목적은 기업의 목적인 ( ) 제고와 종업원의 목적인 ( ) 달성에 있다.

2. 교육훈련의 절차는 필요성 분석 → ( ) → 프로그램 실시 → ( ) → HR 종합시스템과 연계 등 5단계로 구분된다.

3. 다른 사람이 느끼고 생각하는 것을 정확히 감지할 수 있는 능력과 반응하는 태도, 행동을 개발하는 경영자 육성방법을 ( )이라고도 한다.

4. 웹기반 교육훈련에는 컴퓨터 지원강의(CAI), 인터넷 및 인트라넷 기반 훈련, ( )가 있다.

5. ( )이란 한 조직 내에 다양한 문화적 배경을 가진 종업원들에게 상호간에 문화적 거리의 존재를 인정하고 문화적 차이점을 인식하도록 훈련시키는 방법이다.

객관식

1. 스마트폰과 무선인터넷을 기반으로 제공되는 학습 콘텐츠와 솔루션을 의미하는 것은? ( )

   ① C-learning ② Smart-learning
   ③ e-learning ④ on-line learning

2. 특정 기업에서 종업원의 특정 직무수행에 도움을 주기 위해 실시되며, 실무 중심의 단기적 기능습득이 주된 목표인 교육훈련의 방식은? ( )

   ① 교육 ② 개발
   ③ 학습 ④ 훈련

3. 교육훈련의 목적 중 기업 측의 목적이 아닌 것은? ( )

① 성장욕구 충족 ② 생산성 향상
③ 미래의 필요 능력 육성 ④ 조직성과 제고

4. 피훈련자나 학습자가 교육훈련시 배운 내용을 실제의 직무상황에 적용할 수 있는 정도를 무엇이라고 하는가? ( )

① 성과 측정 ② 반응
③ 전이(transfer) ④ 행동

5. D. Kirkpatrick의 평가의 4단계 모델에 해당되지 않는 것은? ( )

① ROI ② 반응
③ 학습 ④ 행동

6. 종업원이 직무에 관한 지식과 기술을 현직에 종사하면서 감독자의 지도하에 훈련받는 현장 실무중심의 현직훈련 또는 직무훈련은? ( )

① Off-JT ② OJT
③ TWI ④ MTP

7. 1주일에 한번 특히 주말에 압축된 코스로 운영하여 2년 혹은 1년에 완성하는 임원급의 최고경영자들을 대상으로 실시되는 경영자 개발방법은? ( )

① MBA ② BBA
③ MA ④ EMBA

8. 해외로 진출하는 기업의 종업원들이나 관리자들에게 진출국의 문화에 적응할 수 있도록 실시되는 글로벌 능력개발방법은? ( )

① 다양성 훈련 ② 인종차별 수정훈련
③ 교차문화 훈련 ④ 멘토링

9. 외부의 훈련 전문기업, 컨설턴트, 훈련 제공업체들에게 교육훈련의 일부분 또는 전 과정을 위탁하는 것은? ( )

① 코칭 ② 아웃소싱
③ 액션러닝 ④ 블렌디드러닝

10. 전통적인 off-line 상의 강의실 훈련과 on-line 상의 기술강화 훈련이 결합된 방식의 최신 교육훈련 방법은? ( )

① Blended learning ② e-learning
③ CAI ④ 시청각 매체 훈련

참고문헌

박성수 외(2009), 『디지로그 시대의 인적자원관리』, 박영사.

이학종 · 양혁승(2005), 『전략적 인적자원관리』, 박영사.

임창희(2008), 『인적자원관리』, 비앤엠북스.

Kirkpatrick, D.(1983), "Four Steps to Measuring Training Effectiveness", in The Personnel Administrator, Vol. 28, No. 11, p. 19.

Mathis, R. L., & Jackson, J. H.(2003), Human Resource Management, Thomson.

Mello, J. A.(2011), Strategic Human Resource Management, South-Western Cengage Learning.

Pfeffer, J.(1994), Competitive Advantage through People, Harvard Business School Press.

Werner, J. M., & DeSimone, R. L.(2009), Human Resource Development, South-Western Cengage Learning.

제 10 장 경력개발관리

학습개요

이 장은 조직이 함께 계획하고 관리하여 개인의 욕구와 조직 목표를 달성해 가는 총체적 과정인 경력개발관리의 중요성 및 목적에 대해 살펴보고, 경력개발 모델, 과정 및 방법에 대해 학습한다.

학습목표

1. 경력목표, 경력계획, 경력경로(진로), 경력개발을 설명할 수 있다.
2. 경력개발의 목적 두 가지를 이해한다.
3. 경력개발의 5단계 모델을 설명할 수 있다.
4. 경력개발위원회에 대해 이해한다.
5. 이중 경력진로(Dual Career Path)에 대해 설명할 수 있다.

주요용어

1. 경력(career): 사람이 일생 동안 일과 관련하여 갖는 경험들의 패턴 내지 집합.
2. 경력개발(career development): 한 개인이 경력목표를 설정하고 이를 달성하기 위한 경력계획을 수립하여, 조직 및 개인의 요구(needs)가 합치될 수 있도록 각 개인의 경력을 개발하는 활동.

경영사례 1

정보통신업체 S사의 경력개발 제도

S사의 경력개발 제도는 개인별 맞춤형 경력개발시스템 구축을 통한 전문가 양성을 목적으로 하고 있다. 경력개발 프로세스 설계는 다음 3단계로 이루어지고 있다.

1단계 기본역량 강화단계

- 향후 개인 경력관리의 기본단위 및 인적자원 재고관리를 위한 기초자료로 활용하기 위해 개인별로 직군 및 대표 직무를 선정한다.
- 사원급을 대상으로 IT 기반 기술, 직군별 필수과정 교육, 전사원 공통교육 등을 실시하고 부서장 코치/면담을 통해 전문가로의 성장기반을 축적한다.
- 기본역량 강화단계 시점에 기본역량 진단을 실시, 전문가 유형을 선택한다.

2단계 전문역량 강화단계

- 현재 수행 중인 직무, 개인의 성장 비전을 고려하여 대리 직급 부여시 전문가 유형을 선택한다.
- 총 5개 유형, 16개 분야의 전문가 유형 중 관리자(파트장)와 협의하여 선정한다.
- 16개 세부 전문가 유형 중 88개 전문성 강화 분야를 각 개인이 선정하여 향후 역량개발 계획을 작성한다.
- 성장계획의 진척상황 점검 및 수정, 보완은 리더와의 면담을 통해 확정한다.

3단계 전문가 선발단계

- 분야별 최고 역량, 경험을 보유한 대표 전문가를 선발하여 양성한 후 활용한다.
- 전문가는 상위 직책이나 직위 개념이 아닌 회사에서 부여하는 공인 자격 개념이다.
- 동기부여를 위해, 전문가 Level에 상응하는 적절한 보상과 역할을 부여한다.

[S사의 경력개발 프로세스]

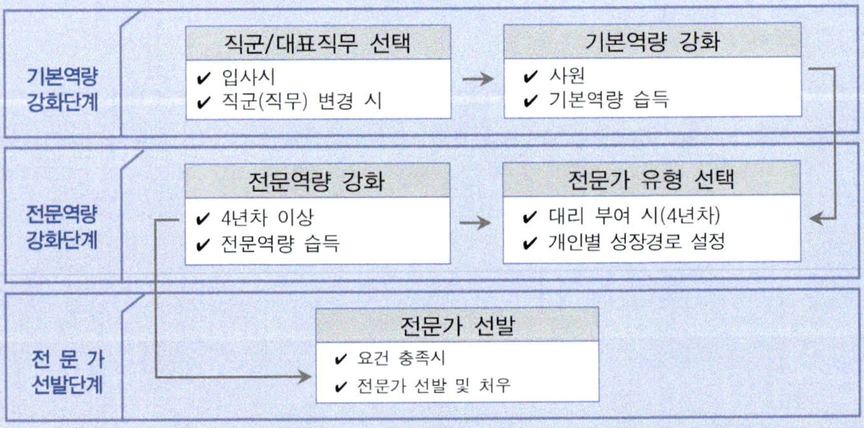

• 자료 : 대한상공회의소(2006), 「경력개발제도의 운영사례와 시사점」.

1. 경력개발의 이해

급속한 경영환경의 변화 속에서 기업이 성장·발전해 나가기 위해서는 종업원 개개인의 직무능력을 지속적으로 개발하여야 한다. 조직은 인적자원의 효과적 개발을 통해서 조직성과를 증대시키고 종업원의 동기부여 및 자아실현의 욕구를 충족시킬 수 있는 장기적 인재육성 프로그램을 필요로 하며 이는 일반적으로 경력개발 제도의 일환으로서 설계·운용된다.

1.1 경력개발의 의의

사람들은 대체로 학교를 졸업한 후에 직장인으로서, 사업가나 학자로서의 길을 걷는 등 일생을 통해 다양한 직업이나 일들을 경험한다. 이처럼 어떤 사람이 일생 동안에 일과 관련하여 갖는 경험들의 패턴(pattern)을 일반적으로 경력(career)이라고 부른다. 즉, 개인이 입사하여 퇴사할 때까지의 과정에서 조직에서 축적해 가고 있는 개인 특유의 직무, 직위, 경험들로서 이력서에 나타난 직무들의 집합을 말한다.[1] 예를 들면 법대나 로스쿨을 졸업하여 변호사시험을 합격하고 검사나 판사, 변호사를 거쳐 은퇴하는 과정이 어느 한 법률가의 경력이라 할 수 있다.

경력개발(career development)은 경력(經歷, career)과 개발(開發, development)이라는 두 용어의 결합으로서, 한 개인이 입사로부터 퇴직에 이르기까지의 경력경로(career path)를 개인과 조직이 함께 계획하고 관리하여 개인욕구와 조직목표를 달성해 가는 총체적 과정이라 할 수 있다. 여기서 경력개발의 의미는 다음 몇 가지 측면에서 강조될 필요가 있다. 첫째, 경력개발은 인본주의를 기본으로 한다. 개인진로와 관련하여 조직구성원 각 개인의 욕구를 조직이 중시한다는 기본 논리가 깔려 있다. 둘째, 경력개발은 개인과 조직의 공동 참여를 중시한다. 즉, 개인 및 조직 요구(needs)의 조화

1) 신유근(1997), 『인간존중의 경영』, 다산출판사, p. 93. 경력의 희랍어 어원은 "빠른 속도로 달리다"는 뜻이라고 한다. 경력심리학자인 홀(D. T. Hall)은 경력을 "한 개인이 일생을 두고 일과 관련하여 얻게 되는 경험 및 활동에서 지각된 일련의 태도와 행위"라고 정의하였다(D. T. Hall(1976), *Career Organization*, Santa Monica, California : Goodyear Publishing Co., p. 4).

를 도모해 나가는 과정이다. 셋째, 경력개발은 개인의 주관적 관점, 즉 개인의 입장을 보다 중시한다. 넷째, 경력개발은 개인과 직무, 그리고 가정의 상호작용의 산물이다. 다섯째, 경력개발은 개인 입장에서는 삶의 공간의 변화에 따른 자아개념의 확대를, 조직 입장에서는 인력 흐름의 관리를 통한 인적자원의 개발을 의미한다. 그런데 경력개발과 유사한 용어로서 인력개발 혹은 인적자원개발(human resource development)이 있다.

인적자원개발은 주로 개인의 능력개발을 통해 직무성과의 향상을 목표로 하는 인적자원관리 기술의 한 부분인 교육훈련을 중심으로 이해되고 있으며, 이에는 개인개발, 직무개발, 조직개발, 경력개발을 포괄하는 넓은 개념으로 이해할 필요가 있다([그림 10-1]).

[그림 10-1] 인적자원개발의 4가지 영역

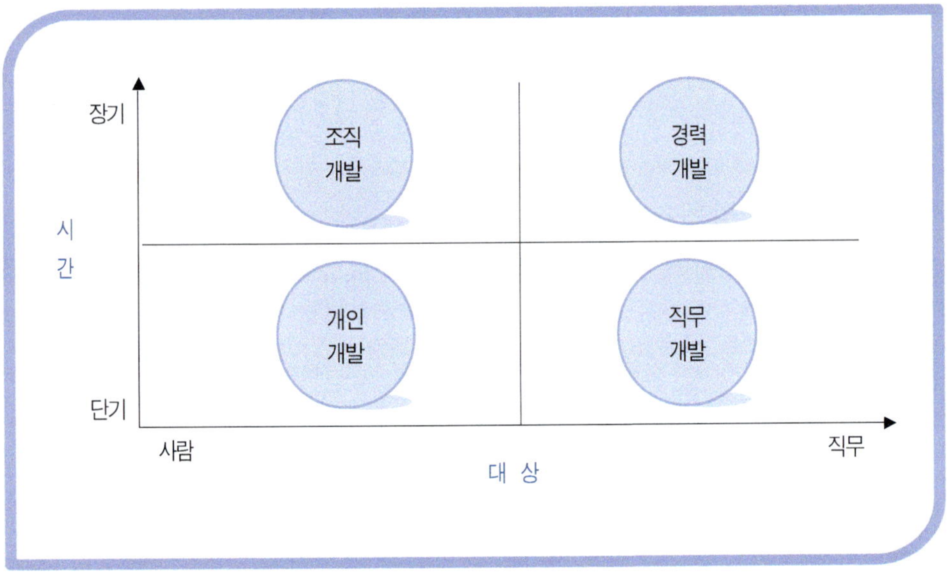

자료 : 김홍국(2000), 『경력개발의 이론과 실제』, 다산출판사, p. 36.

그리고 경력개발은 크게 경력계획(Career Planning)과 경력관리(Career Management)라는 두 가지 활동의 연속적 집합으로 구성되어 있다. 경력계획은 개인이 중심이 되어 자신의 경력목표를 설정하고, 이를 달성하기 위한 일련의 단계들을 계획하는 신중한 절차를 말하며, 경력관리는 조직이 중심이 되어 조직의 인적자원개발 요구에 부응하도록 개인개발을 돕고, 조직의 경력개발 시스템과 조화(통합)될 수 있도록 경력계획을 준비하고 실시 및 감독하는 등의 조치를 취하는 지속적 과정을 말한다. 이러한 경력계획과 경력관리 활동은 효과적인 경력개발을 위해 상호 보완적이고 상호 강화적으로 균형이 이루어질 필요가 있다.

결론적으로 **경력개발이란 한 개인이 경력목표를 설정하고 이를 달성하기 위한 경력계획을 수립하여 조직의 요구와 개인의 욕구(needs)가 합치될 수 있도록 각 개인의 경력을 개발하는 활동을 말한다.** 따라서 경력개발에는 조직과 개인 모두의 의식적이고 체계적인 노력이 필요하며, 조직 및 개인의 요구를 통합시키는 데에 그 성공 여부가 달려 있다고 볼 수 있다.

- 경력계획 과정
  - ① 경력목표 : 개인이 경력상 도달하고 싶은 미래의 직위(position)를 말한다.
  - ② 경력계획 : 경력목표를 설정하고, 이 경력목표를 달성하기 위한 경력경로를 구체적으로 선택하는 과정을 말한다. 여기서 경력경로(경력진로)란 개인이 조직 내에서 경력을 쌓아가는 동안 일련의 직무이동을 나타내는 것으로서 개인의 직무역사를 구성한다.
- 경력관리 과정
  - ③ 경력개발 : 개인적인 경력계획을 달성하기 위하여 개인 또는 조직이 실제적으로 참여하는 활동으로써 조직체에서 요구하는 인적자원과 조직구성원이 희망하는 목적을 통합시켜 구성원의 경력경로를 체계적으로 계획·조정 하는 인적자원관리 과정을 말한다.

경력개발의 출발은 제2차 세계대전 후 미국 연방정부가 1955년에 구성한 후버위원회의 한 보고서인 인사부문 권고안에서 찾아 볼 수 있다. 당시 미국 연방정부 조직의 비능률에 대한 비판이 제기되었을 때, 관리인력 과잉과 인건비 부담 증대 등을 해소하기 위한 방안이 제시되었다. 중간관리자로서의 잠재능력이 있는 자를 채용하여 장기적으로 계획적인 육성을 꾀하려는 경력개발제도를 구상하게 된 후, 1957년에 "미국 육군 문관의 경력개발프로그램"(Army Civilian Career Program)에서 구체적인 경력개발제도가 실행되고, 1960년대에는 IBM사를 중심으로 민간기업에 보급되었다. Global Consulting 기업인 DBM의 조사에 따르면, 최근 포춘 100대 기업의 80% 이상이 경력개발 프로그램을 도입하고 있는 것으로 나타났다. 일본의 경우, 미국 기업과 비슷한 시기에 출발하였으나, 쇼와전공(昭和電工)의 경우, 기술계 사원을 대상으로 1963년에 경력개발제도를 도입하여, 1964년에 사무직으로 확대한 후, 1981년에 시스템을 완성하였다. 그리고 한국은 1980년대 초부터 제도 도입의 필요성이 논의되기 시작하여, 1980년대 후반부터 1990년대 초에 걸쳐 삼성그룹 및 LG그룹 계열사 등을 중심으로 도입이 본격화되었으며, 약 31%의 기업이 이 제도를 도입, 운영하고 있는 것으로 조사되고 있다.

1.2 경력개발의 중요성

대부분의 사람들은 인생에서 성공적인 경력을 쌓고자 한다. 그러나 누가 얼마나 성공했는가를 말하기란 쉽지 않다. 왜냐하면 한 사람의 경력이 성공적인가를 판단하는 것은 다소 주관적이며, 그것을 객관적으로 나타낸다고 하더라도 그 방법은 평가하는 수만큼이나 다양할 수 있기 때문이다. 특히 성공적인 경력을 단순히 남보다 빠르게 승진한다거나 많은 돈벌이를 하는 것이라고는 이해할 수 없다. 왜냐하면 자신의 생활, 삶에 대한 심리적 자신감, 심리적 만족도 성공적인 경력에서 빼놓을 수 없는 측면이기 때문이다. 따라서 개인이 성공적으로 경력을 개발하는 것은 다음과 같은 측면에서 중요성을 갖고 있다.

첫째, 개인의 경력설계는 개인에게 조직생활에서 직무경험으로써 뿐만 아니라, 개인의 인생행로 또는 목표를 계획하고, 이를 달성하기 위한 활동을 하는 과정이므로 개인의 경력개발과 그 성공이 개인적인 의미로 끝나는 것이 아니라, 조직의 성과향상과 직결된다. 따라서 경력개발은 개인의 노력과 자기계발, 희망과 요구 그리고 기업조직의 지원을 포괄해야 한다.

둘째, 경력설계는 조직과 개인이 함께, 개인 스스로가 하고 싶어 하고, 자신의 능력에 맞는 직무를 담당할 수 있도록 개인의 욕구와 일을 결합시킬 수 있다. 경력설계는 기본적으로 개인이 원하는 직무를 조직과 협의하여 장기적으로 조정해 가는 일련의 상호작용과정으로써 구성원 자신에게 맞는 일을 찾아 자신의 잠재능력을 최대한 발휘할 수 있도록 할 수 있다.[2)]

셋째, 경력설계는 개인의 전문능력을 향상시킨다. 특히 경력설계는 직무에 정통한 전문인으로서 자신을 개발할 수 있도록 도와줌으로써 변화에 적응할 수 있게 한다. 그 결과 개인은 경력설계를 통해 미래를 준비하는 것이므로 미래에 있을지도 모를 의도하지 않은 충격을 극복할 수 있다.

넷째, 개인의 개성 존중과 자아실현 욕구가 크게 대두되면서, 개인의 경력설계는 조직에서 매우 중요한 과제로 더욱 부각될 전망이다. 개인의 성공적인 경력설계는 개인

---

2) 여기서 경력설계란 말은 위에서 언급한 경력개발과 유사한 의미로 쓰이는 경력개발 및 경력관리의 뜻으로 이해할 수 있다.

의 자아실현의 가능성을 그만큼 높인다.

다섯째, 특히 기업경영이 글로벌화됨에 따라 개인의 경력설계의 문제도 전 세계를 무대로 하는 국제적 차원에서 고려할 필요성이 커지고 있다. 글로벌경영을 수행하는 구성원으로서 경력을 갖출 수 있도록, 조직에서 경력 관련 제도를 마련해 나가야 할 필요성이 크게 부각되고 있는 것이다.

이상에서 살펴보았듯이, 경력개발에 대한 경영자들의 관심이 증대된 것은 조직의 내부 및 외부 환경의 변화와 글로벌화 및 기술진보가 가속화됨에 따라, 조직의 미래에 대한 위험과 불확실성의 증대에 있다. 따라서 조직은 조직목표를 달성하기 위해 환경변화에 적응할 수 있는 유능한 인적자원의 개발이 불가피하게 되었다. 이에 따라 조직 구성원 개개인의 조직 내 경력개발을 보다 장기적이고 체계적으로 지원함으로써 개인의 경력욕구 충족과 함께 조직이 필요로 하는 인력을 동시에 개발하는 것이 가능하게 되는 것이다.

이런 측면에서 경력개발의 본질은 그 이념에 있다 하겠다. 즉, 경력개발은 행동과학의 인간존중 이념을 바탕으로 기업의 목적과 개인의 욕구를 통합하는 데 있으며, 이를 실현하기 위하여 개인의 경력을 장기적으로 그리고 계획적으로 개발하는 것이므로 다소 이상적인 측면을 가지고 있다.

현장이야기 1

POSCO 경력개발(Life Plan System)

포스코에서는 한 개인이 입사하여 퇴직할 때까지의 경력관리 및 인생설계를 개인과 회사가 함께 참여하여 계획하고 관리해 가는 총체적인 과정을 Life Plan System이라고 한다. 포스코의 Life Plan System은 크게 4개 과정으로 구분, 실시하고 있다.

① Career Design 과정 : 입사하여 3년쯤 되는 시점인 만 30세에 자신의 성장경로 설정과 삶과 일에 대해 확실한 목표를 설정토록 하는 과정

② Career Review 과정 : 5년 뒤인 35세에는 전문직업인으로서의 자기가치 증대를 위한 실천계획과 5년 전 자신이 설정하였던 경력설계와 목표를 다시 한번 점검케 하는 과정

③ Second Career 과정 : 45세가 되면 인생과 직장생활의 전환점에서 지금까지의 자기 삶에 대한 성찰과 미래의 균형있는 삶의 방향을 설정하고, 일과 인간관계, 경력관리 등 Action Plan을 수립케 하는 과정
④ Green Life Service 과정 : 정년을 1년 앞둔 55세가 되면 새로운 인생설계를 준비하여 나갈 수 있게 도움을 주는 과정

이러한 Life Plan System은 개인에게는 자아실현의 기회가 제공되고, 회사는 직원의 도전적 · 진취적인 경력욕구를 충분히 수용하고 지원함으로써 경영성과 제고는 물론, 나아가 직원의 퇴직 이후까지도 배려함으로써 고령화 사회에서 기업의 사회적 책임까지도 생각하는 프로그램으로 준비되고 있다.

– 생애설계 교육내용

구분	워크숍	카운슬링	e-러닝
내용	생애목표 설정(3일) 현장탐방 워크숍(3일) 부부동반 교육(2일)	개인별 목표 수립 컨설팅 창업 · 재취업 실행전략 수립	생애관리, 재취업, 창업, 재무관리(10과목)
기간	8일	상시	상시

• 자료 : 이세기(2013. 8), 경영관리와 인생설계를 위한 Life Plan System, 한국인사관리협회, www.kpiok.co.kr/h

1.3 경력개발의 목적

경력개발의 목적은 기본적으로 개인의 능력을 최대한 개발시켜 이것을 조직의 경력기회에 적용시킴으로써 개인의 경력욕구를 충족시켜 주는 것이고, 경력기회를 제공하는 조직 측에서는 적시에 조직의 적소에서 개인능력을 활용함으로써 조직의 유효성을 높이는 것이다(Alpin, J. C., & Darlene, K., 1978, p. 25). 이를 개인적 차원과 조직적 차원으로 나누어 생각해 보면, 첫째, 개인적 차원에서는 경력이 개인의 삶의 목표에 의해 결정된다. 따라서 이 차원에서는 경력개발의 목표가 자기개발을 통해 일로부터 심리적 만족을 얻는 데 있다. 즉, 종업원에게 경력경로 제시를 통한 승진 가능성을 보여줌으로써 자기발전을 위한 명백한 목표를 갖고 스스로 계획에 따라 노력하는 기회를 마련해 주고, 직장에 대한 안정감을 갖고 자기 능력을 유감없이 발휘하도록 함으로써 종업원의 성취동기를 유발할 수 있다.

둘째, 조직적 차원에서는 조직목표를 달성하기 위해서 필요한 자질을 갖춘 인적자원을 개발하는 데 역점을 둔다. 따라서 인적자원을 개발하기 위해서 여러 가지 제도

및 기법을 적용하게 된다.

[표 10-1] 경력개발의 목적

개인적 차원의 목적	조직적 차원의 목적
자기개발을 통한 경력욕구 충족	적시 적소에 유능한 개인 능력 활용을 통한 조직유효성 증대

한편, 경력개발은 인력계획, 교육훈련, 직무분석, 인사고과, 승진관리 등 여러 인적자원관리 과정과 밀접한 관계를 맺고 있으며, 합리적인 인적자원관리, 특히 효율적인 승진관리에 목적을 두고 있다. 승진관리의 목적을 인재의 효율적인 확보 및 배치를 통한 조직유효성의 증대와 종업원의 자아발전의 욕구충족에 있다고 볼 때, 경력개발은 승진경로 계획을 통해 한편으로는 인재확보 및 배분의 효과를, 다른 한편으로는 종업원의 성취동기 유발의 효과를 거두는데 그 목적이 있다.

2. 경력개발 관리의 원칙

2.1 적재적소 배치의 원칙

경력개발은 인재를 적재적소에 배치하는 것(the right man, the right place)을 원칙으로 하고 있다. 즉, 종업원의 적성, 지식, 경험 및 기타 능력과 조직의 목표 달성에 필요한 직무가 잘 조화되도록 맞추는 것을 골격으로 하고 있다. 이를 위해서는 자격요건과 종업원의 적성 및 선호 구조에 대한 정보를 충분히 파악하여야 한다. 즉, 경영정보시스템의 일환으로써 인사정보시스템을 적극적으로 개발하고 있는 바, 특히 노동집약적인 기업에서는 효율성관리의 주요 대상인 인재를 적재 적소에 배치하는 것을 원칙으로 하고 있다.

2.2 승진경로의 원칙

경력개발은 명확한 승진경로의 확립을 그 원칙으로 하고 있다. 이 원칙은 기업의 모든 직위는 계층적인 승진경로로 형성되고 정의되며, 또 기술되고 평가되어야 한다. 즉, 과학적인 직계를 이루고 그에 따라 승진관리가 이루어져야 한다는 것이다.

승진경로의 설정은 질적 인적자원계획 수립에 있어서 본질적인 문제해결의 길잡이가 된다. 승진직계는 각각 직무평가의 과정을 거쳐서 제시되므로, 이는 노동의 질과 양을 존중하는 기초자료가 되기도 한다.

2.3 후진 양성과 인재 육성의 원칙

경력개발은 기업 내부에서 후진 양성의 확립을 원칙으로 하여 자체적으로 유능한 인재를 확보하는 것을 말한다. 즉, 인재 확보를 외부에서 스카웃하는 방법보다는 내부에서 자체적으로 양성하는 것을 원칙으로 삼으며, 이는 종업원에게 성장의 동기부여를 제공하고 기업에 적극 동참하게 함으로써 유능한 인재를 확보할 수 있고, 경영 초심자로 인한 기업의 손실을 방지할 수 있다.

예컨대, 기업 내부의 인재육성으로 기업 외부로부터 들어온 신입사원이 겪는 소외감과 더불어 조직, 작업스타일, 직무분위기 등에 대한 적응시간과 비용을 절감할 수 있다. 또, 기업은 직계의 연계를 통하여 소위 경영 맹인(management blind man)의 위험도 피할 수 있게 된다.

2.4 경력기회 개발의 원칙

근로자가 그들의 경력상 필요점을 알게 되면, 기업은 경력경로를 제시해야 하며, 근로자의 능력 발전에 제한된다고 인정되는 직무는 별도로 명시하여 이를 후보자에게 알려야 한다.

승진기회가 많지 않은 근로자들도 그들의 경력개발 기회를 갖기를 원하며, 그때 적용될 수 있는 기준은 회사의 재직년수에 의한 연공이다. 그러므로 기업은 연공에 의한 경력기회의 개발을 통하여 승진경로가 어떠한 부서에만 국한되지 않도록 기회를 골고루 제공하여야 한다.

[그림 10-2] 경력개발의 원칙

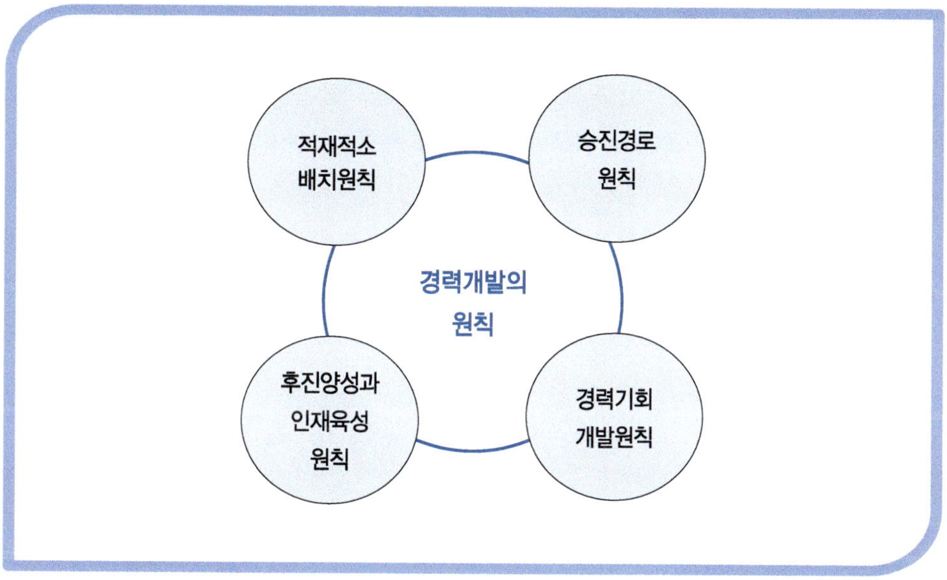

3. 경력개발의 모델

3.1 전통적 모델

성인들이 직무 생애 동안 겪게 되는 여러 단계들을 설명하는 경력개발 모델이 많이 제시되고 있는 가운데, 그린하우스 등(Greenhaus et al., 2000)이 주장한 5단계 모델(five stage model)을 중심으로 설명해 본다.

첫째, 1단계는 직업준비기(Preparation for Work)이다. 이 시기에는 직업에 대한 개념 형성과 정의를 내리는 단계로서 직업에 대한 자기 이미지 개발, 대안적 직업 평가, 최초의 직업 선택, 필요한 교육 습득 등이 이루어진다. 이 단계에서의 직업 선택은 직업에 대한 지속적인 탐색 중에 이루어지는 최초의 결정이며, 또 개인경력의 첫 방향을 정립하는 출발점이 된다. 대체로 서구에서는 25세까지의 시기로 보고 있으며, 다소 변경될 수 있다.

둘째, 2단계는 조직진입기(Organizational Entry)이다. 이 시기는 선택한 경력 분야에서 희망하는 직업과 조직을 선택하는 단계이며, 자신이 획득한 정보의 양과 질에 따라 선택한 최초의 직업 선택이 계속될지 아니면 잘못된 선택으로 실망하게 되어 이직하게 될지에 영향을 준다. 이 단계에서 직면하는 장애물은 최초의 직무를 성공적으로 잘 수행해 내느냐 여부에 따라 직무만족과 함께 조직사회화가 결정될 수 있다. 대체로 서구에서는 18세에서 25세까지의 시기로 보고 있으며, 다소 조정될 수도 있다.

셋째, 3단계는 정착과 성취의 초기경력기(Early Career)이다. 이 시기에는 개인들이 직업세계에서 자신의 위치를 찾고 꿈을 추구하는 단계이다. 구체적으로 자신의 업무나 기술을 숙달하고, 조직문화(규칙과 규범, 가치, 기대)에 적응하면서 역량 제고와 함께 자신의 경력목표를 추구하게 된다. 성공적으로 조직에 정착하고 도전들을 해결하게 되면 직무만족과 책임 증가, 승진, 보상 증가 등이 이루어진다. 대체로 서구에서는 25세에서 40세의 시기로 보고 있다.

넷째, 4단계는 중간 경력기(Mid Career)이다. 이 단계에서는 초기 경력기에 선택한 경력진로와 직업 선택을 재점검하게 된다. 즉, 자신의 꿈과 미래에 대한 재확인과 수정이 이루어지며, 중기 경력에 적합한 선택을 하고, 자신의 직무에 생산적이게 된다.

[표 10-2] 경력진로 계획표(예시)

직무담당자 : 홍길동　　　작성일 : ________

직 무 명 : 부산사무소 영업차장대리　　　상담자 : ________　　　직위 : ________

분 석 자 : 부산사무소 영업차장　　　확인자 : ________　　　직위 : ________

진 로	장 소	2011	2012	2013	2014
현재 : 부산사무소 영업차장대리	부 산	⟶			
서울사무소 영업차장대리	서 울		⟶		
대구사무소 영업차장	대 구			⟶	⟶
목표 : 부산사무소 영업차장	부 산				★

자료 : 이학종·양혁승(2005), 『전략적 인적자원관리』, 박영사, p. 610을 수정.

[표 10-3] 경력개발 계획표(예시)

직무담당자 : 홍길동　　작성일 : ________

현　　직 : 부산사무소 영업차장대리　　상담자 : ________　　직위 : ________

목표 직무 : 부산사무소 영업차장　　확인자 : ________　　직위 : ________

경력개발프로그램	장 소	2011	2012	2013	2014
P대학교 경영대학원 연구과정	부 산	→			
사내 관리자 교육		→			
사내 마케팅 교육		→			
Y대학교 경영대학원 중간관리자 과정	서 울		→		
사내 리더십 훈련			→		
사내 운영위원회 간사			→		
마케팅 특수프로젝트 팀			→		
K대학교 경영대학원 연구과정	대 구			→	
사내 차부장 교육훈련				→	→
단기 해외견습훈련				→	
사내 운영위원회					→
사내 운영위원회	부 산				→

자료 : 이학종・양혁승(2005), 『전략적 인적자원관리』, 박영사, p.610을 수정.

이 시기에 겪게 되는 도전과제들은 중기 경력의 위기현상인 고원화(plateauing : 책임 증가와 승진 기회의 부족에 따른 정체)와 기술진부화(obsolescence : 개인의 지식과 기능이 기술변화에 적응하지 못함)로써, 이를 성공적으로 통과하면 생산적으로 유지되나, 실패하면 좌절과 침체를 겪게 된다. 대체로 서구에서는 40세에서 55세에 해당되는 시기이다.

다섯째, 5단계는 후기경력기(Late Career)이다. 이 단계에서는 두 가지 도전에 직면하게 되는 바, 개인들은 직무에서 생산적이고, 자존감 유지를 위해 노력하거나, 효과적인 은퇴(퇴직)를 준비해야 한다. 특히 은퇴시에는 많은 감정적, 재정적, 사회적 변화를 수반하게 되므로 사전에 잘 준비할 필요가 있다. 그러나 현실적으로 경기침체 등에 따른 조직의 압력에 따라 계획 보다 조기에 은퇴를 하게 되면 추가적인 문제가 발생할 수 있다. 사회안전망의 미흡, 은퇴시기와 연금수령 연령의 불일치는 큰 사회적 문제가 되고 있다. 대체로 서구에서는 55세 이후의 시기에 해당된다.

3.2 현대적 모델

최근의 급속한 글로벌화와 노동력 구성의 변화, 기술혁신, 변화하는 고용관계, 팀 기반작업, 신조직구조 등은 개인의 경력 방향에 중대한 영향을 미치고 있다. 따라서 전통적인 경력단계 개념이 현대 세계에 적합한지에 대한 의문이 제기되었다. 경력개발의 현대적 관점은 개인과 조직이 고도의 변화와 불확실한 환경에 성공하기 위해서는 유연하고 적응적이어야 한다는 것이다. 이러한 사고방식에는 다음과 같은 두 가지 경력개념이 제시되고 있다.

첫째, 프로틴 경력(protean career)[3]개념이다. 이 개념은 조직이 아닌 개인이 자신의 경력을 추구하며 필요시 시간의 흐름에 따라 경력을 재구축(reinvent)해야 한다는 관념에 기초하고 있다. 즉, 개인들은 생애를 거치면서 삶의 의미와 성취를 추구한다. 따라서 그들의 경력은 여러가지 선택과 경험들(일, 교육, 기타)로 구성된다. 프로틴 경력 개념은 일련의 단편적이고 예측 가능한 변화를 통한 발전 대신, 유연하고 독특한 경력코스를 포함하고 있다. 또한 평생학습과 개인개발이 경력개발의 중심이라는 아이디어를 포함하고 있다. 개인의 경력은 탐색-시도-숙달-퇴출(은퇴)이라는 짧은 단계의 연속물(succession of ministages)로 구성된다. 이 관점은 개인의 연대기적 나이(chronological age)가 아닌 경력 나이(career age)나 특정 분야에서 보낸 많은 연도가 중요하게 평가된다.

둘째, 드라이버(Driver, 1994)의 다중경력 개념 모델(multiple career concept model)이라 부르는 4개의 상이한 패턴 혹은 경력개념이다. 즉, 4개의 상이한 경력개념들은 시간의 경과에 따라 상이한 직업들 내에서와 직업들 간에 이동하는 방향과 빈도가 다르다.

① **직선형(Linear)** : 전통적인 경력 관점으로써 보다 큰 책임과 권한을 갖는 조직의 계층으로 발전하는 이동형태이다. 권력과 성취욕구에 의해 동기부여되며 시간표에 따라 가변적이다.

② **전문가형(Expert)** : 한 직업 내에서 전문직에 헌신하는 형태로써 한 분야 내에서 지식과 기능 축적에 초점을 둔다. 전통적인 조직계층에서 상향이동이 적고 역량과 안정에 대한 욕구에 의해 동기부여된다. 중세기의 길드(도제제도)에 뿌리

---

3) '프로틴(protean)'은 그리스의 신 프로테우스(Proteus)에서 유래된 말로, 자신의 의지대로 자신의 모습을 변화시킬 수 있는 바다의 신이다.

를 두고 있다.

③ **나선형(Spiral)** : 관련된 직업, 학문이나 전문분야를 가로질러 주기적으로(7년~10년) 평생 동안 이동하는 형태이다. 그러나 이동에 앞서 주어진 한 분야에서 높은 수준의 역량을 성취하는데 충분한 시간이 필요하며, 창의성과 개인적인 성장이 동기가 된다.

④ **전이형(Transitory)** : 상이하거나 관계가 없는 직업이나 분야간에 주기적이고(3년~5년) 수평적으로 이동하는 형태이다. 비전통적인 형태이며, 다양성과 독립성이 동기가 된다.

위에서 언급한 두 가지 경력개발 모델과 관련하여 우편서비스 업무는 전통적 모델에 적합하나, 정보기술산업과 전문서비스 기업들(회계, 법률, 예술, 오락〈특히 필름업종〉)은 전통적 모델에는 덜 적합하고 오히려 현대적 모델에 더 적합하다.

현장이야기 2

맥도날드의 경력개발제도 사례

맥도날드는 완벽한 교육제도에 의한 경력개발제도를 가지고 있다. 맥도날드는 전 직원들에게 균등한 교육기회를 제공한다. 그 예로써 맥도날드 사에 근무하는 모든 경영진과 매니저들은 모두 햄버거 대학을 졸업하였다. 이는 공감대 형성을 위한 제도적 지원을 통하여 회사의 비전 달성을 꾀하고 있음을 알 수 있다.

맥도날드의 또 다른 특이한 점은 매니저의 절반 이상이 매장 아르바이트 사원에서 출발하여 정식직원으로 채용되었다는 점이다. 맥도날드의 경영에는 햄버거를 만들어 파는 장사이기에 앞서 사람에 의한 사업이라는 철학이 깔려 있다. 맥도날드의 창업주인 레이 크록은 일찍부터 "맥도날드 직원들에게 교육과 개발은 하루도 거르지 않고 해야 하는 업무"라고 강조했다.

맥도날드의 직원 교육은 세계 114개국 2만 4,500여개의 매장에서 똑같이 이뤄진다. 맥도날드의 유니폼을 입는 순간부터 모든 사람들은 학습자가 돼야 한다. 시간제 직원에게는 비디오 교재를 사용한 기초교육을 실시하고 전담 트레이너를 붙여 한달 동안 일대일 직무교육을 실시한다. 이러한 교육과정을 통해 경력을 쌓은 시간제 직원들에게는 정식직원으로 승진할 수 있는 기회가 주어진다. 이런 교육훈련의 마지막 코스는 미국 일리노이 주에 있는 햄버거 대학이다. 지난 1961년 개설된 이래 매년 15회에 걸쳐 3,000여 명의 졸업생을 배출한다. 이곳에서는 매장운영, 인사관리, 품질 및 장비관리, 고객서비스 등에 관한 내용으로 교육이 이뤄진다. 또한, 실제 매장에서 똑같은 세트에서 시뮬레이션 위주로 진행된다.

이처럼 경력개발제도는 선진제도의 무조건적인 수용보다는 회사에 맞는 제도를 설계하는 것이 중요하고, 글로벌 리더들은 그 조직의 특성과 조직구성원들의 수준, 시장의 특성을 고려하여 회사에 맞는 경력개발제도를 설계해서 운영해야 한다. 또한 평가와 같은 주기로 행해져야 하고 평가 및 개발의 결과는 보상 및 승진과도 연결되어야 한다.

4. 경력개발의 내용

4.1 경력단계

조직의 구성원은 조직 내에서 생활을 하는 동안에 수직적 또는 수평적으로 직무이동을 거쳐 나가면서 몇 가지 경력단계를 밟아 나간다. 직무이동과 경력단계는 구성원마다 모두 다르지만 직장생활에서의 수명주기(life cycle) 관점에서 볼 때 다음과 같은 일반적인 패턴을 찾아 볼 수 있다([그림 10-3]).

1) 탐색(Exploration) 단계

17세 부터 30세 까지의 탐색단계로서, 조직구성원은 자기 자신을 인식하고 학교교육과 직장경험을 통하여 여러 가지를 실험해 보면서, 자기에게 적합한 직업을 선택하려고 노력한다. 그리하여 직장도 옮기면서 경력목표와 직업분야를 선택하게 된다.

2) 확립(Establishment) 단계

30세 부터 45세의 확립단계로서, 선택한 직업분야에서 정착하려고 노력하고 결국에는 한 직업에 정착하는 단계이다. 그 뿐만 아니라 확립단계는 구성원이 조직체에서 성과를 올리고 업적을 축적하여, 승진하면서 경력발전을 달성하고, 조직체의 경력자(careerist)로서 조직체에 몰입(commitment)을 하는 단계이다.

[그림 10-3] 경력단계

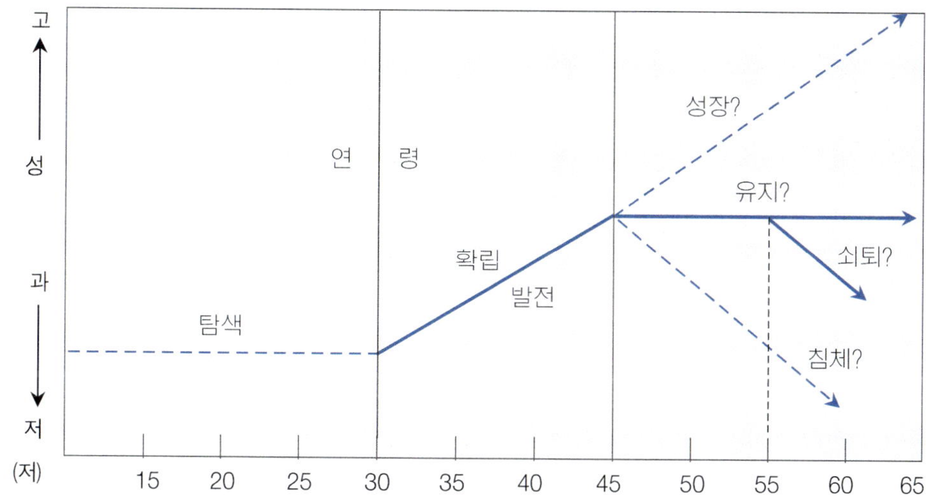

자료 : 이학종·양혁승(2005), 『전략적 인적자원관리』, 박영사, p. 605.

3) 유지(Maintenance) 단계

45세 부터 55세 까지의 정체(plateau)단계로서, 자기 자신을 반성하고 경력경로의 재조정을 고려하고 경우에 따라서는 심리적 충격도 받게 되는 단계이다. 이것은 조직구성원이 신체적 노화와 능력상의 도태를 느끼기 시작하기 때문이다. 따라서 구성원은 이 단계를 원만히 거쳐 나감으로써, 계속적인 경력발전을 달성할 수 있는 반면에, 심리적 충격을 극복하지 못하고 침체되어 버릴 수도 있다.

4) 쇠퇴(Decline) 단계

경력의 마지막 단계는 55세 이후의 퇴직과 더불어 그 이후의 새로운 생활을 모색하는 단계이다(2016년부터 정년 60세 시행으로 변화와 조정이 필요함). 우리나라 기업들은 1997년 IMF 외환위기 이후 일상화된 구조조정과 명예퇴직 등으로 쇠퇴시기가 앞당겨지는 추세에 있다.

이상적인 경력단계를 거쳐 나가는 과정에서 조직구성원은 수직적인 승진과 하향이동, 수평적인 직무순환, 그리고 중심적 또는 주변적 역할을 수행해 나간다. 일반적으로 조직구성원은 탐색단계에서는 여러 가지 기능분야를 순환하면서(예 : 생산, 마케팅, 인사, 재무, 회계 등) 기초적인 경험을 쌓고, 확립단계에서는 승진, 발전하면서 중심적인 역할을 하게 된다. 그리고 유지단계에서는 점점 주변 역할 또는 하향 이동도 겪어 나가면서 쇠퇴단계로 접어들게 된다. 이러한 일반적인 경력상의 단계적 발전과 직무상의 이동은 경력개발에 좋은 참고가 될 수 있다.

4.2 경력개발 과정

경력개발은 여러 가지 과정으로 구성되어 있을 뿐만 아니라, 이에 대한 접근방법도 개인 차원과 조직 차원으로 나누어 볼 수 있는데, 이것은 경력개발의 주도적인 노력이 어느 쪽에 중점을 두고 전개되느냐를 말한다.

먼저, 개인 차원의 경력개발은 경력개발 과정에서 개인이 중심이 되어 주도적으로 경력목표를 설정하고 이를 성취할 수 있도록 경력활동을 설계하는 과정이며, 조직은 이를 지원하는 것을 말한다. 이것은 개인의 성장과 경력발전의 책임이 개인에게 있다는 데 그 특징이 있다.

[표 10-4] 경력단계별 경력개발 프로그램(예시)

대상구분	기 본 방 안	제도 및 사례
신입사원	· 적성과 희망을 고려한 직무배치 · 조직사회화 프로그램의 단계적 실시 · 본인의 직무향상 평가 및 피드백 · 심리적 성공 유도 여건 조성(예 : 도전적 직무 부여) · 경력계획 설계의 지원	· 조직사회화 프로그램 · 경력 설명회
중 간 관리자	· 경력단계와 연계한 교육프로그램의 재설계 · 부하육성 역할의 수행을 제도화 · 중간관리자의 재충전 지원 · 생애단계 변화의 심리적 대응 지원 · 경력 정체 사원에 대한 효율적 대처	· 멘토제도 · 연구휴가제도 · 경력상담 프로그램 · 경력정체 대응 프로그램
장년인력	· 직무성과의 정기적 점검 · 장년인력 대상 인력계획 수립 · 재교육 프로그램의 운영 · 하향 이동의 제도화 · 조기 퇴직의 유도 · 퇴직예정자에 대한 지원	· 장년인력 재교육 제도 · 하향 이동제도 · 조기 퇴직제도 · 퇴직예정자 워크숍

자료 : 김흥국(2000), 『경력개발의 이론과 실제』, 다산출판사, p. 180.

다음으로, 조직 차원의 경력개발은 조직이 주도적인 입장에서 구성원이 능력을 충분히 발휘할 수 있도록 경력경로를 확장하여 제공해 주고, 개인의 능력을 적극 활용함으로써 조직목표를 달성한다는 관점으로써, 조직 요구에 일치된 인적자원을 개발한다는 데 그 초점을 두고 있다. 그런데 개인과 조직의 경력목표는 일반적으로 항상 높은 일치관계를 이루는 것이 아니라는데 문제가 있다. 따라서 이의 일치 내지 통합을 위한 여러 가지 노력들이 시도되고 있다.

이러한 시도 중에 하나가 **경력개발제도(career development program, CDP)의 도입을 들 수 있다. 이는 조직 및 개인 요구(needs)가 경력을 통해서 일치되도록 하고, 이를 통해 인적자원개발이 이루어져 궁극적으로 조직의 유효성을 증대시킬 수 있도록, 인적자원관리의 주요 과제인 개발지향적 인사고과, 교육훈련, 승진, 직무순환 등에 초점을 두어 체계적으로 제도화한 것이다.**

경력개발의 과정은 크게 경력계획 단계, 경력개발 단계, 평가 및 피드백 단계의 세 가지 단계로 구분할 수 있으나, 이를 보다 자세하게 나누어 살펴보면 다음과 같다.

[그림 10-4] 경력개발 과정

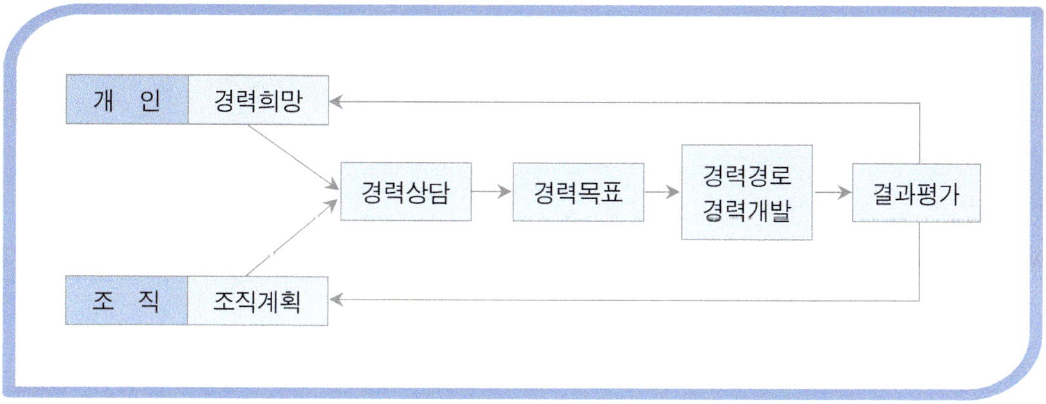

자료 : 이학종 · 양혁승(2005), 『전략적 인적자원관리』, 박영사, p. 607.

1) 구성원의 인적자료 수집

조직구성원의 일반적인 인적사항으로부터 학력, 경험, 기술, 적성과 능력에 관한 평가, 인사고과 자료 등 모든 인적자원 자료를 수집하여 정리한다. 구성원도 자신의 능력과 취미, 그리고 적합한 경력 등에 관한 자기평가(self-assessment)를 통해 자신의 강점과 약점에 대한 인식도를 높인다.

2) 직무분석과 인적자원개발 및 인적자원계획

직무분석을 통하여 각 직무의 내용은 물론, 자격조건을 명백히 하고 직무 간의 연결관계와 승진패턴 그리고 승진경로를 명백히 한다. 그리고 조직체 계획과 인적자원계획을 통하여, 조직의 장기적 그리고 단기적 인적자원 수요를 분석한다.

3) 경력기회에 대한 커뮤니케이션

조직의 인적자원 수요를 중심으로 경력기회와 선택대안(options)들을 조직구성원에게 알려준다. 새로운 직무나 공석을 게시하고 면접을 통하여 새로운 경력기회도 토의함으로써, 구성원으로 하여금 조직 내의 경력기회를 의식할 수 있도록 한다.

4) 경력상담과 경력목표 설정

조직구성원은 실무관리자나 전문 경력상담자(career counsellor)와의 상담을 거쳐서 자기의 경력목표(career goal)를 설정하게 된다. 이 과정에서 구성원과 경력기회에 대해 잘 알고 있는 실무관리자의 역할이 매우 중요하다. 이때 경력목표는 구체적이어야 하고, 반드시 조직에서 더 높이 승진하는 것만을 의미하지 않으며 자신의 개인역량을 함양할 수 있는 다양한 일이나 사회적 경험도 가능하다(예 : '나는 이 기업에서 어떤 경력을 쌓을 것인가', '이 회사에서 무엇을 실현하고 싶은가' 등).

5) 경력개발의 필요성 분석

구성원의 경력목표 설정에 있어서 현 직무에서의 능력을 평가하고 앞으로의 능력개발 필요성을 분석하게 하는 것이다. 이 과정에서 직무에서 요구되는 능력수준과 구성원이 현재 갖추고 있는 능력을 비교하여 필요한 능력개발을 능력요소별로 평가함으로써 보다 현실적인 경력목표를 설정하는데 도움을 줄 수 있다.

6) 경력경로(Career path)의 설정과 경력개발의 추구

구성원의 경력목표를 달성하기 위하여 구성원이 거쳐 나가야 할 직무와 그 동안에 수행해야 할 중요 교육프로그램을 설정하고 경력목표가 현실화될 수 있도록 실천에 옮기는 것을 말한다. 즉, 실무경험을 쌓기 위한 특별 임무의 부여와 구성원의 구체적인 경력개발계획의 작성, 이의 실현을 위한 노력 투입을 말한다.

여기서 경력경로란 조직 내에서 종업원들의 직무이동에 있어서 일정한 패턴을 말하는데, 경력사다리(career ladder)라고도 한다. 경력사다리는 직업이나 직종 등에 따라서 매우 상이한 형태를 가지고 있을 뿐만 아니라, 그 길이와 폭도 다양하다(예 : 우리나라 대학교수의 경력사다리는 조교수-부교수-교수이다), 보통 기업은 아래와 같이 네 가지의 사다리를 가지고 있으며, 대부분의 조직에서는 합리적으로 설계된 경력사다리를 마련하려고 한다.

① 육체근로자들은 기능(技能)이 필요 없는 직무에 고용되어 연공(年功)에 따라서 더 많은 급료를 받거나 기계를 보호하는 쉬운 직위 또는 검사하는 직위로 승진한다.
② 기능공들은 견습공 또는 보조원으로 시작해서 숙련공까지 올라간다.
③ 사무직 종업원들은 더 바람직한 위치나 더 많은 급료를 받는 관리직까지 승진한다.
④ 관리자들은 피훈련자 또는 보조감독자에서 시작하여, 최고경영자(대부분은 그렇지 못하지만)에까지 승진할 수 있다.

대체로 판매, 생산 또는 기술직은 상위관리직에의 마지막 한 두 개의 단계를 포함하여 별개의 사다리가 있는 것이 보통이다. 또한 서구의 경우, 회계, 법률 및 인사와 같은 분야는 별도로 마련된 전문직 사다리(professional ladders)가 있는 것이 보통이다.

7) 결과 분석 및 경력개발 계획의 조정

이와 같이 작성된 경력개발 계획은 구성원의 직무수행과 능력개발에 기본지침으로 활용된다. 그러나 구성원의 실제 성과와 그의 경력목표 상의 변경, 그리고 조직의 상황 변동에 따라서 구성원의 경력개발 계획은 주기적인 결과평가와 경력상담을 거쳐서 적절히 조정 및 수정되어 나간다. 즉, 구성원과 조직이 당초에 설정한 경력개발 계획이 얼마나 달성되었는지 점검하고 평가를 거쳐서 발견된 문제점의 해결을 위한 경력개발계획의 수정 및 변경이 이루어진다.

이상의 7가지 경력개발 과정 중 1), 2), 3)은 경력계획 단계, 4), 5), 6)은 경력개발 단계, 그리고 7)은 평가 및 피드백 단계에 속한다고 볼 수 있다.

현장이야기 3

늘어나는 '잡홉핑族(Job-hopping)' 보는 시선도 달라졌네

– "역량 뛰어나기 때문에 직장 자주 옮기는게 가능"

직장을 자주 옮기는 이른바 '잡홉핑(Job-hopping)족'에 대한 일반 직장인들의 인식이 과거와 크게 달라졌다는 연구보고서가 나왔다. 잡홉핑족은 고액 연봉이나 경력개발을 위해 직장을 자주 옮기는 사람을 말하는데, 과거에는 '이기적이고 조직에 대한 충성심이 부족하다'는 등의 부정적인 이미지가 강했다.

LG경제연구원은 26일 '잡홉핑족이 늘고 있다'는 보고서에서 "경력개발을 목적으로 계획적으로 이직하는 '잡홉핑족'에 대한 인식이 과거보다 긍정적으로 변했다"고 보고했다.

직장인 205명을 대상으로 온라인 설문조사를 실시한 결과, '우리 회사에 잡홉핑족이 존재한다'는 답이 48%로 절반에 가까웠다. 또 응답자의 61%는 '과거보다 잡홉핑하는 직장인이 증가하고 있다'고 답했다. 그런데 이들을 보는 일반 직장인들의 시선이 의외로 관대했다. '잡홉핑족에 대한 인상은 어떤가'라는 질문에 '역량이 뛰어나기 때문에 가능한 것'(53%, 복수응답), '지속적인 역량개발 모습이 긍정적(41%)', '유용한 최신 정보를 갖고 있을 것(27%)' 이라고 답했다. 반면, '끈기나 참을성이 부족해 보임(16%)' 같은 부정적인 답변은 소수였다.

보고서는 "평생직장의 개념이 사라지고 고용 불안정성에 대한 개인의 불안감이 심화되면서 잡홉핑족이 늘고 있다"며 "조직관리 비용이 증가할 수 있으니, 조직 내 직무를 다양화해 구성원의 경력 다양화 욕구를 충족해 주고, 퇴직자는 네트워크를 형성해 지속적으로 관리해야 한다"고 조언했다.

• 자료 : 조선경제, 2013. 3. 27.

5. 경력개발의 방법

경력개발을 위한 구체적인 실천기법은 여러 가지가 있으나, 경력개발 제도의 발상지인 미국에서는 대개 개인 차원의 개별적인 기법들을 사용하고 있으며, 조직 차원의 대단위의 경력개발 프로그램을 실시하고 있는 경우는 별로 없다. 아래에서는 이에 대해 살펴보고자 한다.

5.1 개인 차원의 경력개발 기법

1) 최고경영자 프로그램(Advanced management program, AMP)

최고경영자 프로그램을 사용하는 기업에서는 매년 일정 수의 유망한 중간관리자들을 후보로 선발하여, 8주 정도의 사내프로그램에 참여시키고, 그 후 2주 동안 경영자 연구소에서 리더십, 문제해결 기법, 동기부여 기법 등의 관리기법을 익히게 된다.

모든 과정이 끝나면, 중요 상위관리직에 적합한 높은 잠재력의 후보자들로 선정한다. 곤란한 문제는 참여자들 모두가 곧 승진이 되는 것이 아니며, 그 시기는 지연될 수 있음을 모두에게 주지시키는 일이다.

2) 경력개발위원회(Career development committee)

몇몇 기업들은 관리층 종업원들의 경력개발을 감독하는 위원회를 설치하고 있다. 이 위원회는 각 부서의 장(長), 부사장, 사장으로 구성된다. 주요 목적은 관리자계층의 이동을 감독하면서 매년 각 종업원들의 강점과 약점을 검토하는 것이다. 각각의 종업원들과 협의하여 5년간의 경력개발계획이 세워지고 위원회는 이 계획에 따라 종업원들의 개발을 감독한다. 이와 같이 계획이 개별 관리자와 위원회의 합작으로 이루어지기 때문에, 개인과 조직목표와의 일치가 이루어질 기회가 많아진다.

3) 계획적 경력경로화(Career pathing)

어떤 기업들은 경력 초년생들을 위한 계획적 경력경로화를 제시한다. 종업원들은 처음 몇 년 동안 9개월에서 12개월마다 다른 부서로 이동한다. 여러 가지 부서경험을 쌓은 후, 한 단계 높은 직무를 맡게 되면 새로운 경력경로가 제시되는 것이다.

4) 중간경력의 쇄신(Midcareer update)

기술진부화(obsolescence)는 중간경력 관리자들의 고민거리이다. 이 문제를 해결하기 위하여 어떤 대규모 제조회사는 조직적으로 중간경력 관리자들이 최신 기술을 습득하도록 프로그램을 마련하고 있다. 직무, 마케팅, 컴퓨터 실습, 인간행동에 관한 특별 세미나가 제공되며, 참가 자격은 중간경력에 이른 관리자로 제한한다.

5) 전직 상담(Outplacement counseling) 및 퇴직전 상담(Preretirement counseling)

전직 상담은 새로운 조직으로 옮기거나 계약이 만료되는 종업원들을 지원하는데 초점을 두고 있으며, 직업탐색 기술, 스트레스 관리, 경력계획 수립 등이 포함된다. 전직 상담은 1980년대에 미국을 중심으로 확산된 다운사이징, 인수 및 합병(M & A) 물결에 많이 활용되었다. 그리고 퇴직전 상담은 퇴직 1년 전의 종업원들을 퇴직준비 세미나에 참석시키는 활동이다. 세미나의 주제로는 연금, 보험 등의 재정계획, 사회보장제도, 건강 및 여가활동, 가족 이슈, 심리적 적응, 재배치, 제2의 경력 등이 있다(자세한 내용은 제11장 참고).

5.2 조직 차원의 경력개발 기법

1) 직무충실화(Enrichment) : 승진 없는 경력개발

수많은 기업들이 치열한 글로벌 경쟁과 급변하는 경영환경에 대응하고자 노동력을 줄이고 관리직을 축소하는 대신 고용안정과 상향이동(승진) 없는 경력개발 프로그램의 개발을 확대하고 있다. 즉, 현재의 직무와 전문성의 충실화에 초점을 두고 있다. 구체적으로는 자격증 프로그램과 숙련경로(mastery paths) 설정, 재훈련프로그램, 직무이동과 직무순환 등이 있다. 이러한 충실화 전략에 의한 경력개발은 종업원들의 기능과 전문성 제고, 자신의 경력에 대한 자존심과 자기결정권을 높여주는 효과가 있다.

2) 평가센터(Assessment Centers)

평가센타 제도는 인사고과나 심리테스트의 결점을 보완하고 인간의 잠재능력 및 적성을 종합적, 객관적으로 발견하여 육성하기 위한 제도로써 일정기간 합숙하는 동안 여러가지 연습, 테스트, 면접, 토의 등을 하면서 훈련받은 평가자에 의하여 종업원의 승진 잠재력을 발견하고 육성하여 적재 적소에 배치시켜 활용하고자 하는 것이다.

3) 직무게시(Job posting)

직무게시는 경력개발 활동의 가장 통상적인 형태 중의 하나로써 현직 종업원들에게 공석인 직위를 제시하여 응모하게 하는 제도이다. 조직은 직무기술서, 직무요건, 급여, 응모절차를 공표하고 응모 제출양식을 제공한다. 직무게시는 식당이나 게시판을 주로 활용하는데, 최근에는 웹 사이트나 인트라넷 같은 온라인 방식으로 많이 이루어지고 있다.

4) 이중 경력진로(Dual career path)

이중 경력진로 혹은 이중 트랙시스템(dual track system)은 경영자로 성장해 가는 진로와 순수 전문가로 계속 갈 수 있도록 구분하여 이원적 경로를 설정함으로써 경영자가 될 역량이 부족하거나 욕구가 없는 종업원들에게 미래의 경력경로에 대한 정보를 제공하는 것이다(예 : 영국 석유회사의 탐사부는 엔지니어링과 제품개발팀에 이중 경력진로를 설정).

6. 경력개발의 문제점과 성공조건 및 최근 추세

6.1 경력개발의 문제점

1) 비현실적인 경력목표 설정과 빠른 승진경로(Fast track)

조직구성원이 지나치게 자기중심적인 경력발전을 원함으로써 비현실적인 경력목표를 추구하는 것이다. 구성원이 자기 경력발전에 대하여 높은 수준의 목표를 추구하려는 의지와 노력은 긍정적으로 평가할 것이지만, 조직구성원의 경력발전이 조직의 전반적인 상황과 괴리되는 것은 서로에게 갈등을 초래하기 쉽다. 따라서 조직구성원은 조직의 상황과 함께 자기평가를 통하여 자기 자신의 정확한 위치를 파악하고 있어야 할 것이다. 또한 경력개발을 승진과 동일시하여 승진만을 경력개발의 목적으로 보고 빠른 승진경로에 너무 많은 관심을 보임으로써, 많은 구성원들이 소위 '인기직무'로 경력목표를 집중시키는 문제가 있다. 경력개발이란 승진 뿐만 아니라 구성원의 적성과 능력에 따라 가장 적합한 경력경로를 추구하는 것이어야 한다. 따라서 우선적인 목적은 조직구성원의 경력과 능력개발이고, 승진은 그 과정에서의 부산물로 인식되어야 한다.

2) 경력 모티베이션(Career Motivation)

경력 모티베이션의 개발은 효과적인 경력관리의 중요한 목표이다. 경력 모티베이션은 종업원들이 어떻게 경력을 택하고, 경력을 어떻게 바라보며 얼마나 열심히 일하고, 얼마나 오래 머물지에 대해 영향을 미친다. 이는 세 가지 측면의 집단화된 특성들로 구성되어 있는데, 첫째, 경력개발에 대한 장애물이나 방해에 대한 저항능력인 경력 복원력(career resilience), 둘째, 개인의 경력목표에 대한 현실적 인식인 경력 통찰(career insight), 셋째, 종업원들이 일에 의해 자신들을 규정하는 경력 정체성(career identity)이다. 예를 들어, 높은 경력 모티베이션을 가진 종업원들은 장애물과 방해에 직면해도 경력목표를 계속 추구하고(경력 복원력), 현실적 경력목표를 형성하여 추진하며(경력 통찰), 작업에 고도로 몰입하여 공격적으로 경력목표를 추구한다(경력 정체성).

3) 블루칼러와 비정규직의 경력개발 문제

경영자와 전문가들에 대한 경력개발 필요성과 프로그램에 대한 문헌과 자료들은 아주 많지만, 블루칼러와 계약직 등의 비정규직 종업원들에 대한 경력개발 필요성은 아주 없거나 거의 완전히 무시되고 있는 실정이다. 미국의 경우, 블루칼러와 비정규직에 대한 경력개발이 무시되는 이유가 장기적인 고용계약을 맺지 않고, 조직에 대한 애착과 야망이 없기 때문이라는 것이다. 그러나 이들의 숫자가 아주 많고 조직의 유효성에 중대한 영향을 미친다는 점을 전제로 할 때, 이들 종업원들의 잠재력과 장기적 욕구를 충족시키기 위해서 경력개발 활동을 진지하게 고려할 필요가 있다.

4) 경력 정체(Career plateau)의 대처 문제

조직구성원은 여러 경력단계를 거쳐 나가는 과정에서 신체적 노화와 능력 감퇴, 조직의 구조조정과 긴축 등으로 인해 경력상 정체와 재조정도 필요하게 되는데 이것을 예측하고 사전조치를 취하는 것이 바람직하다. 일반적으로 경력정체의 요인으로는 종업원 개인의 기능과 능력 부족, 개인적인 욕구와 가치관, 내재적인 모티베이션 부족, 외재적 보상 부족, 스트레스와 탈진, 조직 성장의 정체를 들 수 있다.

6.2 경력개발의 성공조건

어떤 기업이 어떤 경력개발 제도를 도입할 것인가는 그 기업이 처한 여건을 고려하여 신중히 검토되어야 할 것이다. 성공적인 경력개발을 정착시키기 위해서는 다음과 같은 조건들이 충족되어야 할 것이다.

1) 조직목표와 개인욕구의 조화

경력개발 프로그램의 핵심은 개인욕구와 조직요구 간의 균형을 찾는 것이다. 즉, 개인의 가치가 조직의 가치와 조화될 때, 개인과 조직은 서로 만족하게 되고 성과도 높아지게 마련이다. 경력개발을 통해서 기업은 미래의 비전을 조직구성원에게 제공하는 조직이 될 수 있다. 조직구성원의 경력개발을 지원한다는 것은 미래의 개인경력 목표에 부응하는 것이기 때문에 경력개발은 개인과 조직 비전의 상호 실현과정이라고 볼 수도 있다. 조직은 개인에게 미래지향적인 비전을 제시하고 실현하도록 후원함으로써 개인의 자아실현을 후원하고 더 큰 성과를 기대할 수 있게 된다. 또한 경력개발은 장・단기에 걸쳐 종업원의 사기, 동기부여 및 생산성 향상에 있어 긍정적인 효과를 제공한다.

2) 최고경영층의 관심과 지원

무엇보다도 경력개발 프로그램이 성공하기 위한 조직적 토양 가운데 가장 중요한 것은 최고경영자의 관심과 지원이다. 왜냐하면 최고경영자의 관심과 지원은 구성원들로 하여금 지속적인 경력개발의 노력 없이는 앞으로 경쟁에서 도태될 수밖에 없다는 위기감을 갖도록 하기 때문이다. 또한 최고경영자가 관심을 가질 때 비로소 경력개발 프로그램은 기업의 성장전략 및 투자전략과도 밀접한 관련을 갖게 될 뿐만 아니라 기업 내 각종 인적자원관리 제도와도 연계될 수 있기 때문이다. 따라서 이를 위해서는 최고경영자들의 평가에 경력개발과 관련한 지표를 포함시키는 것도 고려해 볼 수 있다. 경력개발 지표에 의한 평가는 경영자들의 관심을 인재의 개발과 육성으로 돌릴 수 있게 한다.

3) 관리자들의 코칭과 멘토링 스킬 개발

경력개발 프로그램의 운영시 관리자는 윤활유와 같은 역할을 한다. 구성원들이 스스로를 평가하고 경력계획을 세우며, 자신의 경력에 대해 피드백을 원할 때 관리자들의 코칭이나 멘토링의 영향력이 크게 작용하기 때문이다. 그러나 관리자들의 코칭이나 멘토링 스킬은 자연히 길러지는 것이 아니다. 필요시 관리자들도 코칭이나 멘토링 교육 등을 통해 부하의 경력개발을 위한 리더십을 배양할 필요가 있다.

4) 지원시스템 구축

경력개발 프로그램이 성공하려면, 조직구성원들이 각종 정보를 탐색하고 스스로를 평가해 볼 수 있도록 지원하는 전산 시스템 등의 지원 프로그램이 필요하다. 전산 시스템의 지원은 편리할 뿐만 아니라 익명성이라는 측면에서도 경력개발 프로그램의 정착에 도움이 된다. 또한 전산 시스템과 같은 커뮤니케이션 채널을 구축하는 것은 구성원들이 자신의 경력욕구를 표현하고 상담할 수 있게 하는 경력개발 촉진제가 될 수 있다.

5) 제반 인적자원관리제도와의 연계성 확보

개인과 조직의 경쟁력을 강화한다는 측면에서 제반 인사제도들은 경력개발 프로그램과 맥을 같이 한다고 할 수 있다. 따라서 경력개발 프로그램이 제반 인사시스템과 정합성 있게 연계 및 운영될 때, 그 효과는 더욱 배가될 수 있다. 예를 들면, 선발에서부터 교육훈련, 평가, 보상, 퇴직에 이르기까지 구성원이 조직에 입사하여 퇴직하는 순간까지 최적의 경력을 확보할 수 있도록, 여러 제도들이 유기적으로 연결될 필요가 있는 것이다. 또한 미래 인재상에 의거한 인력 채용, 개인의 희망과 조직의 목표를 반영한 이동과 재배치, 경력개발에 대한 개인의 노력과 성취도 평가, 그리고 직무경력 평가 등 경력지원시스템을 구성하는 각종 하위시스템들이 상호 시너지 효과를 내면서 운영되도록 다양한 역할을 보완해 나가는 노력이 필요하다.

6.3 경력개발의 최근 추세

경영 및 조직 환경의 변화로 인해 선진기업들의 경력개발 프로그램의 주체나 성격, 방식 등도 바뀌고 있다. 그 가운데 3가지 변화가 대표적인 바, 정리해 보면 다음과 같다.

1) 개인주도형 경력개발 지향

최근 선진기업들을 중심으로 경력개발의 주체가 '회사 주도형'에서 '개인 주도형'으로 변화되고 있다. 개인 주도형 경력개발의 경우, 회사가 경력개발 지원의 역할을 수행하고 구성원 스스로가 주도적으로 경력을 개발해 나가는 형태이다. 이는 개인들이 주인의식을 가지고 자신의 경력을 직접 관리할 때, 더 효과적이라는 판단 때문이다.

2) 차별적 프로그램 운영

핵심인재의 이직을 방지하고 자기계발의 욕구충족을 위해 일반 구성원들과는 차별적인 관심과 노력을 기울이는 추세이다. 특히, 미래 사업을 선도해 나갈 차세대 핵심리더에 대해서는 직무중심의 경력경로를 미리 설정하고, 차별적인 프로그램에 따라 육성 및 관리하고 있다. 예를 들어, Philips사의 경우, 잠재력이 뛰어난 핵심인재들(Corporate Interest Group)을 대상으로 별도의 평가를 진행하고, 이들을 위한 맞춤형 경력개발 프로그램을 적용하고 있다. 또 GE사에서도 젊은 핵심인재들에 대해서는 전사감사요원(Corporate Audit Staff)이라는 경력경로를 필수적으로 거치게 함으로써 전략적 감각과 능력을 배양하고 있다.

3) 경력개발의 효과성 측정

조직의 'Black Box' 가운데 하나였던 경력개발 프로그램에도 가시적인 성과측정의 노력이 나타나고 있다. 경력개발 프로그램의 효과성을 측정하는 지표로 구성원 만족도와 핵심인재 유지율, 경력개발 성공률, 프로그램의 투자수익률(ROI) 등을 활용하고 있다. Sun Microsystems사의 경우, 매년 설문과 인터뷰를 통해 경력개발 프로그램의

[표 10-5] 경력개발의 최근 추세

지금까지	앞으로
ㅇ지식, 스킬 개발 중심	ㅇ전반적 경력 성장 중심 - 라이프스타일 니즈에 초점 - 글로벌 경력개발 지향
ㅇ회사 주도적, 수동적	ㅇ개인 주도적, 능동적
ㅇ진급 등 상위 직위로의 이동 중심 (승진 초점)	ㅇ직무순환 등 수평적 이동 중심(육성 초점)
ㅇ간헐적, 일시적 관리	ㅇ계획, 실행, 피드백, 조정의 지속적 관리 - IT 시스템의 지원
ㅇ경력관리 책임 불명확	ㅇ상사, 본인, 동료 등 집합적 책임과 노력 - 상사의 책임 부각
ㅇ독립된 개별 제도	ㅇ타 HR 제도와의 통합에 관심
ㅇ개인적 성장 초점	ㅇ회사 니즈와 개인 니즈의 연계에 초점
ㅇ무차별적, 범용적 프로그램	ㅇ차별적, 개인 특화 프로그램

자료 : 대한상공회의소(2006), 「경력개발제도의 운영사례와 시사점」.

만족도와 개선사항을 파악하여 제도에 반영하고 있으며, Merck사의 경우에는 프로그램의 투자수익률 (ROI)을 계산하여 그 효과를 측정하고 있는데, 그 수익률이 84%로 매우 높게 나타나고 있다.

정리하기

1. 경력(career)이란 사람이 일생 동안 일과 관련하여 갖는 경험들의 패턴 내지 집합을 말하며, 경력개발(career development)은 한 개인이 경력목표를 설정하고, 이를 달성하기 위한 경력계획을 수립하여, 조직 및 개인의 요구(needs)가 합치될 수 있도록 각 개인의 경력을 개발하는 활동을 말한다.
2. 경력개발은 크게 경력계획(career planning)과 경력관리(career management)라는 두 가지 활동의 연속적 집합으로 구성되어 있는 바, 경력계획은 개인이 중심이 되어 자신의 경력목표를 설정하고, 이를 달성하기 위한 일련의 단계들을 계획하는 신중한 절차이며, 경력관리는 조직이 중심이 되어 조직의 인적자원개발 요구에 부응하도록 개인개발을 돕고, 조직의 경력개발 시스템과 조화될 수 있도록 경력계획을 준비하고 실시 및 감독하는 등의 조치를 취하는 지속적 과정이다.
3. 경력개발의 목적은 첫째, 개인의 능력개발을 통한 개인의 경력욕구를 충족시켜 주는 것이며, 둘째, 조직은 개인능력 활용을 통한 조직유효성 증대에 있다.
4. 경력개발의 모델은 크게 그린하우스 등(Greenhaus et al.)의 5단계 모델을 중심으로 한 전통적 모델과 홀과 미르비스(Hall & Mirvis)의 프로틴 경력 및 드라이버(Driver)의 다중경력 개념 모델을 중심으로 하는 현대적 모델로 구분된다.
5. 경력개발의 과정(절차)은 개인의 경력 희망과 조직체의 계획 통합 → 경력상담과 경력목표 설정 → 경력경로 설정과 경력개발 추구 → 결과 평가 및 경력개발 계획의 조정 등의 순서로 이루어진다.
6. 경력개발의 방법에는 개인차원의 경력개발 기법(경력개발위원회, 계획적 경력경로화, 중간경력의 쇄신, 전직상담 및 퇴직전 상담)과 조직차원의 경력개발 기법(직무충실화, 평가센터, 직무게시, 이중 경력진로)이 있다.
7. 경력개발의 문제점으로는 비현실적인 경력목표 설정과 빠른 승진경로, 경력 모티베이션, 블루칼러와 비정규직의 경력개발 문제, 경력정체의 대처 문제 등이 있다.
8. 경력개발의 최근 추세로는 개인주도형 경력개발 지향, 차별적 프로그램 운영, 경력개발의 효과성 측정 등에 관한 이슈가 제기되고 있다.

연습문제

단답식

1. 개인이 조직 내에서 경력을 쌓아가는 동안 일련의 직무이동을 나타내는 것으로서 개인의 직무역사를 구성하는 것을 (　　　　　)라 한다.

2. (　　　　)이란 한 개인이 (　　　　　)를 설정하고 이를 달성하기 위한 (　　　　　)을 수립하여 조직 및 개인의 요구(needs)가 합치될 수 있도록 각 개인의 경력을 개발하는 활동을 말한다.

3. (　　　　　)은 조직이 아닌 개인이 자신의 경력을 추구하며, 일련의 단편적이고 예측 가능한 변화를 통한 발전 대신, 유연하고 독특한 경력코스를 포함한다.

4. 중간경력 관리자들의 기술진부화를 해결하기 위하여 이들에게 최신 기술을 조직적으로 습득하도록 하는 프로그램의 하나가 (　　　　　)이다.

5. 최근의 경력개발 추세는 개인 주도형 경력개발 지향, 차별적 프로그램 운영, (　　　　　) 등이다.

객관식

1. 경력개발의 의미로서 강조되지 않는 것은? (　　)

   ① 인본주의　　② 개인과 조직의 공동 참여
   ③ 조직의 목표 우선시　　④ 개인의 주관적 입장 존중

2. 개인이 경력상 도달하고 싶은 미래의 직위는? (　　)

   ① 경력목표　　② 경력계획
   ③ 경력상담　　④ 경력경로(진로)

3. 그린하우스 등(Greenhaus et al.)이 주장한 5단계 모델에 적합하지 않는 것은? ( )

① 직업 준비기 ② 조직 진입기
③ 중간 경력기 ④ 쇠퇴기

4. 드라이버(Driver)의 다중경력 개념 모델을 바르게 설명하는 것은? ( )

① 평생학습과 개인개발이 경력개발의 중심이다.
② 4개의 상이한 경력개념들이 시간의 경과에 따라 상이한 직업들 내에서와 직업들 간에 이동한다.
③ 개인의 연대기적 나이보다 경력나이나 특정 분야에서 보낸 많은 연도가 중요하게 평가된다.
④ 성인들이 직무생애 동안 겪는 여러 단계들을 설명하는 모델이다.

5. 조직이 아닌 개인이 자신의 경력을 추구하며 필요시 시간의 흐름에 따라 경력을 재구축해야 한다는 경력개념은? ( )

① 프로틴 경력 ② 다중경력
③ 전문가형 경력 ④ 나선형 경력

6. 경력개발과정(절차)을 바르게 설명한 것은? ( )

① 경력경로 → 경력상담 → 경력목표 → 경력개발
② 경력목표 → 경력개발 → 경력상담 → 경력경로
③ 경력개발 → 경력경로 → 경력목표 → 경력상담
④ 경력상담 → 경력목표 → 경력경로 → 경력개발

7. 개인 차원의 경력개발 기법에 해당하는 것은? ( )

① 직무충실화 ② 평가센터
③ 계획적 경력경로화 ④ 직무게시

8. 경영자로 성장해 가는 진로와 순수 전문가로 계속 갈 수 있도록 구분하여 이원적 경로를 설정하는 경력개발기법은? ( )

① 이중 경력진로 ② 직무게시
③ 직무충실화 ④ 중간경력의 쇄신

9. 경력개발의 문제점으로 적절하지 않는 것은? ( )

① 현실적 경력목표 ② 경력 모티베이션
③ 빠른 승진경로 ④ 경력 정체

10. 경력개발의 성공조건에 부합하지 않는 것은? ( )

① 최고경영층의 관심과 지원 ② 조직목표와 개인욕구의 불일치

③ 제반 인적자원관리제도와의 연계성 확보 ④ 지원시스템 구축

참고문헌

김홍국(2000), 『경력개발의 이론과 실제』, 다산출판사.

대한상공회의소(2006), 「경력개발제도의 운영사례와 시사점」.

박성수 외(2009), 『디지로그시대의 인적자원관리』, 박영사.

신유근(1997), 『인간존중의 경영』, 다산출판사.

이세기(2013. 8), 『경영관리와 인생설계를 위한 Life Plan System』, 한국인사관리협회.

이학종 · 양혁승(2005), 『전략적 인적자원관리』, 박영사.

Alpin, J. C., & Darlene, K.(1978), "Career Development : An Integration of Individual and Organizational Needs," Personnel, Mar.-Apr., p. 25.

Driver, M. J.(1994), Workforce personality and the new information age workplace.

Greenhaus, J. H., Callanan, G. A., & Godshalk, V. M.(2000), Career Management(3rd ed.), Fort Worth, TX: Harcourt College Publishers.

Mathis, R. L., & Jackson, J. H.(2003), Human Resource Management, Thomson.

Werner, J. M., & DeSimone, R. L.(2009), Human Resource Development, South-Western Cengage Learning.

제 11 장 이직관리

학습개요

이 장은 이직관리의 의의와 성격에 대한 전반적인 내용에 대해 살펴보고, 정년퇴직과 명예퇴직의 유형에 대해 분석한 후, 향후 발생할 수 있는 문제점 및 관리방향에 대해 학습한다.

학습목표

1. 이직관리의 개념 및 유형에 대해 설명할 수 있다.
2. 퇴직금의 성격과 지급근거에 대한 학설을 이해한다.
3. 퇴직금제도에 대해 설명할 수 있다.
4. 정년퇴직과 명예퇴직의 의의 및 유형에 대해 설명할 수 있다.
5. 전직지원 제도의 의의와 효과에 대해 학습한다.

주요용어

1. 이직(separation): 사용자와 근로자 간의 고용관계가 단절되어, 근로자가 소속한 조직으로부터 이탈하는 것.
2. 정년퇴직: 조직구성원이 일정한 연령에 도달했을 때, 조직체와 구성원 사이의 고용관계를 단절하는 것.
3. 명예퇴직: 노동능력과 일할 의사가 있는 사람을 연령의 이유와 상관없이 경영합리화, 불경기의 이유로 중년에 강제적으로 퇴직시키는 것.
4. 전직지원제도(outplacement) : 기업이 고용조정에 따라, 해고예정인 근로자들이 해고에 적응할 수 있도록 도와주고, 창업이나 직무탐색, 즉 다른 직장을 찾도록 지원해 주는 체계적인 지원서비스제도를 말함.

경영사례 1

▌경기도, 퇴직공무원 지역사회 공헌 프로그램 운영키로

경기도가 퇴직공무원들이 지역사회 발전에 공헌하고 고령화 시대에 부응할 수 있는 새로운 일자리를 만들어 가기로 했다. 도는 공무원연금공단과 오는 28일 '퇴직공무원의 사회공헌 및 사회적 일자리 참여와 이를 위한 교육운영 등에 대한 업무협약'을 하고, 퇴직공무원의 지역사회 공헌활동을 위해 공동 노력할 예정이다.

협약에 따라 양 기관은 퇴직(예정)공무원의 일자리 알선과 사회적 일자리 참여는 물론 사회적 취약계층에 대한 재능 나눔 등 퇴직공무원들의 지역사회 공헌 활동을 위한 정보공유와 교육프로그램을 운영한다.

도 관계자는 "공무원연금공단과의 긴밀한 협조를 통해 퇴직공무원들이 재직 중 국민들에게 받았던 사랑을 지역사회 발전으로 보답할 수 있는 사회적 일자리 마련에 주력할 것"이라고 말했다. 현재 도내 퇴직 공무원 연금 수급자는 54,000여 명이며, 향후 퇴직 예정인 베이비붐 세대(1955~65년생) 재직자는 38,000여 명에 이른다.

• 자료 : NEWS1, 2012. 9. 27.

▌르노삼성, 첫 희망퇴직 실시

글로벌 경제 위기와 내수 부진에 시달리던 르노삼성이 결국 희망퇴직을 실시한다. 르노삼성은 기업 회생 방안의 하나로 10일부터 전 직원을 대상으로 희망퇴직 프로그램을 시행한다고 10일 밝혔다. 희망퇴직 신청은 다음달 7일까지 받으며, 연구·개발(R&D)과 디자인 부문을 제외한 전 직원을 대상으로 한다.

르노삼성이 희망퇴직 프로그램을 실시하기는 2000년 회사 출범 이후 처음이다. 희망퇴직자에게는 퇴직금과 근속 연수에 따라 최대 24개월분의 위로금이 지급된다. 이직을 위한 전문 상담도 실시할 예정이다. 르노삼성은 지난해부터 글로벌 경기침체와 내수판매 부진이 겹치면서 영업 손실이 누적됐다. 올해 상반기에도 국내 판매와 해외 수출 실적이 지난해 같은 기간에 비해 32.8% 감소한 83,062대에 머물렀다. 이에 지난달에는 르노·닛산그룹의 카를로스 곤 회장이 한국을 찾아 2014년부터 닛산의 신형 스포츠유틸리티차량(SUV) '로그'를 르노삼성 부산공장 생산하기로 하는 등 자구책을 발표하기도 했다.

르노삼성 관계자는 "최근 국내외 어려운 경영환경으로 더 이상 현재의 상태를 유지하기 어려운 상황에 처했다"며 "이번 희망퇴직 프로그램을 통해 간결하고 강한 조직으로 거듭나 미래 재도약을 위한 발판으로 삼겠다"고 말했다. 르노삼성은 올해 SM3와 SM5 등 일부 차종의 페이스리프트(부분 변경)와 제품 라인업 강화, 부품 국산화, 로그 생산 등을 통해 부산공장을 최고의 효율성과 경쟁력 있는 공장으로 만들어 나갈 계획이다.

• 자료: 세계일보, 2012. 8. 10.

1. 이직관리의 의의와 성격

1.1 이직관리의 개념과 유형

이직(separation)이란 일반적으로 사용자와 종업원 간의 고용관계가 단절되어 종업원이 소속한 조직으로부터 이탈하는 것을 의미한다. 그러나 협의의 이직은 조직으로부터 금전적 보상을 받는 개인이 자의로 조직에서 구성원으로서의 자격을 파기하고 조직을 떠나는 것(Mobley, 1982, pp. 10-11)을 말한다. 이에 반해 광의의 이직은 인력이 조직 내부에서 외부로의 이동, 즉 이탈과 함께 조직 외부에서 내부로의 이동, 즉 입직(accession)을 모두 포괄하는 개념으로서, 이를 협의의 노동이동(labor turnover)이라고도 한다.

이직은 이직 의사결정의 주체가 조직구성원인가 아니면 조직인가에 따라 자발적 이직(voluntary separation)과 비자발적 이직(involuntary separation)으로 구분할 수 있다. 자발적 이직은 종업원 자신이 자발적 의사에 따라 이직을 하는 것으로 보통 사직(quit or resignation)이라고 하는데, 전직과 협의의 사직 두 가지 유형이 있다. 전직(turnover)은 종업원이 상사나 동료와의 불화, 회사의 급여나 승진, 기타 주로 회사에 대한 불만으로 인해 혹은 자신의 성장과 발전을 위해 보다 조건이 나은 다른 회사로 옮기기 위한 이직을 말한다. 자발적 이직은 주로 이 전직을 의미하며, 이직관리의 중심과제가 되고 있다. 협의의 사직은 결혼, 임신, 출산, 질병, 진학, 가족의 이민 등 개인의 사생활과 관련된 이유로 회사를 그만 두는 것을 말한다.

이에 반해 비자발적 이직은 종업원 자신의 의사와 관계없이 이루어지는 이직으로 사용자나 조직의 입장에서 강제되는 이직인데 면직(forced resignation)이라고도 한다. 비자발적 이직으로는 인력감축 등 고용조정에 의한 정리해고(lay-off), 종업원의 무능력이나 근로계약 위반 등의 귀책사유로 인한 징계에 의한 해고(discharge), 정년규정에 의한 정년퇴직(retirement), 기타(사망, 불구) 등이 있다. 또한 최근의 명예퇴직은 형식적으로는 종업원의 자발적인 퇴직희망에 따라 퇴직시키는 제도이지만, 그 주도권을 기업이 갖는다는 점에서 비자발적 이직에 포함된다고 할 수 있다.

한편, 이직은 회피가능 이직(avoidable separation)과 회피불가능 이직(unavoidable separation)으로도 구분할 수 있다. 회피가능 이직은 사용자가 통제할 수 있는 요인인 임금, 복리후생, 근로시간, 기타 근로조건 등에 대한 불만족으로 인한 이직으로 사용자의 노력에 의해서 그 발생을 최소화할 수 있는 통제 가능한 이직을 말한다. 자발적 이직인 전직이 회피가능 이직의 대부분을 차지하고 있다. 회피불가능 이직은 종업원의 결혼, 질병, 사망, 이주, 정년퇴직 등과 같이 불가피한 원인에 의해서 발생하는 이직, 즉 사용자가 통제할 수 없는 요인에 의한 이직을 말한다. 이러한 이직의 유형들을 요약하면 [그림 11-1]과 같다.

[그림 11-1] 이직의 유형

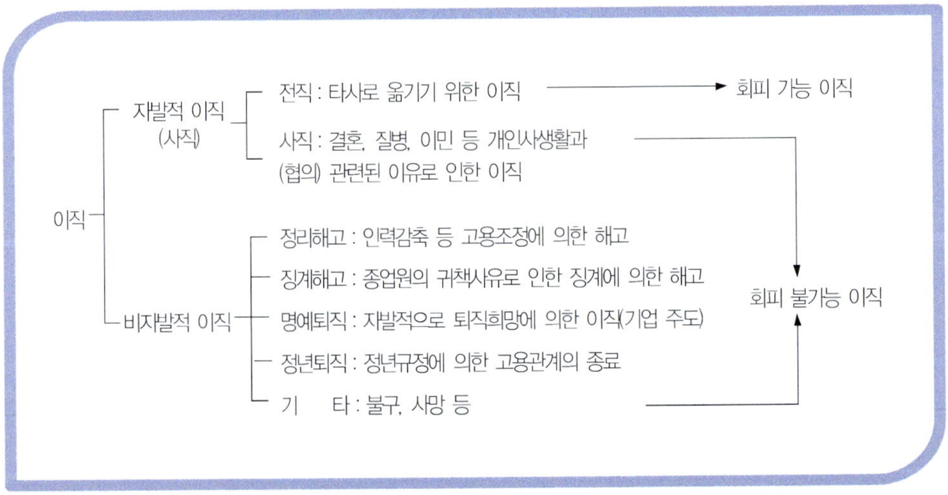

1.2 이직관리의 중요성

이직이 기업에 미치는 긍정적·부정적 효과는 다음과 같다. 우선 긍정적인 효과로는 적정 수준의 이직은 보다 양질의 참신한 인력으로 대체할 수 있는 기회를 제공해 줄 뿐만 아니라 기업에 새로운 아이디어나 기술의 도입을 가능하게 해 주고 정체적인 조직분위기를 쇄신시켜 준다. 또한 연공급제 하에서 능력이 부족한 고임금자들의 이직에 따른 신규인력의 충원은 인건비 절감효과도 가져다 준다. 특히 경기침체시 과잉인력을 보유하고 있는 조직의 경우, 이직은 인력배치의 유연성을 제고시켜 탄력적이고 합리적인 인력운용을 통해 조직의 활성화와 경쟁력 제고에 기여한다.

반면에 이직의 부정적인 효과로는 과도한 자발적 이직은 고용정책의 차질에 따른 생산계획의 혼란을 가져와 경영의 안정을 저해할 수 있다. 나아가 조직으로서는 다음과 같은 이직 관련 비용의 증대를 가져온다. 즉, 이직 발생 전까지 이직자의 불만과 전직 준비로 인한 생산성 저하, 이직 후 공석으로 인한 생산 감소, 신규 종업원의 모집·선발 및 교육훈련의 시간을 포함한 비용의 증대 등을 가져온다. 뿐만 아니라 견습기간 중의 생산성 저하, 감독비용의 증대, 신규 종업원의 비숙련으로 인해 상대적으로 높은 사고율 및 불량률, 기타 퇴직급여나 특별위로금 지급 증대 등의 비용손실도 초래한다. 또한 우수한 핵심인력의 이직은 인적자원 측면에서 조직의 경쟁력 약화를 초래할 수 있다. 이와 더불어 높은 이직률은 동료들의 사기와 조직분위기를 저해할 수 있고, 나아가 기업의 사회적 이미지와 여론에도 나쁜 영향을 줄 수 있어, 유능한 인력의 획보와 제품시징에도 부징직인 영향을 미칠 수 있다.

이처럼 적정 수준의 이직은 기업에 긍정적인 효과를 가져다 주지만, 과도한 자발적인 이직, 특히 유능한 종업원의 전직은 기업에 상당한 부정적인 영향을 미친다. 따라서 조직이 떠나 주기를 바라는 종업원들은 남아 있고 조직이 필요로 하는 종업원들은 떠나는 식의, 이른바 악화가 양화를 구축하는 그레샴의 법칙이 작용하는 이직은 조직에 심각한 문제를 야기 시킨다.

그러므로 기업의 이직관리는 이직률을 완전히 제거하는 것이 아니라, 유능한 종업원들의 자발적 이직의 원인을 정확히 파악해서 이들의 이직을 최소화하는 이직방지 대책을 수립하고, 나아가 고용조정에 따른 노사간의 갈등 및 기업 이미지 훼손을 최소화하는 효율적인 인력감축을 통해, 유능한 인적자원의 지속적인 활용과 유지를 도모하는데 그 중요성이 있다.

[표 11-1] 이직이 기업에 미치는 영향

긍정적 효과	부정적 효과
① 적정 수준의 이직→보다 양질의 인력으로 대체 기회 제공 ② 정체적 조직 분위기 쇄신, 인건비 절감 효과(비용절감) ③ 탄력적 · 합리적 인력 운용 ④ 조직의 활성화 및 경쟁력 제고에 기여	① 경영의 안정성 저해 ② 이직 관련 비용 증대 ③ 핵심인력 이직, 경쟁력 약화(기술 유출) ④ 높은 이직률→사기와 조직 분위기 저해 ⑤ 인재 유출→조직성장 저해 ⑥ 사회적 이미지와 여론 영향→기업 이미지 추락

자료 : 김성수, 「혁신적 인적자원관리」, 탑북스, p. 361 수정.

1.3 이직방지 대책

종업원의 자발적 이직을 최소로 방지하기 위한 대책은 크게 두 가지로 나누어 볼 수 있다. 하나는 이직의 이유를 파악하여 그에 대한 적절한 대책을 강구하는 방법이고, 다른 하나는 근속의 이유를 파악하여 그에 대한 적절한 대책을 강구하는 방법이다. 전자는 단기적인 효과에서, 후자는 장기적인 효과에서 각각 특징을 지니고 있다(최종태, 2000 : pp. 544-547). 전자의 대책은 앞서 기술한 이직의 여러 원인들을 정확히 파악해서 이들 원인들을 줄이거나 제거하기 위한 여러 가지 제도적 개선책을 강구하는 것이다. 여기서는 이를 중심으로 구체적으로 그 대책을 살펴보면 다음과 같다.

첫째, 이직의 조직 원인과 관련하여, 임금이나 복리후생에 대한 불만 때문에 이직하는 종업원이 많을 경우에는 임금 및 복리후생에 대한 대내적 및 대외적 공정성 확보를 비롯한 임금 및 복리후생제도를 개선해서 종업원들의 욕구를 충족시켜 줄 수 있도록 해야 할 것이다. 뿐만 아니라 승진정책을 공정하고 합리적으로 실시해야 할 것이고 승진기회와 장래 발전성이 부족하여 종업원이 이직할 경우에는 기업에 적절한 경력개발제도를 도입 · 운영하는 것이 바람직하다.

둘째, 직무환경 요인으로, 상사나 동료와의 불화 및 인간관계에 불만이 있을 경우에는 이들의 사회적 관계를 고려한 배치 · 이동의 실시와 관리자에 대해 인간적 배려에 초점을 둔 교육 실시, 기타 인사상담제도나 고충처리제도의 도입과 함께 인간관계 개선을 위한 다양한 노력들을 시도해야 할 것이다. 작업조건 및 근로시간과 관련된 종업원들의 불만으로 인한 이직감소를 위해서는 작업장의 소음이나 위험 등 열악한 작업환경을 개선해 주고, 근로시간 단축 및 근로시간의 유연한 관리 등이 요청된다.

셋째, 과업의 반복성, 자율성이나 책임감 결여 등 직무내용과 관련된 이직의 경우에는 직무재설계, 즉 직무확대나 직무충실화, 기타 현실적인 직무 사전 개관(realistic job previews : RJPs)을 통해 이직을 줄일 수 있다. 직무충실화와 RJPs중 하나를 사용한 20개의 실험들을 요약한 한 연구에서 RJPs는 평균 9%의 이직률을, 직무충실화는 평균 17%의 이직률을 개선한 것으로 나타났다(Mlkovich & Boudreau, 1977, p.316).

또한 역할 스트레스 감소책과 개인의 적성에 맞는 직무배치, 기타 젊은 종업원들과 경험 있는 관리자들 간에 코칭(coaching)관계의 형성 등도 이직 감소에 도움이 된다.

2. 전직지원제도(Outplacement System)

2.1 전직지원제도의 의의와 등장 배경

전직지원제도(outplacement system)란 기업이 고용조정에 따라 정리해고 될 사람들이나 퇴직자들이 해고에 적응할 수 있도록 도와주고, 창업이나 직무탐색, 즉 다른 직장을 찾도록 지원해 주는 체계적인 지원서비스제도를 말한다. 고용노동부는 전직지원 프로그램(outplacement program)이라는 용어를 사용하면서 사업주의 지원하에 경영상의 이유로 퇴직하는 근로자가 신속하게 재취업할 수 있도록 서비스를 제공하는 프로그램으로 정의하고 있다(고용노동부, 2001).

전직지원서비스의 주요 내용으로는 퇴직예정자 및 퇴직자의 진로 상담, 구직정보 제공 및 직장 알선, 재취업을 위한 전직교육, 창업상담 및 교육 등을 들 수 있다. 이외에도 다음과 같은 서비스 등도 제공된다.

① 퇴직(예정)자를 대상으로 한 자존심 카운슬링, 스트레스 관리 등의 심리적 지원
② 임금 보존, 연금 옵션, 건강보험, 사회보장혜택, 기타 재정에 관한 상담과 지원
③ 적성, 흥미 및 성격검사 등을 활용한 경력지도
④ 채용회사들이 필요로 하는 지식, 기능, 경험 및 기타 자질을 파악하는데 도움이 되는 자기평가기법에 대한 교육

⑤ 성공적인 면접기법 교육
⑥ 잠재적인 사용자가 되기 위한 지도
⑦ 개인적인 활동계획과 지속적인 후원 등이다(Mondy et al., 2002, p. 505).

이러한 전직지원제도는 조직 내의 인사담당부서나 혹은 외부 컨설팅업체와의 계약으로 수행된다.

전직지원제도는 1960년대 미군에서 처음 도입 실시되었다. 기업에서는 최고경영자들을 대상으로 시작되었는데, 구조조정에 따른 종업원들의 대량해고가 발생하자 해고되는 종업원들의 퇴직관리 차원에서, 등장하게 되었다. 특히 1980년대부터 미국에서 다운사이징이 본격화되면서, 해고문제가 정치적 · 사회적 이슈로 부각됨에 따라, 그에 대한 대응방안으로 전직지원제도가 일반화되었다. 유럽에서는 1980년대, 일본에서는 1990년대에 도입되어 확산되고 있고, 우리나라는 1990년대 초에 이에 대한 개념이 소개되었으나, 본격적인 논의는 경제위기를 맞은 1997년 말부터 시작되어 현재는 도입초기 단계에 있다. 처음에는 경영자들만을 대상으로 전직지원서비스가 제공되었지만, 최근에는 생산직 근로자들에까지 확대되어 제공되고 있다.

2.2 전직지원제도의 목적과 효과

전통적으로 전직지원제도는 종업원들이 일자리를 잃는 것과 관련하여 조직에 대한 부정적인 경험이나 감정을 최소화하고 이들에 의해 개인적으로나 집단적으로 기업이 소송을 당하는 것을 최소화할 목적으로 도입되었다. 그러나 이제 기업들은 잔류종업원들이나 조직을 떠나는 종업원들이 조직에 대해 긍정적인 경험이나 감정을 갖도록 하는 것이 중요하다는 것을 깨닫게 되었다. 이에 따라 전직지원제도는 퇴직예정자 및 퇴직자들이 해고의 충격을 완화하면서 조직에 대한 불만과 부정적인 감정을 줄이고 신속히 전직을 할 수 있도록 도와줄 뿐만 아니라 잔류종업원들에게도 장래 해고시에 대한 불안감 해소를 통해 사기와 동기부여를 계속 유지하는데 그 목적이 있다.

전직지원서비스제도는 종업원, 기업 그리고 정부에게 다음과 같은 효과가 있는 것으로 파악되고 있다(김정한 외, 2002, p. 10).

1) 종업원

퇴직(예정)자들에게 ① 해고나 퇴직으로 인한 종업원의 심리적 불안이나 스트레스 감소, ② 전문적인 지원으로 개인의 상황에 맞는 효율적 진로개척 활동 가능, ③ 새로운 직업 및 환경 적응시간 최소화, ④ 회사에 대한 불안 방지 및 우호적 감정 유지, ⑤ 긍정적 성취동기 및 자신감 배양, ⑥ 기업에 대한 반감 최소화, ⑦ 잔류 종업원의 충격 완화 등의 장점이 있다.

2) 기 업

기업에서 비용을 들여 전직지원서비스를 제공함으로써 ① 적절하고 원활한 구조조정 가능, ② 인사담당자 및 경영자를 위한 효과적인 퇴직 사실 통보 프로세스 및 전략수립 가능, ③ 노사협의 시 협상력 증대, ④ 퇴직에 대한 잔류종업원의 심리적 불안감 최소화 및 사기 유지, ⑤ 조직변화에 대한 생산성 및 경쟁력 저하 방지, ⑥ 종업원을 중시하는 책임감 있는 기업 이미지 제고, ⑦ 해고자들부터의 집단적 · 개인적 소송 가능성 배제, ⑧ 기업의 사회적 책임 이행 및 이미지 개선, ⑨ 외부고객 및 관계회사에 대한 부정적 영향 최소화 등의 긍정적인 결과를 얻을 수 있다.

3) 정 부

구조조정을 실시하는 기업에서 전직지원서비스를 실시할 경우 정부는 노사갈등으로 인한 사회적 손실 예방 내지는 최소화, 해고자들이 빠른 기간내에 재취직 또는 창업으로 인한 고용보험료 절감 효과, 인재의 전사회적 유효한 활용 등의 효과를 거둘 수 있다.

전직지원제도는 이상과 같은 긍정적인 효과가 있지만, 반면에 만약 전직지원제도가 적절하게 관리되지 않는다면, 기업은 빠른 시일내에 상당한 비용을 지불하게 된다. 또한 전직지원제도는 해고전략의 결과에 상당한 영향을 미칠 수 있기 때문에, 조직의 전반적인 해고전략의 가장 핵심적인 필요성을 충족시키도록 신중하게 설계되어져야 한다(Anthony et al., 2002, p.667).

현장이야기 1

'해고' 없는 직장이 좋은 회사

경기침체기에 '일하기 좋은' 직장은 회사가 아무리 어려워도 가능한 한 직원들을 해고하지 않고 불가피하게 감원할 경우에도 종업원을 최대한 배려하는 퇴직프로그램을 운영하는 기업들로 나타났다.

미국 격주간 경제지 포천이 23일 발표한 '일하기 좋은 100대 미국기업' 가운데 80개 기업은 지난해 감원을 실시하지 않은 것으로 조사됐다. 이 가운데 47개 기업은 해고를 공식적으로 금지하고 있다.

포천은 경영진에 대한 신뢰, 회사와 일에 대한 자부심, 동료들과 일하는 재미 등을 종업원들에게 조사한 결과와 자체평가를 바탕으로 매년 일하기 좋은 기업순위를 발표하고 있다.

지난해 9위를 차지했던 증권사 에드워드존스는 경영진에 대한 직원들의 절대적인 신뢰에 힘입어 이번 조사에서 가장 일하기 좋은 기업으로 선정됐다. 이 회사는 지난해 증시 침체에 맞서 일부 보너스를 삭감했으나 2,700여 명의 직원 가운데 단 한명도 해고하지 않았다. 존 바흐먼 최고경영자(CEO)는 "우리는 직원들과 각별한 관계를 유지하기를 바란다"며 "회사가 어려울 때마다 직원들을 내보내서는 이 같은 관계를 유지할 수 없다" 고 강조했다.

이 회사 직원들은 '경영진이 정직하다'는 평가에 97%가 동의했다.

시스코시스템스는 지난해 5,500여 명의 감원을 실시했음에도 15위라는 비교적 높은 순위에 랭크됐다. 시스코의 한 직원은 "일시해고가 진행되는 동안 한명도 회사에 대해 나쁘게 얘기하는 사람이 없었다."고 말했다. 시스코는 자사와 관련된 사회봉사기구에서 일할 경우 1년간 임금의 33%를 제공하고 최우선적으로 재고용을 보장하는 등 다양한 퇴직프로그램을 제시했다.

이번에 선정된 기업들의 또 다른 특징은 '무료커피' 등 봉급 이외에 제공하는 다양한 혜택을 폐지하지 않았다는 것. 26위에 오른 신용카드회사 MBNA는 직원들이 결혼할 때 5백 달러와 리무진을 제공하는 제도를 계속 시행하고 있다. 포천은 "아무리 어려워도 '일하기 좋은' 기업들은 유능한 직원들을 잃지 않는 것을 무엇보다 중요하게 여기고 있다" 고 평가했다.

• 자료 : 한국경제, 2002. 1. 24.

3. 퇴직금 제도

3.1 퇴직금 제도의 배경

기업이나 단체의 이직관리란 퇴직금 관리가 주 목적중 하나가 되며, **퇴직금(retirement benefit)은 종업원이 퇴직시에 사용자로부터 받는 퇴직일시금 또는 퇴직연금을 말한다.**

근로기준법 제34조에서 사용자가 퇴직하는 근로자에게 지급하는 퇴직급여제도에 관하여는 [근로자 퇴직급여 보장법]이 정하는 대로 따른다고 되어 있다. 우리나라는 근로자퇴직급여 보장법 제8조에 법정퇴직금으로서 1년에 대하여 30일분 이상의 평균임금을 퇴직근로자에게 지급하도록 의무화되어 있다.

그러나 그 간의 경제성장이 고도화됨에 따라 상대적으로 임금상승률이 높아졌고, 또한 기업의 연륜이 쌓임에 따라, 정년퇴직 근로자가 많아지게 되어, 퇴직금의 지급부담이 가중되어, 기업은 재무상의 압박을 받는 경우도 나타나고 있어, 기업에선 매우 심각하게 여기고 있다.

한편, 근로자 측의 입장에서는 퇴직금은 노령인구의 생활보장급이다. 따라서 조직에 적립된 퇴직금의 지급재원은 단체나 기업이 임의로 전용해 사용할 수 없다. 퇴직금은 직장인이 종신토록 적립한 노동의 대가적 적금이며, 퇴직 후의 생활보장이 되도록 하는 생존비이다.

이와 같은 원인 때문에 퇴직금은 종업원이나 기업, 단체에서도 중요하게 여기는 문제로서 노사정 모두의 이해가 상반되는 것이며, 글로벌시대 인적자원관리 측면에서 그 중요성이 대두되고 있다.

3.2 퇴직금의 성격과 지급근거

퇴직금의 성격이나 지급근거에 대한 종래의 학설로는 ① 공로보상설, ② 임금후불설, ③ 생활보장설 세 가지가 있다. 이외에 ④ 위자료설도 있다. 이에 대해서는 학계에서 오랫동안 많은 논의가 있었다.

1) 공로보상설(gratuity theory)

기업 측의 주장으로서 퇴직금은 근로자가 재직 중 조직에 기여한 공로에 대하여 그 보상으로 지급하는 것이라고 한다. 따라서 이 설에 의하면 퇴직금은 본질적으로 온정적·은혜적 요소를 내포하고 있는 이론이다.

2) 임금후불설(deferred wage theory)

노동조합 측이 주장하는 견해로서 임금이 재직 중 근로자가 제공한 노동이 실질평가 이하로 인하·지급되었기 때문에 퇴직시에 미불임금(이윤의 일부)을 퇴직금으로써 후불 또는 추가 지급하는 것이라는 이론이다.

3) 생활보장설(social security theory)

노동조합 측이 주장하는 견해이며, 즉 퇴직금은 근로자가 퇴직한 이후 일정기간의 생활보장을 위하여 지급되는 것이라는 이론이다.

퇴직금의 성질에 관한 견해는 온정적·은혜적 공로보상이라는 견해로 부터 생활보장적·후불임금적 성질을 중시하는 방향으로 발전되어 왔다.

3.3 퇴직금제도의 기능

퇴직금제도의 기능은 ① 인사관리 기능, ② 노사관계 안정화 기능, ③ 생활보장 기능, ④ 자본축적 기능으로 대별할 수 있다.

첫째, 인사관리 기능은 장기 근속자에게 높은 퇴직금을 지급함으로써 장기근속을 장려하고 기업에의 정착성을 높이는 반면에, 고령자의 정년퇴직을 용이하게 함에 따라 근로자의 신진대사를 촉진하여 근로자 구성을 적정화하고 근로자의 승진을 원활하게 해 준다.

둘째, 노사관계 안정화 기능은 임금체불에는 퇴직금과 관련된 분규가 대단히 많은 비중을 차지하고 있기 때문에, 합리적인 퇴직금제도의 운영은 노사분규의 소지를 줄임으로써 노사관계 안정화에 기여할 수 있다.

셋째, 생활보장 기능은 종업원의 중도 퇴직시에 퇴직금을 받아 실직기간 동안의 생활보장이 되며, 고용보험(employment insurance)이 제도화되어 있는 나라는 이를 담당해야 하는 것이다. 다만, 근로자의 고령화 추세로 갈수록 비중이 커지는 노후생활 보장을 퇴직연금으로 해결함으로써 보다 안전한 노후를 보장할 수 있게 된다.

넷째, 자본축적 기능은 퇴직금제도가 연금화되는 경우 연금제도를 건전하게 운영하기 위해서는 그 기준을 적립할 필요가 있다.

일본, 미국, 독일 등의 경우를 보면, 기업연금의 적립분이 공적연금을 오히려 상회하고 있음을 볼 때, 퇴직금의 연금화는 자본적 축적기능이 자동적으로 커질 것으로 예상된다.

3.4 퇴직금의 계산방법

1) 퇴직금의 산정기준

퇴직금을 어떻게 산정할 것인가 함은 퇴직금 관리제도에 있어서 가장 중심문제가 된다. 현실적으로 근로자의 근속년수 또는 통상의 임금액에 비례하거나 별정의 퇴직금 규정 그리고 단체교섭에 의거하여 퇴직금을 산정하는 것이 대부분이지만, 퇴직금의 중요성에 비추어 볼 때, 이것을 좀 더 과학적으로 산정할 필요가 있는 것이다.

퇴직금을 산정하는 기본방식은 (산정기준)×(지급률)이 일반적이며, 산정기준은 퇴직시의 임금에 기초를 두고 지급률은 근속년수와 그 밖의 조건으로써 정한다. 따라서 퇴직금의 산정기준으로서는 ① 기본급, ② 평균임금, ③ 표준월수, ④ 월수총액 등을 들 수 있다.

그러나 일반적으로는 평균임금을 퇴직금의 산정기준으로 사용하고 있으며, 여기에서 유의할 것은 산정기준을 어느 한 가지로만 고정시킬 필요는 없다. 단, 퇴직사유의 여하에 따라서 산정기준을 변경할 수도 있다는 점이다. 가령 업무수행 동안에 사망 또는 질병으로 인하여 퇴직하는 경우에는 재해보상과의 관계에서 보아, 본인과 그 유가족이 생활보장을 할 수 있도록 기본급 이외에 가족수당과 질병수당을 포함한 급여액을 산정기준으로 택할 수 있는 것이다.

2) 퇴직금의 지급률

퇴직금의 지급률은 기업의 지급능력과 노사간의 합의 그리고 사회의 일반통례 등에 의하여 정해지는 경우가 있지만, 이론적으로나 실제적으로 어려운 점이 있다. 그러나 과학적인 방법으로서는 ① 근속년수별 지급률에 의하는 방법, ② 퇴직사유별 지급률에 의하는 방법으로 나누어 생각할 수 있다.

전지는 근속년수의 장단에 비례하여 지급률의 고저가 결정되는 것으로서 다음과 같다.

$$D = KN^{r} \quad \cdots\cdots ①$$

$$D = K \cdot (1+N)^{r} \quad \cdots\cdots ②$$

위의 ①식 경우에 있어서 r = 1 일 때는 지급 = 근속년수로 되어 지급은 직선을 나타내고, r 〉1일 때는 지급률은 체증하는 곡선을, 그리고 r〈1일 때는 지급률은 체감하는 곡선을 표시한다. 퇴직금은 근속년수와 함께 증가하는 것이 보통이지만, 과도한 증가는 곤란하므로 대체로 1〈 r 〈 2의 범위에서 r의 값을 정하는 것이 적당하다.

[그림 11-2] 퇴직금의 지급 유형

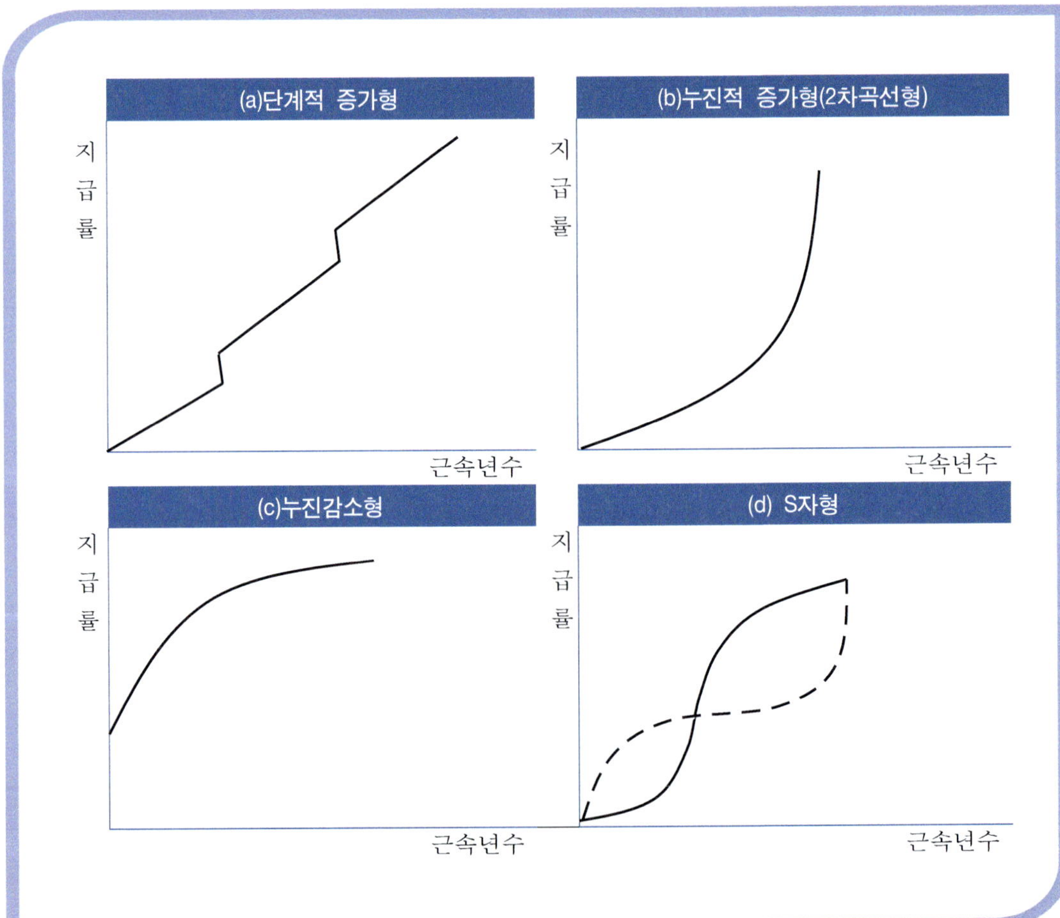

자료 : 김성수(2010), 「혁신적 인적자원관리」, 탑북스, p. 363.

따라서 ①식은 ②식보다 누진적으로 상승하게 된다. 그러므로 두 식 가운데 어느 것을 택할 것인가를 고려하여 선택하여야 한다. 후자는 각종 퇴직 사유별로 지급률이 결정되는 경우이다. 퇴직사유는 ① 사회적 사정, ② 본인 사정, ③ 징계 및 파면, ④ 명예퇴직, ⑤ 불가피한 사정(정년, 업무상 이외의 사망, 질병 등)으로 나눌 수 있다.

이를 각 퇴직 사유별 중요도에 따라서 지급률의 고저를 어떻게 결정할 것인가 함은 직종과 직무에 따라 다르겠지만, 일반적으로 ①과 ⑤의 경우가 지급률이 가장 높고, ②의 경우는 낮으며, ③의 경우에는 퇴직금을 감액하거나 지급하지 않는 것이 보통이다. 따라서 퇴직금의 산정기준과 지급률을 서로 곱한 것이 퇴직금액이 된다.

3) 퇴직금제도 –"근로자퇴직급여 보장법"

근로기준법에 의하면, 사용자는 퇴직금제도를 반드시 설정하도록 되어 있다. 우리나라 퇴직금제도는 [근로자퇴직급여 보장법]에 잘 명시되어 있다. 퇴직금제도의 설정뿐만 아니라, 퇴직금의 산정기준과 산정방식도 규정하고 있다. 민간부문은 물론이고 공공부문이나 모든 산업부문의 사용자도 퇴직금을 지불해야 된다. 근로자퇴직급여보장법에 의하면, 사용자는 퇴직하는 근로자에게 퇴직급여를 지급하기 위하여, 퇴직금제도와 퇴직연금제도 중 하나 이상의 제도를 설정할 수 있다. 그 중, 퇴직금제도는 앞서 살펴본 것처럼, 계속근로기간 1년에 대하여 30일분 이상의 평균임금을 지급하여야 한다. **평균임금이라 함은 이를 산정하여야 할 사유가 발생한 날 이전 3개월 간에 근로자에 대하여 지급된 임금의 총액을 그 기간의 총일수로 나눈 금액**을 말한다.

그리고 선진국에서 사용자가 근로자를 해고하고자 할 때에는 적어도 30일 전에 해고예고를 하는 것으로 되어 있다. 명예퇴직도 그러하며 해고의 예고는 기본적 상식이다. 정리해고 되는 경우도 마찬가지이다. 우리나라도 근로기준법 제26조에 "해고의 예고"에 관한 규정을 두고 있다.

근로기준법 제26조(해고의 예고)

사용자는 근로자를 해고(경영상의 이유에 의한 해고를 포함)하려면, 적어도 30일 전에 예고를 하여야 하고, 30일 전에 예고를 하지 아니하였을 때에는 30일분 이상의 통상임금을 지급하여야 한다.

4) 퇴직금의 재원 조달

퇴직금 관리에 있어서 퇴직금액의 산정방법과 더불어 또 한 가지 중요한 것은 퇴직금을 지급하기 위한 자금을 어떻게 확보할 것인가 하는 재원관리 문제다. 퇴직금의 재원을 조달함에 있어서는 적립금제도에 의하는 방법과 퇴직금을 생산비의 일부로 회계 처리하는 방법 두 가지가 있다.

이것은 매결산기 또는 일정기간마다 기업이익의 일부 또는 기타 재원에서 일정금액을 퇴직금의 준비금으로서 적립하는 것을 말한다. 이것은 다시 퇴직수당 적립금제도와 준비적립금제도로 나누어 생각할 수 있다.

(1) 퇴직수당 적립금제도

일정기간마다(예컨대 임금지급기마다) 지급임금의 몇 퍼센트(예컨대 2~3%)에 해당하는 금액을 별도로 적립하여 두고, 이 적립금에서 퇴직금을 지급하는 제도이다.

(2) 준비적립금제도

기업이익의 일부를 주주에게 배당하지 않고 사내에 퇴직적립금을 별도로 적립하는 제도이다. 기업의 적립금에는 법률상의 규정에 의한 강제적 적립금인 법정준비금과 정관과 주주총회의 결의 또는 노사간의 계약이 정하는 바에 의하여 임의로 적립된 임의적립금으로 구분하는데, 퇴직급여적립금은 이 임의적립금에 속하는 것이다.

특히, 회사는 정관과 주주총회의 결의 또는 근로계약이 정하는 바에 따라서 임의로 기업이익의 일부를 배당 기타의 형태로 처분하지 않고, 퇴직금 지급에 충당하기 위하여 적립할 수 있다. 이것이 퇴직급여적립금이다. 이미 적립된 금액은 은행예금과 금전신탁, 채권투자와 같은 형태로 증식하거나 또는 확실하게 유지 · 보전되어야 한다.

(3) 생산비로 처리되는 퇴직금

회계처리를 할 때, 생산비 가운데 임금총액의 몇 퍼센트를 퇴직금으로 간주해 두는 방법으로 경제적인 여건이 안정된 경우에만 유효한 방법이다. 그런데 회계처리상의 문제로서 퇴직금에 대해서도 과거의 통계수치를 기초로 하여 어느 정도까지 장래 각 연도에 있어서의 퇴직자 수와 퇴직금 총액을 예측해 둘 필요가 있다.

우리나라는 근로자 퇴직급여보장법으로 퇴직금 관리가 제도화되어 있다. 그러나 실제로는 법과 현실 사이에 많은 괴리가 있어 국가적 위기, 기업적 위기 등에 따라

타율적으로 정리해고가 허용될 수 있어, 퇴직관리는 21세기 글로벌시대의 세계적 기업으로 발돋움하기 위해서는 새로운 차원에서 제도화되고 체계화되어야 한다.

3.5 퇴직연금제도

1) 퇴직연금제도란?

근로자가 퇴직시 기업에서 지급해야 할 퇴직금을 사외에 적립하여, 수급권 보장을 강화한 것이 퇴직연금제도이다. 그런데 '퇴직연금'과 '퇴직금'은 글자 하나 차이이지만, 속 사정을 살펴보면 많이 다르다. 이 두 용어가 여전히 사용되는 이유는 현재의 '퇴직급여제도'가 퇴직금 제도와 퇴직연금 제도로 나누어져 있기 때문이다.

원래는 퇴직금 제도 밖에 없었지만, 퇴직금 제도가 갖고 있는 문제가 있기에 정부에서 퇴직연금제도를 도입했고, 장기적으로는 퇴직연금 제도만이 남고 퇴직금 제도는 없어질 것이다.

2) 기존 퇴직금 제도의 문제

퇴직연금제도를 도입한 배경은 크게 두 가지 문제 때문이다. 첫째, 다니던 회사가 도산하면, 근로자의 퇴직금을 받을 수 없는 문제가 생기기 때문이다. 둘째, 든든한 회사에 다니다 퇴직을 하여, 퇴직금을 받는 경우에도 문제는 발생한다. 퇴직금이라는 것이 은퇴 후의 노후생활을 위해 쓰려고 만들어진 제도인데, 퇴직금을 일시불로 받아 노후생활에 쓰기 보다는 다른 용도로 쓰는 경우가 많다.

이 두 가지 문제를 해결하기 위해 '퇴직연금제도'가 도입되었다고 볼 수 있다.

회사가 퇴직금에 해당하는 돈을 적립하게 되는 데, 이를 회사 내에 적립하는 것이 아니라 외부기관(금융회사)에 적립하게 함으로써, 만약의 경우 회사가 부도를 맞아도 근로자의 퇴직금은 외부 기관에 남아 있을 수 있게 함으로써 첫 번째 문제를 해결하고, 적립된 퇴직금을 연금 형태로 받게 함으로써 두 번째 문제를 해결한다. 단, 퇴직금을 무조건 연금 형태로 받게 하는 것은 개인의 자유를 침해하는 것일 수도 있기 때문에 연금 형태 또는 일시금으로 받는 것 중 하나를 선택할 수 있다.

퇴직연금제도란 결국 기존 퇴직금제도의 문제를 해결하기 위해 도입된 것으로 퇴직금 지급 재원을 외부 금융기관에 적립하고 운영하게 하는 제도라고 볼 수 있다.

● **퇴직연금제도 의무화?**

한편 퇴직연금제도 의무화와 관련해서 오해가 있다. 2012년 7월 이후에 새로 시작하는 회사의 경우 퇴직연금제도가 의무적이기는 하지만, 기존 사업자의 경우에는 기존의 퇴직금제도를 계속 유지할 수 있다.

[그림 11-3] 퇴직금제도와 퇴직연금제도의 구분

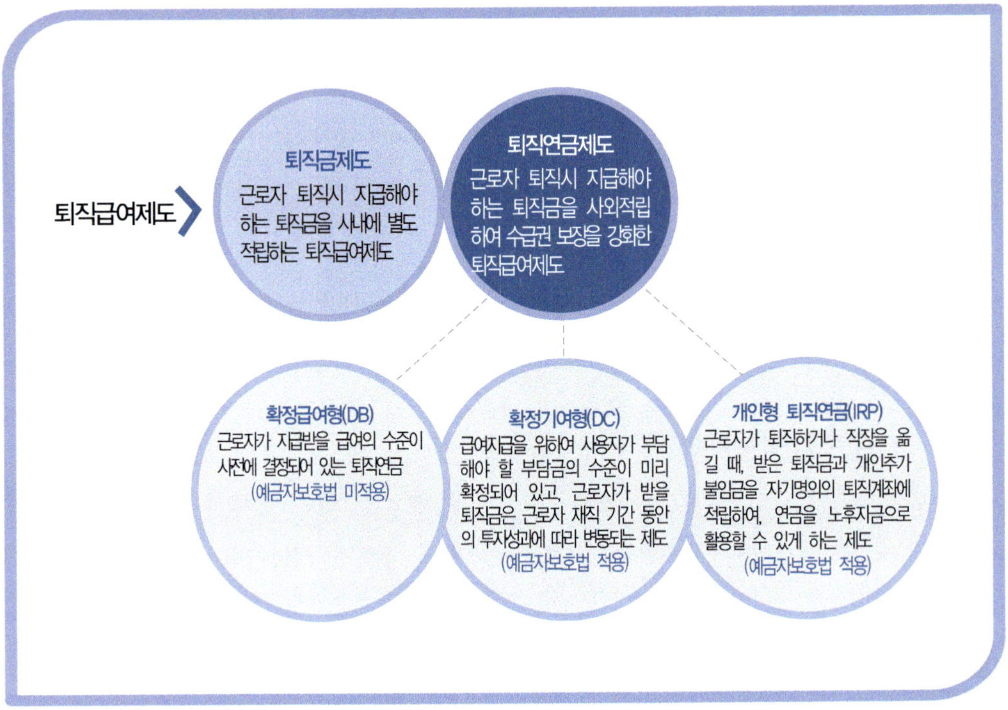

물론 근로자의 입장에서 퇴직연금제도가 더 유리하기 때문에 회사에 퇴직금 관리 방식을 변경할 것을 요구할 수 있지만, 회사가 받아 주는가는 별개 문제이다. 2012년 7월 기준으로 100인 이상 회사는 약 50%, 500인 이상 회사는 80% 정도가 퇴직연금제도를 도입하고 있다

3) 퇴직연금제도의 종류

퇴직연금제도에는 세 가지 종류(확정급여형, 확정기여형, 개인형 퇴직연금)가 있다. 각각의 특징에 대해 살펴보기로 한다.

(1) 확정급여형 퇴직연금

확정급여(Defined Benefit : DB)형은 퇴직금 지급 재원을 외부 금융기관에 맡겨 운영한다는 점을 빼면, 기존의 퇴직금 제도와 같다. 기존 퇴직금 계산 방식(퇴직 전 3개월 평균 임금×근속연수)에 따라, 산출되는 퇴직금 충당액을 매년 1회 이상 회사가 납입을 하는 방식으로 퇴직연금 계좌 운영의 책임을 회사가 지고 근로자는 중도인출도 할 수 없다. 이 방법에 따르면, 근로자는 퇴직 시 계좌 운영 성과에 관계 없이, 퇴직금 계산 방식에 의해 정해진 금액을 퇴직금으로 받게 된다.

(2) 확정기여형 퇴직연금

확정기여(Defined Contribution: DC)형은 기존 퇴직금 계산 방식을 따르지 않고, 회사가 부담하는 퇴직금 충당액(근로자별 연간 임금 총액의 1/12 이상)을 납입하고 운영된 성과에 따라 퇴직금을 지급하는 방식이다. 확정급여형은 퇴직금 액수가 월급 수준에 의해 정해지는 반면, 확정기여형은 퇴직연금 계좌의 운영 성과에 따라 퇴직금 액수가 정해지는 것이다.

확정기여형의 경우, 계좌 운영 책임이 회사가 아니라 근로자에게 있으며, 확정급여형과 달리 회사에서 부담하는 금액 말고 근로자가 개인적으로 추가 납입할 수도 있으며, 일정 요건을 갖추는 경우 중도 인출도 가능하고 퇴직금을 담보로 대출을 받는 것도 가능하다. 또한 근로자 개인이 추가적으로 납입할 경우, 개인연금과 합산하여 연 700만 원 한도 내에서 소득공제 혜택도 받을 수 있다.

(3) 개인형 퇴직연금

개인형 퇴직연금(Individual Retirement-Pension : IRP)는 두 가지 측면으로 이해해야 한다. 첫째, 퇴직연금에 가입된 상태에서 이직, 실직 또는 은퇴하여 퇴직금을 받는 경우 곧바로 받을 수 있는 것이 아니라 반드시 근로자 개인 명의로 된 IRP 계좌로 받게 된다. 퇴직금을 일시에 생활비로 충당하는 것을 막아 노후 대비를 하기 위한 안전판이라고 생각하면 된다. 둘째, 퇴직연금에 가입을 하고 있는 상태(즉, 회사를 계속 다니고 있는 상태)에서도 근로자 개인이 원할 경우 IRP에 추가적으로 가입할 수 있다. 이 경우 확정급여형 퇴직연금이나 확정기여형 퇴직연금 중 하나에 더해 IRP 계좌까지 보유하게 되는 것이다.

현재의 퇴직연금 제도는 DB형과 DC형을 기본으로 하고(단, 10인 미만 회사는 DB형이나 DC형 대신 IPR 선택 가능), 근로자 개인의 선택에 의해 IRP를 추가로 가입할 수 있는 형식으로 되어 있고, 근로자가 퇴직을 하는 경우 퇴직연금은 반드시 IRP로 이체하도록 되어 있다.

개인형 퇴직연금(IRP)은 기존의 개인퇴직계좌(Individual Retirement Account)의 단점을 보완하여 변경한 것인데, 퇴직연금에 가입된 상태에서 퇴직을 하는 경우 반드시 IRP 계좌로 받아야 한다는 점, 확정기여형 퇴직연금처럼 추가 납입이 가능하다는 점(따라서 총 합산 연 700만원 한도 내에서 소득공제도 가능하다는 점), 또 IRP 계좌로 퇴직연금에 이체될 때, 퇴직 소득세를 부과하지 않는 과세이연 혜택을 준다는 점에 차이가 있다.

한편, 2017년부터는 개인 자영업자도 IRP에 가입할 수 있게될 예정이다. 현재는 퇴직연금 가입자 중 원하는 경우와 퇴직연금 가입자 중 퇴직하는 자(이 경우는 의무가입)만 가입할 수 있다.

4. 정년퇴직과 명예퇴직

4.1 정년퇴직과 명예퇴직의 의의

정년퇴직이란 조직구성원이 일정한 연령에 도달했을 때 조직체와 구성원 사이에 고용관계를 단절하는 것을 말한다. 서구의 경우 우리나라처럼 통상적으로 말하는 정년은 드물고 노령연금을 지급받게 되는 65세가 되어 퇴직하는 것이 보통이다.

우리나라의 경우, 정년은 보통 취업규칙이나 단체협약에서 규정하고 있는데, 이를테면 "만 58세에 퇴직하는 것으로 한다"를 들 수 있다. 그러나 고령화 사회에 따라 2016년 부터 단계적으로 정년 60세가 법으로 의무화된다. 또한, 우리나라 조직에서는 일반적으로 정년을 60세, 62세, 65세로 하고 있다. 공무원은 60세, 교사는 62세, 교수는 65세로 하고 있다. 임명직 공무원인 장·차관급 등 별정직은 규정된 정년 나이가 없으며, 재단에서 임명하는 사립대학 총장급도 정년규정이 없다. 기업의 이사급 이상 CEO 임원급에 대해서도 정년에 대한 규정이 없다.

◉ 정년 60세 연장 단계적 시행
고용상 연령차별 금지 및 고령자고용촉진법 개정으로 2016년 1월 1일부터 사업장 규모에 따라 단계적으로 시행.
- 2016. 1. 1. 시행 : 공공기관, 지방공사, 300인 이상 사업장
- 2017. 1. 1. 시행 : 국가 및 지자체, 300인 미만 사업장

정년제에 대해서는 오래 전부터 찬반 논의가 있어 왔다. 정년제가 필요하다는 주장의 근거는 고령자에 대해 고임금을 지불해야 하는데 정년제가 있음으로써 그 문제를 해결할 수 있고, 고령자의 취업이 육체적·정신적으로 부적합하며, 국민경제적 입장에서 볼 때 취업기회가 적으므로 정년제를 통하여 취업기회를 제공해 줄 수 있다는 것이다.

명예퇴직이란 노동능력과 일할 의사가 있는 사람을 연령의 이유와 상관없이 경영합리화, 불경기의 이유로 중년에 강제적으로 퇴직시키는 것을 말한다. 개인적·사회적으로 노후에 대한 물리적·정신적 준비가 되어 있지 않은 상태에서 정년을 맞는 것이기 때문에 충격적인 것이며, 현대 의학의 발달과 생활수준의 향상으로 평균수명이 늘어나는 만큼 경제활동 기간도 늘어나야 한다. 그러나 왕성하게 사회활동을 하는 사람을 인위적으로 사회와 단절시킴으로써 노화를 촉진하고 건강을 악화시키는 명예퇴직제도는 인간의 기본적 일할 권리를 무시하는 것으로, 건강사회를 위해 사라져야 할 제도이며, 인도적인 견지에서 볼 때 타당치 않는 인적자원관리제도이다.

세계적으로 노벨상을 받은 학자, 과학자 등의 노벨상 수상공적은 정년이 지난 명예교수나 석좌교수들이 대부분이라고 한다. 고령화 사회에 따라 능력이 있는 인재는 나이에 상관없이 평생 동안 연구하고 강의하고, 일할 수 있는 제도적 장치가 마련되는 사회가 되어야 한다.

현대 사회가 고령화 사회, 정보화 사회를 지향하고 있음을 볼 때 정년제에 수정이 불가피할 것으로 보이나, 본인의 의사와 능력과는 상관없는 사용자의 일방적인 명예퇴직제도는 몰입형 인적자원관리제도에 불합리하다.

4.2 정년퇴직과 명예퇴직의 유형

정년퇴직과 명예퇴직에는 다음과 같은 몇 가지 유형이 있다.

1) 통상퇴직

통상퇴직(nomal retirement)은 퇴직연금(pension)을 받기 시작하는 연령에 퇴직하는 것을 말하며, 통상적으로 서구, 일본 등에서는 65부터 70세까지 정상퇴직으로 인식하고 있으며, 강제적으로 퇴직하는 일은 없으며, 퇴직하느냐 안 하느냐 하는 것은 근로자 자신에 달려 있다.

2) 강제퇴직

강제퇴직(compulsory retirement)은 조직체의 규정에 따라 일정한 연령에 도달한 경우 강제적으로 퇴직하는 것을 말한다. 그러나 이 경우라도 사용자의 의사와 종업원의 희망이 합치된다면, 고용을 연장하거나 재고용 될 수 있다. 본인이 퇴직의사가 없음에도 불구하고, '명예'자를 붙여 강제 퇴직시키는 경우도 있다. 이 경우는 적절한 보상을 받을 수 있다. 우리나라에서는 명예퇴직 연령의 기준이 없으며, 일본에서도 강제 또는 명예퇴직 연령이 없으며, 퇴직자의 자유로 이행한다. 미국의 경우, 고용상 연령차별금지법(age discrimination in employment act)이 1986년에 개정됨으로써 연령 상한선이 철폐되었다.

3) 자동퇴직

자동퇴직(automatic retirement)은 퇴직해야 되는 연령에서 고용의 연장이나 재고용의 여지없이 자동적으로 퇴직하는 것을 말하는데, 전형적으로 세계 각국의 공무원 퇴직제도에서 찾아볼 수 있다. 자동퇴직은 일상적 퇴직이라고 말할 수 있으며, 종업원이 조직이 설정한 정년 연령에 도달함에 따라, 조직과의 고용관계가 자동적으로 단절되는 것을 의미한다. 그러나 자동퇴직을 강제퇴직 또는 비강제적 퇴직으로 볼 것인가에 대한 시각에는 다소의 차이가 있다. 먼저 비강제적 퇴직은 연령의 고령화로 더 이상의 과업수행이 불가능한 종업원을 그만두게 함으로써 조직은 신규인력 유입의 기회를 갖게 된다는 의미에서 비강제적으로 본다. 반면에 강제퇴직은 퇴직자의 과업수행에 대한 의사결정을 무시한 채 연령에 의해 강제적으로 퇴직시키는 것이다.

알고 갑시다.

경영상 이유에 의한 해고

근로기준법에는 사용자가 경영상 이유에 의한 해고와 우선 재고용에 대해 규정하고 있다.

제24조(경영상 이유에 의한 해고의 제한) ① 사용자가 경영상 이유에 의하여 근로자를 해고하려면, 긴박한 경영상의 필요가 있어야 한다. 이 경우, 경영 악화를 방지하기 위한 사업의 양도·인수·합병은 긴박한 경영상의 필요가 있는 것으로 본다.
② 제1항의 경우에 사용자는 해고를 피하기 위한 노력을 다하여야 하며, 합리적이고 공정한 해고의 기준을 정하고, 이에 따라 그 대상자를 선정하여야 한다. 이 경우, 남녀의 성을 이유로 차별하여서는 아니 된다.
③ 사용자는 제2항에 따른 해고를 피하기 위한 방법과 해고의 기준 등에 관하여 그 사업 또는 사업장에 근로자의 과반수로 조직된 노동조합이 있는 경우에는 그 노동조합(근로자의 과반수로 조직된 노동조합이 없는 경우에는 근로자의 과반수를 대표하는 자를 말한다. 이하 "근로자대표"라 한다)에 해고를 하려는 날의 50일 전까지 통보하고, 성실하게 협의하여야 한다.
④ 사용자는 제1항에 따라, 대통령령으로 정하는 일정한 규모 이상의 인원을 해고하려면, 대통령령으로 정하는 바에 따라 고용노동부장관에게 신고하여야 한다.
⑤ 사용자가 제1항부터 제3항까지의 규정에 따른 요건을 갖추어 근로자를 해고한 경우에는 제23조 제1항에 따른 정당한 이유가 있는 해고를 한 것으로 본다.

제25조(우선 재고용 등) ① 제24조에 따라, 근로자를 해고한 사용자는 근로자를 해고한 날부터 3년 이내에 해고된 근로자가 해고 당시 담당하였던 업무와 같은 업무를 할 근로자를 채용하려고 할 경우, 제24조에 따라 해고된 근로자가 원하면, 그 근로자를 우선적으로 고용하여야 한다.
② 정부는 제24조에 따라, 해고된 근로자에 대하여 생계안정, 재취업, 직업훈련 등 필요한 조치를 우선적으로 취하여야 한다.

4.3 정년퇴직과 명예퇴직제의 문제

정년제와 명예퇴직제의 찬반이 21세기 신사고 인적자원관리제도에서는 많은 논란이 제기될 것이다. 먼저 정년제가 필요하다는 이유 또는 그 타당성의 근거는 다음과 같이 정리할 수 있다.

① 고령 근로자에 대한 연공급제의 문제를 해결할 수 있다.
고령자를 채용할 경우, 젊은 신규 근로자를 채용하는 것보다 고임금을 지급해야 하기 때문에, 근속연한에 따라 고임금을 지급하기보다는 작업능률이 높은 젊고 유능한 자로 대체하여 보다 싼 임금을 지불할 수 있다.

② 새로운 지식과 기술이 등장하였다.

과학기술의 진보와 더불어 기술혁신이 이루어지고, 정보화 사회, 디지털사회로 가속화됨으로써 고령자들은 이러한 새로운 지식과 기술을 습득한 젊은 세대에 의하여 직장에서 밀려나지 않을 수 없게 된다.

③ 고령자의 육체적・정신적 취업 부적합성을 들 수 있다.

인간은 고령에 달하면 신체적 능력의 약화 또는 지적・정신적 능력의 저하로 업무수행에 곤란과 불편을 받게 되고, 또 본인 자신이 편안함과 은퇴를 원하게 되어 자진해서 직장에서 물러나게 된다.

④ 국민경제적 입장에서 실업문제와의 관련성을 들 수 있다.

매년 새로이 배출되는 젊은 고학력 구직희망자의 수가 직장에서 물러나는 근로자의 수를 훨씬 상회하고 있다. 일자리에 비해 취업기회가 적기 때문에, 신진대사 측면에서 젊은 실업자군이 발생하는 등 역기능이 있다.

그리고 명예퇴직제도에 대한 문제점을 들면 다음과 같다.

① 노동의 능력과 의사가 있고, 또 국가산업 발전에 충분히 공헌할 수 있는 사람을 불경기나 경영합리화, 정리해고의 이유만으로 강제적으로 직장에서 물러나게 한다는 것은 불합리할 뿐만 아니라, 사회적 낭비이며 개인적 불행을 초래하게 된다.

② 개인적으로도 노후의 생활문제 등 물질적・정신적 준비가 채 갖추어지지 않은 상태에서 좀 더 사회생활을 해야 할, 또 할 수 있는 시기에 명예퇴직을 맞는 충격은 심각한 것이며, 인적자원 면에서도 그 손실이 적지 않다.

③ 명예퇴직은 오늘날 현대의학 발달과 생활수준의 향상으로 평균수명이 늘어나서 고령자의 건강이 그만큼 경제활동기간을 증가시키고 있는 때에 새로운 사회경제적 고용문제가 발생한다.

④ 명예퇴직은 경륜과 경력을 가진 값진 인적자원의 손실이며, 경쟁업체에 기업비밀을 노출시키는 민감한 상황이 될 수도 있어, 기업이 망할 수 있는 사례까지 발생한다.

⑤ 어제까지 왕성하게 사회활동을 하던 사람이 명예퇴직이라는 인위적 굴레로 인해 한번 밀려나면, 사회와 접촉이 끊김으로써 빨리 노화하고 건강이 악화되는 것을 볼 수 있다.

따라서 인도적인 견지에서 볼 때 일을 할 수 있는 능력이 있는 한 일 할 기회를 주는 것이 타당하다. 구미국가에서는 통상정년(normal retirement)제도를 택하고 있어 본인의 의사가 있으면 계속 근무할 수 있지만, 우리나라에서는 명예퇴직제도 때문에 불가능한 것으로 나타나고 있어 명예퇴직제도가 사회의 중요한 과제로 대두되고 있다.

4.4 정년과 명예퇴직제도의 관리방향

1) 정년과 명예퇴직제도의 필요성

(1) 기업의 적자 누적과 인건비의 증가

기업은 계속 적자가 발생하고 불경기가 초래되어 경영합리화가 필요하거나 생산성 향상을 위한 공장자동화, 사무자동화 등 혁신적 요소가 발생할 때 불가결한 정년 단축 또는 명예퇴직제가 필요하다. 또한 장기 근속자를 우대함으로써 그만큼 높은 임금을 지급하기 때문에 정년연장은 필연적으로 인건비 증대를 가져오게 된다. 특히 배치·통솔의 곤란, 사고유발 가능성의 증대, 신체조건의 부적합 등에 의해서도 명예퇴직제가 적용되는 경우도 있다.

(2) 인사정체

우리나라 조직의 인사관리제도는 전형적인 연공서열제도를 채택하고 있어 명예퇴직을 시키지 않을 경우 기존 근로자의 승진·승급이 늦어져 사기가 저하될 뿐 아니라 인사의 신진대사가 어렵게 된다. 물론 능력주의 성과급제, 연봉제의 임금관리 하에서는 달라질 수 있다.

(3) 능률 저하

고령자는 신중하고 보수적이며 근무태도가 소극적이어서 젊은 층에 비하면, 생산력이나 능률이 저하되고 있으며, 신체적 기능의 감소로 노동력이 뒤떨어진다고 볼 수 있다.

(4) 새로운 정보기술의 적응 미흡

정보기술과 인터넷의 발달로 새로운 첨단기술의 습득 결여 및 미비로 능률이 떨어지고, 생산성의 저하 등으로 기업의 경쟁력 제고에 문제가 있다.

2) 정년과 명예퇴직 관리대책

(1) 임금과 퇴직금제도 조정

기업으로 하여금 정년제를 주저하게 하는 대표적 요인은 임금과 퇴직금의 누진적 증가문제이다. 임금의 경우는 정년을 할 경우 그 정년부터 인건비가 감소하기 때문에 임금제도 전반의 체계를 승급제도와 더불어 제정하는 방법이 있다. 또한 퇴직금의 경우는 명예퇴직에 따른 부담 경감을 위해 산정기초액을 정년연령 임금으로 하고 이것에 명예퇴직 후의 근속년수를 단순히 가산하여 지급률을 곱하는 방법도 고려해 볼 수 있다.

(2) 근무정년제 도입

명예퇴직 대상자의 근무정년제도가 있는데 1년 내지 3년 정도의 근무연장 기간을 설정하여 놓고 탄력적으로 퇴직시키는 운영방법이 있다. 근무정년제로서 신분, 직무, 임금, 퇴직금 등에 대해서는 계약 전과 동일하게 취급하는 경우와 변화를 주는 경우가 있다. 그러나 일반적으로 승급과 기본급의 인상 등에 대해서는 지연시키는 조치를 많이 강구하고 있다.

(3) 퇴직전 프로그램 실시

근로자가 평생 또는 10년 이상을 직장에 몸 바쳐 오다가 하루 아침에 갑자기 퇴직하게 되면 경제적 · 정신적 충격을 받게 된다. 이러한 충격을 완화하기 위해서는 다음과 같은 퇴직전 준비 프로그램(pre-retirement program)을 실시하는 것이 바람직하다.

① **퇴직전 상담(pre-retirement counseling)** : 퇴직 후의 생계 유지와 이에 관련된 경제문제, 주택문제, 여가 선용, 건강문제 등에 대하여 전문적인 상담을 실시하게 된다.

② **퇴직전 계획(pre-retirement planning)** : 퇴직하기 오래 전부터 가능하면 40세부터 자신의 퇴직계획을 수립하도록 조직이 도와주는 프로그램을 말한다.

③ **단계적 퇴직(phased retirement)** : 프랑스나 스웨덴의 일부 회사에서 적용하고 있는 경우로 60세라고 하는 연령부터 65세의 정년에 이르기까지 노동시간을 단계적으로 감소시키면서 정년에 이르게 하는 것이다.

이처럼 퇴직에 따른 일시적 충격을 완화시키기 위해 퇴직자는 자신의 의사에 따라 점차적으로 근무시간을 줄여 나가며 직무배치에 있어서도 비교적 부담이 적은 부서로 옮겨가게 된다.

(4) 선택적 정년제 [사실상의 명예퇴직제도]

구성원이 최종 정년이 되기 전에 특정 연령에 이르면 누구라도 자기 의사에 의해 퇴직하는 경우 일반적으로 근속 20년 이상의 사람에게는 퇴직금 기준액을 100% 보장하여 주는 제도를 마련할 수 있는데, 이것을 선택적 정년제라 한다. 이는 사실상의 명예퇴직제도이다.

이 제도는 일정한 고연령에 도달하면 본인이 신청하거나 회사가 인정하는 시점을 정년으로 보는 것이며, 퇴직금은 정년 취급과 같이 계산하여 우대 지급하든가 특별프리미엄이 붙게 된다. 예를 들면, 60세가 최종 정년인 조직에서 55세 이상의 구성원에 대해 선택적 정년제를 실시했다고 하면, 55세부터 60세 사이가 정년기간(retirement zone)이 된다. 이 사이에 퇴직하는 구성원은 퇴직금의 산정에서 우대를 받는 외에 정년퇴직에 따르는 여러 가지 특전, 예컨대 개업자금을 지원받거나 하는 등 정년퇴직자와 동일한 대우를 받게 된다.

그러나 이와 같은 선택적 정년제도(명예퇴직제도)는 다음의 몇 가지 배려가 있어야만 그 실효를 거둘 수 있다.

① 명예퇴직으로 인한 손실을 되도록 적게 하기 위하여 금전적인 저해요인을 제거할 필요가 있다.
② 명예퇴직자의 새로운 인생설계를 위해 가능한 한 되도록 빠른 심적 준비를 하여야 하므로 진로상담을 이른 시기에 마련해 주어야 한다.
③ 조직에서도 관련 분야를 알선하거나, 개업자금의 대부제도를 마련하는 등의 지원체계를 정비하여야 한다. 특히 경력과 경륜에 의한 노하우 문제를 해결해야 한다.

요컨대 직업선택의 자유는 본인의 결정에 의하지 않으면 안 된다는 사고에서 나온 이 선택적 정년제도는 동시에 빠른 시기에 노후생활을 설계할 것을 요청하는 제도이기도 하다.

(5) 경륜과 경험, 경력의 활용제도

정년 이후, 고령사회에서 60세 이상의 경륜과 경험, 경력을 가진 유능한 인재를 활용하는 제도가 필요하다. 일할 수 있는 능력과 의사를 살려 생계비가 아닌 일상비의 적은 임금으로 각자가 지닌 "생의 공적을 사회에 환원하고 봉사한다"는 개념으로 활용하는 제도가 필요하다. 최근 일본은 65세 이상의 정년을 지낸 경륜과 경험, 경력의 소유자를 활용하는 기업, 기관, 단체 등의 조직이 600여개에 달한다.

일부의 새로운 기술개발, 새로운 혁신관리기법, 새로운 학문 등을 발전시켜 세계적 기업, 글로벌 혁신관리기업을 만든 실버인재가 증가하고 있어 고령화 사회의 새로운 실버산업 인적자원관리 대책을 강구하고 있다.

현장이야기 2

[정년 채우기 힘든 현실...'기업체 정년 퇴직자' 22%]

2016년부터 단계적으로 정년 60세가 법으로 의무화 된다. 하지만, 현재 정년제를 운영하고 있는 기업의 퇴직자 중 정년을 채우고 회사를 떠난 직원의 비율은 평균 22%에 불과한 것으로 나타났다.

온라인 취업포털 '사람인'(www.saramin.co.kr 대표 이정근)이 기업 283개사를 대상으로 '정년제 운영과 정년 규정'을 주제로 설문을 진행한 결과, 61.5%가 정년제를 운영하고 있었으며, 규정된 정년은 평균 58세로 집계됐다고 11일 밝혔다. 정해진 정년까지 일하고 퇴직한 직원은 전체 퇴직자의 평균 22%에 불과했다.

그렇다면 직원들의 실제 퇴직 연령은 몇 세일까. 실제로는 규정 정년 평균보다 적은 평균 51세에 퇴사하는 것으로 조사됐다. 특히, '44세 이하' 퇴사자의 비율이 35.6%로 가장 많았다. 기업에 따라 살펴보면, '공기업'(56세), '중소기업'(51세), '대기업'(50세), '외국계기업'(50세), '중견기업'(48세) 순으로 공기업 직원의 퇴직 연령이 단연 높았다. 그럼에도 불구하고 기업의 절반 가까이(44.8%)는 앞으로 정년을 연장할 계획이 있었으며, 그 나이는 평균 61세로 집계됐다.

정년을 연장하려는 이유로는 '정부에서 권고하는 사안이라서'(38.5%, 복수응답)를 첫 번째로 꼽았다. 이어 '숙련 인력 부족에 대비하기 위해서'(30.8%), '고령근로자의 노하우를 활용하기 위해서'(24.4%), '안정적인 근무환경을 제공하기 위해서'(24.4%), '고령화 사회에 대비하기 위해서'(17.9%) 등의 답변이 이어졌다.

• 자료 : 헤드라인제주, 2013. 12. 11.

정리하기

1. 퇴직(retirement)이란 종업원에서부터 관리자에 이르기까지 개인이나 조직의 사정으로 인하여 고용관계의 파기 내지 고용계약의 소멸로 정의한다.

2. 퇴직금(retirement benefit)은 종업원이 퇴직시에 사용자로부터 받는 퇴직일시금 또는 퇴직연금을 말한다.

3. 퇴직금의 성격이나 지급근거에 대한 종래의 학설로는 ① 공로보상설, ② 임금후불설, ③ 생활보장설 세 가지가 있다.

4. 퇴직금제도의 기능은 ① 인사관리 기능, ② 노사관계 안정화 기능, ③ 생활보장 기능, ④ 자본축적 기능으로 대별할 수 있다.

5. 퇴직금을 산정하는 기본방식은 (산정기준)x(지급률)이 일반적이며, 산정기준은 퇴직시의 임금에 기초를 두고 지급률은 근속년수와 그 밖의 조건으로써 정한다. 따라서 퇴직금의 산정기준으로서는 ① 기본급, ② 평균임금, ③ 표준월수, ④ 월수총액 등을 들 수 있다.

6. 정년퇴직과 명예퇴직의 유형으로는 ① 통상퇴직, ② 강제퇴직, ③ 자동퇴직 등이 있다.

연습문제

단답식

1. (   )이란 사용자와 근로자간의 고용관계가 단절되어, 근로자가 소속한 조직으로부터 이탈하는 것이다.

2. (   )은 종업원이 퇴직시에 사용자로부터 받는 퇴직일시금 또는 퇴직연금을 말한다.

3. 퇴직금의 성격이나 지급근거에 대한 종래의 학설로는 ① 공로보상설, ② (   ) ③ 생활보장설 세 가지가 있다

4. (   )란 기업이 고용조정에 따라 해고예정인 근로자들이 해고에 적응할 수 있도록 도와주고 창업이나 직무탐색, 즉 다른 직장을 찾도록 지원에주는 체계적인 지원서비스제도이다.

5. 정년퇴직과 명예퇴직의 유형으로는 ① 통상퇴직, ② (   ) ③ 자동퇴직 등이 있다.

객관식

1. 다음 중 퇴직금 지급근거에 대한 학설이 아닌 것은? (   )
   ① 공로보장설 ② 임금후불설
   ③ 퇴직연금설 ④ 생활보장설

2. 비자발적 퇴직에 속하지 않는 퇴직유형은? (   )
   ① 정리해고 ② 명예퇴직
   ③ 징계해고 ④ 전직

3. 퇴직금제도의 기능이 아닌 것은? (   )
   ① 자본유지 기능 ② 생활보장 기능
   ③ 인사관리 기능 ④ 자본축적 기능

4. 다음 중 퇴직금 산정기준이 아닌 것은? ( )

① 기본급 ② 평균임금
③ 표준년수 ④ 월수총액

5. 일정기간마다 지급임금의 몇 퍼센트에 해당하는 금액을 적립하여 퇴직금을 지급하는 제도는? ( )

① 생산비로 처리되는 퇴직금 ② 준비적립금제도
③ 명예퇴직금제도 ④ 퇴직수당 적립금제도

6. 다음 중 정년퇴직과 명예퇴직의 유형이 아닌 것은? ( )

① 통상퇴직 ② 권유퇴직
③ 자동퇴직 ④ 강제퇴직

7. 강제퇴직에 대한 설명으로 옳지 않은 것은? ( )

① 조직체의 규정에 따라 일정한 연령에 도달한 경우 강제적으로 퇴직하는 것을 말한다.
② 소위 명예퇴직제도다.
③ 사용자의 의사와 근로자의 희망이 합쳐진다 해도 고용을 연장하거나 재고용될 수 없다.
④ 우리나라에서는 연령의 기준이 없다.

8. 다음 중 정년과 명예퇴직제의 필요성에 해당하지 않는 것은? ( )

① 근무정년제 도입 ② 기업의 적자 누적과 인건비 증가
③ 퇴직금의 누증 ④ 인사 정체

9. 다음 중 퇴직전 준비 프로그램에 해당하지 않는 것은? ( )

① 퇴직전 상담 ② 퇴직전 계획
③ 단계적 퇴직 ④ 퇴직 후 상담

10. 선택적 정년제에 대한 설명으로 옳지 않은 것은? ( )

① 일정한 고연령에 도달하면 본인이 신청하거나 회사가 인정하는 시점을 정년으로 본다.
② 퇴직금은 정년 취급과 같이 계산하여 우대지급하든가 특별프리미엄이 붙게 된다.
③ 명예퇴직으로 인한 손실을 되도록 적게 하기 위하여 금전적인 저해요인을 제거할 필요가 없다.
④ 빠른 시기에 노후생활을 설계할 것을 요청하는 제도이다.

참고문헌

김성수(2010), 『혁신적 인적자원관리』, 탑북스.
김영재 · 김성국 · 김강식(2009), 『인적자원관리』, 삼영사.
김정한 · 김동헌 · 오학수(2002), 『고용조정과 전직지원』, 한국노동연구원.
최종태(2000), 『현대 인사관리론』, 박영사.
근로기준법.
근로자 퇴직급여 보장법.

제12장 인간관계 및 갈등관리

학습개요

이 장은 인간관계론의 의의 및 등장배경에 대해 살펴보고, 인간관계론의 다양한 실험 및 이론적 내용에 대한 학습을 통해, 인간관계론의 공헌과 한계점에 대해 학습한다. 또한 조직에서 발생하는 갈등의 원인을 이해하고, 갈등을 효과적으로 관리하는 방안을 학습하여, 구성원의 동기부여와 조직성장 방향에 대해 학습한다.

학습목표

1. 호손연구와 인간관계론의 의의를 이해한다.
2. 인간관계론의 공헌과 한계에 대하여 살펴본다.
3. 멘토링제도에 대해 이해한다.
4. 갈등의 유형에 대하여 살펴본다.
5. 효과적인 갈등관리방안에 대하여 살펴본다.

주요용어

1. 인간관계관리 : 구성원들이 사회적·심리적 욕구와 조직 내 비공식집단 등을 중시하며, 조직 및 구성원들의 목표 간의 균형 유지를 지향하는 참여적 관리방식.
2. 호손실험: 1924~32년에 서부전기회사의 호손공장에서 실시된 일련의 실험으로써 양키시티연구와 함께 인간관계에 관한 2대 연구로 손꼽히며, 과학적 관리법의 생산성 중심 사고방식으로부터, 조직 내 인간중심의 사고방식으로 경영의 관심을 전환시키는 시발점이 된 실험.
3. 동기부여 : 조직의 목표를 향하여 인간행동을 자극하고, 방향을 설정하고, 유지하는 일련의 과정.
4. 멘토링 : 조직에서 업무에 대한 경험과 지식이 많은 사람이 구성원을 일대일로 전담하여, 구성원의 역량 및 잠재력을 강화하는 제도를 말한다.
5. 갈등 : 개인이나 집단, 또는 조직과 같은 사회적 실체 내부나 그들 사이에서 모순, 의견불일치나 상이함에서 나타나는 상호작용적인 상태.

경영사례 1

▌해고 없는 꿈의 직장, 일본 미라이공업의 '인간경영'

최근 쌍용자동차의 퇴직자 서모씨 등 해고스트레스로 인한 근로자들의 자살이 늘고 있는 가운데 100% 해고 없는 일본의 미라이공업이 화제를 모으고 있다. 해고는 커녕 '정년 70세까지 근무하게 하고 1년에 140일 휴가, 5년마다 전 직원들에게 해외여행을 보내고 있다.

근로자들에겐 꿈의 직장인 셈이다. 중요한 것은 이 회사가 매년 흑자경영을 하고 있다는 것이다. 일본 남부 기후현에 위치한 전기설비 제조업체 미라이공업은 철저하게 근로자 중심의 회사다. 성과, 성적, 학벌을 골격으로 하고 있는 기업들의 인재채용과 경영방식을 거부한다.

이런 생각을 갖고 회사를 운영하는 장본인은 야마다 아키오(79) 회장이다. 오전 10시 느즈막히 출근해 속옷 차림으로 자신의 집무실에 연극 포스터를 빼곡히 붙이는 사람, 자신의 생각과 철학을 종이에 써서 회사 게시판에 턱턱 붙이는 사람, 점심시간에 전깃불을 켜놓은 채 나가면 불호령을 내리는 사람이다. 현재 일선에서 물러나 상담역을 맡고 있지만 그의 신념과 회사의 운영방침은 그대로 유지하고 있다.

직원들의 평균 연봉은 6천만 원 정도. 동종업계 급여보다 10% 많은 수준이다. 정년도 70세까지 보장하고 있다. 해고는 없다. 그러나 미라이공업에서 반드시 지켜야 할 일은 있다. 자발적 근무와 절약정신이다. 자발적인 마음과 절약을 통해 회사를 운영한다. 능력보다는 연공서열을 따진다.

직급은 선풍기로 정한다. 각 직원의 이름을 종이에 쓴 뒤 선풍기 앞에서 날린다. 멀리 날아간 종이부터 좋은 직급을 준다. 공장장을 정할 때는 연필로 한다. 탁자 아래에 공장장 이름을 적어놓고 그 위에 연필을 세운 뒤 눈을 감고 연필을 내려놓는다. 연필에 의해 선택된 사람이 공장장이 된다.

이 회사에 비정규직이 단 한 명도 없다. 1년에 휴가가 140일이나 된다. 퇴근시간은 오후 4시 45분. 회사에 더 있을 수도 없다. 육아휴직은 3년이나 보장받을 수 있다. 이렇게 직원들에게 베풀면 회사가 망하지 않을까?

그러나 그 반대다. 43년 역사를 가진 미라이공업은 승승장구. 2011년 현재 흑자를 기록하고 있다. 1년 매출 2,500억원에 1년 평균 경상이익률 15%에 달하고 있다. 일본 언론은 미라이공업을 '유토피아 경영'이라고 평가하고 있다. 누구나 한번쯤 장난삼아 생각할 수 있는 것을 야마다 아키오 회장은 행동과 현실로 실천하고 있다.

그렇다면 야마다 아키오 회장은 직장생활을 하지 않은 사람일까? 야마다 회장은 부친의 회사에서 전무로 일했다. 그러나 연극이 좋아 회사일을 등한시 하자 부친이 해고했다. 야마다 회장은 사람답게 직장생활할 수 있는 방법이 없을까 고민했다.

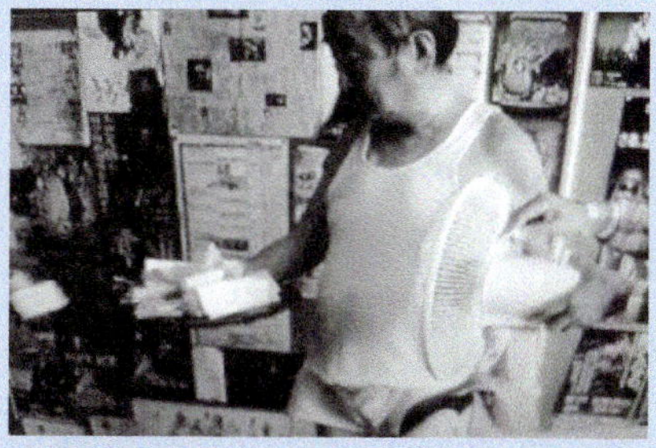

회사가 아닌 '인간중심'의 회사를 만들어보자 생각하고 창업한 것이 미라이공업이다. 야마다 회장은 말한다. "사람에게 당근과 채찍은 필요 없다, 당근만 주면 된다" 왜냐하면 인간은 부려서 될 성질의 것이 아니기 때문이다.

미라이공업 회사 내부엔 '생각하라'라는 문구가 여기저기 붙어있다. 회사의 경쟁력은 무궁무진한 아이디어라는 것이다. 그런 이유 때문인지 이 회사 생산품의 98%가 특허상품이다. 제품중엔 일본 내 시장점유율 1위를 차지하고 있는 것도 10개 가까이 된다.

야마다 아키오 회장에게 가장 중요한 자산은 사람이다. 회사가 사람을 먹여 살리는 것이 아니라 사람이 회사를 만들어 낸다는 것이다. 해고 없는 회사 만들기. 근로자를 최우선으로 하는 유토피아 같은 회사. 사람을 중시하는 꿈의 회사임에 틀림없다.

• 자료 : 이투뉴스, 2011. 2. 2.

1. 인간관계관리란?

기업은 많은 사람들의 협업을 통해 조직의 목표를 달성해 나가는 조직이다. 즉, 기업목표를 효과적으로 달성하기 위해서는 조직 내 구성원들이 자발적이고, 능동적으로 팀원들과 공동으로 업무를 수행해야 한다. 따라서 조직 내 구성원들의 인간관계는 조직성과 달성에 매우 중요한 역할을 하게 된다.

위키백과사전에서 인간관계(人間關係)는 "둘 이상의 사람이 빚어 내는 개인적이고 정서적인 관계"를 의미하며, 이러한 관계는 추론, 사랑, 연대, 일상적인 사업관계 등의 사회적 약속에 기반을 둔다. 따라서 **조직 내 인간관계(human relations : HR)는 기업 내 구성원들 간의 사회적 약속에 기반한 구성원 상호 간의 상호작용을 의미한다.**

경영관리에 있어서 인간관계관리에 대한 정의는 학자마다 다른 여러 가지 의미로 쓰이고 있지만, 조직구성원의 동기부여와 협업에 방점을 두고 있다. 뢰스리스버거(F. J. Roethlisberger)는 인간관계관리를 "조직 내 구성원들의 협동행위의 사실을 취급하는 적절한 방법과 기술"이라고 정의하고 있으며, 미이(J. F. Mee)는 "구성원의 근로의

욕을 향상시킬 목적으로 구성원의 높은 사기와 협동심을 갖게 함으로써, 조직내 협력체계를 확립하고, 노사협력을 통해 개인목표와 조직목표를 달성하게 하는 효과적인 방안"이라고 정의하였다(강정대 · 황호영, 1998, p. 539). 이와 같이 **인간관계관리는 조직구성원들의 사회적 · 심리적 욕구와 조직내 비공식집단 등을 중시하며, 조직 및 구성원들의 목표 간의 균형유지를 지향하는 참여적 관리방식을 의미한다.**

테일러(F. W. Taylor)의 과학적 관리론 등 고전적 관리이론이 경영에 있어서 인간문제에 대한 인식이 결여되어 있음에 반하여, 인간관계론은 인간에 초점을 둔 이론이다. 즉, 테일러의 과업관리와 포드시스템의 이동작업은 인간을 경제인으로서 지나치게 강조하고, 인간을 기계화시킴으로써 종업원들은 인간성을 소외당하여 마침내 욕구불만에 의한 능률의 저하를 가져왔으며, 노사간의 심각한 갈등을 초래하게 되었다. 이에 고전적 관리이론을 비판하면서 인사관리에 있어서의 인간화 · 민주화를 꾀하고자 등장한 것이 인간관계론이다.

인간관계론의 발전은 메이요(E. Mayo) 등 하버드대학의 경영학 교수들이 미국의 서부전기회사(Western Electric Co.) 호손(Hawthorne) 공장에서 1924년부터 1932년까지 수행한 일련의 실험을 통해 이론적 틀이 마련되었다. 인간관계론의 요지는 첫째, 조직구성원의 생산성은 생리적 · 경제적 유인으로만 자극받는 것이 아니라, 사회 · 심리적 요인에 의해서도 크게 영향을 받는다는 점, 둘째, 이러한 비경제적 보상을 위해서는 대인관계 · 비공식적 자생집단 등을 통한 사회 · 심리적 욕구의 충족이 중요하며, 셋째, 이를 위해서는 조직 내에서의 의사소통 · 참여가 존중되어야 한다는 것이다. 인간중심적 관리를 중시한 이와 같은 인간관계론은 현대 조직이론에 지대한 영향을 미쳤다. 즉, 조직인도주의(organizational humanism)와 행동과학(behavioral science), 사회 · 기술학파 등의 이론 발전에 큰 영향을 미치게 된 것이다.

2. 인간관계론 연구

2.1 메이요(E. Mayo)의 호손실험

호손실험은 1924~1932년에 서부전기회사(Western Electric Co.)의 호손(Hawthorne)

공장에서 실시된 일련의 실험으로서 양키시티연구(Yankee city research)[1]와 함께 인간관계에 관한 2대 연구로 손꼽히며, 테일러(F. Taylor)의 과학적 관리법의 생산성 중심 사고방식으로부터 조직 내 인간중심의 사고방식으로 경영의 관심을 전환시키는 시발점이 되었다.

1) 호손실험의 목적

호손실험은 '조직에 있어서의 인간행동의 새로운 이해'를 위하여 수행되었다. 처음에는 산업환경에 있어서의 노동과 피로의 조사에서 시작되었다. 이 실험은 근로자의 생산능률이 임금, 작업시간, 노동환경과 같은 물질적인 것에 의해 좌우된다는 관점을 지니는 전통적인 산업심리학적 가설을 검증하기 위하여 실행되었다. 그래서 보다 작업능률을 올리기 위해서 작업환경의 변화를 시도하였으나, 전통적인 산업심리학적 가설을 전면 부정할 만한 실험결과가 나타났다.

2) 호손실험의 4단계

(1) 제1차 실험 : 환경조건과 생산성과의 관계(1924.11～1927.4)

제1차 실험은 조명실험(illumination experiment)이라고 하는 데, 이 실험은 작업장에서 조명과 작업능률과의 관계를 알아보는 실험이다. 실험은 조명을 조작한 테스트그룹(test group)과 조명을 변화시키지 않은 통제그룹(control group)으로 나누어 관찰하였다. 실험결과, 실험집단에 대해 조명을 높였을 때, 양 집단의 생산성은 동시에 증가하였다. 이는 종래의 노동과학적 실험의 결과와 동일한 것으로 증명되었다. 그러나 실험집단의 조명을 낮추었을 때에도 생산성은 계속 증가하는 결과를 보였다. 물론 조명광도에 변함이 없는 후자의 능률도 역시 증대하였다.

이와 같은 결과는 앞서 설명한 노동과학적인 정설에 반대되는 것으로, 이에 대한 새로운 의문이 들었다. 이러한 결과는 실험집단의 구성원들이 작업환경보다는 특별한 관심과 감독을 받고 있다는 것에 신경을 썼기 때문에 나타나게 되었다. 따라서 능률과 노동생산성에 영향을 준 요인이 무엇인가 하는 문제를 해결하기 위하여, 제2차 실험

1) 양키시티조사는 1930년에서 1935년에 걸쳐 미국의 뉴잉글랜드주에 있는 뉴베리포트(New Berry Port)에서 스트라이크를 둘러싸고 행해졌다. 전통적 지역사회에서 도시적 산업자본의 진입에 따른 기업경영과 지역사회의 마찰과 계층구조의 변화관계를 연구 · 조사한 것으로 와너(W. L. Warner), 화이트(W. F. White) 등 시카고학파를 중심으로 이루어졌다. 이 조사연구는 호손실험을 보완하였고, 미국의 산업사회에 미친 영향이 컸으며, 산업복지의 기초이론으로서 큰 의의를 갖는다.

이 시작되었다.

(2) 제2차 실험 : 작업조건과 작업능률과의 상관관계(1927.4~1932.5)

제2차 실험은 계전기 조립시험(relay assembly test room)이었다. 이 실험은 계전기 조립실험실이라는 실험실을 만들어 6명의 생산직 여성을 대상으로 작업조건, 근로시간 단축, 휴식시간의 합리적 실시, 간식 지급, 작업환경의 개선 등에 관한 실험을 실시하였다.

실험 결과, 작업조건의 개선에 따라, 능률과 생산성은 향상되었다. 또한 일정기간 후, 이들 작업조건을 갑자기 일시에 다시 원상태로 환원시켰음에도 불구하고, 작업능률은 저하되지 않고, 오히려 노동생산성이 향상되었다. 이는 제1차 실험의 결과와 같은 결과이기는 하나, 제2차 실험에서는 조명 뿐만 아니라 다수의 작업조건에 대하여 실험한 것이므로, 작업조건 이외의 요인(예: 심리적 요인)이 노동능률에 영향을 주는 것을 확인하였다. 즉, 노동시간, 급료, 휴식시간, 급식 등과 같은 작업여건보다 사기진작(작업에 대한 자부심, 자기표현의 기회)과 감독방법, 인간관계 등이 더욱 큰 영향을 미친다는 결과를 도출하였다.

결론적으로 조직 내지 집단 내에서 물리적 작업조건보다는 인간의 책임감, 만족감 등의 심리적 요인이 더 중요하다는 사실을 알게 되었다. 이에 종래 비교적 관찰되지 않았던 종업원의 태도라는 문제가 새로운 연구과제로서 등장하게 되었다.

(3) 제3차 실험 : 종업원 21,126명의 면접실험(1928.9~1930.9)

제3차 실험은 면접실험(interview experiment)으로, 종업원 21,126명을 대상으로 회사의 감독 및 지도방법, 작업환경, 업무 등에 대한 불만사항에 대해 면접조사를 실시하였다. 물론 이 실험에서는 '물질적' 조건들은 제외되었다. 왜냐하면, 제2차 실험에서 심지어 물리적 조건을 철회했음에도 불구하고, 오히려 성과가 올라감에 따라, 물질적 조건이 작업능률을 좌우하는 결정적인 요소가 아니라는 사실을 알았기 때문이다.

이 조사를 통해 물리적 조건이 근로자에게 생리적 영향을 주고, 또 그것을 통해 생산능률에 영향을 준다는 종래의 노동과학적 정설과는 달리, 작업장의 사회적 조건 여하가 근로자의 의식에 영향을 준다는 것이 검증되었다. 특히 작업장의 사회적 조건에 따라 근로자의 의식에 영향을 준다는 것이 확인되었고, 작업장의 사회적 조건이 근로자의 태도를 결정하는 가장 큰 요인이라는 것이 증명되었다.

(4) 제4차 실험 : 배전기 권선작업 관찰실험(1931.11~1932.5)

제4차 실험은 배전기 권선작업 실험(bank wiring observation)으로, 14명의 근로자를 대상으로 작업에 있어서의 작업상태를 관찰하였다. 이 실험은 제3차 실험에서 작업의 능률을 좌우하는 것은 심리적인 요소인 감정이라는 것을 알게 됨에 따라, 제4차 실험에서는 이러한 감정이 작용하는 원천을 알아보기 위하여, 면접 및 관찰을 실시한 실험이다.

실험 결과, 작업장에는 회사의 공식조직과는 별도로 자생적인 비공식집단(informal group)이 형성된다는 사실을 알았다. 그리고 이 비공식집단에는 그들 사이에만 통하는 불문율이 존재하였다. ① 일을 너무 열심히 해서는 안된다. ② 일을 너무 태만히 해서도 안된다. ③ 비공식집단에서의 일을 상사에게 고자질해서는 안된다. ④ 너무 잘난 체 해서는 안된다. 이 비공식조직에는 자연적으로 선발된 리더가 있고, 몇 개의 행동규범, 가치체계, 지위관계 등이 형성되어 공식조직에 큰 영향을 끼친다는 것을 알게 되었다.

3) 호손실험의 결과

결국, 호손연구는 구성원들의 작업능률을 향상시키기 위해서는 조명이나 물리적인 작업환경이 아니라, 종업원들의 감정적인 요소나 심리적이고 사회적인 요소들이 더욱 중요하다는 사실을 발견하였다.

4차에 걸친 호손연구의 결론은 다음과 같다(민경호, 2010, p. 355). 첫째, 작업능률을 좌우하는 것은 임금, 근로시간 등의 근로조건과 조명, 환기 및 기타의 작업환경으로서 물리적 조건만이 아니라, 근로자들의 태도와 감정이 더 중요하다는 것이다. 둘째, 작업환경과 작업조건 등 물리적 조건도 능률 개선에 영향을 줄 수 있으나, 종업원들의 심리적 요소가 더 중요하다는 결과를 가져왔다. 셋째, 근로자의 태도나 감정을 좌우하는 요소는 개인적 환경, 사회적 환경, 조직 내의 역학관계 및 소속하는 비공식집단의 힘이라는 것이다.

4) 호손실험의 의의

호손실험으로 인해 경영환경 내에서의 인간관계론(인사관리)이 대두되기 시작했다. 이러한 호손연구의 의의는 다음과 같다(김인수, 2010, pp. 48-49). 첫째, 조직구성원들은 단순히 돈만을 위해서 일하는 경제인이 아니라 감정을 지니고 있고, 조직의 동료들과 어울리고자 하는 사회인이라는 사실을 인식하게 되었다. 즉, 인간의 심리적·사회적 욕구가 중요하며, 이를 통해 인간은 동기부여가 되고 성과가 높아진다는 것이다. 둘째, 작업장이 하나의 사회의 장이라는 사실을 인식하게 된 점이다. 작업장은 경영자가 정해준 일만을 하는 기계적 인간의 집합체가 아니라 생각하고 어울리고자 하는 사람들의 집합장소이기도 하기 때문에, 인간사회에서 중요한 의리나 정 또는 결합의 양상이 경영자의 의도와는 다르게 작용될 수 있다는 것을 인식하게 되었다. 즉, 비공식집단의 중요성과 집단역학에 대해 이해하게 되었다.

5) 호손실험의 한계점

호손연구는 인간의 감정을 중시하고 심리적인 요소를 중시하며, 비공식집단의 중요성을 강조한 점에서 많은 기여를 하였으나, 다음과 같은 한계를 내포하고 있다(박연호, 1981, pp. 53-56). 첫째, 지나치게 인간의 감정과 동료관계를 강조하기 때문에 조직목표나 경영성과적인 측면을 경시하는 경향이 있다. 둘째, 과학적 관리법에서는 합리성을 강조하고 있으나, 호손연구는 감정의 논리(logic of sentiment)를 강조하여 합리성을 소홀히 함으로써 능률 및 이익률 저하를 가져오게 되었다. 셋째, 호손연구는 인간은 경제적 욕구만 중시한다는 경제인 가설을 부정하고, 인간은 집단에 대한 소속감, 심리적 안정감과 같은 사회적 욕구를 중시하는 사회인 가설을 수립했다. 넷째, 노동조합과의 관계를 경시하였다. 노동조합은 사회조직에서 엄연한 존재이며, 노동조합은 조직역학에서 중요한 역할을 하고 있음에도 불구하고, 노동조합의 존재를 무시한 것은 큰 비판의 여지가 있다. 다섯째, 조직의 공식적 측면을 경시하였다. 지나치게 비공식집단만 중시함으로써 조직의 전체적인 면을 파악하는 데 한계성을 가지고 있다. 마지막으로 호손연구는 인간의 동기부여를 직무중심으로 보지 않고, 인간과 인간의 관계로만 보는 것은 동기부여의 이론적인 측면에서 한계가 있다.

2.2 버나드(C. Barnard)의 협동시스템이론

과학적 관리와 관료제에 대한 이론적 신뢰가 떨어지면서, 1938년 버나드(C. Barnard)는 『관리자의 기능』(*The Functions of Executives*)이라는 책을 발표하였다. 버나드는 조직을 과거처럼 기계적 엔지니어링 시스템으로 볼 것이 아니라 하나의 협동시스템으로 간주해야 한다고 하면서, 자연적 집단, 상향적 의사소통, 하향적 권한위임, 협동을 위한 리더십의 중요성을 강조하였다. 파업과 대공황을 경험하면서 그의 협동시스템론은 보다 적극적으로 수용되기 시작하였으며, 1939년 호손연구가 발표되면서 인간관계학파를 출범시키는 토대가 되었다(김인수, 2010, p. 48).

1) 관리자의 기능

버나드(C. Barnard)는 먼저 조직을 "목표 달성을 위하여 두 사람 이상의 힘과 활동을 의도적으로 조정하는 협동체계"라고 정의하고, 조직 내에서 특히 관리자의 기능이 매우 중요하다고 하면서, 다음과 같은 것들을 지적하고 있다. 첫째, 관리자는 조직구성원들의 잠재능력을 최대로 발휘하게 하여 조직 목표를 성취해야 하는데, 이때 조직 내 의사소통과정에서 중요한 역할을 수행하는 비공식조직의 활동을 보장함으로써, 조직 내에서 다양한 의사소통체계를 확립해야 한다. 둘째, 조직 목표의 달성에 조직구성원들의 협조를 유도해 내기 위해서는 구성원들에게 목표를 충분히 이해할 수 있도록 함과 동시에 조직에 대한 귀속의식을 가지도록 유도하는 것이 필요하다. 셋째, 경우에 따라서는 문제의 공동해결 등을 위해 조직구성원들에게 책임과 권한의 부여가 이루어져야 할 것이다.

2) 버나드의 비공식조직

어느 사회, 어느 집단을 막론하고 그 안에 혈연, 지연, 학연 및 친분관계 등을 매개로 한 비공식집단은 반드시 존재하게 되어 있으나, 전통적인 조직이론에서는 이와 같은 비공식적 집단의 중요성을 간과해 온 것이 사실이다. 그러나 실질적으로 어떤 조직구성원들의 태도, 행동 및 성향에 더 큰 영향을 끼치는 것은 비공식조직의 규범이나 목표인 경우가 더 일반적이라는 사실을 깨닫게 된 것이다.

버나드에 의하면 **비공식조직이란 조직의 목표달성 과정에서 제외된 사람들 사이에 상호작용과 상호접촉을 통하여 이루어진 집단**이라고 하면서, 이같이 제외된 사람들은 비공식집단 자체가 추구하는 새로운 목표를 추출해 낸다고 말하고 있다. 이러한 비공식조직은 공식조직과는 달리 어떤 새로운 형태의 태도나 습관 및 제도 등을 형성할 뿐 아니라, 이를 통해 공식조직을 활성화시키는 여러 가지 조건을 만들어 내는 기능을 수행하는 것이다. 따라서 버나드는 사기업체 뿐만 아니라 정부조직이나 종교단체, 군대 및 교육기관 등과 같은 공식조직 내에도 비공식조직은 항상 존재하기 마련이므로, 이와 같은 비공식조직의 활동을 긍정적으로 수용하고, 그것을 이해해야 한다고 주장하였다.

2.3 동기부여와 인간관계론

동기부여의 의미, 구성요소 및 동기부여이론에 대해 간략하게 살펴보면, 다음과 같다(강정애 외, 2013, pp. 103-105).

1) 동기부여의 정의

동기부여(motivation)는 라틴어의 'movere'에서 유래된 것으로 '움직이다'(to move)라는 의미를 지닌다. 동기란 어떤 것을 하고자 하는 의욕이며, 사람들은 어떤 욕구를 충족시키기 위해 동기가 유발된다. 사람들의 동기를 이해하기 위해서는 그들이 어떤 욕구(needs)를 갖고 있으며, 이러한 욕구를 어떻게 충족시키는가에 대한 이해가 필요하다.

동기부여(motivation)란 조직 목표를 향하여 인간행동을 자극하고, 방향을 설정하고, 유지하는 일련의 과정이며, 개인의 목표지향적 행위에 영향을 주는 심리적인 과정으로 정의할 수 있다. 즉, 개인적 욕구 충족을 위한 노력을 어떻게 조직의 목표로 이어나갈 것인가를 뜻한다.

2) 동기부여의 구성요소

동기부여는 광범위하고 복잡한 개념이지만, 다음과 같은 기본적인 특징을 지니고 있다. 첫째, 동기부여는 인간행동을 자극(arousal)하는 것이다. 자극은 인간행동 뒤에 숨어 있는 에너지를 가동하고 동력화하는 것이다. 둘째, 동기부여는 인간의 행동에 대해 방향설정(direction)을 하는 것이다. 어떻게 동기를 유발할 것인가? 셋째, 동기부여는 인간행동을 유지(maintaining)하는 것이다. 이는 얼마나 오랫동안 목표 달성을 위한 시도를 할 것인가의 문제이다. 결론적으로 동기부여란 3가지 구성요소-목표지향적 행동을 자극하고, 방향 설정하고, 유지하는 것이다.

3) 동기부여이론의 분류

동기부여이론은 크게 내용이론(content theory)과 과정이론(process theory)으로 구분한다. 내용이론은 동기부여를 일으키는 요인이 '무엇'(what : content)인가에 관한 이론이다. 즉, 사람들이 무엇을 원하고 필요로 하는지를 연구한 것으로, 주로 인간내부에 존재하는 욕구의 종류와 욕구충족 여부에 초점을 맞추며, 과정이론에 비해 단순하고 정태적이다. 대표적 내용으로는 Maslow의 욕구단계이론, Alderfer의 ERG이론, McClelland의 성취동기이론, Herzberg의 2요인이론, Hackman와 Oldham의 직무특성이론 등이 있다.

과정이론은 동기부여가 '어떤 과정'(how : process)을 통해 일어나는가에 관한 이론이다. 내용이론이 개인행동의 원동력인 욕구에 초점을 두었다면, 과정이론은 행동이 어떻게 동기화되고 어떤 과정을 통해 이루어지는가에 관심이 있으며, 개인의 행위와 환경과의 상호작용을 이해해야 하는 점에서 내용이론에 비해 복잡하고 동태적이다. 대표적 이론으로는 Vroom의 기대이론, Adams의 공정성이론, Locke의 목표설정이론 등이 있다.

2.4 인간관계론의 공헌과 한계

1) 인간관계론의 공헌

인간관계론이 우리에게 주는 시사점은 노동의 생산성은 구성원의 만족도가 높아질 때 증가하는 것이며, 이는 작업집단의 비공식적 · 사회적 패턴에 의존하고 있다는 것이다. 좀 더 구체적으로 정리해 보면 다음과 같다. 첫째, 비경제적인 보상과 제도가 구성원의 행동에 큰 영향을 미치게 된다. 둘째, 구성원들이 많은 경우, 개인으로서 행동하는 것이 아니라, 집단의 일원으로 행동한다. 셋째, 집단규범의 설정과 시행에 있어서 리더십이 중요한 역할을 하며, 민주적 리더십이 가장 효율적이다. 넷째, 인간관계론은 커뮤니케이션과 의사결정에 있어서의 참여적 · 민주적 리더십을 강조한 이론이라 할 수 있다.

또한 인간관계론은 다음과 같은 공헌을 하였다. 첫째, 종래에는 조직을 공식적 조직으로만 파악해 왔는데 비해, 비공식적 조직 및 집단 상호간의 관계에 관심을 돌리게 하였다. 둘째, 인간을 합리적 · 기계적 존재로부터 감정적 · 인간적 · 사회적 존재로도 파악하고자 하였다. 셋째, 종래에는 인간을 경제적인 존재로만 인정하였으나, 인간관계론에서는 인간을 사회 · 심리적 욕구를 가진 전인격적 존재로 파악하였다. 넷째, 인간관리에 있어서의 인간화와 민주화를 강조하였다. 마지막으로 인간행동을 중심과제로 삼는 행동과학의 발전에 이바지하였다.

2) 인간관계론의 한계

과학적 관리를 넘어 인간관계론은 조직의 성장에 많은 기여를 하였음에도 불구하고, 다음과 같은 한계를 나타냈다.

① 인간의 합리적 · 공식적 · 제도적 측면을 무시하고 있으며, 경제적 동기를 지나치게 경시하였다.
② 인간을 관리대상으로 삼는다는 점에서 관리방법상에 기술적 한계가 따른다.
③ 인간을 사회적 동물로서 인식하여, 자아실현을 과소평가했다.
④ 종업원(하위직원)에 대한 관리기술의 연구에 국한되어, 관리자의 관리행동에 대한 연구분석이 없었다.
⑤ 관리자를 위한 인간조종의 과학이요 인간조작의 기술로서, 보다 주체적이고 자발적인 인간의 능동적인 참여를 경시하고 있다.
⑥ 폐쇄형 이론의 형태로서 조직과 외부환경과의 상호작용을 등한시 하고, 조직 내의 개인과 비공식조직을 중심으로, 사회 · 심리적 관계를 연구하는데 그쳤다.
⑦ 사회 · 심리적 욕구가 충족되어진다고 해서 사용자의 입장에서 생산성 및 직원복지의 실질적 향상을 가져온다는 보장은 없다.
⑧ 직무 자체를 중심으로 한 동기부여는 되지 않고, 사회 · 심리적 욕구의 충족에 의한 동기부여가 지나치게 강조되어 있다.
⑨ 지나치게 비합리적 · 정서적 · 감정적 요인만을 강조함으로써 공식의 합리적 공식조직의 기능을 등한시하고 있다.
⑩ 인간관계의 안정적 균형을 지나치게 중시하고 있으며, 이것은 결국 보수주의를 지향하게 되는 결과를 가져왔다.

경영사례 2

▌MS · 소니도 '부서갈등'에 무너졌다.

지난 7월 마이크로소프트(MS)의 최고경영자인 스티브 발머는 각 사업부들이 더 민첩하게 협력할 수 있도록 전면적인 조직개편을 발표했다. 그는 "우리는 부문 전략의 집합이 아닌 하나의 회사에서 나오는 하나의 전략으로 집결해야 한다"고 강조했다. 이는 MS 내에 만연하던 부서 이기주의를 뿌리 뽑기 위한 결단이었다. MS 부사장으로 재직했던 딕 브라스는 2010년 2월 뉴욕타임스의 칼럼을 통해, MS가 태블릿PC에 오피스를 연동시키지 못했던 배경을 밝혔다. 당시 오피스를 담당하고 있던 부사장이 태블릿PC의 성공 가능성을 낮게 봐 오피스 연동에 협조적이지 않았다는 것이다. 결국 MS는 태블릿PC 개발에 힘을 쏟았지만 시장을 선점할 수 없었다.

부서 내 소통 불화와 이기주의는 비단 MS만의 문제는 아니다. 취업포털 "사람인"이 직장인 827명을 대상으로 실시한 설문조사 결과에 따르면, '타 부서에 업무협조를 요청하면서 어려움을 겪은 적이 있냐'는 질문에 '항상 겪거나 자주 겪는다'는 답변이 27.6%(228명), '가끔 겪는다'는 답변은 40.3%(332명)로 나타났다. 응답자의 20.8%(172명)는 업무협조 때문에 받는 스트레스가 심각한 수준이라고 밝혔다. 또한 '재직 중인 회사에서 부서간 업무 협조가 잘되냐'는 질문엔 48.9%(404명)가 '그렇지 않다'고 응답했다. 업무 협조문제로 사업에 차질이 생긴 경우를 '자주' 또는 '매번 봤다'는 응답도 43.8%(362명)에 이르렀다.

24일 LG경제연구소에 따르면, 혁신적이고 시장을 선도하는 기업이 되기 위해서는 '부서 내 이기주의'를 극복하는 것이 선행돼야 한다. 기업의 외부환경에 민첩하게 반응하고 경쟁사보다 민감하게 고객의 욕구를 파악하기 위해, 부서간의 협업이 필수적이기 때문이다. 그렇다면 부서 내 이기주의는 어디에서 출발하는 것인가? 부서 이기주의는 조직 내에서 '업무협조가 안 된다' '정보 공유가 어렵다'는 등 구성원들의 말을 통해 막연히 인식되는 경우가 대부분이다. 하지만 부서 내 이기주의를 극복하기 위해서는 조직 차원에서 그 원인을 파악하는 것이 중요하다. 어느 부서가 이기주의가 심하고 그 원인이 무엇인지 정확하게 파악해야 해결이 가능하기 때문이다.

◆성과업적주의만이 능사가 아니다＝조직 전체적으로 부서 이기주의가 만연하다면, 인사제도를 다시 들여다봐야 할 수도 있다. 부서 단위의 성과에 대한 보상이 클 경우, 구성원들은 당연히 자신이 속한 부서에 해가 되는 일은 하지 않으려 하기 때문이다. 독일의 다임러 그룹과 미국 크라이슬러의 합병은 독일과 미국 경영진 사이의 입장 차이로 실패하게 된 대표적 사례다. 다임러사는 영업비밀 유지라는 명목으로 크라이슬러사와 생산라인을 공유하는 것을 꺼렸다. 또한 인력 감원과 공장 폐쇄를 결정하는 잣대를 크라이슬러사에 일방적으로 불리하게 적용하기도 했다. 세계 최고의 자동차회사를 꿈꾸며, 합병을 시도했던 다임러크라이슬러의 실패는 융합과 협력보다는 반목과 대립으로 자신의 입장만을 내세우는 이기주의의 위험성을 보여주고 있다. 이 같은 부문간의 이해충돌은 전체 관점의 보상을 강화하는 쪽으로 시스템을 바꾸는 것이 도움이 될 수 있다. 월트 디즈니사는 놀이동산, 영화, 만화, 캐릭터 등 다양한 수익구조 부문간의 협업을 위해 '30% 협업성과 보상'을 도입했다. 사업부간 시너지 창출을 위해 임원 급여에 영향을 미치는 평가의 70%는 자신이 속한 사업부의 매출로, 나머지 30%는 다른 사업부와의 협력을 통한 시너지 매출액으로 정해 긴밀한 협업을 유도하고 있다.

◆ **컨트롤 타워는 경영진의 몫** = 트랜지스터 라디오에서 워크맨, CD플레이어 시장까지 섭렵하며, 혁신의 아이콘으로 지목되던 소니는 어느새 시장 흐름을 따라잡지 못한 기업의 대명사로 전락했다. 2003년 소니가 야심차게 발표한 '트랜스포메이션 60 전략'은 소니의 전자와 콘텐츠 사업부문의 부서 이기주의로 인해 빛을 발하지 못했다. 소니의 전자사업부문은 소니의 음악 콘텐츠를 활용해, 자사의 기기를 음악계의 표준기기로 만들려 노력했다. 또한 콘텐츠 사업부문은 음원의 불법복제를 막기 위해, 음원을 저렴하게 제공하는 판로를 막았다. 전자부문과 콘텐츠 사업부문의 시대착오적 발상은 자사의 휴대용 음악기기에서만 지원되는 파일 포맷을 고집하는 결과를 낳았다. 조직이 분명한 목표를 수립할 수 있도록 돕는 컨트롤 타워가 아쉬운 부분이다.

하버드 경영대학원 석좌교수이자 '파괴적 혁신' 이론의 창시자로 잘 알려진 클레이튼 크리스텐슨은 부서 이기주의야말로 내부역량 결집을 통해 나올 수 있는 혁신을 가로막는 가장 큰 장애요인이라고 말한다. 조직의 발전을 위해서라면 내부로 시선을 모아 외부의 아이디어와 기술을 흡수할 수 있는 역량을 결집하는 것이 가장 우선적인 일일 것이다.

• 자료 : 아시아경제신문, 2013. 9. 24.

3. 인간관계관리의 주요 제도

3.1 제안제도

1) 제안제도의 의의

제안제도(suggestion system)란 조직 자체의 운영이나 업무 개선, 비용 절감, 능률 향상, 경영합리화 등을 제고하기 위하여, 종업원들의 아이디어를 체계적으로 수집하고 평가하여 이를 공식적으로 활용하는 제도를 말한다. 제안제도는 조직 전체의 모든 구성원에게 참여의 기회를 제공하고 채택된 제안에 대하여 보상을 하는 것이 특징이다.

이러한 제안제도는 1880년 영국의 조선업자 데니(W. Denny)가 종업원들로부터 유익한 의견을 수집하기 위하여 제안함을 설치한 것에서부터 시작하였는데, 인간관계관리에서 적용된 것은 1930년대부터이다. 제안제도는 종업원으로 하여금 자유로이 제안할 수 있는 기회를 주고, 우수한 제안은 그것을 채택 · 실시하는 것이다. 그러므로 채택된 제안에 대해서는 제안된 내용의 가치에 상응한 보상을 하여야 한다. 종업원은 제안에 의해 자아실현의 욕구를 충족함과 동시에 조직 발전에 기여하게 된다.

2) 제안제도의 실행

제안제도를 성공적으로 실시하기 위해서는 다음과 같은 조건을 충족시켜야 한다. 첫째, 구성원의 관리자 또는 감독자의 구속을 받지 않고, 자유로이 제안을 할 수 있어야 한다. 자유로운 분위기나 합리적인 제도를 갖춤으로써 현장에서 실무적인 아이디어가 실제로 응용될 수 있다. 둘째, 심사를 거쳐 채택된 제안에 대해서는 제안된 내용의 가치에 부합한 보상을 하여야 한다. 채택된 제안에 대해서는 경제적인 보상이 뒤따라야 제안자는 물론 구성원들의 사기와 동기유발을 촉진시킬 수 있다. 셋째, 신속한 처리와 합법적이고 공정한 제도가 있어야 한다. 제안의 처리 및 심사가 신속하게 이루어져야 구성원이 제안제도에 지속적인 관심을 가질 수 있고 몰입할 수 있다. 더불어 다른 구성원들도 처리내용과 결과를 공유함으로써 조직구성원간의 일체성을 다지는 계기로 삼을 수 있다. 마지막으로 구성원에게 제안제도의 의의를 충분히 이해시켜야 한다. 제안제도를 통해 기업의 발전은 물론 개인에게도 내·외재적 만족이 뒤따른다는 사실을 기업문화로 정립하여야 한다.

3) 제안제도의 효과

제안제도의 효과적인 운영을 통하여 경영의 민주화, 생산성 향상, 조직목적 달성의 극대화 등을 비롯하여 종합적인 효과를 기대할 수 있다. 제안제도는 구성원들이 창의력을 개발시키며, 구성원들의 경영참여를 통해 작업능률과 생산성을 향상시킬 수 있다. 또한 노사 쌍방 간의 이해 증진을 통하여 노사관계가 원활해지며, 구성원의 사기와 인간관계가 개선된다. 이와 같은 제안제도는 다음과 같은 효과가 있다.

(1) 커뮤니케이션의 촉진

제안제도를 통해서 구성원들은 창의력을 기초로 한 아이디어와 의견을 직접 회사에 전달할 수 있게 되므로, 양자 간의 사회적 및 심리적 상황을 손쉽게 관찰하고 이해할 수 있어, 조직과 구성원 간의 커뮤니케이션을 활성화할 수 있다.

(2) 동기부여 강화

제안제도에 의하여 구성원이 제출한 제안이 채택되고 실시되는 경우에는 제안을 제출한 구성원의 아이디어와 의견이 직접 경영자에게 인정받게 되므로, 구성원들의 동기부여에 효과적이다.

(3) 조직에 대한 일체감과 신뢰감 조성

제안이 채택된 경우에는 조직에 대한 제안자의 가치가 인정되므로, 제안자는 경영진에 대해 호의와 신뢰감을 갖게 되어, 조직과 일체감을 향상시킬 수 있다.

(4) 경제적 효과

구성원에게 기대하는 제안의 대상은 직무수행 방법과 조직 성장에 도움이 되는 아이디어라는 점에서 경제적 효과를 기대할 수 있다.

(5) 합리적 경영관리

제출된 제안에 의하여 업무방식을 개선하고, 사무절차를 합리화하고, 작업의 안전도를 증대하고 위험성을 제거한다는 점에서 근로조건을 개선함과 동시에 경영의 합리적이고 능률적인 관리에 기여할 수 있다.

(6) 직무에 대한 관심과 흥미 조성

구성원들로 하여금 각자에 대하여 관심과 흥미를 갖게 할 수 있으므로, 창의성과 아이디어를 자극할 수 있으며, 이로부터 창의적인 인간을 육성할 수 있다.

4) 제안제도의 문제점

제안제도가 장점과 기대효과가 높음에도 불구하고, 제안제도를 실행함에 있어서 다음과 같은 문제점이 노출될 수 있다. 첫째, 제안자나 관계 부서 그리고 심사과정에서 업무 과중으로 인하여, 좋은 제안이 제출되어도 채택되지 않아, 제안자가 좌절하는 경우가 있다. 둘째, 구성원의 제안에 대하여 이미 경영층에서 고려 중이라고 하거나, 보상의 정도가 낮을 때는 신뢰감의 저하나 제안에 대한 회의적인 태도가 나오기 쉽다. 셋째, 개별 제안제도의 경우, 동료간에 시기나 경쟁심으로 인해 조직분위기가 악화될 수 있다. 따라서 조직에서 제안제도를 실시할 경우, 상기의 문제점을 파악하여, 구성원들의 동기부여와 조직의 성장에 도움이 되는 제안제도를 설계하여야 한다.

경영사례 3

▌직원들, 아이디어 제안에서 사업화까지
'LG-LIFE' 운영 … "자유로운 소통, 창의적인 생각 여건 조성"

LG는 계열사 임직원의 아이디어를 수렴해 사업화까지 참여할 수 있도록 근무환경을 조성해 화제다. 대표적인 제도가 'LG-LIFE'이다. 시장 선도 상품 아이디어를 직원들이 직접 제안하고, 사업화에 참여할 수 있는 그룹 차원의 사내 포털로 지난 해 말부터 운영됐다. 특히, 직원들이 본격적인 생산단계 이전 테스트를 해보는 모형 제작과정인 '퓨처 챌린저'도 운영한다.

◆ 제출된 아이디어 1,000건 = 직원들이 개별 또는 팀을 구성해 'LG-LIFE'의 퓨처 챌린저 창구를 통해 아이디어를 제안하면, 연구개발/상품기획 등 전문가 심사를 거쳐서 채택된 아이디어는 프로토타입의 개발단계로 발전하게 된다. 지난 3월 퓨처 챌린저 공모에 스마트 디바이스, 차세대 IT통신, 헬스케어/바이오 등 분야에 1,000건의 아이디어가 제출됐다. LG는 이를 두 차례에 걸쳐 심사한 뒤 6건의 아이디어를 최종 선정했다.

이 아이디어들은 약 6개월간의 협동을 통해, 시제품으로 제작하는 '프로토타이핑'을 시작해, 실제 사업화에 도전하고 있다. LG는 아이디어 채택, 프로토타입 개발, 사업화 결정 등 단계별 성과에 따라 차별적 보상을 실시한다. 사업화로 실제 성과를 낼 경우, 파격적인 인센티브를 지급할 계획이다. 프로젝트가 실패해도 불이익을 주지 않고, 인사평가에 긍정적으로 반영할 계획이다.

또 LG는 사업화 프로젝트에 참여할 인재를 선발하는 '잡 포스팅'제도를 운영한다. 소속 계열사에 관계없이 직원들의 자발적 지원과 심사를 거쳐 선발한다. 선발된 인재들은 일정기간 동안 현업에서 나와 프로젝트에 전념할 수 있다. 이와 함께 LG는 직원들의 아이디어 자유제안 공간인 '커넥팅 닷츠'를 운영하고 있다. 이를 다양한 관점에서 논의하며, 발전시키는 역할을 하는 'LG 아이디어 컨설턴트'도 발족했다. 이는 직원들이 제안한 아이디어에 대해, 온라인상에서 1차로 심의한 뒤, 상품으로 개발될 가능성이 있는 아이디어에 대해 2차 오프라인 '아이디어 캠프'를 통해 심의·발전시키고 있다.

• 자료 : 내일신문, 2014. 4. 18.

3.2 고충처리제도

1) 고충처리제도의 의의 및 방법

고충의 사전적 의미는 '괴로운 심정이나 사정'으로 정의된다. 즉, 조직 내 고충은

조직에서 구성원이 업무를 수행하면서 발생하는 괴로운 심정이나 사정으로, 근로조건 등 기타의 조직생활로 파생되는 여러 가지 문제와 갈등을 의미한다. 이러한 불만은 불공평하거나 부당하다고 느끼는 데서 발생하므로 객관적으로 보아 타당한 고충이 있을 뿐만 아니라, 부당하고 근거 없는 고충도 있을 수 있다. 고충처리에서는 이러한 고충을 모두 대상으로 한다. 즉, 고충처리제도는 구성원들이 조직에서 업무를 수행하면서 발생하는 문제나 갈등을 효과적으로 관리해 주는 제도이다.

고충이 발생하는 원인은 다음과 같다(강정대 · 황호영, 1998, p. 579). ① 인간관계의 부조화로 인한 동료 간의 불화, ② 경영자의 정실 또는 기타에 의한 불공정한 처우나 불리한 대우, ③ 이유 불명이거나 불공정한 해고 및 좌천, ④ 성과평가를 무시한 승진 또는 휴가제도, ⑤ 업무의 과부화 및 휴식시간, 복지시설의 부족, ⑥ 열악한 작업환경 및 불비한 안전보건시설, ⑦ 부당한 관리자에 대한 불만 등이다.

구성원은 업무과정에서 고충이 있을 때에는 관리자(감독자)에게 이야기하고, 관리자들은 구성원들의 고충을 신속하게 감지하고 사전에 해결하도록 노력해야 한다. 그렇게 함으로써 고충을 신속하게 해결할 수 있으며, 고충이 확대되어 구성원이 이직하거나 노사갈등으로 이르지 않게 할 수 있다. 그러나 관리자가 해결하기 어려울 경우에는 조직 내 고충처리위원회와 상의하여 고충을 적극적으로 해결할 수 있다.

일반적으로 구성원들이 느끼는 고충은 구성원의 직속 상사가 사전에 해결하는 것이 가장 바람직하다. 그러나 구성원의 고충이 직속 상사와 관련된 경우이거나 직속 상사와 상의하는 것이 어려운 경우에는 고충처리위원 또는 인적자원관리 부서가 중간적 역할을 한다. 여기서 해결되지 않을 경우에는 최고경영자 또는 노사협의회 등에 제의하여 해결하도록 한다.

우리나라의 경우 "근로자 참여 및 협력증진에 관한 법률"(제5장 26조-28조)에 고충처리제도의 운영에 관한 규정을 두어, 구성원들의 고충을 체계적으로 신속하게 해결하도록 하고 있다. ① 상시근로자 30인 이상의 모든 사업 또는 사업장에는 근로자의 고충을 청취하고, 이를 처리하기 위하여 고충처리위원을 두어야 한다. ② 고충처리위원은 노사를 대표하는 3명 이내의 위원으로 구성하되, 노사협의회가 설치되어 있는 사업이나 사업장의 경우에는 노사협의회가 그 위원 중에서 선임하고, 협의회가 설치되어 있지 아니한 사업이나 사업장의 경우에는 사용자가 위촉한다. 위원의 임기는 3년으로 하되, 연임할 수 있다. ③ 고충처리위원은 근로자로부터 고충사항을 청취한 경우에는 10일 이내에 조치사항과 그 밖의 처리결과를 해당 근로자에게 통보하여야 한다. 고충처리위원이 처리하기 곤란한 사항은 노사협의회의 회의에 올려서 노사간 협의를 통해 처리한다.

2) 고충처리제도의 효과와 유의점

조직 내 구성원의 고충을 효과적으로 관리 및 해결해 주는 고충처리제도는 다음과 같은 효과가 있다(김현철, 2001). 첫째, 상호협력적, 자조적 능력 회복을 들 수 있다. 고충상담 기법을 통한 인간적 대화와 의사소통의 기회는 경영자와 근로자 간에 서로 역지사지의 이해를 갖게 하여, 구성원 개인 및 조직 내의 고충을 해결함으로써, 신뢰관계의 회복과 조직의 활성화를 위한 상호협력의 자조적 능력을 회복하는 데 도움이 된다. 둘째, 조직구성원의 근로의욕 향상이다. 인간은 어떤 이유에서든 감정적 정서가 안정되지 못하면, 이성적 판단능력이 저하된다. 고충처리제도가 활성화될 경우, 구성원 개인의 비록 주관적인 문제일지라도 마음의 불만과 고통을 충분히 나눌 수 있게 되므로, 감정적 정서가 안정되어야 합리적이며 이성적 능력이 활성화되고 구성원 개인의 근로의욕도 향상된다. 셋째, 기업의 생산성 향상에 도움이 된다. 고충처리제도를 통해 해결된 고충과 불만해소에서 오는 만족감은 처리과정에서 커뮤니케이션 활성화, 구성원 개인에 대한 배려, 정보공유 등으로 해당 구성원의 정신적 욕구가 충족되고 이는 조직의 생산성 향상으로 연결된다. 넷째, 조직 내 고충 및 갈등의 사전적 대응이 가능하다. 많은 조직들이 구성원의 고충을 간과할 뿐만 아니라, 문제 발생후 사후처리에 급급하여, 구성원과 회사간의 갈등을 증폭하는 등 문제를 오히려 확대하는 경우가 많다. 그러나 고충처리 상담을 통하여, 이러한 원인을 사전에 인식하고 공동으로 해결해 나가게 되므로 문제를 사전에 예방하거나 문제가 확대되기 전에 해결 가능한 것이 고충처리제도의 의의라 할 수 있다.

이와 같은 고충처리제도의 효과에도 불구하고, 고충처리제도를 활성화하지 못해, 그 효과를 제대로 못내는 경우가 있다. ① 고충처리 상담자의 상담대화 능력 및 기술 부족, ② 상담의 원래 목적이 문제해결의 조력자로서의 역할을 넘어서 상담자가 직접 문제를 해결해 주려는 목적으로 상담에 임할 경우, ③ 상담내용의 비밀유지가 안되는 점, ④ 내담자들 자신이 상담에 대한 불안과 거부감이 있는 경우 등이다.

따라서 고충처리제도가 활성화되기 위해서는 고충처리제도에 대한 노사 모두의 인식 전환이 필요하다. 고충처리제도를 운영하는 많은 조직들이 고충처리제도를 통해 조직 및 구성원들의 고충을 사전에 예방하고, 노사 간의 신뢰구축을 도모해야 함에도 불구하고, 고충처리제도를 "근로자 참여 및 협력증진에 관한 법률"에 의해 강제적으로 시행하는 형식적인 제도로 인식하거나, 고충을 구성원 개인의 문제로 귀속시키는 경향이 있다. 따라서 고충처리제도에 대한 부정적 인식을 전환하여, 실제 조직과 구성원 모두의 발전에 도움이 되는 제도로 정착시켜야 한다.

3.3 인사상담제도

1) 인사상담제도의 의의

인사상담제도(personnel counselling)는 종업원과 면담을 통해서 조직에 대한 불만이나 구성원의 사기 등에 대하여 문제를 해결하는 제도를 의미한다. 예를 들어, 조직의 구성원들은 업무를 수행하는 과정에서 업무 및 동료 등의 관계에서 다양한 어려움을 지니게 된다. 또한 구성원들은 개인적인 문제 등으로 많은 고민을 하게 된다. 따라서 구성원이 겪는 다양한 고민을 전문적인 상담을 통해 해결 또는 도움을 주게 되면, 구성원들은 업무 및 대인관계에 대한 만족과 조직에 대한 충성도가 강화되게 된다.

이러한 상담제도는 호손실험에서도 많은 성과를 보였다. 호손실험에서는 상급자에 의하여 면담이 이루어진 것이 아니라, 전문적인 상담가를 양성하여 이들로 하여금 상담을 실시하였다. 인사상담은 인간의 창조성을 개발하거나, 인간성 회복을 위한 진단 내지 치료의 목적을 위하여 수행하게 된다. 따라서 인사상담은 관리자나 상급자에 의해 진행되는 것보다는 전문적인 훈련과 풍부한 경험을 지닌 전문가에 의해 상담이 실시되는 것이 바람직하다.

특히, 최근에는 글로벌 경쟁환경, 기술의 발전 및 고령화 사회의 진전에 따라 구성원들의 어려움이 증가하고 있다. 예를 들어, 격심한 글로벌 경쟁과 기술의 발전은 기업 내 구조조정을 가속화하고 있다. 이에 구조조정의 대상이 되는 구성원이나 조직에 남는 구성원 모두 심리적인 고통을 느끼게 된다. 이는 구성원 자신에게는 불안감, 사기저하 등을 야기하게 되며, 조직은 저조한 성과를 경험하게 된다. 또한 고령화 사회는 조기퇴직에 따른 구성원들의 불안감 등이 증가하게 된다. 따라서 최근 기업들은 전문상담가 등을 활용하여 구성원들의 어려움을 해결하도록 상담부서를 운영하고 있다.

2) 인사상담의 방법

인사상담은 상담의 형식 또는 성격에 따라 지시적 상담, 비지시적 상담, 협조적 상담으로 구분할 수 있다(강정대 · 황호영, 1998, pp. 577-578).

(1) 지시적 상담(directive counselling)

피상담자의 과거 경력은 현재의 행동을 이해하는 데 도움이 된다는 사고에 기초를 둔 것으로, 상담자는 피상담자의 호소를 경청하고, 그들이 무엇을 해야 할 것인가를 결정하도록 조언과 지시를 하는 것이다. 이에 상담자는 피상담자가 가진 문제의 원인을 규명하고, 해결책을 마련하기 위하여 필요한 자료를 조사 및 분석해야 한다. 그러나 이 방법은 상담자가 실제로 구성원의 문제를 올바르게 이해하고 있는지, 또한 상담자가 올바른 결정을 내리기 위한 지식과 판단력을 가지고 있는가에 대해 의문이 생길 수 있다.

(2) 비지시적 상담(non-directive counselling)

상담자가 피상담자의 이야기를 동정적으로 그리고 중립적인 태도로 들어주는 소극적 상담이다. 피상담자는 자신의 문제에 대하여 상담자에게 이야기함으로써 정서적 긴장을 완화시킬 수 있고, 문제에 대한 해결책을 스스로 찾게 된다. 따라서 편한 상담 분위기가 매우 중요하며, 상담자는 피상담자의 이야기를 평가하거나 그들의 행동방향을 제시하기보다는 그들 스스로 적응해 가도록 하는 데 역점을 두게 된다.

(3) 협조적 상담(cooperative counselling)

오늘날 인사상담은 지시적 상담과 비지시적 상담을 절충한 협조적 상담이 많이 활용되고 있다. 피상담자의 문제해결에 도움이 되는 아이디어를 협조적으로 교환하는 상담자 대 피상담자의 상호 대등관계에서 이루어지는 상담이다. 그러므로 어느 한편이 주도적인 역할을 하는 것이 아니고 두 사람이 서로 협력하여 해결방안을 모색하게 된다. 또한 상담이 진행됨에 따라 상담자는 조언 및 문제의 해결을 위한 선택적 대안을 제시하는 적극적인 역할을 수행하게 된다.

3) 인사상담시 고려사항

인사상담은 구성원들의 어려움이나 동료와의 관계, 업무에 대한 내용 등 구성원 개인의 프라이버시에 대한 민감한 내용과, 피상담자가 상담에 대한 내용을 솔직하게 이야기해야 하는 관계로 상담자는 인사상담을 진행하는 과정에서 다음과 같은 사항을 지켜야 한다.

(1) 충분히 말하게 할 것

상담자는 피상담자가 먼저 마음을 열고, 피상담자가 충분한 이야기를 할 수 있도록 피상담자의 이야기를 경청하는 등 편한 상담분위기를 조성해 주어야 한다. 또한 의견을 청취하고 상의하고 충고할 때에는 상담자 자신이 피상담자의 어려움을 공유하고, 진지하며 친절한 상담을 실시해야 한다.

(2) 강제성을 띠고, 깊은 질문을 하지 말 것

인사상담은 피상담자가 말하고 싶은 정도까지만 하게 하고, 지나치게 질문에 강제성을 띠면 안된다. 질문에 강제성을 띠게 되면, 심리적 거부반응이 나타나게 되어, 오히려 역효과를 가져 오게 된다.

(3) 직접 또는 성급한 해답을 주려고 하지 말 것

상담자는 상담문제에 대하여 직접 판단을 내려준다든지, 그 해결방안을 제시해 주어서는 안된다. 즉, 피상담자 본인이 해결할 수 있도록 조언이나 제언을 하는 데 멈추는 것이 바람직하다.

(4) 비밀을 항상 유지할 것

상담자는 상담과정에서 나오는 내용에 대해 비밀보장의 의무를 유지해야 한다. 만약, 상담에 대한 내용이 조직에 흘러 다니게 될 경우, 피상담자는 상담에 대한 반감은 물론 조직에 대한 불신이 팽배하게 될 것이다. 또한 더 나아가서는 소송문제로 번질 수도 있으며, 상담제도는 더 이상 운영되기가 어려워진다.

현장이야기 1

직장인 34.3%, "내 정신건강" 염려 돼.

직장인의 심리건강을 주제로 현재 가장 고민되는 문제'에 대하여 959명의 직장인을 대상으로 실시한 설문조사 결과, 직장인 34.3%가 "내 자신의 정신건강"이라고 답하여 가장 많았다. 이번 설문에서는 '정신건강'에 이어 직장인은 '업무 스트레스'(21.9%)에 대한 고민을 호소하였고, '경력개발'(14.6%), '자녀양육'(13.9%)

관련 문제들도 높은 것으로 조사됐다. 또한, 가장 이용하고 싶은 상담분야에 대하여 직장인 42.3%가 '정신건강 상담'이라고 답하여 가장 많았다. 직장인은 정신건강 상담에 이어 '직무 스트레스 상담'(19.7%)과 '경력개발 상담'(10.9%)에 대한 니즈가 높았으며, '자녀 양육・노부모 부양 등 가족상담'과 각종 '재무・법률상담'도 직장인들이 해결하고 싶은 고민거리로 조사되었다. 이지웰페어가 '상처를 받은 순간의 심리상태를 가장 잘 표현하는 말'을 묻는 설문에 직장인은 '짜증'(38.7%)이 가장 많았고, '우울'(31.4%)이 그 뒤를 이었다. 이어 직장인은 상처받은 심리상태를 표현하는 말로 분노・적대감(13.1%)과 좌절(8.0%)을 꼽았다.

보건복지부는 지난해 6월 정신건강 증진 종합대책을 발표하며, 전 국민을 대상으로 생애주기별 정신건강검진을 실시하겠다고 한 바 있다. 이번 설문조사 결과, 직장인들의 경우에도 과도한 업무량이나 불규칙한 업무 스케줄, 혹은 성과위주의 경쟁으로 인하여 스트레스에 시달리면서 자신의 심리건강(정신건강) 상담에 대한 니즈가 커진 것으로 분석됐다.

최수찬 연세대 사회복지대학원 교수는 "근로자들의 직무 스트레스로 인한 음주・흡연, 약물남용 등의 문제와 더불어, 맞벌이 가정 증가에 따라 보육・육아 문제로 발생하는 부부간 갈등, 노부모 부양, 근로자 자신의 육체・정신 건강관리 등 실질적인 욕구를 해결해주는 프로그램이나 서비스의 활성화가 필요하다"고 설명하였다.

현재 직장생활에서 가장 불안한 점이 무엇인가를 묻는 설문에 대하여 직장인은 '승진・급여 등 불만족'(28.5%)으로 자신의 조직기여도에 따른 성과 보상 불만으로 인한 불안감이 가장 컸고, '야근・특근 등 근무시간이나 환경'(25.5%)과 '직장동료들과 대인관계'(21.2%)도 상당수를 차지하였다. 한편, 직장인은 가장 고민이 되는 문제가 '직장생활'(65.0%)에서 발생한다고 하였고, 최근 1개월 이내에 스트레스로 인하여 이직을 생각해 본적이 있는가라는 설문에 대하여 직장인 과반수가 '있다'(53.3%)고 답해 눈길을 모았다.

최수찬 교수는 이번 설문결과에 대하여 "조사대상 근로자의 약 95%가 크고 작은 스트레스에 노출되어 있고, 이로 인해 상당수의 근로자가 우울이나 불안, 심인성 질환 등을 경험하고 있으며, 심지어 과반 이상은 이직까지 고려하고 있는 것이 기업이 당면한 현실"이라고 지적하면서, "EAP[2] 등의 선진기업복지제도를 도입하여 이러한 근로자의 문제에 적극적으로 대응한다면, 궁극적으로 기업의 생산성 향상에도 기여하여 근로자와 기업 모두가 윈윈할 수 있을 것"이라고 덧붙였다.

• 자료 : 뉴스타운, 2013. 11. 25.

---

2) EAP(Employee Assistance Program): 근로자의 직무성과에 영향을 미칠 수 있는 개인적인 문제를 완화하기 위하여 조직 내부나 외부 자원을 이용하여 제공하는 사회・심리적 서비스로 임직원의 업무상 고충, 스트레스, 정신건강, 법률・재정 상담 등의 종합적인 근로자지원 프로그램(상담서비스)을 일컬음. 자세한 내용은 제7장 경영사례 3 참조.

3.4 멘토링 제도

1) 멘토링 제도의 의의

위키백과 사전에 따르면, **멘토링(mentoring)이란 원래 풍부한 경험과 지혜를 겸비한 신뢰할 수 있는 사람이 1:1로 지도와 조언을 하는 것을 의미한다.** 그리스 신화에서 유래한 말로 오디세이가 트로이전쟁에 출정하면서 집안 일과 아들의 교육을 그의 친구인 멘토에게 부탁하였다. 오디세이가 전쟁에서 돌아오기까지 10여 년 동안 멘토는 친구, 선생, 상담자, 아버지가 되어, 오디세이의 아들을 잘 돌보아 주었다. 이후 멘토라는 그의 이름은 지혜와 신뢰로 한 사람의 인생을 이끌어주는 지도자의 동의어로 사용되어 왔다.

멘토링에 대해서는 많은 학자들이 다양하게 정의를 내리고 있다. 머레이(Murray)는 멘토링을 기술이 적은 사람들을 성장시키고, 구체적인 능력을 개발하겠다는 목표에 동의하여 보다 많은 경험과 기술을 가진 사람과 미흡한 사람을 신중하게 짝을 짓는 것이라 하였다. 또한 스캔두라와 윌리엄(Scandura & Williams)은 멘토링을 조직의 구조에서 경험이 많은 사람(멘토)과 신입직원 또는 경험이 적은 사람(멘티)과의 일대일 관계라 정의하였다. 이처럼 **멘토링은 조직에서 업무에 대한 경험과 지식이 많은 사람이 구성원을 일대일로 전담하여 구성원의 역량 및 잠재력을 강화하는 것이다.**

2) 멘토링 운영프로세스

멘토링 제도의 운영프로세스는 다음과 같다(정종태, 2013, pp. 246-278).

① 조직이 멘토링 제도를 도입하는 목적을 구체적으로 도출하여야 한다. 이를 통하여, 경영자의 지속적인 관심을 도출하고, 구성원의 공감대와 참여를 유발하여야 한다.

② 또한 멘토링 추진을 위한 팀도 구성하여야 한다. 팀은 멘토링 과정의 설계, 사내 홍보계획, 멘티 대상자 정기진단, 그룹미팅 주관 등을 담당한다.

③ 그리고 멘토와 멘티의 매칭, 오리엔테이션 및 촉진교육, 능력개발 계획서의 설계 및 협약서, 그리고 평가의 단계로 이루어진다.

[표 12-1] 멘토링 운영프로세스

단계	이슈
사전 진단 (니즈, 준비도 진단)	• 조직이 멘토링 제도를 도입할 필요성이 있는지 사전 점검 • 경영진의 지속적인 관심과 지원 가능 여부 확인 • 구성원들의 공감대 형성과 참여 유도
팀 구성 및 계획 수립	• 체계적인 멘토링 추진을 위한 팀 구성 및 과정 조정 • 멘토링 과정의 기획/설계, 사내 홍보계획 작성/실행, 멘티 대상자의 정기진단, 그룹미팅 주관, 오리엔테이션, 기록유지 등
멘토 및 멘티 매칭	• 멘토와 멘티 풀 구축, 매칭은 멘토링 제도에서 가장 중요한 핵심과정
오리엔테이션 및 촉진교육	• 멘토와 멘티에게 필요하고, 충분한 교육과 활동도구 제공
능력개발 계획서의 설계 및 협약	• 인사제도 상의 경력개발, 역량개발 등과 연계된 멘토링 실행계획 작성, 실천, 피드백 실시
평가	• 멘토와 멘티의 활동평가와 멘토링 과정평가로 구분 • 협약사항과 실천정도를 측정, 또한 성장발전을 정성적으로 평가

자료 : 정종태(2013), 인사관리 기본과 실제, 시그마프레스, p. 246.

멘토링 운영프로세스에서 가장 중요한 것은 무엇보다도 멘토의 역할이다. 멘토가 새로운 구성원을 이해하고, 그들의 어렵고 힘든 점을 이해한다면, 새로운 구성원은 보다 원활하게 조직에 적응할 수 있을 것이다. 반면 멘토가 조직의 부정적인 면이나 비판적인 사항을 전달한다면, 멘티는 새로운 조직에 적응할 수 없을 것이다. 따라서 멘토링의 성공은 어떤 멘토를 선정하고, 멘토가 어떤 역할을 하는가에 달려 있다.

3) 멘토링의 형태

멘토링의 형태는 멘토와 멘티의 자발적인 선택이나 탐색활동을 통해 비공식적으로 이루지는 비공식적 멘토링과 인력과 조직개발을 위해 계획적, 형식적, 체계적으로 이루어지는 공식적 멘토링이 있다. 비공식적 멘토링은 관리되지 않고 구조화되지 않으며, 조직으로부터 인정되지 않는다. 이는 임의적인 관계이며, 조직의 외부적인 관여 없이 일어난다. 이에 반해, 공식적 멘토링은 조직으로부터 관리와 통제를 받는 프로그램을 의미한다.

멘토링 제도는 이 이외에도 다양한 형태로 운영되고 있다.

① 역멘토링(reverse mentoring)은 선배가 후배를 가르치는 기존 멘토링의 반대개념으로, 일반사원이 선배나 고위 경영진의 멘토가 되는 것을 말한다. 1999년 제너럴일렉트릭(GE) 회장이던 잭 웰치가 최고경영자(CEO) 시절 역멘토링을 통해, 젊은 소비자들이 원하는 제품을 만들 수 있는 감각을 구비할 수 있다는 취지로 실시했다. 이후 기업들 사이에서 꾸준히 도입돼 오다가 최근 SNS 등의 수단이 등장하면서 다시 활성화되고 있다.

② 집단멘토링(group mentoring)은 한명의 멘토와 한명의 멘티가 만나는 1:1 형태가 아닌 다수의 멘토와 멘티가 존재하는 멘토링제도이다. 이러한 집단멘토링은 다수의 대상자들에게 멘토링을 제공할 수 있고, 일대일 만남을 꺼려하는 멘티들도 참여 가능하며, 멘티들 간의 상호작용을 통해 서로 간의 안내와 지원을 받을 수 있다는 장점이 있다.

③ 순환형 멘토링(circle mentoring)은 집단과정을 위해 활용된다. 흔히 참가자는 주기적으로 아이디어와 전략을 교환하기 위하여 모이는 동료가 된다. 한 사람이 배운 것을 다른 사람에게 전달하며 그렇게 함으로써 일부 사람에게는 학습의 시행착오를 줄여준다. 하향적인 것도 집단의 과정에 있어 동일하다.

4) 멘토링 제도의 기능과 효과

멘토링 제도의 기능과 효과는 다음과 같다(정종태, 2013, pp. 248-250).

먼저 멘토링의 기능은 경력개발 기능, 개인적 도움 기능, 학습기능 등 3가지이다. 경력개발 기능은 새로운 구성원들에게 도전적인 과제를 수행하게 하고, 상사의 후원과 지원을 통하여 조직 내에서 자신의 경력을 개발하게 한다. 개인적 도움 기능은 카운셀링과 상담을 통해 조직생활의 적응을 돕는다. 마지막으로 학습기능은 직무에 대한 학습과 조직의 문화나 규율에 대한 학습을 돕는다.

이와 같은 멘토링 제도의 효과는 조직에 주는 효과, 멘토에게 주는 효과 및 멘티에게 주는 효과로 구분할 수 있다. ① 조직에 주는 효과로 구성원의 이직률 감소, 인재육성에 기여, 업무성과의 향상, 교육 및 훈련비용의 절감, 우수인재의 유치 등이 있다. ② 멘토에게 주는 효과는 리더로서의 역량 강화, 인간적 유대관계 형성 등이다. ③ 멘티에게 주는 효과는 빠른 사회화, 자신감 향상, 학습능력 촉진, 인적 네트워크 강화, 커뮤니케이션 활성화 등이다.

4. 갈등관리

4.1 갈등의 개념과 특징

1) 갈등의 정의

조직구성원은 개인적인 차원에서 조직 내외의 상사, 동료, 고객 등 이해관계자(stakeholders)와의 갈등을 경험하며, 가정에 돌아가서는 부부, 부모, 자녀 등과의 갈등을 느끼기도 한다. 조직구성원이 개인적인 차원의 갈등을 잘 해결하더라도, 구성원 개인이 속한 집단(조직)과 다른 집단(조직)간의 갈등에 원하든 원치 않든 개입하게 된다.

또한 조직의 관리자 역시 관리자의 업무 중 조직 내외의 갈등을 해결하는 데 근무시간의 약 40%를 사용하고 있으며, 이를 보수적으로 잡아도 근무시간의 25%를 갈등해결을 위해 사용하고 있다고 한다. 이렇듯 조직 내 갈등은 만연해 있으며, 이를 효과적으로 관리하지 못하면, 구성원 뿐만 아니라 조직의 성장에 장애요인으로 작용하게 된다. 따라서 조직 내 갈등의 의미를 정확히 이해하고, 갈등을 효과적으로 관리하는 방안을 살펴보아야 한다.

사전적 의미로 갈등은 **싸움, 의견, 이해 따위의 불일치 또는 충돌로 정의**된다. 영어의 Conflict는 라틴어의 콘플리게레(Confligere)에서 어원을 찾을 수 있다. Con은 '함께'(together)를 의미하며, Fligere는 '싸우다'(strike)를 의미한다. 즉, "함께 싸우는 상태"로 갈등을 정의할 수 있다. 또한 우리나라에서 갈등(葛藤)은 칡(葛)와 등나무(藤)를 일컫는 말로 "일이 복잡하게 얽혀 있는 상태"를 의미한다. 등나무는 생물학적으로 오른쪽으로 꼬여 올라가고, 칡은 왼쪽으로 꼬이는 특성을 지니고 있다. 따라서 동양에서의 갈등은 등나무와 칡나무가 함께 꼬여 있는 모습으로 복잡하고 풀기 어려운 현상을 의미한다. 따라서 갈등은 동서양을 막론하고 풀기 어려운 상태로 함께 싸우고 있는 현상을 의미한다.

몇몇 학자들의 견해를 살펴봄으로써, 갈등에 대한 정의를 보다 정확히 이해할 수 있다. 먼저 루산스(F. Ruthans)는 갈등을 "목표나 가치관이 양립할 수 없는 상태이며, 타인의 목표나 성취를 의도적으로 방해하는 행위이고 감정적으로는 적개심"이라 정의

하였다. 즉, "마음 속에 두 가지 이상의 욕구가 동시에 일어나, 갈피를 못 잡고 괴로워하는 상태"를 갈등이라 하였다. 또한 라힘(A. Rahim)은 갈등을 "개인이나 집단 또는 조직과 같은 사회적 실체 내부나 그들 사이에서 모순, 의견불일치나 상이함에서 나타나는 상호작용적인 상태"로 정의하였다. 핀크(C. F. Fink)는 갈등을 "둘 이상의 실체가 적어도 적대적인 심리관계의 한 형태에 의해서 혹은 적대적인 상호작용의 한 형태에 의해서 연결된 어떤 사회적 상황 또는 과정"이라고 정의하였다. 이렇듯 많은 학자들이 갈등에 대해 다양한 견해를 보이고 있으며, 이에 대해 오코넬(O'Connell)은 갈등의 다양한 정의는 아주 모호한 용어로 표현되고 있으므로, 이와 같은 용어의 모호함이 서로 다른 연구의 비교를 어렵게 한다고 강조하였다.

이와 같이 갈등은 다양한 정의로 표현되고 있지만, 슈미트와 코컨(Schmidt & Kochan)은 행동측면에서 갈등과정을 구체화하여 상호의존성, 한정된 자원 및 상반된 목표 등 3가지 요소를 갈등의 특성으로 들고 있다(Schmidt & Kochan, 1972, pp. 359-370).

① **상호의존성** : 갈등은 상호의존 또는 상호작용이 불가피한 주체 사이에 야기된다는 것이며, 활동을 하기 위해서 기능상으로 상호의존하지 않을 수 없다는 것과 희소한 자원을 공동으로 사용하기 위해서 상호의존하지 않을 수 없다는 것을 포함한다(이한검 · 이수광, 2000, pp. 359-370).

② **한정된 자원** : 자원의 한계성을 인식하면 가용자원의 확보를 위해 집단 간에 경쟁이 야기되고, 갈등관계에 놓이게 된다(Slocum & Hellriegel, 2011, p. 391). 즉, 조직 내의 여러 집단에 배분해야 하는 자금이나 물리적 시설 및 인적자원 등은 제한되어 있어, 이를 분배하는 과정에서 이해관계자들은 갈등을 경험하게 된다.

③ **상반된 목표** : 조직에 있는 사람 또는 집단들이 조직의 목표를 주어진 것으로 보고, 이를 달성하기 위해서 각 집단 또는 사람들은 자신의 목표를 설정하게 되며, 이때 주어진 하위목표를 달성하기 위해 유리한 목표로 분화하여 차별화하게 된다(천대윤, 2008, p. 106). 즉, 개인이나 조직 모두 계획된 목표를 달성하기 위해, 상대방 또는 상대조직과의 목표충돌을 경험하게 된다는 것이다.

④ **상대의 목표과정에의 개입** : 상호의존성이 있는 이해관계자들이 한정된 자원을 경쟁적으로 취득하고자 하거나 상반된 목표를 달성하기 위해 상대의 목표과정에 개입을 하는 순간, 이해관계자들의 갈등은 발생하게 된다.

⑤ **표출된 대립관계** : 갈등은 상호의존성이 있는 이해관계자간 한정된 자원 또는 상반된 목표를 달성하기 위해 개입하면서 표출된 대립관계를 의미한다.

2) 갈등의 전통적 견해와 현대적 견해

이러한 갈등에 대해 크게 전통적 견해와 현대적 견해로 구분할 수 있으나, 갈등을 보다 체계적으로 구분한 로빈스(S. P. Robbins)은 갈등의 역할에 대해 다음과 같이 3가지 견해를 나타냈다(강정대 · 황호영, 1998, pp. 619-620).

[표 12-2] 갈등에 대한 관점

관 점	가 정	접 근 법
고전적 관점	갈등은 나쁜 것이다.	갈등 제거
행동주의적 관념	갈등은 자연적인 것이며, 불가피하다.	갈등 수용
상호작용주의적 관점	갈등은 긍정적인 것이며, 필요하다.	갈등 조장

(1) 고전적 관점(traditional view)

갈등은 조직에 병리적인 영향을 미치는 해로운 것이기 때문에 제거되어야 한다고 가정하고 있다. 그래서 관리자들의 책임의 일부는 조직에서 갈등을 제거하는 것이며, 구성원들 간의 조화와 협동을 강조하는 기계적인 조직구조를 강조하고 있다.

(2) 행동주의적 관점(behavioral view)

조직의 본질적 성격상 갈등은 불가피한 자연적 현상이라는 주장을 제기하고, 갈등의 수용을 주장하고 있다. 목표에 대한 불일치가 존재하고, 각 사람과 부서는 인정을 받고자 자신을 드러내며, 그 영역을 확대하기 위하여 상호간의 경쟁은 자연스럽다는 것이다. 그러나 고전적 관점과 마찬가지로 갈등의 기능에 대해서는 부정적 입장을 보이고 있다.

(3) 상호작용주의적 관점(interactionist view)

보다 적극적으로 갈등을 자극시키고, 활용하자는 관점이다. 즉, 갈등은 새로운 아이디어를 촉진시키며, 집단의 응집성을 향상시키고, 다양한 의견의 투입을 통하여 보다 우수한 의사결정을 수반하고, 또한 구성원의 욕구불만 탈출구를 제공하는 등 조직에 이익을 준다는 것이다. 따라서 갈등이 순기능적이든 역기능적이든 간에 필연적이므로, 관리자들은 조직에서 갈등이 발생하는 상황을 이해하고, 동시에 갈등을 관리하는 데 유용한 관리방안을 이해할 필요가 있다고 한다.

4.2 갈등의 유형

갈등의 유형은 행동주체에 따라 여러 가지 유형으로 분류한다. 마치와 사이몬(March & Simon)은 개인적 갈등(individual conflict), 조직적 갈등(organizational conflict), 조직 간 갈등(interorganizational conflict)으로 구분하였고, 카츠와 칸(Katz & Kahn)은 조직 내의 내부갈등을 수평적 갈등과 수직적 갈등으로 구분하였다.

또한 로빈스(S. P. Robbins)은 개인간 갈등(interpersonal conflict), 집단간 갈등(intergroup conflict), 집단내적 갈등(intragroup conflict)으로 구분하였다(강정대 · 황호영, 1998, pp. 627-628). 본 서에서는 개인적 갈등(intrapersonal conflict), 개인 간 갈등(interpersonal conflict), 집단 간 갈등(intergroup conflict)을 중심으로 살펴보겠다.

[그림 12-1] 갈등유형

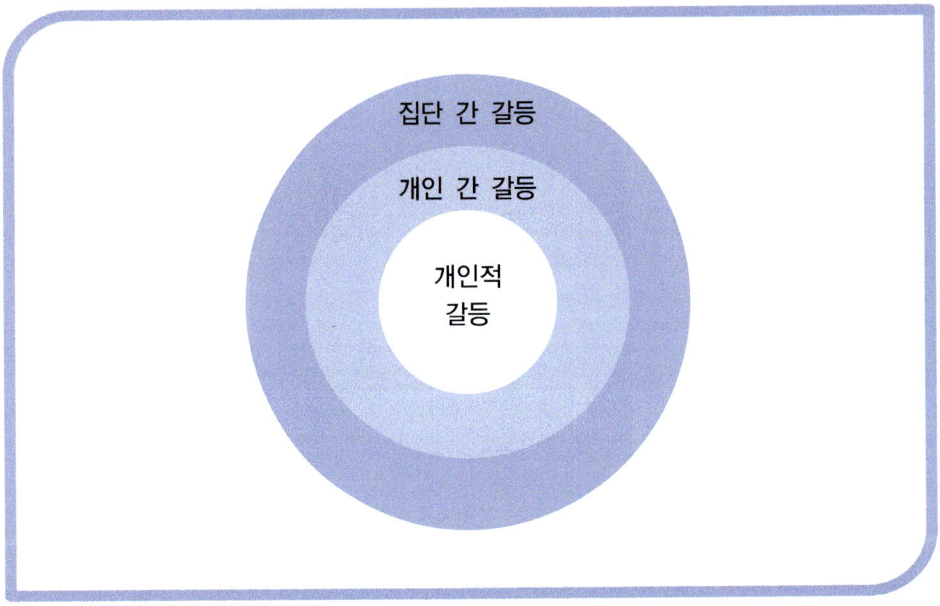

1) 개인적 갈등(intrapersonal conflict)

조직구성원 개개인의 내부에서 발생하는 갈등으로 개인의 목표나 인지, 혹은 정서 등이 충돌하는 형태이다. 즉, 개인의 성격이나 욕구, 역할, 목표달성에서 오는 좌절 등 여러 가지의 원인에 의하여 발생하게 된다(Slocum & Hellriegel, 2011, pp. 578-579).

(1) 목표갈등

① **접근-접근 갈등**(approach-approach conflict) : 긍정적인 결과가 기대되는 둘 이상의 대안들 중에서 하나만을 선택해야 하는 경우에 발생하게 되는 갈등을 의미한다. 예를 들어, 취업준비생이 취업하고자 하는 회사 2곳에서 합격통지를 받고, 2개의 직장 중에 하나를 선택해야 하는 경우에 느끼는 갈등을 말한다.

② **접근-회피 갈등**(approach-avoidance conflict) : 긍정적인 결과와 부정적인 결과가 함께 기대되는 어떤 사안을 해야 할지 그만두어야 할지를 결정해야 하는 경우에 발생하는 갈등을 의미한다. 예를 들어, 근무지역은 나쁜 데, 마음에 드는 직무나 보상을 제의받았을 경우에 느끼는 갈등을 말한다.

③ **회피-회피 갈등**(avoidance-avoidance conflict) : 부정적인 결과가 기대되는 둘 이상의 대안들 중에서 하나를 선택해야 하는 경우에 발생하는 갈등을 말한다. 예를 들어, 임금이 낮은 직무와 벽지에 근무하는 것 중에서 하나 선택하는 경우에 느끼는 갈등을 말한다.

(2) 좌절갈등

좌절갈등(frustration conflict)은 개인이 목표를 달성하는 과정에서 목표지향적 행위가 장애물로 인해 좌절하는 경우에 발생하는 갈등을 말한다. 목표 달성과정에서 장애요인이 생기면 좌절이 일어나고, 구성원들은 그 좌절에 대한 무의식적 방어반응을 하게되는 데, 프로이트(A. Freud)는 이를 방어기제(defence mechanism)라 하였다. 방어기제의 반응행동으로는 반발(resistance), 억압(repression), 합리화(rationalization), 공격(aggression), 투사(projection), 철회(withdraw), 고착(fixation), 타협(compromise), 부정(denial) 등과 같은 행동이 일어나게 된다.

이와 같이 좌절갈등은 그 상황에 따라 부정적이거나 긍정적 영향을 미치므로 갈등관리의 중요한 목표는 구성원을 좌절시키거나 좌절시킬 가능성이 있는 실제적·잠재적 장애를 제거하는 데 두어야 한다(강정대·황호영, 1998, p. 629).

(3) 역할갈등 및 역할모호성

① **역할갈등**(role conflict) : 한 사람이 동시에 여러 지위를 갖거나, 한 가지 지위에 대하여 동시에 여러 가지 역할이 기대될 때 나타나는 역할 모순이나 긴장상태를 이르는 말이다.

- **역할간 갈등**(interrole conflict) : 역할담당자가 속해 있는 어떤 집단(조직)의 일원으로서 받는 역할과 또 다른 집단(조직)의 입장에서 받는 요구가 상반되는 경우에 발생하게 된다.
- **개인-역할 갈등**(person-role conflict) : 역할담당자가 요구받는 역할이 개인의 태도와 가치관, 행동기준과 상반되는 경우에 발생하게 된다.

② **역할 모호성**(role ambiguity) : 한 가지 역할에 대한 기대가 불확실하거나 명확하지 못한 경우에 발생하게 된다. 이러한 갈등의 행동유형으로는 공격적인 행동, 적대적인 의사소통, 업무기피, 역할전달자에게 문제해결 요청 등이 나타나게 된다.

이와 같은 역할갈등과 역할모호성이 심하면, 스트레스에 의한 반응행위와 공격적 행동, 적대감 표출 및 업무기피행동(이직, 결근) 등의 여러 가지 극단적인 결과를 보이게 될 수 있다. 따라서 직무 간의 상호의존성을 줄이거나 개인간의 관계를 개선하기 위한 교육, 명확한 업무영역 설정 등을 실시하여, 구성원들의 역할갈등과 역할모호성의 원인을 제거해야 한다.

2) 개인 간 갈등(interpersonal conflict)

조직 내의 개인 간 갈등은 조직에서 발생하는 가장 일반적인 갈등의 형태이다. 예를 들어, 조직에서 승진 자리를 두고 승진대상자 간의 경쟁이라는 갈등이 발생하게 되고, 상사와 부하 간에 업무 수행과정 상에서도 갈등이 존재한다. 즉, 개인 간 갈등은 조직 내에서 개인 상호간의 의사결정이나 협의과정에서 개인들의 상이한 태도나 행동 혹은 선호하는 목표의 차이가 발생할 때 나타나는 갈등을 말한다.

이러한 개인 간 갈등은 업무과정에서의 견해차이 등으로 나타나는 실질적 쟁점의 불일치, 그리고 불안·불신·거부 등 부정적 감정에서 오는 감정적 관계의 원인에 의해서 발생한다. 따라서 개인간 갈등을 해결하기 위해서는 서로 다른 전략이 필요하다(강정대·황호영, 1998, p. 632). 즉, 실질적 갈등은 갈등당사자들이 직접 접촉하여, 갈등의 원인이 되는 문제를 공동으로 해결하도록 하는 문제해결방식과 대립되는 주장을 부분적으로 양보하여, 공동의 결정에 도달하도록 하는 당사자간의 협상에 중점을 두어야 한다.

또한 감정적 갈등을 해결하기 위해서는 당사자들의 지각을 수정하도록 하고, 긍정적 감정이 증대되도록 해야 한다. 또한 실질적 갈등과 감정적 갈등은 모두 제3자에 의한 조정에 의해서도 해결할 수 있다. 특히 최근 국내기업의 글로벌화에 따라 조직 내

인적자원의 다양성이 증가하고 있다. 따라서 조직의 관리자 및 구성원들은 조직 내 인적자원의 다양성을 인식하고, 조직의 개인 간 갈등을 줄임으로써 조직변화의 원동력으로 활용해야 한다.

3) 집단 간 갈등(intergroup conflict)

집단 간 발생하는 갈등은 집단들 사이 혹은 팀들 사이의 반대, 이견, 분쟁 등을 의미한다. 이러한 갈등이 지속될 경우에는 집단 간에 불신이 커지고 경직적이며, 자기이익에만 관심을 두고 남의 말을 듣지 않게 되어 구성원들의 조직에 대한 만족도는 떨어지는 것은 물론, 조직의 성장도 담보할 수 없게 된다(Slocum & Hellriegel, 2011, pp. 582-584). 이러한 집단간 갈등의 원인은 다음과 같다.

① **목표의 상반성** : 목표에 대한 상반된 인식이나 또는 실제로 목표가 상반되는 경우가 집단간 갈등의 가장 큰 원인이다.
② **차별성 인식 :** 자신이 속한 집단과 다른 집단을 인식하는 방법에 있어서 차이가 심할 수록, 그들 사이에 갈등이 발생할 가능성이 높다.
③ **업무의 상호의존도** : 목표를 달성하기 위하여 둘 이상의 집단에 요구되는 상호관계 정도를 말한다. 즉, 상호의존성이 증가할수록, 집단 사이의 갈등은 증폭될 가능성이 높다.
④ **자원의 한계성 인식** : 자원의 한계성을 인식하면, 가용자원의 확보를 위해 집단 간에 경쟁이 야기되고, 갈등관계가 높을 수 밖에 없다.

이와 같은 집단 간의 갈등은 집단 내부와 집단 간에는 다음과 같은 관계 변화가 나타난다. 먼저 집단 내부의 변화로 집단응집력이 증가하고, 조직에 대한 충성심이 증대된다. 또한 개인보다는 과업지향적으로 조직이 변화하게 되며, 특히 민주적 리더십보다는 독재적 리더십이 요구되기도 한다. 또한 집단간의 관계도 변화를 가져 오게 된다. 집단 간의 갈등이 심화될 경우, 상대 집단에 대한 부정적 또는 상동적 태도(negative - stereotyping)나 왜곡된 지각이 강화되게 된다. 특히 상대 집단과의 커뮤니케이션이 감소하게 되는 동시에 상대 집단에 대한 불법적 행동까지 이어질 수 있다.

따라서 이러한 집단갈등을 해소하기 위해서는 다음과 같은 방안이 강구될 수 있다. ① 경쟁 집단과의 교류 및 커뮤니케이션의 강화 등을 통해, 상호관계와 상호인식을 개선한다. ② 부각된 문제점을 해결하기 위하여, 공통된 목표의식 하에서 불리한 집단갈등의 제 요인을 규명한다. ③ 승패의 상황이 조장되는 것을 가능하면 피하고, 상대 집단의 이해관계를 파악하도록 노력한다. ④ 공정한 분배를 통해, 집단 간 갈등을 최소화한다. ⑤ 상호 간의 이해관계 조정이 어려울 시, 제3의 조정위원 또는 조정위원회를 두어 상호간의 갈등을 조정한다.

4.3 갈등관리 방법

1) 갈등관리의 필요성

갈등은 조직에 부정적인 영향을 주는 역기능적 측면과 조직의 변화나 성장에 기여하는 순기능적 측면이 존재한다. 로빈스(S. P. Robbins)는 갈등의 정도에 따라 갈등이 조직에 주는 영향은 차이가 있다 하였다([그림 12-2]). 갈등이 너무 낮으면, 조직은 변화가 부재하거나, 창의적인 아이디어가 결핍할 뿐만 아니라 적응력이 둔화되며, 구성원들은 무관심과 무사안일에 빠지게 된다.

[그림 12-2] 갈등의 강도와 조직성과

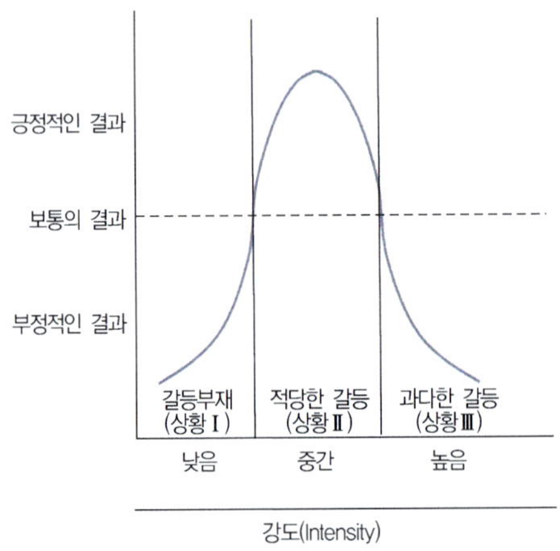

구분	갈등의 강도	갈등의 기능	조직의 특징	조직 성과
상황Ⅰ	낮음	역기능적	① 적응력 둔화 ② 변화의 부재 ③ 창의적인 아이디어 결핍 ④ 무관심, 무사안일 ⑤ 지지부진	낮음
상황Ⅱ	이상적	기능적	① 목표를 향한 적극적인 도약 ② 혁신과 변화 지향 ③ 문제해결 탐색 ④ 창의력 ⑤ 환경변화에 대한 신속한 적응	높음
상황Ⅲ	높음	역기능적	① 혼란, 분열 ② 투쟁, 비협조, 불안, 위협 ③ 활동 간섭 ④ 카오스(혼돈) ⑤ 목표의식 결여	낮음

자료 : Gibson, J. L., Ivancevich, J. M., & Donelly, Jr. J. H.(1997), Organizations: Behavior, structure, process, 9th ed.(N.Y.: Irwin McGraw-Hill), p. 227.

또한 갈등이 너무 높아도, 조직은 비협조, 혼란, 분열, 불안, 위협 등이 존재하게 되며, 조직은 혼돈에 빠지며, 구성원은 목표의식이 결여되는 현상이 나타나게 된다. 따라서 조직 내 갈등을 무시하고 방치하는 것이 아닌 적정수준에서의 갈등관리가 필요한 것이다. 조직 내 적정수준의 갈등은 목표를 향한 적극적인 도전, 혁신과 변화 지향, 문제해결 탐색, 창의력 향상 등 환경변화에 신속한 적응과 대응이 가능하게 한다. 즉, 갈등의 역기능은 줄이기 위해 노력하고, 갈등의 순기능은 강화하는 효과적인 갈등관리기능이 필요하다.

2) 갈등관리방법

사람들은 갈등 상황에 직면하게 되면, 그 상황에 맞는 최선의 갈등 대응방안을 가지고 그 문제를 접근하는 것이 아니라, 자신에게 익숙한 대처방안에 의존하는 경향을 보인다. 따라서 조직의 관리자와 구성원들은 사전에 갈등을 관리하는 방법에 대한 학습 및 훈련을 통해, 직면한 갈등상황에 적합한 관리방안을 모색하여야 한다.

[그림 12-3] 갈등관리 유형

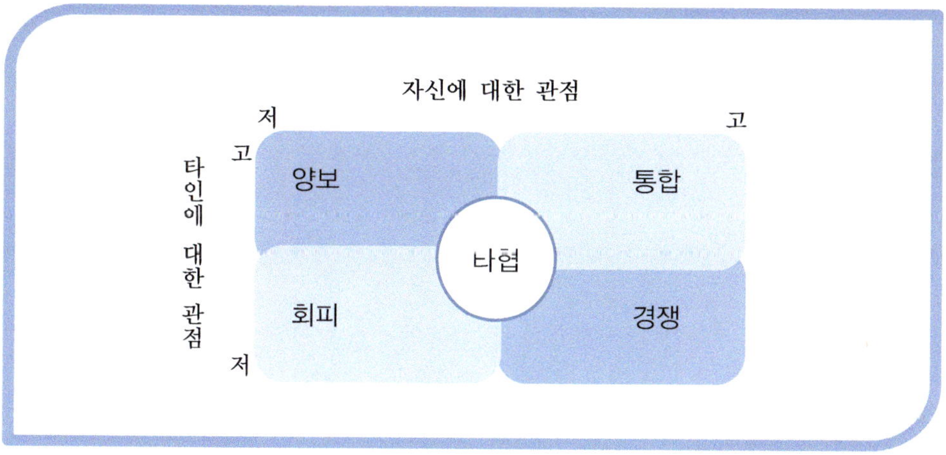

토머스(K. W. Thomas)는 이해당사자가 다른 당사자의 관심을 만족시키는 정도(갈등관리성, 협력성, cooperativeness)와 이해당사자가 자신의 관심을 만족시키는 정도(자기주장성, 독단성, assertiveness)의 두 가지 개념을 중심으로 5가지의 갈등관리 유형을 제시하고, 이에 대한 대응방안을 설명하였다.

(1) 회피

회피는 소극적이며, 비협조적인 행동을 의미한다. 즉, 갈등을 통해, 이익이나 관계 형성에 도움이 되지 않는 경우에 사용하게 된다. 당사자가 갈등의 존재 자체를 부인하거나, 화제를 다른 곳으로 돌린다든지, 심각한 주제를 피하고자 할 경우에 사용한다. 예를 들어 철회, 침묵, 무행동 등이 대표적인 회피유형이다.

조직의 목표를 달성하는 과정에서 해결되지 않는 갈등문제에 직면하였을 경우, 회피유형은 조직에 부정적인 결과를 초래하게 된다. 그러나 조직에 중요한 이슈가 아니거나 사소한 문제일 경우, 갈등을 부각시켜 시간과 자원의 낭비를 줄일 수 있다.

(2) 경쟁

상대방보다는 자신의 이익을 극대화하는데 초점을 두고, 상대방을 포기하도록 설득하는 유형이다. 상대방을 비방한다든지 또는 상대방의 제안을 거부하는 용어, 자신의 책임을 회피하고 상대방의 탓으로 돌리는 말투, 상대에게 상처를 주는 유머 등을 활용한다.

조직에서 관리자가 지나치게 강압적일 경우에는 구성원들의 관심사가 고려되지 않기 때문에, 업무에 대한 동기부여가 감소하게 된다. 그러나 경쟁유형은 조직의 위기상황 또는 비상한 조치가 필요하거나 또는 조직 내 상대방과의 타협이나 양보보다는 자신의 이해관계에만 집중할 경우, 이를 해결하기 위한 적절한 방안이다.

(3) 양보

자신의 이익보다는 상대방이 원하고 있는 이익을 얻었는지에 관심을 두는 갈등관리 유형이다. 양보를 해 줌으로써 상대와의 관계 형성을 좋게 하려는 목적이나 자신의 감정을 잘 표현하지 못하면서, 소극적인 자세로 갈등에 임하는 사람들이 주로 활용하는 유형이다. 그러나 일시적인 갈등 회복에 도움을 줄 수 있으나, 자신의 정당한 주장을 통한 새로운 대안을 찾을 기회가 차단될 수 있다.

(4) 타협

자신의 이익과 상대방의 이익을 공평하게 나누는 유형이다. 이는 갈등에 있어서 자신이 원하는 것을 일부 포기하고, 그 밖에 다른 것의 일부를 얻는 경우를 말한다. 간편하고 공평하게 느끼기 때문에, 현실적으로 가장 많이 사용하는 유형이다. 회피형이나 적응형보다는 자신의 주장을 드러내지만, 협력형과 경쟁형의 중간 형태이다.

(5) 협력(통합)

윈-윈(win-win)전략으로 자신이 이익 뿐만 아니라, 상대방의 이익 달성 여부에도 관심을 가지고, 공통의 이익을 극대화할 수 있는 방법을 모색하는 유형이다. 즉, 갈등의 원인에 대해 서로 공감하고, 검토하며, 평가함으로써 갈등을 효과적으로 해결하고, 모든 당사자들이 충분히 수용할 수 있는 대안을 찾아 나가는 것이다. 따라서 당사자들은 자신의 주장이나 감정에 집착하지 않고, 상호간에 도움이 되는 최선의 방안을 찾고자 하는 창의성 개발과 대안개발 기회를 제공하게 된다. 그러기 위해서는 갈등을 해결하기 위해 필요한 시간이나 자원에 대해 조직으로부터 충분한 지원이 필요하다.

토마스(K. W. Thomas)는 한 가지의 갈등관리방법이 모든 상황에 적합한 것은 아니라고 하였다. 즉, 갈등이 처한 상황에 따른 적합한 갈등관리방법을 활용해야 한다는 것이다([표 12-3]). 예를 들면, 주제가 복잡하고, 타인의 정보와 도움이 필요하거나 장기적인 해결이 요구될 때에는 협력(통합)형이 유용하다. 그러나 시간이 급박하여 신속한 의사결정이 필요하거나 해결책이 인기가 없을 때에는 경쟁형이 유용하다 하겠다. 또한 문제가 복잡하거나 장기적인 해결이 요구될 때에는 타협형을 사용해서는 갈등해결책이 미봉책에 그치고 말 것이다.

[표 12-3] 상황에 적합한 갈등관리 방법

갈등관리 스타일	사용하여야 할 때	사용하지 말아야 할 때
협력(통합)	· 주제가 복잡하고 타인의 정보와 도움이 필요할 때 · 헌신이 요구될 때 · 전략적 주제를 다룰 때 · 장기적인 해결이 요구될 때	· 시간이 급박할 때 · 다른 사람이 관심이 없고, 그 기술을 가지고 있지 않을 때 · 가치체계가 달라서 갈등이 일어날 때
양 보	· 이슈가 당신에게 불필요할 때 · 당신의 지식이 제한적 일 때 · 장기적인 교환관계 일 때 · 권력이 없을 때	· 다른 사람이 비윤리적이고 옳지 않을 때 · 당신이 옳다고 확신할 때
경 쟁	· 시간이 급박할 때 · 해결책이 인기가 없을 때 · 다른 사람의 전문성이 부족할 때 · 주제가 당신에게 중요할 때	· 주제가 복잡하고, 타인의 도움과 정보가 필요할 때 · 힘이 있고 능력 있는 사람과 일할 때 · 장기적인 해결, 헌신이 필요할 때

갈등관리 스타일	사용하여야 할 때	사용하지 말아야 할 때
회 피	· 주제가 사소할 때 · 갈등이 심하고, 당사자 간 냉정해야 할 때	· 장기적인 해결이 요구될 때 · 당신이 갈등을 해결해야 할 책임이 있을 때
타 협	· 목표가 명백히 양립할 수 없을 때 · 양자가 동일한 권력이 있을 때 · 신속한 해결책이 필요할 때	· 힘의 불균형이 있을 때 · 문제가 복잡할 때 · 장기적인 해결이 요구될 때 · 갈등이 다른 가치 체계에서 생길 때

경영사례 4

▌회사 · 상사 불만 꾹 참는다? '익명게시판' 키패드를 꾹 누른다 !

작은 벤처 회사를 다니다 대기업으로 이직한 직장인 A씨는 요즘 하소연할 데가 없어서 울화통이 터질 지경이다. 좀 더 번듯한 직장을 원하는 부모님 기대 때문에 이직을 감행했지만, 수직적인 조직문화가 너무 답답하다. 주말 출근은 일상이고, 그나마 대화가 통하던 상사는 얼마 전에 회사를 떠났다. 불만이 쌓이지만, 고민을 털어놓을 통로가 없다는 게 가장 큰 어려움이다.

그는 "사장하고 밥 먹고 커피 마시는 회사에 다니다가 이런 문화에 적응하려니 힘들다"고 토로했다. 우울한 A씨는 작은 IT 업체에 다니는 후배가 메신저에서 던진 한마디가 그렇게 부러울 수가 없었다. "언니, 우리는 불만 있으면, 보는 데서 바로 얘기해." "나도 그러고 싶다. 그걸 누가 몰라서 안 하니…." A씨는 이렇게 혼잣말을 할 수 밖에 없었다.

● 불만에 귀 기울이지 않은 스키야의 교훈

일본 대형 덮밥 체인점 '스키야'(すき家)는 지난달 17일 직원 근무환경을 개선하겠다고 발표했다. 평소 저임금에 고강도 노동으로 악명이 높았던 스키야가 처우 개선을 약속한 것은 최근 벌어진 아르바이트 집단 퇴사 사건 때문이다. 스키야는 지난 2월 1개월 한정으로 '소고기 나베 정식'을 내놨다. 다른 음식보다 조리시간이 더 걸리는 이 메뉴까지 만들라는 지시가 내려오자, 불만이 최고조에 달했다. 불만의 목소리는 일본 유명 커뮤니티 사이트인 '2ch'에 개설된 익명게시판에 하나둘씩 올라왔다. 뜻을 모은 이들은 같은 날 출근하지 않기로 결정하고 그대로 실행에 옮겼다. 급기야 스키야 매장 123곳이 문을 닫는 등 한동안 혼란을 겪었다. 그제야 사태의 심각성을 깨달은 회사 측은 대책을 마련했다. 스키야는 "신상품 도입에 따라 직원 부담이 커진 걸 심각하게 받아들이고, 점포의 노동환경 개선을 경영의 최우선 과제로 삼겠다"고 다짐했다.

또한 열악한 근무환경으로 비슷한 비난을 받았던 유니클로도 최근 3만 명의 아르바이트 및 임시직 직원 중 1만 6,000명을 정규직으로 전환한다고 밝혔다. 두 사례는 저출산·고령화에 따른 인력난이 대두되고 있는 일본 내 여건이 본질적인 이유라는 지적이 나오지만, 익명게시판을 통한 집단행동이 도화선이 됐다는 점에서 시사하는 바가 크다. 내부 구성원의 불만을 조직이 경청하고 수용하지 않으면, 위기에 빠질 수 있다는 걸 보여줬다.

• 익명으로 소통 원하는 직장인들

요즘 일부 IT기업 직원들 사이에서는 '블라인드'라는 스마트폰 애플리케이션(앱)이 관심을 끌고 있다. 회사별로 익명게시판이 있어서 회사에 대한 이야기를 자유롭게 나눌 수 있는 앱이다. LG전자, 네이버, 다음, 티켓몬스터, 쿠팡, 넥슨, 엔씨소프트, 카카오, SK플래닛 등의 익명게시판이 개설되어 있다. 직원만 사용하도록 회사 이메일로 인증을 한다. 블라인드를 만든 업체 팀블라인드에 따르면, 네이버의 경우 전체 직원의 80%, 다음과 넥슨은 60% 정도가 블라인드를 사용하고 있다. 티몬, 쿠팡 등은 거의 전 직원이 블라인드를 찾는다. 정영준 팀블라인드 대표는 16일 "우리나라는 수직적인 서열을 중시하는 문화가 있기 때문에 자유롭게 말하지 못하는 습관이 몸에 배어 있다. IT 기업도 예외는 아니다"면서 "소통이 잘 되던 조직도 규모가 커지면, 소통에 간극이 생기기 때문에 적극적인 대화 창구가 필요하다"고 강조했다.

블라인드는 요청이 많은 회사부터 게시판을 열고 있다. 다른 기업에 비해 수평적인 기업문화를 갖췄다는 IT 기업의 수요가 많다는 점은 눈여겨볼 만한 대목이다. 블라인드는 1,000~5,000명 규모의 회사가 익명게시판을 가장 활발하게 사용한다고 강조했다. 한 회사에서 100명 이상이 게시판 개설 요구를 하면 연다는 원칙을 세웠다. 충분한 수가 모인 상태로 시작해야 게시판이 활성화된다고 보기 때문이다. 블라인드가 인기를 끌면서 유사한 서비스가 속속 나오고 있다. 최근에는 미국 직장 평가 사이트 글래스도어와 유사한 '잡플래닛'이라는 서비스도 나왔다. 재직 중인 회사에 대한 평가를 익명으로 올려 공유한다.

• 맛집부터 노조 설립 문제까지

블라인드는 자유게시판인 '속풀이', 회사 근처 맛집 정보를 공유하는 '주변 맛집', 회사 주요 소식을 모은 '주요 뉴스' 등 3가지 공간으로 구성돼 있다. IT 기업이 밀집한 경기도 판교·분당 지역 회사가 많다 보니, 인근 맛집 정보 공유가 많다. 직원 인기투표도 주목받는 게시물 중 하나다.

네이버 익명게시판에서는 최근 노동조합 설립에 대한 다양한 이야기가 오고간 것으로 전해졌다. 높아지는 업무강도와 복지혜택 변경 등에 불만을 느낀 직원들이 노조의 필요성을 제기했고, 호응을 얻으면서 여론이 형성됐었다.

• 익명성보다 중요한 건 소통 문화

블라인드에 익명게시판이 있는 회사 중 카카오는 좀 특별한 경우다. 직원 절반 이상이 가입했고, 재방문율도 80%가 넘지만, 다른 회사보다 활동이 활발하지는 않다. 카카오는 조직 내에서 벌어지는 일은 안에서 해결하자는 공감대를 형성하고 있다. 카카오 관계자는 "우리의 지향점은 '갈등을 조장하는 문화'다"며 "서로 의견을 내고 부딪치는 게 조직 발전에 도움이 된다고 보기 때문"이라고 설명했다. 블라인드

익명게시판에 회사운영에 관한 민감한 글이 올라오면 "이런 얘기는 '아지트'에서 합시다"라는 댓글이 달린다. 아지트는 카카오의 내부 커뮤니티 게시판이다.

카카오는 매주 수요일 임직원 전체회의를 연다. 순서 중에 '그것이 알고 싶다'라는 코너가 있다. 직원들은 어떤 질문이라도 할 수 있고, 임원들은 이에 대한 답변을 해야 한다. 질문자는 실명을 밝히는 게 원칙이지만 원하는 경우에는 익명으로도 할 수 있다. 임원들은 "청문회 하는 것 같다"고 하소연을 하지만 질문을 회피하지는 않는다. 조직을 건강하게 유지하려면 투명한 정보 공유와 소통이 필요하다고 믿기 때문이다.

• 자료 : 국민일보 쿠키뉴스, 2014. 5. 17.

정리하기

1. 인간관계론이란 조직구성원과 조직이 고도의 사기를 유지함으로써, 보다 높은 생산성과 능률을 얻기 위해, 상호 협동하는 수단이라고 정의할 수 있다. 인간관계론은 과학적 관리론에 대한 반발로서 등장하게 된 이론으로, 공식조직 속의 비공식조직의 발견을 중시하고, 비합리적이고 감정적인 측면에서 인간관계를 규명하고자 시도되었다고 볼 수 있다.

2. 호손실험의 결과, 작업능률을 향상시키는 요인은 물질적 작업환경과 임금 뿐만 아니라, 종업원들의 심리와 직장 내의 인간관계, 그리고 비공식조직의 존재를 발견하였다. 또한 버나드는 조직을 과거처럼 기계적 시스템으로 볼 것이 아니라, 하나의 협동시스템으로 보아야 한다고 주장하였다.

3. 인간관계론이 우리에게 시사하는 바는 노동생산성은 종업원들의 만족도에 따라 증가하는 것이며, 이는 작업집단의 비공식적 · 사회적 패턴에 의존하고 있다는 것이다. 그러나 지나치게 비합리적 · 주관적 · 감정적 요인만을 강조함으로써, 공식조직의 합리적 기능을 등한시 하고 있다는 비판을 받고 있다.

4. 조직 내 인간관계를 개선하기 위한 방안으로는 제안제도, 고충처리제도, 멘토링 등이 있다. 제안제도는 조직의 운영이나, 업무개선 및 능률 향상 등을 위하여, 구성원들의 아이디어를 체계적으로 발굴 · 활용하는 제도이다. 고충처리제도는 구성원들이 조직에서 업무를 수행하면서 발생하는 문제나 갈등을 효과적으로 관리해 주는 제도이다. 멘토링 제도는 조직에서 업무에 대한 경험과 지식이 많은 사람이 구성원을 일대일로 전담하여, 구성원들의 역량 및 잠재력을 강화하는 것이다.

5. 갈등은 개인이나 집단 또는 조직과 같은 사회적 실체 내부나 그들 사이에서 모순, 의견 불일치나 상이함에서 나타나는 상호적인 상태이며, 이러한 갈등유형은 크게 개인적 갈등, 개인 간 갈등, 집단 간 갈등 등이 있다.

6. 토머스는 이해당사자가 상대방의 관심을 만족하는 정도(협력성, cooperativeness)와 이해당사자가 자신의 관심에 만족하는 정도(독단성, assertiveness)의 두 가지 개념을 중심으로 5가지의 갈등관리 유형(협력, 타협, 경쟁, 양보, 회피)을 제시하였다.

연습문제

단답식

1. 호손실험은 환경조건과 (　　　)과의 관계 → 작업조건과 작업능률과의 상관관계 → (　　　) → 배전기 권선작업 관찰실험의 4단계로 이루어졌다.

2. 인간관계론의 등장은 (　　　)에 대한 한계와 비판이 대두되면서 태동되었다.

3. 우리나라의 경우는 (　　　)에 고충처리제도의 운영에 관한 규정을 두어, 구성원들의 고충을 체계적으로 신속하게 해결하도록 하고 있다.

4. 집단들 사이의 반대, 이견, 분쟁 등으로 정의되는 집단간 갈등의 원인은 목표의 상반성, 차별성 인식, 업무의 상호의존성, (　　　) 등이다.

5. 윈-윈(win-win)전략으로 자신의 이익 뿐만 아니라, 상대방의 이익에도 관심을 가지고, 공동의 이익을 극대화할 수 있는 방법을 모색하는 갈등관리 유형은 (　　　)이다.

객관식

1. 과학적 관리법을 주장하지 않은 사람은? (　)

① Taylor　② Urwick
③ Mooney　④ Maslow

2. 호손실험(Hawthorne Experiment)과 관계없는 내용은? (　)

① Taylor　② Elton Mayo
③ 4차에 걸친 실험　④ Western Electric Company

3. 과학적 관리론의 장점으로 맞지 않는 것은? (　)

① 논리적이고 합리적인 이론　② 생산성과 산출의 질에 대한 관심
③ 사회 심리적 욕구 충족　④ 분업 적용으로 대량생산 가능

4. 인간관계론의 장점이 아닌 것은? ( )

① 심리적 욕구에서 동기유발 ② 감정적 요인 중시
③ 사기가 높으면 생산성도 높다 ④ 인간의 개성은 고려하지 않음

5. 동기부여 이론 중 내용이론에 해당되지 않는 학자는? ( )

① Maslow ② Alderfer
③ Vroom ④ Herzberg

6. 일반 사원이 선배나 고위 경영진의 멘토가 되는 멘토 유형은? ( )

① 순환형 멘토링 ② 집단 멘토링
③ 일반 멘토링 ④ 역 멘토링

7. 갈등의 역할에 대해 고전적 관점, 행동주의적 관점, 상호작용주의적 관점 등으로 분류한 학자는 ? ( )

① March & Simon ② Katz & Kahn
③ Robbins ④ Thomas

8. 개인이 목표를 달성하는 과정에서 목표지향적 행위가 장애물로 인해 좌절하는 경우에 발생하는 갈등은? ( )

① 목표갈등 ② 역할갈등
③ 역할모호성 ④ 좌절갈등

9. 시간이 급박하거나, 해결책이 인기가 없거나, 주제가 나에게 중요할 때 사용할 수 있는 갈등관리 유형은? ( )

① 타협 ② 경쟁
③ 회피 ④ 양보

10. 조직을 기계적 시스템이 아닌, 하나의 협동시스템으로 간주해야 한다고 주장한 학자는? ( )

① Mayo ② Taylor
③ Barnard ④ Roethlisberger

참고문헌

강정애 · 권순원 · 김현아 · 양혜현 · 조은영 · 태정원(2013), 『조직행동론』, 시그마프레스.

강정대 · 황호영(1998), 『현대 인적자원관리』, 박영사.

김문중(1997), 『경영학원론』, 청목출판사.

김인수(2010), 『거시조직이론』, 제4판, 무역경영사,

김현철(2001), 『근로자 고충상담기법과 조직활성화』, 월간인사관리(5).

민경호(2010), 『현대 인사관리』, 무역경영사.

박기동(1994), 『조직행동론』, 박영사.

박연호(1981), 『인간관계론』, 박영사.

신철우(2004), 『조직행동론』, 문영사.

이덕훈(1999), 『신 경영학원론』, 학문사.

이창원 · 최창현(1996), 『새 조직론』, 도서출판 대영문화.

이학종(1984), 『조직행동 : 이론과 사례연구』, 세경사.

이한검 · 이수광(2000), 『인간관계』, 형설출판사.

임상희 · 안상열(1997), 『新 경영학원론』, 대경문화사.

정종진(1988), 『새 인사관리』, 법문사.

정종태(2013), 『인사관리 기본과 실제』, 시그마프레스.

정찬명 · 윤홍우 · 김기홍(2001), 『국제화시대 인사관리』, 진영사.

조희영 · 박상범(2002), 『현대 경영학원론』, 민영사.

천대윤(2008), 『갈등관리와 협상전략론』, 선학사

Maslow, A. H.(1943), "A Theory of Human Motivation", *Psychology Review, 50.*

McGregor, D.(1960), *The Human Side of Enterprise*, McGraw-Hill Book Company.

McGregor, D.(1960), *Leadership and Motivation*, MIT Press.

Schmidt, S., & Kochan, T. K.(1972), "Conflict: Toward conceptual clarity", *Administrative Science Quarterly*, 17(3).

Slocum, J. W., & Hellriegel, D.(2011), *Principles of organizational behavior*, 13th edition, South-Western Cengage Learning,

제 13 장 노사관계관리

학 습 개 요

이 장은 노사관계의 개념과 노동조합에 관해 살펴보고, 단체교섭 및 단체협약, 근로자 경영참가의 의의와 유형에 대해 학습한 뒤, 노동쟁의 및 조정제도와 부당노동행위의 유형에 대해 학습한다.

학 습 목 표

1. 노동조합의 기능에 대하여 설명할 수 있다.
2. 단체교섭의 유형에 대하여 이해한다.
3. 경영참가의 형태에 관하여 학습한다.
4. 쟁의행위의 유형에 대하여 설명할 수 있다.
5. 부당노동행위에 대하여 이해한다.

주 요 용 어

1. 노사관계: 근로자와 사용자 또는 노동조합과 사용자 또는 사용자단체 간에 고용관계를 중심으로 전개되는 제반 관계.
2. 노동조합: 근로자가 주체가 되어 자주적으로 단결하여 근로조건의 유지 · 개선 기타 근로자의 경제적 · 사회적 지위의 향상을 목적으로 하는 단체 또는 그 연합단체.
3. 단체교섭: 노동조합과 사용자(사용자단체)가 대등한 입장에서 근로조건에 관한 집단적 거래를 협상하는 과정이며, 단체협약은 단체교섭의 결과 노사 간에 제반 근로조건에 관해 합의한 문서형태의 협정.

경영사례 1

▌경영위기 극복에 노사협력의 필요성을 보여준 금호미쓰이화학

금호미쓰이화학은 첨단소재로 각광받고 있는 폴리우레탄의 핵심원료를 생산하는 업체다. 1989년 설립 후 여러 위기 속에서도 내실있는 성장을 지속해, 지난해엔 생산능력을 20만 톤으로 확대하는 등 업계를 주도하는 회사로 발돋움하고 있다. 그 비결로는 노사가 어려울 때 서로 한발씩 양보하고 위기를 극복해 온 경험을 빼놓을 수 없다.

금호미쓰이화학 노사는 1998년 11월 고용안정협약을 맺었다. 외환위기 후 정리해고의 칼바람이 몰아치던 때였다. 회사는 인위적인 감원조치나, 조합원 고용안정에 변동을 초래할 수 있는 결정에 대해선 노조와 사전협의하기로 약속했다. 또한 회사는 분할·합병 및 사업을 타인에게 양보할 때 조합에 1개월 전에 통보하고, 고용 및 근속년수를 승계토록 하기로 했다. 회사는 고용안정에 대한 약속으로 조합원의 신뢰와 애사심을 얻을 수 있었다.

2008년의 글로벌 금융위기로 촉발된 경기침체가 이어졌다. 금호미쓰이화학에도 경영위기가 닥쳤다. 노사는 2010년 1월 경영위기 극복 노사 한마음 결의문을 발표했다. 노사가 원가를 절감하고 생산성을 향상시켜 조기에 경영을 정상화하기로 결의한 것이다. 임직원은 2009년과 2010년 연속으로 임금을 동결하고, 경영성과급을 회사에 반납했다. 노사간 임금협상도 자연스럽게 2년 연속 무교섭으로 타결됐다. 조합원들의 자발적인 희생으로 회사는 위기를 벗어날 수 있었고, 2011년과 2012년 임금을 5% 인상하고, 사내복지기금으로 임직원 자녀에 대해 학자금을 지원하는 것으로 보답했다.

회사는 노사가 함께 어울릴 기회를 자주 만들어 갈등요소를 사전에 관리하려 노력한다. 조합간부 간담회, 기능직 기장/대리 간담회, 회사 직급별 간담회 등을 각각 1년에 4차례씩 연다. 일반 직원들은 분기마다 열리는 이벤트데이(호프데이, 삼겹살데이 등)를 통해 최고경영진과 직접 만나 대화를 나눈다. 매년 신년엔 임직원이 함께 산에 오르며 화합을 도모한다. 2013년 신년엔 39명이 함께 서울 청계산에 올랐다. 이러한 경험과 소통을 바탕으로 금호미쓰이화학은 1999년 이래 한 번의 노사분규 없이 상생의 노사관계를 이어오고 있다.

최근 강화된 학자금 지원은 자녀를 키우는 근로자들의 실질소득을 높여주고, 노사공동체 의식을 고취시키고 있다. 자녀가 유치원에 입학할 때 20만원을 지원하고, 고등학교와 대학 입학금 및 등록금은 인원 제한 없이 전액 지원한다. 2012년부터 복지기금에서 학자금으로 지원된 인원이 54명으로 액수는 1억 9,000만원에 이른다.

고분자 화합물을 생산하는 업체인 만큼 생산현장의 기술혁신과 안전을 위한 노사의 협력도 돋보인다. 근로자들은 작업현장 개선을 위해 지난해 2,909건(1인당 24건)의 제안을 내놓았다. 회사는 매달 심사위원회를 거쳐 특1급(1,000만원)부터 7등급(3,000원)까지 제안을 심사해 지난해 총 4,568만원을 포상해 근로자들을 독려했다. 이와 별도로 1년에 한번씩 회사 이익에 기여한 우수직원 10여명을 선정해 50만원씩 포상하기도 한다.

금호미쓰이화학은 만약의 사고에 대비해 안전보건시스템과 무재해운동, 위험예지훈련, 개인안전용품 지급에 만전을 기하고 있다. 매달 4일 안전점검의 날을 운영해 노사가 함께 현장을 점검하기도 한다. 지난해 6월 여수 공장에서 포스겐가스가 유출되었을 때에도 극소량이라 인체에 큰 피해를 줄 정도는 아니었지만, 경보기가 울리고 현장에서 조업하던 80여명이 평소에 훈련한 대로 침착하게 대피했다.

금호미쓰이화학은 노사가 함께 다양한 사회공헌활동을 펼쳐 지역사회의 신뢰까지 얻고 있다. 노사는 동그라미 봉사대를 만들고, 문화예술봉사단과 지역사회봉사단, 환경안전봉사단으로 나뉘어 체계적인 봉사활동을 펼친다. 문화예술봉사단은 보육시설 6곳의 아동들에게 영화, 공연관람 등의 기회를 지원한다. 계열사인 금호문화재단과 금호미술관 등의 후원도 받는다. 지역사회봉사단은 독거노인을 위한 생일잔치와 노인장애시설, 장애인시설을 후원하고 모자세대, 다문화가정 등을 지원한다. 환경안전봉사단은 1사1산1하천 가꾸기, 철새 먹이주기, 치어방류, 나무심기, 보육시설 소방안전 교육 등 지역사회의 환경과 안전을 위한 활동을 벌인다. 금호미쓰이화학은 직원들이 매월 급여에서 일정액을 공제하고, 회사도 일정액을 기부하여 지역 사회 공헌활동에 쓰고 있다.

금호미쓰이화학은 오늘도 안정된 노사관계와 지역사회의 신뢰를 바탕으로 폴리우레탄 사업의 선구자가 되기 위해 매진하고 있다.

• 자료 : 고용노동부(2014. 1. 7), http://nosawinwin.or.kr/partnership/

1. 노사관계와 노동조합

1.1 노사관계의 기초

1) 노사관계의 의의

노사관계(labor management relations, labor relations)란 원래 기업 내에서 고용관계를 중심으로 전개되는 고용자(자본가 또는 사용자)와 피고용자간의 제(諸)관계를 말한다. 일반적인 의미에서 노사관계는 노동력을 제공하는 근로자의 집단인 노동조합과 노동력을 제공받는 사용자나 사용자단체간의 관계를 의미한다. 그러나 오늘날 산업사회에서 제기되는 저임금, 실업문제를 비롯해서 증대하는 노동조합 활동과 노사관계 전반에 대한 각종 규칙 제정 등과 관련된 정부의 개입과 역할이 커짐에 따라 노사관계는 사용자와 근로자 이외에 정부가 포함되는 삼자관계로 파악되고 있다. 이를테면 던롭(J. T. Dunlop)은 노사관계(Industrial relations)를 "사용자, 근로자 그리고 정부 간의 상호관계의 복합체"로 정의하였다(Dunlop, 1958, p. 5). 즉, 현대의 노사관계는 노사 양 당사자만의 문제일 뿐만 아니라 사회적 · 국가적 차원에서의 관심사항이며, 더 나아가 근로자를 보호하고, 기업의 지속가능한 성장을 지원하여 국민경제의 발전에 기여하게 된다.

그러나 현대사회에 있어서 노사관계의 중요성에도 불구하고, 국내 노사관계에 대한 노사 당사자는 물론 정부, 국민의 인식은 매우 부족한 것이 현실이다. 대한민국 헌법 제32조 1항 "모든 국민은 근로의 권리를 가지며", 3항 "근로조건의 기준은 인간의 존엄성을 보장하도록 법률로 정한다"라고 규정하고 있으며, 대한민국 헌법 제33조에서는 "근로자는 근로조건의 향상을 위하여 자주적인 단결권 · 단체교섭권 및 단체행동권을 가진다"라 하여, 노동 3권(단결권, 단체교섭권, 단체행동권)을 보장하고 있다. 그럼에도 불구하고, 사용자 및 정부는 물론 많은 이해관계자들이 노사관계 또는 노동문제를 경제성장의 발목을 잡는 부정적인 문제로 접근하고 있으며, 합리적인 노사관계에 대한 교육시스템 등이 부족한 것이 현실이다. 따라서 노사관계에 대한 합리적인 접근이 조직 내 근로자의 성장과 조직의 발전을 도모할 수 있다.

한편, 노사관계는 정부를 포함하여 그것이 성립하는 수준에 따라 달라지는데, 거시적 수준에서는 일정한 산업수준에 있어서의 노동조합 대 사용자 단체간의 관계, 즉 산업수준의 노사관계와 국민적 수준에 있어서의 일반적인 노동운동 내지는 노동문제를 포괄한 국가수준의 노사관계로 구분할 수 있다. 또한 미시적 수준에서는 하나의 작업장을 단위로 한 일선감독자와 작업자간의 관계, 즉 작업장수준의 노사관계, 기업경영을 매개로 하여 성립하는 기업수준의 노사관계 등으로 구분할 수 있다.

2) 노사관계의 성격

노사관계를 기본적으로 노사 당사자의 양자관계라고 할 때, 서로 상충되고 이율배반적인 내용이 존재하며, 이를 노사관계의 이중성 또는 양면성이라고 한다(이규창 외, 2004, pp. 225-227).

(1) 협력적 관계와 대립적 관계

노사관계의 가장 중요한 측면은 그 성격적인 면에서 협력적인 관계와 대립적인 관계를 동시에 가진다는 것이다. 생산적 측면에서 노사는 공동의 파이를 극대화해야 하는 협력적 관계를 보이지만, 성과분배 측면에서는 양 당사자에게 배분되는 몫이 역의 관계에 있으므로 경쟁 내지 대립관계에 놓이게 된다.

(2) 개별적 관계와 집단적 관계

노사관계는 개별적인 근로계약에 바탕을 두는 종업원 개인과 경영자와의 개별적인 관계이자, 집단적 단체협약에 바탕을 둔 노동조합과 사용자와의 집단적 관계이다.

(3) 종속관계와 대등관계

노사관계는 생산이란 측면에서 보면, 근로자는 종업원으로서 경영자의 지휘 및 명령에 따라야 하므로 수직적인 종속관계인 반면, 노동력의 공급자로서의 근로자는 노동조합을 통하여 집단적인 근로조건의 결정과 운영에 사용자측과 대등한 입장에서 교섭하므로 수평적인 대등관계에 있다.

(4) 경제관계와 사회관계

노사관계는 사용자의 이윤추구와 근로자 및 노동조합이 임금 등 경제적 목적을 달성하고자 하므로 경제적 관계이지만, 구성원들의 집단생활을 토대로 이루어지는 인간관계로 사회적으로 미치는 영향이 크므로 사회관계의 성격을 갖는다.

이와 같이 노사관계는 노사관계의 양면성으로 인하여 이율배반적 관계 설정의 모호성 내지 중복성으로 인해 노사관계의 갈등문제가 야기되므로, 양 관계의 조화적 진행이 매우 중요한 과제로 대두되고 있다.

3) 노사관계관리의 방향

현대사회의 산업민주주의 또는 고도의 자본주의 사회에서는 조직의 대규모화, 정보화, 조직화의 성격에 따라 노사 간에는 대립적인 측면보다는 협력적인 측면이 중요시되고 있다. 사용자인 경영자는 기업경영의 목표를 성장 · 안정 · 이익을 통하여 사회적 책임을 달성하는데 있으며, 근로자는 근로조건의 향상, 직무만족, 인간성의 발휘를 통하여 사회적 책임까지 달성해야 하는데 목표를 두고 있다.

따라서 현대적 노사관계관리는 종래의 대립적 노사관계를 안정적이고 협력적인 노사관계로 유도하고 발전시켜 나가는 관리활동을 통하여, 미시적 차원에서는 기업의 생산성 향상을 통한 성과증대와 기업의 유지 · 발전을 추구한다. 이와 동시에 성과의 공정한 분배와 노동의 인간화를 통한 근로자들의 보람있는 근로생활을 실현함으로써 궁극적으로 노사의 공존공영과 경영민주화를 통한 상생의 산업민주화를 실현하는데 있다. 또 거시적 차원에서는 산업평화의 유지와 국민경제 발전에 기여하는데 그 중요한 목적을 두어야 한다([그림 13-1]).

[그림 13-1] 노사관계 관리의 방향

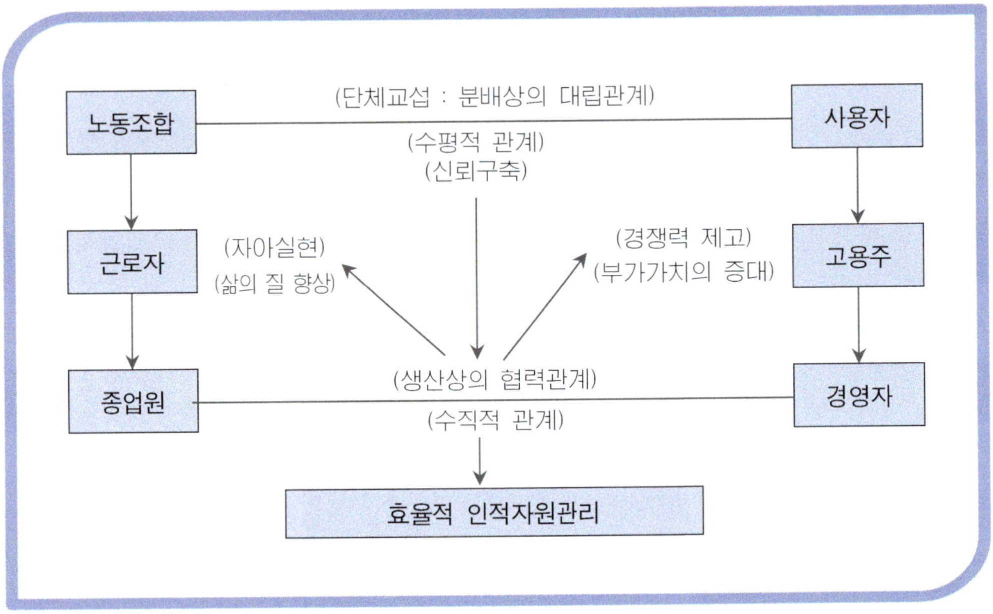

☆ 노사관계 관련기관

- 고용노동부(www.moel.go.kr)
- 전국민주노동조합총연맹(www.nodong.org)
- 전국경제인연합회(www.fki.or.kr)
- 중앙노동위원회(www.nlre.go.kr)
- 한국노동조합총연맹(www.inochong.org)
- 한국경영자총협회(www.kef.or.kr)
- 경제사회발전노사정위원회(www.esdc.go.kr)
- 최저임금위원회(www.minimumwage.go.kr)

1.2 노동조합

1) 노동조합의 의의

노동관계법에서 **노동조합이라 함은 근로자가 주체가 되어 자주적으로 단결하여 근로조건의 유지·개선 기타 근로자의 경제적·사회적 지위의 향상을 도모함을 목적으로 하는 단체 또는 그 연합단체[1])를 말한다.** “다만 다음 각호에 해당하는 경우에는 노

1) 노동조합 및 노동관계조정법 제2조 제4항.

동조합으로 보지 아니한다"라고 규정하고 있다.

① 사용자 또는 항상 그의 이익을 대표하여 행동하는 자의 참가를 허용하는 경우.
② 경비의 주된 부분을 사용자로부터 원조 받는 경우.
③ 공제・수양 기타 복리사업만을 목적으로 하는 경우.
④ 근로자가 아닌 자의 가입을 허용하는 경우. 다만 해고된 자가 노동위원회에 부당노동행위의 구제 신청을 한 경우에는 중앙노동위원회의 재심판정이 있을 때까지 근로자가 아닌 자로 해석하여서는 아니된다.
⑤ 주로 정치활동을 목적으로 하는 경우.

따라서 노동조합의 정의를 다음과 같이 세 부분으로 나누어 분석할 수 있다.

첫째, 노동조합의 주체는 사용자 또는 그의 이익을 대표하는 자가 아닌 근로자이다. 여기서 **근로자란 직업의 종류를 불문하고 임금・급료 기타 이에 준하는 수입에 의하여 생활하는 자[2]를 말한다.**

둘째, 노동조합의 목적은 근로조건을 유지・개선하고 나아가 근로자들의 경제적, 사회적 지위향상을 도모하는데 있다.

셋째, 노동조합의 성격은 근로자의 타율적이 아닌 자주적 조직으로서 일시적이 아닌 계속적, 항구적 조직이다.

2) 노동조합의 기능

영국의 웹 부부는 노동조합을 "노동조건의 유지・개선을 위하여 만들어지는 임금근로자의 항구적 단체"로 정의(Sidney & Beatrice Webb, 1911)하면서, 노동조건의 제 조건을 유지하고 개선하는 방법으로서 상호보험, 단체교섭, 입법활동을 들고, 이 세 가지 기능이 서로 중복되면서, 그 중심이 상호보험 기능으로부터 단체교섭으로 옮겨지고, 다시 입법활동의 비중이 커질 것으로 예상하였다. 이는 19세기 말을 배경으로 하여, 노동조합의 기능을 요약한 것으로서 오늘날에도 그 핵심 내용은 그대로 적용되고 있다.

(1) 노동시장의 통제기능(경제적 기능)

초기의 노동조합이 직업별 조직형태를 취하고 노동의 배타적 독점을 꾀하여 수요에 대한 공급을 조절함으로써, 임금의 적정한 수준을 유지하였다는 것은 노동시장의 통

2) 노동조합 및 노동관계조정법 제2조 1항.

제기능이다. 그리고 노동조합의 이러한 기능은 사용자와 단체교섭을 통하여서만 달성될 수 있는 것이므로, 노동조합이 사용자로 하여금 교섭을 통하지 않고서는 필요로 하는 노동력을 조달할 수 없는 상태로 이끄는 것과 같은 기능을 노동조합의 경제적 기능 또는 산업적 기능이라고 한다.

노동조합의 이러한 기능이 제대로 발휘되기 위해서는 그 전제로서 노동조합을 사용자와 대등한 교섭당사자로 인정하는 것이 필요하며, 노동조합의 교섭력을 뒷받침하는 쟁의권이 보장되어야 한다. 노동조합의 쟁의행위가 보장되지 않는다면 단체교섭은 그 실효를 거둘 수 없는 것이다.

(2) 공제적 기능

공제적 기능이란 근로자들이 질병, 재해, 실업, 노령, 사망 등으로 노동력의 일시적 또는 영구적 상실에 대비하여 조합이 기금을 설치하여 상호부조적 활동을 하는 것을 말한다. 이러한 공제기능은 근로자의 사회적, 경제적 지위가 낮았던 산업자본주의 단계에 있어서 숙련공 중심의 직업별 노동조합의 주된 기능으로서, 연혁적으로 가장 오래된 역사를 가진 전통적인 기능이라 할 수 있다.

그러나 자본주의가 독점단계에 이르러 미숙련 근로자의 비중이 상대적으로 높아져, 노동조합의 조직형태가 점차 직업별 조합에서 산업별 조합으로 중심이 이동하게 되고 또한 국가의 사회보장제도가 발전함에 따라 공제적 기능의 비중은 상대적으로 저하되어 왔다.

(3) 정치적 기능

노동조합의 정치적 기능은 근로자의 경제적 목적을 달성하기 위해 수행하는 노동조합의 정치적 활동을 말하는데, 본래적으로 경제적 기능 그 자체 속에서 필요적으로 도출되는 기능이다. 임금, 근로조건 개선을 둘러싼 노사간의 교섭과 분쟁을 조정하고 해결하는 측면 뿐만 아니라, 노동관계법 등 법령의 제정 및 개정, 세제, 물가정책, 사회보장제도 등 정부의 경제, 사회정책에 영향을 주어 근로자들의 생활안정을 위한 활동으로 볼 수 있다. 정치적 기능은 그 상대가 사용자가 아니라 주로 국가나 사회단체이며, 더욱이 교섭이라는 형식을 취하지 않는다. 이러한 정치적 기능은 그 범위가 점차 확대되고 있는 추세이다.

현장이야기 1

노동절 [Labor Day, 勞動節]

메이 데이(May Day) 또는 워커스 데이(Workers' Day)라고도 한다. 근로자의 노고를 위로하고 근무의욕을 높이기 위해 제정된 휴일이다.

미국과 캐나다에서는 9월 첫째 월요일, 유럽·중국·러시아 등에서는 5월 1일을 노동절로 기념하고 있다. 한국에서는 8·15광복 후 5월 1일을 노동절로 기념했으나, '근로자의 날 제정에 관한 법률'(1963년 4월 17일 공포, 법률 제1326호)에 따라서 한국노동조합총연맹 창설일인 3월 10일을 노동절 대신 근로자의 날로 정하여 기념했다. 그러나 1994년부터 다시 5월 1일을 근로자의 날로 기념하고 있다.

그 유래는 미국의 노동운동에서 찾을 수 있다. 자본주의의 발달과 함께 성장한 독점기업은 국가권력과 결탁하여 근로자들을 착취했다. 이에 근로자들은 자신의 권익을 스스로 보호하기 위해 힘을 모으기 시작했다. 19세기 후반에 들어와 미국 경제가 급속히 발전하면서 노동운동도 새로운 전기를 맞았다. 1869년 필라델피아에서 전국 노동조합 연합단체인 노동기사단이 결성되고, 1886년 미국 노동총연맹이 탄생하여 노동운동을 주도하기 시작했다. 이를 계기로 미국 근로자들은 1886년 5월 1일 하루 8시간 노동을 위해 총파업에 돌입했다.

이 파업에서 경찰의 발포로 어린 소녀를 포함한 근로자 6명이 사망했다. 다음날 이에 격분한 근로자 30만 명이 경찰의 만행을 규탄하기 위해 헤이마켓 광장에서 집회를 열었다. 하지만 시위중 갑자기 폭탄이 터졌고, 집회를 주도한 노동운동가 8명이 폭동죄로 체포되어 재판에서 5명은 사형, 3명은 금고형을 선고받았다. 이 사건을 헤이마켓사건이라고 한다. 그러나 7년후 노동운동을 탄압하기 위해 자본가들이 이 사건을 조작하였다는 사실이 밝혀져 국민을 경악케 했다.

프랑스 혁명 100주년을 기념하여 1889년 7월 파리에서 열린 제2인터내셔널 설립대회에서는 미국 근로자의 8시간 노동을 위한 상황을 보고받고, 1890년 5월 1일을 '근로자 단결의 날'로 정하여 8시간 노동쟁취를 위해 세계적인 시위를 결의했다. 이렇게 메이 데이는 시작되었다. 이후 세계 여러 나라에서 근로자의 연대와 단결을 과시하는 국제적 기념일로 정하여 이 날을 기념하고 있다.

• 자료 : 네이버 지식백과, 노동절.

3) 노동조합의 형태

노동조합의 조직형태에는 직업별 노동조합(craft union), 일반 노동조합(general union), 산업별 노동조합(industrial union), 기업별 노동조합(enterprise union) 등이 있다.

(1) 직업별 노동조합(craft union)

직업별 노동조합은 직업 또는 직종을 같이 하는 근로자가 조직하는 노동조합을 말한다. 이는 근로자가 자기의 경제적 이익을 확보하기 위하여 결속한 횡적 조직으로서 노동운동 사상 가장 일찍 발달한 조직형태(예: 건축공 노동조합, 인쇄공 노동조합, 제화공 노동조합 등)이며, 생산이 대체로 숙련공의 기능에 의존하던 시기에 숙련근로자가 중심이 되어 노동시장을 배타적으로 독점하기 위하여 등장하였다. 그러나 기계제 생산이 급속히 진전됨에 따라 기술이 단순화되고 노동에 있어서 숙련공과 미숙련공의 차이가 좁아지는 한편 새로운 생산시스템의 등장으로 인하여 직종 구분도 재편성되어 직업별 노조의 주도적 지위가 무너지는 반면에 새로운 조직형태인 산업별 노동조합이 발달하게 되었다.

직업별 노조는 폐쇄적 조합주의인 클로즈드 숍(closed shop)제도를 채택하여 동일 직종의 노동력 공급을 독점하게 되어, 기업이나 취업을 하려는 근로자 자신의 자유의사에 의하여 고용계약이 이루어질 수 없게 되는 문제점을 가지고 있다. 직업별 노조는 노동시장에서 공급지배력을 갖는다는 장점이 있으나, 타 직종과의 조정이 어렵고 전체적인 힘이 약하다는 단점이 있다(민경호, 2010, p. 425).

(2) 일반 노동조합(general union)

일반 노동조합은 숙련이나 직능에 관계없이 하나 내지 여러 개의 산업에 걸쳐 조직되는 노동조합 형태이다. 이는 영국에서 직업별 노동조합에서 배제되었던 미숙련 근로자들이 중심이 되어 결성하였으며, 한국노총 소속 전국연합노동조합연맹과 민주노총 소속 전국민주연합노동조합에서 그 예를 찾아 볼 수 있다.

일반 노동조합은 미숙련근로자 중심이므로 최저 근로조건 준수, 근로시간 단축, 고용안정 등을 중요한 요구조건으로 하고 있다. 이러한 요구 실현을 위하여 입법활동을 중요시하는데, 이는 일반조합의 성격상 다양한 요구를 조율하기에는 한계가 있기 때문이다. 따라서 조합원들을 결속하기 위한 중앙집권적 관료체제가 불가피하게 되는데, 이는 조합민주주의 실현의 저해요인으로 지적되고 있다(신수식 외, 2013, p. 56).

(3) 산업별 노동조합(industrial union)

산업별 노동조합은 직종·계층에 관계없이 기업을 초월하여, 동일산업에 종사하는 모든 근로자가 하나의 노동조합을 구성하는 조직형태(예: 전국금융산업노동조합, 전국건설

산업노동조합, 전국금속노동조합, 전국보건의료산업노동조합 등)이다. 역사적으로 볼 때, 산업별 노동조합은 직업별 노동조합이나 일반 노동조합보다 늦게 발달한 노동조합이며, 미숙련근로자가 노동시장을 수적으로 크게 차지하게 됨으로써 이들의 조직화를 위하여 발달한 조직형태이다.

산업별 노동조합은 기업을 초월한 조직이기 때문에 조합원 수에 있어서 거대한 조직이 되며, 이러한 조직력을 바탕으로 큰 압력단체로서의 지위를 확보할 수 있다. 또한 자본에 대응하여 교섭력의 산업적 통일화를 통해 동일노동 동일임금과 같은 노동조건을 확보할 수 있다. 그러나 산업별 조직 내 직종간의 이해대립이 발생할 수 있으며, 전 산업에 걸쳐 결성되기 때문에 개별기업의 이해관계나 특성을 반영하지 못한다는 단점이 존재한다.

(4) 기업별 노동조합(enterprise union)

기업별 노동조합은 동일기업에 종사하는 근로자들로 조직되는 노동조합(예: LG전자 노동조합, 경신 노동조합, 한국인터넷진흥원노동조합 등)을 말한다. 기업별 조직이기 때문에 일반적으로 연대의식을 뚜렷하게 나타내지 못하고 있으며, 동종산업 또는 동일직종이라 하더라도 단위기업간의 시설규모나 지불능력의 차이 등으로 기업격차가 많이 나타난다. 단점으로 조합원이 모두 당해 기업의 사용 종속관계에 있는 종업원이기 때문에 어용화 또는 반조합화 경향이 나타날 수 있다. 또한 당해 기업 내의 직종을 무시한 조직이므로 직종간 이해관계 조절이 어렵고, 특정한 종업원이 유니언 숍(union shop)을 체결하고 있을 경우 특정 노동조합이 조직을 독점할 수 있다.

그러나 기업별 노조의 장점으로는 조합원이 당해 종업원이므로 근로조건을 통일적으로 결정할 수 있으며, 평소에 회사의 사정을 파악하고 있으므로 무리한 요구가 줄어들 수 있으며, 노사간 공동체의식 고취를 통한 협력적 노사관계 구축이 용이하다는 점을 지적할 수 있다.

1.3 노동조합의 설립 및 가입, 조합비 징수

1) 노동조합의 설립

우리나라 노동관계법에서는 노동조합의 설립과 관련하여 신고주의를 채택하고 있다. 노동관계법에 의하면, 노동조합을 설립하고자 하는 자는 명칭, 주된 사무소의 위치, 조합원 수, 임원의 성명과 주소 등을 기재한 신고서에 규약을 첨부하여 연합단체인 노동조합과 2 이상의 특별시·광역시·도·특별자치도에 걸치는 단위노동조합은 고용노동부장관에게, 2 이상의 시·군·구(자치구를 말함)에 걸치는 단위노동조합은 특별시장·광역시장, 도지사에게, 그 외의 노동조합은 특별자치도지사·시장·군수·구청장에게 제출한다.[3]

또한 근로자는 자유로이 노동조합을 조직하거나 이에 가입할 수 있다.[4] 특히 노동조합의 조합원은 어떠한 경우에도 인종, 종교, 성별, 연령, 신체적 조건, 고용형태, 정당 또는 신분에 의하여 차별대우를 받으면 안된다.[5] 따라서 근로자들이 노동조합을 조직하거나 노동조합의 업무를 위한 정당한 행위를 방해하는 행위나 특정 노동조합에 가입하지 아니할 것, 또는 가입 및 탈퇴할 것을 고용조건으로 하는 행위를 노동관계법에서는 부당노동행위로 규정[6]하고 있다. 또한 이를 어길시 벌칙조항[7](2년 이하의 징역 또는 2천만 원 이하의 벌금)을 두어, 근로자의 자유로운 노동조합 설립과 가입을 보장하고 있으며, 사용자의 부당노동행위를 규제하고 있다.

2) 숍제도

숍(shop)제도는 노동조합의 가입과 취업을 관련시키는 것으로, 노동조합의 규모와 통제력을 좌우할 수 있는 제도이다. 즉, 조합원 자격이 고용의 전제조건이 된다면, 보다 많은 근로자가 노동조합에 가입하려고 할 것이며, 노동조합의 조합원에 대한 통제력도 강화될 것이다(신수식 외, 2013, p. 66).

(1) 오픈 숍(open shop)

오픈 숍은 고용관계에 있어서 고용주가 노동조합에 가입한 조합원이나 가입하지 않은 비조합원이나 모두 고용할 수 있는 제도이다. 이것은 노동조합의 가입이 고용조건이 아닌 것을 의미한다. 따라서 피고용인은 노동조합의 조합원이 될 의무가 없는 제도이며, 이 경우 비조합원은 노동조합의 단체협상의 결과로 간접적인 혜택을 입으므로 무임승차의 문제가 발생한다. 우리나라의 경우 노동관계법에 근로자가 어느 노동조합

3) 노동조합 및 노동관계조정법 제10조.
4) 노동조합 및 노동관계조정법 제5조.
5) 노동조합 및 노동관계조정법 제9조.
6) 노동조합 및 노동관계조정법 제81조 1항, 2항.
7) 노동조합 및 노동관계조정법 제90조.

에 가입하지 아니할 것 또는 탈퇴할 것을 고용조건으로 하거나 특정한 노동조합의 조합원이 될 것을 고용조건으로 하는 행위를 부당노동행위로 규정[8]함으로써 오픈 숍(open shop)제도를 적용하고 있다.

(2) 유니온 숍(union shop)

유니온 숍은 고용주는 노동조합의 조합원 이외의 근로자까지도 자유로이 고용할 수 있으나, 일단 고용된 근로자는 일정기간 중에 조합원이 되어야 하는 제도이다. 우리나라 노동관계법에서는 노동조합이 당해 사업장에 종사하는 근로자의 3분의 2 이상을 대표하고 있을 때에는 근로자가 그 노동조합의 조합원이 될 것을 고용조건으로 하는 단체협약의 체결을 예외로 함[9]으로써 유니온 숍을 인정[10]하고 있다. 유니온 숍제가 클로즈드 숍제와 다른 점은 후자는 고용되기 이전부터 조합원이어야 한다는 데 반하여, 전자는 비조합원도 고용이 되지만 고용된 후 일정기간 이내에 조합에 가입할 것을 규정하는 것이다. 즉, 이 제도를 통해 노동조합은 새로 채용되는 근로자를 노동조합의 조합원으로 조직화할 수 있으며, 기존 조합원의 탈퇴를 방지할 수 있다.

(3) 클로즈드 숍(closed shop)

클로즈드 숍은 기업의 근로자 또는 종업원 요건이 노동조합원을 전제로 하는 것이다. 노동조합 가입이 고용조건의 전제가 되는 것으로 노동조합 측에 가장 유리한 제도이다. 따라서 회사와 노조간의 단체협약으로서 종업원의 채용, 해고 등을 노동조합에서 관장한다. 따라서 기업은 노동조합원 중에서만 종업원을 채용한다는 점에서 노동조합의 조직을 강화하는 가장 강력한 조합원 확보제도라고 할 수 있다. 그러나 우리나라의 노동관계법에서는 원칙적으로 금지하고 있다.

(4) 변형된 숍제도

산업사회의 발전에 따라 변형된 숍제도로는, ① 에이전시 숍제도, ② 프리퍼런셜 숍제도, ③ 메인티넌스 오브 멤버십 숍제도 등이 있다.

8) 노동조합 및 노동관계조정법 제81조 2항.
9) 노동조합 및 노동관계조정법 제81조 2항.
10) 유니온 숍제도가 체결되어 있을 경우, 사용자는 근로자가 그 노동조합에서 제명된 것 또는 그 노동조합을 탈퇴하여 새로 노동조합을 조직하거나 다른 노동조합에 가입한 것을 이유로 근로자에게 신분상 불이익한 행위를 할 수 없다(노동조합 및 노동관계조정법 제81조 2항).

[표 13-1] 변형된 숍제도

유 형	내 용
에이전시 숍 (agency shop)	조합원이 아닌 모든 종업원에게 단체교섭의 당사자인 노동조합에 조합비를 징수케 하는 제도
프리퍼런셜 숍 (preferential shop)	종업원 채용에 있어서 노동조합원에게 우선순위를 주는 제도
메인티넌스 오브 멤버십 숍 (maintenance of membership shop)	단체협약이 체결되면 기조합원은 물론이고 단체협약이 체결된 이후에 가입한 조합원도 협약이 유효한 기간 동안은 조합원 자격을 유지해야 하는 제도

3) 노동조합비 징수

노동조합이 조직체로서의 세력과 파워(power)의 상징으로서 조합원 수의 확보와 질적인 조합운영을 위한 재원을 어떻게 확보하느냐 하는 점이 중요한 과제로 나타나고 있다. 노동조합이 조합비를 징수하는 방법에는 조합원 개개인에게 조합비를 징수하는 방법과 회사의 급여계산시에 일괄 공제하여 노동조합에 인도하는 방법이 있다. 이때 후자의 방식을 체크오프제도(check-off system)라 하며, 단체협약상에 조합원 3분의 2 이상의 동의가 있으면, 노동조합은 그의 세력확보와 수단으로서 체크오프의 조항을 둘 수 있다.

노동조합 및 노동관계조정법 제22조는 조합원의 권리와 의무조항에서 "노동조합의 조합원은 균등하게 그 노동조합의 모든 문제에 참여할 권리와 의무를 가진다. 그러나 노동조합은 그 규약으로 조합비를 납부하지 않는 조합원은 권리와 의무를 제한할 수 있다"라고 규정하고 있어, 조합비 납부의무를 명백히 하고 있다.

경영사례 2

▌베이징현대차의 '역발상' 노사해법
-150여 현지 협력업체에 "노조설립 지원" 설득…소통으로 극단적 사태 예방-

한·중 합자 자동차 회사인 베이징현대차가 중국 근로자들의 극단적인 파업사태를 예방하기 위한 해법을 내놓았다. 노조설립을 막기보다는 오히려 공회(工會:중국식 노조) 설립을 적극 장려하겠다는 것이다. 중국 노동계의 연쇄파업 우려가 커지고 있는 가운데 노사소통을 강화하려는 역발상인 셈이다.

베이징현대차 노재만 총경리(사장)는 4일 베이징에서 한국특파원 간담회를 열고 "노사관계를 개선하기 위한 적극적인 조치들을 마련해 추진하고 있다"고 소개했다. 앞서 베이징현대차는 지난달 28일 차체 부품을 납품하는 협력업체인 성우하이텍 중국 법인에서 파업이 발생해 조업중단 위기를 경험했었다. 올 들어 5월 말까지 27만 대를 판매해 지난해 같은 기간보다 30.9% 매출이 신장된 베이징현대차는 재고가 거의 없기 때문에 파업이 발생하면 생산에 직격탄을 맞게 된다. 이 때문에 베이징현대차 자체 생산라인뿐 아니라 부품 협력업체에서 크고 작은 노사분규가 발생하지 않도록 적극적인 대응책을 펴기로 한 것이다.

노재만 총경리는 임금인상 등 복리후생 개선 조치와는 별개로 협력업체 노사의 소통에 주안점을 두기로 했다. 대립적인 한국적 노사관에서 벗어나 중국적 특수성을 십분 활용하겠다는 것이다. 우선 베이징현대차 임원들이 나서서 10만여 명의 근로자를 고용 중인 150여 개 1차 협력업체를 상대로 "공회 설립에 적극 나서라"고 설득하고 나섰다.

노재만 총경리는 "협력업체는 대부분 한국에 본사를 둔 경우가 많다"며 "중국공장 책임자가 앞장서 노조설립에 동의해 달라고 본사에 요구하기 어려운 현실을 감안해 베이징현대차 임원들이 한국 본사의 부품업체 오너들에게 직접 전화를 걸어 설득하고 있다"고 말했다. 그는 "한국의 노사갈등 경험 때문에 부품업체 오너들이 노조설립에 대해 생리적인 거부감을 갖고 있는게 사실"이라면서도 "중국의 특성을 잘 살펴보면 공회가 경영에 부정적 영향보다는 순기능이 더 많다"고 강조했다.

노사갈등이 처음엔 임금인상 요구에서 시작되지만 갈수록 감정대결로 비화하는 경우가 있는데, 이 과정에서 공회가 있으면 완충역할을 해줄 수 있다는 것이 노 총경리의 판단이다. 노 총경리는 "공회가 설립되면 근로자들의 요구가 무제한으로 늘어날 것이라고 우려하는 오너들도 있지만 중국 정부의 지휘를 받는 중화전국총공회(總工會 : 한국의 노총과 유사한 근로자 권익 대변 조직)가 산하 공회의 요구를 적절하게 조정해 주기 때문에 극단적인 행동은 좀처럼 발생하지 않는다"고 말했다.

베이징현대차가 협력업체에 공회 설립을 권유하기로 한 것은 2003년부터 공회를 설립해 노사상생을 이어온 베이징현대차의 경험에 따른 것이다. 또 이번에 파업이 발생한 성우하이텍의 경우 공회가 없어 문제가 악화됐다는 게 베이징현대차의 진단이다. 노 총경리는 "성우하이텍의 파업 직후 현장을 방문해 보니 2,500여 명의 임직원 중에서 부장 이상은 모두 한국인이었고, 생산현장에서 과장급 3명만이 중국인이었다"며 "이런 상황에서 원활한 노사소통이 불가능해 보였다"고 지적했다. 그러나 베이징현대차는 협력업체에 공회설립을 권유하되 강요하지는 않기로 했다. 노 총경리는 "협력업체들마다 사정이 다르기 때문에 최종 판단은 개별 업체가 판단할 문제"라고 말했다.

• 자료 : 중앙경제, 2010. 6. 7.

2. 단체교섭과 단체협약

2.1 단체교섭

1) 단체교섭의 의의

단체교섭(collective bargaining)이란 노동조합이 임금 등 근로조건의 유지 · 개선 기타 근로자의 경제적 · 사회적 지위의 향상을 도모할 목적으로 사용자나 사용자단체와 교섭하는 것을 말한다. 법률적 측면에서는 노동조합 기타 노동단체가 교섭대표를 통하여 사용자 측과 근로조건 등에 관하여 합의에 도달할 것을 주된 목적으로 하여, 협의 내지 협상을 통하여 쌍방간에 타협과 양보의 결과로 합의에 도달함으로써, 결정된 사항에 대하여 단체협약을 체결하기 까지 일련의 과정을 말한다.

이러한 단체교섭이 노사관계에서 중요시되는 이유는 노동조합의 목적인 근로조건의 유지 · 개선에 있기 때문이다. 따라서 단체교섭을 통하여 단체협약을 체결함으로써 그 목적을 달성할 수 있다는 점에서 노동조합의 가장 중심적인 활동이라 할 수 있다.

2) 단체교섭의 유형

단체교섭이 근로자들의 집단적 단결체인 노동조합과 사용자간의 힘의 관계를 배경으로 한 근로조건의 집단적 거래인 이상 단체교섭의 방법 및 형태는 노동조합의 조직형태와 성격에 따라 다른 방식을 선택할 수 있다. 따라서 단체교섭의 방식은 해당국가의 노동환경에 따라 노동조합의 조직형태가 다르기 때문에 국가와 시기에 따라 다양한 방식으로 나타나고 있다([그림 13-2]).

(1) 기업별 교섭

기업별 교섭은 특정 기업 또는 사업장의 노동조합과 사용자간에 단체교섭이 행하여지는 방식으로 우리나라에서 가장 보편적인 교섭방식이다(A기업 대 A기업 노조). 이 방식은 기업 내지 사업장의 특성에 따른 제약 때문에 노동조합의 교섭력이 약하다는 점과 노사 양측의 교섭담당자가 평소에는 관리자와 종업원의 관계에 있기 때문에, 교섭

[그림 13-2] 단체교섭의 유형

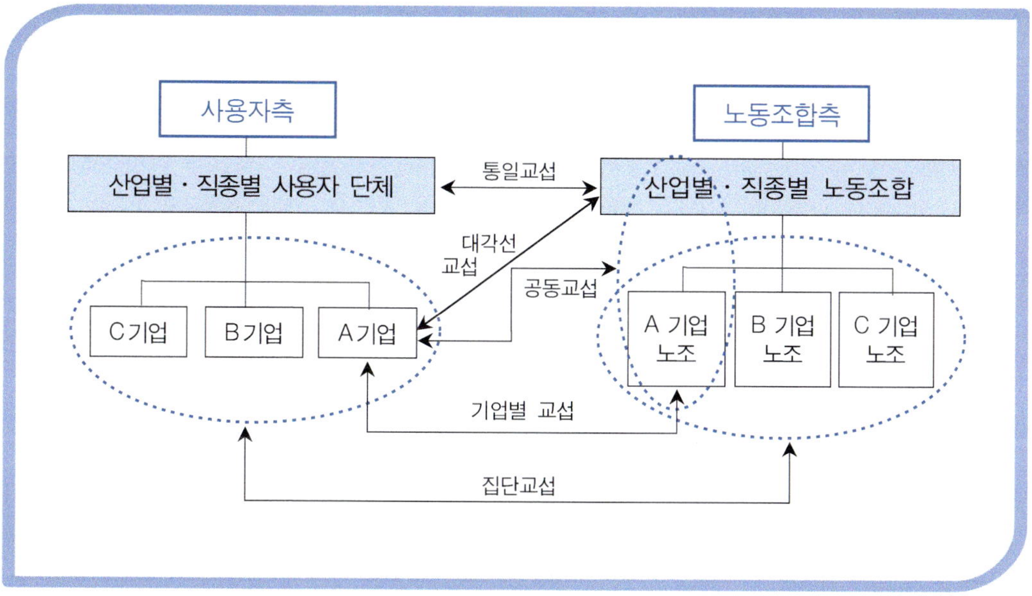

과정에서 불필요한 감정적 마찰이 생기는 경우가 많아서 단체교섭의 비용이 과다하게 지출되는 단점이 있다. 그러나 기업 특성에 부합하는 단체교섭을 할 수 있다는 장점도 갖고 있다. 이러한 방식은 주로 기업별 노조가 결성되어 있는 한국과 일본의 주된 교섭방식이다.

(2) 통일적 교섭

통일적 교섭은 "산업별 · 직종별 노동조합과 산업별 · 직종별 사용자단체 간의 단체교섭"을 말한다. 노동조합이 산업별 또는 직종별로 조직되어 있는 경우에 전국적 또는 지역적으로 행하여지는 방식이다. 통일적 교섭은 노동조합이 광범위한 전국적 조직력을 기초로 하므로, 노동조합 측은 교섭력이 높이서 통상 유리한 조건의 협상을 할 수 있다는 점과 전국적 또는 지역단위 노동시장에서 근로조건의 통일성을 기할 수 있다는 장점이 있으나, 개별 기업의 지불능력이 무시된 근로조건으로 문제가 일어날 수 있다. 이러한 방식은 미국과 영국, 유럽 등의 각국에서 채택하고 있으며, 우리나라에서는 금융노조와 은행연합회, 보건의료노조와 병원협회, 금속산업노조와 금속산업사용자협의회에서 이를 행하고 있다.

(3) 대각선 교섭

대각선 교섭은 산업별 노동조합과 개별 사용자가 행하는 교섭 또는 기업별 노동조합의 상부단체가 개별 사용자와 행하는 단체교섭 방식을 말한다. 이것은 산업별 노동조합에 대응할 만한 사용자단체가 없거나 또는 사용자단체가 있다 하더라도 각 기업의 특수한 사정이 있어, 개별 사용자가 노동조합의 전국적인 단체와 개별적으로 행하는 단체교섭의 방식을 말한다. 대각선 교섭은 전국 규모의 노조와 교섭하기 때문에 노사간 대등관계를 유지할 수 있고, 요구조건이 산업별이나 지역별로 통일될 수 있다는 장점이 있다(예: 전국손해보험노동조합과 개별 손해보험사, 전국대학노동조합과 개별 대학교).

(4) 공동교섭

공동교섭은 산업별 노동조합과 그 지부, 개별 노동조합이 공동으로 사용자와 교섭하는 방식을 말한다. 노동조합의 지부교섭에 당해 산업별 노동조합과 그 지부가 사용자 단체교섭에 함께 참가하는 것으로 산업별 연합단체에 단체교섭을 위임한 기업별 노동조합이 함께 사용자와 단체교섭에 참여하는 것을 말한다. 공동교섭은 산업별 노동조합 또는 산업별 연합단체가 개별 사업장의 특성을 잘 모르기 때문에 대각선 교섭에서 일어날 수 있는 취약점을 보완하기 위하여, 산업별 노동조합의 지부나 개별사업장 노동조합이 단체교섭에 참가하는 방식을 말한다. 이러한 방식은 미국, 독일 등 유럽 국가에서 많이 행하여지고 있으나, 우리나라는 기업별노조 중심으로 공동교섭의 가능성이 적다(예: 19개 지역단위 항운노조와 항운노련이 CJ대한통운과 공동교섭).

(5) 집단교섭(연합교섭, 집합교섭)

집단교섭은 수 개의 노동조합 지부가 공동으로 여러 개의 기업집단과 집단적으로 교섭하는 형태를 말한다. 기업별 단위 노동조합의 대표자들이 집단을 구성하여 사용자들이 구성한 집단과 단체교섭을 행하는 형태 뿐만 아니라 산업별 노동조합이나 산업별 연합단체가 특정 분야에 대하여 특정 집단을 구성하여 사용자 단체와의 단체교섭을 하는 형태를 말하기도 한다. 이러한 교섭방식은 유럽 각국에서 많이 볼 수 있으며, 우리나라는 면방업계의 임금교섭에서 섬유노동조합연맹의 주선으로 대기업의 노사 양측이 모여 협상대표를 선출하여 임금교섭을 실시한 바 있다(예: 지역별 버스사업주 대표들과 버스회사별 노조 대표들과 집단교섭).

2.2 단체협약

1) 단체협약의 의의

단체협약(collective agreement)이란 노동조합과 사용자가 단체교섭 결과, 조합원의 근로조건 등 근로관계와 노동조합과 사용자간의 집단적 노사관계에 적용할 사항에 대하여 합의한 것을 문서화한 협정을 말한다. 단체협약의 내용은 임금, 근로시간, 근로조건, 휴가, 휴식, 제 수당, 각종 복지에 관한 사항, 조합원의 범위, 숍제도, 노동조합 활동에 관한 사항, 단체교섭의 절차, 쟁의행위에 관한 사항 등 다양한 요소들이 포함될 수 있다.

단체협약은 일단 체결되고 나면, 그것은 법률에 저촉되지 않는 한 취업규칙이나 개별 근로계약에 우선하여 적용되는 강력한 효력을 가지게 되므로 협약 작성에는 상당한 규제가 가해지고 있다. 노동관계법에는 첫째, 단체협약은 서면으로 작성하여야 하고, 둘째, 반드시 노사 쌍방이 서명 또는 날인하여 합의한 사실을 증거로 남겨야 하며, 셋째, 단체협약의 체결일부터 15일 이내에 행정관청에 신고하여야 한다.[11]

단체협약은 노동 3권의 보장에 따라 시민법상의 개별적 고용계약을 대신하여 등장한 노사 간 계약관계적 성질을 갖고 있다. 단체협약은 집단적인 힘으로 하기 때문에 노사관계에 있어서 근로자들의 보다 나은 근로조건을 확보할 수 있는 근로조건 개선기능, 단체협약에 대하여 성실히 준수해야 할 의무와 책임은 노사 모두에 부여되기 때문에 협약기간 동안 산업평화가 유지될 수 있는 평화기능, 협약 유효기간 중에는 분쟁의 요소가 제거됨으로 안정적인 경영을 도모할 수 있는 경영안정 기능을 가지고 있다.

2) 단체협약의 효력

(1) 규범적 효력

단체협약에는 마치 강행법규와 같이 근로자 개인의 근로조건을 규율하는 효력이 주어지고 있는데, 이를 규범적 효력이라고 한다. 규범적 효력의 내용이 되는 부분은 근로조건, 기타 대우에 관한 일반적 기준의 규정으로 임금, 근로시간, 휴일, 휴가, 재해보상, 안전위생, 복리시설 등 구체적 내용을 포함하고 있으며, 규범적 효력을 인정한 규정의 내용을 보면 다음과 같다.[12] 첫째, 단체협약에 정한 기준에 위반되는 취업규칙

11) 노동조합 및 노동관계조정법 제31조 1항, 2항.
12) 노동조합 및 노동관계조정법 제33조 1항, 2항.

또는 근로계약 부분은 무효로 한다. 둘째, 전 항에 의하여 무효로 된 부분은 단체협약이 정하는 기준에 따른다. 셋째, 근로계약에 규정이 없는 사항은 단체협약이 정하는 기준에 따른다.

(2) 채무적 효력

단체협약에는 규범적 효력에 대응하는 채무적 효력이 있다. 단체협약의 당사자는 단체협약 내용에 집단적 노사관계와 관련하여 협약당사자의 권리 · 의무를 규정할 수 있다. 그러므로 이와 같이 협약당사자 상호간의 권리 · 의무를 규율하는 단체협약상의 규정들은 '채무적 내용의 협정'이라고 한다. 단체협약에 어떤 조항들이 채무적 부분에 속하느냐 하는 것은 현행 노동관계법에 명문규정을 두고 있지는 않으나, 일반적으로 평화의무, 평화조항, 유일단체 교섭조항, 노동조합 활동에 대한 편의 제공, 조합원 범위, 단체교섭의 절차 · 규칙에 관한 사항 등이 이에 속한다.

[표 13-2] 단체협약의 내용과 효력

규범적 효력	채무적 효력
근로조건 기타 근로자의 대우에 관한 기준	노동조합과 사용자간의 권리와 의무에 관한 내용
강행적 효력[13], 직접적 효력[14], 자동적 효력[15]	채무적 효력
· 근로조건에 관한 사항 · 근로자의 대우에 관한 기준을 정한 사항	· 평화의무, 평화조항 · 숍(shop) 조항, 쟁의조항 · 노동조합 활동 조항 등

3) 단체협약의 범위

(1) 일반적 구속력

단체협약의 규범적 효력은 노조의 구성원에게만 적용되는 것이 기본적인 성격이다. 그러나 단체협약의 효력 확장제도에 의하면 노조의 구성원이 아닌 비조합원에게도 그 적용이 강행된다. 이것을 단체협약의 일반적 구속력이라고 한다. 노동관계법에는 "하나의 사업 또는 사업장에 상시 사용되는 동종의 근로자 반 수 이상이 하나의 단체협

13) 강행적 효력 : 근로조건 기타 근로자의 대우에 관한 기준에 위반하는 취업규칙 또는 근로계약의 부분은 무효로 한다(노동조합 및 노동관계조정법 제33조 1항).

14) 직접적 효력 : 단체협약의 강행적 효력에 의하여 무효로 된 부분은 단체협약에 정한 기준에 의한다(노동조합 및 노동관계조정법 제33조 2항).

15) 자동적 효력 : 단체협약의 내용이 강행적 또는 직접적 효력에 의하여 근로계약의 내용으로 된다.

약의 적용을 받게 된 때에는 당해 사업 또는 사업장에 사용되는 다른 동종의 근로자에 대하여도 당해 단체협약이 적용된다[16]"라고 규정하고 있다.

(2) 지역적 구속력

지역적 구속력 제도는 "하나의 지역에 있어서 종업하는 동종의 근로자 3분의 2 이상이 하나의 단체협약을 적용받게 된 때에는 행정관청은 단체협약의 당사자 쌍방 또는 일방의 신청에 의하거나, 그 직권으로 노동위원회의 의결을 얻어 당해 지역에 종업하는 다른 동종의 근로자와 그 사용자에 대하여 당해 단체협약을 적용한다는 결정을 할 수 있다".[17] 이는 근로조건에 통일을 통하여 단체협약의 존립을 확보하고, 노동조합의 지위를 강화하는 한편, 부당경쟁으로부터 사용자를 보호하는 것이라고 설명하고 있다.

3. 경영참여

3.1 경영참여의 의의와 유형

1) 경영참여의 개념

경영참여란 일반적으로 조직의 의사결정 및 운영과정, 근로조건에 근로자, 근로자대표 또는 노동조합이 참여하여 영향력을 행사하는 과정을 말한다. 그러나 경영참여를 광의로 해석하면, 근로자 또는 노동조합이 임금이나 근로조건 등의 문제 이외에도 기업경영상의 제 문제 - 경영방침, 경영조직, 교육훈련, 투자・생산계획 및 방법, 기타 경영의 능률 증진 - 등의 여러 가지 문제에 대하여 발언권을 갖는 것으로부터 종업원지주제도와 같이 주식의 소유를 통한 자본참가, 미국의 스캔론 플랜처럼 기업경영성과의 배분에 참가하는 성과배분 참가까지도 널리 포함한다(김영재 외, 2010, p. 196).

이 같은 의미의 경영참여는 산업민주주의의 주된 실천적 내용이 되고 있는데, 경영자는 경영참여를 작업장에서 노사 간의 관계를 안정화시키는, 즉 근로자의 직무몰입을 유도하고 또한 생산성과 능률을 증진시키면서 노사간의 협조를 촉진시키는 수단으

16) 노동조합 및 노동관계조정법 제35조.
17) 노동조합 및 노동관계조정법 제36조 1항.

로 인식한다. 반면에 노동조합은 경영참여를 기업의 조직성과를 개선시키는 수단으로 보다는, 오히려 조합과 사용자 간의 새로운 힘의 균형관계를 확립하는 수단이라는 점에 보다 큰 가치를 부여하고 있다(Jain, 1980, p. 14). 그러나 노사관계 현장에서 경영참여는 노사 모두에게 '뜨거운 감자'로서 노사 간 입장차가 존재한다. 예를 들어, 노동조합의 입장에서 조합원들의 직접적 경영참여가 노동조합을 대체하게 된다면, 노조에서는 경영참여에 대한 부정적인 전략을 수립하게 될 것이다. 또한 사용자의 입장에서도 근로자 또는 노동조합의 경영참여가 사용자의 경영권을 위협하게 될 경우, 사용자 역시 부정적인 전략을 채택하게 된다.

그럼에도 불구하고, 경영참여 그 자체가 노사 간의 권력 공유와 생산적이고 협력적인 관계의 증진이라는 두 가지 기본적인 이슈를 강조하는 바, 경영참여는 근로자를 어떤 방식으로든지 기업의 경영에 참가시켜 기업의 정보를 노사가 공유함으로써 산업화 과정에 야기된 노동의 비인간화 문제를 극복하고, 노사간의 협력 증대, 생산성 향상, 나아가서는 사회정의를 구현하는데 그 목적이 있다.

2) 경영참여의 형태

(1) 자본참여

자본참여란 근로자들이 주식을 소유함으로써 자본의 출자자로서 기업에 참가하는 동시에 경영에 주주로서 발언권을 행사하는 것을 말한다. 근로자의 자본참여는 기업을 자본가의 전유물로 보지 않고 노사 공유의 실체로 보는 것이며, 근로자의 기업에 대한 애사심을 고취시키고 경영공동체를 형성시키는 중요한 역할을 하게 된다.

자본참여의 주된 형태는 종업원지주제와 노동주제도가 있다. 전자는 회사의 경영방침에 의하여 근로자에게 특전이나 혜택을 제공함으로써 근로자들이 자발적으로 자사주를 취득·보유하도록 권장하는 제도로서 일정한 기준에 따라 주식을 배분하는 것이다. 노동주제도란 특수한 주식회사에서 일정한 조건하에 근로자가 제공한 노동을 일종의 노무출자로 보고 그들에게 주식을 주는 제도를 말한다. 이를 통하여 근로자에게 주인의식을 갖게 하여 협력적 지위를 높이고, 임금의 개념을 보수의 사상으로 바꾼다는 것이다.

(2) 이익참여

이익참여는 기업의 생산성 향상에 근로자 내지 노동조합을 적극적으로 참여시켜,

그들의 협력으로 얻어진 경영성과인 이윤의 일부를 임금 이외의 다른 형태로 근로자에게 배분하는 방식이다. 이윤분배제도의 목적은 ① 노사 간 이윤창출에 대한 이해관계 및 애사정신 고취, ② 종업원들의 근면과 창의로 능률 촉진, ③ 근속 장려, ④ 노사관계 개선 등에 이용된다.

(3) 의사결정참여

의사결정참여는 좁은 의미의 경영참여라고 하며, 근로자 또는 노동조합이 경영의사결정에 참여하거나 경영기능에 대하여 영향력을 행사하는 것이다. 자본참여와 성과참여가 소유와 성과배분 등과 같은 물질적 참여라면, 의사결정참여는 경영의 내용이 되는 관리상의 의사결정에 참여하는 형태라고 할 수 있다. 중요한 의사결정참여제도로는 품질관리분임조, 노사합동위원회, 현장자율경영팀, 근로자이사제도, 노사협의회 등이 있다.

3.2 노사협의제도

1) 노사협의제도의 의의

노사협의제도란 경영참여제도의 일환으로 기업의 경영활동에 관한 의사결정에 근로자와 사용자 쌍방이 참여와 협력을 통하여 노사공동의 이익을 증진함으로써 국민경제 발전에 이바지하기 위하여 구성되는 협의기구[18]로서, 주로 단체교섭에서 취급하지 않는 경영 상의 제 문제에 관한 협의와 단체협약상의 의견조정, 기타 근로조건에 관한 사항을 협의하는 제도를 말한다.

2) 노사협의제도의 주요 내용

노사협의회는 근로조건의 결정권이 있는 사업 또는 사업장 단위로 법률에 의하여 그 설치가 의무화되어 있다.[19] 따라서 정당한 이유 없이 협의회 설치를 거부하거나 방해하는 행위는 1천만 원 이하의 벌금이 적용된다. 설치대상 사업장은 원칙적으로 30인 이상의 상시근로자를 사용하는 모든 사업 또는 사업장이다. 또한 하나의 사업에 지역을 달리하는 사업장이 있을 경우에도 전체 근로자가 상시 30인 이상인 경우 의무

18) 근로자참여 및 협력증진에 관한 법률 제1조.
19) 근로자참여 및 협력증진에 관한 법률 제4조 1항.

적으로 설치하여야 한다. 협의회의 구성은 근로자와 사용자를 대표하는 동수의 위원으로 구성되며, 그 수는 3인 이상 10인 이내로 구성한다. 노사협의회는 3개월마다 정기적으로 회의를 개최하여야 하며, 이를 위반할 시 벌칙(200만 원 이하의 벌금)이 적용된다.

노사협의회의 임무는 협의사항으로 생산성 향상과 성과배분, 근로자의 채용・배치 및 교육훈련, 근로자의 고충처리, 작업환경 개선과 근로자 건강, 인사노무관리제도의 개선, 작업시간 및 휴가시간 운영, 여성근로자 모성보호 등이 있으며, 근로자의 교육훈련 및 능력개발 기본계획 수립, 복지시설 설치와 관리, 사내복지기금의 설치, 고충처리위원회에서 의결되지 아니한 사항, 각종 노사공동위원회 설치 등은 협의회의 의결을 거쳐야 한다.

[표 13-3] 노사협의회와 단체교섭의 비교

구분	노사협의회	단체교섭
근거법	근로자참여 및 협력증진에 관한 법률	노동조합 및 노동관계조정법
목 적	노사공동의 이익 증진	근로조건 개선 및 근로자의 지위 향상
일반적 성격	개인적, 이해공통적	집단적, 이해대립적
권리・의무관계	-일방적 권리 불인정 -근로자 및 사용자의 신의성실의무	• 일방적 권리 인정 -근로자의 단체교섭권 -사용자의 단체교섭의무
대상	기업의 생산성 향상 등 노사 간 이해가 공통사항	임금 등 근로조건에 관한 사항
구성(당사자)	사용자-근로자대표	사용자-노동조합
근로자의 지위	기업의 구성원 (노조의 존재여부와 관계없음)	노동조합의 조합원
실력행사	없음	쟁의행위
교섭권한위임	금지	가능
합의결과	노사합의	단체협약

4. 노동쟁의와 조정제도

4.1 노동쟁의의 의의와 성립요건

1) 노동쟁의란?

노동쟁의(labor disputes)란 기업의 사용자와 노동조합 간의 분쟁을 말하는데, 넓은 의미로는 노사간 주장의 불일치로 교섭이 결렬된 상태와 이때 노사가 각기 자신의 주장을 관철할 목적으로 행하는 행위와 이에 대항하는 행위, 이를 테면 우리나라 노동관계법상에서 말하는 노동쟁의[20]와 쟁의행위[21]를 포괄하는 개념으로 노동분쟁(union-management disputes)이라고도 한다.

노사간에 단체교섭이 결렬되고 난 뒤의 대립상태를 노동쟁의라 하며, 현장에서는 노사분규 또는 노사분쟁이라고 한다. 그러나 노사분규는 이익분쟁[22] 뿐만 아니라 권리분쟁[23]을 포함한 일체의 표면화된 노사갈등을 지칭하는 것으로 가장 포괄적인 개념이 노사분쟁이고, 노동쟁의는 이익분쟁을 둘러싼 노사간의 분쟁이라는 차이점이 있다.

노동쟁의는 일반적으로 경제적, 사회적으로 불안감을 가져오고 혼란을 야기하는 등 부정적 측면도 있지만, 산업사회에서 노사간 힘의 불균형을 조정하여 단체교섭을 시행함으로써 근로자의 인간다운 생활을 확보하게 하는 적극적 기능도 있다.

2) 노동쟁의의 성립요건

정당한 쟁의행위는 민・형사상의 책임을 면책받게 된다. 즉, 노동관계법에서는 쟁

---

20) 노동쟁의 : 노동조합과 사용자 또는 사용자단체 간에 임금・근로시간・복지・해고 기타 대우 등 근로조건의 결정에 관한 주장의 불일치로 인하여 발생한 분쟁상태(노동조합 및 노동관계조정법 제2조 5항).

21) 쟁의행위 : 파업・태업・직장폐쇄 기타 노동관계 당사자가 그 주장을 관철할 목적으로 행하는 행위와 이에 대항하는 행위로서 업무의 정상적인 운영을 저해하는 행위(노동조합 및 노동관계조정법 제2조 6항).

22) 이익분쟁 : 노사가 임금 및 기타 근로조건에 관한 단체협약을 체결하기 위하여 단체교섭을 하는 과정에서 발생하는 분쟁을 의미함.

23) 권리분쟁 : 단체협약 체결 이후, 단체협약의 이행이나 계약문구의 해석 및 집행과정에서 발생하는 분쟁을 의미함.

의행위가 정당성을 가지는 한 이를 처벌하지 않는다고 형사상의 면책을 규정하고 있으며, 사용자는 정당한 쟁의행위로 인하여 손해를 받은 경우에 노동조합 또는 근로자에 대하여 배상을 청구할 수 없다고 민사상의 면책을 규정하고 있다. 따라서 정당한 쟁의행위는 다음과 같이 몇 가지 사항을 갖추어야 한다. 먼저 노사 간의 분쟁상태에서 근로자들의 근로조건 유지·개선에 관한 것이어야 한다. 둘째, 노동조합의 쟁의행위는 조합원의 직접·비밀·무기명 투표에 의한 조합원의 과반수의 찬성으로 이루어져야 한다.[24] 셋째, 우리나라는 조정전치주의를 취하고 있어, 노사 당사자는 노동쟁의가 발생한 때에는 상대방에게 서면으로 통보하고, 노동위원회에 조정을 신청하여야 하며, 조정절차를 거치지 아니하면 쟁의행위를 할 수 없다.

4.2 노동쟁의의 유형

1) 파업(strike)

조직적인 방법으로 근로의 제공을 전면적으로 거부하는 행위로서 가장 전형적인 쟁의행위이다. 파업에 참가하는 범위에 따라 총파업, 전면파업, 부분파업, 지명파업 등으로 구분되고, 목적이나 상대방에 따라 통상파업, 정치파업, 연대파업 등으로 구분되며, 노동조합의 주도 여부에 따라 조직파업과 비조직적 파업(wild cat strike)로 구분된다.

2) 태업(soldiering)

태업이란 노동력은 제공하지만 의식적으로 불성실하게 노무를 제공하여 업무저해를 가져오는 행위를 말한다, 사용자의 지휘명령에서 완전히 이탈하지 않으므로 전면적인 업무저해까지는 이르지는 못하나, 반면에 파업시 예상되는 임금 삭감의 불이익을 완화시키면서 업무 저해를 도모할 수 있다는 점에서 파업 등의 본격적인 쟁의행위에 앞서 단결력을 과시하거나 단체교섭의 진전을 촉구할 목적으로 실시하는 경우가 많다.

3) 사보타지(sabotage)

노무제공을 소극적으로 불성실하게 제공하는 것을 넘어서 적극적으로 생산, 사무활

24) 노동조합 및 노동관계조정법 제41조 1항.

동을 방해하거나 생산 재료나 시설을 파괴하는 것을 포함하는 행위를 말한다. 노무의 불완전한 제공인 통상적인 태업과는 달리 원료, 기계, 제품 등을 손괴, 은닉, 임의처분하는 등의 적극적 방법을 통하여 사용자에 경제적 압력을 가하는 방법이다. 이는 경영간섭과 생산수단의 손괴를 가져 온다는 점에서 쟁의행위의 정당성은 부정된다.

4) 생산관리

사업장 또는 공장을 점거하여, 직접 기업경영을 행하는 쟁의행위를 말한다. 종전의 경영방침을 그대로 따르면서 근로자들이 직접 경영을 하되, 수익금을 회사를 위해서 보관하고 임금을 종래대로 지급하는 이상형 생산관리와 회사 자재를 마음대로 처분하고 수익금을 일방적으로 인상한 임금에 충당하는 경우로 나누어 볼 수 있다. 생산관리는 적극적으로 공장, 사업장 또는 설비 등을 점유하여 사용자의 지휘명령을 배제하면서 기업경영을 지배하는 작위적 쟁의행위이다. 따라서 경영권의 침해로서 정당한 쟁의행위로 인정되지 아니한다.

5) 보이콧(boycott)

보이콧은 불매운동이라고도 하는데, 사용자 또는 그와 거래관계에 있는 제3자의 제품구입, 기타 시설의 이용을 거절할 것을 요구하는 쟁의행위이다. 이때 사용자의 제품에 대한 불매운동을 1차적 보이콧이라고 하고, 사용자와의 거래관계에 있는 제3자에게 거래를 정지하도록 요구하고, 이에 응하지 않을 때에 소비자에게 제3제품의 제품이나 시설 이용 등을 중단하도록 유도하는 것을 2차적 보이콧이라 한다.

6) 피케팅(picketing)

피케팅은 파업과 같은 주된 쟁의행위의 효과를 높일 목적으로 다른 근로자 및 일반시민에게 쟁의중임을 알려 근로자에 유리한 여론을 형성하거나, 쟁의행위에서 근로자의 이탈을 방지하고 대체근로를 저지하기 위하여 필요한 장소에 감시하는 인원을 배치하거나 사업장의 출입통행에 제한을 가하려는 쟁의행위이다. 피케팅은 평화적인 설득이라면 정당성이 인정된다. 그러나 최근 여러 나라에서 피케팅의 정당성의 한계를 엄격히 규제하려는 경향이 있다.

7) 직장폐쇄(lock-out)

직장폐쇄란 사용자가 자신의 주장을 관철시키기 위하여 근로자의 집단에 대하여 생산수단을 차단함으로써 노동력의 수령을 집단적으로 거부하고, 무노동 무임금의 원칙에 의하여 임금을 지급하지 아니함으로써, 근로자에게 경제적 타격을 주는 사용자의 대항수단이다. 직장폐쇄는 노사간의 의견이 불일치할 경우, 사용자가 자기의 주장을 관철하기 위한 목적으로 행하는 것이므로, 사용자가 경영상의 이유로 휴업 또는 폐쇄하는 행위, 다수의 근로자에 대하여 취업규칙 위반 등의 이유로 출근정지처분을 내리는 등의 행위는 직장폐쇄가 아니다.

경영사례 3

▮ 정년 연장, 근로시간 단축, 통상임금 … 한꺼번에 쏟아진 산업현장 뇌관

시동 건 올 임금 · 단체협상
현대중공업 상견례부터 긴장감
무분규 타결 20년 만에 위기

현대중공업 노사 대표가 14일 올해 임금 · 단체협상에 앞서 상견례를 가졌다. 12년 만에 출범한 강성노조(위원장 정병모) 체제에서 첫 노사협상의 막이 오른 것이다. 이날 상견례는 예년과 달리 팽팽한 긴장감이 흘렀다. 노사가 사전에 쟁점을 조율하며 어느 정도 공감대를 형성한 뒤 열린 예전의 상견례와 딴판이었다. 노조와 사측의 생각이 완전히 달라서다. 노조는 2002년 이후 가장 높은 임금인상 요구안을 냈다. 노조업무만 보는 전임자에 대한 임금 지급, 사내하청 근로자에 대한 장학금 지급과 같은 복지혜택 확대, 임금삭감 없는 정년 연장, 안전사고 예방을 위한 노조의 작업중지권 확보, 신규채용 확대도 요구했다. 정부의 정책이나 법원의 판결과 궤를 같이하는 것이 많다. 이렇다 보니 사측은 곤혹스러울 수밖에 없다. 안 받아들일 수도 없고, 받아들이자니 부담이 만만찮아서다. 사측은 "인사경영권을 침해하는 것은 거부한다"는 입장이다. 하지만 이미 법제화된 정년 연장이나 통상임금 확대, 비정규직 차별금지 제도를 모른 척할 수도 없다. 사측은 최근 "통상임금 확대에 따른 인건비 부담을 줄이기 위해 하계휴가비, 희망퇴직자 위로금, 출산 전후 휴가급여, 잔업수당은 정기상여금을 뺀 약정임금으로 계산하자"며 역제안을 했다. 통상임금을 기업 사정에 맞게 변형해서 적용하자는 것이다. 노조가 반발하는 것은 물론이다. 현대중공업 관계자는 "올해 노사협상은 오래 끌 것 같다"고 말했다. 19년 무분규 타결이란 궤도가 20년 만에 탈선할지도 모른다는 얘기도 나온다.

이런 사정은 현대중공업 뿐만이 아니다. 상당수 기업의 노사가 통상임금 확대, 정년 연장, 근로시간 단축과 같은 굵직한 정책현안과 맞물린 협상을 진행 중이다. 한꺼번에 쏟아진 정책에 사측은 부담을 호소하고, 노조는 법에 따른 권리를 주장하며 충돌하는 양상이다.

금속노조 현대차 지부도 통상임금에 정기상여금은 물론 복리후생비, 휴가비까지 포함시킬 것을 요구하고 있다. 정년 60세 보장에다 근로시간 단축과 관련해 주간2교대제인 '8(1조)+8(2조)' 근무체제에서 전 사원 완전월급제를 요구안에 포함시켰다. 기아차나 GM대우도 마찬가지다.

이렇다 보니 올해 임금·단체협상은 예년에 비해 상당히 더디게 진행되고 있다. 노사갈등 요인은 많고, 현안마다 뚜렷한 기준이 없어 갈피를 못 잡아서다. 고용노동부 임금근로시간 정보시스템에 따르면 올 3월 말 현재 타결률은 1.9%에 불과하다. 전년(3.0%)에 비해 1.1%포인트 낮다. 익명을 요구한 기업체 임원은 "올해 노조 요구안을 보면 정부정책과 연결된 게 수두룩하다"며 "정확한 가이드라인이 없어 혼란만 예고되는 노사협상을 하긴 처음"이라고 말했다. 그나마 민간부문은 1.9%의 타결진척률을 보이는 데 비해 공공부문은 1.2%에 불과하다. 공공부문 개혁에 대한 노조의 저항이 만만찮다는 얘기다.

특히 정치권이나 정부의 향후 움직임에 따라 노사협상이 엉뚱한 방향으로 흐를 수 있다. 근로시간 단축과 관련된 법 개정이 6월 이후 이뤄지면 임금과 단체협상을 처음부터 다시 진행하거나 추가협상을 해야 하는 부담을 안을 수 있어서다. 고용부 임무송 노사협력정책관은 "올해는 민간과 공공부문을 막론하고 전 사업장에서 노사 간 상당한 갈등이 예상된다"며 "경제에 주름이 지지 않도록 원만한 협상이 될 수 있도록 지도해 나갈 방침"이라고 말했다.

• 자료 : 중앙경제, 2014. 5. 15.

5. 부당노동행위 제도

5.1 부당노동행위의 개념

부당노동행위(unfair labor practices)제도는 노동 3권의 구체적인 보장을 위한 행정적인 보호제도이며, 사용자가 정상적인 근로자의 노동조합 운동이나 노동조합의 정상적인 활동을 방해하는 행위를 말한다.

대한민국 헌법 제33조 제1항에서는 근로자의 단결권·단체교섭권·단체행동권 등 노동3권을 보장하고 있다. 그러나 현실적으로는 이러한 노동 3권이 헌법상 기본권으로 되어 있음에도 불구하고, 사용자에 의하여 침해를 받을 가능성이 현저하다. 또한 그러한 사례는 과거 선・후진국의 노동운동사에서 얼마든지 찾아볼 수 있다. 따라서 단결권 등의 실질적인 보장은 사용자로부터 침해가 배제됨으로써 실현될 수 있는 것이다(김성수, 2000, p. 192).

5.2 부당노동행위 제도의 유래

부당노동행위 제도는 1935년 미국의 와그너 법(Wagner Act)에서 처음으로 도입된 제도이고, 최초 노동조합의 어용화를 방지하기 위하여 입법화된 것이다. 사용자의 노동조합에 대한 간섭, 조합 지배, 차별대우, 산업발전의 위협 등을 부당노동행위로서 금지하는 조항을 두었다.

역사적인 문제는 부당노동행위로 입법적 보호를 받게 된 노동조합이 비대하게 되어, 노동조합의 세력에 의한 산업발전의 안정이 위협을 받게 되자, 1947년에는 태프트-하틀리법(Taft- Hartley Act)에서는 근로자와 사용자 간의 균형을 취하고자 노동조합 측의 부당노동행위를 새로 추가하였다. 이것은 노사 간의 힘의 균형을 꾀하기 위한 것이기도 하지만, 오히려 노사 간의 자유로운 거래의 계약을 배제하려는 데 그 목적을 두고 있다.

5.3 부당노동행위의 유형

부당노동행위의 종류는 나라마다 특색있게 규정하고 있으며, 산업평화와 노동 3권의 현실적 보장이라는 측면에서 대부분 국가의 내용들이 대동소이함을 보여주고 있다. 우리나라의 노동관계법에서는 [표 13-4]와 같이, 다섯 가지를 사용자의 부당노동행위로 규정하고, 이를 금지하고 있는 것이다.[25)]

25) 노동조합 및 노동관계조정법 제81조.

[표 13-4] 부당노동행위의 유형

유 형	내 용
불이익대우 (제81조 제1호)	근로자가 조합원이라는 이유로 다른 근로자와 차별대우하여 해고나 불이익을 주는 행위
황견계약 (제81조 제2호)	근로자가 노동조합에 가입하지 아니할 것, 또는 탈퇴할 것을 고용조건으로 하거나, 특정한 노동조합의 조합원이 될 것을 고용조건으로 하는 행위
단체교섭거부 (제81조 제3호)	노동조합 측으로부터 단체협약 체결이나 기타의 단체교섭을 정당한 이유 없이 거부하거나 해태하는 행위
지배·개입 및 경비원조 (제81조 제4호)	근로자가 노동조합을 조직·운영하는 것을 지배하거나 이에 개입하는 행위와 노동조합의 운영비를 원조하는 행위
보복적 불이익 취급 (제81조 제5호)	근로자가 정당한 단체행동에 참가한 이유, 또는 사용자의 부당노동행위를 노동위원회 신고·증언, 기타 행정관청에 증거제출을 이유로 근로자를 해고하거나 불이익을 주는 행위

정리하기

1. 노사관계란 근로자와 사용자 또는 노동조합과 사용자 또는 사용자단체 간에 고용관계를 중심으로 전개되는 제반 관계를 말하며, 일반적 사용자와 노동조합, 노동 관련 정부가 포함된다.

2. 노동조합은 근로자가 주체가 되어, 자주적으로 단결하여, 근로조건의 유지·개선 기타 근로자의 경제적·사회적 지위의 향상을 목적으로 하는 단체 또는 그 연합단체를 말한다.

3. 단체교섭이란 노동조합과 사용자가 대등한 입장에서 근로조건에 관한 집단적 거래를 협상하는 과정이며, 단체협약은 단체교섭의 결과 노사간에 제반 근로조건에 관해 합의한 문서형태의 협정을 말한다.

4. 경영참가제도는 조직의 의사결정 및 운영과정, 근로조건에 근로자, 근로자대표 또는 노동조합이 참여하여 영향력을 행사하는 과정으로, 크게 자본참여, 이익참여, 의사결정참여 등이 있다.

5. 부당노동행위는 사용자가 정상적인 근로자의 노동조합 운동이나 노동조합의 정상적인 활동을 방해하는 행위를 말한다. 부당노동행위 유형에는 불이익대우, 황견계약, 단체교섭 거부, 지배·개입 및 경비원조, 보복적 불이익 취급 등이 있다.

6. 노동쟁의란 노사 간에 임금, 근로시간, 복지, 해고, 기타 대우 등 근로조건의 결정에 관한 주장의 불일치로 인해 발생한 분쟁상태를 말하며, 노사 당사자가 각자의 주장을 관철할 목적으로 업무의 정상적인 운영을 저해하는 행위를 쟁의행위라 한다. 노동조합 측의 쟁의행위는 파업, 태업, 보이콧, 생산관리, 피케팅 등이 있고, 사용자 측의 쟁의행위로는 직장폐쇄가 있다.

연습문제

단답식

1. 노동조합의 기능은 일반적으로 경제적 기능, 정치적 기능, (　　　)으로 대별할 수 있다.

2. 숍 제도는 기본적으로 클로즈드 숍, 유니온 숍, (　　　)으로 나누어 볼 수 있다.

3. 단체교섭이 노사관계에서 중요시되는 이유는 노동조합의 목적인 근로조건의 유지 · 개선을 위해 (　　　)을 체결함으로써 달성할 수 있기 때문이다.

4. 단체협약에는 마치 강행법규와 같이 근로자 개인의 근로조건을 규율하는 효력이 주어지고 있는데, 이를 (　　　) 효력이라고 한다.

5. (　　　)은 사용자 또는 그와 거래관계에 있는 제3자의 상품의 구입, 기타 시설의 이용을 거절할 것을 요구하는 쟁의행위이다.

객관식

1. 다음 중 노동조합에 관한 설명이 바르지 못한 것은? (　　)
   ① 근로자가 주체가 되어 근로조건의 유지 · 개선과 복지 증진, 기타 경제적 · 사회적 지위의 향상을 도모함을 목적으로 조직하는 단체 또는 연합단체이다.
   ② 임금생활자가 그 근로생활의 조건을 유지 · 개선할 것을 목적으로 조직한 계속적인 결사이다.
   ③ 단체로서 계속적 통일체이므로 일시적 단체나 쟁의단은 노동조합이 아니다.
   ④ 노동조합은 법인에 한하며, 정치활동을 자유롭게 할 수 있다.

2. 다음 중 산업별 노동조합의 장점이 아닌 것은? ( )

① 노사간의 교섭력의 통일을 유지할 수 있다.
② 자기 기업의 사정을 고려하기에 유리하다.
③ 동종 산업에 종사하는 근로자의 지위의 균형적 향상에 유리하다.
④ 압력단체로서 큰 힘을 발휘할 수 있으며, 조직을 거대화할 수 있다.

3. 기업별 노동조합에 관한 설명 중 바르지 못한 것은? ( )

① 기업격차가 큰 곳에서 일반적으로 사용된다
② 직종간 대립을 초래할 염려가 있다
③ 횡단적 조직이라 할 수 있다.
④ 어용조합화 경향이 가장 크다.

4. 다음 중 단체교섭에 대한 설명 중 틀린 것은? ( )

① 단체교섭의 결과 체결된 단체협약은 근로계약과 동일하다.
② 정당한 이유없이 교섭요구를 거부할 수 있다.
③ 정당한 교섭요구를 거부하면, 부당노동행위의 성립 이유가 된다.
④ 단체교섭에 의한 단체협약은 법률의 보호를 받는다.

5. 단체교섭의 기능으로 거리가 먼 것은? ( )

① 근로자의 욕구불만을 조정하는 기능
② 노사협력관계를 증진시키는 기능
③ 노동조합의 목적을 강제적으로 실현시키는 기능
④ 근로조건을 통일적으로 형성시키는 기능

6. 단체협약의 기능이라고 볼 수 없는 것은? ( )

① 기업의 민주화 ② 유리한 근로조건의 확보
③ 근로자의 조직을 강화 ④ 단체행동으로 압력을 가하여 의사 관철

7. 단체협약의 효력에 관한 설명 중 틀린 것은? ( )

① 단체협약의 구속범위는 원칙적으로 협약을 체결한 노동조합의 조합원에 한한다.
② 단체협약상 평화조항이란 단체협약의 당사자가 협약의 유효기간 중 협약에 정한 사항에 대하여는 쟁의행위를 하지 않을 것을 약정하는 조항을 말한다.
③ 규범적 부분은 집단적 노사관계를 정하는 부분으로 이를 위반하는 근로계약은 무효가 된다.
④ 일반적 구속력제도는 근로조건의 형평과 노동조합의 단결 보호에 있다.

8. 노동쟁의에 관한 설명 중 틀린 것은? ( )

① 노동쟁의는 노동조합과 사용자간에 발생한 분쟁을 말한다.
② 노동쟁의는 노사간의 단체교섭이 선행되어야 한다.
③ 노사간의 단체교섭 불이행으로 인한 분쟁은 노동쟁의가 아니다.
④ 노동쟁의는 의견불일치의 분쟁상태이다.

9. 다음 중 파업에 관한 설명 중 옳지 않은 것은? ( )

① 파업은 쟁의행위의 최후 수단으로 행하여 진다.
② 파업으로 노동력에 대한 사용자의 지배관계가 중단된다.
③ 집단적으로 노무제공을 거부하는 것이다.
④ 작업을 하면서 작업능률을 떨어뜨리는 것이다.

10. 노사협의와 단체교섭의 차이점에 관한 사항 중 틀린 것은? ( )

① 노사협의에는 원칙적으로 노동쟁의가 발생하지 아니하나, 노동조합이 조직되어 있을 때는 예외적으로 발생할 수 있다.
② 단체교섭제도에서 단체교섭권이 생존권적 기본권으로 인정되나, 노사협의회제에서는 다르다.
③ 노사협의는 종래 단체교섭사항으로 부적당하거나 포함될 수 없는 사항을 대상으로 할 수 있다.
④ 단체교섭은 규범적 효력을 가지나 노사협의는 다르다.

참고문헌

김성수(2010), 『신노사관계론』, 탑북스.

김영재 · 김성국 · 김강식(2010), 『신인적자원관리(제2판)』, 탑북스

민경호(2010), 『인사관리』, 무역경영사.

민경호 · 신건호(2009), 『현대 노사관계론』, 무역경영사.

이규창 외(2004), 『신노사관계론』, 법문사.

신수식 · 김동원 · 이규용(2013), 『현대고용관계론』, 박영사.

이승계 외(2010), 『인적자원관리』, 명경사.

정재훈(2006), 『노사관계론』, 학현사.

최영우(2000), 『맞춤 노동법』, 중앙경제사.

황규대(2009), 『전략적 인적자원관리』, 박영사.

Dunlop, J. T. (1958), *Industrial relations systems*, NewYork, Halt.

Jain, H. C. (1980), *Worker's participation*, N.Y. Preeager Publisher.

Sidney and Beatrice Webb(1911), *The history of trade unionism*, Longmans, London.

제 14 장 글로벌 인적자원관리

학습개요

이 장은 글로벌화의 의의 및 요인에 대해 먼저 논의한다. 그 후 글로벌 인적자원관리의 필요성, 전략에 대해 살펴보며, 글로벌 인적자원관리의 이슈에 대해 학습한다.

학습목표

1. 글로벌 HRM과 HRM의 공통점 및 차이점을 이해한다.
2. 글로벌화의 요인을 학습한다.
3. 글로벌 HRM이 필요한 이유를 파악한다.
4. 글로벌 HRM 전략의 유형을 구분한다.
5. 글로벌 HRM 이슈에 대해 정리한다.
6. 우리나라 기업이 해외자회사의 인력을 충원할 때, PCN, HCN, TCN 가운데 어떤 인력을 충원하는 것이 유리한지 거래비용 관점에서 학습한다.

주요용어

1. 글로벌화: 경제, 사회, 문화 등 각 부문에서 국경이라는 장벽이 없어지고, 사람과 물자, 기술, 문화 등이 자유롭게 교류되면서, 글로벌 경쟁력과 함께 국제협력이 강화 되는 시대를 의미함.
2. 인터넷 비즈니스: 정보기술을 기반으로 하여, 가상공간인 인터넷에서 창출되는 모든 비즈니스
3. WTO(World Trade Organization): GATT(General Agreement on Tariffs and Trade:관세 및 무역에 관한 일반협정) 체제를 대신하여, 세계무역질서를 세우고 UR (Uruguay Round of Multinational Trade Negotiation : 우루과이라운드) 협정의 이행을 감시하는 국제기구로 세계무역기구라 부름.

경영사례 1

LG전자 "인재육성에 국경없다"

LG전자가 해외에서도 글로벌 인재육성에 적극 나서고 있어 주목된다. LG전자는 지난 20일 중국 베이징 LG트윈타워에서 중국법인 핵심인재 육성을 위한 해외연수 프로그램인 '글로벌 직무연수' 발대식을 가졌다고 21일 밝혔다.

이날 탁월한 업무성과와 성장 잠재력을 인정받아 글로벌 직무 연수 대상자로 선정된 핵심인재는 모두 6명. 이들은 연말까지 LG전자 한국, 미국, 호주, 홍콩법인에 각각 파견돼 담당분야에서 3~6개월간 업무를 수행하고 그 결과를 중국지역본부와 공유, 현업에 적용하는 역할을 하게 된다.

LG전자 중국지역본부장 우남균 사장은 이날 발대식에 참석해 "우수 인재는 타회사가 모방할 수 없는 핵심자산의 하나"라며 "앞으로 현지 우수인재 육성 및 글로벌 역량강화를 위한 다양한 프로그램을 지속적으로 운영해 미래 성장동력인 우수 인적자원을 확보해 나갈 것"이라고 말했다.

LG전자 중국 지역본부는 지난 2006년부터 '글로벌 직무연수' 프로그램을 시작해 매년 상하반기 총 10여 명의 우수인재를 선발, 해외법인 근무기회를 제공함으로써 현지 인력의 글로벌 역량을 강화해 오고 있다. 지금까지 이 과정을 수료한 중국 현지직원들은 40여명에 달한다. 또 중국 선양법인은 지난해 현지직원 2명을 아프리카 지역 브라운관TV 판매 확대를 위한 현재 주재원으로 파견하기도 했다.

이처럼 LG전자 중국지역본부가 현지 핵심인재 육성에 공을 기울이고 있는 것은 LG전자가 세계 최고의 글로벌 기업이 되기 위해서는 국내 뿐 아니라 세계 각국의 우수한 현지인재를 활용해야 한다는 판단에 따른 것. 남 용 LG전자 부회장은 취임 이후부터 '국적 없는 글로벌 기업'을 강조하며 이를 위해 해외 현지인재의 역량을 강화하고 우수한 글로벌 인재들이 LG전자에서 일할 수 있도록 해야 한다고 당부해 왔다.

LG전자가 평택러닝센터에서 '글로벌 리더' 프로그램을 운영하고 있는 것도 이 때문이다. 경영자급 육성을 위한 '글로벌 비즈니스 리더', 부서장급 육성을 위한 '글로벌 이노베이션 리더', 한국을 처음 방문하는 직원들을 대상으로 한 'LG인 되기' 등 직급에 따라 3단계로 구성된 이 프로그램에는 해외법인에서 경영자 및 부서장 후보자로 선정된 현지 인재 중 지역본부장이 추천한 최고 인재들이 참가한다. 지금까지 이 과정을 이수한 해외 인재들은 800여 명이 넘는다.

LG전자는 또 지난해 처음으로 남아공 법인장에 현지인을 선임하기도 했다. 다양한 인종으로 구성돼 인종간 관습과 소비성향 등의 차이가 큰 이 지역에서 1등 브랜드의 위상을 공고히 하기 위해서는 현지 실정을 잘 아는 인재가 필요하다는 판단에서였다. 남아공에서 현지인 법인장을 선임하자 LG전자의 5만여 해외 직원들은 국적에 관계없이 성공할 수 있다는 비전을 갖게 됐다는 게 LG전자의 설명이다.

LG전자 관계자는 "글로벌 최고기업이 되기 위해서는 국적에 관계 없이 인재역량을 강화하고 우수한 인재를 활용할 수 있어야 한다"며 "해외 현지 우수인재 육성 프로그램을 강화해 나갈 것"이라고 말했다.

• 자료 : 내일신문, 2009. 7. 21.

1. 글로벌화의 의의

사업활동에 있어서 글로벌화는 조직적인 그리고 경영성과에 대한 새로운 요구를 제기하고 새로운 대응을 필요로 하고 있음은 주지의 사실이다. 예를 들어, 국제적인 업무 부여는 세계적 수준에서의 직원의 채용과 관리를 위해서 뿐만 아니라 관리자들의 기술과 지식을 개발하는 도구로써, 그리고 조직의 학습과 역량을 향상시키는 방법으로도 더욱 많이 활용되고 있다. 언론매체나 우리가 나누는 대화에서 흔하게 접할 수 있는 용어가 된 '세계화', '국제화', '글로벌화'라는 단어들이 있다. 이러한 단어들은 조금씩 다른 의미를 지닌 것일까? 아니면 같은 의미로 해석해도 되는 것일까?

세계화는 영어의 글로벌라이제이션(globalization)을 번역한 단어로, 한국이 세계라는 공동체 내에서 적절한 역할을 수행해야 한다는 점을 강조하기 위하여 정부에서 의도적으로 널리 유포시켰던 용어이다. 1995년에 세계화 추진위원회가 발표한 보고서에 따르면 현대는 지구촌 전체가 하나의 단위가 되어 발생된 문제를 해결하는 시대이기 때문에 국가나 민족이라는 단위를 넘어서야 하고, 지구공동체라는 개념이 이상적 가치로서가 아닌 현실적 행동규범으로 뿌리를 내려야 한다고 설명하고 있다. 이렇게 볼 때 세계화라는 개념은 비단 경영·경제분야 뿐만 아니라 사회, 문화, 정치 등의 영역에도 적용되는 개념이다. 따라서 세계화라는 광범위한 의미의 용어보다는 경영・경제 분야에 한정시킨다는 의미로 글로벌화라는 용어를 번역하지 않고 그대로 사용하는 것이 적절하다.

또한 글로벌화와 함께 국제화라는 용어도 비슷한 의미로 널리 사용되고 있다. 1980년대만 하더라도 대부분의 책에서 국경을 넘어서 행해지는 현상을 놓고, 경영학 분야에서는 '국제화 경영' 또는 '글로벌 경영'이라는 용어를 일반적으로 사용하였다. 글로벌 경영이라는 용어는 국제화 경영이라는 용어보다 널리 사용되고 있다. 경영활동이 국경을 넘어서 일어나는 현상을 설명할 때에도 국제화라는 단어보다는 글로벌화라는 단어를 많이 사용하는 경향이 있다. 국제화는 일반적으로 기업이 국경이라는 한계를 넘어 2개국 이상으로 경영활동을 확대해 나가는 과정을 의미한다. 그런데 이러한 단순한 국제화라는 용어로는 최근에 기업이 국경을 넘어 활동하는 행태를 제대로 설명하지 못한다. **글로벌화란 개별 국가나 지역을 별도의 시장으로 파악하지 아니하고 통합적으로 파악하여, 동일한 전략을 사용하는 단계까지 기업의 국제경영이 발달하는 과정을 의미한다.** 따라서 국제화란 기업이 점차 국제적으로 경영활동을 확대해 가는 과정을 의미하는 용어이고, 글로벌화는 국제화가 고도로 진행되는 단계를 지칭하는 용어라고 보면 무방하다.

글로벌화란 쉽게 말해서 "경제, 사회, 문화 등 각 부문에서 국경이라는 장벽이 없어지고, 사람과 물자, 기술, 문화 등이 자유롭게 교류되면서, 국제경쟁력과 함께 국제협력이 강화되는 시대적 변화"를 의미한다. 삶의 단위가 국가가 아닌 지구촌으로 확장되어 국경 없는 사회가 되는 것이다. 즉, 국가 간의 상호의존성이 증대되어 지구를 하나의 단위로 생각하는 세계관이라 정의할 수 있다. 각국마다 생산해 내는 재화와 서비스는 다르기 때문에 각자의 필요한 욕구를 충족시키기 위해서는 반드시 다른 나라와 상호작용을 통해 교환이 이루어져야만 한다. 글로벌화에서 이러한 교환은 일반적으로 기업이 개별 국가시장에 대해 각기 다른 전략을 취하기보다는 전 세계시장을 하나의 시장으로 보고 통합된 전략을 수립하게 된다. 그리고 글로벌화된 환경에서는 제품, 기술, 서비스가 각국으로 자유롭게 이동하며, 인적자원과 자본의 흐름도 자유롭다.

2. 글로벌화의 요인

전문가들은 한 · 미 FTA(자유무역협정)에 이은 한 · EU간 FTA 협상 및 한 · 중 FTA 협상 타결 등에 따라 글로벌화는 더욱 빠른 속도로 진행될 것이라고 진단한다. 시장개방의 확대와 국가 간 진입장벽 완화, 소비자 수요의 다양화 등 환경변화는 글로벌화를 더욱 촉진시킬 수 밖에 없다. 특히 국내기업들은 내수시장의 한계를 이겨내기 위해 해외에서의 경쟁력을 확보하고 해외시장 진출을 확대할 것이기 때문에, 해외에서 우수인재를 확보하고 유지하는 것은 조직의 지속적 성장가능성을 담보하기 위해서 중요한 경영현안이라고 할 수 있다. 따라서 각 기업들은 글로벌화에 올바르게 대응하기 위해서는 왜 급속하게 글로벌화가 진행될 수밖에 없는지 글로벌화의 촉진요인을 이해하고 적절하게 대응하는 것이 필요하다.

2.1 글로벌화에 대한 압력

기업들이 글로벌화의 압력을 느끼는 이유는 산업과 경쟁이 글로벌화하는 추세에 따른 것이다. 산업과 경쟁이 글로벌화되는 요인으로서 연구개발과 생산에 있어서 규모의 경제가 점차 중요해지고 있으며, 전 세계적으로 소비자의 수요가 점차 동질화되어 가는 추세에 있고, 또한 WTO(세계무역기구) 체제하에서 부역장벽이 부너지고 있기 때문이다. 글로벌화의 필요성이 더더욱 강조되는 산업은 표준화된 제품을 대량생산하는 산업이다. 과거에는 세계 각국의 소비자들의 기호가 큰 차이를 보였으나, 점차 전 세계적으로 소비자의 기호가 동질화됨에 따라 표준화된 제품이 되어 가고 있다. 따라서 기업들은 표준화된 제품들을 대량생산하여 규모의 경제를 활용할 수 있기를 기대한다.

이처럼 표준화된 상품을 중심으로 대량생산체제를 통하여 낮은 가격으로 경쟁하는 산업에서는 기업들이 치열한 경쟁을 벌인 결과 많은 중소기업들은 도산하고 소수의 글로벌 기업들만 살아남기 쉽다. 또한 생산과 연구개발에서 규모의 경제효과가 큰 산업일수록 글로벌화 해야 하는 필요성이 더욱 강조되고 있다. 자동차산업에서는 신제품을 개발하는 데, 막대한 연구개발비가 들고 생산설비를 갖추는 데도 엄청난 투자자금이 소요된다. 이와 같은 산업에서는 한 곳에 대형공장을 만들고 대량생산을 통한 규모의 경제를 활용하여 비용을 낮추는 것이 필요하다. 이와 같은 저비용 생산기지에서 생산된 제품을 세계 각국에 수출함으로써 규모의 경제를 최대한도로 활용할 수 있는 것이다.

WTO체제하에서 각종 관세 및 비관세장벽이 무너지고, 지역 내 경제통합 현상이 가속화됨에 따라 표준화된 상품의 대량생산을 통하여 비용우위를 확보하려는 글로벌화의 압력은 더욱 더 가중되고 있다.

2.2 현지화에 대한 압력

기업들이 현지화해야 하는 첫 번째 필요성은 환율변동으로 인해 국제경쟁력이 약해지는 것을 피하기 위해서이다. 환율변동은 한 지역에 생산시설을 집중하는 글로벌 기업에게 커다란 위험요소로 작용한다. 아무리 소비자 수요가 동질화되고 무역장벽이 철폐되며, 규모의 경제의 중요성이 크다고 해도 환율이 급변할 경우에는 한 지역에 생산시설을 집중하여 규모의 경제를 활용하려는 단순한 글로벌 경영방식은 위험한 전략일 수밖에 없다. 따라서 기업들은 이러한 환위험을 회피하기 위해서 적극적인 현지화 전략을 추구해야 할 필요성을 느낀다.

국제무역 장벽이 계속적으로 낮아지는 추세에 있다 하더라도 각국간에 무역분쟁이 발생할 가능성이 아직도 상당히 크다. 특히 수출형태로 해외사업을 운영하는 기업들에게는 각종 무역분쟁이 큰 어려움으로 작용할 수 있다. 예를 들어, 유럽연합이 아직까지는 통합후 역외국에 대해 무역장벽을 세울 조짐을 보이지 않으나, 한국에서 수출하는 상품에 대해서 반덤핑제재를 취하거나 수출자율규제와 같은 조치를 취할 경우, 한국에서 생산하여 수출하는 형태로 해외사업을 운영하는 기업들은 제품의 판로가 순식간에 막혀 버릴 수도 있다.

또한 각국 간의 정치적·문화적 환경의 차이는 다국적기업들에게 현지화의 필요성을 더욱 절실하게 한다. 다양한 정치적 위험을 회피하는 방법은 그 기업이 적극적으로 현지화하는 길이다. 또한 국가 간에 서로 다른 문화적 차이는 각국별로 다양한 소비자의 수요를 만족시키기를 요구하고 있으며, 이 같은 소비자의 요구를 충족시키기 위해서 기업들은 적극적인 현지화 전략을 취해야 할 필요성이 있다.

2.3 정보통신기술(IT)의 발전

전 세계 소비자와 기업들 모두에게 엄청난 충격을 주고 있는 것은 인터넷의 폭발적인 성장과 이에 따른 사업구조의 혁신적인 변화이다. 인터넷은 정보통신기술의 발전에 기초한 단순한 새로운 산업의 출현이 아니라, 기존 업체들의 경쟁우위를 순식간에 잠식할 수 있는 잠재력을 가지고 있다. 인터넷의 도래는 새로운 사업영역을 창출할 뿐만 아니라, 기존에 사업을 영위하던 사업들의 경쟁우위를 무력화하고 그들의 시장을 빠른 속도로 잠식하고 있다.

인터넷은 소비자의 소비패턴에도 영향을 주고 있다. 과거에는 가격 및 제품에 대한 정보가 부족하였고, 하나의 개인으로 공급자에 대한 교섭력이 부족하였던 소비자들은 이제 인터넷을 통해 많은 정보를 갖게 되었다. 예를 들어, 여러 쇼핑몰의 가격을 비교하는 서비스(예: enuri.com)도 있으며, 공동구매를 통해 가격을 낮추는 경우도 늘어나고 있다. 또한 소비자와 공급자의 역할을 담당하여, 자신의 수요에 따른 제품과 서비스의 공급이 가능하게 하는 프로슈머(prosumer)가 되고 있다. 이와 같은 인터넷의 도래로 소비자와 공급자간의 힘의 균형이 소비자에게 유리하게 바뀌고 있다. 인터넷을 통하여 공급자는 전 세계적인 소비자와 실시간에 만날 수 있는 관계에 놓이게 되었으며, 따라서 산업과 경쟁의 글로벌화는 더욱 더 가속화되고 있다.

인터넷 비즈니스란 "정보기술을 기반으로 하여 가상공간인 인터넷에서 창출되는 모든 비즈니스"라고 정의된다. 전 세계적으로 인터넷 인구는 폭발적으로 증가하고 있다. 전 세계 인터넷 도메인 수도 증가 추이를 보이고 있으며, 인터넷 경제는 날로 성장해가고 있다. 글로벌 경영에 있어서도 향후 인터넷을 무시할 수 없게 되었다. 기업들이 글로벌 경영을 수행함에 있어, 인터넷의 발달은 기존의 기업들과 신생기업들에게 새로운 사업을 수행할 수 있는 기회와 더욱 더 글로벌화할 수 있는 기회를 제공해 주고 있다. 기존의 기업들은 인터넷을 통하여 후방과 전방으로 물류의 흐름을 더욱 더 범세계적이며 효율적으로 수행할 수 있게 되었으며, 인터넷을 통하여 새롭게 탄생한 기업들은 자신의 비즈니스 아이디어를 범세계적으로 확장시키기 위하여, 이에 맞는 글로벌화 전략이 필요한 것이다.

2.4 자본집약적 생산방식으로의 전환

글로벌화의 촉진은 자본집약적인 생산방식과 규모의 경제가 점점 더 중요해진다는 사실을 말해주고 있다. 전 세계적으로 거의 모든 산업에서 나타나는 가장 두드러진 변화 중의 하나는 생산방식이 점차 노동집약적인 생산방식으로부터 자본집약적인 생산방식으로 전환하고 있다는 점이다. 따라서 거의 모든 산업에서 인간의 노동력이 자동화된 기계, 로봇, 컴퓨터로 조작되는 정밀기계로 대체되고 있다. 예를 들어 자동차산업에서, 전체 자동차 생산비용 중에서 근로자 임금이 차지하는 인건비 비중은 5%에 불과하다. 이와 같이 모든 산업에서 임금이 차지하는 비중은 점차 줄어들고 있으며, 이러한 상황은 전자, 철강, 화학 산업 등에서도 두드러지게 나타나고 있다. 이와 같이 노동비용은 점차 감소하는 반면에 자본비용이 차지하는 비중은 크게 증가함에 따라서 규모의 경제(economies of scale)도 커지게 된다.

자본재에 대한 막대한 투자를 회수하기 위해서는 대규모 생산체제를 갖추지 않으면 안된다. 따라서 이와 같은 산업에 있어서 기업들은 단지 내수시장의 수요만으로는 자본재에 대한 막대한 투자를 감행하기가 어렵기 때문에, 전 세계시장의 수요를 목표로 삼고 자본재에 대한 투자를 한다.

3. 글로벌화와 HRM

3.1. 글로벌 인적자원관리의 필요성

한・미 FTA, 한・EU FTA 및 한・중국FTA 타결을 비롯한 개방화 확대에 따라 국내기업의 글로벌 무한경쟁은 더욱 심화될 것으로 예상된다. 해외투자 진출기업은 물론 국내 소재기업들도 외국인 근로자의 유입 확대와 외국 전문인력의 필요성 증대 등에 따라 글로벌 인적자원관리는 선택이 아닌 필수적 과제가 되었다. [그림 14-1]은 글로벌 HRM과 일반적 HRM의 공통점과 차이점을 설명해 주고 있다.

[그림 14-1] 글로벌 HRM과 HRM

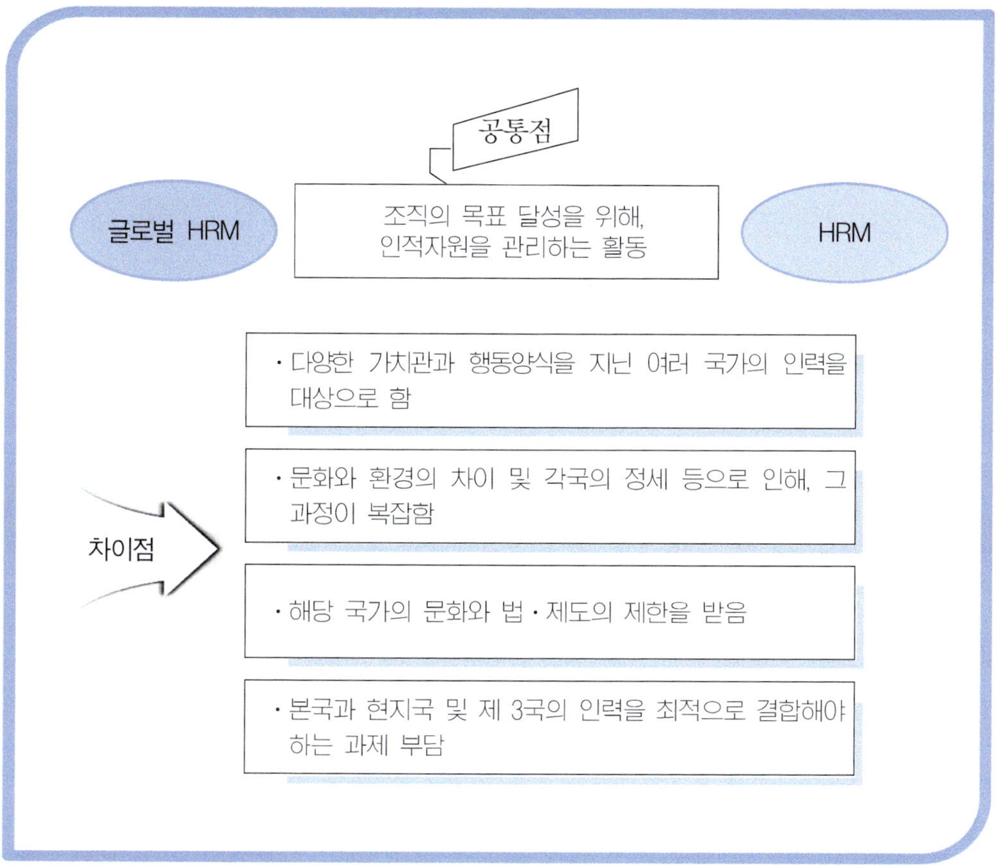

자료 : http://happicialist.tistory.com/126

기업들이 글로벌화한다는 것은 전 세계시장에서 경쟁력을 확보하기 위해 조직 내 가치사슬(value chain)의 모든 기능을 효율적으로 조합하기 시작했다는 것을 의미한다. 따라서 글로벌시대의 경쟁력은 특정 국가나 특정 기능에서 부분적으로 확보되는 것이 아니라, 전 세계적인 차원에서 인적, 물적 자원의 효율적 활용과 관리를 통해 인어진다. 기업이 여러 국가에 걸쳐 경영활동을 수행하다 보면, 경영에 참여하는 인력이 본국인, 현지인, 제 3국인 등 다양한 인종과 민족들이며, 회사는 인력의 확보, 개발, 평가, 보상, 유지, 방출이라는 HRM을 당연히 하게 되는데, 바로 이것이 글로벌화 시대에 당면한 HRM이다. 글로벌기업은 전 세계적인 차원에서 기술과 자본, 노하우를 효과적으로 결합하여, 경쟁우위를 누릴 수 있게 된다. 이를 위해서는 인적자원의 합리적 이동이 필요하게 된다. 따라서 글로벌화된 시대에 있어서 환경과 문화가 상이한

다양한 인력들에 대한 효율적인 인력관리가 기업의 성과를 결정하게 되는 것이다.

기업들의 글로벌화는 지속적으로 추진되고 있다. 시장이 전 세계로 확대됨에 따라 현지시장에서의 사업역량 강화가 사업전략 달성의 핵심 관건이 되고 있다. 하지만 전 세계를 대상으로 시장 확대나 사업 운영을 통해 지속적인 성장을 추구하는 과정은 기업마다 다를 것이다. 어떤 기업은 현지에 우수기업을 인수하여 시장 확대와 사업의 글로벌화를 추구할 수도 있고, 어떤 기업은 직접투자를 통해 아니면 현지 기업 및 정부 등과 합작투자를 통해 기업을 설립하고 성장을 추구하기도 한다. 이렇듯 경로는 서로 다를 수 있겠지만, 현지에서의 사업을 운영하기 위해서는 인력을 채용할 수 밖에 없고 이로 인한 여러 가지 성장통을 경험하게 된다. 어느 조직에서와 마찬가지로 현지에서 제품을 생산하고, 다양한 서비스 제공을 통하여 경쟁우위를 확보하기 위한 원천이 바로 인적자원이기 때문에, 경쟁이 치열한 시장에 선제적으로 대응하기 위해서는 구성원들의 동기부여를 통해 성과를 유발하는 일이 아주 중요한 과제임에는 틀림이 없다.

한국기업들이 날로 치열해지고 있는 글로벌 경쟁에서 생존하기 위해서는 선진기업들보다 더 많은 노력과 혁신활동을 추진해야 한다. 예컨대 한국기업들은 글로벌 관점에서 차별화된 전략의 수립과 실행, 핵심사업 위주로 한 자원의 선택과 집중, 핵심기술・자본・노하우의 효과적인 결합, 글로벌 차원의 조직운영 및 인력관리의 전개 등 다양한 측면에서 경쟁력을 갖추어야 한다는 것이다.

이러한 요소들 중 기업경쟁력의 원천이 사람이라는 불변의 진리를 상기해 볼 때, 시급히 해결해야 할 핵심과제는 사람에 관한 부분이라 하겠다. 이는 현재 우리 기업들이 처해 있는 상황을 놓고 볼 때도 시급한 과제가 아닐 수 없다. 왜냐하면 급속히 글로벌화되는 과정 속에서, 아직 한국기업들은 '세계로 확장된 조직과 인력을 어떻게 관리할 것인가?'에 대한 명확한 전략적 방향을 수립하지 못하고, 실제 운영과정에서도 적지 않은 문제점이 나타나고 있기 때문이다. 글로벌 경영을 효과적으로 수행하기 위해서는 무엇보다 인적자원의 합리적 이동이 필수적이며, 효과적인 글로벌 HRM 활동의 전개가 글로벌 경영의 성공요체로 작용할 것이다.

한국기업들은 지금까지 해외사업을 이끌어 가는 중요한 직책에 한국인을 채용하여 어느 정도 성과를 내 온 것이 사실이다. 그러나 사업규모가 커짐에 따라 현지에서의 경쟁과 현지고객의 요구에 대응할 수 있는 현지 사업역량을 강화하기 위해서는 이러한 인력운영 방식으로는 한계에 직면할 가능성이 높으며, 현지에서의 문제해결 및 마케팅, 영업활동 등에 현지의 인적자원을 충분히 활용하지 못할 가능성이 크다는 점이다. 따라서 한국기업들에게 있어 글로벌 차원의 인적자원 경쟁력 제고의 문제는 보다 체계적인 HRM 활동을 통해 풀어가야 할 것이다.

글로벌 경영은 전 세계의 사업과 기능 그리고 조직들이 하나의 조직처럼 통합되어 움직이는 사업경영방식이다. 이러한 글로벌 경영에서 성과를 내고 조직을 영속시키기 위해서는 기존의 사업수행 역량과는 다른 새로운 역량을 육성·확보할 것을 인적자원 관리 분야에서 요구하고 있으며, 글로벌 기업들은 이에 충실히 답해야 한다.

3.2 한국기업들의 글로벌 HRM 문제점

현재 글로벌화를 추진 중인 기업들의 글로벌 HRM을 살펴보면, 대부분의 기업들이 본국 중심으로 관리한다는 특징을 보인다. 즉, 본사가 의사결정의 모든 권한을 가지고 현지조직을 강력히 통제한다는 것이다. 현지법인을 관리하기 위해, 기업들은 주로 본국에서 파견된 근로자들을 활용하는 것이 대표적인 예이다. 사실 전 세계로 흩어져 있는 조직과 인력을 하나로 통합하기 위해서는 본사에서 파견되는 해외근로자를 적극 활용하는 것도 중요하다. 하지만 이로 인해 야기되는 문제점도 무시할 수는 없을 것이다. 왜냐하면 본국의 파견인들이 주요 포지션을 모두 차지하므로, 현지인들의 경력개발의 기회가 제한되고, 유능한 현지인력의 확보가 어려워질 수 있기 때문이다.

무엇보다 현재 전개되고 있는 본국 중심 HRM 활동이 효과적으로 운영되지 못하는 이유 가운데 가장 큰 문제점은 기업이 글로벌 전문인력을 충분히 확보·육성하고 있지 못하다는 데서 비롯된다. 왜냐하면 파견인력을 통해 관리·통제하려면 현지 조직 및 인력을 다룰 수 있을 만큼 충분한 역량을 갖춘 사람이 필요한데, 현실적으로 조직 및 HRM 역량 뿐만 아니라 현지사정에 능통하고 현지인들과 원활한 의사소통이 가능한 인력을 찾기란 그리 쉬운 일이 아니기 때문이다.

여기에서 HRM 담당자가 파견인이 되어야 하는지 아니면 현지인이어야 하는지에 대해서는 여러 요소가 고려되어야 할 것이다. 자원기반 관점에 의하면, 현지국 시장에서의 경쟁우위 창출과 유지에 모기업 조직 내부의 자원이 매우 결정적이라면, 모기업 직원이 파견되는 것이 유리할 것이고, 인적자본의 관계적 관점에서 독특한 현지국 시장지식 혹은 사회적 지식이 중요하다면, 현지인 HRM 담당자가 더욱 유리할 것이다. [그림 14-2]는 현지인과 파견인 활용시 조직에 미치는 장·단점을 잘 설명해 주고 있다.

[그림 14-2] 현지화 시 현지인과 파견인 활용의 비교

	현지인 활용한 경우	파견인 활용한 경우
장점	- 현지 적응 용이 - 상대적으로 저렴한 인건비 - 현지인에 대한 신뢰 표방 - 현지환경과 적합한 대안 창출 가능 - 현지국의 경제계에 합법적 참여 가능 - 의사결정과정에서 현지의 이해관계와 제약요건의 효율적 파악	- 충성심이 높음 - 본사와의 문화적 친밀성으로 경영관행의 이전 가능 - 해외 자회사에 대한 면밀한 통제와 조정 - 국제적 감각을 갖춘 전문가 양성 - 본사와 의사소통 원활
단점	- 현지의 욕구와 본사의 우선순위간 불균형(자국 우선) - 현지의 의사결정이 보다 어렵고 비용이 많이 들며 지체 가능성 - 역량 있는 인력 확보의 어려움 - 본사의 통제 상실 가능성 - 현지 정부의 제약과 규제 가능성	- 외국 환경과 문화에 대한 적응 곤란 - 현지인과의 이질감 형성 - 체재비 등 높은 인건비 부담 - 개인 및 가정문제 발생 가능성 - 현지 적응 실패 가능성 - 현지인의 사기와 동기부여에 부정적 효과

자료 : http://happicialist.tistory.com/126 수정 보완

경영사례 2

▌글로벌 인재 발굴에 삼고초려하는 MS

MS의 최고경영자(CEO)인 스티브 발머는 2001년, 취업을 앞두고 텔미네트 웍스라는 IT업체와 MS 사이에서 갈등하던 한 대학생에게 "함께 일하자"고 설득했다. 미국 최고 명문인 하버드대학생이었던, '놀러 마이어'라는 이 학생은 저명한 발머 사장이 상담을 원한다며 언제든 연락하라고 자신의 집 전화번호까지 알려 주었다.

창업자인 빌 게이츠 회장은 더 적극적이었다. "핵심인재가 없다면 MS는 별 볼일 없을 것"이란 신념을 갖고 있는 그는 인재를 스카우트하기 위해, 자가용 비행기를 보낼 정도다. 유능한 인재는 어느 기업에나 중요하지만, 지적 재산을 다루는 MS의 경우 핵심인재는 필수적이란 이유에서다.

1) 인재를 전 세계에서

수뇌부 부터 인재확보에 높은 관심을 보이는 MS는 인재발굴을 미국 내에서만 하지 않는다. 유럽 · 아시아 등 전 세계에서 인재들을 구한다. 이를 위해 무려 3백 명의 팀원으로 구성된 '캔디데이트 제너레이터'(Candidate Generator)라는 인재발굴팀을 운영하고 있다. 이 팀에서는 급여 · 평가 등 일반 인사업무는 전혀 하지 않는다.

2) 회사를 사버리기도

MS는 세계적인 초일류 기업이다. 가만히 있어도 입사를 희망하는 수많은 인재들이 몰려드는 기업이다. 실제로 인터넷 사이트나 우편을 통해 MS에 접수되는 이력서는 연간 20여만 통이나 된다. 그런데도 MS는 이에 만족하지 않는다. "MS가 매력적인 회사이긴 하지만, 정말 필요한 인재가 지원하지 않는 경우가 많아서"(데보라윌링험 관리부문 수석 부사장)다. 윌링험 부사장은 "지난해 채용한 5천여 명 중 이력서를 통해 뽑은 사람은 25%에 불과하다."면서 "인재발굴팀이 발로 뛰어서 찾는 경우가 훨씬 많다"고 말했다.

필요한 인재가 있다면, 아예 그 사람이 속한 회사를 사버리는 경우도 많다. MS측은 뛰어난 기술을 가지고 있고 규모가 작아 비용 부담이 크지 않는 기업이라면, 인재확보 목적으로 회사를 매입해 왔다고 말한다. 윌링험 부사장은 빌 게이츠 회장의 기술자문역이자 유명한 소프트웨어 기술자인 아눕 굽타의 예를 들면서 "그가 속한 회사를 매입하는 과정을 통해 그를 확보할 수 있었다"고 밝혔다.

3) 채용대상을 삼고초려

채용대상에 오르면 삼고초려(三顧草廬)도 마다하지 않는다. 유능한 인재지만 지금 당장 MS로 옮겨와 근무하기가 불가능하다면, 인재발굴팀은 꾸준히 그에게 관심을 갖고 접촉하면서 MS에서 일할 수 있는 적절한 시기까지 기다린다. 그래서 때가 되면 "이젠 우리 회사에 와서 일할 때"라며, 그 사람을 확보한다. 인터뷰를 할 때도 후보자가 MS본사가 있는 미 시애틀 외곽 레드먼드시까지 편하게 올 수 있도록 자동차와 비행기를 제공하고 최고급 호텔을 숙소로 잡아준다. 대상자의 인종 · 나이 · 학력 · 전공 등은 전혀 문제삼지 않는다.

한 사람을 잘 뽑으면 다른 인재들이 고구마 줄기처럼 줄줄이 따라오기도 한다. 10여년전 MS는 짐그레이 · 데이비드 바스코비치 등 데이터베이스(DB) 분야의 최고 전문가들을 확보했다. "그랬더니 그들이 DB분야의 다른 인재들을 불러 모았으며, 심지어 이들과 일하고 싶은 다른 유능한 인재들이 찾아오더라"고 윌링험 부사장은 말했다.

4) 동료가 채용 여부 판단

인재발굴팀에 의해 확보된 '직원 후보'는 면접을 통해 채용이 결정된다. 이때 면접은 함께 일할 동료들이 한다. 함께 일할 동료와의 화합 여부가 MS의 성공을 좌우한다고 판단해서다. 윌링험 부사장은 "우리는 절대 어느 한 사람의 판단에 따라 채용하지 않는다"고 밝혔다.

5) 장시간 면접

삼성전자에 근무하다 미국 미네소타 대학에서 박사과정을 마친 후 1999년 MS에 입사한 K씨는 "캠퍼스 채용코너에서 MS직원과 처음 만났다"면서 그는 여기서 "내가 만든 소프트웨어에 관심을 보이더니 며칠 후 한 시간의 전화 인터뷰를 거친 후 비행기표를 보내주며, 레드먼드로 인터뷰하러 오라"고 했다고 술회했다. 이어 그는 "면접은 이틀 동안 했다"면서 "지금 내가 근무하는 윈도 CE(Compact Electronics) 플랫폼 개발엔 시니어 파트의 동료 6명이 1대 1로 한시간씩 기술분야는 물론 전세계 피아노 조율사는 모두 몇 명인가 등의 난센스 질문도 했다"고 말했다.

발굴에서 면접을 거쳐 최종 채용까지 걸리는 시간은 임원 이상의 경우 대략 3~6개월이다. 매니저는 8주 내외, 사원급은 4~6주 정도로 다양하지만, 인터뷰 과정은 거의 동일하다. 함께 일하게 될 동료와 상급자 5~6명으로 구성된 인터뷰 팀이 후보자의 기술력과 창의력 · 인성 등을 파악할 수 있는 질문으로 최종 검증한다.

예를 들어, 부사장급이라면 함께 일할 부사장급들과 CEO, 팀원급이라면 팀장과 팀원이 인터뷰 담당자다. 최고위급 기술직이라면 소프트웨어 개발자 출신인 빌 게이츠 회장이 직접 참여하기도 한다. 함께 일할 팀원 중 절반 이상이 '채용 불가'로 판정하면, 팀장의 의견이 어떻든 간에 채용하지 않는다.

MS의 인터뷰는 미국기업 가운데서도 독특한 것으로 정평이 나있다. 미국 경제전문지 포춘은 2001년 초 MS의 인터뷰 질문을 별도 기사로 다루려고 했다. 이 때문에 MS는 지난해 세계적인 인력 컨설팅 회사인 휴잇 어소시에이츠가 평가한 '인재양성을 잘하는 미국 20대 기업'중 IBM에 이어 2위로 꼽혔다.

\MS의 인재관리 방식

확보 및 선발	▪ 3백명 규모의 채용전담팀(candidate generator) ▪ 함께 일할 동료에 의한 인터뷰로 선발
요구하는 인재상	▪ 5대 가치(창의력 · 열정 · 영민함 · 활기 · 임무완수) ▪ 빌 게이츠가 채용시 중시하는 4개 기준(야망 · IQ · 기술적 전문성 · 사업판단력)
육성	▪ 우수직원을 선발해 리더십 양성하는 '벤치 프로그램' 운용 ▪ 대규모 집체교육 없고, 필요할 때 수시 교육
동기부여	▪ 스톡옵션 · 현금보상 등 경제적 보상 ▪ 자율성 최대한 보장해 '인적 욕구 충족'(1인 1사무실 제공, 출퇴근 점검없고 업무배치는 본인 희망에 따라)
관리조직	▪ 관리 담당 매니저를 통한 직원평가, 지식수준 관리 ▪ 직원들 지식수준은 기본, 현업 적용 가능, 리더십, 전문가 수준 등 4단계로 분류해 관리 ▪ 매니저 관리를 위한 매니지먼트 교육과정 운영
평가	▪ 업적 · 보상 평가 연 2회 ▪ 2.5~ 5.0의 6단계 평가(6단계별 인원은 정상분포 곡선 구성)
승계 플랜	▪ 빌 게이츠, 스티비 발머 건재해 플랜 없음 ▪ 최고 의사결정기구인 7인의 시니어리더십팀 및 비즈니스 솔루션 · 윈도 클라이언트 등 7개 부문별 대표가 차세대 CEO 후보군

4. 글로벌 HRM 전략

글로벌화를 추진하고 있는 대부분의 기업들을 보면 본국 중심으로, 즉 본사가 모든 의사결정 권한을 가지고 현지조직을 강력하게 통제하는 것인데, 이는 여러 가지 문제점을 야기시킨다. 왜냐하면 앞에서도 언급했듯이, 본국에서 파견된 인력들이 관리자 직책 등을 포함한 중요 포지션을 모두 차지함으로써 현지인들의 경력개발 기회가 제한되고 유능한 현지인력의 확보가 용이해지지 않기 때문이다. 본국 중심의 인적자원 관리가 효과적으로 운영되지 못하는 이유는 기업이 글로벌 전문인력을 확보·육성하고 있지 못하는데서 비롯되고 있다.

세계의 선진 글로벌기업의 경우를 보면 "Think Globally, Act Locally"라는 슬로건을 많이 사용한다. 사실 이 문구를 처음 사용한 회사는 Coca-Cola사인데, 이 글귀 속에는 현지의 자율성과 현지화에 대한 중요성 그리고 현지국과의 조화를 이룬 통합적 글로벌 경영을 실천하라는 메시지가 함축되어 있다. 그러나 기업이 진출해 있는 현지국의 환경 및 자사의 특성에 따라, 즉 정치, 법, 제도, 노동시장, 문화 등 처해진 여건과 기업의 글로벌화 수준, 제품 및 기술의 특성, 인적자원 수준 등에 따라 기업은 서로 다른 전략을 선택할 수 있다.

글로벌 HRM의 전략적 접근은 모기업 시스템 전수형(exportive type), 현지적응형(adaptive type), 통합형(integrative type) 등 3가지 유형으로 나눌 수 있다.

4.1 모기업 시스템 전수형(Exportive Type)

모기업 시스템 전수형은 이념 유사성과 제도 유사성이 동일하게 높게 나타나는 전략으로서, 현지의 문화나 제도를 무시한 채 모기업의 시스템을 그대로 적용하는 경우이다. 즉, 모기업의 인사정책, 제도 및 관행 등을 현지국에 그대로 적용하는 전략이며, 이러한 전략을 채택한 기업들은 대개 모기업에서 개발·사용되고 있는 인사관행과 전략을 해외지사에도 그대로 적용하며 해외지사에 대한 통제가 강한 경향이 있다.

4.2 현지적응형(Adaptive Type)

현지적응형은 역으로 거의 현지화를 택한 전략인데, 이 경우는 이념 유사성과 제도 유사성이 동일하게 낮은 전략적 접근방법이라고 할 수 있다. 이 전략은 각 나라들은 고유한 문화와 관습을 가지고 있기 때문에 문화적 다양성과 이에 따른 외국인들의 이해가 어렵다는 가정에 근거하고 있으며, 해외지사 운영을 현지인들에게 맡기고 본사의 개입 최소화를 통해 해외지사와 본사의 독립적인 관계 유지를 목표로 한다. 또한 HRM도 본국의 제도를 모방하는 것이 아니라 현지의 상황에 적합한 제도를 개발하고 현지의 문화적 관행들을 존중하여 시행한다.

4.3 통합형(Integrative Type)

통합형은 중간 정도의 유사성을 예상할 수 있는데 통합이 가능한 것은 주로 모범사례나 최상의 제도들을 서로 공유함으로써, 유사한 이념과 가치를 추구하며, 제도적 혹은 문화적 제약으로 인해 그렇지 못한 것은 현지화를 추구한다는 혼합전략이다.

미국기업이나 일본의 많은 기업들은 국제화의 축적된 경험과 자국 HRM 시스템의 우월성에 대한 확신을 기반으로 모기업 시스템의 전수형을 채택하는 경향이 있다. 그러나 세 가지 유형의 전략 중, 현재 대부분의 한국기업들이 채택하고 있는 전략유형은 본국 중심의 집권화 전략이라고 볼 수 있다. 하지만 최근 들어 한국기업들의 글로벌화가 급격히 진행됨에 따라, 선진 글로벌 기업들이 주로 실천하고 있는 전략적 선택을 하는 과정으로 변화해 가고 있다. 여기서 우리 기업들은 어떠한 전략적 방향을 선택해야 할지 신중한 접근이 필요하다. 왜냐하면 기업의 글로벌화 단계와 기업 고유의 문화, 기업의 글로벌 인력수준, 기업의 글로벌 경영전략에 따라 바람직한 전략유형이 다를 수 있기 때문이다. HRM 전략과 관련하여 제기되어 왔던 한 문제는 모기업의 인사시스템을 현지국 법인에 그대로 적용할 것인가의 선택과 또 적용하려고 했을 때 제대로 적용할 것인가 하는 문제이다. 그러나 HRM의 전수가능성 문제는 이것이냐 저것이냐 종류(kind)의 문제라기보다는 정도(degree)의 문제이며, 전부 또는 전무(all or nothing)의 문제라기보다는 '어떤 측면에서 어느 정도인가'(what aspects and how much)의 선택의 문제이다. [표 14-1]은 글로벌 HRM 전략의 유형별 내용을 요약하여 보여주고 있다.

[표 14-1] 글로벌 인적자원관리 접근 유형

구 분	모기업 시스템 전수형 (Exportive Type)	현지 적응형 (Adaptive Type)	통합형 (Integrative Type)
기본내용	• 현지의 문화나 제도를 무시한 채 본사의 제도를 직접 전수하여 실행	• 본사제도를 무시한 채 현지의 환경을 반영하여 HRM 시스템 구축	• 최상의 기법을 활용하여 범세계적 시스템을 창출하는 데 활용
일관성	• 높은 내적 일관성 • 낮은 외적 일관성	• 낮은 내적 일관성 • 높은 외적 일관성	• 높은 내적 일관성 • 중간 정도 외적 일관성
이념과 제도의 이동	• 모기업에서 해외법인으로 인사이념, 정책, 제도의 이전 있음	• 모기업과 해외 법인들 간에 인사이념, 정책 및 제도의 이전이 거의 없음	• 모기업과 해외법인간 혹은 해외법인들 간 인사이념의 이전이 있으며, 또한 어느 정도의 인사 정책 및 제도의 이전 있음

자료 : 배종석(2001), "인적자원관리와 기업성과 : 비판적 고찰과 한국기업 적용과제", 「인사관리연구」, 제 25권 제 3호, pp. 1~31.

5. 글로벌 HRM의 이슈

글로벌 전략을 추구하는 방법상의 차이는 있겠지만, 어떠한 선택유형을 택한다 하더라도 글로벌 HRM을 성공적으로 이끌기 위해 일관되게 실천해야 할 핵심 실행과제들이 있다. 바로 글로벌 인재를 어떻게 확보·육성할 것인지, 이들이 제대로 일할 수 있는 제도적 여건이 마련되어 있는지, 그리고 문화적 토양은 마련되어 있는지 등이다. 글로벌 HRM에 대한 이슈는 모기업의 전략적 관점, 해외법인의 내용적 관점 등 여러 관점에서 분석되고 있으나, 모기업의 전략적 관점 이슈에 대해서만 간략하게 서술한다.

5.1 다양성 관리

경영활동의 글로벌화에 따라 다인종(민족), 다언어, 다문화 인력이 함께 일하게 되면서 다양성 관리가 HRM에서 중요하게 되었다. 해외시장 진출, 고용형태 다양화, 인수

합병 및 아웃소싱 증가 등으로 인력구성의 복잡성이 증가하여, 다양성 관리가 한층 중시되어 다양성 문제를 보는 관점이 지식, 경험, 교육, 가치의식의 차이 등으로 확대되고 있다.

글로벌 차원에서의 사업확장 추진을 위해서는 다양한 문화와 구성원, 고객들에 대한 이해와 존중이 전제되어야 한다. 이러한 다양성에 대한 이해와 존중이 없이는 현지 사업장의 수행역량은 강화되기 어렵다. 다양성 관리는 인종(민족) · 성 · 연령 · 신체장애 등과 같은 개인이 통제할 수 없는 사회적 범주나, 종교 · 성적 지향성(sexual orientation) 등과 같이 개인의 기본권에 근거한 가치지향성에 관계없이 채용 · 승진 · 직무부여 · 보상 · 성장기회 등 제반 고용조건에 대해 차별을 두지 않는 관리를 말한다.

외적으로는 글로벌 기업을 표방하면서 실제로는 조직내부에 외국인 임원이 없거나 외국인으로서 기업 내에서 성장할 수 있는 가능성이 제한된다면, 장기적 관점에서 해외 우수인재들을 계속 확보하거나 유지하기 어려운 게 현실이다. 따라서 해외의 인재들로 하여금 인종(민족)과 국적에 무관하게 성과와 능력에 따라 평등한 대우를 받을 수 있다는 확신을 갖게 하는 조직문화를 창조해야 한다.

한편, 해외 인재들은 조직에 대한 정보 부족, 문화적 배경의 차이 등으로 본사의 핵심가치에 대한 이해가 부족한 경우가 많은 점을 유념해야 한다. 이에 따라 국별로 서로 다른 문화적 배경을 존중하면서 기업이 지향하는 핵심가치를 공유하도록 노력하는 것은 해외인력들 스스로 자신을 자연스럽게 조직의 일부로 받아들이게 만드는 방법이다. 글로벌 HRM의 성공을 위해서는 무엇보다 해외진출 기업이 현지상황에 적합한 유연한 '현지화 전략' 수립이 필요하다. [그림 14-3]은 다양성 관리의 바람직한 단계를 잘 설명해 주고 있다.

글로벌 경영의 성공을 위해서는 법적 · 사회적 요건을 충족시키는 수준의 소극적인 다양성 관리로는 미흡하며, 글로벌 경쟁력 확보를 위해서는 차별 철폐와 공정성 확보 차원에서 다양한 인력을 고용하고, 이들을 적극 활용하여 신규시장을 개척하는 수준의 단계로 진화시키고, 결국에는 다양성을 존중하고 이를 통해 조직학습을 촉진하는 수준의 최고단계로 나아 갈 필요가 있다.

[그림 14-3] 다양성을 보는 관점의 진화

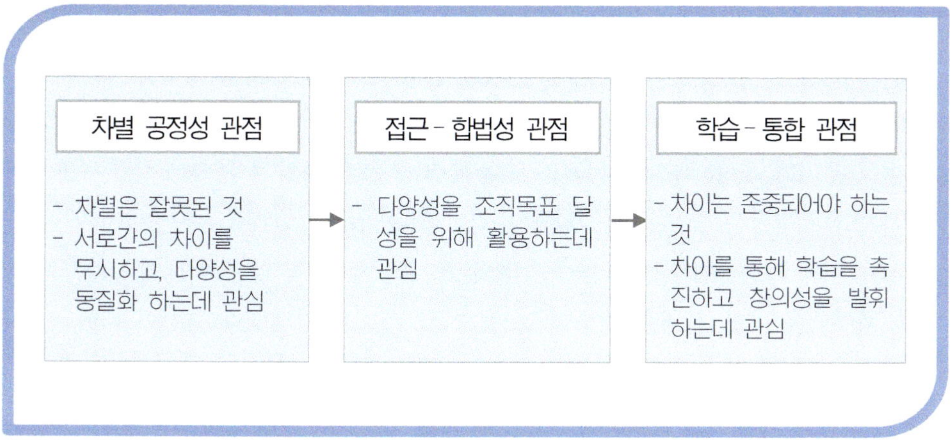

자료 : Ely, R. J., & Thomas, D. A.(2001), "Cultural Diversity at work : The Effects of Diversity Perspectives on Work Group Processes and Outcomes", *Administrative Science Quarterly*, 46(2), pp. 229~273.

5.2 전략적 HRM

기업이 효과적으로 글로벌 경영을 하기 위해서는 우선 글로벌 HRM 활동을 위한 HRM의 전략적 방향이 명확해야 한다. 즉, 사업목표와 경영상의 필요에 따라 다양한 HRM 활동이 전개될 수 있어야 하는 것이다. 환경측면에서는 정치, 법 제도, 노동시장, 문화에 따라 그리고 조직 여건에 있어서는, 기업의 글로벌화 수준, 제품 및 기술 특성, 인적자원 수준에 따라 서로 다른 전략을 선택할 수 있기 때문이다

국내기업의 글로벌 HRM이 성공하기 위해서는 무엇보다 해외 현지사정에 적합하고 유연한 '전략적 HRM'을 추진해야 한다. 다양한 임직원들을 통해 전 세계시장에서 사업성장을 추진하기 위해서는 기존에 해 왔던 국내 중심의 HRM 관행으로는 한계가 분명하다. 본사에서의 정책이 현장에서 제대로 실행되는 지를 확인하기가 쉽지 않고, 현지에서의 인적자원에 대한 기획 · 시행 역량이 동일한 조건을 충족시키지 못함으로써 여러 가지 문제가 다양하게 나타날 가능성이 매우 높다. 또한 세계 각 지역 현장에서의 리더 육성, 채용, 필요 역량의 확인 및 확보 등의 인적자원 전략상의 이슈나, 문화적으로 각기 다른 지역에서 있을 수 있는 법규 준수 및 HRM 위험 등을 신속하게 파악하여 체계적으로 관리하는 것이 중요하지만, 이를 위한 프로세스 등이 뒷받침되기 어렵기 때문이다. 따라서 사업성장에 따른 조직규모의 증가, 인력구성의 복잡성 증가,

관리대상 지역의 무국경화에 대응하여 글로벌 차원의 HRM전략을 효과적으로 실행할 수 있는 체계를 수립·시행할 필요가 있다.

요컨대, 치열한 글로벌 경쟁 속에서 지속가능한 성장을 하기 위해서는 인재 레버리지(lervage) 효과를 극대화할 수 있는 전략적 HRM을 수행해야 한다. 특히 현지국에서의 현지인 리더 육성, 핵심가치 공유, 고용브랜드 강화, 다양성 관리와 같은 주요 전술적 과제들의 수행은 중요한 과제임에 틀림이 없다. 또한 국내 노동시장에서의 급속한 고령화 진행, 저출산에 따른 노동인력의 감소 예상 등 머지 않은 미래에 HRM 분야에 닥칠 과제들에 대한 본질을 꿰뚫어 보고, 지속 가능한 경쟁력의 원천에 대한 선제적 대응을 통해 글로벌 이니셔티브를 전략적으로 실행해야 하는 것은 글로벌 기업에게 있어 중요한 이슈가 아닐 수 없다.

글로벌 경영에 성공하기 위해서는 먼저 조직구조와 전략측면에서는 통합 및 조정 기능을 수행할 수 있는 지역중심의 조직구조와 HRM의 전략적 방향설정이 필요하다. 또한 이를 실행에 옮기기 위해서는 관리과정 측면에서 체계적이고 일관된 성과평가 시스템, 글로벌 리더 양성 및 기업문화 형성이 필수적이다.

5.3 기업전략과의 적합성을 지닌 성과관리

HRM이 전체 경영성과에 얼마나 기여하는가에 대한 객관적 측정은 인사부문 생존을 위한 필수과제라고 해도 과언이 아니다. 조직의 구성원들이 국적·신앙·성별 등에 무관하게 성과와 능력에 따라 동등한 대우를 받을 수 있다는 확신을 갖게 하는 조직문화를 창조해야 한다. 우리 기업들이 국내에서 주로 운영해 오던 종래의 인사관행을 극복하고 효과적인 HRM 전략을 수립·실행하기 위해서는 글로벌 차원의 인적자원에 대한 성과관리를 도입·시행할 필요가 있다. 이는 세계 각 현장의 HRM 이슈를 보다 용이하게 파악할 수 있을 뿐만 아니라, HRM 이슈의 공통언어를 확보할 수 있도록 해야 한다.

기업전략과 연계된 인적자원에 대한 성과관리를 실행해야 하는 근본적인 이유는 첫째, HRM 프로그램과 전략적 과제가 제대로 실행되고 있는지를 확인하고 개선해 나가야 할 필요성 때문이다. 필요인재 역량의 적시 확보와 리더십 파이프라인을 통한 사업리더 및 전문가 육성, 고용 브랜드 강화, 조직몰입에 따른 성과촉진 등과 같은 전략적 과제들을 일회적이고 단기간에 측정할 때 오히려 많은 문제점들이 야기된다. 둘째, 보다 의미 있고 사업전략 목표달성에 기여하는 HRM전략을 수립·실행하기 위해서는 이에 걸맞은 데이터를 활용할 필요성이 있다. 객관적 데이터와 평가 프로세스에 근거하지 않은 '인사의 전략적 중요성'에 대한 주장은 근본적으로 설득력에 한계가 존재한다. 회사의 가치사슬(value chain) 상에서 인사부문이 실제 사업성과 창출에 기여하는 정도를 HR Scorecard 등을 적극적으로 활용하여 객관적으로 측정 · 평가하여야 한다([표 14-2]). 체계적인 인적자원에 대한 성과관리는 데이터 및 정보를 세밀하게 창출하고 관리하는 중요 수단이 되어야 한다.

[표 14-2] HR Scorecard 예시

재무적 측면	고객 측면	운영 측면	전략적 측면
• 직원 생산성 향상 - 인건비당 매출액 - 인당 부가가치 - 인당 영업이익 - HR ROI 등 • HR 비용 효율성 - 인당 인적자원관리비용 - 인당 총보상(인건비) - 인당 교육훈련비용 - 인당 채용비용 - 인당 퇴직비용 - HR 비용 대비 Outsourcing 비용 - 비교집단 대비 총직원 수	• 구성원 몰입도 향상 - 직원 몰입도 수준 - 직무만족도 - 자발적 퇴직률 - 종업원 신뢰지수 등 • 내부 직원 만족도 - HR운영 만족도 - 교육훈련 과정 만족도 - 총직원수 유지율 - 신입사원 조기 이직률	• 직원역량 향상 - 직무별 역량 향상도 - 인당 교육시간 - 전문인력 양성도 등 • 평가/보상 - 총급여 대비 성과급비율 - 다면평가 적용 직원 비율 - 상위조직 KPI인지도 - 비교집단 대비 급여수준 등 • HR기능 효과성 - HR 인원당 관리직원수 - HR 서비스 Lead Time - 채용 소요시간 - 고충처리율 - 연간 안전사고건수 등	• 핵심인력 관리 - 핵심인력 보유율 - 고성과자 이탈률 - 핵심기술 보유직원수 - 핵심인력의 조직내 순환율 등 • 리더십 개발 - 리더십역량 향상도 - 구성원 상향평가 결과 - 리더십 교육 참가자 수 - 리더당 관리범위 (인원/금액) - 리더십 만족도

자료 : The Saratoga Institute(2002), "Workforce Diagnostic System: Benchmarking Report"를 참조 재정리.

해외 선진기업들의 공통된 특징을 보면 현지법인들은 소속된 사업부의 전략적 목표를 기초로 설정된 목표 달성 여부를 평가받고 있다. 또한 종업원들은 전 세계적으로 일관되게 적용되는 평가기준과 평가절차에 따라 업무성과와 잠재력을 평가받게 된다. 이러한 성과관리 시스템이 있기 때문에 대폭적인 현지화가 이루어지더라도 선진 글로벌 기업들은 전세계적으로 일관된 사업추진이 가능한 것이다. 예컨대 Nokia사의 경우 모든 해외지사가 동일하게 적용할 수 있도록 회사의 핵심가치를 토대로 개발한 글로벌 표준성과 관리시스템을 활용하고 있다. 회사는 4개의 핵심가치와 이러한 가치를 뒷받침 할 수 있는 35개의 행동강령을 보유하고 있는데, 이를 인재의 선발에서부터 성과평가 기준에까지 적용하고 있다.

5.4 고용브랜드 강화

글로벌 인재확보와 관련해 해외에 흩어져 있는 우수한 인재를 채용하는 것은 시간적, 공간적 제약으로 인해 그리 쉬운 일이 아니며, 또 일단 채용했더라도 이들을 조직에 계속 유지시키는 것도 쉽지 않다. 이런 관점에서 외국 인력의 성공적인 확보 및 유지를 위해서는 해외진출 기업의 경우, 그 현지에서 좋은 기업 이미지를 심을 필요가 있다. 해외의 우수인재를 채용하기 위해서는 무엇보다 기업이 적극적으로 현지인재를 찾아 나서는 것이 중요하며, 적극적인 홍보활동을 통해 좋은 기업이란 이미지를 심어주는 것이 해외의 우수인재를 확보할 수 있는 첫 걸음이라는 것이다. 기업 이미지 제고방안으로는 해외 현지에서의 각종 산학협력 프로젝트, 연수 및 취업 프로그램, 기부활동 등을 들 수 있다.

이와 함께 우수인재를 확보하기 위해서는 담당 업무별로 자격요건을 명확히 제시할 필요가 있다. 즉, 업무에 따라 적합한 자격요건을 사전에 명확히 제시해야 우수인재가 모여 든다는 것이다.

또한 본사에서 글로벌 업무를 담당하는 인재에게는 업무에 대한 기술보다는 이질문화를 잘 이해할 수 있는 유연성, 인내심, 불확실성에의 대응능력이 더 많이 요구된다. 반면 해외 현지에서 업무를 담당할 인력들은 글로벌 감각이나 의사소통 능력보다는 직무수행 역량을 무엇보다 중요한 자격조건으로 해야 한다. 외국인재에 내국인과 차별 없는 성장비전을 제시하는 것도 글로벌 HRM의 중요한 과제인 것으로 지적되고 있다.

본사의 문화와 전략을 이해하고 본사와 해외조직에서 핵심적인 변화를 주도할 수 있는 관리 인력의 존재야말로 현지화를 가능하게 하는 핵심요건 중 하나이다. 해외 선진기업들이 글로벌 관리인력 확보·양성에 전략적인 관심과 투자를 하는 것도 이 때문이다. 현재 우리나라 기업이 주로 활용하고 있는 본국출신 관리자에 의존하는 방식만으로는 글로벌화에 대처하기엔 한계가 있다. 따라서 향후 우리 기업들은 출신국이나 인종을 불문하고 유능한 관리자를 확보하여 관리능력을 개발하고, 이들로 하여금 본사나 해외조직에서 책임 있는 직책을 맡을 수 있도록 하는 것이 바람직하다. 그렇지 않아도 해외 선진기업들은 국적과는 무관하게 개인의 성과와 잠재력에 기초해 교육훈련과 경력개발 기회를 제공함으로써, 글로벌 경영성과를 책임져야 할 관리자들을 육성하고 있다. 이는 해외 선진 글로벌 기업의 공통된 특징이기도 하다.

예컨대 Wirlpool사는 전 세계 글로벌 리더 육성 프로세스로서 'PROTEGE'라는 프로그램을 운영하면서 360도 평가, 시뮬레이션, 멘토 프로그램, 임원 특성진단 프로그램 등을 활용해 글로벌 리더의 역량개발에 주력하고 있다. 또한 TRW사에서는 GLP (Global Leadership Program)이라는 리더 육성과정을 통해, 다양한 문화권에서 경영할 수 있는 글로벌 리더를 육성하고 있다. 한편 Philips사의 모든 임원들은 관리자 육성을 위해 잠재력이 높은 후보자를 찾아내야 하는 의무를 지닌다. 업무성과와 잠재력이 높다고 평가된 종업원은 회사의 전략적 이해집단(Corporate Interest Group)으로 분류되어 교육훈련과 경력개발 기회를 제공받게 된다. 특히 본사의 글로벌 HRM 본부에서는 매년 현업부서에서 이루어지는 관리자 개발계획을 지휘 및 감독하며, 그 결과를 최고경영층에 보고하고 있다.

5.5 글로벌 기업문화 구축

공유된 가치와 행동양식이 있을 때, 글로벌 조직은 하나의 목표를 향해 통합될 수 있을 뿐만 아니라, 분권화된 조직임에도 마치 하나의 조직처럼 글로벌 목표달성을 위해 일관되게 움직일 수 있다. 따라서 선진 글로벌 기업들은 기업문화의 확산에 많은 노력을 기울이고 있다. 이러한 노력의 일환으로 몇몇 선진기업의 경우 해외 파견근무의 활성화를 통해 기업문화의 공유와 확산을 도모하고 있다. 예컨대 Molex사는 다양한 파견 근무제도를 통해 본사와 해외지사 뿐만 아니라 해외지사간의 인력교류를 활발히 전개함으로써, 서로의 전문성을 공유할 수 있는 글로벌 학습문화를 구축해 오고 있다.

한편 다양한 커뮤니케이션 채널을 통해 기업의 글로벌 문화를 만들어 가는 기업도 있다. Simens사의 경우, 전 세계 자회사 모두가 함께 활용하는 인트라넷 및 문화교육 프로그램을 통해 효과적으로 글로벌 문화를 형성하고 있다. 또한 Merk사는 기업의 핵심가치(core value)의 공유를 위해 85가지나 되는 커뮤니케이션 툴을 개발해 활용함으로써 전 세계 자회사와 의사소통하고 있다. 그리고 GM사나 Ford사는 SWAT (Special Weapon and Tactics)팀이라는 태스크 포스팀을 운영하여 글로벌 자회사를 순회하며 문제해결을 도모하고, 특히 글로벌 기업문화 전파에 주력하고 있다.

현장이야기 1

[경영전략 트렌드] 인재 관리가 글로벌 현지화 성패 가른다.

한국 기업의 평균 주재원 재임 기간은 4(+1)년이다. 대부분의 주재원은 파견 전 충분한 교육을 받지 못하고 있으며 대체로 현지 도착 후 업무를 통해 경험적으로 체득해 가고 있다. 노력은 해보지만 여전히 현지 문화와 언어는 현지에서의 '삶'을 불편하게 만들고 항상 납기가 '내일'인 본사가 요구하는 현지 현황 보고서는 다양한 부서에서 정형화되지 않은 형태로 요구된다. 본사에서의 방문은 언제나 그렇듯이 업무와 의전을 넘나든다. 이러한 노력에도 불구하고 본사는 주재원이 그들이 기대하는 역할에 미치지 못하며 이를 더딘 현지화의 주요 원인 중 하나로 꼽는다. 억울한 면이 없지 않아 있지만 소통 창구는 여러 면에서 제한적이다.

주재원에 대한 여러 논문을 참고하면 대체로 다양성과 모호성을 전제로 하고 있다는 점이 공통적으로 발견된다. 주재원의 중간자적 특성은 공간적으로 본사와 현지 사이, 과업적으로 업무·성과 창출과 가치·역량 강화 사이에서 이해할 수 있다. 대부분의 주재원은 아래 네 가지 영역을 다양한 구성으로 수행하고 있을 것이지만 중요한 것은 각자가 담당한 업무에 얼마나 부합하는 역할을 수행하느냐 여부다.

① 본사 전략 실행 점검 역할(Monitoring) : 현지 관리·통제 및 소통 채널 역할을 통해 본사 글로벌 사업 전략의 효과적 지원.

② 본사 가치 전파(Visioning) : 본사 핵심 가치 및 경영 방침의 지속적 전파 역할을 통해 본사에 대한 문화적 일체감 유지.

③ 현지 사업 역량 제고(Developing) : 현지 경영 기반 구축과 육성 역할을 통해 현지 사업 성과의 지속 가능한 창출 지원.

④ 현지 사업 성과 창출(Executing):현지법인 사업 전략의 실행 역할을 통해 진출 목적을 달성하고 그룹 글로벌 경영 성과에 기여(그림 1).

〈그림 1〉주재원 역할 모델

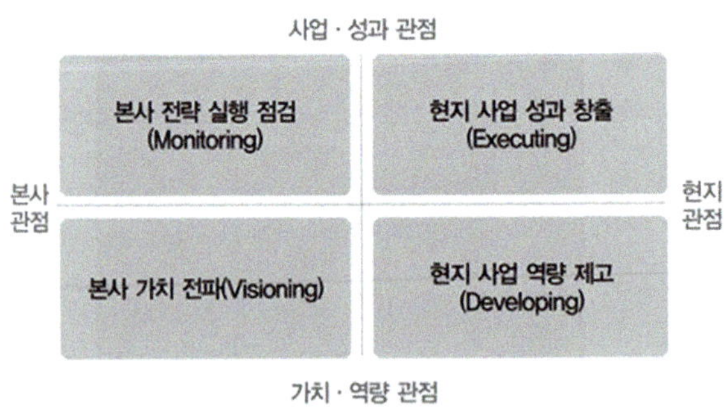

필자가 만난 많은 주재원들은 파견 국가·산업·부서·직급 등을 막론하고 공통적으로 본사와의 커뮤니케이션(monitoring)에 대부분의 시간을 소요하면서 동시에 생산성이 가장 떨어지는 역할로 인식하고 있다. 주재원의 역할을 시급히 파악해 비핵심 업무 비중을 줄이고 현지화에 대비한 역할 변화를 모색해야 한다. 현재 주재원이 수행하는 업무를 현지인이 누수 없이 혹은 더 효과적으로 수행하기를 기대한다면 이러한 주재원의 역할을 제대로 설정하는 것이 더욱 중요하다. 이는 현지 인재의 역할을 장기적으로 올바른 방향으로 설정하는 현지화 노력의 일환인 것이다.

현지에서 좋은 인재를 선발 · 평가 · 보상 · 육성하는 것은 실상 매우 어려운 일이다. 특히 본사 관점에서 무엇보다 어려운 점은 현지 특성에 대한 정확한 이해가 수반되지 않은 상태에서 현지의 인사적 질의를 받고 또 중요한 지침을 내려야 하기 때문이다. 현지는 현지대로 일부 기업을 제외하고 대부분 현지법인의 인사 기능이 경영 지원 업무와 통합돼 운영되거나 현지 인사 인력의 운영 역량도 기대에 미치지 못하는 상황이다. 이러다 보니 완벽한 현지 인사제도를 구축한 후 장기간 안정적으로 운영하는 것은 거의 불가능하다. 항상 경영 환경의 변화를 감지하고 해당 국가의 노동환경 특성에 대한 학습을 게을리 해서는 안 된다.

■ 저임금의 좋은 관리자는 없다.

예를 들어, 저 직급이 많은 10년 미만 업력을 지닌 현지법인은 아마 지금까지 현지인 승진 결정에 큰 고민이 없었을 것이다. 인력 부족이 심한 신흥국 진출 법인에서는 거의 자동 승진됐을 수도 있다. 하지만 시간이 지나 중간 관리자급이 점점 늘어나게 되면, 이들에 대한 직책 보임 의사결정이 과거에 비해 중요한 의사결정 중 하나가 된다. 대체로 주재원이 각 기능의 주요 부서장 역할을 하는 한국 기업의 특성을 고려하면, 단기적으로 업무의 안정, 장기적으로 현지화를 염두에 두더라도 좋은 현지인 리더를 선임하는 것이 매우 중요해지는 것이다. 이런 내부적 변화를 감지하면, 기존 승진 제도에서 더 나아가 이를 판별하는 평가 제도를 매년 재점검하고 개선하는 것이 좋다.

이런 내부적 변화 뿐만 아니라 개별 국가의 노동환경 특성을 면밀히 학습하는 것도 중요하다. 한국 기업이 많이 진출한 중국은 이직률이 높은 것으로 유명하다. 특히 최근 들어 이렇게 비워진 자리를 채우기가 쉽지 않다. 좋은 현지 관리자를 구하기는 더욱 어려워졌다. 이때 채용, 혹은 보상 정책이 이러한 노동환경에 유연하지 못한지 살펴보는 것이 좋다. 헤이그룹 조사에 따르면(그림 2), 중국은 유사한 업무를 수행하는 사람이 받는 급여의 편차가 서구에 비해 매우 높다는 것을 알 수 있다. 즉, 중국 현지 직원들은 이직을 통해 업무는 동일한데 급여는 지금의 3배 가까이 받을 수 있는 것이다. 이런 환경에서 이직 직원을 원망하기는 쉽지 않다. 또한 저 직급에 비해 고직급으로 갈수록 승진에 대한 급여 상승 폭이 중국은 브릭스 국가들과 함께 서구에 비해 대폭 확대되는 것을 확인할 수 있는데, 한국 기업의 보상 정책이 이를 반영하고 있는지 점검해 보는 것이 좋겠다. 중간 관리자급 이상 인재를 놓치면, 외부에서 데려올 때에도 높은 급여를 감수해야 하는데, 그럴 수 없기 때문에 더욱 필요한 인재는 사람 많다는 중국에서도 찾기 어려운 것이다. 일반적으로 저 직급의 임금 수준은 해당국의 국내총생산(GDP) 수준과 상관관계가 높지만, 고 직급으로 갈수록 개별 인재의 특성이 커지면서 해당국의 GDP 수준과 크게 상관이 없다. GDP가 낮은 개도국에서 팀장급 현지인 채용 시 주재원 수준의 보상을 요구하는 사례가 발생해 채용을 주

저하는 것이 그 예다. 우리 기업 관계자들이 이러한 곳에서 여전히 저임금의 좋은 관리자를 찾는다면 희망적이지는 않다.

〈그림 2〉중국 승진 시 급여 인상 폭

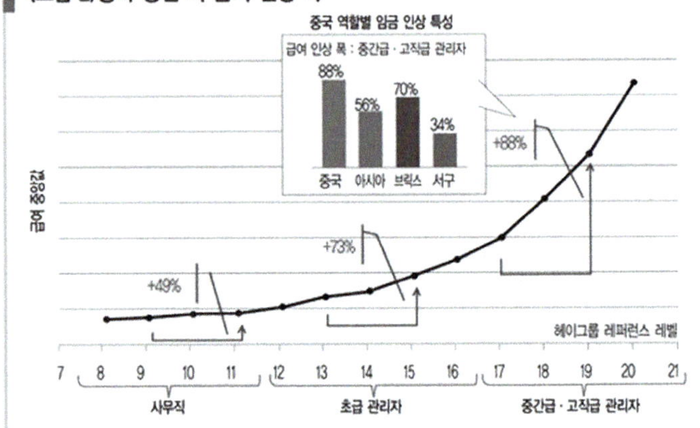

자료 : 세계무역기구(WTO)

한국 기업들은 새해에도 글로벌 확장이라는 큰 틀 속에서 다양한 노력을 기울일 것이다. 어쩌면 지금보다 더 도전적인 상황에서 더 높은 목표를 달성해 내야 할 수도 있다. 기존의 글로벌 인재 관리에 대한 접근을 주재원 처우나 본사 제도의 단순한 이식 수준으로 한정해 왔다면 시급히 글로벌 사업 전략과 연계를 모색해야 한다. 현지 진출 초기에는 드러나지 않지만 점차 법인이 안정화돼 갈수록 미숙한 현지 인재 관리가 주요 리스크 요인이 될 수 있다는 점을 명심해야 한다.

• 자료 : 한경비즈니스, 2014. 1. 13.

6. 거래비용이론과 글로벌 인적자원관리

6.1 거래비용 관점에서 본 글로벌 인적자원관리

거래비용이론(transaction cost theory)은 경제학 이론을 조직이론에 연결시킨 것으로서, 거래비용분석(transaction cost analysis)에 있어서 핵심적인 구성요소는 다음과 같다. 먼저, 인적요인(human factors)으로서는 제한된 합리성(bounded rationality)과

기회성 또는 기회주의(opportunism)를 포함하고 있으며, 환경요인(environmental factors)으로서 불확실성/복잡성(uncertainty/complexity)과 소수(small numbers), 그리고 불확실성/복잡성과 기회성간의 상호작용 결과로 정보의 불완전성(information imperfection) 및 정보의 중요성(impact)이 전제 조건으로 포함된다(Williamson, 1975, 1991).

[표 14-3] 거래비용이론의 핵심 구성요소

핵심 구성 요소	기 반 이 론
인적요인(human factors)	제한된 합리성, 기회성(기회주의)
환경요인(environmental factors)	(환경의)불확실성 및 복잡성, 소수
전제조건(conditions)	정보의 불완전성 및 중요성

자료 : Erdener & Torbiorn(1999).

거래비용 이론가인 코즈(R. H. Coase)의 주장에 따르면, 그러면 무엇이 거래비용인가? 이 질문에 대해서 학자들은 다음과 같은 네 가지 비용이 거래비용을 구성하고 있다고 주장한다(Festing, 1995; Picot 1982).

첫째, 준비비용(preparation costs)을 들 수 있다. 예를 들면, 누가 잠재적인 거래상대자인지에 대한 정보를 획득하는데 드는 비용이 여기에 해당된다.

둘째, 합의비용(agreement costs)이 있다. 거래당사자와 협상하고, 계약서를 작성하고 합의하는 과정에서 협상의 상노와 걸리는 시간을 고려하여 계산한 비용이다.

셋째, 통제비용(control costs)을 들 수 있다. 거래관계를 시작하고 유지하기 위해서 납기를 준수한다든지, 상품과 서비스의 양(quantity)과 질(quality), 가격조건의 준수, 그리고 거래에 관한 비밀을 유지하는데 드는 비용을 일컫는다.

넷째, 적응비용(adaptation costs)이 있다. 이는 거래계약의 유효기간 중에 발생하는 계약조건 변경(가령, 납기, 상품과 서비스의 가격, 양과 질 등에 있어서의 변동)으로 인하여 발생되는 비용을 말한다.

지금까지 설명한 네 가지 거래비용 가운데 준비비용과 합의비용은 거래가 실제로 발생하기 이전에 발생되는 비용, 즉 사전적 비용(ex ante costs)이고, 통제비용과 적응비용은 거래가 실제로 발생한 이후에 발생하는 비용이므로 사후적 비용(ex post costs)으로 분류할 수 있다.

거래비용이론은 기업에 적용시키면 기업활동 가운데 어떤 부분을 내부화(internalize)하며, 어떤 부분을 외부화(externalize), 즉 시장에서 구입하거나 조달하는지를 설명하는데 일반적으로 적용되는 이론이다.

이 이론은 최근 기업의 글로벌화에 따른 해외진출을 설명하는 데 설명력이 높다는 전제하에서 이 이론으로 글로벌 인적자원관리 행태를 설명하고자 하는 학자들이 많다. 거래비용이론으로 기업의 해외진출을 설명하는 것을 지지하는 학자들은 한 기업이 해외의 다른 국가에서 자회사를 운영하는데 드는 비용을 사전적으로(ex ante) 또는 사후적으로(ex post) 분석하면, 현지국에 물리적인 시설과 활동무대를 갖추는데 드는 비용과 새로운 문화와 시장을 배우는데 드는 비용을 합친 것이며, 여기서부터 거래비용 이론의 출발점으로 삼는다(Erdener & Torbiorn, 1999).

거래비용이론을 해외자회사의 인적자원 충원(human resource staffing)과 관련지어 설명하면, 글로벌 기업의 입장에서는 인적자원을 내부화(internalize)함으로써 위험(risk)과 비용(cost)을 줄일 수가 있다. 이 이론을 통해서 글로벌 기업이 초기에 본사인력(PCN)을 해외자회사로 파견하는 것을 선호하는 행태를 설명할 수 있다.

그런데 인간은 의사결정에 있어서 제한된 합리성(bounded rationality)을 지니고 있다. 해외자회사에 파견된 본사인력은 현지에서 문화충격(culture shock)을 겪으면서 해외환경에 적응하는 데 시간이 걸리게 되고 현지 사정을 잘 알지 못하는 관계로 합리적인 의사결정을 내리는데 방해를 받게 된다(Tobiorn, 1994). 이러한 제한된 합리성과 환경의 불확실성과 복잡성 사이에서 파견인은 정보의 불완전성(information imperfection)을 경험하게 된다. 이로 인해 해외파견인은 본국에서보다 더 많은 양의 정보를 처리해야 할 필요를 느끼게 되며, 현지에서의 문화와 환경으로부터 야기된 불확실성 및 복잡성과 이를 극복하기 위한 개인적 능력간 불균형 및 비대칭성(asymmetry)으로 인하여 야기되는 문제와 마찰에 봉착하게 된다(Edener & Tobiorn, 1999).

6.2 글로벌 인적자원관리 : 마찰의 치료제

거래비용이론이 등장한 것은 한 기업이 안고 있는 거래비용상의 문제를 해결하기 위함이다. 글로벌 기업이 안고 있는 해외활동에 있어서의 문화적인 위험(cultural risk)

을 줄이는 데 글로벌 인적자원관리의 역할이 중요하다. 이런 점에서 거래비용 관점에서 글로벌 인적자원관리는 마찰의 치료제(remedy for frictions)로 간주된다.

그러면 거래비용의 문제를 인적자원관리는 어떻게 치료할 수 있는가? 기업은 거래관계에서 발생되는 긴장과 마찰을 교환(exchange)을 통해 치료할 수 있다고 거래비용 이론가들은 믿고 있다.

기업은 재조직화(reorganization)를 통해서 기업 내에서 행해지던, 즉 내부화(internalize)되던 활동들을 외부화시키고, 기업의 외부에서 행해지던 활동들을 내부화시키는 교환활동을 통해 잘못된 거래관계를 바로잡음으로써 경쟁적 우위를 확보할 수 있다. 글로벌 기업의 해외자회사를 위한 인력충원 의사결정에도 거래비용이론이 그대로 적용될 수 있다.

해외자회사에서의 문화적 마찰은 두 가지 근원에 의해 발생한다. 첫째는, 직원이나 관리자 개인이 가지고 있는 행동규범, 판단 등 문화적 영향력이고 둘째로, 개인들의 행동이 문화적인 대표성을 지니면서 '문화의 충돌'을 야기하게 되는 것이다. 그런데 만약 PCN[1], HCN[2] 또는 TCN[3]의 구성비(mix and ratio)를 수정하게 되면, 교환관계가 달라지므로 이러한 문화마찰을 어느 정도 줄일 수 있다고 거래비용 이론가들은 주장한다(Edener & Tobiorn, 1999).

6.3 거래비용이론의 글로벌 인적자원관리에 대한 기여

글로벌 인적자원관리를 거래비용의 관점에서 설명한다면, 이론적으로는, 거래비용을 가능한 한 최저수준으로 유지하기 위해서 이문화간 거래(intercultural transaction)에 있어서 문화적인 차이나 지리적인 거리가 아무런 위험이나 마찰을 야기시키지 않아야 한다. 그런데 글로벌 기업이 활동의 일부를 내부화(internalize) 또는 외부화(externalize)하기 위해서는 기술적으로 잘 기능하는 외부시장(external local market)이 형성되어 있어야 한다는 조건이 요구된다.

예를 들어, 글로벌 기업이 해외 자회사의 운영을 위해서 외부화, 즉 현지 노동시장

1) PCN : 해외 자회사의 핵심 포스트에 본사에서 파견된 본국인력(parent country nationals : PCN)을 배치하는 방식.
2) HCN : 해외 자회사 운영을 위해서 주로 '현지인(host country nationals : HCN)을 채용하는 방식.
3) TCN : 해외 자회사에 가장 적합한 인물을 국적과 상관없이 제3국인(third country nationals : TCN) 등을 능력위주로 선발하여 자회사의 핵심업무를 수행하게 하는 방식.

에서 현지직원들을 채용하고자 할 때, 해외자회사에서 요구하는 지식, 기술, 능력을 갖춘 HCN이나 TCN들을 현지의 노동시장에서 얼마든지 확보할 수 있어야 한다. 따라서 이러한 조건이 갖추어지지 않는 아프리카나 아시아의 저개발국에는 거래비용이론이 적용되기가 어려울 것이다.

거래비용이론은 글로벌 인적자원의 관리에 있어서 'make'(내부육성)와 'buy'(외부에서의 충원) 전략을 선택하는 데 탁월한 기준을 제시한다고 생각된다. 특히, 문화마찰이 예상되는 해외자회사의 운영을 담당할 인적자원 충원(HR staffing)에 있어서 바람직한 충원전략을 제시할 수 있는 이론으로 판단된다.

다음 [그림 14-4]는 해외 자회사의 문화마찰과 충원전략, 그리고 해외 자회사의 성과 간의 관계를 그림으로 나타낸 것이다. 그림에서 보는 바와 같이, 거래비용이론에 입각한 글로벌 인적자원 충원은 문화마찰을 해소하고 리스크(risk)를 감소시켜 해외 업무성과에도 긍정적인 영향을 미쳐, 글로벌 기업이 궁극적으로 경쟁력을 확보할 수 있다는 것을 보여주고 있다.

[그림 14-4] 해외자회사 충원전략과 거래비용

문화마찰 → 리스크 증가 → 거래비용 증가 → 성과의 감소
↓↑
충원전략 → 리스크 감소 → 거래비용 감소 → 성과의 개선

자료 : Erdener & Torbiorn(1999).

결국, 해외에서의 높은 위험과, 본국과 현지국과의 문화적 차이는 인적자원의 확보, 유지, 관리에 있어서 국내와의 다른 교환관계를 요구하게 되었고, 이러한 다른 교환관계는 거래비용이론을 해외조직에 적용하는 계기가 되었다.

해외자회사에 PCN만을 배치한다면 해외자회사와 본사간 '기업 내 거래비용(intrafirm transaction costs)'과 위험은 줄일 수 있다. 그러나 PCN만을 파견하는 인력충원전략은 해외자회사와 현지국 환경과의 마찰을 야기하고 이로 인해 위험과 거래비용은 증가하게 될 것이다. 한편, 해외자회사에 HCN의 채용비율을 늘이면, '기업내 거래비용'은 증가되겠지만, 해외 자회사와 현지국의 환경과의 위험과 거래비용은 감소하게 된다.

국제 인적자원관리자의 과제는 해외 자회사 운영에 있어서 PCN, HCN, TCN의 적절한 믹스를 통해 위험과 거래비용을 최소수준으로 유지하는 것이며, 이를 위해서 구체적인 거래비용의 측정을 할 수 있어야 하겠다. 단기적으로는, 거래비용과는 상관없이 글로벌 기업이 글로벌 경쟁우위가 있는 핵심역량(core competence)을 가지고 있다면, 해외영업에 있어서 거래비용은 무시될 수 있다. 그러나 장기적인 관점에서는 거래비용은 글로벌 기업의 생존에 무시못할 경쟁요소가 된다.

결국 거래비용이론은 글로벌 기업의 전략적 인적자원관리(strategic human resource management)에 있어서 중요한 이론적 배경을 제공한다고 볼 수 있다. 복잡하고 불확실한 글로벌 경영환경 하에서 기업이 지닌 인적자본(human capital)을 최적으로 활용하면서 글로벌 경쟁우위를 확보할 수 있는 전략을 수립하는 데 거래비용이론이 매우 유용하다고 판단된다.

정리하기

1. 글로벌화란 경제, 사회, 문화 등 각 부문에서 국경이라는 장벽이 없어지고, 사람과 물자, 기술, 문화 등이 자유롭게 교류되면서, 글로벌 경쟁력과 함께 국제협력이 강화되는 시대를 의미하고, 국가간 상호의존성이 증대되어 지구를 하나의 단위로 생각하는 세계관이라 할 수 있다.

2. 글로벌화에 따른 HRM의 필요성은 세계시장에서 경쟁력을 확보하기 위해, 조직 내 가치사슬(value chain)의 모든 기능을 효율적으로 조합하기 시작했다는 것을 의미하며, 글로벌화된 시대에 있어서 환경과 문화가 상이한 다양한 인력들에 대한 효율적인 인력관리가 기업의 성과를 결정하기 때문이다.

3. 글로벌화의 요인으로는 산업과 경쟁이 글로벌화 하는 추세를 거스를 수 없는 환경적 요인, 위험을 줄이기 위한 현지화 전략의 필요성, 정보통신기술의 진보, 규모의 경제가 필요조건인 자본집약적 생산방식의 보편화 등이다.

4. 글로벌 HRM전략의 유형으로는 현지의 문화나 제도를 무시한 채 본사의 제도를 직접 전수하여 실행하는 모기업 시스템 전수형(Exportive Type), 본사 제도를 무시한 채 현지의 환경을 반영하여 HRM시스템을 구축하는 현지 적응형(Adaptive Type), 최상의 기법을 활용하여 범세계적 시스템을 창출하는데 활용하는 통합형(Integrative Type)으로 분류할 수 있다.

5. 글로벌 HRM의 이슈로는 다인종(민족), 다문화, 다언어 인력을 아우르는 다양성 관리, 조직의 전략에 부합하는 전략적 HRM 수립, 전략과의 적합성을 지닌 성과관리, 현지에서의 기업의 긍정적 이미지를 강화하는 고용브랜드 강화, 공유된 가치와 행동양식에 기초한 통일된 목표에의 도전을 위한 글로벌 기업문화 구축 등이 있다.

연습문제

단답식

1. 국가간의 상호의존성이 증대되어 지구를 하나의 단위로 생각하는 세계관을 (　　)라 한다.
2. 본국 중심 HRM 활동의 가장 큰 문제점은 기업이 (　　　　)을 충분히 확보하거나 육성하지 못하는데 있다.
3. 글로벌 HRM 전략 중 해외지사 운영을 현지인들에게 맡기고 본사의 개입을 최소화해 해외지사와 본사의 독립적인 관계를 유지하는 유형은? (　　　　)
4. 차별은 잘못된 것이며, 서로간의 차이를 무시하고, 다양성을 동질화하는데 관심을 갖는 관점을 차별 공정성 관점이라 한다. (O, X)
5. 현지에서 기업의 긍정적 이미지를 심기 위해, 적극적 홍보활동을 하는 것을 (　　) 강화라 한다.

객관식

1. 다음 중 글로벌화의 요인으로 볼 수 없는 것은? (　　)
   ① 현지화에 대한 압력　　② 정보통신기술의 진보
   ③ 자본집약적 생산방식　　④ 인적자원의 과잉
2. 현지인 활용의 장점이 아닌 것은? (　　)
   ① 저렴한 인건비　　② 높은 인건비
   ③ 현지의 언어나 문화에 익숙한 인재활용　　④ 현지인에 대한 신뢰 표방

3. 본사 파견인력의 단점에 해당하는 것은? ( )

① 본사와의 문화적 동질성 유지 ② 국제적 감각의 전문가 육성
③ 현지적응 실패 ④ 현지 자회사의 원활한 통제와 조정 가능

4. 현지인 활용의 단점이 아닌 것은 ? ( )

① 현지사정에 밝음
② 본사의 통제상실 가능성
③ 현지의 욕구와 본사의 우선순위 간 불균형
④ 의사결정의 지체 가능성

5. 이념 유사성과 제도 유사성이 동일하게 높게 나타나는 글로벌 HRM 전략은? ( )

① 현지 적응형 ② 통합형
③ 모방형 ④ 모기업 시스템 전수형

6. 다양성 관리에서 존중해야 할 사항이 아닌 것은? ( )

① 차별 ② 인종(민족)
③ 성 ④ 종교

7. 다양성을 보는 관점의 진화방향으로 옳은 것은? ( )

① 접근-합법성 관점 → 학습-통합 관점 → 차별공정성 관점
② 차별공정성 관점 → 학습-통합 관점 → 접근-합법성 관점
③ 차별공정성 관점 → 접근-합법성 관점 → 학습-통합 관점
④ 학습-통합 관점 → 차별공정성 관점 → 접근-합법성 관점

8. 다음 중 글로벌 HRM의 이슈로서 적합하지 않는 것은? ( )

① 다양성 관리 ② 본사 기업문화 구축
③ 전략적 HRM ④ 고용 브랜드 강화

9. 다음 중 HR Scorecard의 4가지 측면이 아닌 것은? ( )

① 고객측면 ② 재무적 측면
③ 운영측면 ④ 기술측면

10. 공유된 가치와 행동양식을 통해 통일된 조직목표를 지향하는 글로벌 HRM 이슈는? ( )

① 글로벌 기업문화 구축 ② 고용브랜드 강화
③ 기업전략과 적합성을 지닌 성과관리 ④ 다양성 관리

참고문헌

김영재 · 김성국 · 김강식(2010), 『신인적자원관리(제2판)』, 탑북스.

김효근(1992), "기업의 세계화 전략과 GIT(Global Information Techonlogy)의 연계에 관한 고찰", 「사회과학논집」, 제 12권.

민경호(2010), 『현대인사관리』, 무역경영사.

배종석(2001), "인적자원관리와 기업성과: 비판적 고찰과 한국기업 적용과제", 「인사관리연구」, 제25권 제3호, pp. 1~31.

신원무(2010), LG Business Insight, LGERI 리포트 '한국기업의 글로벌 HR 과제'

Bae, J., & Rowley, C. (2001), "The impact of globalization on HRM: The case of Korea", *Journal of World Business,* 36(4), 402-428.

Ely, R. J., & Thomas, D. A.(2001), "Cultural Diversity at Work: The Effects of Diversity Perpectives on Work Group Processes and Outcomes", *Administrative Science Quarterly*, 46(2), 229-273.

Erdener, C., & Torbiorn, I.(1999), "A Transaction Costs Perspective on International Staffing Patterns : Implications for Firm Performance", *Management International Review*, Special Issue 1999/2.

Festing, M.(1995), Strategisches Internationales Personalmanagemet : *Eine transaktionskostentheoretisch fundierte Analyse*, Mering; Rainer Hampp Verlag.

Harvey, M. G., Novicevic, M. M., & Speier, C. (2000), "Strategic global human resource management: The role of inpatriate managers", *Human Resource Management Review,* 10(2), 153-175.

Picot, A.(1982), Transaktionskostenansatz in der Organisationstheorie : Stand der Diskussion uns Aussagewert, *Die Betriebswirtschaft*, 42. 2, 267-284.

Porter, M. E. (1986), Competition in global industries: A conceptual framework, In M. Porter (Ed.), *Competition in global industries* (pp. 15~60), Boston, MA: Harvard Business School Press.

Rosenzweig, P. M., & Nohria, N. (1994), "Influences on human resource management practices in multinational corporations", *Journal of International Business Studies,* 25, 229-251.

Schuler, R. S., Dowling, P. J., & De Cieri, H. (1993), "An integrative framework of strategic international human resource management", *Journal of Management,* 19(2), 419-459.

Taira, K. (1990), *From Americanization of Japan to Japanization of America in HRM/IR,* Paper Presented at the Forty Third Annual Meeting of the Industrial Relations Research Association (pp.467-475), Washington, D.C.: IRRA.

Taylor, S., Beechler, S., & Napier, N. (1996), "Toward an integrative model of strategic international human resource management", *Academy of Management Review,* 21(4), 959-985.

The Saratoga Institute(2002), "Workforce Diagnostic System: Benchmarking Report".

Torbiorn, I.(1994), "Dynamics of Cross-Cultural Adaptation", in: G. Althen(ed.), Learning Across Cultures, 31-55, Washington, DC: NAFSA Publications.

Willamson, O. E.(1991), "The Analysis of Discrete Structural Alternatives", *Administrative Science Quarterly,* 36.

http://happicialist.tistory.com/126

http://philkim.column-blog.inews24.com/11

제 15 장 전략적 인적자원관리

학습개요

이 장은 전략적 인적자원관리의 개념과 등장 배경 및 전개 과정에 대해 살펴보고, 전략적 인적자원관리의 특징 그리고 수행되는 과정에 대한 전반적인 내용에 대해 학습한다.

학습목표

1. 인적자원관리 기능의 발전단계를 설명할 수 있다.
2. 전통적 인사관리(PM)와 전략적 인적자원관리(SHRM)의 차이점을 설명할 수 있다.
3. 인적자원관리부서의 4가지 역할을 설명할 수 있다.
4. 전략적 인적자원관리의 특징 두 가지를 이해한다.
5. 수직적 통합과 수평적 통합을 구분하여 이해한다.

주요용어

1. 전략적 인적자원관리(Strategic Human Resource Management : SHRM): 조직의 전략적 목표 달성을 촉진하기 위해 필요한 일관되고 정렬된 인사제도, 프로그램과 정책들의 개발을 의미함.
2. 적합성(fit) : 한 구성요소가 다른 구성요소의 필요, 요구, 목표, 구조와 일치하는 정도.
3. 유연성(flexiblility) : 역동적이고 경쟁적인 환경의 다양한 요구사항에 대해 대응할 수 있는 능력.

경영사례 1

서비스 신화의 산실 노드스트롬 백화점의 인적자원관리

미국의 시애틀시 중심가에 위치한 초대형 패션의류 전문백화점인 노드스트롬(Nord Strom)사는 경쟁이 치열한 소매시장에서 어떻게 경쟁우위를 유지하고 있을까?

바로 인근에 즐비한 중·고급 백화점들은 서로 유사한 상품을 파는 가운데 대개 매출액과 이익이 비슷한 상황이다. 그러나 노드스트롬사는 경쟁사들의 이익이 감소하거나 현상 유지되는 가운데서도 업계 평균 이상의 이익을 지속적으로 내고 있다. 이러한 노드스트롬사의 성공비결은 종업원들을 다르게 관리하는 방식에 있는데, 그 첫 번째 핵심은 판매종업원들을 "동료"(associates)라고 부르며 조직의 가장 귀중한 자산으로 간주하는데 있다. 즉, 노드스트롬사의 성공은 최상의 고객서비스(무릎 꿇고 하는 서비스)를 제공하는데 뿌리를 두고 있다. 한 사례로서 누더기를 걸친 한 여인이 백화점 안으로 들어왔는데 노드스트롬의 고객이라고는 생각할 수 없는 노숙자임에 분명해 보였다. 그러나 그녀에게 눈총을 주는 직원은 찾아볼 수 없었다. 그녀는 에스컬레이트를 타고 2층으로 올라가더니 매우 값비싸고 호화로운 특별 매장으로 갔다. 판매원은 그 여인에게 '무엇을 도와 드릴까요?'라고 상냥하게 물었다. 여인은 판매원에게 축제에 입고 갈 드레스를 사고 싶다고 말했다. 스타일과 색상 및 치수에 대해 서로 의논하더니, 판매원은 우아한 드레스를 찾아 주었다. 그러자 으쓱해진 그녀는 어깨를 펴고 서서 옷을 잠시 따로 보관해 줄 수 있겠느냐고 물었다. '물론이죠, 손님 그런데 얼마 후에 오시겠습니까?'라고 판매원이 묻자 '아마도 두 세 시간이면 될 거예요'라고 대답하고서 그 여인은 의기양양하게 백화점을 떠났다. 그것을 지켜보던 한 신사가 판매원에게 가서 물었다. '실례합니다만, 내 눈에는 아까 그 여인이 도무지 노드스트롬의 고객이라고 보이지 않아요. 그런데 당신은 정말로 그녀가 옷값을 지불하러 다시 올 것으로 생각합니까?' 판매원의 대답은 그를 부끄럽게 만들었다. "저의 임무는 누가 노드스트롬의 고객인지 판단하는 일이 아닙니다. 찾아 주신 손님들을 친절과 봉사로써 모시는 것이 임무입니다." 그리고 종업원들은 한 사람의 사업가(entrepreneur)로서 행동하고 고객들과 강력한 개인적인 유대관계를 구축하도록 격려를 받는다. 따라서 많은 고객들은 한 사람의 특정 판매원을 통해 구매할 뿐만 아니라, 그 판매원과 스케줄이나 약속을 잡기 위해 미리 전화를 한다. 두 번째 전략으로 노드스트롬사는 판매인력(sales force)에 대해 엄청난 투자를 한다. 종업원들에게 머천다이징과 제품라인에 대해 광범위한 훈련을 제공하고 고액의 보상을 해 준다. 회사의 종업원들에 대한 깊은 관심은 전통적인 피라미드 조직과는 다른 역피라미드 조직도(organization chart)에서 분명하게 드러난다.

판매원들이 조직도 상의 최상층부에 위치하고 있고, 그 다음에 매장관리자와 점포장, 그리고 마지막으로 임원 순이다.

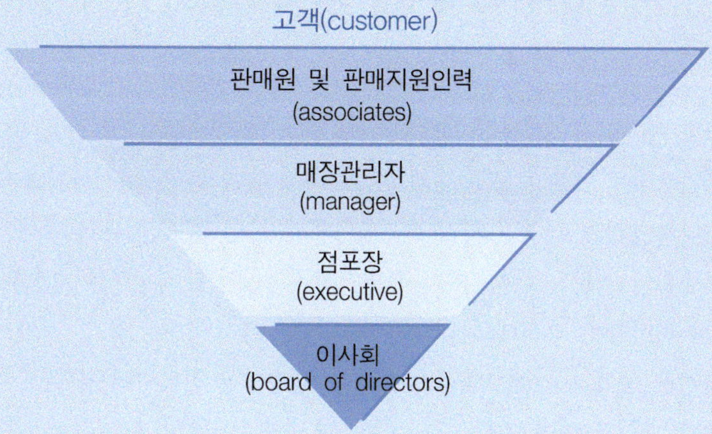

이러한 조직도는 '고객은 왕이다'라는 조직철학을 공고히 할 뿐만 아니라, 고위직, 중간 및 하부 관리자들의 모든 노력은 판매원들의 노력을 지원하는 지원인력이어야 함을 강조하고 있다.

• 자료 : Mello, J. A.(2011), *Strategic Human Resource Management*, South-Western, Cengage Learning, p. 3을 참고로 보완

1. 전략적 인적자원관리의 이해

21세기에 들어서서 기업의 환경은 이전과 매우 다른 양상으로 급격하게 변화하고 있으며 경쟁은 무한경쟁 또는 국경을 초월한 경쟁으로 불리울 만큼 거세어지게 되었다. 기업은 경쟁환경에서 생존하고 성장하기 위하여 다양한 자원을 활용한다. 기업이 활용할 수 있는 자원에는 물적 자원(공장, 설비, 기술, 입지 등), 조직적 자원(조직구조, 계획 · 통제 · 조정시스템, 집단관계 등), 인적자원(구성원의 지식, 숙련, 기능, 경험 등)이 있으며 기업은 이러한 자원들의 효율적 관리를 통해서 경쟁환경에서 경쟁우위를 추구한다. 앞에서 든 세 종류의 자원 가운데 조직적 자원과 인적자원은 인적자원관리 기능과 직접적으로 연계되어 있다.

1.1 전략적 인적자원관리의 개념과 등장 배경

인적자원관리가 조직성과에 기여하려면 조직 전체의 경영전략과 잘 통합되고 연계되어 그 기능이 효율적으로 발휘되어야 한다. 무엇보다도 먼저, 조직의 성과는 조직이 당면한 환경에 얼마나 잘 적응해 나가느냐에 달려 있다. 인적자원관리는 경영의 한 과정으로서 환경과 경영전략, 그리고 조직구조와의 밀접한 관계 속에서 조직의 목표달성에 중요한 역할을 한다. 따라서 인적자원관리가 조직성과와 경쟁우위에 기여하려면 조직의 전략형성 과정에 인적자원 요소들이 고려되어야 하고, 전략 수행과정에서 조직의 전략 목표가 인적자원관리에 직접 반영되어 인적자원관리가 전략경영과 통합된 과정으로 전개되어야 한다.

다음으로, 인적자원관리는 경영이념과 가치관이 반영된 가치지향적(value-driven) 경영이 되어야 한다. 경영전략 자체가 조직의 경영이념과 가치관을 반영하는 만큼, 인적자원관리와 전략경영과의 통합은 바로 가치지향적 인적자원관리를 전제로 한다.

또한 경영전략과 인적자원관리 간의 통합과 더불어 전략 수행과정에서 채용, 직무설계, 인사고과, 보상, 훈련과 개발 등 여러 인적자원관리 기능과 활동들이 상호 균형과 조화를 이루고 일관성 있게 전개되어야 한다. 이와 같은 인적자원관리 기능들 간의 통합은 인적자원관리 기능간의 시너지 효과 창출을 통해 인적자원관리 전체의 효율성을 극대화한다. 한편, 글로벌화를 추구하는 기업의 경우, 인적자원관리가 글로벌 전략과 통합됨은 물론, 인적자원관리 기능들 간의 시너지 효과를 달성함으로써 다양한 문화간의 통합과 시너지 관계를 조성하는 것을 의미한다. 따라서 글로벌 기업의 인적자원관리는 문화간 차이에서 발생하는 갈등과 차별을 극복하고 문화간 또는 문화적 시너지효과를 얼마나 창출하느냐에 따라서 그 성과가 결정된다.

위에서 언급한 대로 현대 조직에서 인적자원관리는 경영전략과의 통합을 통해 조직환경에 적응하고 이해관계자들의 욕구를 충족시키는 동시에, 인적자원관리 기능들 간의 연계와 조화를 통해 인적자원관리의 효율성을 제고할 수 있다. 나아가 글로벌 기업의 경우, 인적자원관리의 글로벌 전략과의 통합 및 기능들 간의 연계는 다양한 문화들 간의 상호작용 속에서 이루어지는 만큼 글로벌 경영에서 인적자원관리의 중요성은 더욱 커지고 있다. 따라서 오늘날 글로벌화된 시장경쟁에서 기업들이 지속적 경쟁우위(sustainable competitive advantage)를 확보하기 위해서는 가치창출의 원천인 인적자원의 핵심역량 구축은 물론, 경영전략 및 고객욕구에 부합된 전략적 관리가 요청되고 있다. 전략적 인적자원관리(Strategic Human Resource Management : SHRM)는 기존의 인적자원관리(Human Resource Management : HRM)가 추구하던 미시적 · 개별적 · 기능적 접근에서 벗어나, 급격한 환경 변화에 대응하기 위해 기업 전체의 전사적인 전략과 목표에 유기적으로 결합된 거시적, 시스템적, 전략적 차원의 통합적인 접근을 지향하고 있다.

멜로(Mello, 2011)는 전략적 인적자원관리(SHRM)를 조직의 전략적 목표 달성을 촉진하기 위해 필요한 일관되고 정렬된 인사제도, 프로그램과 정책들의 개발을 포함한다고 정의하고 있다. 그리고 라이트와 맥마한(Wright & McMahan, 1992)은 전략적 인적자원관리를 조직이 그 목적을 달성할 수 있도록 계획된 인적자원의 전개와 활동들의 유형이라고 정의하면서 전략적 적합성(strategic fit)을 강조하고 있다.

즉, 인적자원관리의 제도와 기능들이 조직의 전략적 목표나 경쟁전략에 긴밀하게 연계되어 있는 정도로서의 외적 적합성(external fit) 또는 수직적 통합(vertical integration)과 함께, 다양한 인적자원 관련 제도와 기능들 간에 잘 조정되고 통합되어진 정도로서의 내적 적합성(internal fit) 또는 수평적 통합(horizontal integration)이 필요함을 주장하고 있다.

정리해 보면, **전략적 인적자원관리(SHRM)란 조직의 전략이나 목표를 잘 반영하여 경영전략과 잘 정렬되고 인적자원관리 제도와 기능들 간에도 조화를 이루어서 조직의 전략목표를 효율적으로 달성시키는 과정이라고 할 수 있다**(이학종 · 양혁승, 2005).

전략적 인적자원관리가 등장한 배경은 다음과 같다. 미국의 경우, 1980년대에 접어들면서 글로벌 경쟁의 격화, 기업환경의 불확실성 가중, 제품 수명주기의 단축, 품질혁신의 필요성 대두, 생산성과 경쟁력의 전반적 저하로 인해 인적자원관리가 조직의 유효성 증대에 공헌해야 한다는 문제의식에서 출발하였다. 그리고 영국은 1980년대에 나타난 높은 실업률과 종업원들의 사기 저하, 인적자원관리의 부재상태 등으로 국제경쟁력이 크게 약화됨에 따라 전략적 인적자원관리의 필요성이 대두되었다. 또한 일본은 1980년대에 종신고용과 집단주의 등에 기초한 인적자원 중시 전략으로 경쟁우위를 확보하는 비즈니스 모델로 각광을 받았으나, 1990년대에 접어들면서 한계에 봉착함으로써 새로운 인적자원관리로의 혁신이 요구되었다. 한편, 한국의 기업들은 1990년대 후반 외환위기 이후 생존 자체가 심각한 위협을 받으면서 강력한 구조조정과 경영혁신을 전개하는 등 경쟁력 강화를 위한 전략적 인적자원관리의 필요성이 절실히 요구되고 있다.

1.2 전략적 인적자원관리의 전개 과정

1) 인적자원관리 기능의 발전단계

인적자원관리는 각 기능들이 제도화되지 못하고 종업원들의 인적사항을 기록·유지하고, 문서의 보관 및 관리에 치중하던 원시적 인사관리 단계에서, 개별적 인사기능들이 합리화 및 체계화되고 노사관계의 중요성이 인식되기 시작한 인사관리(Personnel Management : PM)단계, 조직 내에서 인적 요소의 중요성이 강조되면서 인적자원의 개발과 활용이 중요시되는 인적자원관리(Human Resource Management : HRM) 단계, 그리고 최근에는 글로벌 시장경쟁 하에서 인적자원이 조직의 경쟁우위 확보에 핵심요소로 대두되면서 인적자원관리가 조직의 전략적 목표와 통합될 뿐만 아니라 조직성과에 기여하는 사업의 전략적 파트너가 되어야 하는 전략적 인적자원관리(Strategic Human Resource Management : SHRM) 단계로 진화하고 있다([표 15-1]).

[표 15-1] 인적자원관리 기능의 발전단계

		인사관리 태동기	→ 인사관리 (PM)	→ 인적자원관리 (HRM)	→ 전략적 인적자원관리 (SHRM)
시대별 구분	한국 미국	1960-1970년대 산업화-1930년	1980년대 1940-1970년대 초	1990년대 1970-1980년대 초	21세기 1980-1990년대
배경 환경		경제발전 초기 노동관계법 제정 과학적 관리기법	안정적 경제성장 노동조합 압력 노동관계법 정비	국내외 경쟁 심화 노동시장 다양화	세계화/무한경쟁 급격한 환경변화
관리 방식		← 관료·통제 중심/자율경영 →			
인사 역할		복지인사, 인사기록, 문서관리, 채용, 보상, 교육 등 기본적 인사기능	개별적 인사기능의 강화 및 체계화, 인사부서의 전문화, 노사관계 비중 증대	인사부서 역할 강화, 인적자원의 개발과 활용 강조, 인사부서 : 독립적 기능 수행	인적자원=경쟁력 기업전략과 인사전략의 상호 적합성, 인사부서 : 사업의 전략적 파트너

자료 : 한국노동연구원(2000), 『21세기형 인적자원관리』, 명경사, p. 390.

2) 전통적 인사관리와 전략적 인적자원관리의 비교

전통적 인사관리와 최근에 강조되고 있는 전략적 인적자원관리는 다음 몇 가지 측면에서 차이점을 보이고 있다([표 15-2]).

[표 15-2] 전통적 인사관리와 전략적 인적자원관리의 비교

구　분	전통적 인사관리	전략적 인적자원관리
인적자원관리의 책임	인사전문가(Staff Specialists)	라인관리자(Line Managers)
초점	종업원 관계관리(수직)	내・외부고객들과의 파트너십 (수평적)
인사부서의 역할	거래적, 변화추종자, 대응자	변혁적, 변화리더와 주도자
주도권	느림, 반응적, 개별적	신속함, 선행적, 통합적
시간 관점	단기성	단기, 중기, 장기성(필요시)
통제	관료적-규칙, 정책, 절차	유기적-유연성, 조직 성공에 필요한 모든 것
직무설계	엄격한 노동의 분업화, 독립성, 전문화	폭넓은, 유연한, 교차훈련, 팀
투자	자본, 제품	사람, 지식
권한과 책임	코스트 센터(비용 감축)	투자센터(가치 창출)

자료 : Mello, J. A.,(2011), *Strategic Human Resource Management*, *op. cit.*, p. 162.

첫째, 전통적 인사관리는 노동력을 생산요소의 하나로 봄으로써 통제와 관리의 대상으로 여겼다. 그러나 전략적 인적자원관리는 인적자원을 경쟁우위 확보를 위한 핵심자원으로 여기고 구성원의 자율성과 몰입 증대를 통해 잠재능력을 이끌어 내는 전략적 파트너로 여기고 있다.

둘째, 전통적 인사관리는 노동력을 비용(cost) 절감의 대상으로 보고, 단기적 관점에서 이윤 증대를 위해 제품이나 기술, 자본에 대한 투자를 중시했다. 그러나 전략적 인적자원관리는 인적자원을 자산(asset)으로 보고, 장기적 관점에서 종업원들의 능력개발과 동기부여를 통한 조직 유효성 증대를 위해 인적자원에 대한 집중적 투자를 중시하고 있다.

셋째, 전통적 인사관리는 조직의 안정적 성장기에 개별적 인사기능들의 독립적 역할을 강조하였으나, 전략적 인적자원관리는 치열한 글로벌 경쟁에 직면하여 인사기능

들이 조직의 전략적 목표에 통합될 수 있도록 인적자원관리의 전략적 임무수행을 강조하고 있다.

넷째, 전통적 인사관리는 과학적 관리에 기반을 두고 노동의 분업화, 전문화, 규칙과 절차 준수를 강조하는 관료주의적 반응적 관리에 초점을 맞추고 있으나, 전략적 인적자원관리는 글로벌화와 불확실한 환경에의 대응을 위해 변화와 팀간의 통합을 강조하는 유연하고 유기적인 선행적 관리에 초점을 맞추고 있다.

3) 인적자원관리 부서의 역할 변화

앞에서 언급한 대로 인적자원관리의 기능이 전통적 인사관리에서 전략적 인적자원관리로 발전함에 따라 인적자원관리 부서 및 인사전문가의 역할 또한 변하고 있다. 특히 재무성과가 탁월한 선진기업들의 인적자원관리는 점점 더 전략적 접근을 택하고 있는 것으로 나타났다. 특히 보다 광범위하고 혁신적인 역할과 책임을 맡는 전략적 파트너로서 여러 가지 역할을 수행하는 것으로 나타났다. 울리히(Ulrich, 1997)는 이를 인적자원관리의 다중역할 모델(four different roles)로 제시한 바, 첫째, 인적자원관리와 경영전략의 정렬을 통해 경영전략의 실행이 원활하게 이루어지도록 지원하는 전략적 파트너(Strategic Partner), 둘째, 일상적 업무의 조직화와 집행을 통해 효율적인 조직인프라를 구축하는 행정전문가(Administrative Expert), 셋째, 종업원들의 헌신과 몰입을 증대시킬 수 있도록 종업원들에게 자원을 제공하고 그들의 역량을 향상시키는 종업원 옹호자(Employee Champion), 넷째, 조직의 혁신과 변화를 관리하여 변화역량을 확보하는 변화주도자(Change Agent)가 되어야 한다고 했다.

그런데 최근의 글로벌 경쟁과 불확실한 환경 변화에 대응하여 조직의 성과와 부가가치 창출에 기여하려면 전통적 인사관리의 주된 역할이었던 내부종업원 관리(행정전문가, 종업원옹호자 역할)에서 경영의 전략적 파트너와 변화관리의 선도자(전략적 파트너, 변화주도자)로 역할이 전환되어야 한다고 강조하고 있다([그림 15-1]).

[그림 15-1] 인적자원관리 부서의 역할 변화

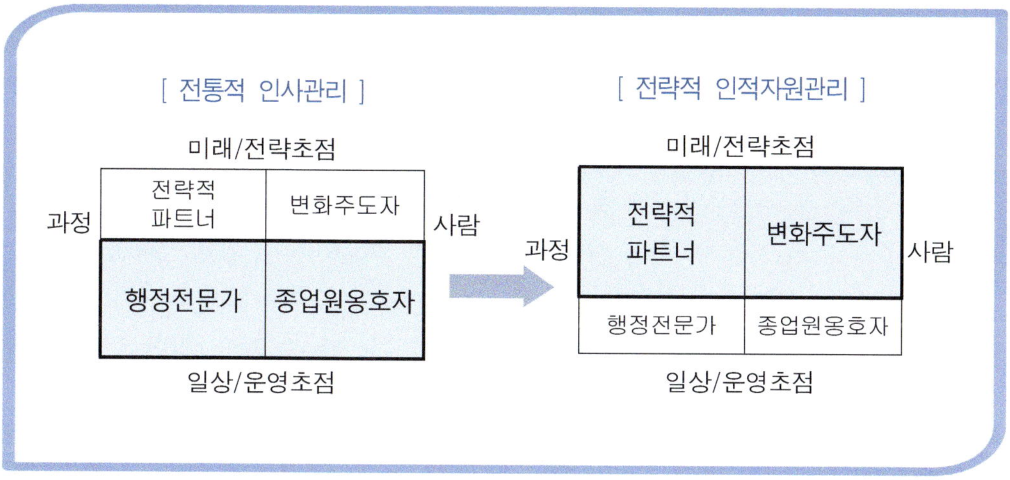

자료 : Ulrich, D.(1997), *Human Resource Champions*, Harvard Business School Press, p. 24를 참고로 수정.

2. 전략적 인적자원관리의 특징과 체계

2.1 전략적 인적자원관리의 특징

1) 경쟁우위 비전의 추구

먼저 전략적 인적자원관리는 인적자원을 기업 경쟁력의 원천 및 경쟁우위의 요소로 본다는 점이다. 이는 장기적 관점에서 기업의 미래를 이끌 인재들을 육성하겠다는 일관된 비전 추구에서 출발하고 있다.

다음으로 전략적 인적자원관리는 인적자원 기반 관점(human resource-based view)에서 접근하고 있다. 이는 기업의 경쟁우위를 결정하는 요소는 기업 내부자원(인적자원)의 핵심역량에 의존하고 있다는 시각이다.

즉, 그 기업이 보유한 핵심역량 내지는 핵심기술이 서로 유기적으로 관련을 지녀야 한다는 것이다. 과거에는 제품 생산기술, 시장에서의 진입장벽, 재무자원의 활용 정도, 규모의 경제 등으로 설명되었다. 그러나 이젠 기업 내부의 자원이 핵심역량(core competence)을 창출한다는 주장이다.

즉, 특허권, 노하우 등의 무형자산과 유형자산의 핵심은 인적자원으로부터 나온다는 것이다. 여기서 핵심역량이 되기 위해 갖추어야 할 특성들은(Barney, 1991 ; Wright & McMahan, 1992)

① 기업의 경쟁우위 확보에 기여할 수 있는 가치나 희소성을 반드시 지닐 것(valuable, rare). 이는 기업 특유의 기술(종업원의 지식, 기술, 능력)을 말한다.
② 다른 기업이 모방하기 어렵거나, 모방하더라도 비용이 많이 들 것(inimitable).
③ 기업의 핵심역량이 다른 기업으로 쉽게 이동될 수 없는 장벽이 존재할 것(mobility barrier)(예 : 연금이나 이연 보상 등).
④ 경쟁사가 다른 자원으로 대체할 수 없을 것(non substitutable) 등이다.

현장이야기 1

미국 애리조나 주의 사막에서 200년 넘게 크는 선인장(사진)은 가뭄에 대비하여 한 그루에 물을 몇 톤씩 머금고 있다. 가시로 덮여 있고 몸통이 두텁고 피부는 방수질로 되어 있어서 수분 증발을 막아 준다. 2~3년 가물어도 끄떡없도록 환경 변화에 적응을 잘하고 있는 식물이다. 그러나 이러한 선인장도 어떤 것은 허리케인이 불 때면 몸통에 지닌 물 무게를 못 견뎌 뿌리째 뽑혀 넘어지고 만다. 이 선인장처럼 가뭄에만 대비해 놓고 환경에 대비를 했다고 자부하면 안된다. 우기와 장마도 있고 태풍과 홍수도 있다. 모든 것은 항상 변하고 있다. 이 세상에 변하지 않는 것은 단 하나 뿐, 그것은 “모든 것이 변한다 라는 사실 뿐”이라고 2000년 전에 헤라클레이토스가 말했다. 환경의 변화에 대응하는 전략적 관리가 최고의 관리이다.

• 자료 : 임창희(2008), 『인적자원관리』, 비엔앰북스, p. 507.

2) 적합성과 유연성의 추구

(1) 전략적 접근법은 거시적이다(macro HRM).

전통적 인사관리는 개별적 인사제도에 초점을 두고 분석단위는 개인(개별적)이었으나(예 : 선발, 보상, 평가 등의 개별 기법들이 종업원의 이직률, 직무만족, 성과 등에 어떤 영향을 미치는가?), 전략적 인적자원관리는 개별적 인적자원관리들의 종합된 시스템에 초점을 두고 분석단위는 조직수준이다(예 : 인적자원관리 시스템이 조직차원의 성과, 즉 생산성, 품질, 순이익에 어떤 영향을 미치는가? 에 관심).

(2) 전략적 접근법은 통합적이고 시스템적이다(systematic).

전통적 인사관리는 개별적 인사정책들을 독립적인 현상으로 간주하고 각각 분리하여 분석(미시적)을 하였으나, 전략적 인적자원관리는 개별적 인사관리제도들을 묶어서(bundle) 하나의 시스템으로 보고 분석하고 있다. 즉, 여러 가지 인사제도들이 서로 독립적이기 보다 상호보완적인 관계가 있으며, 기업성과에 미치는 효과도 개별 제도들 간의 적합성(fit)에 의해 극대화된다고 가정하고 있다.

(3) 전략적 접근법은 전략적이다(strategic).

전통적 인사관리는 인사정책들의 기능적(functional)이고 단기적인 측면을 강조하였으나, 전략적 인적자원관리는 기업의 사업전략(business strategy), 제품전략으로부터 인수 및 합병, 신사업의 시작, 기존사업의 철수 등 기업의 장기적인 사업계획의 수립과 실행에 이르기까지 인적자원관리의 장기적이고 전략적인 역할을 중시하고 있다.

(4) 유연성(flexibility)의 추구이다.

복잡하고 역동적인 환경에 직면한 조직들은 다양하고 급변하는 외부의 요구를 수용하기 위해 유연성을 필요로 한다. 조직의 유연성을 제고하기 위해서는 첫째, 신속하게 적응할 수 있는 인적자원관리시스템의 개발, 둘째, 광범위한 능력과 기술을 가진 인력풀(pool)의 개발, 셋째, 종업원 행위의 유연성 촉진 등이 요구된다.

적합성(fit)

한 구성요소가 다른 구성요소의 필요, 요구, 목표, 구조와 일치하는 정도를 말한다. 즉, 적합성이 존재할 때 그 조직은 보다 효율적이고 효과적이다. 이는 주로 일정 시점에서 두 변수 간의 상관관계에 주목한다.

유연성(flexiblility)

역동적이고 경쟁적인 환경의 다양한 요구사항에 대해 대응할 수 있는 능력을 말한다. 즉, 환경의 변화에 대응하여 현재의 정책을 수정할 수 있는 조직의 능력으로서 경쟁조직에 비해 경쟁우위 확보가 가능하다. 이는 주로 역동적인 환경에서 다양한 압력에 대처하는 능력을 강조한다.

2.2 전략적 인적자원관리의 체계

전략적 인적자원관리는 외부환경과의 유연한 연계를 특성으로 삼아 인적자원의 확보, 유지 및 방출전략 등을 효율적으로 형성하고 실천하여야 한다. [그림 15-2]는 기업의 수직적, 수평적 적합성과 외부환경과의 유연성과의 관계를 체계화하여 종합적으로 보여주고 있다.

[그림 15-2] 전략적 인적자원관리의 체계

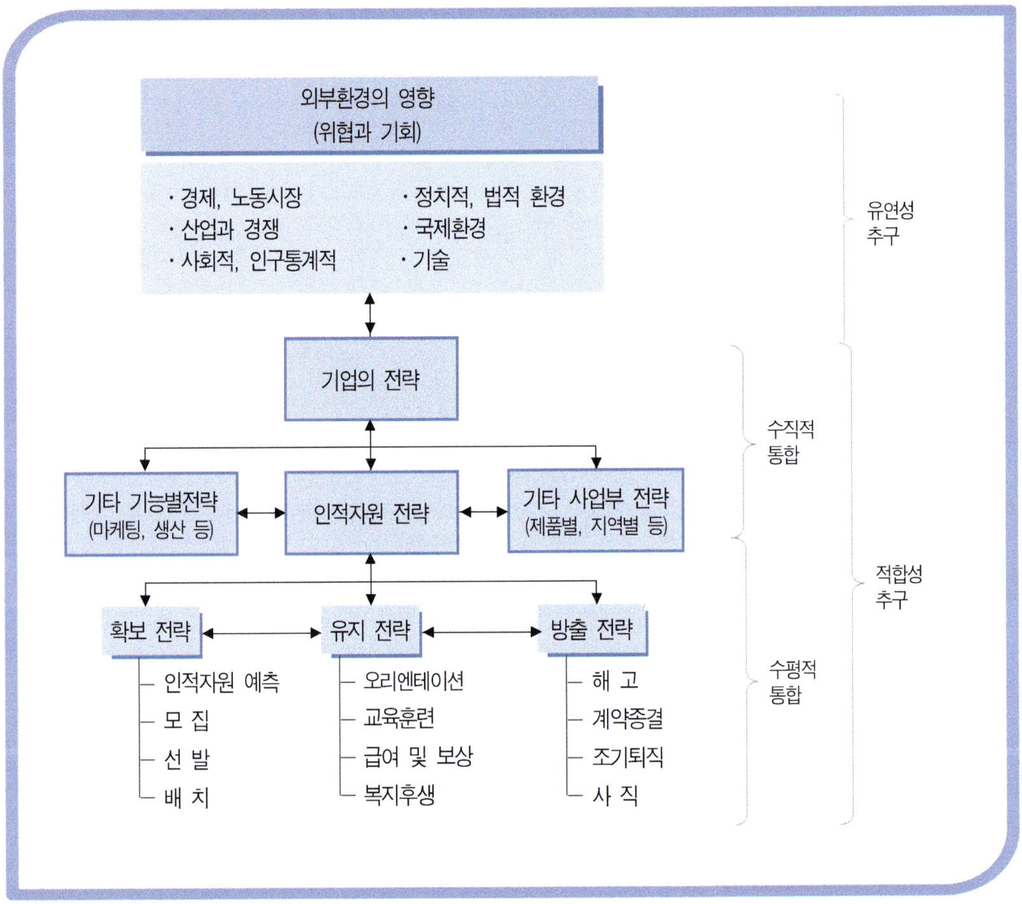

자료 : 최종태(2000), 『현대 인사관리론』, 박영사, p. 772.

3. 전략적 인적자원관리의 수행

3.1 기업전략과 인적자원관리 전략의 연계

전략적 인적자원관리는 기업 전체의 경영전략과 인적자원관리 전략이 통합되어 수행되는 것을 말한다. 즉, 조직의 인적자원관리 전략은 기업전략에 적합(fit)하도록 계획되고 실행되어야 한다는 것이다(수직적 통합). 예를 들어 기업이 해외진출전략을 수립했을 경우, 인적자원의 채용계획 작성시 외국어 능력과 글로벌 마인드를 갖춘 종업원을 확보하도록 하고, 또 경기침체에 따른 구조조정 전략을 수립했을 경우, 신규인력 채용은 최소화하거나 해고전략을 수립해야 할 것이다([표 15-3]).

[표 15-3] 기업전략과 인적자원관리 전략의 연계

기업전략	인적자원관리 전략	기업 사례
비용절감전략, 철수전략	정리해고, 임금삭감, 재고용계약	GM
성장전략	임금인상, 채용증가, 훈련 및 개발	Intel
틈새시장전략	특수교육, 직무범위 축소, 특수직무 창조	KFC
합병전략	선변해고, 직무통합, 기업문화 변혁	GE
구조조정전략	선별해고, 배치전환, 이직관리	Chrysler

자료 : 임창희(2008), 『인적자원관리』, 비앤엠북스, p. 505.

3.2 인적자원관리 각 기능들 간의 조화

전통적 인사관리 기능들은 채용, 훈련, 보상, 유지, 이직이라는 각각의 개별적 기능들이 효율적으로 달성되면 성공적이었다. 예를 들어 채용시 최소의 비용으로 우수한 인재를 선발하면 효율적인 충원관리를 달성한 것이었다. 그러나 전략적 인적자원관리에서는 인적자원관리의 모든 기능들이 상호 보완적으로 조화되어야 한다는 것이다(수평적 통합). 예를 들어 경쟁사보다 시장선점전략을 수립한 경우, 모집비용, 우수인재

선발, 신입사원 교육 등이 중요한 것이 아니라 신속한 채용과 배치가 더 중요할 것이다. 이와 같이 조직의 목표와 전략을 고려하면서 채용, 보상, 훈련전략을 수립함으로써 인적자원관리 각 기능들 간에 상호 조화를 이루어야 한다. 좀 더 세부적으로는 첫째, 충원전략(Staffing)은 조직의 성장 혹은 안정화 전략에 따라 외부 노동시장에서 충원(시장조달) 혹은 내부 충원(인력 개발)을 할 것인지, 또 정규직 인력이나 임시직 인력을 어떻게 활용할 것인지도 전략적 의사결정을 해야 한다.

둘째, 훈련과 개발전략(Training and Development)은 장・단기적 관점에서 내부 혹은 외부훈련(위탁 및 outsourcing)을 할 것인지, 훈련과 성과관리시스템, 그리고 보상시스템과의 통합문제도 결정되어야 한다. 셋째, 성과관리(Performance Management)는 종업원들의 업적과 역량을 어떤 방법(상대평가, 절대평가)으로 평가할 것인지, 또 종업원들의 행위와 역량에 기반을 둔 성과관리시스템을 어떻게 구축할 것인지에 대해 전략 수립이 요구된다. 넷째, 보상관리(Compensation)는 조직 외부 및 내부(부서간, 개인간)의 공정성 확보와 함께, 고정급과 성과급, 기본급과 복리후생비 및 인센티브의 비율을 조직의 성장전략 혹은 축소전략, 그리고 성장주기(Life cycle)에 따라 어떻게 전략적으로 조합(pay mix)할 것인지에 관해서도 세밀한 전략 수립이 필요하다. 다섯째, 노사관계(Labor Relations)는 종업원들의 노동조합 설립에 대한 대처방안, 단체교섭과 단체협약 체결시의 쟁점, 노사분쟁시의 조정과 고충처리 문제, 노동 관련 법률 준수 문제 등도 반드시 고려되어야 한다. 마지막으로, 종업원 이직(Employee Seperation) 문제도 기업의 구조조정 전략이나 인수 및 합병(M & A) 전략에 따라 정리해고(lay-off), 전직(turnover), 퇴직(retirement) 관련 인사정책 수립과 함께 노동법률 준수 문제를 고려하여야 한다.

3.3 타 경영활동 및 사업부 전략과의 연계

전략적 인적자원관리는 기업전략과 인적자원관리 전략간의 정렬, 그리고 인적자원관리 각 기능들 간의 연계 뿐만 아니라, 생산, 마케팅, 재무기능 등의 타 경영활동, 나아가 제품별・지역별 사업부 등의 경영활동 들과도 상호 보완적으로 수행되는 것을 말한다. 따라서 전략적 인적자원관리는 전사적・복합적인 측면에서 모든 경영활동들이 유기적으로 수행되도록 주도해 나가는 전략적이고 통합적인 사고와 역량을 필요로 한다. 예를 들어, 기업 전체의 경영전략이 비용절감, 시장철수전략을 추구할 경우, 마케팅전략도 시장 축소 내지는 철수, 생산량의 감소 내지 라인 중지, 자금의 조달과 운용방식의 변경은 물론, 인적자원관리도 신규인력 충원 중지와 함께, 영업 및 생산인력의 축소전략을 도모해 나가야 할 것이다.

3.4 전략적 인적자원관리의 추진단계

전략적 인적자원관리의 구체적인 추진단계는 다음과 같이 형성전략(formulating strategy, (1)~(5)단계)과 실행전략(implementing strategy, (6)~(9)단계)으로 나누어 설명할 수 있다.

(1) 전략적 선택을 위한 기업 내·외부 상황 파악

노동시장, 노사관계, 기술, 경영목표 및 전략, 자금, 인력구조 등 대내·외적 의사결정 상황을 파악한다.

(2) 기업 인적자원관리의 강점과 약점에 대한 정립

기업 내에서 표출되거나 잠재된 양적 및 질적 인적자원과 그의 관리에 대한 강점과 약점을 분석한다.

(3) 인적자원관리 전략의 수립

기업의 대내·외적 상황 고려와 더불어 기업 내 인적자원의 강점을 최대한 활용하고 약점을 보완하여 인력 확보, 자질 형성 등 미래지향적 성과 달성을 위한 인적자원관리 전략을 수립한다.

(4) 기능별 인적자원관리 전략 수립 및 통합

인적자원관리 전략의 목표 달성을 위한 기업의 정책과 함께 인력 확보·유지·개발·보상·방출 등에 대한 인력계획, 실천 및 통제 등 기능별 인적자원관리 전략을 수립한다.

(5) 기업 전체 전략과 기능별 전략과의 통합

기업 전체의 전략과 제품, 시장, 기술, 구매, 금융전략 등 기능별 전략과 인적자원관리전략을 통합한다.

(6) 실천전략의 수립

수립된 인적자원관리 전략, 즉 인적자원관리의 형성전략을 실행할 수 있도록 하는 구체적인 실천목표 및 수단을 강구한다.

(7) 위 (6)번까지의 계획, 진행에 대한 점검.

(8) 예상과 실제의 차이 파악 및 조정관리.

(9) 형성전략과 실행전략을 유기적으로 피드백하여 수정 · 보완하는 노력.

정리하기

1. 전략적 인적자원관리(Strategic Human Resource Management : SHRM)란 조직의 전략적 목표 달성을 촉진하기 위해 필요한 일관되고 정렬된 인사제도, 프로그램과 정책들의 개발을 의미한다. 즉, 조직의 전략적 목표를 잘 반영하여 경영전략과 잘 정렬되고, 인적자원관리 제도와 기능들 간에도 조화를 이루어서 조직의 전략적 목표를 효율적으로 달성시키는 과정을 말한다.

2. 전략적 인적자원관리는 조직의 전략적 목표나 경쟁전략과 수직적으로 통합(외적 적합성)됨과 동시에, 다양한 인적자원관리 제도와 기능들 간에 수평적 통합(내적 적합성)이라는 전략적 적합성(strategic fit)이 요구된다.

3. 인적자원관리 기능의 발전단계는 원시적 인사관리 → 인사관리(PM) → 인적자원관리(HRM) → 전략적 인적자원관리(SHRM)의 단계로 진화하고 있다. 이에 따라 인적자원관리 부서의 역할도 조직의 경쟁우위와 성과 창출에 기여하도록 요구받고 있다. 따라서 전통적 인사관리의 주된 역할이었던 내부종업원 관리에서 경영의 전략적 파트너와 변화관리의 선도자로 역할이 전환되고 있다.

4. 전략적 인적자원관리의 특징은 크게 경쟁우위 확보와 유지, 적합성과 유연성의 추구로 구분될 수 있다.

5. 전략적 인적자원관리의 효과적인 수행을 위해서는 기업전략과 인적자원관리 전략의 연계, 인적자원관리 각 기능들 간의 조화, 타 경영활동 및 사업부 전략과의 연계가 필요하다.

연습문제

단답식

1. (　　　　　　)는 조직의 전략적 목표나 경쟁전략과 (　　　　　　)으로 통합됨과 동시에 다양한 인적자원관리제도와 기능들 간에 (　　　　　　)으로 통합이 요구된다.

2. 인적자원관리 기능의 발전단계는 인적자원관리 단계 → 인사관리 단계 → 전략적 인적자원관리 단계로 진화되었다.(O, X)

3. 전략적 인적자원관리는 미국과 영국의 경우 (　　　　　　)에 기업의 국제경쟁력이 크게 약화되면서 인적자원의 전략적 관리의 필요성이 대두되었다.

4. 전통적 인사관리는 인적자원을 (　　　　　　)의 하나로 봄으로써 (　　　　　　)의 대상으로 여겼다.

5. 인적자원관리 부서의 역할 중 조직의 혁신과 변화를 관리하여 변화역량을 확보하는 역할은? (　　　　　　)

객관식

1. 노드스트롬 백화점의 역피라미드 조직도에서 가장 상층부에 위치하고 있는 구성원은? (　　)

   ① 이사회　　② 점포장
   ③ 판매원　　④ 매장관리자

2. 전략적 인적자원관리는 다음 중 어떤 접근을 지향하고 있는가? (　　)

   ① 통합적 접근　　② 미시적 접근
   ③ 기능적 접근　　④ 개별적 접근

3. 미국의 경우, 전략적 인적자원관리가 등장하게 된 배경이 아닌 것은? ( )

① 글로벌 경쟁의 격화 ② 생산성과 경쟁력 저하
③ 기업환경의 불확실성 가중 ④ 품질혁신

4. 다음 중 전략적 인적자원관리가 강조하고 있는 것은? ( )

① 인적자원을 비용 절감의 대상으로 봄.
② 유연하고 유기적인 선행적 관리에 초점
③ 개별적 인사기능들의 독립적 역할 강조
④ 기술과 자본에 대한 투자 중시

5. 다음 중 전통적 인사관리가 강조하던 것이 아닌 것은? ( )

① 인적자원의 투자 중시
② 노동의 분업화와 전문화, 규칙과 절차 준수 강조
③ 단기적 관점의 이윤 증대
④ 조직의 성장기에 채택

6. 최근에 강조되고 있는 인적자원관리 부서의 역할에 해당하는 것은? ( )

① 행정전문가 ② 종업원 옹호자
③ 전략적 파트너 ④ 변화 추종자

7. 핵심역량(core competence)이 되기 위해 갖추어야 할 특성에 해당되지 않는 것은? ( )

① 가치성 ② 희소성
③ 모방 불가능성 ④ 대체가능성

8. 조직의 유연성을 제고하기 위해 요구되는 것이 아닌 것은? ( )

① 신속하게 적응할 수 있는 인적자원관리 시스템의 개발
② 광범위한 능력과 기술을 가진 인력 풀의 개발
③ 종업원 행위의 유연성 촉진
④ 연공주의 채택

9. 기업의 구조조정 전략 채택시 바람직한 인적자원관리 전략은? ( )

① 임금 인상 ② 선별 해고
③ 직무 분리 ④ 기업문화 변혁

10. 기업의 성장전략 추구시 바람직한 인적자원관리 전략은? ( )

① 채용 증가 ② 정리해고
③ 임금 삭감 ④ 직무 통합

참고문헌

이학종·양혁승(2005), 『전략적 인적자원관리』, 박영사.

임창희(2008), 『인적자원관리』, 비앤엠북스.

최종태(2000), 『현대 인사관리론』, 박영사.

한국노동연구원(2000), 『21세기형 인적자원관리』, 명경사.

Barney, J. B.(1991), "Firm Resources and Sustained Competitive Advantage", Journal of Management, 17, 99-120.

Mello, J. A.(2011), Strategic Human Resource Management, South-Western Cengage Learning.

Ulrich, D.(1997), Human Resource Champions, Harvard Business School Press.

Wright, P. M., & McMahon, G.(1992), "Theoretical Perspectives for Strategic Human Resource Management", Journal of Management, 18, 295-320.

제 16 장 윤리적 인적자원관리

학습개요

이 장은 윤리적 인적자원관리의 의의와 등장 배경 및 중요성을 살펴보고, 윤리적 인적자원관리의 기본 요건과 주요 이슈 및 내부자신고 등에 대해 학습한다.

학습목표

1. 윤리적 인적자원관리의 배경이 되는 기업의 사회적 책임과 윤리경영에 대해 이해한다.
2. 윤리적 인적자원관리의 요건으로서 경영자의 윤리적 의무와 근로자의 윤리적 의무를 이해한다.
3. 윤리적 인적자원관리의 주요 이슈들에 대해 설명할 수 있다.
4. 내부자신고의 의미와 관리방안을 이해한다.

주요용어

1. 윤리적 인적자원관리 : 기업조직을 하나의 사회적 공동체로 보고, 대내적으로는 조직 구성원의 공정한 대우와 안전한 작업장 확립에 힘쓰며, 대외적으로는 건전한 기업시민으로서의 책임과 역할을 충실히 수행하는 것.
2. 기업의 사회적 책임(CSR) : 기업을 경영하는 과정에서 수행해야 할 윤리적, 도덕적 책임과 경제적, 법적 책임 및 환경적 책임.
3. 내부자 신고(내부고발) : 경영활동에서 불법적이거나 비윤리적인 상황에 있는 종업원이 직속 상사를 넘어 경영진이나 외부의 언론, 정부기관, 종교단체 등에 알리는 것으로 공익신고라고도 함.

경영사례 1

▮존슨 앤 존슨의 윤리경영

존슨 앤 존슨(Johnson & Johnson)은 1943년에 이미 윤리강령 '우리의 신조'(Our Credo)를 작성하여 실천해 오고 있는 윤리경영의 대명사격인 기업이다. 1935년 이사회 의장을 맡고 있던 창업가의 후손 R. W. Johnson은 고객·종업원·주주에 대한 기업의 사회적 책임을 강조하는 새로운 기업철학을 제시하고 이에 근거하여 1943년에 '우리의 신조'라는 기업윤리 강령을 직접 작성하여 경영에 접목시켰다.

'우리의 신조'는 소비자-종업원-지역사회-주주의 순서대로 기업의 사회적 책임을 규정한 것인데, 간결한 문장과 명확한 목표 제시로 윤리강령의 모범이 되고 있다. 기업윤리를 강조해 온 존슨 앤 존슨의 기업 경영방식은 1982년 존슨 앤 존슨이 생산한 타이레놀 병에 독극물을 투입한 전대미문의 기업범죄가 발발했을 때 효과를 발휘하였다. 사건 발생 즉시 존슨 앤 존슨은 투명성이 최선의 대응책이라는 판단 아래 제조과정을 비롯한 회사의 모든 경영 프로세스를 언론에 적극 공개했다. 동시에 무려 2억 4천만 달러의 비용을 감수하며 모든 제품을 수거하여 폐기하고 재생산함으로써 오히려 소비자들의 신뢰를 높이는 전화위복의 계기로 삼았다. 컨설팅기관과 일부 경영진이 타이레놀 브랜드를 포기할 것을 종용하였으나, 존슨 앤 존슨은 재출시를 감행하였고 오히려 소비자들의 높은 호응을 받았던 것이다.

존슨 앤 존슨에는 기업윤리를 담당하는 별도의 조직이 없고 인사담당 임원이 윤리경영을 총괄한다. 최고경영자로부터 직원에 이르기까지 모두가 윤리담당자라는 전제 하에 별도의 윤리담당 부서를 두지 않고 있는 것이다. 그러나 윤리강령의 실천을 위한 후속작업은 최고경영진의 관심 아래 지속적으로 이루어지고 있다. 우선 존슨 앤 존슨의 인사부서에서는 Credo Action Team을 구성하여 2년마다 한 번씩 우리의 신조가 실천되고 있는지를 조사하고 사원들의 의식 변화를 촉구한다. 또한 인사정책에 있어서도 기업윤리의 준수 여부가 핵심적인 인사 기준 중의 하나가 되고 있다.

임원 교육에서는 신조에 입각한 리더십(credo leadership)을 위해 'Our Credo'에 반하는 행동을 하는 사람은 결코 리더가 될 수 없고 불분명한 지시로 직원을 윤리적인 혼란에 빠뜨리는 임원에 대해서는 반드시 경고한다는 인사원칙을 고수하고 있다. 동시에 인사원칙에 윤리성 평가는 매우 구체적이고 종업원들이 경영자를 평가하는 360도 평가방식을 채택하고 있기 때문에 하향식(top-down) 윤리경영 추진이 직원들에게 스트레스로 작용하는 일은 거의 없다.

기업윤리에 대한 강조는 존슨 앤 존슨을 시간을 질질 끄는 기업(time- consuming firm)이라는 혹평을 받게 하기도 한다. 그러나 존슨 앤 존슨의 최고경영층들은 이러한 비판은 얼마든지 감수할 용의가 있으며, 의사결정이 다소 지연되더라도 윤리적인 관점에서 대안을 충분히 검토할 것을 권고하고 있다. 성과 면에서 존슨 앤 존슨은 윤리경영을 실천하면서도 지난 100년간 과감한 신규투자와 인수합병 등을 통해 두 자리 수의 성장률을 기록해 왔음을 들어 윤리경영과 의사결정 속도 사이의 상충관계를 인정하지 않고 있다.

더 나아가 존슨 앤 존슨은 윤리경영이 종업원들의 자긍심과 직무몰입도를 높이기 때문에 이직률을 줄이고 기업의 생산성을 높이는 가치 창조 기능을 할 수 있다고 판단하고 있다. 특히 빠른 승진과 많은 보수로 확보한 인재가 언젠가 같은 이유로 회사를 떠날 수 있는 반면, 선한 사람들이 만든 선한 기업이라는 이미지는 구성원들에게 일생을 통해 추구할만한 숭고한 가치를 부여함으로써 인재확보 측면에서 보다 유리하게 작용할 수 있다는 것이다.

• 자료 : 삼성경제연구소(2002), 『재인식 되는 기업의 사회적 책임』

1. 윤리적 인적자원관리의 의의

1.1 윤리적 인적자원관리란?

윤리적 인적자원관리는 윤리경영의 일환으로 실시되고 있다. 여기서 먼저 윤리경영(ethical management)이란 기업활동에 관한 의사결정과 실천과정에서 이해관계자의 권익과 기업의 경제적 이익 간에 균형을 취함으로써 종업원, 고객, 공급업자, 그리고 주주들의 존경과 신임을 얻는 경영활동을 말한다. 또한 투자자, 정부 및 지역사회 등 이해관계자 집단에게 무엇이 옳고 그른지에 대한 행동지침이 되는 원칙과 기준을 정하고 그것을 따르는 것이다. 즉, 윤리경영은 기업이 윤리적 관점의 의사결정과 행동을 통해 지속가능한 경영을 추구하는 활동이라 할 수 있다.

따라서 윤리경영의 주체는 기업을 구성하는 경영자, 관리자 및 종업원 모두를 포함하며, 이들이 업무 수행과정에서 윤리적 행동을 하도록 이끄는 핵심적인 동인은 윤리적 인적자원관리로부터 비롯된다.

윤리적 인적자원관리(ethical human resource management: EHRM)란 기업조직을 하나의 사회적 공동체로 보고, 대내적으로는 조직구성원의 고용안정과, 직무만족, 자아실현 등 공정한 대우와 안전한 작업장 확립에 힘쓰며, 대외적으로는 다양한 이해관계자들에 대한 기업의 사회적 책임 이행, 고용 관련 법률 준수 등 건전한 기업시민으로서의 책임과 역할을 충실히 수행하는 것을 말한다.

이는 전통적인 경제적 인적자원관리와 대립되는 새로운 개념이다. 경제적 인적자원관리는 기업을 하나의 이익공동체로 인식하고 인적자원을 기업의 이익 극대화에 공헌하도록 최대한 활용하는 것을 목표로 한다. 즉, 기업을 경제적 가치를 추구하는 이기주의와 공리주의 관점에서 접근함으로써, 조직구성원을 기업 이익실현의 수단(도구)으로 간주하여 낮은 인건비로 노동력을 최대한 활용하려는 것이다.

반면, 윤리적 인적자원관리는 의무론과 정의론의 관점에서 조직구성원을 자아실현을 추구하는 인격체로 보고, 채용, 보상, 승진, 훈련, 해고 등에서의 공정한 대우와 이들의 고용안정, 복지향상, 그리고 고객과 지역사회 등 이해관계자들에 대한 사회적 책임을 당연한 것으로 수용하는 것을 의미한다.[1)]

오늘날 윤리적 인적자원관리가 강조되는 이유는 기업과 사회를 별개의 개체로 보지 않고 상호공생적 관계로 파악하며, 사회가 잘 되고 그 구성원이 잘 되어야 기업이 성장하고, 기업이 성장하면 구성원과 사회도 함께 발전한다는 관점으로 시대적 요구가 달라지고 있기 때문이다. 즉, 기업이란 경제적 가치(이윤, 주주 배당) 추구라는 단선적이고 좁은 시각에서 벗어나, 종업원, 고객, 지역사회 등 다양한 이해관계자들의 사회적 가치(고용 안정, 차별 금지, 고용 창출, 공정 경쟁 등), 법적 가치(공정 거래, 작업장 안전, 뇌물 금지 등), 환경적 가치(환경 오염 및 유해물질 미배출 등), 윤리적 가치(지역사회 봉사, 기부, 사회공헌활동 등)에 대한 책임 등 복합적이고 보다 거시적인 시각의 인적자원관리가 요청되고 있다.

---

1) 윤리이론에는 의무론, 정의론, 공리론, 상대주의, 이기주의 등이 있다. 의무론(deontology)은 인간이 옳은 행동을 해야 하는데, 그것은 좋은 결과가 생길 것이라는 기대 때문이 아니고, 그렇게 하는 것이 의무이기 때문에 그렇게 해야 한다는 입장이며, 정의론(justice theory)은 다른 사람을 평등하고 공정하게 대해야 하는 것으로, 혜택(이익)은 물론이고 고통(비용)도 평등하게 배분하고, 잘못한 사람에게는 그 행위에 해당하는 불이익이 돌아가도록 해야 함을 말한다. 공리론(utilitarianism)은 어떤 행동의 결과가 최대 다수의 사람에게 최대한의 선(이익)을 낳는다면 윤리적이라고 주장하는 입장이다. 상대주의(relativism)는 어떤 행위의 윤리성을 판정할 보편적 표준은 없다고 보는 견해로서, 같은 행위라도 한 사회에서는 비윤리적이라고 인정되어도, 다른 사회에서는 별 문제가 없다고 보는 관점이다. 이기주의(egoism)는 자신에게 가장 경제적으로 유리하도록 기업을 경영하는 것이 사회에 가장 큰 경제적 선(이익)을 준다고 주장하는 이론이다(보다 자세한 내용은 최만기, 김영복(2011), 윤리경영, 탑북스, pp.69-72 참고).

1.2 윤리적 인적자원관리의 등장 배경

윤리적 인적자원관리가 대두된 배경은 기업의 사회적 책임에 대한 관심이 증대되기 시작한 1960년대 이후라고 할 수 있다. 미국을 중심으로 다국적 기업 등 거대한 기업들의 사회적 영향력이 확대됨에 따라 소비자 피해, 뇌물수수와 부정부패, 그리고 환경오염 등의 사회적 문제와 함께, 근로자들에 대한 불공정한 처우와 부당한 노동관행, 작업환경 개선 등의 이슈가 제기되면서 반기업 정서의 확산이 원인이 되어 기업의 사회적 책임이 강조되기 시작하였다.

기업의 사회적 책임(corporate social responsibility: CSR)**이란 기업을 경영하는 과정에서 수행하여야 할 윤리적, 도덕적 책임과 경제적, 법적 책임 및 환경적 책임을 말한다.** 현대의 다원화된 사회에서 기업의 이익(경제적 가치)과 이해관계자의 공익(사회적 가치)은 조화롭게 추구되어야 한다. 따라서 현대 기업은 경제적 이윤 추구 이상의 공익적 관점에서 경영을 해야 한다. 즉, 사회적 책임을 수행한다는 것은, 결국 경영자가 윤리성과 사회적 책임성을 자각하고 신뢰와 이익의 균형을 유지하는 의사결정과 경영을 실천하는 것을 의미한다. 사회적 책임의 범위에는 경제적 책임, 법적 책임, 윤리적 책임, 자선적 책임이 포함된다([표 16-1]).

[표 16-1] 기업의 사회적 책임

책임의 유형	윤리이론	구체적 예
경제적 책임	이기주의	이익 창출, 시장점유율 확대, 기술혁신, 경영전략, 적정한 주주배당 등
법적 책임	공리론	공정 거래, 뇌물/담합 불참가, 각종 법률/규정 준수, 투명한 회계정보 공시
윤리적 책임	의무론	정직한 상거래, 인권 존중, 환경 보호, 안전, 문화 존중, 신뢰
자선적 책임	정의론	기부, 자원봉사, 문화활동, 사회공헌

다음으로 1970년대 후반 윤리경영이라는 용어가 본격적으로 사용되기 시작하였다. 윤리경영(ethical management)이란 기업활동에 관한 의사결정과 실천과정에서 이해관계자의 권익과 기업의 경제적 이익 간에 균형을 취함으로써, 종업원, 고객, 공급업자, 그리고 주주들의 존경과 신임을 얻는 경영활동을 말한다. 또한 기업경영에서 투자자,

종업원, 고객, 법적 시스템, 그리고 지역사회 등 이해관계 집단의 요구를 반영하는 것을 말한다. 따라서 윤리경영은 기업이 윤리적인 관점에서 경영정책적인 의사결정과 행위를 수행함으로써 지속가능한 발전을 달성하는 경영활동을 의미한다([표 16-2]).

[표 16-2] 윤리경영의 핵심가치와 주요 이슈

이해관계자	핵심가치	주요 관심 이슈들
경쟁자	공정성	불공정 경쟁(담합), 거래선 차별, 가격 덤핑, 지적재산권 침해, 산업스파이 활용, 시장질서 교란, 음해성 정보 유포, 부당한 스카우트
고객	신뢰성	고객불만 무시, 고객서비스 지연, 유해·결함상품 유통, 허위·과대광고, 주요 정보 은폐, 고객정보 유출, 위조상표 사용, 효능·성분 허위 표시
투자자	투명성	인위적 시장 조작, 시세 조작, 경영정보 허위 공시, 내부자 거래, 이전거래, 분식회계, 기업지배행위 등
종업원	인간존중	고용차별(인종, 성별, 연령 등), 성차별, 성희롱, 작업장의 안전, 부당한 노사관계, 불공정한 인사처우, 근로기준법 위반
지역사회	시민의식	산업재해(화재, 유해물질 배출), 산업공해(소음, 매연, 폐수, 악취), 산업폐기물 불법 처리, 사업장 폐쇄 등
정부	책임과 의무	탈세, 돈세탁, 뇌물, 정치 개입, 부당한 정치자금 조성, 법규 악용, 보고의무 위반, 허위 보고, 검사 방해 등
해외 정부, 기업	공정 경쟁	탈세, 뇌물, 덤핑, 정치 개입, 문화 파괴, 허위 보고, 법규 위반 또는 악용(유해물 수출, 공해방지 시설 미비) 등

일반적으로 경영자는 의사결정을 할 때, 이익극대화라는 자기이익 모델(self-interest model)을 사용한다. 그러나 현대사회의 기업은 특정 개인의 소유물이 아니고 사회적 존재이므로, 기업이 존속하고 성장하려면 사회이익 모델(society-interest model)을 추구해야 한다. 즉, 기업은 사회가 요구하는 제품이나 서비스를 제공하고 사회가 필요로 하는 가치를 창조, 제공하는 대가로 수익을 받게 되며, 사회와 장기적 지속관계를 유지하게 된다. 다만 기업은 경제적 조직이므로 적정한 이익은 사회이익 모델의 필수조건이 된다. 그리고 위에서 언급한 이해관계자(stakeholders)란 기업활동에서 직·간접적으로 영향을 받는 사람들로서, 기업의 행동에 의해 이익을 보거나 손해를 보고 권리를 침해당하거나, 손상당하는 개인이나 집단을 말한다. 즉, 이들은 기업활동에 얼마나 직접적으로 관련되느냐에 따라서 1차 이해관계자(주주, 경영자, 종업원), 2차 이해관계

자(고객, 협력업체, 경쟁사, 금융기관, 노동조합), 3차 이해관계자(지역주민, 소비자단체, 외부 환경단체, 정부, 언론 등)로 구분된다.

현장이야기 1

만족하는 종업원은 회사의 자산

미국 신시내티에 본사를 둔 생활용품 제조업체 P & G(Procter & Gamble)에 다니던 남편이 올해 초 갑자기 심장마비로 숨지자, 멜라니 셰필드 부인은 눈앞이 캄캄했다. 채 슬픔이 가시기도 전에 남편 회사에서 걸려온 전화…. "부인은 '직원 유가족 금융자문 혜택(SFCB)'을 받으실 수 있습니다." 다음 날부터 셰필드 부인은 P & G가 소개해 준 금융회사 D & T의 재테크 전문가들과 만나, 남편 퇴직금과 이익분배금을 어떻게 투자할까 하는 사안에 대해 상의했다.

2주 후 셰필드 부인의 재정상태에 맞게 일목요연하게 정리된 금융설계 제안서가 D & T에서 배달됐다. 제안서에는 앞으로 1년 동안 D & T에서 금융자문 서비스를 받을 수 있다는 내용도 포함돼 있었다. 모든 건 무료였다.

▪ 좋은 직장의 조건

기업의 힘은 '사람'에서 나온다. 또 '고용'은 기업의 존재 이유 중 하나이다. 그렇다면 최고 재산인 직원들을 소중히 여기는 직장은 어떤 곳인가. 미국 경영 전문잡지 포천과 공동으로 매년 '일하기 좋은 100대 기업'을 선정하는 인력관리 컨설팅 회사 GPW의 로버트 레버링 회장은 "좋은 직장은 신뢰, 존경, 공정의 3박자가 맞아야 한다."고 말했다.

다소 추상적인 이들 개념을 실제 직장생활에 적용해 보자. 신뢰는 경영진과 직원들이 대화할 수 있는 사내 의사소통 과정이 원활하게 작동될 때 생긴다. 존중은 회사가 원하는 바를 직원들이 잘 해 낼 수 있도록 회사가 자원을 적절히 제공하는 것. 가장 대표적인 자원은 교육훈련 프로그램이다. 공정성은 회사의 경제적 성과를 직원들에게 올바로 나눠주는 보상체계와 복리후생제도를 말한다.

▪ 종업원 만족과 이윤창출의 함수관계

P & G는 미국을 대표하는 기업답게 훌륭한 일터의 조건을 두루 갖추고 있다. 웬만한 교육·의료·육아·여가지원 프로그램은 기본. 직원들은 회장 이름인 AG 라플리의 이름을 딴 'AG온라인'에 접속하면, 언제라도 회장과 대화할 수 있다. 눈에 띄는 것은 입양지원 서비스. 자녀를 입양하는 직원을 위해, 5,000달러의 입양비용과 입양후 15,000달러의 양육비까지 회사가 대준다.

공장에서 일하는 장기근속 종업원이 많은 P & G는 50대 연령의 직원 복지에 신경을 쓴다. 퇴직에 심리적, 금전적으로 대비할 수 있도록 하자는 것. 퇴직을 앞둔 직원들은 'Life after P & G' 토론 그룹에 참가하고, 회사에 상주하는 퇴직상담 카운슬러에게 고민을 얘기한다. 매달 퇴직금 재테크 세미나가 열리며, 노후 금융설계용 소프트웨어도 제공된다.

P & G에서 직원 한 명당 드는 복지비용은 그 직원이 받는 기본급보다 35% 정도 더 많이 책정돼 있다. 쉘만 직원복지 담당이사는 "비용이라고 생각하면, 아까워 못한다"며 "우리는 유능한 인재를 유치하고, 잡아두기 위한 투자로 본다"고 말했다. 따라서 요즘과 같이 경기가 나빠져도 복지비용은 줄어들지 않는다.

옆에 있던 로버트 이사가 3년 전 설립한 P & G 보육센터를 예로 들며 거든다. 5~10년 경력의 여직원 한 명이 회사를 떠날 경우, 투입된 교육훈련비 등을 합쳐 15만 달러 정도의 손실이 발생한다. P & G의 경우 여직원은 1만 5,000명으로 전체 직원의 40% 정도. 보육시설이 제대로 갖춰지지 않아 여직원이 회사를 떠날 경우, 회사가 지불해야 하는 비용은 보육센터 설립에 든 350만 달러와 연간 유지비 100만 달러를 합친 것보다 훨씬 많다는 계산이다.

• 자료 : 이종영(2008), 기업윤리, 삼영사, pp.349-352를 부분 인용.

1.3 윤리적 인적자원관리의 중요성

윤리적 인적자원관리는 오늘날 기업경영에서 날로 그 중요성이 강조되고 있다. 이는 기업의 경영환경이 과거와는 근본적으로 다른 패러다임으로 전환되고 있기 때문이다. 즉, 전통적으로 가부장적이고 권위주의적인 지시·명령 중심의 인사관리가, 평등하고 민주적인 쌍방향 소통 중심의 인적자원관리로 진전되고 있다. 이는 정보통신기술(ICT)의 급속한 발전, 글로벌화된 경쟁 심화, 노동력의 다양화와 신세대 근로자의 가치관 변화 등에 따른 결과라고 할 수 있다. 따라서 기업의 최고경영자는 이러한 변화의 흐름을 간파하고, 윤리적 인적자원관리에 대한 적극적인 관심과 실천의지를 보여야 한다.

윤리적 인적자원관리를 실천하기 위해서는 경영활동에 있어, 윤리적 업무수행이 선행되어야 한다. 1996년 2월 전국경제인연합회가 기업윤리 헌장을 선포한 이래, 많은 국내기업들이 구체성을 가진 윤리강령을 도입하고 있다. 경영이념이나 비전을 기반으로 윤리규범을 제정하거나, 기업의 비리관행 철폐를 목적으로 윤리규범을 도입하고 있으나 끊이지 않고 있는 비자금 조성, 대·중소기업 간의 불공정한 경쟁 관행, 협력업체와의 이해관계 상충, 불투명한 재무 및 회계정보의 공개, 불공정한 인적자원관리, 그리고 구성원에 대한 기본적 권리 침해 등의 사회적 물의를 근본적으로 해결하기에는 미흡한 실정이다. 윤리적 인적자원관리의 실천을 위해서는 첫째, 최고경영자로부터 법과 규정을 철저히 지키는 준법시민의 자세를 가져야 한다. 윤리경영을 실천하는 과정은 모든 임직원이 참여하도록 하고 예외를 허용해서는 안된다. 둘째, 구성원들은 사회적으로 기대되는 도덕적 의무에 부응하는 자세를 가져야 한다. 구성원은 기업의 정당한 목표 달성에 적극 협조를 해야 할 책임과 의무가 있다. 셋째, 기업은 구성원들의 기본욕구를 충족시키고, 회사의 약속사항이나 단체교섭을 성실히 이행하는 자세를 가져야 한다. 구성원들이 회사에 대해 요구하는 기본적 요구나 약속사항을 충실히 이행할 때, 상호 이해와 협조를 이끌어 낼 수 있다. 넷째, 구성원들을 공정하고 진지하게 대우하는 자세를 가져야 한다. 구성원들은 자신의 이해와 관련한 문제에 대하여 차별과 불공정성을 지각할 경우, 심리적・정신적 갈등을 유발하게 된다. 따라서 윤리적 인적자원관리가 정착되기 위해서는 건전한 윤리적 가치가 구성원들의 공유가치로 내재되어 일상 업무 수행과정에 반영되는 것이 가장 바람직하다. 이를 위하여 선진국에서는 많은 기업들이 경영이념을 정립하고, 구체화된 윤리강령을 제정하여 윤리위원회나 고충처리위원회를 구성하여 오랫동안 일관되게 지켜오고 있다. 특히 구성원들의 권리침해 문제를 취급하면서 각종 윤리문제에 대한 교육을 강화하고 윤리강령을 준수하도록 권장하고 있다.

새로운 시대의 윤리적 인적자원관리의 기본 방향은 '공리주의'가 아닌 '의무주의'에 기초하여 접근하고, 종업원을 기업의 이윤창출을 위한 수단으로 보는 입장에서 벗어나 자아실현을 위하여 자발적 공헌을 하는 인격체로 보아야 한다.

이러한 윤리적 인적자원관리는 종업원을 수단으로 보지 않고 목적으로 보는 관점에서 ① 종업원의 인권을 존중하고, ② 종업원의 권리와 의무를 이해하며, ③ 내부자 신고를 제도화하고, ④ 이것에 기초를 둔 윤리적 인적자원관리를 실천해야 한다.

2. 윤리적 인적자원관리의 기본 요건

2.1 경영자의 윤리적 의무

첫째, 근로자가 제공하는 노동력을 조직 내에서 유효하게 조직화할 의무가 있다. 근로자의 노동력은 사용자의 협력과 관리하에 비로소 완전하게 수행될 수 있다. 그리고 근로자는 근로계약에 따라서 일할 권리가 있고, 부당한 승진과 해고를 당해서는 안된다.

둘째, 근로자가 제공한 노동에 대한 대가인 임금을 지불할 의무가 있다. 근로자가 근로를 제공하였으면, 이에 대한 정당한 보상을 기대하는 것이 당연하며, 나아가 평등한 대우를 하여야 한다.

셋째, 근로자의 건강과 안전, 그리고 원만한 가족생활을 보호할 의무가 있다. 기업 측이 부담하는 보호의무는 근로자의 적극적인 보호 요구를 통해 확실하게 실현될 수 있으며, 근로관계의 범위 안에서만 성립이 된다. 그리고 기업은 근로자의 건강에 해가 없는 안전한 작업장을 제공할 의무가 있다.

넷째, 프라이버시(privacy) 혹은 사생활을 보호할 필요가 있다. 근무시간 이외에는 근로자가 시간을 자유롭게 활용할 수 있어야 한다(예 : 사회활동, 취미생활, 교육, 자선활동, 종교행위 등). 그리고 근무시간 중에도 직무와 직접적인 관계가 없는 사항은 프라이버시가 존중되어야 한다(예 : 개인 사물함 수색 등). 그리고 사생활에 관한 사항 중, 최근 직장 내 성희롱(sexual harassment)[2]문제가 부각되고 있는 바, 사업주(경영자)는 의무적으로 교육 및 홍보를 하도록 되어 있다.

다섯째, 직장생활의 질(Quality of Working Life : QWL)을 보장할 필요가 있다. 직장생활의 질은 근로자가 자신의 작업방식을 결정할 수 있도록 하여 직장생활에 대한 보람과 긍지를 느끼게 함으로써 최대한의 직장만족을 얻도록 하는 프로그램이다. 보다 구체적으로는 적정하고 공정한 보상, 안전하고 건전한 작업환경, 인간능력의 이용과 개발, 성장과 안정, 직장생활과 사생활의 조화로운 균형이 유지되는 것을 말한다.

2.2 근로자의 윤리적 의무

첫째, 근로자는 근로계약에 따라 근로를 제공할 의무가 있다. 근로자가 할 직무(일)의 내용은 근로계약 속에서 개별적으로 결정되나, 명시되지 않았을 경우에는 현장에서 관리자의 업무배정에 따라야 한다. 그리고 통상적인 주된 직무의 수행 외에 종속된 직무에 종사하는 것은 허용되지만, 종속된 직무의 범위에는 한계가 있다(예: 사무직원의 운전기사 업무 종사). 그러나 비상사태나 긴급 상황(화재, 홍수 등) 시에는 어느 정도 넓은 범위에서 다른 직무를 명할 수 있다(예: 태풍으로 공장 침수시 사무직원에게 노무명

2) 직장 내 성희롱이란 사업주, 상급자 또는 근로자가 직장 내의 지위를 이용하거나 업무와 관련하여, 다른 근로자에게 성적 언동 등으로 성적 굴욕감 또는 혐오감을 느끼게 하거나, 성적 언동 또는 그 밖의 다른 요구 등에 따르지 아니 하였다는 이유로 고용에서 불이익을 주는 것을 말한다(남녀고용평등과 일·가정 양립 지원에 관한 법률 제2조 2호).

령 가능).

둘째, 근로자는 신의성실의 원칙에 따라 성실하게 업무에 임하여야 한다. 근무시간 중에 직장을 이탈하는 행위는 물론이고, 기업에 손해를 끼치는 방법으로 직무를 수행하거나(예 : 근무시간 중 게임, 주식거래 등), 상사 및 동료와의 협조성을 결여함으로써 업무수행에 충실하지 못하는 행위는 성실의무에 위배된다.

셋째, 근로자는 상사의 명령에 복종하고, 조직운영에 협조할 책임과 의무가 있다. 근로자는 회사 내에서 기업활동과 관련된 사항에 대해서는 상사의 지시를 따라야 한다. 그러나 그 명령이 기업활동과 직접 관계가 없거나(예 : 개인 심부름), 지시 내용이 비윤리적이거나(예 : 허위 광고, 뇌물 제공), 불법행위(예 : 마약거래, 탈세용 장부 작성)일 경우에는 복종할 의무가 없다. 그러나 현실적으로 근로자는 상사로부터 비윤리적인 명령을 받는 경우가 있고, 그 때문에 고민하는 경우가 많다. 따라서 근로자에게 심리적 갈등을 유발하고, 사기 저하와 회사에 대한 충성심에도 부정적인 영향을 미치게 된다.

넷째, 근로자는 회사의 영업비밀을 보호해야 할 의무가 있다. 회사의 영업비밀은 보안조치가 요구되고, 개발에 많은 비용과 노력이 요구되며, 경쟁사에 노출되면 자사의 경쟁우위에 중대한 영향을 주는 정보는 영업비밀이라고 할 수 있다.

다섯째, 근로자는 회사의 이익을 해치지 않을 의무가 있다. 근로자는 업무상의 행동으로 인하여 근로자의 이익과 회사의 이익이 상치될 경우에는, 회사의 이익을 우선적으로 취급해야 할 의무가 있다. 회사의 자재구매나, 제품판매, 용역구매, 인사청탁 등 직무관계로 뇌물을 받거나 특별한 혜택을 얻거나, 경쟁회사의 주식이나 채권자가 되는 경우, 본인이 직접 관여하지 아니하더라도 가족이 뇌물을 받거나 부당한 행위를 할 경우에는 윤리적 위반이 된다.

[표 16-3] 경영자와 근로자의 윤리적 의무

경영자의 윤리적 의무	근로자의 윤리적 의무
- 노동력의 유효한 조직화 - 임금지불과 평등한 대우 - 근로자 보호(건강, 안전, 가족생활) - 사생활 보호, 성희롱 방지 - 직장생활의 질(QWL) 보장	- 근로제공 의무 - 근로의 성실한 이행 - 상사의 명령 복종과 조직 운영에 협조 - 회사의 영업 비밀 보호 - 회사의 이익 침해 방지

현장이야기 2

SK하이닉스의 사례로 풀어보는 '윤리경영 실천가이드'

최근 기업들의 각종 비위행위가 도마 위에 오른 가운데 직장인들의 윤리적 선택상황에 대한 윤리지침서가 화제가 되고 있다. 그 동안 윤리경영을 강조해 온 SK하이닉스가 <리더를 위한 윤리경영 실천 가이드북>을 발간하여, 일상생활에서 일어날 수 있는 상황들을 바탕으로 직장인들의 윤리의식을 강조하고 나선 것이다. 기업이 앞장서 직원 개개인의 윤리의식을 높이고, 건전한 기업문화를 만들어 나가겠다는 점에서 타 기업에게도 귀감이 되고 있다. 사례로 풀어보는 윤리경영실천지침은 문답식(Q & A)으로 요약하고 있다. 대표적으로 몇 가지를 정리해보면 다음과 같다.

■ **Q1 BP로부터 금품, 향응·접대 및 편의 등의 수취 금지와 관련하여 우리 회사의 기준은 어떠한가?(BP = Business Partner)**

A1. BP 및 이해관계자로부터 금품, 향응·접대 및 개인적인 편의 등을 받아서는 안 됩니다. 특히 당사가 상대적으로 '갑'의 지위에 있는 BP와 업무협의를 위한 식사 시, 사전에 상사의 승인을 득한 후, 비용은 각자 부담하는 것을 원칙으로 합니다.

▶ 수취가 허용되는 경우(예시)
- 모든 행사 참석자에게 일반적으로 제공되는 교통 등의 편의
- 불특정 다수에게 배포되는 BP로고가 있는 기념품, 홍보물 등

▶ 수취가 금지되는 경우(예시)
- 경조금
- 유흥업소/골프/과도한 식사
- 특정인에게만 지급되는 고가의 기념품/특별할인
- 금전적 가치가 높은 증정권, 상품권, 공연티켓 등
- 사내 행사 시 BP의 물품/장소 지원
- BP 자산(자동차, 골프장 회원권, 콘도/휴양소 등)의 사용
- BP 직원과의 금전거래 및 도박
- BP 지원 해외 출장(불특정다수를 위한 경우는 가능)

■ **Q2. 건전한 기업문화 조성을 위해 윤리강령 실천 지침에서 이해관계자와의 금전거래를 금지하였는데 그 기준은 무엇인가?**

A2. <구성원과의 금전거래>
모든 구성원들은 구성원간 부적절한 금전대차, 공동 투자 등 금전거래 행위를 하지 않는 것이 바람직합니다.

▶ 부적절한 금전거래 (예시)
- 직책/권한을 남용한 금전대차 행위
- 불공정한 인사를 야기할 수 있는 금전대차 행위
- 근무 분위기를 훼손할 수 있는 금전대차 행위
- 회사의 명예를 실추시킬 수 있는 금전대차 행위
- 회사에 직·간접적으로 손실과 피해를 가져올 수 있는 금전대차 행위

- 구성원 간 금전거래를 통한 고리 이자 취득 행위
  ※ 금전거래: 현금, 상품권, 이용권, 자동차 등 현물성 자산거래를 포함하여 금전대차, 공동 투자 등의 관계를 맺는 행위

<BP와의 금전거래>
구성원들은 직접 또는 제3자를 통해 BP 등 이해관계자와 금전거래를 하지 않아야 합니다.

▶금지되는 경우(예시)
- 금전대차(현금, 상품권, 이용권, 자동차 등 현물성 자산거래 포함)
- 공동 투자, 대출보증 관계를 맺는 행위
- 도박행위

▶예외사항
- 당사의 BP 또는 이해관계자로 편입되기 전, 상호 자연인으로서의 관계 하에서 발생한 과거의 금전거래가 유지되는 경우

■ Q3. 소속 구성원과 소통 채널로 SNS 또는 문자메시지를 활용할 경우 유의해야 할 사항은 무엇인가?

A3. 최근 SNS를 이용한 정보유출 사례가 발생되고 있어, 각별한 주의가 필요합니다. 특히 외부에 서버를 두고 있는 SNS 또는 휴대폰 문자 메시지 등을 이용하여, 회사의 경영정보를 송수신하여서는 안 되며, 회사 내 시스템(생산관리, 톡톡시스템 등)에서 전송 받은 메세지를 외부인에게 재전송 하여서도 안됩니다.

■ Q4. 평소 성실하고 열심인 부하 직원이 실수로 실적을 일부 누락시켰다. 하지만 이미 경영층에 보고가 된 상황. 누락된 내용이 그렇게 중요한 것 같지 않은데, 굳이 이를 알리고 보고서를 수정해 일을 크게 만들어야 할까?

A4. 실적은 기업 경영활동의 결과로써 이를 토대로 사업계획이 세워지게 됩니다. 실적의 누락은 경영환경 예측의 정확성을 떨어뜨리고, 상황을 왜곡시킬 수 있습니다. 투명한 실적 보고를 통해, 정확한 의사결정이 이루어질 수 있도록 해야 합니다.

■ Q5. 외근이 잦은 구성원 A는 업무실적은 매우 좋으나 결근과 지각이 잦고, 외근 후에는 사무실로 복귀하지 않아 관리가 잘 되지 않는다. 실적이 좋으니 나무라기가 쉽지 않은데?

A5. 정확한 근태관리는 회사와 구성원 간에 지켜야 할 가장 기본적인 약속입니다. 리더는 지각하는 구성원에게 주의를 주어 재발을 방지하고, 개선되지 않을 경우 사규에 의거하여 처리하도록 합니다. SK하이닉스는 근태기강 저해행위 및 구성원간 부당행위에 대해서는 해당 구성원 뿐만 아니라 관리책임이 있는 직책자에 대해서도 엄중히 처벌하고 있습니다. 이는 해당 행위로 인하여 발생할 수 있는 일련의 결과로부터 회사와 구성원을 적극적으로 보호하기 위해서 입니다.

■ Q6. 팀원들과 회식 후 격려 차원에서 남녀 팀원 모두에게 포옹을 했다. 어느 직원도 불쾌해하거나 내색하지 않았으나, 이를 지켜보던 구성원 C는 성희롱에 해당한다며 신고를 하려고 한다. 이것도 성희롱이 되는가?

A6. 회식자리에서의 포옹행위는 상대방의 입장에서 성적 굴욕감이나 혐오감을 줄 수 있는 행위이므로 성희롱이 성립될 수 있습니다. 상대방이 성희롱이라고 주장한다고 해서 무조건 성희롱이라고 판단할 수는 없겠지만 개인의 판단기준은 다를 수 있으므로 불미스러운 상황이 발생하기 이전에 말 한마디, 행동 하나에 주의를 기울여야 할 것입니다.

SK하이닉스 성희롱 상담/제보 "두드림"
- PC/모바일 – http://dodream.skhynix.com
- 이메일 – DoDream@skhynix.com

<SK하이닉스 윤리경영포털> PC – http://hens.skhynix.com
http://ethics.skhynix.com(사외접속시 URL)

• 자료 : SK하이닉스, 리더를 위한 윤리경영 실천 가이드, 2014. 1월

3. 윤리적 인적자원관리의 내용

3.1 윤리적 인적자원관리의 주요 이슈

1) 채용 및 승진관리

무엇보다도 기업은 근로자를 모집하고 선발, 배치하는 채용(충원)과 승진과정에서 모든 지원자(applicants)들에게 공정한 기회를 주는 것이 윤리적 인적자원관리의 핵심적인 활동이다.

먼저, 채용과정시 인종, 성, 연령, 종교, 국적, 신체적 장애 등에 의한 고용차별(employment discrimination) 문제는 오랫동안 세계 각국에서 논란의 대상이 되어 왔다. 특히 용모나 나이, 키, 체중에 따른 차별고용은 여성들에게 큰 부담이 되고 있다.

모집시 글로벌 기업들은 여러 언어로 된 매체에 채용공고를 내고, 리쿠르터(recruiter)를 다양하게 구성(성별, 연령별, 인종별 등)할 필요가 있으며, 선발시에도 차별을 방지하고 지원자가 불공정하게 탈락되지 않도록 선발도구(서류전형, 시험, 면접 등)의 타당성과 신뢰성을 확보할 필요가 있다. 그리고 면접위원(interviewer)도 다양하게 구성하고 잠재적 편견에 대해 충분한 사전교육을 할 필요가 있다.

다음으로, 승진시 조직 내의 다양한 인재들에게 공평한 기회가 주어지고, 승진 심사

기준이 공정하게 적용되어야 하며, 특히 승진공석 발생시 반드시 공고되어야 하고, 충원은 지원자의 자격 및 직무요건에 부합되어야 한다(뇌물, 인사 청탁 배제). 승진은 개인의 특성이나 연고에 관계없이 능력과 성과 중심으로 이루어져야 하고, 승진을 위한 평가시 공정한 평가기준과 평가절차가 적용되어야 하며, 공정한 평가를 위한 평가자 훈련이 충분히 실시될 필요가 있다. 특히 소수집단(여성, 외국인, 장애인 등)에 속하는 구성원들이 소위 유리천장(glass ceiling)으로 인해 승진상의 피해를 보지 않도록 유의할 필요가 있다.

유리천장(glass ceiling)

'눈에 보이지는 않지만, 결코 깨뜨릴 수 없는 장벽'이라는 의미로, 여성과 소수민족 출신자들의 고위직 승진을 막는 조직 내의 보이지 않는 장벽을 말함.(두산백과)

한편 "남녀고용평등과 일 · 가정 양립 지원에 관한 법률"에서는 모집과 채용은 물론, 교육 · 배치 및 승진, 임금, 정년 · 퇴직 및 해고에서 남녀 간에 차별을 금지함으로써 남녀의 평등한 기회보장과 대우를 규정하고 있다. 또 "고용상 연령차별 금지 및 고령자 고용촉진에 관한 법률"에도 합리적인 이유 없이 연령을 이유로 모집 · 채용, 임금 및 복리후생, 교육 · 훈련, 배치 · 전보 · 승진, 퇴직 · 해고 등에서 차별을 금지하고 있음을 숙지하고 성실하게 준수할 필요가 있다.

2) 보상관리

노동의 직접적인 대가인 임금과 고용관계에 기초하여 제공되는 복리후생은 근로자들에게 소득과 사회적 지위 및 신분의 상징으로서 매우 중요한 의미가 있다. 아울러 기업에는 인건비(labor cost)로서 원가의 중요한 구성요소이면서, 근로자들을 동기부여 하는 동기요인(motivators)이기도 하다. 따라서 보상관리는 근로자들에게 열심히 일하도록 하는 유인(incentive)인 동시에 조직의 성과(performance)와 밀접히 관련되어 있다. 보상관리는 대외적으로 경쟁사보다 임금수준이 낮아서는 안 될 뿐만 아니라, 대내적으로 구성원들 간에 노동의 성과와 능력에 기초하여 공정한 임금체계가 확립되어야 한다. 그러나 보상과 관련하여 현실적으로 남녀간, 학력간, 연령간, 산업간, 직종간, 정규직과 비정규직간 임금격차(wage differential)가 존재하고 있어, 사회적 불평등과 차별의 원인이 되고 있는 바, 이는 우리나라 만의 문제가 아니라, 선진국인 미국도 성별, 인종별, 임금격차가 문제시 되고 있다. 따라서 보상관리의 윤리적 과제는 근로자의 노력과 능력, 성과, 기술 등에 기초한 공정한 대우(fair treatment)가 이루어지고, 근로자와 그 가족이 인간다운 삶을 누릴 수 있도록 고용상의 안정성을 보장해 주어야 한다. 그리고 조직의 지불능력과 생산성 범위 내에서 근로자가 생산성과 성과향상에 기여하도록 동기유발적 보상관리가 되도록 경영자는 유의할 필요가 있다.

3) 교육훈련 및 경력개발

교육훈련을 통해 구성원들의 지식과 기술 및 능력을 개발하는 것은 그들의 성취동기를 달성함은 물론, 기업의 인재양성을 통한 조직의 유효성(생산성과 조직성과)을 제고하는데 매우 중요한 역할을 한다. 따라서 교육훈련과 경력개발시 특정 계층이나 성(gender)에 편중되지 않고 공정한 기회가 부여되어야 하며, 특히 소수집단(여성, 고령자, 장애인, 비정규직, 외국인 등)에게도 적절한 맞춤식 교육훈련이 제공될 필요가 있다. 이들 소수집단은 장기적인 고용계약을 맺지 않고, 조직에 대한 충성심과 애착이 없다는 이유로 아예 대상에서 제외하고 있다. 그러나 이들의 숫자가 많고 조직의 생산성에 중대한 영향을 미친다는 점을 감안할 때, 이들의 잠재능력과 개발욕구를 충족시켜 줌은 물론, 윤리적 인적자원관리 측면에서 진지하게 고려해야 한다. 특히, 여성 등 소수집단이 관행적으로 교육훈련이나 경력개발 기회에서 배제된 결과, 승진률이나 능력발휘 면에서 남성보다 저조하다는 지적은 충분한 공감을 준다. 그리고 교육훈련시 직무관련 지식과 기능 향상은 물론, 산업재해 및 유해물질을 다루는 기업들은 안전보건 관련 법규를 엄격하게 준수하고, 구성원들에게 예방교육을 강화할 필요가 있으며, 나아가 점점 복잡해지는 첨단정보기술과 업무환경에서 오는 스트레스와 직무탈진(burnout) 현상 등 정신적 건강 보호조치도 기업의 사회적 · 윤리적 책임으로 대두되고 있다. 또한 여성근로자의 성희롱 예방과 출산 · 육아부담을 완화해 주는 노력도 중요한 윤리적 책임 영역이 되고 있다.

4) 이직관리

글로벌 경쟁의 심화와 경기 침체, 기술혁신 가속화, 인수 및 합병(M & A)의 증가, 노동력의 이동 증가 등으로 기업들의 구조조정과 명예퇴직 등이 증가하고 있다. 따라서 정년퇴직을 포함하여 자발적 · 비자발적으로 조직을 떠나는 구성원들이 늘어나고 있다.

[표 16-4] 윤리적 인적자원관리의 주요 이슈들

윤리문제	발생순위	심각성	문제해결 가능성
편파적 고용, 승진, 교육훈련	1	1	12
편파적 임금, 징계	2	1	11
기밀 누설	3	6	7
협력업체와의 부조리	4	9	4
성희롱	5	3	6
모집, 선발상 인종차별	6	11	3
성차별	7	10	5
인종 괴롭힘	8	16	2
승진, 배치 상의 연령차별	9	4	10
모집, 선발 상의 연령차별	10	14	8
보복적 해임	11	22	1
급여상 성차별	12	7	9

자료 : 이학종 · 양혁승(2007), 『전략적 인적자원관리』, 박영사, p. 110.

한 조직에 오랜 기간 일하고 조직을 떠나는 구성원들이 불만이나 원망을 품지 않도록 기업의 윤리적인 배려가 요구된다. 새로운 조직으로 전직하거나 계약이 만료되는 종업원들에게 직업탐색 기술, 스트레스 관리, 경력계획 수립 등에 대한 전직상담(outplacement counseling)을 제공하거나, 퇴직을 앞둔 종업원들에게 연금 및 보험 등의 재정계획, 사회보상제도, 건강 및 여가활동, 가족문제, 심리적 적응 등에 대한 퇴직준비 세미나를 제공하는 퇴직전 상담 교육(preretirement counseling) 등을 제공할 필요가 있다.

3.2 내부자 신고(내부고발)

1) 내부자 신고의 의의

내부자 신고는 기업 경영활동에서 불법적이거나 비윤리적인 상황에 있는 종업원이 직속상사를 넘어, 경영진에게 보고하는 내부신고와, 대외적으로 언론, 정부기관 또는 비정부기구(NGO), 그리고 종교단체 등에 알리는 외부신고 또는 대리 신고를 말한다. 즉, 기업이나 정부기관 내에 근무하는 조직의 구성원이거나 구성원이었던 사람이 조직 내부에서 저질러지는 각종 부정과 부패, 불법, 비리, 예산 낭비 등을 알게 되어 이를 시정하고자 내부책임자 및 감사부서에 보고하는 것을 말한다. 이는 내부고발 또는 공익신고 등으로도 불리며, whistle-blowing이라고 한다. 내부자 신고를 하는 사람을 whistle-blower(내부고발자)3)라고 한다.

2001년 미국의 에너지 회사 엔론(Enron)의 분식회계와 2002년 통신회사 월드컴(Worldcom)의 부채를 자산으로 처리하는 회계부정 문제를 내부직원인 왓킨스(Sherron Watkins) 부사장과 쿠퍼(Cynthia Cooper) 감사관이 각각 공익을 위해, 폭로함으로써 두 회사가 파산한 사건으로 유명하게 되었다. 그리고 한국에서도 SK그룹의 분식회계, 삼성그룹의 비자금 등 대형사건들이 세상에 알려지게 된 것은 모두 내부고발자의 신고에 의한 것이다. 이러한 내부자 신고가 사회에 증가하는 이유는 사회 전반의 민주화 분위기와 부정과 부패에 대한 반감, 정보통신기술의 발달에 따른 수평적 커뮤니케이션의 확산, 신세대 근로자의 가치관 변화와 고발정신 등에 기인하고 있다.

그러나 내부 신고자를 바라보는 시각은 긍정적인 측면과 부정적인 측면으로 나누어지고 있다. 전자는 조직 내부의 윤리적인 문제를 신고하거나 공개하는 행위 자체를 용기 있는 행동으로 보기도 하지만, 후자는 특히 동양적인 정서에게 공동체를 배신하고 조직의 위계질서를 파괴하는 행위로 보아 해고 압박을 받거나 조직 내에서 따돌림(왕따)을 당하는 등 보복과 불이익을 받고 있는 것으로 나타났다. 그런데 현실적으로 많은 대기업들이 윤리경영을 선포한지 상당한 기간이 지났음에도 기업경영과 관련하여 각종 부정과 부패(회계, 비자금 조성, 뇌물 및 청탁, 불공정 거래 등)가 사라지지 않고 있는 상황에서 내부자 신고(내부고발)를 하려면 구성원이 엄청난 용기와 신분상의 불이익 등을 감수해야 하는 위험이 수반된다. 따라서 근본적으로 최고경영자가 확고한 윤리경영에 대한 철학과 의지를 표방하고 이를 제도화해서 지속적으로 실천하지 않으면 청렴하고 깨끗한 조직문화로 정착되기가 쉽지 않다.

---

3) 'whistle-blowing(내부고발)'은 축구경기 도중에 반칙을 했을 경우 호루라기(whistle)를 불어서(blow) 위반사실을 공개한다는 뜻에서 유래되었다. 그러나 '내부자 신고'라는 용어가 부정적 의미를 담고 있어서 '공익신고'라는 용어로 많이 불리고 있다. 그리고 공익신고는 주로 국민의 건강과 안전 · 환경 · 소비자 이익과 공정한 경쟁을 침해하는 행위가 발생했거나 발생할 우려가 있다는 사실을 신고, 제보하거나 수사단서를 제공하는 것을 말한다. 공익 침해행위를 하는 기업이나 조직 내부에서 양심 있는 사람들이 하는 내부고발 형태를 띠게 된다.

[표 16-5] 내부자 신고시 유의사항

1. 내부자 신고가 필요한 만큼 중대한 일이라야 한다.
2. 신고자의 신고동기가 객관적이고, 사회를 위한 것이라야 한다.
3. 정보를 확인하고, 문서화해야 한다.
4. 누구에게 보고해야 할 것인가를 정해야 한다.
5. 정당하고 정확하게 잘못을 지적해야 한다.
6. 누구를 비난하지 말고, 사실만 객관적으로 진술해야 한다.
7. 신고를 내부로 해야 할 것인가, 외부로 할 것인가를 결정해야 한다.
8. 신고를 기명 혹은 무기명으로 할 것인가를 정해야 한다.
9. 신고동료가 필요한가를 정해야 한다.
10. 신고절차를 준수하여야 한다.
11. 필요하면, 사전에 변호사와 상의하여야 한다.
12. 회사의 보복을 각오하고, 보복내용을 기록해야 한다.

자료 : James, G. G.(1990), *Whistle Blowing : It's Moral Justification*, 2nd. ed. New Jersey, McGraw-Hill Publishing Co. pp. 332~345.

2) 내부자 신고의 관리방안

첫째, 내부 신고자의 신분을 보호할 필요가 있다. 신고자가 익명으로 했다면, 신분을 비공개로 해야 한다. 신분을 공개하게 되면, 불이익이나 보복이 우려되므로 이를 방지하기 위해서이다. 신고자가 자신의 신분을 공개한 경우에는 인사상 불이익 조치를 금지해야 한다. "부패방지 및 국민권익위원회의 설치와 운영에 관한 법률"(2013. 3. 23, 법률 제 11690호)에는 신고를 이유로 소속기관, 단체, 기업 등으로부터 징계조치 등 어떠한 신분상 불이익이나 근무조건 상의 차별을 받지 아니하며, 신분상의 불이익을 당하였을 경우에는 국민권익위원회에 당해 불이익 처분의 원상회복, 전직, 징계의 보류 등 신분보장조치를 요구할 수 있도록 하고 있다. 또 신변에 불안이 있는 경우에는 신변보호 조치를 요구할 수 있다. 그리고 "공익신고자 보호법"(2011. 3. 29, 법률 제 10472호)이 제정되어 공익 침해행위에 대한 고발자의 보호가 다소 강화되었으나, 민간부문의 부패행위에 대한 고발자 보호제도는 여전히 마련되지 않고 있어, 내부고발자 신분 보호 강화와 보상금 규모 증대 등 제도적 개선이 필요하다.

둘째, 내부 신고자에 대한 포상 및 보상제도를 적극 확립할 필요가 있다. 위의 부패방지 관련법(제68조)에 공익신고로 공공기관에 재산상 현저한 이익을 가져오거나 손실을 방지한 경우, 또는 공익의 증진을 가져온 경우에는 신고자에게 포상금을 지급할 수 있도록 규정하고 있다. 그리고 신고자는 공공기관의 수입에 직접적인 회복이나 증대 또는 비용 절감을 가져오면 보상금의 지급을 신청할 수 있다.

셋째, 강력한 윤리문화와 시스템의 확립이 요구된다. 최고경영자를 비롯한 모든 종업원들이 윤리서약과 정기적인 윤리교육훈련이 요구된다. 특히 경영자들은 부패방지를 위해 솔선수범하고, 투명한 경영의 모범이 됨을 상기할 필요가 있다. 그리고 부패기준의 설정, 신고자 보호체계 확립, 감사기구의 실질적 감시, 보상과 처벌의 엄격한 시행 등 제도적 기반을 구축하여 부패방지의 실효성을 높일 필요가 있다. 예를 들어 조직 내·외의 거래나 직무와 관련한 금품수수나 청탁을 방지하고, 일정 규모 이상의 선물 수수 금지 등 관련 규정을 확립하여 철저히 이행함으로써, 구성원들이 부패의 유혹과 덫에 빠지지 않도록 할 필요가 있다.

넷째, 투명한 의사소통 라인의 구축과 개방적인 운영이 요구된다. 조직의 성장과정에서 파생된 관료화와 수직적인 위계서열은 정보의 제한과 수평적 커뮤니케이션을 차단하게 되는 바, 의사결정이 다소 지연되더라도 윤리적인 관점에서 대안을 충분히 검토하고(예 : 존슨 앤 존슨사), 본사의 콜센터와 연결되는 내부고발제도(Help Line)를 운영(예 : International Paper사), 윤리 가이드라인이나 임직원 행동규범 및 핸드북을 배포하여 필요시 휴대하여 필요시 참고하도록 할 필요가 있다(예: 삼성전자, SK하이닉스 등).

정리하기

1. 윤리적 인적자원관리는 윤리경영의 일환으로서 기업조직을 하나의 사회적 공동체로 보고, 대내적으로는 조직구성원의 고용안정과 직무만족, 자아실현 등 공정한 대우와 안전한 작업장 확립에 힘쓰며, 대외적으로는 다양한 이해관계자들에 대한 기업의 사회적 책임 이행과 공헌활동, 고용관련 법률 준수 등 건전한 기업시민으로서의 책임과 역할을 충실히 수행하는 것을 말한다.
2. 윤리적 인적자원관리는 1960년대 이후 대두된 기업의 사회적 책임과 1970년대 후반 등장한 윤리경영에 바탕을 두고 있다.
3. 윤리적 인적자원관리의 기본 요건으로서 경영자의 윤리적 의무와 근로자의 윤리적 의무 확립이 필요하다.
4. 윤리적 인적자원관리의 주요 이슈로는 채용 및 승진관리, 보상관리, 교육훈련 및 경력개발, 이직관리에 대한 문제가 제기되고 있으며, 최근에는 민주화와 정보통신기술의 발달 및 신세대의 가치관 변화 등에 기인한 내부자 신고가 늘어나고 있다.

5. 내부자 신고(내부고발)는 공익신고 또는 whistle-blowing이라고도 하며, 기업 경영 활동에서 불법적이거나 비윤리적인 상황에 있는 종업원이 직속 상사를 넘어, 경영진에게 보고하거나(내부신고), 외부의 언론, 정부기관 또는 비정부기구(NGO), 종교단체 등에 알리는 것(외부신고)을 말한다.

연습문제

단답식

1. 전통적인 경제적 인적자원관리는 기업을 하나의 (   ) 로 인식하나, 윤리적 인적자원관리는 (   ) 로 인식하는 점에서 구별된다.

2. 기업을 경영하는 과정에서 수행하여야 할 윤리적 · 도덕적 책임과 경제적 · 법적 책임 및 환경적 책임을 (   ) 이라 한다.

3. 임금지불과 평등한 대우는 (   ) 의 윤리적 의무에 해당한다.

4. 근로자의 채용과 승진에 관련된 윤리적 이슈는 (   )을 엄격히 금지하고 (   )한 기회의 제공이 필수적 요건이다.

5. (   )는 내부고발 또는 공익신고라고도 불린다.

객관식

1. 다음 중 윤리적 인적자원관리의 개념에 적합하지 않은 것은? (   )
   ① 사회적 공동체 ② 의무론
   ③ 공리주의 ④ 윤리경영

2. 다음 중 기업의 1차 이해관계자에 해당하는 것은? (   )
   ① 종업원 ② 고객
   ③ 협력업체 ④ 금융기관

3. 다음 중 기업의 사회적 책임과 바르게 연결되지 않은 것은? (   )
   ① 경제적 책임 - 이익 창출, 시장점유율 확대
   ② 법적 책임 - 공정 거래, 투명한 회계정보 공시
   ③ 자선적 책임 - 기부, 사회공헌
   ④ 윤리적 책임 - 기술혁신, 뇌물 제공

4. 다음 중 근로자의 윤리적 의무에 해당하지 않는 것은? ( )

① 근로의 성실한 이행 ② 상사의 명령에 대한 불복종
③ 회사의 영업비밀 보호 ④ 회사의 이익침해 방지

5. 다음 중 윤리적 인적자원관리의 주요 이슈별로 바르게 연결된 것은? ( )

① 채용과정시 인종, 성, 연령, 종교 등에 의한 차별은 정당하다.
② 동일노동 동일임금을 지불한다.
③ 교육훈련과 경력개발시 특정 계층과 성(gender)에 편중 되도록 한다.
④ 이직관리에서 전직 상담과 퇴직 전 상담은 근로자들에게 전혀 도움이 안된다.

6. 다음 중 윤리적 채용관리와 관련이 적은 것은? ( )

① 모집・선발・배치하는 과정에서 모든 지원자들에게 공정한 기회를 준다.
② 리쿠르터를 다양하게 구성할 필요가 있다.
③ 용모나 나이, 키, 체중에 따른 고용 차별은 정당하다.
④ 선발도구의 타당성과 신뢰성이 높아야 한다.

7. 다음 중 유리천장(glass ceiling)과 관련 없는 것은? ( )

① 이직 ② 승진
③ 여성 ④ 성차별

8. 다음 중 내부자 신고가 증가하는 이유가 아닌 것은? ( )

① 사회 전반의 민주화 분위기 ② 수평적 커뮤니케이션의 확산
③ 정보통신기술의 발달에 따른 정보공개 ④ 투명한 회계정보의 미공시

9. 다음 중 내부자 신고를 부정적으로 보는 관점으로 맞는 것은? ( )

① 정의와 양심에 기반을 두고 있음.
② 공동체 배신과 조직의 위계질서 파괴.
③ 용기 있는 행동으로 수용됨.
④ 투명한 사회 실현.

10. 다음 중 내부자 신고 관리방안으로 틀린 것은? ( )

① 내부 신고자의 신분을 보호한다.
② 내부 신고자에 대한 포상 및 보상제도를 강화한다.
③ 직무와 관련한 금품수수와 청탁에 대한 관리방침과 규정이 애매하다.
④ 투명한 의사소통 라인의 구축과 개방적인 운영을 한다.

참고문헌

김성수(2011), 『윤리경영론의 콘서트』, 탑북스.

SK 하이닉스(2014), 리더를 위한 윤리경영 실천가이드, SK하이닉스 윤리경영실 윤리경영팀.

이종영(2008), 『기업윤리』, 삼영사.

이진규(2009), 『전략적 · 윤리적 인사관리』, 박영사.

이학종 · 양혁승(2007), 『전략적 인적자원관리』, 박영사

임창희(2008), 『인적자원관리』, 비앤엠북스.

최만기 · 김영복(2011), 『윤리경영』, 탑북스.

한국경영학회(1998), 『한국의 기업윤리』, 세경사.

Adams, J. S.(1963). "Toward an Understanding of Inequity", Journal of Abnormal and Social Psychology, Vol. 67, pp. 422-436.

Elizabeth, D. S.(2005), The Ethics of Human Resource Management, in the Ethics of Human Resources and Industrial Relations, Budd, J. and Scoville, J.(eds.), Labor and Employment Relations Association(2005), pp.173-201.

James, G. G.(1990). Whistle Blowing : It's Moral Justification, 2nd. ed. New Jersey, McGraw-Hill Publishing Co. pp. 332-345.

Robbins, S. P., & Decenzo, D. A.(2004), Fundamentals of Management, Pearson Prentice Hall.

연습문제 해답코너

제 1 장

단답식 해답

1. 조직, 개인 2. 하위과정(하위시스템) 3. 전략성(전략적 자원)
4. 생산성(능률성, 효율성), 인간성 5. 행동과학(behavioral science)

객관식 해답

1.③ 2.① 3.② 4.④ 5.① 6.③ 7.② 8.④ 9.① 10.③

제 2 장

단답식 해답

1. 노동시장, 노동조합 2. 경제활동인구 3. 조직문화 4. 인사철학 5. O

객관식 해답

1.② 2.④ 3.① 4.③ 5.④ 6.② 7.③ 8.① 9.④ 10.②

제 3 장

단답식 해답

1. 과업(task) 2. 직무정보의 획득 3. X 4. 직무충실화(job enrichment) 5. 동기부여적

객관식 해답

1.② 2.④ 3.① 4.① 5.③ 6.④ 7.② 8.① 9.③ 10.②

제 4 장

단답식 해답

1. 수요예측, 공급예측 2. 수급 불균형(수요와 공급 불균형) 3. 정원(T/O)
4. 기능목록(skill inventory) 5. 과잉(공급이 수요 초과)

객관식 해답

1.④ 2.③ 3.② 4.① 5.② 6.③ 7.① 8.② 9.① 10.④

제 5 장

단답식 해답

1. 선발 2. 적극적, 소극적 3. X 4. 집단면접 5. 탈락, 선발

객관식 해답

1.④ 2.③ 3.① 4.② 5.③ 6.④ 7.① 8.② 9.③ 10.④

제 6 장

단답식 해답

1. 전략 2. 전략적 통합 3. 행위기준고과법(BARS) 4. 강제할당법 5. 360도 다면평가

객관식 해답

1.③ 2.② 3.② 4.② 5.④ 6.② 7.④ 8.④ 9.② 10.①

제 7 장

단답식 해답

1. 임금 2. 공정 3. 생계, 지불능력 4. 연공(서열)제 5. 럭커플랜

객관식 해답

1.② 2.④ 3.③ 4.② 5.① 6.③ 7.③ 8.③ 9.④ 10.④

제 8 장

단답식 해답

1. 승급 2. 연공승진(연공주의 승진) 3. 승진포인트제도 4. 정직 5. 근무태도 불량

객관식 해답

1.④ 2.② 3.④ 4.① 5.③ 6.② 7.① 8.③ 9. ④ 10.②

제 9 장

단답식 해답

1. 조직유효성, 성취동기 2. 프로그램 설계, 교육훈련 평가 3. 감수성 훈련(T-그룹 훈련)
4. 지능형 컴퓨터 보조강의(ICAI) 5. 다양성 훈련

객관식 해답

1.② 2.④ 3.① 4.③ 5.① 6.② 7.④ 8.③ 9.② 10.①

제 10 장

단답식 해답

1. 경력경로(경력진로, 경력사다리) 2. 경력개발, 경력목표, 경력계획 3. 프로틴(protean) 경력
4. 중간경력의 쇄신 5. 경력개발의 효과성 측정

객관식 해답

1.③ 2.① 3.④ 4.② 5.① 6.④ 7.③ 8.① 9.① 10.②

제 11 장

단답식 해답

1. 이직 2. 퇴직금 3. 임금후불설 4. 전직지원제도 5. 강제퇴직

객관식 해답

1.③ 2.④ 3.① 4.③ 5.④ 6.② 7.③ 8.① 9.④ 10.③

제 12 장

단답식 해답

1. 생산성, 면접실험 2. 고전적 관리이론 3. 근로자 참여 및 협력증진에 관한 법률
4. 자원의 한계성, 5. 협력(통합)형

객관식 해답

1.④ 2.① 3.③ 4.④ 5.③ 6.④ 7.③ 8.④ 9.② 10.③

제 13 장

단답식 해답

1. 공제적 기능 2. 오픈 숍 3. 단체협약 4. 규범적 5. 보이콧(불매운동)

객관식 해답

1.④ 2.② 3.③ 4.② 5.③ 6.④ 7.③ 8.③ 9.④ 10.①

제 14 장

단답식 해답

1. 글로벌화(globalization) 또는 세계화 2. 글로벌 전문인력 3. 현지 적응형 4. O
5. 고용 브랜드

객관식 해답

1.④ 2.② 3.③ 4.① 5.④ 6.① 7.③ 8.② 9.④ 10.①

제 15 장

단답식 해답

1. 전략적 인적자원관리, 수직적(외적), 수평적(내적), 2. X 3. 1980년대 4. 생산요소, 통제와 관리
5. 변화주도자(Change Agent)

객관식 해답

1.③ 2.① 3.④ 4.② 5.① 6.③ 7.④ 8.④ 9.② 10.①

제 16 장

단답식 해답

1. 이익공동체, 사회적 공동체 2. 기업의 사회적 책임(CSR) 3. 경영자 4. 차별, 공정
5. 내부자 신고(whistle-blowing)

객관식 해답

1.③ 2.① 3.④ 4.② 5.② 6.③ 7.① 8.④ 9.② 10.③

찾아보기

ㄷ

ㄹ

ㅁ

ㅂ

ㅅ

ㅇ

ㅈ

ㅊ

ㅋ

ㅌ

ㅍ

ㅎ

저자 약력

■ 이 승 계(李承桂)

현재: 단국대학교 경영학부 교수, 한국인사관리학회 부회장
한국인적자원관리학회 부회장

서울대학교 경영학 석사
단국대학교 경영학사, 경영학 박사
한국은행 국제금융부, 조사 2부 근무
한국개발연구원(KDI) 경제전문가 모니터위원
한국인사관리학회 이사, 부회장, 감사
한국인적자원관리학회 이사, 부회장
San Francisco State University 연구교수
중국 칭타오대학 방문교수

[주요 저서 및 논문, 연구용역]

글로벌시대의 인적자원관리(공저), 탑북스, 2011
지식정보시대의 인적자원관리(공저), 명경사, 2011
신노사관계론(공저), 법문사, 2004
21세기의 경영학원론(공저), 양서각, 2005
기업과 경영(공저), 북넷, 2009
정년연장 논의와 인적자원관리 전략, 2012
선진국의 정년제도 변화 고찰과 중고령 인력의 활용방안, 2012
정년연장의 효과적 시행방안 연구(전국경제인연합회), 2013
정부출연연구기관 우수인력 지속 활용방안(한국인사관리학회), 2014
다양성 관리의 접근방법과 조직성과에의 시사점, 2011
A Comparative Analysis on Affirmative Action Policies between U.S.A. and Korea, 2010
성과주의 보상제도의 문제점과 개선방안 연구, 2013
중국의 노동환경 변화와 진출기업의 인적자원관리전략, 2014.
전환기 중국노동조합(공회)의 도전과 과제, 2015 외

■ 임 상 혁(任上爀)

현재: 단국대학교 경영학부 교수, 기업사연구회장, 한일경상학회 부회장 및 편집위원,

일본 나고야대학(名古屋大學) 경제학연구과 경영학박사
Rotary Yoneyama Memorial Foundation Fellowship
일본 나고야(名古屋大學)대학 박사후(Post-Doc)연구원, 온세텔레콤 감사,
강원도교육청 사무관승진 심사위원, 인천경찰청 경찰공무원 심사위원,
한국연구재단 학술연구 평가위원, 한국일보 혁신기업대상 심사위원,
서울사이버대학 자문위원, 대한경영학회 부회장 및 학술위원장, 한국전문경영인(CEO)학회 부회장, 한국취업진로학회 부회장, 한국기업경영학회 부회장, 한몽경상학회 부회장, 한국인사관리학회 상임이사, 한국경영사학회 및 한국생산관리학회 상임이사.

[주요저서 및 논문]

새로운 인적자원관리(공저), 탑북스, 2013
다국적기업론(공저), 한국방송통신대학교, 2013
글로벌시대의 인적자원관리(공저), 탑북스, 2011
기업과 경영(공저), 북넷, 2009
인적자원관리(공저), 비즈프레스, 2008
경영학이해, 비즈프레스, 2007
패스트 리테일링 야나이 다다시의 경영이념과 경영전략에 관한 연구, 2015
제너시스 BBQ 윤홍근 회장의 기업가정신과 경영전략에 관한 연구, 2014
병원 조직의 중간관리자 리더십 유형이 조직유효성에 미치는 영향에 관한 연구, 2014
중국 기업가정신의 고찰 - 대생방직공장과 레노버를 중심으로 -, 2013
유니클로 야나이 다다시의 기업가정신에 관한 연구, 2013
보상제도가 조직몰입에 미치는 영향에 관한 연구, 2012
A Study of Strategic Human Resource Management in Korea Enterprises, 2011
A Study on the Strategic Human Resource Management of Globalization 2010 등 다수

Globalization and Creating Enterprise's Human Resource Management
The Study of Human Resource Management in Korean Enterprises
A Comparison Study on the Korea, USA, Japan of Employment 외 다수

■ 박 재 춘(朴在春)

현재 : 단국대학교 경영학부 교수,
한국취업진로학회 상임이사 및 대한경영학회 이사
경기지방노동위원회 공익위원

단국대학교 경영학 박사(인사조직전공)
한국노동교육원 교수
정부공공기관 비계량 평가위원, 기관장 및 임원추천위원회 추천위원
대학취업지원역량인증제 시범사업 평가위원
직업능력개발 훈련기관 평가사업 및 지역맞춤형일자리 창출사업 평가위원
한국인사관리학회, 한일경상학회 및 한국기업경영학회 이사

[주요저서 및 논문]
노사갈등관리를 위한 커뮤니케이션, 한국노동교육원, 2007
공무원참여와 노사관계, 한국노동교육원, 2008
학교 경영자 리더십(공저), 한국노동교육원, 2010
글로벌 시대의 인적자원관리(공저), 탑북스, 2011
인사부서의 전략적 역할과 참여적 작업시스템, 직무만족: 노사분위기 매개효과(2010),
공무원노조 리더의 리더십과 조합원 태도 및 행동에 관한 연구(2011),
한국 대학직원의 긍정심리자본과 조직시민행동 간 관계에서 조직몰입의 매개효과(2012)
조직공정성과 조직시민행동의 관계에서 사회적관계(LMX, TMX)의 매개 및 조절효과(2014)
조직문화와 긍정심리자본, 조직몰입의 인과관계에 대한 다수준분석(2013)
차상위 리더의 팀장에 대한 윤리적 리더십의 절하효과(2015)
LMX, 리더 도덕성, 지각된 팀 효능감 및 조직시민행동의 관계(2015) 등 다수

저자와의
협의하에
인지생략

창의경영시대의 인적자원관리

2014년 8월 25일 제1판 1쇄 발행
2023년 8월 16일 제1판 3쇄 발행

저 자 이 승 계 · 임 상 혁 · 박 재 춘
발행인 김 학 민
조 판 아 람 기 획

07285
발행처 서울특별시 영등포구 선유로3길 10, 617호
도서출판 탑 북 스
등 록 2009.12.21 제 2016-000101 호
전 화 02)365-2223 팩 스 02)365-2224

정가 33,000원
ISBN 979-11-85647-17-3-93320